제3판

회사법과 세금

안창남 / 양수영 / 강나라

도서출판 탐진
www.tamjin.co.kr

머리말

자본주의의 출발은 회사로부터 시작되었고, 그 자본주의를 지탱하는 것은 세금이라는 생각합니다. 상법도 어렵고 세법도 모두 어려운데, 대학생들에게 어떻게 하면 이 둘을 알기 쉽게 소개할 수 없을까라는 질문에 대한 답이 회사법과 세금이라는 책의 집필로 이어졌습니다.

그러나 막상 책을 쓰려니 상법에 깊은 지식이 없는 필자는 '편의상' 세법과 세금의 관점에서 상법을 들여다보기 시작했습니다. 그리고 마침 조세심판원의 비상임 심판관을 역임하면서 상법의 지식이 없이는 법인세법에 대한 올바른 판단을 할 수 없음을 깨달았습니다.

기업의 설립, 합병과 분할, 청산 등과 관련된 법인세나 부가가치세는 상법에 바탕을 두고 살펴보지 않으면 모두 세금을 걷기 위한 수단으로서만 작동합니다. 사정이 이렇다면 균형이 잡힌 법해석과 법집행을 기대할 수 없을 겁니다.

이번 제3판부터는 한경대학교 강나라 교수님과 공동작업으로 제2판의 내용을 수정 보완하였고, 셀 수도 없이 개정되는 세법의 주된 내용을 반영하였습니다. 아울러 오자나 탈자, 비문 등을 저자가 인지하는 한 찾아내어 수정하였습니다. 그래도 많은 지적사항이 있으리라 생각합니다. 이는 모두 저자의 부족한 실력에 기초한 것입니다. 향후 독자의 고견을 바탕으로 수정하고 발전시킬 것을 약속합니다.

2022. 8.

저자 일동

알려두기

1. 이 책의 구성은 주식회사와 관련된 내용이 주를 이룬다. 그 이유는 우리나라 회사의 대부분이 주식회사 형태를 지니고 있기 때문이다. 주식회사 형태 이외의 형태는 말미에 간략하게 소개하였다.
2. 이 책에서 사용하는 회사법이란 「상법 제169조 내지 제673조의 2」까지의 법조문을 의미한다.
3. 이 책은 상법의 조문을 중심으로 설명하고, 다른 법의 조문이나 이론(理論) 등은 각주에 표기하였다.
4. 상법조문의 이해를 위해 필자가 삽입한 단어는 〔 〕 형태로 표시하였다.
   (예 : 제46조(기본적 상행위) : 영업으로 하는 다음의 행위를 상행위라 한다 → 〔상인이〕 영업으로 하는 다음의 행위를 상행위라 한다.)
5. 이 책에서 사용하는 법조문의 표기 중 상법조문은 해당 법명인 상법을 생략한 체 (제00조 제00항)이라고 하였고, 상법 이외의 법조문은 해당 법명에다가 조문을 표기하였다. 앞 문단에서 언급된 법조문을 뒷 문단에서 계속 사용할 땐 (위 조 제00항)이라는 표현을 하였다.

※ 약어표

당 초	약 어
자본시장과 금융투자업에 관한 법률	자본시장법
상속세 및 증여세법	상증법
주식회사 등의 외부감사에 관한 법률	외감법

※ 주요 참고서적

권기훈 · 송호신 · 강재영, 「회사법」, 경상대학교출판부, 2013.

김완석 · 정지선, 「소득세법론」, 삼일인포마인, 2016.

김완석 · 황남석, 「법인세법론」, 삼일인포마인, 2017.

이기종, 상법, 삼영사, 2017.

이준봉, 「세법총론(제3판)」, 삼일인포마인, 2017.

이창희, 「세법강의(제15판)」, 박영사, 2017.

이철송, 「상법총칙 · 상행위」, 박영사, 2016.

이철송, 「회사법강의」, 박영사, 2016.

정찬형, 「상법강의(제20판)」, 박영사, 2017.

최기원, 「신회사법론(제14판)」, 박영사, 2012.

최준선, 「회사법(제11판)」, 삼영사, 2016.

차 례

제 1 장 회사법 총칙

제 2 장 주식회사의 설립

제 3 장 자본금과 주식 및 주주

제 4 장 주주총회

제 5 장 이사와 이사회

제 6 장 감사와 감사위원회

제 7 장 회사의 회계

제10장 회사의 구조변경

제11장 기타의 회사

제 1 장

Company law and tax

회사법 총칙

강의의 초점

- ▷ A가 100억원을 가지고 있다고 하자. 돈을 더 벌고 싶다. 어떻게?
- ▷ 회사 B를 차리기로 한다. 그런데 B를 믿어도 될까? 근거는?
- ▷ 인격은 무엇인가? 법인격은 무엇인가? 믿어도 되는가? 법인격 부인은 무엇인가?
- ▷ A가 B에 투자할 때, 투자행위에 대해 세금은 내는가?
- ▷ 세법에도 법인격 부인이 있는가? 법인격 부인을 한다면 세금은 누가 내어야 하는가?

(참고로 제10장에 가면 위 A의 100억원이 1200억원으로 늘어난다. 회사법과 세금을 잘 알았더니 돈을 많이 벌었다는 얘기이다.)

1 회사의 의의

‘회사’란 「상행위나 그 밖의 영리를 목적으로 하여 설립한 법인」을 말한다(제169조).[1] 이 규정을 분석하면 아래와 같다.

(1) 상행위

상행위는 「기본적 상행위」와 「보조적 상행위」가 있다.

‘기본적 상행위’란 상법 제4조에서 규정하는 상인[2]이 영리를 목적으로 계속적 · 반복적으로 하는 동산 등의 매매 등 상법 제46조에서 규정하는 행위를 의미하나,[3] 오로지 임금을 받을 목적으로 물건을 제조하거나 노무에 종사하는 자의 행위는 상행위에 포함하지 않는다.[4]

‘보조적 상행위’란 상인이 개업준비, 은행으로부터 영업자금의 차입 등 영업을 위하여 하는 행위를 의미한다. 여기서 어느 경우가 영업을 위해서 하는 행위인지는 상인의 주관적 의사가 아니라 그 행위의 객관적 성질에 의해서 결정된다. 상인의 행위는 영업을 위하여 하는 것으로 추정한다.

상행위를 규정하는 목적 중 하나는 상사시효와 관련이 있다. 상법은 “상행위로 인한 채권은 상법에 다른 규정이 없는 때에는 5년간 행사하지 아니하면 소멸시효가 완성하되, 다른 법령(예컨대, 민법)에 이보다 단기의 시효의 규정이 있는 때에는 그 규정에 의한다.”고 규정하고 있다(제64조).

(2) 영리 목적

‘영리(營利)’란 재산상의 이익을 꾀하는 행위를 말한다. 회사가 영리를 목적[5]으로 한다는 의미는 상행위를 통해 회사가 영리적인 사업을 하여 이익의 귀속 주체가 되는 것을 넘어서

---

1) 2011년 4월 14일 개정되기 전(前) 상법 조문(제169조)의 조문은 “본법에서 회사라 함은 상행위 기타 영리를 목적으로 하여 설립한 사단을 이른다.”고 하고 있었는데, 이후 개정되어 ‘사단’을 삭제하였다. 이는 합명회사, 합자회사 및 유한책임회사가 조합의 성질이 있고 주식회사는 1인회사의 가능성 및 재산의 결합성이 있는 점을 감안한 것으로 보인다.

2) 제4조(당연상인) : 자기명의로 상행위를 하는 자를 상인이라 한다. 제5조(의제상인) : ⅰ) 점포 기타 유사한 설비에 의하여 상인적 방법으로 영업을 하는 자는 상행위를 하지 아니하더라도 상인으로 본다. ② 회사는 상행위를 하지 아니하더라도 전항과 같다. (~본다)는 의미는 의제규정이다. 의제와 추정의 차이는?

3) 대법원 2017.5.30. 선고 2016다254658 판결.

4) 상법 제46조(기본적 상행위) : 〔상인이〕 영업으로 하는 동산, 부동산, 유가증권 기타의 재산의 매매 등 법령에 열거된 21개 행위를 상행위라 한다. 그러나 오로지 임금을 받을 목적으로 물건을 제조하거나 노무에 종사하는 자의 행위는 그러하지 아니하다. 그러면 소득세법 제19조(사업소득)에 열거된 사업소득의 종류와는 어떤 차이가 있는가? 참고로 해당 소득세법 제20호에는 유형별 포괄주의를 규정하고 있다. 소득세법에 열거되어 있는데 상법 제46조에 열거되지 않은 행위는 상행위가 아니다?

5) 그러면 회사의 기부금 지출행위는? 확대해야 하나? 기업의 사회적 책임과 영리추구의 조화방법은?

그 이익을 회사의 구성원인 사원(社員 : 주주)[6] 에게 분배하여 경제적 이익을 주는 것을 의미한다.[7] 회사가 구성원에게 이익을 분배하는 것은 이익배당의 방식 뿐만 아니라, 잔여재산분배의 방식도 포함하는 것이다.

그렇다고 해서 회사가 비영리사업을 할 수 없다는 의미는 아니다. 영리사업과 함께 비영리사업도 할 수 있다.[8]

(3) 법 인

'법인(法人)'이란 자연인 이외에 법률에 의하여 법인격이 있다고 인정된 단체를 말한다. '법인격'이란 권리와 의무의 주체가 될 수 있는 자격이나 지위를 의미하고, 이를 향유하는 자는 「자연인」과 「법인」으로 구분된다.[9] 즉, 법인인 회사는 주주인 사원과 완전히 분리된 인격을 갖는 것이므로 원칙적으로 사원의 채무에 대해서 회사가 책임을 지지 않으며, 반대로 회사의 채무에 대해서 사원이 책임을 지지 않는다.

법인격은 회사가 본점소재지에서 설립등기를 함으로써 취득하고(제172조), 청산등기를 함으로써 소멸한다(제264조).[10] 이 책의 작성목적과 관련지어 설명하면, 법인이 달리 방해를 받지 않고 영업을 해서 돈을 버는 것은 '권리'일 것이고, 그렇게 번 돈으로 주주에게 배당을 하거나 세금을 납부해야 하는 것은 '의무'일 것이다.[11]

법인은 법률의 규정에 의함이 아니면 성립하지 못한다(민법 제31조).[12] 영리를 목적으로 하는 사단(社團)[13], 즉 회사는 상사회사설립의 조건에 좇아 이를 법인으로 할 수 있다(민법 제39조 제1항).

---

6) 주식회사의 경우 사원이란 주주를 말한다. 신입사원 모집 공고의 '사원'과는 다르다.

7) 이를 「이익분배설」이라고 하며 통설이다(정찬형, 「상법강의(상) 제20판」, 2017, p.457). 따라서 비영리법인의 경우 상행위를 하여 이익이 있다고 하여도, 이를 구성원에게 분배하지 못하므로, 상인의 자격은 있을 수 있지만 상법상 회사로 분류되지 않는다.

8) 별첨 부록 1의 정관 제2조 참조.

9) 현대 사법체계에서는 권리가 있으면 의무가 있고, 의무가 있으면 권리가 부여되는 것은 당연하다. 반면 노예제도 아래에서 노예는 권리는 없고 의무만 있으며, 신분제 사회에서 귀족은 권리는 있고 의무는 대부분 면제되었다.

10) 이는 마치 자연인이 출생을 하면 출생신고를 그리고 사망을 하면 사망신고를 하는 것과 유사하다.

11) 이렇게 안하면? 법인이 아니다? 그렇지는 않고 일단 상법의 벌칙규정이나 세법의 가산세 등을 적용받고, 그 정도가 심하면 '법인격 부인'에 이를 수도 있다.

12) 민법 제32조(비영리법인의 설립과 허가) : 학술, 종교, 자선, 기예, 사교 기타 영리 아닌 사업을 목적으로 하는 사단 또는 재단은 주무관청의 허가를 얻어 이를 법인으로 할 수 있다.

13) 사단(社團)이란 특정한 목적을 위하여 두 사람 이상이 결합하여 설립한 단체를 의미한다. 주식회사는 주주들이 영리를 목적으로 설립한 단체다.

2 회사의 종류

상법상 회사의 종류로는 「합명회사」, 「합자회사」, 「유한책임회사」, 「주식회사」 및 「유한회사」가 있다(제170조). 이와 같은 구분은 **회사의 구성원인 사원(社員)의 회사채권자에 대한 책임**[14]**의 성질과 범위를 기준으로** 하였다.[15] 아래에서는 이를 중심으로 설명하였다.[16] 더불어 상법상 사용되고 있는 회사의 종류인 모회사 · 자회사, 상장회사, 소규모회사에 대해서도 간단히 살펴보기로 한다.

(1) 합명회사

합명회사(société en nom collectif)**는 2인 이상의 무한책임사원만으로 구성된다**(제178조).[17] **'무한책임'이란 회사가 책임을 다 감당하지 못하는 경우, 사원이 회사채권자에게 직접 또는 회사와 연대하여 무한의 책임을 부담하는 것**을 말한다.[18]

상법은 회사의 재산으로 그의 채무를 완제(완전히 변제)할 수 없는 때, 각 사원은 이를 연대하여 변제할 책임이 있다고 규정하고 있다(제212조 제1항).[19] 여기서의 연대책임의 의미는 회사와 사원간의 연대책임이 아니라, 사원 상호간의 연대책임을 의미한다.

사원의 지분은 당사자간의 계약에 의해서 양도가 가능할 것이나, 대외적으로 효력이 발생하기 위해서는 모든 다른 사원의 동의를 얻어야 한다(제197조).[20]

(2) 합자회사

합자회사(société en commandite)**는 1인 이상의 무한책임사원과 1인 이상의 유한책임사원으로 구성된다**(제268조). **무한책임사원**은 회사채권자에 대하여 **직접 · 연대하여 무한책임**을 진다. 무한책임사원은 정관에 다른 규정이 없는 때에는 각자가 회사의 업무를 집행할 권리와 의무가

---

14) 이 책임은 회사가 제3자에 대해 채무가 있을 경우, 사원의 책임 범위 및 회사에 대한 사원의 출자의무를 포함한다.
15) 이들 회사에 대한 자세한 설명은 제11장을 참고하기 바람.
16) 이외에도, 영리목적의 유무에 따라 상사회사와 민사회사로, 주식소유비율에 따라 모회사와 자회사로, 설립준거법에 따라 내국회사와 외국회사로, 설립법원(法源)에 따라 일반법 상 회사와 특별법 상 회사, 사원과 회사의 관계에 따라 인적회사와 물적회사로, 지배종속관계에 따라 지배회사와 종속회사로, 자본의 국적에 따라 내자회사와 외자회사 (또는 다국적회사)로, 주식시장 상장여부에 따라 상장회사와 비상장회사로 구별한다.
17) 이 회사 형태는 고도의 기술(know-how)이나 영업비밀을 지니고 있는 회사가 제3자에게 이를 공개하지 않기 위한 목적으로 적합하다고 본다.
18) 예를 들면, 회사가 은행으로부터 100억원을 빌렸는데 이를 갚지 못할 경우, 누가 갚아야 하나? 합명회사의 사원이 갚아야 된다. 무한책임사원이기 때문이다.
19) 물론 이 규정은 사원이 "회사에게 변제의 자력이 있으며 집행이 용이한 것을 증명한 때"에는 적용하지 아니한다(제212조 제3항). 한편, 회사성립 후에 가입한 사원은 그 가입 전에 생긴 회사채무에 대하여 다른 사원과 동일한 책임을 진다(제213조).
20) 정관의 규정에 의하여 완화할 수는 있다.

있다(제273조).

반면, 유한책임사원은 회사에 대해 일정 출자의무를 부담하고, 회사채무에 대해서는 유한책임사원이 출자한 가액에서 이미 회사가 이행한 부분을 공제한 가액을 한도로 하여 책임을 진다(제279조 제1항).[21] 즉, 출자의무를 전부 이행하였다면 회사채무에 대한 책임은 없겠지만 일부만 이행하였을 경우에는 나머지 부분에 대해서 유한책임사원이 직접 책임을 부담하여야 한다.

유한책임사원은 무한책임사원이 경영하는 투자자에 불과하기 때문에 신용 또는 노무를 출자의 목적으로 하지 못하며(제272조), 회사의 업무집행이나 대표행위를 하지 못한다(제278조).[22]

(3) 유한책임회사

유한책임회사(Limited Liability Company : LLC)는 사모(私募)펀드 등 투자펀드나 벤처기업 등에 적합한 회사형태로, 공동기업이나 조합의 성격을 가지고 있으면서도 외부적으로는 사원의 유한책임이 확보되는 기업 형태에 대한 수요를 충족하기 위해 법률 제10600호(2011.4. 14. 개정, 2012.4.15. 시행)로 도입된 회사형태이다.

유한책임회사는 모든 사원이 유한책임에 그치면서도 주식회사나 유한회사와 달리 사원이 스스로 업무집행을 할 수 있는 등 내부관계에 있어서 사적 자치가 주식회사나 유한회사보다 폭넓게 인정된다.

사원은 원칙적으로 출자금액을 한도로 회사에 대해서만 책임을 진다(제287조의7). 유한책임회사는 업무집행자가 유한책임회사를 대표한다. 따라서 정관에 사원 또는 사원이 아닌 자를 업무집행자로 정해 놓아야 한다. 하지만, 정관 또는 총사원의 동의로 둘 이상의 업무집행자가 공동으로 회사를 대표할 것을 정할 수도 있다(제287조의12 제1항 및 제287조의19).

유한책임회사를 대표하는 업무집행자가 그 업무집행으로 타인에게 손해를 입힌 경우, 회사는 그 업무집행자와 연대하여 배상할 책임이 있다(제287조의20).

(4) 주식회사

주식회사(société anonyme)를 설립함에는 발기인이 정관을 작성하여야 한다(제288조).[23] 주식

---

21) 사원이 제3자에 대해 회사의 채무를 변제할 채무를 부담한다는 의미로, 이를 '직접책임'이 있다고 한다.

22) 그 대신 감시권은 있다(제277조). 유한책임사원은 영업 연도 말에 있어서 영업시간 내에 한하여 회사의 회계장부 · 대차대조표 기타의 서류를 열람할 수 있고 회사의 업무와 재산상태를 검사할 수 있으며(제1항), 중요한 사유가 있는 때에는 유한책임사원은 언제든지 법원의 허가를 얻어 제1항의 열람과 검사를 할 수 있다(제2항).

23) 종전 상법(법률 제6488호, 2001.7.24. 개정 전)에서는 3인 이상의 발기인을, 그 이전 상법(법률 제5053호, 1995.12.29. 개정 전)에서는 7인 이상의 발기인이 있어야 한다고 규정하고 있었다.

회사 사원의 책임은 회사채권자에 대해 자신이 가진 주식의 인수가액을 한도로 지며(제331조), 회사의 제3자에 대한 채무에 대해서는 아무런 책임이 없다.

주식회사는 의사결정기관으로 주주총회를 두고 있으며(제361조), 업무집행기관으로 이사회 및 대표이사를 두고 있다(제382조 및 제389조). 또한 이사의 직무집행을 감사하고 회사의 업무와 재산상태를 조사하기 위해 감사를 두고 있다(제409조).[24)]

(5) 유한회사

유한회사(société à responsabilité limitée)는 1인 이상의 사원으로 구성되며, 그는 주식회사와 마찬가지로 자신이 출자한 금액의 한도에서 회사채권자에게 간접 · 유한의 책임을 진다(제553조).

유한회사는 주식회사와 달리 이사회가 없고, 감사가 임의기관으로 되어 있으며(제568조), 사원총회에서 업무집행 및 회사대표를 위한 이사를 선임한다(제562조). 사원총회의 결의는 정관 또는 본법에 다른 규정이 있는 경우 외에는 총사원의 의결권의 과반수를 가지는 사원이 출석하고 그 의결권의 과반수로써 하여야 한다(제574조).[25)]

(6) 기타 회사의 분류(모회사 · 자회사 · 지주회사)

어떤 회사가 다른 회사를 주식이나 임원의 임용 등에서 사실상 지배하는 경우에 지배하는 회사를 지배회사로, 지배당하는 회사를 종속회사라고 한다. 상법은 지배하는 회사를 모회사로 지배당하는 회사를 자회사로 규정하고 있는데, 모회사가 되는 기준은 어떤 회사가 다른 회사의 발행주식총수의 50%를 초과하여 소유하는 경우이다(제342조의2). 상법은 모회사 · 자회사에 대해서 자회사의 모회사주식 취득을 금지하는 규정만 있다(제342조의2 제1항).

한편, 지주회사는 주식의 소유를 통해서 자회사의 사업을 지배하는 것을 목적으로 하는 회사인데, 상법 제360조의2 이하에서 주식교환 · 주식이전 제도는 지주회사설립을 지원하기 위해서 규정하고 있는 제도이다.

---

24) 주식회사는 주주가 유한책임을 부담하므로 사업실패에 따라 주주가 부담하는 위험이 적고, 주식을 단위로 자본이 구성됨에 따라 자본을 모으기가 쉬워서(1주당 가격이 상대적으로 높지 않기 때문임) 우리나라 법인회사 형태 중 대부분을 차지하고 있다(자세한 내용 : 국세청의 국세통계연보 중 법인종류별 법인세 신고현황 참조).

25) 유한회사의 조직형태는, 주식회사와 달리, 패쇄적이고 비공개적인 형태의 조직을 가지고 있으며, 주식회사보다 설립절차가 비교적 간단하고 사원총회 소집절차도 간소하다는 특징이 있다.

3 1인 회사

(1) 의 의

'1인 회사'란 사원이 1인만 있고 그 회사의 지분 전부가 그 1인에게 귀속되어 있는 회사를 말한다(좁은 의미의 1인 회사).

외형적으로는 1인 이상의 사원으로 구성되어 있는 것 같지만 실제로는 1인 사원만이 그 회사의 지분을 소유하고 다른 사원들은 그 1인 사원의 지분을 명의대여한 경우 또는 다른 모든 사원이 1인 사원에게 지분을 전부 양도하였으나 주주명부 등에 다른 사원의 이름이 그대로 남아 있는 경우까지 포함하여 넓은 의미의 1인 회사라고 한다.

(2) 1인 회사의 인정여부

상법상 회사별로 1인 회사가 인정되는지 살펴보기로 한다.

1) 합명회사와 합자회사

합명회사와 합자회사는 설립할 때 2인 이상의 사원이 공동으로 정관을 작성하여야 하고, 사원이 1인만 남게 된 경우에는 회사의 해산사유가 되므로 **1인회사가 인정될 수 없다**(제178조, 제227조 제3호, 제269조).

2) 주식회사

과거 상법은 주식회사를 설립하기 위해서는 3인 이상의 발기인이 정관을 작성해야 했으나, 2001년 상법 개정으로 발기인 수에 대한 제한은 없어졌다(제288조). 따라서 **1인 주식회사가 가능하다.**

3) 유한회사

과거 상법은 유한회사 설립할 때 2인 이상이 필요했고, 사원이 1인이 되면 회사의 해산사유였으나, 2001년 상법 개정으로 이 규정들을 모두 삭제하여 **1인 유한회사가 가능하다.**

4) 유한책임회사

유한책임회사는 2011년 상법 개정으로 신설되었는데, 유한책임회사는 설립 시 또는 해산 시에 1인 이상을 요건으로 하지 않기 때문에 1인 유한책임회사가 가능하다(제287조의2, 제287조의38 제2호).

(3) 1인 회사와 관련된 문제

1) 주주총회운영 상의 문제

상법상의 주주총회의 소집절차와 결의방법은 1인 이상의 주주를 전제로 하여 주주의 이익을 보호하기 위해서 규정되어 있다. 따라서 이러한 주주총회의 소집절차와 결의방법에 대한 상법상의 규정을 1인 회사에 적용하는 데 있어서 완화할 수 있다는 것이 통설의 입장이다.

판례 역시 1인 회사는 별도로 총회소집절차가 필요 없고, 실제로 총회를 개최한 사실이 없었다 하더라도 그 1인 주주에 의하여 의결이 있었던 것으로 주주총회의사록이 작성되었다면 특별한 사정이 없는 한 그 내용의 결의가 있었던 것으로 볼 수 있다는 입장이다. 또한, 판례는 1인 회사에서 주주총회의 특별결의를 요하는 회사의 영업전부를 양도하는 경우 1인 주주의 의사결정으로 주주총회의 특별결의를 대체할 수 있다고 한다.

대법원 2004.12.10. 선고 2004다25123 판결
주식회사에 있어서 회사가 설립된 이후 총 주식을 한 사람이 소유하게 된 이른바 1인회사의 경우에는 그 주주가 유일한 주주로서 주주총회에 출석하면 전원 총회로서 성립하고 그 주주의 의사대로 결의가 될 것임이 명백하므로 따로 **총회소집절차가 필요 없고, 실제로 총회를 개최한 사실이 없었다 하더라도 그 1인 주주에 의하여 의결이 있었던 것으로 주주총회의사록이 작성되었다면 특별한 사정이 없는 한 그 내용의 결의가 있었던** 것으로 볼 수 있고, 이는 실질적으로 1인회사인 주식회사의 주주총회의 경우도 마찬가지이며, 그 주주총회의사록이 작성되지 아니한 경우라도 증거에 의하여 주주총회 결의가 있었던 것으로 볼 수 있다.

대법원 1976.5.11. 선고 73다52 판결
실질상 1인회사의 소유재산을 그 회사의 대표이사 1인 주주가 처분하였다면 그러한 처분의사결정은 곧 **주주총회의 특별결의에 대치하는 것으로 할 것**이므로 그 **재산이 회사의 유일한 영업재산이라 하더라도 동 처분은 유효**하다고 할 것이다.

2) 이사의 자기거래 제한의 위반

이사가 자기 또는 제3자의 계산으로 회사와 거래를 하는 것을 '이사의 자기거래'라고 한다. 이사가 이러한 자기거래를 통해서 회사의 이익을 침해할 수 있기 때문에 상법은 이사회의 승인을 얻도록 하고 있다(제398조). 이러한 이사회의 승인을 받지 않은 이사의 자기거래는 회사와 이사 간의 내부적 법률관계는 무효가 된다. 다만, 이사와 다시 거래한 제3자에 대해서는 그 제3자가 선의인 경우에 한하여 유효한 거래가 된다(상대적 무효설).

1인 회사는 주주가 이사인데 이러한 1인 회사에서 이사회의 승인이 없는 이사의 자기거래에 대해서 상대적 무효설에 따라야 하는지가 문제된다.

이사의 자기거래에 대해서 이사회의 승인이 없었다고 할지라도 사전에 주주 전원의 동의가 있었다면 자기거래가 유효하다는 것이 판례의 입장인데, 1인 회사의 경우도 1인 주주의 의사와 일치한 경우에 주주 전원의 동의가 있었다고 볼 수 있으므로 이사회의 승인이 없더라도 1인 주주의사와 일치하면 이사의 자기거래는 유효하다고 볼 수 있다고 한다.

대법원 2002.7.12. 선고 2002다20544 판결
회사의 채무부담행위가 상법 제398조 소정의 이사의 자기거래에 해당하여 이사회의 승인을 요한다고 할지라도, 위 규정의 취지가 회사 및 주주에게 예기치 못한 손해를 끼치는 것을 방지함에 있다고 할 것이므로, **그 채무부담행위에 대하여 사전에 주주 전원의 동의가 있었다면 회사는 이사회의 승인이 없었음을 이유로 그 책임을 회피할 수 없다.**

3) 업무상 횡령죄 · 배임죄 성립여부

판례는 1인 회사의 사원이 회사의 재산을 횡령하거나 회사에 대해서 배임행위를 한 경우에 그 사원과 회사는 별개의 법인격을 가지기 때문에 사원의 횡령이나 배임행위는 형법상 업무상 횡령죄 또는 업무상 배임죄가 성립한다고 한다.[26)]

대법원 1996.8.23. 선고 96도1525 판결
피고인이 사실상 자기 소유인 1인주주 회사들 중의 한 개 회사 소유의 금원을 자기 소유의 다른 회사의 채무면제를 위하여 지출하거나 그 다른 회사의 어음결제대금으로 사용한 경우, **주식회사의 주식이 사실상 1인 주주에 귀속하는 1인 회사에 있어서는 행위의 주체와 그 본인 및 다른 회사와는 별개의 인격체이므로, 그 법인인 주식회사 소유의 금원은 임의로 소비하면 횡령죄가 성립되고 그 본인 및 주식회사에게 손해가 발생하였을 때는 배임죄가 성립**한다.

26) 형법상 횡령죄는 '타인의 재물을 보관하는 자'가 주체이고, 배임죄는 '타인의 사무를 처리하는 자'가 주체가 될 수 있는데(형법 제355조), 1인 주주와 회사는 별개의 법인격을 가진 자로서 서로에게 타인이 되므로 횡령죄, 배임죄가 성립할 수 있다는 의미이다.

4 회사법의 법원(法源)

'회사법의 법원(法源)'은 회사의 생활관계의 준칙을 인식할 수 있도록 한 법의 존재형식[27]을 의미하는 것이다. 구체적으로 회사의 상행위에 대해 다툼이 있을 경우 이를 해결하기 위해 법원(法院)에서 어느 법을 적용하여야 할 것인가 문제이다.

이에 대해 상법 제1조에서 "상사에 관하여 본법에 규정이 없으면 상관습법에 의하고 상관습법이 없으면 민법의 규정에 의한다."고 규정하고 있다. 즉, 상법은 회사의 상행위에 대해서 다툼이 있는 경우 법원은 상법전을 먼저 살펴보고, 다음으로 상관습, 마지막으로 민법전을 살펴보라고 규정하고 있다.

(1) 상 법

현행 상법은 1962년 1월 20일 법률 제1000호로 제정되어 1963.1.1.부터 시행되고 있고 이후 경제현실을 반영하여 여러 번 개정되었는데, 이 법이 회사법의 법원[28] 중 가장 기본적이고 중요한 법원이다.[29]

(2) 조약 및 국제법규

회사의 상사(商事)와 관련된 조약[30]과 일반적으로 승인된 국제법규[31]는 회사법의 법원이 될 수 있다. 우리나라 헌법 제6조 제1항에서는 "헌법에 의하여 체결 · 공포된 조약과 일반적으로 승인된 국제법규는 국내법과 같은 효력을 가진다."고 규정하고 있기 때문이다.[32]

---

27) 법의 존재형태는 그 내용이 문자로 표현되고 문서의 형태로 구성되며 일정한 절차와 형식을 거쳐서 공포되었는지에 따라 성문법(成文法)과 불문법(不文法)으로 구분한다. 전자에는 헌법 · 법률 · 명령 · 자치 법규 등이 있고, 후자는 다시 어떠한 형식으로 형성되는가에 따라 관습법, 판례법, 조리 등으로 나눌 수 있다.

28) 이외에도 상법의 존재에 터 잡은 상법 시행법 및 상법시행령이 있고, 아예 상법에서 독립하여 별도의 법 형태로 존재하는 상표법, 은행법, 신탁법, 보험업법, 주식회사 등의 외부감사에 관한 법률, 금융실명거래 및 비밀보장에 관한 법률, 예금자보호법 등도 중요한 법원(法源)이다.

29) 제정 이유 : 일제 때부터 의용(依用)되어 오던 일본상법에 대체하여 새로운 자본주의 경제질서에 부응하는 상법을 제정하여 국민경제의 발전에 기여하려는 것임. ⅰ) 상사에 관하여는 이 법(상법) · 상관습법 · 민법의 순으로 적용하도록 함 ⅱ) 상인의 개념을 정함 ⅲ) 상업사용인의 선임 · 권한 · 의무 등에 관하여 규정함 ⅳ) 상호, 상업장부, 상업등기에 관하여 규정함 ⅴ) 상행위를 기본적 상행위와 보조적 상행위로 구분하여 그 내용을 정함 ⅵ) 회사를 합명회사, 합자회사, 주식회사, 유한회사의 4종으로 함 ⅶ) 보험 및 해상에 관하여 규정함. (출처 : http://glaw.scourt.go.kr/wsjo/lawod/sjo190.do?contId=1672198#1515629814993)

30) 대표적인 예로 "유류오염 손해에 대한 민사책임에 관한 국제조약(International Convention on Civil Liability for Oil Pollution Damage, 1979)"이 있다.

31) 대표적인 예로 "화환신용장 통일규칙 및 관례(Uniform Customs and Practice for Documentary Credits)"가 있다. 국제상업회의소가 1933년 각국 은행협회의 대표로 구성된 「상업화환신용장은행위원회」(Banking Committee on Commercial Documentary Credit)의 협력을 얻어 만든 민간단체의 규칙으로, 이를 통해 신용장의 형식과 해석 및 취급 등을 통일시켰다.

32) 국내법과 조약의 규정이 서로 상충될 경우 이를 해결하는 방법으로 「특별법우선 적용의 원칙」과 「신법우선적용의 원칙」이 있다. 우리나라는 전자의 원칙을 적용한다.

(3) 상관습법

'관습법'이란 사회의 거듭된 관행으로 생성한 사회생활규범이 사회의 법적 확신과 인식에 의하여 법적 규범으로 승인·강행되기에 이른 것을 말한다.

사회의 거듭된 관행으로 생성한 어떤 사회생활규범이 법적 규범으로 승인되기에 이르렀다고 하기 위해서는 헌법을 최상위 규범으로 하는 전체 법질서에 반하지 아니하는 것으로서 정당성과 합리성이 있다고 인정될 수 있는 것이어야 하고, 그렇지 아니한 사회생활규범은 비록 그것이 사회의 거듭된 관행으로 생성된 것이라고 할지라도 이를 법적 규범으로 삼아 관습법으로서의 효력을 인정할 수 없다고 할 것이다.[33]

한편, 상관습법(commercial customary law)은 회사의 상거래 편의를 위해 형성된 것이다. 상관습법은 법원성(source of law)이 있으므로, 법원이 이를 위반하여 판결을 하는 경우 상고이유가 된다(민사소송법 제423조).[34]

(4) 민 법

민법(民法, droit civil)은 사인(私人) 사이의 법률관계에서 발생하는 권리·의무를 규율하는 사법(사인간의 법률관계를 규율하는 법)의 일반법이다. 이 중에는 회사의 상거래에 대해 동일하게 규율이 가능한 경우, 예를 들면, 신의성실의 원칙(신의칙), 계약, 기간, 물권, 채권 등도 많다.[35] 상법에서 이에 대해 규정하고 있지 않다면, 이 경우 민법의 규정을 준용한다.[36][37]

5 회사의 능력

(1) 권리능력

권리를 행사하고 의무를 부담하는 지위 내지 자격을 '권리능력'이라고 하는데 이러한 권리능력이 있는 자를 민법에서는 자연인과 법인으로 구분한다. 이 중 법인은 법률의 규정에 좇아

33) 대법원 2003.7.24. 선고 2001다48781 전원합의체 판결.
34) 제423조(상고이유) : 상고는 판결에 영향을 미친 헌법·법률·명령 또는 규칙의 위반이 있다는 것을 이유로 드는 때에만 할 수 있다.
35) 판례는 원칙적으로 법원은 아니다. 왜냐면 개별적이고 구체적인 사건에 대한 판단으로 모든 일반적인 사건에 통용되는 규범으로 볼 수 없기 때문이다. 하지만 하급심은 상급심을 사실상 따르고 대법원도 종래의 해석을 변경하고자 할 때는 전원합의체의 재판을 거치고 있는 등을 감안해보면 사실상의 행위규범으로 작동하고 있다고 본다.
36) 민법 제1조 : 민사에 관하여 법률에 규정이 없으면 관습법에 의하고 관습법이 없으면 조리(條理)에 의한다.
37) 이의 순위를 정리하면, i) 조약 등 국제법규 ii) 상법 중 강행법규 iii) 민법 중 강행법규 iv) 자치법(정관) v) 관습법 vi) 상법 중 임의법규 vii) 민법 중 임의법규 순이다(이철송, 「상법총칙·상행위(제14판)」, 박영사, 2016, p.62.

정관으로 정한 목적의 범위 내에서 권리와 의무의 주체가 된다(민법 제34조). **회사는 상행위나 그 밖의 영리를 목적으로 하여 설립한 법인**(제169조)**이므로 권리능력이 있다.** 즉, 그러나 자연인과 달리 법률에 의해 부여되었으므로 그 특성상 여러 가지 제한이 있다.

1) 법률상 제한

상법은 회사의 권리능력에 대한 일정한 제한을 규정하고 있다. 예를 들면, 회사는 다른 회사의 무한책임사원이 되지 못하며(상법 제173조)[38], 회사는 해산된 후에는 청산의 목적범위 내에서 존속한다(상법 제245조).

2) 성질상 제한

회사는 자연인과 달리 육체를 지니고 있지 아니하므로, 이러한 성질로 인해서 자연인에게 부여되는 권리의무 중 **일신전속적인 권리**(예를 들면 상속권, 친족권, 생명권 등)**는 가질 수 없다.** 예를 들면, 회사는 상속으로 재산을 무상으로 받을 수는 없다.[39]

3) 목적상 제한

회사는 정관에 목적사업을 기재한다. 목적은 정관의 절대적 기재사항이다(제289조 제1항). 정관은 회사의 조직과 활동에 관해 정한 회사의 자치법규이다. 한편, 민법은 법인의 권리능력을 정관으로 정한 목적 범위내로 제한하고 있다(민법 제34조).[40] 민법과 달리 상법에는 동일한 규정뿐만 아니라 준용하는 규정도 없다.

민법과 같은 규정이 없더라도 정관은 기본적으로 회사의 영업과 관련된 내용을 담고 있는데 **정관에서 정한 목적 이외의 사항에 대해서는 회사의 권리능력을 인정할 수 있는지에** 다툼이 있다. 예를 들면, 영업과 직접적인 관련이 없는 기부행위를 할 수 있는지 논란이 될 수 있다.[41]

이에 대해서 정관에서 정한 목적 이외의 사항에 대해서는 권리능력이 없다는 입장(제한설)과 정관에서 정한 목적 이외의 사항에 대해서도 권리능력이 있다는 입장(무제한설)의 대립이 있다. **통설**은 상법에는 「민법」 제34조를 준용하는 규정이 없으며, 법적 안정성 측면에

---

38) 회사가 다른 회사의 유한책임 사원은 될 수 있다.

39) 하지만, 회사는 유증(유언으로써 자기 재산의 일부를 대가없이 타인에게 주는 행위)을 통해 상속받은 것과 동일한 효과를 누릴 수는 있다. 이 경우, 상속세 및 증여세법(이하 "상증법"이라 한다) 제4조의2 제1항 제1호에 따르면, 회사가 영리법인이라면 법인세를 부담하고, 비영리법인이라면 증여세를 부담한다.

40) 회사가 정관상 목적에 위배된 행위를 했을 경우에는 이사에 대한 손해배상청구(제399조), 유지청구(제402조), 해임청구(제385조 제1항)의 원인이 될 수 있다.

41) 이에 대해서는 현행 정치자금법 제31조에 따르면 법인이나 단체의 정치자금기부행위는 금지하고 있어 입법적으로 해결하고 있다.

서 해당 거래가 정관의 목적 범위 내인지 제3자가 확인하는 것은 매우 힘든 점 등을 들어서 무제한설의 입장이다. **판례는 원칙적으로 회사의 권리능력은 정관상의 목적에 의하여 제한된다고** 하면서도 **그 목적의 범위를 넓게 해석하고** 있어서 **실질적으로는 무제한설에 가까운** 입장이라고 할 수 있다.

대법원 2009.12.10. 선고 2009다63236 판결
회사의 권리능력은 회사의 설립근거가 된 법률과 회사의 정관상의 목적에 의하여 제한되나 그 목적범위 내의 행위라 함은 **정관에 명시된 목적 자체에 국한되는 것이 아니라 그 목적을 수행하는 데 있어 직접, 간접으로 필요한 행위는 모두 포함**되고 **목적수행에 필요한지의 여부는 행위의 객관적 성질에 따라 판단할 것이고 행위자의 주관적, 구체적 의사에 따라 판단할 것은 아니다.**

(2) 의사능력과 행위능력

회사는 성질상 스스로 의사결정과 이에 따른 행위를 하는 것은 불가능하다. 회사는 회사의 기관(주주총회, 이사회 등)을 통해서 의사결정과 집행을 하게 된다.[42] 대표관계 법리를 대표기관의 행위가 회사의 행위로 간주된다(민법 제59조 제2항)[43] **회사는 권리능력 범위와 행위능력의 범위가 같다.**

(3) 불법행위능력

회사의 행위능력이 있기 때문에 **불법행위능력도 인정된다.**[44] 그러나 회사가 실제로 행위를 하는 것이 아니기 때문에 회사는 회사를 대표하는 사원이 그 업무집행으로 인하여 타인에게 손해를 가한 때에 **그 사원과 연대하여 배상책임을 지는 형태로 불법행위능력이** 인정된다(제210조). 이렇게 대표사원의 불법행위로 인하여 회사가 전부 또는 일부를 배상하였을 경우, 회사는 대표기관에 대해 구상청구를 할 수 있다.

(4) 범죄능력

법인은 기관인 자연인을 통해 행위를 하기 때문에 법인 스스로 범죄를 저지를 수는 없어

42) 법인과 그 기관과의 관계에 대해서 법인실재설과 법인의제설의 대립이 있으나 많은 부분 입법적으로 해결하고 있어서 논의의 실익은 크지 않다. 예를 들어, 민법 등에서 회사가 소송법상 당사자 능력(민법 제34조 및 민사소송법 제51조)과 소송능력(민사소송법 제64조 및 형사소송법 제27조)이 있고 납세의무 등 공법상 의무(법인세법 제2조)도 부담하도록 규정하고 있다.

43) 민법 제59조(이사의 대표권): ⅰ) 이사는 법인의 사무에 관하여 각자 법인을 대표한다. 그러나 정관에 규정한 취지에 위반할 수 없고 특히 사단법인은 총회의 의결에 의하여야 한다 ⅱ) 법인의 대표에 관하여는 대리에 관한 규정을 준용한다.

44) 행위능력과 불법행위능력은 동일한 능력이다.

서 원칙적으로 일반적인 범죄능력은 인정되지 않는다. 다만, 법률이 특별히 규정하는 경우 자연인인 행위뿐만 아니라 법인에 대해서도 형벌(예 : 벌금)을 부과할 수 있다.

대법원 1994.2.8. 선고 93도1483 판결
법인은 기관인 자연인을 통하여 행위를 하게 되기 때문에, 자연인이 법인의 기관으로서 범죄행위를 한 경우에도 행위자인 자연인이 범죄행위에 대한 형사책임을 지는 것이고, 다만 **법률이 목적을 달성하기 위하여 특별히 규정하고 있는 경우에만 행위자를 벌하는 외에 법률효과가 귀속되는 법인에 대하여도 벌금을 과할 수 있을 뿐**이다.

6 법인격 부인

회사제도는 자연인과는 구별되는 법인이라는 인(人)을 상정함으로 인하여 자연인만으로는 제한적일 수밖에 없는 영역에 대해서 보다 폭넓은 능력을 발휘할 수 있게 해준다.

하지만 회사는 개인과 법인격이 분리되기 때문에 회사를 설립한 후 그 회사 뒤에 숨어서 채무를 면탈하거나 자신에게 적용될 법률을 회피하기 위해서 회사제도를 악용(또는 남용)한 경우가 있다.[45)]

이와 같은 경우 **회사제도를 악용 또는 남용한 경우 회사의 법인격 자체가 없는 것으로 보아**(즉, 법인격을 부인하여) **또는 주주의 유한책임을 부인하여 회사의 법인격 배후에 있는 자에 대해서 회사가 부담했을 책임을 지울 필요가 있는데, 이를 법인격 부인**이라고 한다.[46)]

예를 들면, A(개인 또는 법인)가 B회사를 만들고 B회사 명의로 C은행으로부터 500억 원을 빌려왔는데 이 돈을 실제는 B회사가 아닌 A가 다 사용했다고 하자. 그런데 B가 이를 갚지 않으면, C은행은 B회사로부터만 받을 수 있는가 아니면 실제 거래당사자가 아닌 A에게도

45) 법인격 부인은 특히 주주가 1인인 1인회사의 경우 문제될 소지가 많다.

46) 우리나라 대법원에서 처음으로 법인격부인을 다룬 사례는 선박의 편의치적(便宜置籍)과 관련된 사례이다(대법원 1988.11.22. 선고 87다카1671 판결). 주된 내용은 선박회사의 '편의치적'에 대해 법인격 부인이 아니라 법인격이 있다는 판결이였는데, 이 판결의 판시 중에 법인격부인 법리에 대한 최초의 판단을 하였다["국제외항해운에 종사하는 선박소유자나 기업은 자신이 소속된 국가 또는 실제로 선박의 운항에 관하여 기업의 중추가 되는 회사가 소재하는 국가와는 별도의 국가인 파나마, 리베리아 등에 해운기업상 편의를 위하여 형식적으로 개인명의 또는 회사를 설립하여 그 명의로 선박의 적을 두고(이른바 편의치적) 그 나라의 국기를 게양하여 항해하며 실제소유자는 이와는 별도의 명의로 위 이름뿐인 회사 등과 관리계약을 체결하여 마치 선박관리만을 담당하는 기업인 것처럼 행세함으로써 선박소유자가 자국과 선적국과의 사이에 발생하는 재무 · 노무 · 금융 등 각 부문의 수준차를 이용하고 기타 사회제조건의 차이 및 행정상의 법령 · 규칙 · 단속감독의 정도차를 이용하여 자유롭게 해운기업을 경영하는 방편으로 이용하는 경우가 많으며 피고 회사들 뿐 아니라 다른 수리조선소나 기타 선박관련 사업자들도 편의치적선의 경우 형식상의 소유자를 따지지 않고 실제의 소유자인 관리회사와 모든 계약을 체결하고 대금을 받는 것이 통례로 되어 있는 사실을 인정하고 있는바 원심이 위 사실을 인정함에 있어 거친 증거의 취사과정을 기록에 비추어 살펴보아도 정당하고 거기에 소론이 지적하는 채증법칙이나 이유모순의 위법이 있다 할 수 없다."]. 이 판결 이후에 법인격 부인을 적용한 판례가 나오기 시작했다.

갚으라고 할 수 있는가? 법인격을 가진 B회사가 C은행과 거래를 했기 때문에 원칙적으로는 B회사가 갚아야 하고 A가 갚을 의무가 없는 것이다. A가 주주라면 주주로서 유한책임만을 지면 되는 것이다.[47)]

법인격부인은 상법에는 관련된 구체적인 조항을 찾을 수 없으나, 판례를 통해서 인정되고 있다. 이에 대한 근거 규정으로 **판례는 민법 제2조**(신의성실원칙)[48)]**과 상법 제169조**(회사의 의의)를 들고 있다.

대법원 2011.5.13. 선고 2010다94472 판결
기존회사가 채무를 면탈할 목적으로 기업의 형태 · 내용이 실질적으로 동일한 신설회사를 설립하였다면, 신설회사의 설립은 기존회사의 채무면탈이라는 위법한 목적달성을 위하여 **회사제도를 남용**한 것이므로, 기존회사의 채권자에 대하여 위 두 회사가 별개의 법인격을 갖고 있음을 주장하는 것은 **신의성실의 원칙상 허용될 수 없다 할 것**이어서 기존회사의 채권자는 위 두 회사 어느 쪽에 대하여서도 채무의 이행을 청구할 수 있다고 볼 것이고, 이와 같은 법리는 어느 회사가 채무를 면탈할 목적으로 기업의 형태 · 내용이 실질적으로 동일한 이미 설립되어 있는 다른 회사를 이용한 경우에도 적용된다 할 것이다.

이와 같이 **회사의 법인격이 부인**되는 경우에는 **회사와 그 배후에 있는 자의 독자적인 관계는 부인되고, 회사와 그 배후자를 동일한 실체로 취급**하게 된다.

대법원 2016.4.28. 선고 2015다13690 판결
여기서 **회사가 그 법인격의 배후에 있는 타인의 개인기업에 불과하다고 보려면, 원칙적으로 문제가 되고 있는 법률행위나 사실행위를 한 시점을 기준으로 하여, 회사와 배후자 사이에 재산과 업무가 구분이 어려울 정도로 혼용되었는지, 주주총회나 이사회를 개최하지 아니하는 등 법률이나 정관에 규정된 의사결정절차를 밟지 아니하였는지, 회사 자본의 부실 정도, 영업의 규모 및 직원의 수 등에 비추어** 볼 때, 회사가 이름뿐이고 실질적으로는 개인영업에 지나지 아니하는 상태로 될 정도로 형해화 되어야 한다. 또한 이와 같이 법인격이 **형해화 될 정도에 이르지 아니하더라도** 회사의 배후에 있는 자가 회사의 법인격을 남용한 경우 회사는 물론 그 배후자인 타인에 대하여도 회사의 행위에 관한 책임을 물을 수 있으나, 이 경우 채무면탈 등의 남용행위를 한 시점을 기준으로 하여, **회사의 배후에 있는 자가 회사를 자기 마음대로 이용할 수 있는 지배적 지위에 있고 그와 같은 지위를 이용하여 법인제도를 남용하는 행위를 할 것이 요구**되며, 이와 같이 배후자가 법인제도를 남용하였는지는 앞서 본 법인격 형해화의 정도 및 거래 상대방의 인식이나 신뢰 등 제반 사정을 종합적으로 고려하여 개별적으로 판단하여야 한다.

47) 위와 같은 사례는 현실에서 회사제도를 악용하는 사례로 많이 발생한다.
48) 민법상 신의성실 원칙이 적용되는 것은 상법에 규정이 없으면 민법 규정이 적용되기 때문이다.

법인격 부인의 요건으로 **회사의 법인격이 허울 내지 형해(形骸)에 불과하거나 채무면탈을 위하여 신설회사 또는 기존회사를 이용하는 경우**를 들고 있다.

한편, 특수한 목적을 수행하기 위해 일시적으로 만들어지는 법인, 즉 특수목적법인(Special Purpose Company)은 일종의 서류상 회사(Paper Company)에 불과하다. 따라서 기존 판례의 기준으로 판단한다면 법인격부인의 대상이 될 가능성이 높지만, **판례는 특수목적법인의 특성을 감안하여 판단을** 한 바가 있다.

대법원 2010.2.25. 선고 2007다85980 판결
특수목적회사(SPC)는 일시적인 목적을 달성하기 위하여 최소한의 자본출자요건만을 갖추어 인적·물적 자본 없이 설립되는 것이 일반적이다. 따라서 특수목적회사가 그 설립목적을 달성하기 위하여 설립지의 법령이 요구하는 범위 내에서 최소한의 출자재산을 가지고 있다거나 특수목적회사를 설립한 회사의 직원이 특수목적회사의 임직원을 겸임하여 특수목적회사를 운영하거나 지배하고 있다는 사정만으로는 특수목적회사의 독자적인 법인격을 인정하는 것이 신의성실의 원칙에 위배되는 법인격의 남용으로서 심히 정의와 형평에 반한다고 할 수 없으며, **법인격 남용을 인정하려면 적어도 특수목적회사의 법인격이 배후자에 대한 법률적용을 회피하기 위한 수단으로 함부로 이용되거나, 채무면탈, 계약상 채무의 회피, 탈법행위 등 위법한 목적달성을 위하여 회사제도를 남용하는 등의 주관적 의도 또는 목적이 인정되는 경우라야 한다.**

7 회사와 세금

만약 A(개인)가 100억원을 출자하여 B회사를 만들었는데, B회사가 영업을 잘하여 이익을 남겼고 이 이익으로 B회사가 A에게 배당을 한 경우 A는 배당받은 이익에 대해서 소득세를, B회사는 영업이익에 대해서 법인세를 부담할 것이다.

이렇게 A와 B회사가 납부하는 세금은 어떤 법률적인 근거에 의해서 국가가 받을 수 있는지 즉, 세금에 대한 다툼이 생겼을 때 근거가 되는 법률이 무엇인지 이하에서 살펴보기로 한다.

(1) 법원(法源)

1) 세 법

세금을 어느 규정에 따라 납부하여야 하는 가를 고민할 때, 달리 말하면 세금납부 여부에 대한 다툼이 생겼을 때 판단의 근거가 무엇으로 할 것인가가 문제되는데 이에 대한 근거가 될 수 있는 규범에 대해서 법원성이 있다고 한다.

우선 최상위 규범인 헌법을 살펴보면 다음과 같다. 즉, **헌법 제38조**에 따르면 "**모든 국민은 법률이 정하는 바에 의하여 납세의 의무를 진다.**"고 규정하고 있고, **헌법 제59조**에서는 "**조세의 종목과 세율은 법률로 정한다.**"고 하고 있다. 따라서 세금의 법원은 반드시 법률의 형태로 존재하여야 한다.

법률의 제·개정은 국회의 전속적인 권한이므로 세금은 국회가 만든 법률에 의하지 않으면 부과될 수 없다. 이렇게 국회가 만든 세금에 대한 법률을 세법이라고 한다.[49] 세법은 국민의 재산권과 직결되어 있으므로 국회가 세법에 대한 전속적인 권한을 가지고 있다고 하더라도 세법을 만드는데 있어서 일정한 한계가 있다. 헌법재판소에 따르면, 국회는 반드시 과세요건은 법률로 정해야 하며(과세요건법정주의), 과세요건을 정함에 있어서 국민들이 알 수 있도록 명확하여야 하며(과세요건명확주의), 그 규정내용에 있어서도 기본권 보장의 헌법이념과 이를 뒷받침하는 헌법상의 여러 원칙에 합치되어야 한다(실질적 법치주의).

헌법재판소 1992.2.25. 90헌가69 결정
조세행정에 있어서의 법치주의의 적용은 조세징수로부터 국민의 재산권을 보호하고 법적 생활의 안전을 도모하려는데 그 목적이 있는 것으로서, **과세요건법정주의와 과세요건명확주의**를 그 핵심적 내용으로 하는 것이지만 오늘날의 법치주의는 국민의 권리·의무에 관한 사항은 법률로써 정해야 한다는 형식적 법치주의에 그치는 것이 아니라 그 법률의 목적과 내용 또한 기본권 보장의 헌법이념에 부합되어야 한다는 **실질적 법치주의**를 의미하며 헌법 제38조, 제59조가 선언하는 세법률주의도 이러한 실질적 법치주의를 뜻하는 것이므로 비록 과세요건이 법률로 명확히 정해진 것일지라도 그것만으로는 충분한 것이 아니고 **세법의 목적이나 내용이 기본권 보장의 헌법이념과 이를 뒷받침하는 헌법상의 제원칙에 합치되지 아니하면 아니된다.**

2) 위임명령과 집행명령

헌법 제75조는 "**대통령은 법률에서 구체적으로 범위를 정하여 위임받은 사항과 법률을 집행하기 위하여 필요한 사항에 관하여 대통령령을 발할 수 있다.**"고 규정하고 있다. 이러한 **대통령령**을 **시행령**이라고 하고 이러한 대통령령은 다시 위임받은 **총리령 및 부령**에 위임할 수 있는데 이러한 총리령 및 부령을 **시행규칙**이라고 한다.

49) 국세기본법은 세법의 정의에 대해서 "국세의 종목과 세율을 규정하고 있는 법률"이라고 한다(국세기본법 제2조 제2호). 지방세기본법 제2조 제1항 제호에서는 "지방세관계법"이란 용어를 사용하고 있으며, 여기에는 지방세법, 지방세특례제한법, 조세특례제한법 및 제주특별자치도 설치 및 국제자유도시 조성을 위한 특별법을 열거하고 있다.

법률의 구체적인 위임을 받은 사항을 규정한 대통령령을 "**위임명령**"이라고 하고, 법률의 구체적인 위임이 없더라도 법률의 집행을 위해서 필요한 사항을 규정한 대통령령을 "**집행명령**"이라고 한다. 법률의 위임이 없는 집행명령은 국민의 권리 · 의무에 관한 사항을 규정하는 것이 아니기 때문에 당연히 법원성 여부에 대해서 문제가 되지 않는다. 그러나 위와 같은 **집행명령이 해당 법률을 정확하게 반영**하고 있다면, 이는 법률의 위임이 없다고 하여도 **유효한 법원**이 된다.[50]

반면, **행정규칙, 예를 들면 훈령이나 기본통칙 등은 법원이 될 수 없다.** 훈령이나 기본통칙은 행정부가 국회의 통제 없이 업무집행의 일관성 등 필요에 따라 독자적으로 만들어서 사용하는 것으로 국민의 권리의무를 새롭게 만들거나 제한할 수 없기 때문이다. 따라서, 법관은 이러한 행정규칙을 법원으로 하여 판단할 수 없고 판단하여서도 안된다.[51] 다만, 행정규칙이 법률의 전체적인 취지에 부합하다면 결과에 있어서 판결과 동일할 수는 있을 것이다.

3) 조세조약

헌법 제6조 제1항에서 "**헌법에 의하여 체결 · 공포된 조약과 일반적으로 승인된 국제법규는 국내법과 같은 효력을 가진다.**"고 규정하고 있다. 조세조약은 국회의 동의 절차라는 국회의 통제절차를 거치므로 헌법은 국내법과 동일한 효력을 부여하고 있다. 조세조약이 국내법과 동일한 효력을 가지고 있으므로 당연히 법원성이 인정될 수 있다.[52] 이는 세법을 적용함에 있어서 국내세법과 조세조약이 동시에 적용될 수 있다는 의미이다.

그렇다면 세법 적용에서 가장 중요한 원칙 중의 하나인 **실질과세원칙에도 조세조약의 해석과 적용에도 동일하게 적용될 수 있는가? 판례는 이에 대해서 긍정**하고 있다. 다시 말해 조세조약에서 실질과세원칙을 배제하는 규정이 없는 한, 국내세법의 해석원칙인 실질과세의 원칙이 조세조약의 해석과 적용에 있어서도 동일하게 적용된다,[53]

4) 조례와 규칙

헌법 제117조 제1항에 따르면 "**지방자치단체는 주민의 복리에 관한 사무를 처리하고 재산을 관리하며, 법령의 범위 안에서 자치에 관한 규정을 제정할 수 있다.**"고 하고 있으며, 지방세법 제5조 제1항 및 제2항에서는 지방세 부과와 관련하여 조례(지방의회가 제정)와 규칙(지방자치단

50) 대법원 2016.12.1. 선고, 2014두 8650 판결. 집행명령은 국민의 권리의무와 관계되는 법규적인 사항을 규정하지 않기 때문이다.
51) 물론 기본통칙에 따라 법원이 해당 법률을 해석하는 경우도 많지만(대법원 1997.5.7. 선고 96누34195 판결 등), 이는 기본통칙의 법원성이 있기 때문이 아니라 그렇게 해석하는 것이 타당하기 때문일 뿐이다.
52) 우리나라가 체결한 조세조약의 자세한 내용 : 국세청 홈페이지(www.nts.go.kr) 참조.
53) 대법원 2012.4.26. 선고 2010두11948 판결.

체의 장이 제정)을 규정하고 있다. 따라서 위 조례와 규칙은 당연히 세금부과와 관련하여 법원성이 인정된다.

(2) 세법상 법인격 부인

세법은 법인격 있는 법인의 경우 법인세 납세의무를 부여하고 있다(법인세법 제2조 제1항). 그런데 우리나라와 체결한 조세조약의 이점을 이용하기 위해 조세피난처로 우회 진출한 경우, 해당 법인의 법인격을 부인할 수 있는지가 논란이다.[54] 조세피난처는 우리나라와는 달리 법인설립이 매우 쉽기 때문에 조세회피수단으로 조세피난처에 법인을 설립하여 문제되는 경우가 종종 발생한다. **판례는 국세기본법 제14조 제3항을 적용하여 경제적 실질에 따라 세법상 법인격을 부인할 수 있다고 한다.**[55] 해외투자사모펀드인 '론스타'와 관련된 아래 판결에서는 **'법의 빈 공간'을 이용하여 국내에서 조세부담을 부당하게 회피한 경우, 해당 법인의 건너에 있는 자가 납세의무가 있다고 한다.**

대법원 2012.1.19. 선고 2008두8499 전원합의체 판결
실질과세의 원칙은 헌법상의 기본이념인 평등의 원칙을 세법률관계에 구현하기 위한 실천적 원리로서, 조세의 부담을 회피할 목적으로 과세요건사실에 관하여 실질과 괴리되는 비합리적인 형식이나 외관을 취하는 경우에 그 형식이나 외관에 불구하고 실질에 따라 담세력이 있는 곳에 과세함으로써 부당한 조세회피행위를 규제하고 과세의 형평을 제고하여 조세정의를 실현하고자 하는 데 주된 목적이 있다. 이는 **세법의 기본원리인 세법률주의와 대립관계에 있는 것이 아니라 세법규를 다양하게 변화하는 경제생활관계에 적용함에 있어 예측가능성과 법적 안정성이 훼손되지 않는 범위 내에서 합목적적이고 탄력적으로 해석함으로써 세법률주의의 형해화를 막고 실효성을 확보한다는 점에서 세법률주의와 상호보완적이고 불가분적인 관계에 있다**고 할 것이다. 이러한 실질과세의 원칙 중 구 국세기본법 제14조 제1항이 규정하고 있는 실질귀속자 과세의 원칙은 소득이나 수익, 재산, 거래 등의 과세대상에 관하여 그 귀속 명의와 달리 실질적으로 귀속되는 자가 따로 있는 경우에는 형식이나 외관을 이유로 그 귀속 명의자를 납세의무자로 삼을 것이 아니라 실질적으로 귀속되는 자를 납세의무자로 삼겠다는 것이고, 이러한 원칙은 구 지방세법 제82조에 의하여 지방세에 관한 법률관계에도 준용된다.

54) 이준봉, 「세법총론(제3판)」, 삼일인포마인, 2017, pp. 122-129.
55) 한편, 상법에 따라 법인설립이 가장행위라는 이유로 법인격이 부인되는 경우에는 세법은 이를 좇아가면 되지만, 세법이 법인격을 부인한다고 해서 상법에서 반드시 법인격 부인을 할 사안은 아니라고 본다. 세법의 목적과 상법의 목적이 각기 다르기 때문이다.

따라서 구 지방세법 제105조 제6항을 적용함에 있어서도, 해당 주식이나 지분의 귀속 명의자는 이를 지배 · 관리할 능력이 없고 그 명의자에 대한 지배권 등을 통하여 실질적으로 이를 지배 · 관리하는 자가 따로 있으며, 그와 같은 명의와 실질의 괴리가 위 규정의 적용을 회피할 목적에서 비롯된 경우에는, 해당 주식이나 지분은 실질적으로 이를 지배 · 관리하는 자에게 귀속된 것으로 보아 그를 납세의무자로 삼아야 할 것이다. 그리고 그 경우에 해당하는지는 해당 주식이나 지분의 취득 경위와 목적, 취득자금의 출처, 그 관리와 처분과정, 귀속명의자의 능력과 그에 대한 지배관계 등 제반 사정을 종합적으로 고려하여 판단하여야 할 것이다.
(중략) 대법원은 그동안 당사자가 선택한 법률관계에 대하여 그것이 가장행위에 해당하지 않는 한 개별적이고 구체적인 부인 규정 없이 실질과세의 원칙에 의하여 조세회피행위에 해당한다는 이유로 그 효력을 부인할 수 없다는 입장을 여러 사건에서 밝힌 바가 있다. 그러나 거기에서 언급하고 있는 가장행위를 민법 제108조 등에서 그 효력을 인정하지 않는 가장행위와 동일한 개념으로 이해할 필요는 없다.
당사자들 사이에 내심의 의사가 결여된 민법상의 통정허위표시는 그 사법상의 효력도 없으므로 굳이 실질과세의 원칙을 적용할 필요도 없이 그 과세요건 해당성은 가장행위의 배후에 은닉된 실제거래행위를 기준으로 판단하면 된다. 정작 실질과세의 원칙을 적용할 필요가 있는 영역은 그와 같은 민법상 가장행위의 정도에는 이르지 못하지만 외관과 실질이 괴리되어 있고 그 실질을 외면하는 것이 심히 부당하다고 볼 수 있는 경우이다.
실제로 대법원 판례에는 그 외관이 민법상 가장행위에 해당한다고 보기 어려운 경우에도 실질과세의 원칙을 적용하여 과세요건사실을 그 외관과 다르게 파악하여 인정한 사례가 많고, 이 경우에는 명시적으로 가장행위에 해당한다는 것을 전제하고 있지는 않다(대법원 2002.4.9. 선고 99도2165 판결, 대법원 2010.10.28. 선고 2008두19628 판결, 대법원 2010.11.25. 선고 2009두19564 판결 등).
따라서 판례가 실질과세원칙의 적용과 관련하여 가장행위가 아닌 한 행위의 효력을 부인하여서는 안 된다고 한 것을 역으로 민법상 가장행위에 해당하는 경우에만 실질과세원칙을 적용할 수 있다고 이해할 것은 아니라고 할 것이다. (이하 생략)

위 판결의 논리에 따르면, 상법상 법인격이 인정된 법인이라도 세법에서는 그 법인격을 부인할 수 있고, 상법상 법인격이 부인된 경우(즉 가장행위, 假裝行爲)라면, 세법에서는 원칙적으로 법인격을 부인하여야 한다고 본다.

(3) 세법상 법인격 없는 법인의 처리

국세기본법 제13조에 따르면 법인격 없는 법인 중 주무관청의 인가 등을 받아 설립된 단체 중 아직 등기되지 아니한 것과 공익을 목적으로 출연된 기본재산이 있는 재단으로서 등기되지 아니한 것(제1항) 및 법령의 요건을 갖춘 단체 중 세무서장의 승인을 받은 경우(제2항)도 법인으로 간주하여 세법을 적용한다. 따라서 이 경우는 세법을 적용함에 있어서 법인으로 취급되기 때문에 법인세법이 적용된다. 이에 해당하지 않는 법인격 없는 단체는 소득세법을 적용한다(소득세법 제2조 제3항).

(4) 법인의제설과 법인실재설

법인세 납세의무자는 법인인가 아니면 그 법인의 주주인가? '법인실재설(法人實在說, real entity theory)'에 따르면, 법인이란 자연인 이외에 법률상 권리의무의 주체가 되는 사회적 실체를 지닌 자라고 한다. 이와는 반대로 '법인의제설(法人擬制說, fictional theory)'에 따르면 자연인만이 법적 주체가 될 수 있고 법인인 법률이 자연인에 의제한 것에 불과하다고 하며. 이는 법인은 예외적으로 법률이 인정한 경우에만 성립된다는 허가주의나 특허주의의 이론적 기초를 제공하고 있다.

세법은 법인실재설에 따라 운영되고 있다. 법인세 납세의무자는 해당 법인이지 그 법인의 주주는 아니다. 법인이 세금을 제대로 내지 못한 경우는 해당 법인의 출자자에게 제2차적인 납세의무를 부여하고 있다(국세기본법 제39조). 또한 출자자가 그의 세금을 납부하지 못할 경우 해당 법인에게도 제2차 납세의무를 부여하고 있기 때문이다(국세기본법 제40조).

(5) 법인이 부담하는 세금

세법상 법인에 대한 세금은 크게 소득에 대한 세금, 소비에 대한 세금 및 재산에 대한 세금으로 구별할 수 있다. 예를 들어 개인 A가 맡긴 돈 100억원을 운용하는 회사 B가 부담할 세금은 다음과 같다.

1) 소득에 대한 세금

회사 B가 1년 동안 영업활동을 통해 이익이 있다면(세법상으로는 익금의 총액에서 손금의 총액을 공제한 뒤 남은 금액을 의미한다), 해당 이익에다가 법인세 세율을 곱하여 산출된 금액을 법인세로 납부한다. 그리고 해당 이익에다가 법인지방소득세 세율을 곱하여 산출된 금액을 지방소득세로 납부한다.

2) 소비에 대한 세금

회사 B가 다른 사업자와 매입거래 매출거래 등 영업거래를 계속했다면, 이익을 냈는지 여부와 상관없이, 거래 시마다 부가가치세를 납부하여야 한다.[56] 매출한 금액의 100분의 10

56) 법인이 담배소비세 납세의무자가 될 수 있을까? 있다면 법인이 담배를 피워야 할 것이다. 이게 가능할까? 그런데 법인이 구입한 담배를 사가지고 와서 종업원에게 나눠 준다면 이때는? 그리고 그 담배구입비용은 법인의 비용일까?

에서 매입한 금액의 100분의 10을 공제한 나머지를 국가에 납부하고, 해당 과세연도의 전체의 매입세액이 전체의 매출세액보다 많으면 그 차액은 국가로부터 환급받을 수 있다.

3) 재산에 대한 세금

A가 맡긴 돈 100억원을 운용하는 회사 B가 **부동산을 구입**(취득)하여 회사 B명의로 보유하고 있다면, **거래단계**에서는 **취득세를 납부**하고, 일정기간 **보유**하고 있다면 **재산세를 납부**하여야 한다. 회사 B가 **자동차를 구입했다면 취 · 등록세**를, 그 자동차의 보유에 대해서는 **자동차세**를 부담하여야 한다.

(6) 개인기업이 부담하는 세금

개인기업은 소득이 있다면 법인이 아니기 때문에 개인과 마찬가지로 **소득세를 부담**한다. **소득세율은 법인세율보다 상대적으로 높다**. 개인기업이 소비세를 부담하는 구조는 법인과 동일하다. 개인기업의 재산세 부담도 법인과 큰 차이가 없다. 법인기업의 과점주주는 법인과 별도로 간주취득세를 부담하는데 개인기업은 이런 문제가 발생하지 않지만, 세금체납이나 기업관련 채무는 모두 본인이 부담해야 한다. 사업이 잘못되면 자기가 살고 있는 재산으로 변제를 해야 한다. 반면 법인기업의 주주는 유한책임을 지기 때문에 그 기업이 부도가 나서 망해도 자기가 출자한 금액만 책임지면 된다.[57)]

---

57) 여러분은 사업을 한다면 개인기업을 선택할 것인가? 법인기업을 선택할 것인가? 그 이유는?

제 2 장

Company law and tax

주식회사의 설립

강의의 초점

- ▷ 앞 장에서 A는 B회사에게 100억 원을 출연하기로 했다. 정관은 무엇인가?
- ▷ 발기인은 무엇을 하는가?
- ▷ B회사는 A에게 100억 원의 대가로 무엇을 줄까?
- ▷ B회사가 돈이 더 필요하다고 한다. 어떻게 하나? 또 다른 출연자 C는 돈 대신 토지를 낸다고 한다. 그 토지 값을 어떻게 믿나?
- ▷ B회사는 누가 경영하는가? A가? C가? 어떤 규정에 따라 움직이는가?
- ▷ C는 출연금 일부를 차명인 D명의로 하려고 한다. 가능할까?
- ▷ 발기설립과 모집설립의 차이는? 변태설립은 무엇인가?
- ▷ C가 토지를 출연할 때 양도소득세를 부담하는가?
- ▷ A가 B에 현금 100억 원 출연할 때 세금을 부담하는가?
- ▷ 차명인 D에 대한 세금은 어떻게 부과되나?
- ▷ 사업자 등록이란 무엇인가?
- ▷ 이웃 '아는 형님' E가 사업자등록을 하는데 내 이름을 빌려달라고 한다. 자기는 신용불량자이므로 사업하는데 지장이 많아서란다. 빌려주어도 될까? 그 결과는?

 주식회사 설립의 기획

(1) 의의

주식회사의 설립 절차는 발기인이 구성되고 발기인이 정관을 작성한 다음, 주식발행사항을 결정하고 그에 따라 발기설립 또는 모집설립의 과정을 거쳐서 법인설립등기와 법인설립신고 및 과세관청에 사업자등록 신청을 하면 대부분의 설립행위가 종료된다. 주식회사의 설립은 '**준칙주의**'[1]가 적용되는데, 이는 상법 등에 회사의 실체형성과 관련된 여러 요건을 정해 놓고 이 요건을 충족하는 경우 원칙적으로 이의 성립을 인정하는 것이다.[2]

(2) 설립의 종류

주식회사 설립의 종류는 「**발기설립(發起設立)**」과 「**모집설립(募集設立)**」이 있다. 발기설립은 회사 설립 시 발행하는 주식 전부를 발기인들이 인수(引受)하는 경우 설립하는 절차를 말하고, 모집설립은 회사 설립시 발행하는 주식의 일부는 발기인이 인수하고 나머지는 주주들을 모집하여 설립하는 그들이 인수하여 설립하는 절차를 말한다. 간략한 절차는 다음과 같다.

발기설립	발기인모집(제288조) → 정관작성(제289조) → 주식발행사항 결정(제291조) → 발기인의 주식인수(제293조) → 주식인수대금(주금)납입(제295조) → 이사 및 감사 등 임원선임(제296조) → 설립경과조사 → 설립등기(제317조)
모집설립	발기인모집(제288조) → 정관작성(제289조) → 주식발행사항 결정(제291조) → 발기인의 주식인수(제293조) → 주주모집(제301조) → 청약(제302조) → 주식배정(303조) → 주식인수대금(주금)납입(제305조) → 창립총회(제308조) → 임원선임(제312조) → 설립경과조사 → 설립등기(제317조)

판례는 모집절차의 형식을 갖추었지만 실제는 발기인이 다른 사람의 명의를 사용하여 주식인수를 했다면 이는 모집설립이 아니라고 한다.[3]

1) 이는 회사설립에 국가가 어느 정도 개입하는 정도에 대한 문제로서, 준칙주의는 회사 설립을 위한 일정한 요건을 법정하고 이 요건을 구비하면 누구나 회사를 설립할 수 있도록 하는 방법이다.

2) 준칙주의 외에 자유설립주의, 특허주의, 면허주의, 허가주의 등이 있다.

3) 왜 이랬을까? 발기설립과 모집설립의 구별 실익은 무엇일까?

대법원 1992.2.14. 선고 91다31494 판결
모집설립의 절차를 갖추어 발기인이 주식모집 전에 주식의 대부분을 인수하고 형식상 일반 공중으로부터 주식을 모집함에 있어, **발기인이 타인의 명의를 모용(冒用)하여 주식을 인수하더라도 명의모용자가 주식인수인이라 할 것이어서, 결국 주식 전부를 발기인이 인수한 결과가 된다할 것**이므로, 피고 회사의 설립을 발기설립으로 보고 판시와 같은 절차의 하자를 이유로 그 설립이 무효라고 한 원심의 판단도 정당하다.

(3) 발기인 구성

1) 발기인 의의

상법 제288조에 따르면 "주식회사를 설립함에는 발기인이 정관을 작성하여야 한다."고 규정하고 있다. '발기인(Incorporator)'**이란 정관을 작성하여 상법이 정하는 목적, 상호 등을 적고 기명날인 또는 서명**[4]**한 사람**을 말한다(제289조 제1항).[5] 주식회사를 설립함에 있어 발기인이 2인 이상인 경우 이 발기인들 상호간에는 회사설립을 목적으로 하는 계약을 하게 되는데, 이것은 민법상의 조합계약의 일종으로 민법을 적용받게 된다. 이러한 계약관계를 발기인조합이라고 한다.

2) 발기인의 자격

발기인은 실질적으로 회사설립업무를 담당하는 자인데 **정관에 발기인으로 기재되지 않은 자가 발기인과 같이 실질적으로 회사설립업무를 담당하였다고 하여도 이후에 살펴보는 발기인의 책임을 지지 않는다. 즉, 설립과 관계된 발기인의 책임은 형식적으로 정관에 기재되었는지 여부에 따라 정해지게 된다.**

발기인의 자격에는 제한이 없다.[6] 아울러 2001년 상법 개정으로 발기인의 수(數)도 **제한이 없어 1인회사의 설립도 가능**하다.[7] 발기인은 적어도 1주 이상의 주식을 서면에 **의하여**[8] 인수하여야 한다(제293조).

---

4) 기명날인(記名捺印)이란 성명을 쓰고 도장을 찍는 일을 의미하며, 서명(署名)이란 행위자가 자기의 동일성을 표시하고 책임을 분명하게 하기 위하여 성명을 쓰는 일을 의미한다.

5) 회사의 설립을 기획하고 그 설립사무를 집행하는 자 중 정관에 발기인으로 기명날인 또는 서명을 하지 아니한 자는 발기인이 아니다(이를 '유사발기인' 類似發起人이라고 함). 그럼에도 불구하고 이들 중 주식청약서 기타 주식모집에 관한 서면에 성명과 회사의 설립에 찬조하는 뜻을 기재할 것을 승낙한 자는 발기인과 동일한 책임이 있다(제327조).

6) 법인도 발기인이 될 수 있다. 한정치산자나 금치산자도 발기인의 자격에 문제가 없을까? 가능하다.

7) 둘 이상의 발기인이 있는 경우 발기인 조합이라고 한다.

8) 설립등기 시 관할 관청에 첨부되어야 하는데(상업등기규칙 제129조 제2호), 이는 발기인의 주식인수 내용을 대내 및 대외적으로 입증하고자 하는 목적이 있다.

3) 설립 중의 회사

가. 개념

'설립 중의 회사'란 주식회사의 설립과정에 있어서 발기인이 회사의 설립을 위하여 필요한 행위로 인하여 취득하게 된 권리의무가 회사의 설립과 동시에 그 설비된 회사에 귀속되는 관계를 설명하기 위한 강학상의 개념이다. 발기인은 회사설립과정에서 많은 법률행위를 하게 되는데 회사가 설립등기 되기 전에는 그 법률행위의 효과가 발기인 개인이나 발기인조합에게 귀속되는 것이 원칙인데 이렇게 되면 채권자의 이익을 침해하거나 법률관계가 복잡하게 되므로 이러한 문제점을 해결하기 위한 개념이 설립 중의 회사이다.

나. 법적 성질 및 성립시기

설립 중의 회사의 법적 성질에 대해서 설립 중의 회사는 정관이 존재하고 주식인수인을 그 구성원으로 하고 있고 발기인을 집행기관으로 하고 있기 때문에 「권리능력 없는 사단」으로서 요건을 갖추었다고 보는 것이 통설이다.

설립 중의 회사는 법상의 개념이 아닌 강학상의 개념이므로 상법상 그 성립시기에 관한 규정이 없다. 이에 대해서 판례는 정관이 작성되고 발기인이 적어도 1주 이상의 주식을 인수하였을 때 비로소 성립하는 것으로, 이러한 설립 중의 회사로서의 실체가 갖추어지기 이전에 발기인에게 귀속된 권리의무를 설립 후의 회사에 귀속시키기 위하여는 양수나 채무인수 등의 특별한 이전행위가 있어야 한다고 보았다.

대법원 1990.12.26. 선고 90누2536 판결
설립 중의 회사라 함은 주식회사의 설립과정에 있어서 발기인이 회사의 설립을 위하여 필요한 행위로 인하여 취득하게 된 권리의무가 회사의 설립과 동시에 그 설립된 회사에 귀속되는 관계를 설명하기 위한 강학상의 개념으로서 **정관이 작성되고 발기인이 적어도 1주 이상의 주식을 인수하였을 때 비로소 성립하는 것**이고, **이러한 설립 중의 회사로서의 실체가 갖추어지기 이전에 발기인이 취득한 권리, 의무는 구체적 사정에 따라 발기인 개인 또는 발기인조합에 귀속되는 것으로서 이들에게 귀속된 권리의무를 설립후의 회사에 귀속시키기 위하여는 양수나 채무인수 등의 특별한 이전행위가 있어야 할 것**인바, 원고앞으로 소유권이전등기가 마쳐진 이 사건 토지에 관하여 원고가 발기인이던 회사의 장부에 원고가 토지매입자금을 입금하여 회사자금으로 이 사건 토지를 매입한 것으로 기재되었다거나 설립등기 후에 위 토지의 정지작업을 하였다는 사실만으로는 위 회사가 원고로부터 위 토지의 매수인으로서의 지위를 인수하였다고 보기는 어렵다고 할 것이다.

다. 설립 중인 회사의 대내관계

설립 중 회사의 의사결정은 발기설립은 발기인의 의결권의 과반수로서 결정하고(제296조), 모집설립은 창립총회에서 회사설립에 대한 사항을 결의하게 된다(제308조 제1항, 제311조 제1항).[9] 창립총회의 결의는 출석한 주식인수인의 의결권의 3분의 2이상이며 인수된 주식총수의 과반수에 해당하는 다수로 한다.(제309조)

설립 중의 회사의 업무집행기관은 발기인이며, 감사기관은 이사와 감사이다. 이사와 감사는 취임 후 지체 없이 회사의 설립에 관한 모든 사항이 법령 또는 정관의 규정에 위반되는지 여부를 조사하여 발기인 또는 창립총회에 보고하여야 한다. (제298조 제1항, 제331조 제1항)

라. 설립 중의 회사의 대외관계

설립 중의 회사는 그 법적 성질이 권리능력 없는 사단이므로 원칙적으로 권리능력이 인정되지 않는다. 다만, 권리능력 없는 사단에도 인정되는 민사소송법상의 당사자능력(민사소송법 제52조), 부동산등기법상 등기능력(부동산등기법 제30조) 등은 인정된다.

한편, 발기인은 대외적으로는 회사를 설립 중의 회사를 대표하여 성립 후 주식회사의 대표이사와 유사한 지위를 가지고 있으므로 주식회사의 대표이사에 관한 규정이 유추적용될 수 있다. 따라서, 발기인이 수인인 경우에는 공동으로 대표권을 행사할 수 있도록 할 수 있고, 발기인에 대한 대표권 제한은 선의의 제3자에게 대항할 수 없다.

이러한 발기인의 권한 범위에 대해서 ⅰ) 회사설립 그 자체를 목적으로 하는 행위(예 : 정관작성, 주식인수 등)만 할 수 있다는 견해 ⅱ) 설립을 위하여 법률상 · 경제상 필요한 모든 행위를 할 수 있으나 개업준비행위만은 제외된다는 견해 ⅲ) 설립을 위하여 법률상 · 경제상 모든 행위를 할 수 있으며 개업준비행위를 포함한다는 견해 등의 대립이 있다. 만약 발기인의 행위가 권한 범위 외의 행위라고 하면, 회사는 무권대리 또는 무권대표 항변을 주장하여 발기인의 행위에 대한 효력을 주장하는 상대방에게 대항할 수 있기 때문에 위 견해 대립의 실익이 있다.

판례는 개업준비행위도 발기인의 권한 범위에 속한다고 보아 위 견해 중 가장 넓은 ⅲ)의 견해와 유사한 입장이다.

9) 모집설립은 주금액의 납입과 현물출자의 이행이 완료되면 발기인은 지체없이 창립총회를 소집하여야 하며(제308조 제1항), 회사의 창립에 관한 사항을 서면으로 창립총회에 보고하여야 하고(제311조 제1항), 창립총회에서 회사설립에 관한 사항을 결의한다.

대법원 1970.8.31. 선고 70다1357 판결

주식회사의 설립과정에 있어서의 소위 설립중의 회사라 함은 상법규정에 명시된 개념이 아니고 발기인이 회사의 설립을 위하여 필요한 행위로 인하여 취득 또는 부담하였던 권리의무가 회사의 설립과 동시에 그 설립된 회사에 귀속되는 관계(실질적으로는 회사불성립의 확정을 정지조건으로 하여 발기인에게 귀속됨과 동시 같은 사실을 해제조건으로 하여 설립될 회사에 귀속되는 것이고 형식적으로는 회사성립을 해제조건으로 발기인에게 귀속됨과 동시 같은 사실을 정지조건으로 설립될 회사에 귀속되는 것이다)를 사회학적 및 법률적으로 포촉하여 설명하기 위한 강학상의 개념이니 만큼 원판결의 소론이 적시한 이유부분에서 그가 채택한 증거들에 의하여 1965.7.19 소외 1 외 6인에 의하여 그 설립이 발기된 이래 장기간의 설립과정을 거처 1967.12.27에 설립등기를 마치게 되었던 피고회사의 설립에 관한 사무들이 추진중이던 1967.5.13 **당시의 발기인 대표 위 소외 1이 소외 2와의 사이에서 회사설립을 위한 그 판시와 같은 필요로 인하여 갑 제1호증과 같은 내용의 자동차 조립계약을 체결하였던 것이고 그 계약에 의하여 조립된 자동차는 피고회사가 1968.3.22 위 소외 2로부터 직접 인수하여 운행하게 되었던 것이라는 취지의 사실을 인정하면서 위 자동차 조립계약에서의 발기인 소외 1의 권리의무가 피고회사에 귀속되는 관계를 명시하기 위하여 그 계약당시의 위 소외 1의 자격을 발기인 대표 내지 설립중인 피고회사의 기관이었다고 표시한 조치에나 그 계약이 갑 제1호증상으로 아무런 자격표시가 없이 위 소외 1 개인명의로 되어 있었던 것을 증거에 의하여 소외 1은 발기인대표로서 회사설립사무의 집행을 위하여 위 계약을 체결하게 되었던 것이었음을 인정**함으로서 그것을 위에 설시한 바와 같은 자격하에 이루어진 계약이었다고 단정한 조치에 소론이 지적하는 바와 같은 위법들이 있었다 할 수 없는 바이니 그 논지들을 모두 이유없다고 할 것이다. → 자동차조립계약은 성립 후 회사를 위한 개업준비행위임.

마. 성립 후 회사로의 권리의무 승계

설립 중 회사에 귀속되었던 권리의무가 성립 후 회사로 승계되기 위해서는 i) **발기인이 1주 이상 인수한 상태에서** ii) **발기인의 권한 범위 중** iii) **설립 중의 회사의 대표기관 자격으로 법률행위**를 하였어야 한다.

이러한 요건을 갖춘 경우에는 **별도의 이전행위가 없더라도 당연히 성립 후 회사에 권리의무**가 승계된다.

(4) 정관작성

'**정관**(定款, articles of incorporation)'이란 「**회사의 조직과 활동을 정한 기본규칙**」을 의미하고 형식적으로는 이를 기재한 서면을 의미한다(부록 별첨 1 정관 참조).

주식회사를 설립하려면 1인 이상의 발기인이 정관을 작성하고(제288조), 일정사항을 기재한 뒤, 기명날인 또는 서명을 해야 하여, 이를 공증인의 인증을 받음으로써 효력이 생기나,

자본금 총액이 10억원 미만인 회사를 상법 제295조 제1항에 따라 발기설립(發起設立)하는 경우, 상법 제289조 제1항에 따라 각 발기인이 정관에 기명날인 또는 서명함으로써도 효력이 생긴다.[10)]

정관의 기재사항은 「**절대적 기재사항**」, 「**상대적 기재사항**」 및 「**임의적 기재사항**」으로 구분된다. 아래에서는 이를 나누어서 설명하였다.

1) 절대적 기재사항

'**절대적 기재사항**'이란 **정관에 반드시 그 기재를 요구하는 사항으로서 누락되거나 또는 기재되었다고 하여도 그 내용에 흠결이 있으면 정관이 무효로 되어 설립무효의 원인이 되는 사항을** 말한다(제289조 제1항).[11)]

절대적 기재사항은 ⅰ) 목적[12)] ⅱ) 상호[13)] ⅲ) 회사가 발행할 주식의 총수[14)] ⅳ) 액면주식을 발행하는 경우 1주의 금액[15)] ⅴ) 회사의 설립 시에 발행되는 주식의 총수[16)] ⅵ) 본점의 소재지[17)] ⅶ) 회사가 공고하는 방법[18)] ⅷ) 발기인의 성명 · 주민등록번호 및 주소[19)] 등을 포함한다(부록 별첨 1 정관 참조).

2) 상대적 기재사항

'**상대적 기재사항**'은 정관에 반드시 기재할 필요는 없지만, **일단 정관에 기재되면 절대적 기재사항과 동일한 효력**을 지닌 사항을 말한다. 상대적 기재사항은 이에 대한 흠결이 존재하더라도 정관 자체는 유효하다. 다만, 그 기재를 흠결한 사항에 대해서는 법적인 효력이 발생하지 않는다. 상대적 기재사항은 상법 제209조에서 규정하는 「**변태설립사항**」과 「**기타의 사항**」으로 구별된다.

---

10) 공익사단법인은 민법 제40조, 회사는 상법 제178조 제179조 및 제289조 참조.

11) 왜 이리도 엄하게 규정하고 있을까? A의 100억원 때문일까?

12) 회사의 경영목적을 기재하는 것으로 개별적이고 구체적으로 특정하여야 한다. 이는 회사기관의 권한남용 기준이 되어 이사에 대한 손해배상 청구권 (제399조), 유지청구권(留止請求權, 제402조)의 행사의 기준이 된다.

13) 회사의 상호에는 그 종류에 따라 합명회사, 합자회사, 유한책임회사, 주식회사 또는 유한회사의 문자를 사용하여야 한다(제19조). 주식회사의 경우 반드시 상호 앞이나 뒤에 주식회사라는 문자를 사용하여야 한다.

14) 회사는 발행을 예정하고 있는 주식의 총수(또는 수권주식총수, 授權株式總數)를 의미하고, 회사가 발행할 수 있는 주식 수의 한도다.

15) 액면 주식을 발행하는 경우, 1주의 금액은 100원 이상이어야 하고, 그 금액은 균일하여야 한다(제329조 제2항 및 제3항). 1998년 개정되기 전 상법에서는 1주의 금액이 5,000원 이상이었다. 이처럼 하향 조정한 것은 주식분할을 자유롭게 하고 신주발행 시 자금조달의 편의를 위한 것으로 판단한다. 또한 주식의 금액을 균일하게 한 것은 주주가 해당 주식의 권리를 행사할 때 단주(端株 : 1주 미만의 주식)가 생기는 것을 방지하기 위함이다.

16) 회사의 자본금은 발행주식의 액면총액으로 하므로, 이는 회사 설립 시 자본금(회계학의 기초자본금)을 결정한다(제451조).

17) 회사의 주소가 되는 것으로 본점 소재지를 기재하면 된다(제171조).

18) 주주 등 회사의 이해관계인으로 하여금 회사의 공고내용을 용이하게 알 수 있게 하기 위해, 일간신문 또는 전자적 방법 중 특정하여 기재한다(제289 제3항).

19) 발기인이 누구냐 하는 것과 그 책임소재를 분명하게 하기 위함이다.

가. 변태설립사항

'변태설립사항'[20]이란 주식회사 설립 당시에 발기인에 의해 남용되어 자본충실을 해칠 우려가 있는 사항으로서, 반드시 정관에 기재해야만 효력이 있는 i) 발기인이 받을 특별이익과 이를 받을 자의 성명(발기인의 특별이익[21]에 관한 사항) ii) 현물출자를 하는 자의 성명과 그 목적인 재산의 종류, 수량, 가격과 이에 대하여 부여할 주식의 종류와 수(현물출자[22]에 관한 사항) iii) 회사성립 후에 양수할 것을 약정한 재산의 종류, 수량, 가격과 그 양도인의 성명(재산인수[23]에 관한 사항) iv) 회사가 부담할 설립비용과 발기인이 받을 보수액(설립비용[24]에 관한 사항) 등을 말한다(제290조).

위 사항들은 모집설립의 경우 모집주주도 알 수 있도록 주식청약서에 기재하야여 하고(제302조 제2항 제2호), 원칙적으로 검사인 · 공증인 · 감정인의 검사절차를 거쳐야 한다(제299조, 제299조의2, 제310조).

다만, 변태설립사항에 대한 검사인의 조사절차 중 현물출자나 재산인수에 대한 것은 공인된 감정인의 감정으로, 발기인의 보수나 특별이익 또는 설립비용에 대한 것은 공증인의 조사 · 보고로 각각 갈음할 수 있다(제299조의2, 제310조 제3항).

발기인 자격이 없는 자가 변태설립 약정을 한 행위를 통해 회사를 설립했다면 적법한가? 판례는 부정적인 입장이다.

대법원 2007.6.28. 선고 2006다62362 판결

상법 제290조 제3호는 변태설립사항의 하나로서 회사성립 후에 양수할 것을 약정한 재산의 종류, 수량, 가격과 그 양도인의 성명은 정관에 기재함으로써 그 효력이 있다고 규정하고 있다. 여기서 회사의 성립 후에 양수할 것을 약정한다는 것은 이른바 재산인수로서 발기인이 회사의 성립을 조건으로 다른 발기인이나 주식인수인 또는 제3자로부터 일정한 재산을 매매의 형식으로 양수할 것을 약정하는 계약을 체결함을 의미하며, 아직 원시정관의 작성 전이어서 발기인의 자격이 없는 자가 장래 성립할 회사를 위하여 위와 같은 계약을 체결하고 그 후 그 회사의 설립을 위한 발기인이 되었다면 위 계약은 재산인수에 해당하고 정관에 기재가 없는 한 무효이다.

---

20) 일본 식민지 시절의 용어다. 변태라는 이상한(?) 용어가 아직도 우리나라 법전에 남아 있고 사용되는 것은 몰상식한 일이다. 오히려 「위험한 약정에 따른 설립」 또는 「위험한 설립」이라는 표현이 본 조항의 취지에 더 적합하다고 본다.

21) 발기인의 특별이익이란 회사설립의 실패에 따른 위험을 감수하고 발기인이 설립사무를 한 것에 대한 대가로 주어지는 보상을 말한다(예 : 신주인수의 우선권).

22) '현물출자(現物出資)'란 금전 이외의 재산(예를 들면, 토지나 건물 등)으로 하는 출자를 말한다. 이 경우 출자재산을 과대평가할 위험이 있다. 따라서 현물출자 하는 사람의 성명과 그 목적재산의 종류, 수량, 가격 등을 정관에 작성하도록 하고 있다. 현물출자를 하는 발기인은 납입기일에 지체 없이 출자의 목적인 재산을 인도하고 등기, 등록 그 밖의 권리의 설정 또는 이전을 요할 경우에는 이에 관한 서류를 완비하여 교부하여야 한다(제295조 제2항).

23) '재산인수'란 발기인이 설립될 회사를 위해서 회사의 설립을 조건으로 특정인에게 재산을 양수하기로 하는 계약을 말한다(예 : 발기인이 A와 A의 건물을 매입하기로 하고 건물의 소유권이전은 회사가 설립된 이후로 하는 계약을 말한다).

24) '설립비용'이란 회사설립에 필요한 행위에 지출한 비용을 의미한다(예를 들어, 설립사무소의 임차료, 직원임금 등이 이에 해당한다).

나. 기타의 사항

기타의 사항이란 i) 주식양도제한(제335조) ii) 주식매수선택권(제340조의2) iii) 자기주식의 취득 제한(제341조) iv) 자기주식의 처분(제342조) v) 집행임원의 보수결정(제408조의 2) vi) 제3자에 대한 신주인수권의 인정(제418조) vii) 주주총회의 준비금의 자본전입(제461조) viii) 재무제표에 대한 특칙(제449조의 2) ix) 신주인수권부 사채의 발행(제516조의2) 등을 포함한다.[25]

3) 임의적 기재사항

'임의적 기재사항'이란 상법에 규정이 없더라도, 회사가 임의로 규정을 만들어 기재하는 것을 말한다. 그 주된 내용은 i) 발행주권의 종류 ii) 주식의 명의개서 등의 절차 iii) 이사 및 감사의 수 iv) 사업연도 v) 주권불소지제도 등이 있다.

4) 효력발생

정관은 공증인의 인증을 받음으로써 효력이 생기나, 자본금 총액이 10억원 미만인 회사를 법령에 따라 발기설립(發起設立)하는 경우, 각 발기인이 정관에 기명날인 또는 서명함으로써 효력이 생긴다(제292조). 그러나 판례는 일단 유효하게 설립된 회사의 정관을 변경하는 경우 공증인의 인증을 받지 않았다고 해서 정관변경의 효력이 제한되는 것이 아니라는 입장이다.

대법원 2007.6.28. 선고 2006다62362 판결
주식회사의 원시정관은 공증인의 인증을 받음으로써 효력이 생기는 것이지만 일단 유효하게 작성된 정관을 변경할 경우에는 주주총회의 특별결의가 있으면 그때 유효하게 정관변경이 이루어지는 것이고, 서면인 정관이 고쳐지거나 변경 내용이 등기사항인 때의 등기 여부 내지는 공증인의 인증 여부는 정관변경의 효력발생에는 아무 소장이 없다.

(5) 정관의 변경

'정관'이란 기업의 설립절차 가운데 핵심사항 중 하나로 회사의 설립, 조직, 업무 활동 등에 관한 기본규칙을 정한 문서이자 자치법규다. 이를 변경하는 것은 회사와 주주 및 채권자 등 관련 당사자들의 이익에 중대한 영향을 주므로, 상법은 정관의 변경 방법에 대해 주주총회의 결의에 의하도록 하고 있다(제433조).

25) 해당 내용은 제8장 등에서 후술한다.

1) 회사성립 전 정관변경

모집설립의 경우, 정관의 내용이 발기인 이외의 다른 주식인수인에게는 부적당할 수 있다. 따라서 상법은 창립총회의 결의에 의해 정관변경을 가능하게 하고 있다(제316조 제1항).

변태설립의 경우에도 창립총회에서 정관변경을 할 수 있다(제314조). 그런데 발기인은 직접 이해관계가 있으므로 총회결의에 참가할 수 없다.

법원은 검사인 또는 공증인의 조사보고서 또는 감정인의 감정결과와 발기인의 설명서를 심사하여 변태설립사항(제290조)을 부당하다고 인정한 때에는 이를 변경하여 각 발기인에게 통고할 수 있고(제300조 제1항), 이에 불복하는 발기인은 그 주식의 인수를 취소할 수 있으며, 이 경우 정관을 변경하여 설립에 관한 절차를 속행할 수 있다(위 조 제2항).

한편, 법원의 통고가 있은 후 2주내에 주식의 인수를 취소한 발기인이 없는 때에는 정관은 통고에 따라서 변경된 것으로 본다(위 조 제3항).

2) 회사성립 후 정관변경

정관변경의 결의는 출석한 주주의 의결권의 3분의 2 이상의 수와 발행주식총수의 3분의 1 이상의 수로써 하여야 한다(제434조). 이는 주식회사가 보통주 이외의 수종의 주식을 발행하고 있는 경우에 보통주를 가진 다수의 주주들이 일방적으로 어느 종류의 주식을 가진 소수주주들에게 손해를 미치는 내용으로 정관을 변경할 수 있게 할 경우에 그 종류의 주식을 가진 소수주주들이 부당한 불이익을 받게 되는 결과를 방지하기 위한 것이다.

한편, 회사가 종류주식(種類株式)[26]을 발행한 경우, 정관을 변경함으로써 '어느 종류주식의 주주에게 손해를 미치게 될 때'에는 주주총회의 결의 외에 그 종류주식의 주주의 총회(종류주주총회)의 결의가 있어야 한다(제435조). 이 결의는 출석한 주주의 의결권의 3분의 2 이상의 수와 그 종류의 발행주식총수의 3분의 1 이상의 수로써 하여야 한다(위 조 제2항).

이 때 어느 종류주식의 주주에게 손해를 미치게 될 때란 외견상 · 형식상 평등한 것이라도 실질적으로 불이익한 결과를 초래했다면 주주에게 손해를 미친 것으로 볼 수 있다.

26) '종류주식'이란 이익배당, 의결권행사 등의 내용이 보통주식과 다른 주식을 의미한다.

대법원 2006.1.27. 선고 2004다44575,44582 판결
여기서의 '어느 종류의 주주에게 손해를 미치게 될 때'라 함에는, **어느 종류의 주주에게 직접적으로 불이익을 가져오는 경우는 물론이고, 외견상 형식적으로는 평등한 것이라고 하더라도 실질적으로는 불이익한 결과를 가져오는 경우도 포함되며, 나아가 어느 종류의 주주의 지위가 정관의 변경에 따라 유리한 면이 있으면서 불이익한 면을 수반하는 경우도 이에 해당된다고 할 것이다.** (중략) 그러나 정관의 변경결의의 내용이 어느 종류의 주주에게 손해를 미치게 될 때에 해당하는지 여부에 관하여 다툼이 있는 관계로 회사가 종류주주총회의 개최를 명시적으로 거부하고 있는 경우에, 그 종류의 주주가 회사를 상대로 일반 민사소송상의 확인의 소를 제기함에 있어서는, 정관변경에 필요한 특별요건이 구비되지 않았음을 이유로 하여 정면으로 그 정관변경이 무효라는 확인을 구하면 족한 것이지, 그 정관변경을 내용으로 하는 주주총회결의 자체가 아직 효력을 발생하지 않고 있는 상태(이른바 불발효 상태)라는 관념을 애써 만들어서 그 주주총회결의가 그러한 '불발효 상태'에 있다는 것의 확인을 구할 필요는 없다. 특정 외국의 학설이나 판례가 그 나라의 법체계와 법규정에 근거하여 설정하거나 발전시켜온 이론을, 그와 다른 법체계 하에 있는 우리나라의 소송사건에 원용하거나 응용하는 것은, 꼭 그렇게 하여야 할 이유가 있는 경우에 한하여 필요한 범위 안에서 신중하게 하여야 할 것이다.

3) 정관변경의 효력

정관변경은 **주주총회의 결의 시에 효력이 발생한다.** 정관변경의 효력발생에는 공증인의 인증도 필요하지 않다. 정관변경의 효력은 결의의 때로부터 장래에만 발생한다.

2 주식인수 및 출자의 이행

(1) 주식인수

'주식인수(株式引受, souscription d'action)**'란 주식회사의 설립 시 해당회사에 출자할 것을 약정하여 주주가 될 지위를 취득하는 것이다.**[27]

앞서 살펴본 바와 같이 상법은 발기인이 발행주식 모두를 인수하는 「**발기설립**」과 발기인이 아닌 주주를 모집하는 「**모집설립**」의 두 가지 유형을 규정하고 있다.[28]

'발기설립'은 발기인이 발기설립 시 발행하는 주식 전부를 인수하는 경우로써 주식의 인수는

27) 결국 주주는 주식회사에게 금전 등을 주고, 주식회사는 주주에게 주식(주권)을 교부하는 것이다.
28) 종전은 발기설립보다 모집설립에 더 제한을 가하고 있었으나 현재는 모집설립의 경우 발기인 대신 창립총회가 주도하는 것외에는 실질적인 차이가 없다.

서면으로 한다(제293조). 이는 회사설립의 중요한 행위이기 때문이다.[29] 인수시기는 상법에 규정하고 있지 않으나 정관작성과 동시 또는 그 전후라도 무방하다.

'모집설립'은 발기인이 회사 설립 시 인수하지 않은 주식에 대해 주주를 모집하여 회사를 설립하는 것을 의미하는데(제301조), 상법은 주주 모집방법에 대해 특별한 절차규정을 두고 있지 않다. 공개모집을 통한 공모(公募, Public offering)[30]이든 개별적 접촉을 통한 사모(私募, Private Placement)[31]이든 무방하다. 모집설립의 경우에도 발기인이 최소한 1주 이상 인수하여야 한다(제293, 제302조 제2항 제4호).

【발기설립과 모집설립의 차이점】

구 분	발기설립	모집설립
주식의 인수	발기인이 전부인수함(제293조)	발기인이 일부인수하고, 남은 부분은 주주를 모집함(제301조)
주식인수대금(주금) 납입장소	발기인이 지정한 납입은행 기타 금융기관임(제295조 제1항 후단)	주식청약서에 기재한 은행 기타 금융기관임(제305조 제2항, 제302조 제2항 제4호)
납입을 게을리 한 경우	채무불이행으로 봄	법정의 실권절차에 따름(제307조)
창립총회	불필요함	필요함(제308조, 제316조)
이사 및 감사의 선임	발기인 과반수로 선임함(제296조 제1항)	창립총회에서 출석한 주식인수인의 의결권의 3분의2 이상이며, 인수된 주식의 총수의 과반수에 해당하는 다수결로 선임(제309조, 제312조)
변태설립사항의 조사	감사인 · 공증인 · 감정인이 조사하여 법원에 보고함. 법원은 부당하다고 인정한 때에는 변태설립사항 변경가능함(제299조, 제299조의2, 제300조)	감사인 · 공증인 · 감정인이 조사하여 창립총회에 보고서 제출함(제310조). 창립총회가 부당하다고 인정할 때에는 변태설립사항 변경가능함(제314조)
설립경과의 조사	이사 · 감사가 조사하여 발기인에게 보고함(제298조 제1항)	이사 · 감사가 조사하여 창립총회에 보고함(제313조 제1항)
원시정관의 변경	발기인 전원의 동의와 공증인의 인증 필요함	창립총회의 결의만으로 가능함

자료 : 상법을 참조하여 저자가 작성함

29) 주식인수의 법적 성질에 대해 발기인의 일방적 의사표시에 의해 효력이 생기는 합동행위라는 견해와(다수설), 발기인 사이의 계약이라는 발기인 간 계약설 및 회사가 정관작성으로 「설립 중 회사」가 되었으므로 발기인이 회사에 입사하는 입사계약(입사 계약설)이라는 견해가 있다.

30) 공모는 다수의 일반투자자에게 회사의 주식을 발행하는 것으로 공모가 되면 투자자 보호를 위해서 「자본시장과 금융투자업에 관한 법률」(이하 '자본시장법'이라 한다)에 따른 각종 규제가 따른다(자본시장법 제9조, 제118조, 제119조, 제123조, 제127조 등).

31) 사모의 경우에는 자본시장법상의 공시의무가 없으나 상법 제302조에서 모집주주에게 회사에 관한 정보를 전달하게 하고 있다.

주식의 인수를 청약(請約, offer)[32]하고자 하는 자는 주식청약서 2통에 인수할 주식의 종류 및 수와 주소를 기재하고 기명날인 또는 서명하여야 하고(제302조 제1항), 해당 주식청약서에는 법령이 정한 내용을 기재하여야 한다(위 조 제2항).[33] 주식인수의 청약에는 비진의의사표시에 관한 민법 제107조 제1항 단서[34]의 규정이 적용되지 않으므로 주식인수의 청약하는 자가 진의를 가지고 청약하지 않았다는 사실을 발기인이 알았거나 알 수 있었다고 하여도 해당 청약은 유효하게 된다.

회사설립 후에는 주식을 인수한 자는 주식청약서의 요건의 흠결을 이유로 하여 그 인수의 무효를 주장하거나 사기, 강박 또는 착오를 이유로 하여 그 인수를 취소하지 못한다(제320조 제1항).

(2) 출자이행

회사설립 시 발행하는 주식의 총수가 인수된 때에는 발기인은 지체없이 주식인수인에 대하여 각 주식에 대한 인수가액의 전액을 납입(전액납입주의)시켜야 하며(제305조 제1항), 발기설립이든 모집설립이든 납입장소는 발기인이 지정한 은행 기타 금융기관이다(위 조 제2항).[35] 다만, 모집설립은 주식청약서에 반드시 납입장소를 기재하여야 하고, 납입금의 보관자 또는 납입장소를 변경할 때에는 법원의 허가를 얻어야 한다(제306조). 현물출자가 아닌 금전을 출자한 자가 현실적으로 금전을 제공하는 것이 아니라 대물변제[36]하는 것은 허용되지 않는다.[37]

한편, 납입금을 보관한 은행이나 그 밖의 금융기관은 발기인 또는 이사의 청구를 받으면 그 보관금액에 관하여 증명서를 발급하여야 한다(제318조 제1항). 이 경우 은행이나 그 밖의 금융기관은 증명한 보관금액에 대하여는 납입이 부실하거나 그 금액의 반환에 제한이 있다는 것을 이유로 회사에 대항하지 못한다(위 조 제2항).[38] 다만 자본금 총액이 10억원 미만인 회사를 발기설립하는 경우에는 위 증명서를 은행이나 그 밖의 금융기관의 잔고증명서로 대체할 수 있다(위 조 제3항).

---

32) 청약이란 청약자(Offeror)가 피청약자(Offeree)에게 일정한 조건으로 계약을 체결하고 싶다는 일방적, 확정적 의사표시를 말한다.

33) 이를 「주식청약서주의」라고 한다. 주식청약의 시점에서 청약자에게 해당 회사의 개요나 청약의 조건을 사전에 인지하도록 하기 위함이다.

34) 민법 제107조 제1항 : 의사표시는 표의자가 진의아님을 알고 한 것이라도 그 효력이 있다. 그러나 상대방이 표의자의 진의 아님을 알았거나 알 수 있었을 경우에는 무효로 한다.

35) 반면 현물출자를 하는 발기인은 납입기일에 지체없이 출자의 목적인 재산을 인도하고, 등기나 등록 기타 권리의 설정 또는 이전을 요할 경우에는 이에 관한 서류를 완비하여 교부하여야 한다(제295조 제2항).

36) 민법 제466조(대물변제) : 채무자가 채권자의 승낙을 얻어 본래의 채무이행에 갈음하여 다른 급여를 한 때에는 변제와 같은 효력이 있다.

37) 대법원 1977.4.12. 선고 76다943 판결.

38) 이는 가장납입(假裝納入)에 의한 회사의 설립을 방지하기 위한 규정이다.

만일 주식인수인이 금전출자를 이행하지 않은 경우에는 **발기설립은 민법의 일반원칙**에 의하여 **강제이행절차**[39]를 밟게 되나, **모집설립은 상법상의 실권절차**에 의한다.

상법상의 실권절차는 발기인이 일정한 기일을 정하여 그 기일내에 납입을 하지 아니하면 그 권리를 잃는다(실권, 失權)는 뜻을 기일의 2주간 전에 그 주식인수인에게 통지하는 방식에 의한다(제307조 제1항).[40] 위와 같은 통지를 받은 주식인수인이 그 기일 내에 납입의 이행을 하지 아니한 때에는 그 권리를 잃으며[41], 이 경우에는 발기인은 다시 그 주식에 대한 주주를 모집할 수 있다(위 조 제2항).[42]

(3) 가장납입

1) 의의 및 유형

발기인은 주식회사의 설립 시 발행하는 주식이 인수하거나 제3자가 이를 인수한 때, 그는 지체없이 인수대금을 전액 납입하거나 납입을 시켜야 한다. **'가장납입(假裝納入)'이란, 주식인수대금이 회사에 외관상으로는 납입이 되었지만 실제적으로는 납입이 없는 행위를 의미한다.**

가장납입의 유형으로는 **납입취급은행과 공모하는** 형태로 이루어지는 **「통모가장납입(通謀假將納入)」**과 이러한 **은행 외의 제3자로부터 차입한 납입금액을 일시 납입하는 「위장납입」**이 있다.

2) 규 제

가장납입이 있게 되면 설립 시부터 회사의 재산적 기반을 부실하게 하여 자본충실의 원칙에 위배된다. 상법은 이와 같은 가장납입을 막기 위해 **사전적 · 사후적인 규제**를 두고 있다.

우선 사전적으로 납입금 보관자의 증명과 책임 규정을 두고 있는데 즉, 납입금을 보관한 은행이나 그 밖의 금융기관은 발기인 또는 이사의 청구를 받으면 그 보관금액에 관하여 증명서를 발급하여야 하며(제318조 제1항), 이와 같이 증명한 보관금액에 대하여는 납입이 부실하거나 그 금액의 반환에 제한이 있다는 것을 이유로 회사에 대항하지 못한다(위 조 제2항).[43] 사후적으로는 가장납입을 한 자에 대해서 납입가장죄로 형사책임을 지게하고 있다(제

39) 강제이행절차란 발기인의 재산을 경매하는 등의 민사소송법상의 절차를 의미한다.

40) 현물출자의 경우 현물출자를 이행하지 않았다면 이는 실권절차에 의할 수 없고 민법에 따라 그 이행을 강제하거나(민법 제389조 및 제390조) 또는 회사가 처음부터 성립하지 않은 회사불성립의 원인이 될 수 있다.

41) 모집설립의 경우 현실적으로 납입금에 상당하는 청약증거금을 받으므로 이와 같은 실권의 가능성은 매우 낮다고 본다.

42) 그렇다할 지라도, 제2항의 규정은 그 주식인수인에 대한 손해배상의 청구에 영향을 미치지 아니한다(제307조 제3항). 다시 말해 해당 회사에게 손해가 있다면, 발기인은 실권한 주식인수인에게 손해배상청구를 할 수 있다.

43) 자본금 총액이 10억원 미만인 회사를 발기설립하는 경우에는 해당 증명서를 은행이나 그 밖의 금융기관의 잔고증명서로 대체할 수 있다(제318조 제3항).

628조).

판례는 발기인에게 불법영득의사[44]가 없기 때문에 납입가장죄 외에 업무상 횡령죄는 성립하지 않는다는 입장이다.

대법원 2004.6.17. 선고 2003도7645 전원합의체 판결

〔다수의견〕 상법 제628조 제1항 소정의 납입가장죄는 회사의 자본충실을 기하려는 법의 취지를 유린하는 행위를 단속하려는 데 그 목적이 있는 것이므로, 당초부터 진실한 주금납입으로 회사의 자금을 확보할 의사 없이 형식상 또는 일시적으로 주금을 납입하고 이 돈을 은행에 예치하여 납입의 외형을 갖추고 주금납입증명서를 교부받아 설립등기나 증자등기의 절차를 마친 다음 바로 그 납입한 돈을 인출한 경우에는, 이를 회사를 위하여 사용하였다는 **특별한 사정이 없는 한 실질적으로 회사의 자본이 늘어난 것이 아니어서 납입가장죄 및 공정증서원본불실기재죄와 불실기재공정증서원본행사죄가 성립**하고, 다만 납입한 돈을 곧바로 인출하였다고 하더라도 그 인출한 돈을 회사를 위하여 사용한 것이라면 자본충실을 해친다고 할 수 없으므로 **주금납입의 의사 없이 납입한 것으로 볼 수는 없고,** 한편 주식회사의 설립업무 또는 증자업무를 담당한 자와 주식인수인이 사전 공모하여 주금납입취급은행 이외의 제3자로부터 납입금에 해당하는 금액을 차입하여 주금을 납입하고 납입취급은행으로부터 납입금보관증명서를 교부받아 회사의 설립등기절차 또는 증자등기절차를 마친 직후 이를 인출하여 위 차용금채무의 변제에 사용하는 경우, 위와 같은 행위는 실질적으로 회사의 자본을 증가시키는 것이 아니고 등기를 위하여 납입을 가장하는 **편법에 불과하여 주금의 납입 및 인출의 전과정에서 회사의 자본금에는 실제 아무런 변동이 없다고 보아야 할** 것이므로, **그들에게 회사의 돈을 임의로 유용한다는 불법영득의 의사가 있다고 보기 어렵다 할** 것이고, 이러한 관점에서 **상법상 납입가장죄의 성립을 인정하는 이상 회사 자본이 실질적으로 증가됨을 전제로 한 업무상횡령죄가 성립한다고 할 수는 없다.**

3) 주금납입의 효과

통모가장납입은 실제 사례가 거의 없기 때문에 위장납입의 효과가 주로 문제된다. **판례는 주금의 납입은 회사의 설립이라는 집단적 절차의 일환으로 이루어지는 것으로 비록 가장납입이라고 하여도 주금납입의 효력을 주관적인 사정에 따라 좌우할 수는 없기 때문에 그 납입의 효과는 인정된다는 입장이다.**

대법원 2016.9.23. 선고 2016두40573 판결

회사를 설립하거나 증자할 때 당초부터 진정한 주금의 납입으로 회사자금을 확보할 의도 없이 일시적인 차입금으로 단지 주금납입의 외형을 갖추고 회사설립이나 증자 후 곧바로 그 납입금을

44) '불법영득의사'란 재물에 대한 소유자의 지위를 배제하고 타인의 재물을 자기의 소유물과 같이 그 경제적 용법에 따라 이용, 처분할 의사를 의미한다. 횡령죄와 같은 재산범죄는 이와 같은 불법영득의사가 없으면 처벌할 수 없다.

인출하여 차입금을 변제하는 주금의 가장납입의 경우에도 금원의 이동에 따른 현실의 납입이 있는 것이고, 설령 그것이 실제로는 주금납입의 가장수단으로 이용된 것이더라도 이는 그 납입을 하는 발기인 또는 이사들의 주관적 의도의 문제에 불과하므로 **이러한 내심적 사정에 의하여 회사의 설립이나 증자와 같은 집단적 절차의 일환을 이루는 주금납입의 효력이 좌우될 수 없다.** 따라서 주금을 가장납입한 후 납입금을 인출하여 차입금을 변제한 경우에는 특별한 사정이 없는 한 그 납입금 상당액이 사외로 유출된 것으로 보아야 한다.

대법원 2004.3.26. 선고 2002다29138 판결

주식회사를 설립하면서 일시적인 차입금으로 주금납입의 외형을 갖추고 회사 설립절차를 마친 다음 바로 그 납입금을 인출하여 차입금을 변제하는 이른바 가장납입의 경우에도 주금납입의 효력을 부인할 수는 없다고 할 것이어서 주식인수인이나 주주의 주금납입의무도 종결되었다고 보아야 할 것이고, 한편 **주식을 인수함에 있어 타인의 승낙을 얻어 그 명의로 출자하여 주식대금을 납입한 경우에는 실제로 주식을 인수하여 그 대금을 납입한 명의차용인만이 실질상의 주식인수인으로서 주주가 된다고 할 것이고 단순한 명의대여인은 주주가 될 수 없다고 할 것이다.** 따라서 **주식회사의 자본충실의 요청 상 주금을 납입하기 전에 명의대여자 및 명의차용자 모두에게 주금납입의 연대책임을 부과하는 규정인 상법 제332조 제2항은 이미 주금납입의 효력이 발생한 주금의 가장납입의 경우에는 적용되지 않는다고 할 것이고,** 또한 주금의 가장납입이 일시 차입금을 가지고 주주들의 주금을 체당납입한 것과 같이 볼 수 있어 주금납입이 종료된 후에도 주주는 회사에 대하여 체당납입 한 주금을 상환할 의무가 있다고 하여도 이러한 **주금상환채무는 실질상 주주인 명의차용자가 부담하는 것일 뿐 단지 명의대여자로서 주식회사의 주주가 될 수 없는 자가 부담하는 채무라고는 할 수 없을 것이다.**

다만, **납입의 효력이 인정된다고 하더라도 발기인은 상법상 발기인으로서의 손해배상책임뿐만 아니라 민법상 공동불법행위책임**을 질 수 있다.

대법원 1989.9.12. 선고 89누916 판결

발기인인 갑, 을이 주식인수대금을 가장납입하는 방법으로 회사를 설립하기로 공모하고, 회사설립과 동시에 납입하였던 주식인수대금을 인출하였다면 갑과 을은 회사의 설립에 관하여 자본충실의무 등 선량한 관리자로서의 임무를 다하지 못한 발기인들로서 또는 회사의 소유재산인 주식인수납입금을 함부로 인출하여 **회사에 대하여 손해를 입힌 공동불법행위자로서의 책임을 면할 수 없으므로 회사에게 그 손해를 연대하여 배상할 책임**이 있고, 따라서 연대채무자 중의 1인인 을이 무자력이더라도 다른 연대채무자인 갑에게 자력이 있어 위 손해배상채권의 회수가 가능하다면 위 채권을 구 상속세법시행령(1986.12.31. 대통령령 제12038호로 개정되기 전의 것) 제5조 제5항 제1호 나목에 의하여 주식가액을 산출하기 위한 회사의 순자산가액에 산입할 수 있다.

한편, A가 자신의 명의가 아닌 가설인(假設人, 가공의 인물, B)이나 타인(C)의 승낙이 없이 그 명의로 주식을 인수한 경우 A는 상법에 따라 주식인수인의 책임(납입의무)이 있다(제332조 제1항).[45]

가설인 명의나 타인의 명의로 주식을 인수한 경우 주식인수계약의 당사자가 누구인지가 문제된다. 이는 **주식인수계약당사자 확정의 문제인데, 판례는 가설인 명의나 타인의 승낙을 받지 않은 경우에는 명의자는 주식인수계약당사자가 될 수 없고, 타인의 승낙을 받은 경우에는 원칙적으로 명의자를 주식인수계약당사자로 보고 있다.** 따라서 A가 납입의무를 이행했다면 A가 주주가 된다. 즉, 주식의 소유권자는 A가 된다는 의미이다.

대법원 2017.12.5. 선고 2016다265351 판결

상법 제332조 제1항은 가설인의 명의로 주식을 인수하거나 타인의 승낙 없이 그 명의로 주식을 인수한 자는 주식인수인으로서의 책임이 있다고 정하고, 제2항은 타인의 승낙을 얻어 그 명의로 주식을 인수한 자는 그 타인과 연대하여 납입할 책임이 있다고 정한다. 이처럼 **상법은 가설인(이는 현실로는 존재하지 않고 외형만을 꾸며낸 사람을 가리킨다)이나 타인의 이름으로 주식을 인수할 수도 있다는 것을 전제로 납입책임을 부과하고 있지만, 누가 주주인지에 관해서는 규정을 두고 있지 않다.**
타인의 명의로 주식을 인수한 경우에 누가 주주인지는 결국 주식인수를 한 당사자를 누구로 볼 것인지에 따라 결정하여야 한다. 발기설립의 경우에는 발기인 사이에, 자본의 증가를 위해 신주를 발행할 경우에는 주식인수의 청약자와 회사 사이에 신주를 인수하는 계약이 성립한다. **이때 누가 주식인수인이고 주주인지는 결국 신주인수계약의 당사자 확정 문제이므로, 원칙적으로 계약당사자를 확정하는 법리를 따르되, 주식인수계약의 특성을 고려**하여야 한다.
발기인은 서면으로 주식을 인수하여야 한다(상법 제293조). 주식인수의 청약을 하고자 하는 자는 주식청약서 2통에 인수할 주식의 종류 · 수와 주소를 기재하고 기명날인하거나 서명하여야 한다(상법 제302조 제1항, 제425조). 이와 같이 **상법에서 주식인수의 방식을 정하고 있는 이유는 회사가 다수의 주주와 관련된 법률관계를 형식적이고도 획일적인 기준으로 처리할 수 있도록 하여 이와 관련된 사무처리의 효율성과 법적 안정성을 도모하기 위한 것**이다. **주식인수계약의 당사자를 확정할 때에도 이러한 특성을 충분히 반영**하여야 한다. 타인 명의로 주식을 인수하는 경우에 주식인수계약의 당사자 확정 문제는 다음과 같이 두 경우로 나누어 살펴보아야 한다.

첫째, 가설인 명의로 또는 타인의 승낙 없이 그 명의로 주식을 인수하는 약정을 한 경우이다. 가설인은 주식인수계약의 당사자가 될 수 없다. 한편 타인의 명의로 주식을 인수하면서 그 승낙을 받지 않은 경우 명의자와 실제로 출자를 한 자(이하 '실제 출자자'라 한다) 중에서 누가 주식인수인인지 문제되는데, 명의자는 원칙적으로 주식인수계약의 당사자가 될 수 없다. **자신의 명의로 주식을 인**

45) 이는 타인명의로 주식을 인수하는 것이 유효함을 의미한다. 따라서 주식이 인수되지 않음에 따른 발기인(제321조 제1항) 및 이사(제428조 제1항)의 인수담보책임은 없다.

수하는 데 승낙하지 않은 자는 주식을 인수하려는 의사도 없고 이를 표시한 사실도 없기 때문이다. 따라서 실제 출자자가 가설인 명의나 타인의 승낙 없이 그 명의로 주식을 인수하기로 하는 약정을 하고 출자를 이행하였다면, 주식인수계약의 상대방(발기설립의 경우에는 다른 발기인, 그 밖의 경우에는 회사)의 의사에 명백히 반한다는 등의 특별한 사정이 없는 한, 주주의 지위를 취득한다고 보아야 한다.

둘째, 타인의 승낙을 얻어 그 명의로 주식을 인수하기로 약정한 경우이다. 이 경우에는 계약 내용에 따라 명의자 또는 실제 출자자가 주식인수인이 될 수 있으나, **원칙적으로는 명의자를 주식인수인으로 보아야 한다. 명의자와 실제 출자자가 실제 출자자를 주식인수인으로 하기로 약정한 경우에도 실제 출자자를 주식인수인이라고 할 수는 없다.** 실제 출자자를 주식인수인으로 하기로 한 사실을 주식인수계약의 상대방인 회사 등이 알고 이를 승낙하는 등 특별한 사정이 없다면, 그 상대방은 명의자를 주식인수계약의 당사자로 이해하였다고 보는 것이 합리적이기 때문이다.

그렇다면 A가 가설인 B나 타인 C의 승낙을 얻어서 그 명의로 주식을 인수한 경우(물론 A가 납입의무를 이행한 경우를 전제로 한다) **누가 회사에 대한 주주권을 행사하는 자**가 되는가? 종전 판례는 A를 주주로 보았으나(실질설), **최근 전원합의체 판례는** 명의개서는 단순한 사무처리의 편의를 위한 것이 아니므로 **회사에 대한 주주권행사는 명의개서를 기준으로 획일적으로 정해야 한다고 한다고 판시**하고 있다(형식설).[46] 한편, 타인의 승낙을 얻은 A는 C와 연대하여 주식인수대금을 납입할 책임이 있다(제332조 제2항).

대법원 2017.3.23. 선고 2015다248342 전원합의체 판결

[다수의견] **상법이 주주명부제도를 둔 이유는, 주식의 발행 및 양도에 따라 주주의 구성이 계속 변화하는 단체법적 법률관계의 특성상 회사가 다수의 주주와 관련된 법률관계를 외부적으로 용이하게 식별할 수 있는 형식적이고도 획일적인 기준에 의하여 처리할 수 있도록 하여 이와 관련된 사무처리의 효율성과 법적 안정성을 도모하기 위함**이다. 이는 회사가 주주에 대한 실질적인 권리관계를 따로 조사하지 않고 주주명부의 기재에 따라 주주권을 행사할 수 있는 자를 획일적으로 확정하려는 것으로서, 주주권의 행사가 회사와 주주를 둘러싼 다수의 이해관계인 사이의 법률관계에 중대한 영향을 줄 수 있음을 고려한 것이며, 단지 해당 주주의 회사에 대한 권리행사 사무의 처리에 관한 회사의 편의만을 위한 것이라고 볼 수 없다.

회사에 대하여 주주권을 행사할 자가 주주명부의 기재에 의하여 확정되어야 한다는 법리는 주식양도의 경우뿐만 아니라 주식발행의 경우에도 마찬가지로 적용된다. 주식양도의 경우와 달리 주식발행의 경우에는 주식발행 회사가 관여하게 되므로 주주명부에의 기재를 주주권 행사의 대항요건으로 규정하고 있지는 않으나, 그럼에도 상법은 주식을 발행한 때에는 주주명부에 주주의 성명과 주소 등을 기재하여 본점에 비치하도록 하고(제352조 제1항, 제396조 제1항), 주주에 대한

46) 대법원 2017.3.23. 선고 2015다248342 전원합의체 판결.

회사의 통지 또는 최고는 주주명부에 기재한 주소 또는 그 자로부터 회사에 통지한 주소로 하면 되도록(제353조 제1항) 규정하고 있다. 이와 같은 상법 규정의 취지는, 주식을 발행하는 단계에서나 주식이 양도되는 단계에서나 회사에 대한 관계에서 주주권을 행사할 자를 주주명부의 기재에 따라 획일적으로 확정하기 위한 것으로 보아야 한다.

주식을 양수하였으나 아직 주주명부에 명의개서를 하지 아니하여 주주명부에는 양도인이 주주로 기재되어 있는 경우뿐만 아니라, 주식을 인수하거나 양수하려는 자가 타인의 명의를 빌려 회사의 주식을 인수하거나 양수하고 타인의 명의로 주주명부에의 기재까지 마치는 경우에도, 회사에 대한 관계에서는 주주명부상 주주만이 주주로서 의결권 등 주주권을 적법하게 행사할 수 있다. 이는 주주명부에 주주로 기재되어 있는 자는 특별한 사정이 없는 한 회사에 대한 관계에서 주식에 관한 의결권 등 주주권을 적법하게 행사할 수 있고, 회사의 주식을 양수하였더라도 주주명부에 기재를 마치지 아니하면 주식의 양수를 회사에 대항할 수 없다는 법리에 비추어 볼 때 자연스러운 결과이다. 또한 **언제든 주주명부에 주주로 기재해 줄 것을 청구하여 주주권을 행사할 수 있는 자가 자기의 명의가 아닌 타인의 명의로 주주명부에 기재를 마치는 것은 적어도 주주명부상 주주가 회사에 대한 관계에서 주주권을 행사하더라도 이를 허용하거나 받아들이려는 의사였다고 봄이 합리적이다. 그렇기 때문에 주주명부상 주주가 주식을 인수하거나 양수한 사람의 의사에 반하여 주주권을 행사한다 하더라도, 이는 주주명부상 주주에게 주주권을 행사하는 것을 허용함에 따른 결과이므로 주주권의 행사가 신의칙에 반한다고 볼 수 없다.**

주주명부상의 주주만이 회사에 대한 관계에서 주주권을 행사할 수 있다는 법리는 주주에 대하여만 아니라 회사에 대하여도 마찬가지로 적용되므로, 회사는 특별한 사정이 없는 한 주주명부에 기재된 자의 주주권 행사를 부인하거나 주주명부에 기재되지 아니한 자의 주주권 행사를 인정할 수 없다. 상법은 주식발행의 경우 주식인수인이 성명과 주소를 기재하고 기명날인 또는 서명한 서면에 의하여 주식을 인수한 후 그 인수가액을 납입하도록 하면서, 회사로 하여금 주주명부에 주주의 성명과 주소, 각 주주가 가진 주식의 수와 종류 등을 기재하고 이를 회사의 본점에 비치하여 주주와 회사채권자가 열람할 수 있도록 하고 있다(제352조 제1항, 제396조). 이는 회사가 발행한 주식에 관하여 주주권을 행사할 자를 확정하여 주주명부에 주주로 기재하여 비치 · 열람하도록 함으로써 해당 주주는 물론이고 회사 스스로도 이에 구속을 받도록 하기 위한 것이다. 주식양도의 경우에는 주식발행의 경우와는 달리 회사 스스로가 아니라 취득자의 청구에 따라 주주명부의 기재를 변경하는 것이기는 하나, 회사가 주식발행 시 작성하여 비치한 주주명부에의 기재가 회사에 대한 구속력이 있음을 전제로 하여 주주명부에의 명의개서에 대항력을 인정함으로써 주식양도에 있어서도 일관되게 회사에 대한 구속력을 인정하려는 것이므로, **상법 제337조 제1항에서 말하는 대항력은 그 문언에 불구하고 회사도 주주명부에의 기재에 구속되어, 주주명부에 기재된 자의 주주권 행사를 부인하거나 주주명부에 기재되지 아니한 자의 주주권 행사를 인정할 수 없다는 의미를 포함하는 것으로 해석함이 타당**하다.

따라서 **특별한 사정이 없는 한, 주주명부에 적법하게 주주로 기재되어 있는 자는 회사에 대한 관계에서 주식에 관한 의결권 등 주주권을 행사할 수 있고, 회사 역시 주주명부상 주주 외에 실제 주식을 인수하거나 양수하고자 하였던 자가 따로 존재한다는 사실을 알았든 몰랐든 간에 주주명부상 주주의 주주권 행사를 부인할 수 없으며, 주주명부에 기재를 마치지 아니한 자의 주주권 행사를 인정**

할 수도 없다. 주주명부에 기재를 마치지 않고도 회사에 대한 관계에서 주주권을 행사할 수 있는 경우는 주주명부에의 기재 또는 명의개서청구가 부당하게 지연되거나 거절되었다는 등의 극히 예외적인 사정이 인정되는 경우에 한한다. 자본시장과 금융투자업에 관한 법률(이하 '자본시장법'이라 한다)에 따라 예탁결제원에 예탁된 상장주식 등에 관하여 작성된 실질주주명부에의 기재는 주주명부에의 기재와 같은 효력을 가지므로(자본시장법 제316조 제2항), 이 경우 실질주주명부상 주주는 주주명부상 주주와 동일하게 주주권을 행사할 수 있다.

3 주식회사 설립의 검사

(1) 발기설립

주식인수대금 납입과 현물출자의 이행이 완료되면, 발기인은 지체 없이 회사성립 후 기관이 될 이사와 감사를 의결권의 과반수로 선임하여야 한다(제296조 제1항). 이때 발기인의 의결권은 그 인수주식의 1주에 대하여 1개로 한다(위 조 제2항).

이사와 감사는 취임 후 지체 없이 회사의 설립에 관한 모든 사항이 법령 또는 정관의 규정에 위반되지 아니하는지의 여부를 조사하여 발기인에게 보고하여야 한다(제296조 제1항). 이사와 감사 중 발기인이었던 자 · 현물출자자 또는 회사성립 후 양수할 재산의 계약당사자인 자는 위 조사 · 보고에 참가하지 못하며(위 조 제2항), 이 경우 이사는 공증인으로 하여금 이를 조사 · 보고를 하게 하여야 한다(위 조 제3항).

한편, 정관으로 변태설립사항을 정한 때에는 이사는 이에 관한 조사를 하게 하기 위하여 검사인 선임을 법원에 청구하여야 하고(위 조 제4항),[47] 검사인은 현물출자의 이행을 조사하여 법원에 보고하여야 한다(제299조 제1항). 검사인은 위 조사보고서를 작성한 후 지체 없이 그 등본을 각 발기인에게 교부하여야 하며(위 조 제3항), 검사인의 조사보고서에 사실과 다른 사항이 있는 경우에는 발기인은 이에 대한 설명서를 법원에 제출할 수 있다(위 조 제4항).[48]

법원은 검사인 또는 공증인의 조사보고서 또는 감정인의 감정결과와 발기인의 설명서를 심사하여 관련 사항(제290조)을 부당하다고 인정한 때에는 이를 변경하여 각 발기인에게 통고할 수 있다(제300조 제1항). 위 변경에 불복하는 발기인은 그 주식의 인수를 취소할 수 있

47) 다만, 제299조의2의 경우에는 그러하지 아니하다.
48) 제299조의2(현물출자 등의 증명) : 제290조 제1호 및 제4호에 기재한 사항에 관하여는 공증인의 조사 · 보고로, 제290조 제2호 및 제3호의 규정에 의한 사항과 제295조의 규정에 의한 현물출자의 이행에 관하여는 공인된 감정인의 감정으로 제299조 제1항의 규정에 의한 검사인의 조사에 갈음할 수 있다. 이 경우 공증인 또는 감정인은 조사 또는 감정결과를 법원에 보고하여야 한다.

으며, 이 경우에는 정관을 변경하여 설립에 관한 절차를 속행할 수 있다(위 조 제2항). 법원의 통고가 있은 후 2주내에 주식의 인수를 취소한 발기인이 없는 때에는 정관은 통고에 따라서 변경된 것으로 본다(위 조 제3항).[49]

(2) 모집설립

모집설립의 경우 주식인수인으로 구성되는 창립총회에서 이사와 감사를 선임하여야 한다(제312조). 정관으로 변태설립을 규정한 때에는 발기인은 이에 관한 조사를 하게 하기 위하여 검사인의 선임을 법원에 청구하여야 하고(제310조 제1항), 검사인의 보고서는 이를 창립총회에 제출하여야 한다(위 조 제2항). 발기인은 회사의 창립에 관한 사항을 서면에 의하여 창립총회에 보고하여야 한다(제311조 제1항).

이사와 감사는 취임 후 지체 없이 회사의 설립에 관한 모든 사항이 법령 또는 정관의 규정에 위반되지 아니하는지의 여부를 조사하여 창립총회에 보고하여야 한다(제313조 제1항).

4 창립총회와 설립등기 등 절차

(1) 창립총회

발기인은 출자의 이행이 끝나면 창립총회를 소집하여야 한다(제308조 제1항). 창립총회는 주식인수인으로 구성하는 「설립 중 회사」의 의결기관으로서 설립 후 회사의 주주총회에 해당하는 기관이다. 따라서 소집과 운영 등은 주주총회에 관한 규정을 준용한다(위 조 제2항).

다만, 창립총회의 결의는 출석한 주식인수인의 의결권의 3분의 2 이상이며 인수된 주식총수의 과반수에 해당하는 다수로 하여야 한다(제309조).

(2) 설립등기

주식회사가 법인격을 취득하기 위해서는 설립등기를 하여야 한다. 설립등기에 따라 법인격을 취득하므로 설립등기는 창설적 효력이 있는 것이다. 법리적으로는 설립 중의 회사가 소멸하

---

49) 이를 요약하면 아래와 같다.

▷ 변태설립사항이 없는 경우 : 이사 및 감사의 조사(제298조 제1항, 제313조)

▷ 변태설립사항이 있는 경우 : 검사인의 조사(제298조 제1항) 또는 공증인의 조사 및 보고(제299조의2 및 제310조), 감정인의 조사 및 보고(제299조의2 및 310조 제3항)

고, 설립 중의 회사가 권리의무를 설립등기에 의하여 성립된 회사가 자동으로 승계하게 된다.[50)]

주식회사의 설립등기는 발기인이 회사설립 시에 발행한 주식의 총수를 인수한 경우 검사인의 변태설립사항 조사 · 보고 후 (제299조)와 법원의 변태설립사항 변경처분 후 (제300조) 절차가 종료한 날로부터, 발기인이 주주를 모집한 경우에는 창립총회가 종결한 날 또는 창립총회에 의한 변태설립사항 변경(제314조) 절차가 종료한 날로부터 2주간 내에 이를 하여야 한다(제317조 제1항).[51)]

등기사항은 상법에서 규정하고 있는 절대적 기재사항과는 차이가 있는데, 목적, 상호, 발행예정주식 총수, 주식매수선택권 규정 등이 포함되어 있다(제317조 제2항).

주식회사는 본점소재지에서 설립등기를 함으로써 성립한다(제172조). 즉, 법인격을 취득한다는 것이다.[52)] **회사가 성립하면 발기인조합과 설립중의 회사는 소멸한다. 그리고 주식인수인은 주주가 되고, 회사 설립 중에 선임된 이사와 감사는 회사의 기관이 된다.**

(3) 주식회사 설립의 하자

1) 의 의

'주식회사 설립의 하자'란 회사가 외관상 회사로서 유효하게 성립하고 있으나 그 설립절차에 하자가 존재하는 경우를 말한다. 상법은 외관상 설립등기를 마쳐서 유효하게 성립하였으나, 그 설립절차에 하자가 있는 경우에는 주주 · 이사 또는 감사에 한하여 회사성립의 날로부터 2년 내[53)]에 소송으로만 이를 주장할 수 있도록 규정하고 있다(제328조).[54)]

2) 하자의 유형과 소의 원인

설립절차의 하자에는 사원의 개인적인 사유로 인한 「**주관적 하자**」와 설립행위 자체가 법령이나 정관에 위반한 경우와 같은 객관적인 사유로 인한 「**객관적 하자**」[55)]가 있다. **주관적**

---

50) 이러한 주된 효과 외에도 설립등기에 따른 부수적인 효과는 다음과 같다. ⅰ) 설립등기 후에는 주식인수의 무효 · 취소가 제한되고(제320조 제1항) ⅱ) 권리주 양도제한이 적용되지 않고(제319조) ⅲ) 설립무효의 소가 아니면 설립무효를 다툴 수 없고(제328조 제1항) ⅳ) 주권을 발행할 수 있게 된다(제355조 제2항).

51) 설립 등기 시에는 지방세법 상 등록세가 부과된다(지방세법 제24조 제1호).

52) 이 조항은 상업등기의 일반적인 효력을 규정하고 있는 상법 제37조의 예외적인 규정이다. 즉, 설립등기를 하지 않는 이상 상대방의 선의나 악의를 불문하고 회사성립이 인정되지 않는다.

53) 제척기간이다. 1주만 보유하고 있더라고 소를 제기할 수 있다.

54) 반면, 주식회사는 설립 취소의 소(訴)는 규정하고 있지 않다.

55) 정관의 절대적 기재사항 흠결, 모집설립을 하면서 창립총회를 소집하지 않거나 창립총회 의결에 흠결이 있는 경우 등이 객관적 하자에 해당한다.

하자는 의사무능력과 같은 무효사유와 제한능력 위반과 같은 취소사유가 있는데 각각 설립무효나 설립취소의 원인이 된다. 이에 반하여 객관적 하자는 설립무효의 원인이 될 뿐이다.

합명 · 합자회사와 유한회사의 설립상의 하자는 주관적 하자와 객관적 하자 모두 인정되며, 이에 따른 설립무효의 소와 설립취소의 소가 모두 인정된다. 반면 주식회사 설립의 하자는 객관적인 하자를 원인으로 하는 설립무효의 소만 인정된다. 이는 주식회사가 다른 회사와는 달리 발기인의 자본충실책임이 인정되고 사원의 인적 개성이 중요시 되지 않기 때문이다.

3) 제소권자와 제소기간

주식회사의 경우 설립무효의 소에 대한 제소권자는 주주, 이사, 감사이며[56], 피고는 회사가 된다. 설립무효의 소는 회사설립의 날부터 2년 내에 제기할 수 있다(제184조, 제328조 제1항).

4) 소의 절차

설립무효의 소의 관할법원은 회사의 본점소재지의 지방법원에 전속하며(제186조), 소가 제기된 때에는 회사는 지체없이 이를 공고하여야 하며(제187조), 설립무효의 소가 제기되어도 그 심리 중에 원인이 된 하자가 보완되고 회사의 현황과 제반사정을 참작하여 설립을 무효 또는 취소하는 것이 부적당하다고 인정된 때에는 법원은 그 청구를 기각할 수 있다(재량기각, 제189조). 이는 하자가 보완된 이상 회사설립을 무효화하는 것이 공익적 측면에서 바람직하지 않고 기업유지 관점에서도 그 기업을 존속하는 것이 타당하다는 점 때문에 인정되고 있다.

5) 판결의 효력

설립무효의 판결은 소를 제기한 자(원고)가 승소한 경우에는 제3자에 대하여도 그 효력이 있다. 따라서 제3자는 설립무효의 판결을 다툴 수 없다(대세적 효력). 하지만, 판결확정 전에 생긴 회사와 사원 및 제3자간의 권리의무에 영향을 미치지 아니한다(불소급효, 제190조).[57] 이런 점 때문에 상법 제193조는 판결을 등기하도록 하고 있다. 설립무효의 판결이 확정된 때에는 회사는 해산에 준하여 청산하여야 한다(제193조 제1항). 이 경우 법원은 사원 기타의 이해관계인의 청구에 의하여 청산인을 선임할 수 있다(위 조 제2항).

반면, 소를 제기한 자가 패소를 한 경우 승소한 경우의 효과는 없다. 즉, 민사소송법상 일

56) 설립무효의 소는 합명회사, 합자회사는 각 사원(제184조 제1항, 제269조), 유한회사는 주식회사와 마찬가지로 주주, 이사, 감사(제328조 제1항, 제552조 제1항, 유한책임회사는 사원과 업무집행자(제287조의6 후단)가 제소권자가 되고, 설립취소의 소는 합명회사, 합자회사, 유한회사, 유한책임회사 모두 취소권자가 제소권자가 된다.

57) 회사법상 소송은 소급효가 없는 것이 원칙이다. 소급효가 인정되는 소송은 주주총회결의의 하자를 다투는 소송과 감자무효의 소에 한정된다.

반원칙에 따라 소의 당사자 외의 범위에는 판결의 효력이 미치지 않는다(민사소송법 제218조). 패소한 원고가 악의 또는 중대한 과실이 있는 때에는 그는 회사에 대하여 연대하여 손해를 배상할 책임이 있다(제191조). 이는 소송을 남용하는 경우를 방지하기 위한 규정이다.

(4) 회사설립 관여자의 책임

상법은 주식회사의 설립 원칙인 준칙주의의 폐단을 방지하기 위해, 발기인, 이사와 감사, 검사인, 유사발기인 등에게 민사책임은 물론 형사책임까지도 부담시키고 있다. 이는 주식회사의 설립에 이해관계인이 많고 그 폐해가 크기 때문이다.

1) 발기인

가. 자본충실책임

회사설립 시 발행한 주식 중 회사성립 후에 인수되지 아니한 주식이 있거나 주식인수의 청약이 취소된 때에는 발기인이 이를 공동으로 인수한 것으로 보며(인수담보책임, 제321조 제1항), 회사성립 후 납입을 완료하지 아니한 주식이 있는 때에는 발기인은 연대하여 그 납입을 하여야 한다(납입담보책임, 위 조 제2항). 주주의 자격은 인수로서 확정되기 때문에 인수담보책임을 진 발기인은 주주의 자격을 취득한다. 이와 달리 납입담보책임의 경우 발기인이 주금액을 납입하였다고 하더라도 주주의 지위를 취득하는 자는 주식인수인이 된다. 이 경우 발기인은 주주에 대해서 구상권을 행사할 수 있다.

이러한 자본충실책임은 발기인의 과실유무와 관계없이 인정되는 무과실책임으로 회사가 성립한 후에 비로소 발생하는 책임이다.

자본충실책임은 원칙적으로 회사의 대표이사가 회사를 대표하여 소를 제기하거나 대표이사가 소를 제기하지 않는다면 100분의1 이상의 주식을 보유한 주주가 회사를 대표하여 소를 제기할 수 있다(제324조, 제403조 내지 제406조). 자본충실책임은 총주주의 동의로도 면제가 될 수 없다는 것이 통설의 입장이다.

나. 회사에 대한 손해배상책임

발기인이 회사의 설립에 관하여 그 임무를 해태(懈怠)[58]한 때에는 그 발기인은 회사에 대하여 연대하여 손해를 배상할 책임이 있다. 발기인의 회사에 대한 손해배상책임은 자본충실책임과 달리 과실책임이다.

---

58) '해태(懈怠)'란 어떤 법률행위를 할 기일을 정당한 이유 없이 넘겨 책임을 다하지 않는 경우를 의미한다.

회사에 대한 손해배상책임은 원칙적으로 회사의 대표이사가 회사를 대표하여 소를 제기하거나 대표이사가 소를 제기하지 않는다면 100분의1 이상의 주식을 보유한 주주가 회사를 대표하여 소를 제기할 수 있다(제324조, 제403조 내지 제406조). 발기인의 회사에 대한 손해배상책임은 총주주의 동의로도 면제가 될 수 있다(제324조, 제400조 제1항). 정관에 의해서 그 손해배상의 범위를 발기인의 1년 보수액의 6배까지로 제한할 수 있다(제324조, 제400조 제2항).

다. 제3자에 대한 손해배상책임

발기인이 악의 또는 중대한 과실로 인하여 그 임무를 해태한 때에는 그 발기인은 제3자에 대하여도 연대하여 손해를 배상할 책임이 있다(제322조). 제3자의 범위에 간접적으로 손해를 입은 주주가 포함되는지가 문제되나, 통설은 포함된다고 보고 있다.

라. 회사불성립 시의 책임

'회사의 불성립'이란 회사설립을 착수하였으나 설립등기를 하지 못한 경우를 의미한다.[59] 발기인은 회사가 불성립한 경우 그 설립에 관한 행위에 대하여 연대하여 책임을 지며(제326조 제1항), 이 경우 회사의 설립에 관하여 지급한 비용은 발기인이 부담한다(제326조 제2항). 이는 발기인의 과실유무와 관계없이 성립하는 무과실책임이다.

2) 이사와 감사

이사 또는 감사가 설립경과의 조사보고임무의 규정에 의한 임무를 해태하여 회사 또는 제3자에 대하여 손해를 배상할 책임을 지는 경우, 이에 대해 발기인도 책임을 질 때에는 그 이사, 감사와 발기인은 연대하여 손해를 배상할 책임이 있다(제323조). 한편, 이들의 책임은 과실책임[60]이므로 총주주(總株主)의 동의에 의해 면제될 수 있다(제324조 및 제400조).

3) 검사인

법원이 선임한 검사인이 악의 또는 중대한 과실로 인하여 그 임무를 해태한 때에는 회사 또는 제3자에 대하여 손해를 배상할 책임이 있다(제325조).[61]

---

59) 따라서 회사성립 후 해산된 경우나 설립무효판결을 받은 경우는 회사불성립이 아니다.

60) 타인에게 손해를 입힌 경우, 고의나 과실이 없는 한 가해행위에 대하여 손해배상의 책임을 지지 않는다는 원리로서 '자기책임의 원칙'이라고도 한다.

61) 검사인 대신에 변태설립사항을 조사하는 공증인 · 감정인에 대해서는 상법에 별도의 규정이 없다. 일반적인 견해는 이들은 회사에서 위임받은 업무를 처리하는 자이므로 제322조를 유추적용하여 배상책임을 인정하자는 입장이다.

4) 유사발기인

주식청약서 기타 주식모집에 관한 서면에 성명과 회사의 설립에 찬조하는 뜻을 기재할 것을 승낙한 자를 '유사발기인'이라고 하는데, 일반투자자는 발기인이라고 믿고 거래했을 가능성이 크기 때문에 발기인과 동일한 책임이 있다(제327조). 외관에 대한 신뢰를 보호하기 위한 것이나 일반적인 외관법리와는 달리 상법 제327조는 상대방의 선의를 요구하지는 않는다.

유사발기인은 그 책임에 있어서는 발기인과 동일하나 회사서립에 관여하는 자는 아니기 때문에 회사임무 해태를 전제로 하는 상법 제315조, 제322조의 손해배상책임은 지지 않는다.

5 주주의 유한책임

'주주유한책임의 원칙'이란 주주는 회사의 내부관계에서는 물론 외부적으로도 회사의 채권자에 대하여 아무런 책임을 부담하지 않는다는 것으로서, 회사와 주주의 재산을 분리하여 주주를 보호함으로써 주식의 자유로운 거래를 통하여 거대자본의 형성을 가능케 하여 주식회사 제도를 발전시키고자 하는 것이다[62].

주식회사에서 주주의 책임은 원칙적으로 유한책임으로서, 그가 가진 주식의 인수가액을 한도로 한다(제331조). 여기서 인수가액을 한도로 한다는 것은 회사에 대해 재산상 출자의무를 부담할 뿐이라는 의미이다. 예를 들면, A가 회사 B가 발행한 주식을 100억 원에 인수했는데(주식인수인으로서 책임), 몇 년 뒤 B가 은행으로부터 빌린 3000억 원을 상환하지 못하여 파산 상태에 이르렀어도, A는 회사 B를 대신해 그 은행(회사의 채권자)의 빚을 갚을 의무가 없다는 얘기다.[63]

주주의 유한책임제도는 정관이나 주주총회의 결의에 의해서도 가중할 수 없다. 이런 이유로 주식회사가 합명회사 등 다른 조직형태보다 일반인으로부터 자금 모집을 쉽게 모집할 수 있다고 본다.

그러나 주주가 이사와 통모(通謀, 서로 짜고)하여 현저하게 불공정한 발행가액으로 주식을 인수한 자는 회사에 대하여 공정한 발행가액과의 차액에 상당한 금액을 지급할 의무가 있다(제424조의 2). 또한 주주 유한책임의 원칙은 주주의 의사에 반(反)하여 주식의 인수가액을 초과하는 새로운 부담을 시킬 수 없다는 취지에 불과하고 주주들의 동의 아래 회사 채무를 주주들이

62) 대법원 2004.10.27. 선고 2003두1165 판결.
63) 물론 회사 B가 파산을 하면 A의 주식 역시 0원이 될 가능성이 있지만 그의 책임은 여기까지이다.

분담하는 것까지 금하는 취지는 아니다.[64]

앞서 살펴본 바와 같이 회사 B가 일정한 요건에 해당하여 법인격 부인을 당하는 경우, 회사 B 뒤에 있는 주주에게까지 주주의 유한책임을 인정하는 것은 아니다.

세법에는 과세목적상 법인의 과점주주에게는 해당 법인의 법인세를 납부하지 못할 경우 제2차 납세의무를 부여한다(7. (3)에서 설명한다).

6 회사설립과 세금

(1) 법인의 설립 또는 설치신고와 사업자등록 신청

내국법인[65]은 그 설립등기일(사업의 실질적 관리 장소를 두게 되는 경우에는 그 실질적 관리장소를 두게 된 날)부터 2개월 이내에 ⅰ) 법인의 명칭과 대표자의 성명 ⅱ) 본점이나 주사무소 또는 사업의 실질적 관리장소의 소재지 ⅲ) 사업 목적 ⅳ) 설립일 등을 포함한 사항을 적은 「법인설립신고서」에 법령이 정하는 「주주 등의 명세서」와 「사업자등록 서류」 등을 첨부하여 납세지 관할 세무서장에게 신고하여야 한다(법인세법 제109조 제1항).[66]

한편, 외국법인[67]이 국내사업장을 가지게 되었을 때에는 그 날부터 2개월 이내에 ⅰ) 법인의 명칭과 대표자의 성명 ⅱ) 본점 또는 주사무소의 소재지 ⅲ) 국내에서 수행하는 사업이나 국내에 있는 자산의 경영 또는 관리책임자의 성명 ⅳ) 국내사업의 목적 및 종류와 국내자산의 종류 및 소재지 ⅴ) 국내사업을 시작하거나 국내자산을 가지게 된 날 등의 사항을 적은 「국내사업장 설치신고서」에 국내사업장을 가지게 된 날 현재의 「재무상태표」와 그 밖에 법령으로 정하는 서류를 첨부하여 납세지 관할 세무서장에게 신고하여야 한다(위 조 제2항).[68][69]

---

64) 대법원 1983.12.13. 선고 82도735 판결.

65) “내국법인”이란 본점, 주사무소 또는 사업의 실질적 관리장소가 국내에 있는 법인을 말한다(법인세법 제2조 제1호).

66) 이 경우 사업자등록신청을 한 것으로 본다(법인세법 제11조 제4항).

67) “외국법인”이란 본점 또는 주사무소가 외국에 있는 단체(사업의 실질적 관리장소가 국내에 있지 아니하는 경우만 해당한다)로서 대통령령으로 정하는 기준에 해당하는 법인을 말한다(법인세법 제2조 제3호).

68) 이에 따라 신고한 신고서 및 그 첨부 서류의 내용이 변경된 경우에는 그 변경사항이 발생한 날부터 15일 이내에 그 변경된 사항을 납세지 관할 세무서장에게 신고하여야 한다(위 조 제2항).

69) 이 경우에도 사업자등록신청을 한 것으로 본다(법인세법 제11조 제4항).

(2) 사업자등록

신규로 사업을 시작하는 법인은 법령이 정하는 바에 따라 납세지 관할 세무서장에게 등록하여야 한다. 이 경우 내국법인이 법인 설립신고를 하기 전에 등록(사전등록)하는 때에는 같은 항에 따른 「주주 등의 명세서」를 제출하여야 한다(법인세법 제111조 제1항).

그러나 부가가치세법에 따라 사업자등록을 한 사업자는 그 사업에 관하여 위에 따른 등록을 한 것으로 본다(위 조 제2항).

한편, 사업자는 「사업장마다」 법령이 정하는 바에 따라 사업 개시일부터 20일 이내에 사업장 관할 세무서장에게 사업자등록을 신청하여야하나, 신규로 사업을 시작하려는 자는 사업 개시일 이전이라도 사업자등록을 신청할 수 있다(부가가치세법 제8조 제1항).

그러나 사업장이 둘 이상인 사업자는 사업자 단위("사업자 단위 과세 사업자")로 해당 사업자의 본점 또는 주사무소 관할 세무서장에게 등록을 신청할 수 있다(위 조 제3항)

위와 같은 신청을 받은 사업장 관할 세무서장은 사업자등록을 하고, 법령이 정하는 바에 따라 등록된 사업자에게 등록번호가 부여된 등록증(사업자등록증)을 발급하여야 한다(위 조 제5항). 위 사업자는 휴업 또는 폐업을 하거나 등록사항이 변경되면 법령이 정하는 바에 따라 지체 없이 사업장 관할 세무서장에게 신고하여야 하며(위 조 제6항), 폐업을 하거나 사전등록을 하고서도 사실상 사업을 시작하지 아니하게 되는 경우에는 지체 없이 사업자등록을 말소하여야 한다(위 조 제7항).

(3) 과점주주의 제2차 납세의무

'과점주주의 제2차 납세의무'는 국세부과 및 세법적용상의 원칙으로서의 실질과세의 원칙을 구현하려는 것으로서, **형식적으로는 제3자에게 재산이 귀속되어 있으나 실질적으로는 주된 납세의무자와 동일한 책임을 인정하더라도 공평을 잃지 않을 특별한 관계에 있는 제3자를 제2차 납세의무자로 하여 보충적인 납세의무를 지게 하여** 그 재산의 형식적인 권리 귀속을 부인함으로써 그 내용상의 합리성과 타당성 내지 조세형평을 기하는 한편 조세징수의 확보라는 공익을 달성하기 위한 제도이다.[70)]

상법은 주식회사의 경우 주주의 유한책임을 규정하고 있다. 하지만 국세기본법은 무한책임사원 및 주주 또는 유한책임사원 1명과 그의 특수관계인 중 법령이 정하는 자로서 그들의 소유주식 합계 또는 출자액 합계가 해당 법인의 발행주식 총수 또는 출자총액의 100분

70) 대법원 2004.10.27. 선고 2003두1165 판결.

의 50을 초과하면서 그에 관한 권리를 실질적으로 행사하는 자들(과점주주)[71]은 법인의 재산으로 그 법인에 부과되거나 그 법인이 납부할 국세 · 가산금과 체납처분비에 충당하여도 부족한 경우에는 그 부족한 금액에 대하여 그 법인의 발행주식 총수(의결권이 없는 주식은 제외) 또는 출자총액으로 나눈 금액에 해당 과점주주가 실질적으로 권리를 행사하는 주식 수(의결권이 없는 주식은 제외) 또는 출자액을 곱하여 산출한 금액을 한도로 제2차 납세의무를 진다고 규정하고 있다(국세기본법 제39조).[72]

국세기본법에서 규정하는 **제2차 납세의무자의 범위에 대해서 헌법재판소는 형식상이 아니라 실질적으로 권한을 행사하는 자로 제한한다면 합헌**이라고 한다.

현재 1997.6.26. 93헌바49 결정
국세기본법 제39조는 과점주주의 주식의 소유 정도 및 과점주주 소유의 주식에 대한 실질적인 권리의 행사 여부와 법인의 경영에 대한 사실상의 지배 여부 등 제2차 납세의무의 부과를 정당화시키는 실질적인 요소에 대하여는 고려함이 없이, 소정 과점주주 전원에 대하여 일률적으로 법인의 체납액 전부에 대한 무제한의 납세의무를 인정함으로써, 과점주주에 대한 조세형평이나 재산권 보장은 도외시한 채 조세징수의 확보만을 지나치게 강조하여 실질적 세법률주의에 위반되고 재산권을 과도하게 침해하며 또 과점주주들간에 불합리한 차별 하여 평등의 원칙과 그 조세분야에서의 실현형태인 조세평등주의에도 위반된다. **그러나 과점주주에 대하여 제2차 납세의무를 부과하는 것 자체가 모두 위헌이라고는 볼 수 없으므로, 실질적 조세법률주의의 원칙에 비추어 제2차 납세의무를 부담하는 과점주주의 범위를 적절하게 제한하거나 과점주주의 책임의 한도를 설정하면 그 위헌성이 제거될 수 있을 것**인데, 입법부는 이미 과점주주의 범위를 제한하는 방법으로 법률을 개정함으로써 제도의 입법목적인 조세징수의 확보라는 공익적인 요청과 과점주주의 재산권 보장이라는 요청을 조화시키려는 시도를 하였고, 또 그러한 방법으로 위헌성을 제거하는 것이 가장 합리적이라 보여지는 바, 이에 제2차 납세의무를 부과함이 상당하다고 인정되는 과점주주의 범위에 대하여 살펴보면, 그 입법목적에 비추어 이를 주식회사를 실질적으로 운영하면서 이를 조세회피의 수단으로 이용할 수 있는 지위에 있는 자, **즉 法人의 경영을 사실상 지배하거나 과점주주로서의 요건, 즉 해당 법인의 발행주식총액의 100분의 51 이상의 주식에 관한 권리를 실질적으로 행사하는 자로 제한**함이 상당하다 할 것이다.

한편, 명의신탁 등으로 형식상 과점주주인 자가 제2차 납세의무 부담을 벗으려면 그가 명의신탁을 입증하여야 한다. 어느 시점의 주주인가? **판례는 법인의 납세의무 성립일 현재**(12월 말 법인의 법인세는 해당 사업연도 12월 31일에 성립함) **주주권을 행사할 수 있는 지위에 있어야 한**다고 한다.

---

71) 이는 해당 법인의 납부하여야 할 그 국세의 납세의무 성립일 현재를 기준으로 판단한다.
72) 2014.12.23. 세법개정으로 2015년부터는 상장법인의 주주도 제2차 납세의무를 진다.

대법원 2012.12.26. 선고 2011두9287 판결
위 규정에서 말하는 '100분의 50을 초과하는 주식에 관한 권리 행사'에 해당하기 위해서는 현실적으로 주주권을 행사한 실적은 없더라도 **적어도 납세의무 성립일 당시 소유하고 있는 주식에 관하여 주주권을 행사할 수 있는 지위**에는 있어야 한다. 따라서 납세의무 성립일 당시 주주권을 행사할 가능성이 없었던 경우에는 위 규정에 의한 제2차 납세의무를 지지 않는다고 할 것이다.

(4) 법인의 제2차 납세의무

위에서 언급한 무한책임사원과 과점주주[73]가 세금을 체납하여 ⅰ) 정부가 출자자의 소유주식 또는 출자지분을 재공매(再公賣)하거나 수의계약으로 매각하려 하여도 매수희망자가 없는 경우 ⅱ) 법률 또는 그 법인의 정관에 의하여 출자자의 소유주식 또는 출자지분의 양도가 제한된 경우(국세징수법 제61조 제4항에 따라 공매할 수 없는 경우는 제외), 해당 법인은 자산총액에서 부채총액을 뺀 가액을 그 법인의 발행주식 총액 또는 출자총액으로 나눈 가액에 그 출자자의 소유주식 금액 또는 출자액을 곱하여 산출한 금액을 한도로 제2차 납세의무를 진다(국세기본법 제40조 각 항).

(5) 발기인의 현물출자에 대한 세금

회사설립을 위한 출자는 ⅰ) 재산출자 ⅱ) 노무출자 ⅲ) 신용출자의 세 종류가 있으며, 정관에 규정한 출자의 목적에 따라 회사에 그 출자를 한다(제269조, 제195조, 제222조 및 민법 제703조 제2항 참조).

재산출자에는 금전 그 밖의 재산을 목적으로 하는 금전출자와 금전 이외의 재산을 목적으로 하는 현물출자가 있다. 현물출자 할 수 있는 재산에는 제한이 없기 때문에 부동산·동산·물권(物權)·채권·유가증권 등을 출자할 수 있다(변태설립사항).

그런데, A가 주식회사 B의 설립을 위해 A 소유의 재산(부동산)을 출자하는 경우, 이는 양도소득세 과세대상인가? A의 재산이 결국 A가 지분을 가지고 있는 주식회사에 넘기는 것은 결국 A의 오른쪽 재산을 왼쪽으로 넘기는 것과 같은 것 아닌가?

현물출자를 하게 되면 이러한 자산을 출자에 대해 회사의 지분을 취득하게 되어 현물출자와 지분의 취득은 대가성이 관계에 있게 된다. 따라서 **현물출자는 자산의 유상이전에 해당하며 결과적으로 자산의 유상이전에 대해서 부과하는 양도소득세 대상**이 된다. 소득세법 제88

73) 이들이 납부하여야 할 국세의 납부기간 만료일 현재를 기준으로 판단한다.

조 제1항(양도의 정의)에서는 '양도소득세'란 자산에 대한 등기 또는 등록에 관계없이 매도, 교환, 법인에 대한 현물출자 등으로 그 자산이 유상으로 사실상 이전하여 발생하는 소득에 대해 부과되는 세금을 말한다고 규정하고 있다.

한편, **현물출자의 양도시기**가 언제인지 문제될 수 있으나 이에 대해서 **판례는 해당 법인의 설립등기 시라고 해석하고** 있다.

대법원 2000.6.23. 선고 98두7558 판결
주식회사의 발기설립의 경우에 현물출자에 의한 주식의 인수로써 주식인수인이 된 자는 현물출자이행의 의무를 부담하는 한편 설립중의 회사의 사원이 되었다가 현물출자가 이행되고 현물출자에 관한 사항과 현물출자의 이행에 관하여 검사인의 검사를 받는 등 제반절차를 마쳐 설립등기를 하였을 때에 주주의 지위로 전환되는바, 주식회사 발기설립시의 현물출자는 궁극적으로 주주 지위의 취득을 반대급부를 하는 것으로서 주주의 지위를 취득하게 되는 설립등기시에 반대급부의 전부 이행이 있다고 볼 수 있으므로, **대금청산일에 상응하는 설립등기시**를 양도소득세의 양도차익 계산에 있어서 양도시기로 보아야 할 것이다.

(6) 주식 명의신탁과 세금

주식을 명의신탁한 경우 해당 주식은 누구의 소유인가? 상증법 제45조의 2(명의신탁재산의 증여의제)에 따르면, 조세 회피의 목적 없이 타인의 명의로 재산의 등기 등을 하거나 소유권을 취득한 실제소유자 명의로 명의개서를 하지 아니한 경우를 제외하고[74], 주식의 실제소유자와 명의자가 다른 경우에는 **국세기본법 제14조에도 불구하고 그 명의자로 등기 등을 한 날(그 재산이 명의개서를 하여야 하는 재산인 경우에는 소유권취득일이 속하는 해의 다음 해 말일의 다음 날을 말함)에 그 재산의 가액(그 재산이 명의개서를 하여야 하는 재산인 경우에는 소유권취득일을 기준으로 평가한 가액을 말함)을 명의자가 실제소유자로부터 증여받은 것으로 본다.**

예를 들면, 대학생 A가 지인 B에게 명의를 빌려준 경우(물론 B는 A에게 해당 세금을 모두 납부하겠다고 약속은 하겠지만) 세법에서는 각종 불이익을 부여하고 있다.

첫째, B가 세금을 납부하지 않으면 A에게 세금이 나오고, 다른 소득이 있을 경우 소득합산으로 세금부담은 크게 늘어나며, 이에 따라 국민연금 및 건강보험료 부담이 늘어난다.

둘째, B가 체납할 경우 A의 재산이 압류 · 공매되고 신용불량자로 되는 등 큰 피해를 볼

74) 이외에도 자금법에 따른 신탁재산인 사실의 등기 등을 한 경우 및 비거주자가 법정대리인 또는 재산관리인의 명의로 등기 등을 한 경우를 포함한다.

수 있다.

셋째, 체납사실이 금융기관에 통보되어 신용카드 사용정지 등 금융거래상 각종 불이익을 받고, 중대하면 여권발급 제한 · 출국규제 등을 받을 수 있다. 물론 나중에 A가 사업을 하지 않았고 B가 하였다고 밝혀지더라도 명의를 빌려준 책임을 피할 수는 없다. 이 경우 명의를 빌려 준 A도 B와 함께 조세포탈범, 체납범 또는 질서범으로 처벌받을 수 있으며, 1년 이하의 징역이나 1천만 원 이하의 벌금(B는 2년 이하의 징역이나, 2천만 원 이하의 벌금)을 납부하여야 하며, 그 사실이 국세청에 관리되어 정작 A 본인이 실제 사업을 하려 할 때 불이익을 받을 수 있다.

더군다나, 판례는 가장납입의 방법에 의하여 이루어진 것이라 하더라도 그 신주 인수대금을 증여받은 때에 증여세 납부의무와 그에 대한 조세채권은 이미 성립하였으므로, 그 이후에 회사를 상대로 신주발행부존재확인을 구하는 소송을 제기하여 승소판결을 받아 그 판결이 그대로 확정되었다 하더라도 증여가 부존재하거나 무효가 아닌 이상 증여세 과세처분에 아무런 영향을 미칠 수 없다고 판시하고 있다.

대법원 2001.3.27. 선고 99두8039 판결
주식회사의 신주에 관하여 수증자 명의의 신주 인수 및 신주 인수대금 납입이 적법하게 마쳐졌고 그 대금이 실제로는 증여된 것이라면 그것이 가장납입의 방법에 의하여 이루어진 것이라 하더라도 그 신주 인수대금을 증여받은 때에 수증자의 증여세 납부의무와 국가의 그에 대한 조세채권이 적법하게 성립하였다고 할 것이므로, 그 이후에 감자절차를 밟았다거나 과세처분 후에 수증자가 회사를 상대로 신주발행부존재확인을 구하는 소송을 제기하여 승소판결을 받아 그 판결이 그대로 확정되었다 하더라도 증여가 부존재하거나 무효가 아닌 이상 증여세 과세처분에 아무런 영향을 미칠 수 없다 할 것이다.

(7) 수도권에서 법인설립과 등록세

법인설립등기를 할 경우 지방세법 제23조 제1호에 따라 등록면허세 과세대상인 등록에 해당되고, 등기에 관련되는 본점 등을 납세지로 하여(지방세법 제25조 제6호), 납입한 주식 금액에 1천분의 4(세액이 7만7천원 미만일 경우에는 11만2천5백원으로 함)의 세율을 적용하여 등록세를 납부한다.

만일 대도시에서 법인을 설립하는 경우 또는 대도시 밖에 있는 법인의 본점을 대도시로 전입하는 경우에는 해당 세율에 기존 세율의 100분의 300(즉, 3배 중과한다)을 적용한다(지방세법 제28조 제2항).

이와 같은 중과 조항의 적용을 피하기 위해 수도권 내에 이미 있었던 법인 중 상당기간 영업활동을 하지 않은 휴면법인[75]을 인수하는 사례가 많다. 이 경우도 지방세 중과규정이 적용될 수 있는가?

지방세법 개정 전 판례는 설립등기를 마친 후 폐업을 하여 사업실적이 없는 상태에 있는 법인의 주식 전부를 제3자가 매수한 다음 법인의 임원, 자본, 상호, 목적사업 등을 변경하였다 하여 이를 위 조항이 규정하는 '법인의 설립'에 해당한다고 볼 수는 없고, 이러한 행위가 등록세 등의 중과를 회피하기 위한 것으로서 이를 규제할 필요가 있다 하더라도 그와 같은 행위의 효력을 부인하는 개별적이고 구체적인 법률 규정을 두고 있지 않은 이상 **그 행위가 위 조항의 '법인의 설립'에 해당한다고 보아 등록세를 중과하는 것은 조세 법규를 합리적 이유 없이 확장 또는 유추해석하는 것으로서 허용될 수 없다고 하여 부정적**으로 보고 있다.[76]

대법원 2009.4.9. 선고 2007두26629 판결

법인의 설립에 관한 민법과 상법의 각 규정에 의하면, 법인의 설립에는 기본적으로 설립행위와 설립등기가 필요하고, 법인은 설립행위를 거쳐 설립등기를 함으로써 성립함과 동시에 법인격을 취득하게 되어(민법 제33조, 상법 제171조 제1항, 제172조 등 참조) 그로써 법인의 설립은 완성되는 것이므로, 설립등기 없는 법인의 설립은 있을 수 없고, 일단 법인이 설립등기로써 성립된 이후에는 그 법인격이 소멸되지 않는 한 같은 설립등기에 의한 새로운 법인의 설립도 있을 수 없는 것이다. 위의 법리는 법인설립절차를 규율하는 기본법인 민법과 상법이 규정하는 바로서 법인설립에 관한 기본원칙이 되고 있고, 법인의 설립등기는 다른 법인등기 또는 상업등기와는 달리 창설적 효력을 가지며 그에 관한 규정은 강행규정인 점, 기타 관계 규정의 형식과 내용 등을 종합적으로 고려할 때, 지방세법에서 '법인의 설립'에 관하여 위와 같은 일반적인 법리와는 다른 별도의 정의 규정을 두고 있지 아니한 이상, 법 제138조 제1항 제1호와 제3호에서 규정하는 '법인의 설립' 역시 '설립등기에 의한 설립'을 뜻하는 것으로 해석하여야 할 것이다. **따라서 설립등기를 마친 후 폐업을 하여 사업실적이 없는 상태에 있는 법인의 주식 전부를 제3자가 매수한 다음 법인의 임원, 자본, 상호, 목적사업 등을 변경하였다 하여 이를 위 조항이 규정하는 '법인의 설립'에 해당한다고 볼 수는 없다 할 것이고,** 가사 그러한 행위가 등록세 등의 중과를 회피하기 위한 것으로서 이를 규제할 필요가 있다 하더라도 **그와 같은 행위의 효력을 부인하는 개별적이고 구체적인 법률 규정을 두고 있지 않은 세법하에서 그 행위가 위 조항의 '법인의 설립'에 해당한다고 보아 등록세를 중과하는 것은 조세 법규를 합리적 이유 없이 확장 또는 유추해석하는 것으로서 허용될 수 없다 할 것이다.**

75) '휴면법인(休眠法人)'이란 설립만 해두고 사업을 하지 않는 법인을 의미한다.

76) 이래서 지방세법을 개정하여 수도권의 휴면법인을 인수하는 것도 중과세 대상으로 하고 있다(지방세법 제13조 제2항 제1호). 그렇다면 당초 입법을 할 때 이런 유형의 조세회피나 법의 남용을 예상 못했나? 누구의 책임인가? 입법자? 그러나 남용할 권리는 없는가? 남용하지 아니할 의무는 없는가? 남용하는 것을 옆에서 도와준 법률가는 책임이 없는가?

(8) 과점주주의 간주취득세

법인의 주식 또는 지분을 취득함으로써 지방세기본법 제46조 제2호에 따른 과점주주가 되었을 때에는 그 과점주주가 해당 법인의 부동산등(법인이 신탁법에 따라 신탁한 재산으로서 수탁자 명의로 등기 · 등록이 되어 있는 부동산등을 포함)을 취득(법인설립 시에 발행하는 주식 또는 지분을 취득함으로써 과점주주가 된 경우에는 취득으로 보지 아니함)한 것으로 본다(지방세법 제7조 제5항).

법인이 재산을 취득한 경우 법인 이외의 과점주주도 취득한 것으로 보아 취득세 등 관련 세금을 부담하는 것이 타당한 것인지 의문이 있을 수 있으나, 판례는 "과점주주를 형성하는 친족 기타 특수관계에 있는 자들은 실질적으로 해당 법인의 자산에 관하여 공동사업자 또는 공유자의 지위에서 관리 · 처분권을 행사할 수 있게 되므로 그 자산에 대한 권리의무도 과점주주에게 실질적 · 경제적으로 공동으로 귀속되며 따라서 그 담세력도 공동으로 파악하는 것이 공평과세 · 실질과세의 원칙에 부합한다고 할 것이므로, 조세채권의 확보를 위하여 그들에게 연대납세의무를 부담하게 한 위 법률조항은 자기책임이나 주주에 대한 유한책임을 넘어 부당하게 납세의무를 확장하거나 조세법률주의가 추구하는 적법절차의 원리를 위반하였다고 할 수 없다."고 판시한 바가 있다.[77]

77) 대법원 1999.7.13. 선고 99두2222 판결.

제 3 장

Company law and tax

자본금과 주식 및 주주

강의의 초점

- ▷ 앞 장에서 A는 100억 원을 주식회사 B회사에 투자했고, B는 A에게 주권(주식)을 교부해주었다. A가 B회사의 주주로서 누릴수 있는 권리는 무엇이 있는가?
- ▷ A는 주식을 다른 사람에게 자유롭게 팔수 있는가?
- ▷ 주주명부란 무엇인가? 이것의 역할은?
- ▷ B는 B의 돈으로 그가 발행한 주식을 살 수 있는가?
- ▷ 자본금이란 사람이 태어날 때 몸무게와 유사하다. 때어날 땐 적어야 하고, 성장하면서 커져야 한다. 자본금이 증가하면 세금은 내야 하나? 같은 논리로 자본금이 줄어들면 세금은 내야 하나?
- ▷ A가 주식을 팔 때 세금은? A에 따라 과세여부가 달라지는가? 주식을 발행한 회사에 따라 과세여부가 달라지는가?
- ▷ 과점주주란 무엇인가? 대주주란 무엇인가?
- ▷ 상장법인의 주식 양도는 세금이 있는가? 비상장법인의 주식 양도는 세금이 있는가? 차이가 있다면 그 이유는 무엇인가?

자본금

주식회사란 주식 발행을 통해 자본금을 조달하여 설립되고, 주식을 인수한 사원(주주)은 자기가 인수한 주식의 한도 내에서만 출자의무를 부담하며 그 대신 해당 회사의 채무에 대해 직접책임을 지지 않는다. 따라서 **주식회사는 ⅰ) 주식 ⅱ) 자본금 ⅲ) 주주의 유한책임이라는 3가지 요소를 본질로** 한다. 주식이란 주식회사에 있어서 사원(社員, 주주)[1]의 지위를 의미한다.

주식은 **「액면주식」**[2]**과 「무액면주식」으로 구분하는데, '액면주식'**이란 **주식의 앞 면**(권면[3] : 券面)**에 주금액**(株金額)**이 액면가액으로 기재된 주식**을 말하며, 1주 **금액은 100원 이상으로 하되 균일하여야 한다**(제329조 제2항 및 제3항).[4] 주식회사의 자본금은 발행한 주식의 액면총액으로 한다(제451조). 회사가 액면주식을 발행한 경우 자본금은 발행주식의 수에다가 액면금액을 곱한 금액 즉, 【자본금 = 발행주식수 × 주식액면금액】이 된다.[5][6]

'무액면주식'이란 액면주식과는 반대로 주식의 권면에 주금액이 기재되지 않은 주식을 말한다. 회사가 무액면주식을 발행하려면 정관에 이를 규정해야 한다.[7] 무액면주식을 발행한 경우에는 주식 발행가액의 2분의 1이상의 금액으로서 이사회에서 자본금으로 계상하기로 한 금액의 총액이 자본금이 된다.[8]

액면발행의 경우 주식을 액면금액 대로 발행하는 경우도 있지만, 액면금액보다 높게 발

---

1) 사원모집공고의 '사원'과 회사설립 시 사원모집의 '사원'은 같은가? 다른가?
2) 액면주식에 대응하는 개념으로서 비례주(比例株)·부분주(部分株)라고도 한다. 액면주식은 액면가액 미만의 발행이 원칙적으로 허용되지 않으므로, 주가 하락 시 액면주식의 발행이 사실상 불가능하다. 이 경우 주식회사의 자금조달을 위해 무액면주식을 발행할 수 있다. 그러나 그 발행가액의 결정이나 공정성에 의문이 남을 수 있다.
3) '권면'이란 주식의 금액이나 번호가 적혀 있는 주권의 겉면을 의미한다.
4) 주식회사는 정관으로 정한 경우, 주식의 전부를 무액면주식으로 발행할 수 있지만 무액면주식을 발행하는 경우에는 액면주식을 발행할 수 없다(제329조 제1항).
5) 주식회사의 최저자본금(5000만원 이상) 제도는 법률개정(법률 제9746호, 2009.5.28. 개정, 2010. 5.29. 시행)으로 폐지되었다.
6) A 주식회사는 액면금액 5,000원인 보통주 100주를 액면발행하였고, 청약자들은 주당 5,000원의 현금을 납부하였다. 회계처리는 아래와 같다.

차변	대변
현금 500,000원(1,000주 × 5,000원)	자본금 500,000원

7) 주식회사는 액면주식과 무액면주식을 모두 발행할 수 없고, 둘 중 하나만 발행이 가능하다. 그러므로 액면주식과 무액면주식을 상호전환하는 경우에는, 회사는 주주들에게 주권제출을 명하고 실효시키는 절차를 거쳐야 한다(제440 및 제441조). 그 전환은 주권제출기간이 만료하는 기간에 효력이 생기며, 제출되지 않은 모든 주권은 무효가 된다.
8) 이 경우 주식의 발행가액 중 자본금으로 계상하지 않는 금액은 자본준비금으로 계상해야 한다.

행하는 「**할증발행**」[9]과 낮게 발행하는 「**할인발행**」[10]이 있다. 주식회사의 주식은 액면미달의 가액으로 발행(할인발행)하지 못하나(제330조), 회사가 성립한 날로부터 2년을 경과한 후에 주식을 발행하는 경우 회사는 주주총회의 결의와 법원의 인가를 얻어서 주식을 액면미달의 가액으로 발행할 수 있다(제417조 제1항). 반대로 주식은 액면금액으로만 발행되는 것이 아니다. 특히 우량기업일수록 주식을 시가로 발행할 경우 대부분 액면금액을 초과한 다른 금액을 발행된다.

2 자본금에 관한 원칙

주식회사의 자본금은 해당회사의 채권자에게 매우 중요한 요소다. 주식회사의 주주는 해당 주식회사의 채권자에 대해 변제책임이 없는 유한책임을 지고 있기 때문에, 자본금이 충실해야만 그가 변제받을 수 있는 가능성이 높게 된다.

한편, 회사설립 시 자본금과 관련하여 「**수권자본제도**」와 「**확정자본제도**」의 방식이 통용된다. **'수권자본제도'란 회사 설립 시 정관에 발행예정주식총수(授權株式數)만을 기재하고 설립 시에는 그 중 일부만 발행할 수 있으며(제289조 제1항 제3호), 나머지는 회사성립 후 이사회의 결정으로 추가 발행할 수 있도록 하는 제도(제416조)를** 말한다.[11]

반대로 **'확정자본제도'란 회사설립 시 자본금이 정관으로 확정되고 그 총액이 인수될 것을 요구하는 것(총액인수제도)을 의미한다.** 자본금[12]과 관련된 일반원칙은 아래와 같다.

---

9) 주식발행초과금(paid-in capital in excess of par value)은 주식을 액면금액을 초과하여 발행할 때 발생한다. 주식발행초과금은 자본잉여금이다(자본거래에서 남은 돈이고 영업활동에서 얻은 매출액이 아니라는 얘기다). 세법에서는 익금불산입 대상이 된다. 이 돈은 회사 내에 적립하여야 하고, 주주에게 배당할 수 없으며, 자본의 결손보전에 충당하는 경우 외에는 이를 쓰지(처분)하지 못한다. 예를 들면, A 주식회사는 액면금액 5,000원인 보통주 100주를 8,000원에 할증발행하였고, 청약자들은 주당 8,000원의 현금을 납부하였을 경우 회계처리는 아래와 같다.

차변	대변
현금 800,000원(1,000주 × 8,000원)	자본금 500,000원 주식발행초과금 300,000원

10) 주식할인발행차금(paid-in capital in short of par value)은 주식발행금액이 액면금액에 미달하는 경우 발생하고, 재무상태표 상 자본의 차감항목으로 표시한다(손익계산서 상 비용으로 처리하지 않는다). 세법은 이 금액을 3년내의 매 결산기에 평균액 이상을 상각하도록 규정하고 있으나, 기업회계기준에서는 이것을 이연자산에서 제외하여 자본조정항목으로 기재하도록 하고 있으며, 주식발행연도부터 3년 이내의 매 결산기에 균등액을 상각(즉, 비용처리)하도록 규정하고 있다. 예를 들면 A 주식회사는 액면금액 5,000원인 보통주 100주를 4,000원에 할인발행하였고, 청약자들은 주당 4,000원의 현금을 납부하였을 경우 회계처리는 다음과 같다.

차변	대변
현금 400,000원(1,000주 × 4,000원) 주식할인발행차금 100,000원	자본금 500,000원

11) 물론 설립 후 정관변경을 통해 발행예정주식총수의 증가도 가능하다.
12) 2011년 상법 개정 전에는 「자본금」 대신 「자본」이라는 용어를 사용했다.

(1) 자본금 확정의 원칙

'자본금 확정의 원칙'은 회사설립 시 자본금 사항이 정관에 확정되고[13], 그 정관에 따른 자본금액도 전액 납입되어야 한다는 것을 의미한다(제295조, 제303조). 이는 회사 재정의 건실화 및 회사에 대한 채권을 가지고 있는 자("회사채권자")를 보호하기 위한 규정이라고 본다.

(2) 자본금 충실의 원칙

'자본금충실의 원칙'이란 위에서 설명한 자본금 확정의 원칙에 따라 확정된 자본금액에 상당하는 재산을 회사가 현실적으로 보유하여야 한다는 것으로, 해당 주주나 회사채권자를 보호하기 위함이다. 상법에서 규정하는 자본금충실의 원칙을 위한 예를 들면, 현물출자의 규제(제299조 등), 자기주식취득금지(제341조), 법정준비금제도(제458조) 등이 있다.

(3) 자본금 불변의 원칙

'자본금 불변의 원칙'이란 위에서 설명한 자본금 확정의 원칙 및 자본금 충실의 원칙에 따라 형성된 자본금액이 함부로 감소되어서는 안 된다는 것을 의미한다. 현행 상법에서는 자본금 감소에 대해 주주총회의 특별결의를 거치게 하는 등(제438조) 보다 엄격하게 규제하고 있다.[14]

3 주식

(1) 주식의 분류

'주식'은 자본금의 구성단위이자 동시에 회사에 대한 주주의 지위를 의미한다. 즉, 주식을 많이 소유할수록 해당 회사에 대한 주주권이 높다는 것을 의미한다. 상법에서 「구분」하는 주식의 내용은 아래와 같다.

1) 액면주식과 무액면주식

앞서 살펴본 바와 같이, '액면주식(par value share)'이란 주권에 1주의 금액이 표시되는 주식을 의미한다. '무액면주식(non-par share)'이란 주권에 1주의 금액이 표시되지는 않으나 자본금에 대

13) 이는 정관의 절대적 기재사항이다.
14) 이런 점에서 보면 「자본금감소제한의 원칙」과 유사하다고 본다.

한 비율만을 표시한 주식을 의미한다.

액면주식과 무액면주식을 모두 발행하는 것은 허용되지 않는다(제329조 제1항 단서). 무액면주식의 장점은 주식의 액면가가 없기 때문에 신주의 액면미달발행의 제한을 받지 않고, 신주를 발행하지 않고도 자본금을 증가시킬 수가 있는데 있다.

액면주식을 발행하든, 무액면주식을 발행하든 자본금을 초과하여 발행하는 경우 초과하는 발행가액은 자본준비금으로 적립한다(제459조 제1항, 제451조 제2항 단서).

액면주식을 무액면주식으로 전환하거나 무액면주식을 액면주식으로 전환할 수는 있으나(제329조 제1항),[15] 이러한 전환을 통해 주식회사의 자본금을 변경할 수 없다(제451조 제3항).

2) 기명주식과 무기명주식

'기명주식(share certificate)'이란 주권과 주주명부에 주주의 성명이 표시되는 주식을 의미하고, '무기명주식(share non-certificate)'란 주주명부 등에 표시되지 않는 주식을 의미한다. 무기명주식은 실무상 거의 발행되지 않고 있었고 양도소득세 회피 등의 목적으로 악용될 소지가 있어서 2014년 5월 상법개정시 이를 폐지하였다. 따라서 상법상의 모든 주식은 기명주식이다.

3) 유상주와 무상주

신주를 발행할 때 주금(株金)[16]을 납입하고 발행하는 주식을 '유상주'라고 하는데(제416조, 제421조), 통상의 신주발행이 이에 해당한다. 회사가 법령에 따라 적립한 준비금을 자본금에 전입하면서 발행하는 신주를 '무상주'라고 한다(제461조).

4 종류주식

(1) 개 념

'종류주식(種類株式)'[17]이란 이익의 배당, 잔여재산의 분배, 주주총회에서의 의결권의 행사, 상환 및 전환 등에 관하여 내용이 다른 종류의 주식을 의미한다(제344조 제1항).[18] 종류주식이 발행되면 다른 주주의 지위에 영향을 줄 수 있고 회사의 자본충실 원칙에 위배될 우려가 있기

15) 이러한 전환절차는 주식병합의 절차를 준용한다(제329조 제5항).
16) '주금(株金)'이란 주식에 대해서 출자하는 금액을 의미한다.
17) 과거에는 '수종의 주식'이라고 불렀다.
18) 액면주식, 무액면주식, 기명주식, 무기명주식은 종류주식이 아니다.

때문에 상법은 정관으로 각 종류주식의 내용과 수를 정하여야 한다고 규정하고 있다. (위 조 제2항).[19)]

(2) 발 행

회사가 종류주식을 발행하기 위해서는 정관에 종류주식의 내용과 수가 정해져 있어야 한다(제344조 제2항). 종류주식을 발행하는 경우에는 주식청약서(제302조 제2항 제4호), 신주인수권증서(제420조의2 제2항 제3호), 주주명부(제352조 제1항 제2호), 주권(제356조 제3호) 등에 기재하여 이해관계인에게 공시하고 이를 상업등기부에 등기하여야 한다(제317조 제2항 제3호).

(3) 주주평등 원칙의 예외

종류주식에는 주주평등의 원칙이 적용되지 않기 때문에, 종류주식을 발행하는 때에는 '정관에 다른 정함이 없는 경우'에도[20)] 주식의 종류에 따라 신주의 인수, 주식의 병합 · 분할 · 소각 또는 회사의 합병 · 분할로 인한 주식의 배정에 관하여 특수하게 정할 수 있다(제344조 제3항).[21)] 예를 들면, 보통주와 우선주 사이에 신주발행에서 인수권을 다르게 정하거나, 보통주와 우선주의 소각 등을 서로 비율을 다르게 정하는 것이 가능하다.

(4) 종류주주총회

회사가 종류주식을 발행한 경우에는 소수인 종류주식의 주주에게 불리한 경우가 발생할 수 있다. 왜냐하면, 다수인 종류주식의 주주가 소수인 종류주식의 주주의 이해에 반하는 각종 결의를 할 가능성이 있기 때문이다. 이에 대한 보호장치로 상법은 회사가 정관변경으로 인하여 어느 종류의 주주에게 손해를 미치게 될 때(제435조), 신주의 인수, 주식의 병합 · 분할 · 소각 또는 회사의 합병 · 분할로 인한 주식의 배정에 관하여 주식의 종류에 따라 특수하게 정할 때(제436조, 제344조 제3항), 회사의 합병, 분할, 주식교환, 주식이전으로 인하여 어느 종류의 주주에게 손해를 미치게 될 때(제436조)에 각각 성립해야 할 결의 외에 그 종류주식의 주주로 구성된 종류주주총회의 결의를 거치도록 하고 있다.

---

19) 이는 주주평등의 원칙의 예외다.
20) 이는 사안에 따라 이사회 또는 주주총회 결의에 의하여 할 수 있다는 의미다.
21) 설립등기 시 이를 등기하여야 한다(제317조 제2항 제3호).

(5) 내 용

1) 이익배당 및 잔여재산분배에 관한 종류주식

회사가 이익의 배당 또는 잔여재산의 분배에 관하여 내용이 다른 종류주식을 발행할 수 있는데, 이 경우 정관에 그 종류주식의 주주에게 교부하는 배당재산 또는 잔여재산의 종류, 배당재산 또는 잔여재산의 가액의 결정방법, 이익을 배당하는 조건 등 이익배당에 관한 내용또는 그 밖에 잔여재산분배에 관한 내용을 정하여야 한다(제344조의2 제1항, 제2항).[22] 종류로는 「우선주」, 「후배주」, 「혼합주」가 있다.

이익배당이나 잔여재산의 분배에 있어 보통주(普通株)보다 유리한 조건이 인정되는 주식을 '우선주(優先株)'[23]라고 하고 그 반대로 보통주보다 열후적 지위에 있는 주식을 '후배주(後配株)'라고 한다.[24] 이익배당은 우선적이나 잔여재산의 분배는 다른 주식보다 불리한 경우의 주식을 '혼합주(混合株)'라고 한다.

우리나라의 경우 청산 시에만 의미가 있는 잔여재산의 분배에 관한 종류주식은 거의 발행되지 않으며, 이익배당에 관한 종류주식도 거의 우선주만이 발행되고 있다.

2) 의결권 배제 및 제한에 관한 종류주식

가. 의 의

회사가 의결권이 없는 종류주식이나 의결권이 제한되는 종류주식을 발행할 때는, **정관에 의결권을 행사할 수 없는 사항과 의결권행사 또는 부활의 조건을 정한 경우 그 조건 등을 정하여야 한다**(제344조의2 제1항).[25] **의결권이 없는 종류주식이나 의결권이 제한되는 종류주식이라도 의결권만 없거나 제한되는 것이지 그 외의 모든 주주권을 가진다.** 주주총회결의의 정족수를 계산할 때에 의결권의 제한에 관한 종류주식의 수는 발행주식총수에 산입하지 않는다(제371조 제1항).

---

22) 2011년에 개정된 상법에는 현물배당제도가 도입되었다(제462조의 4). 따라서 기존의 금전배당, 주식배당에다가 현물배당까지 가능하다.

23) 이익배당에 관한 우선주는 우선적으로 일정률의 이익배당을 받은 다음 나머지 잔여이익의 배당에도 참가할 수 있는지에 따라 참가적 · 비참가적 우선주로, 당기에 배당가능이익이 없으면 다음 기의 이익으로 받을 수 있는 여부에 따라 누적적 · 비누적적 우선주로 구분될 수 있다. 한편 이익배당에 관한 선주에 대해서는 회사가 정관으로 최저배당률을 두는 것이 일반적이다.

24) 주식시장의 시가를 보면 우선주가 보통주 보다 낮다. 배당도 우선 받는데. 왜 그럴까? 우선주는 순위에 있어서 우선한다는 것이지 반드시 더 큰 재산상의 이익을 부여한다는 것이 아니기 때문이다.

25) 의결권이 제한되는 종류주식은 **회사의 지배에는 관심이 없고 이익배당에만 관심있는 투자자에게 쉽게 자금을 받기 위해서 발행하는 주식**이다. 종래 무의결권은 단순히 우선주의 하나의 특약으로 가능하였으나 2011년 개정된 상법에 따라 무의결권 보통주도 종류주식으로 발행이 가능하게 되었다. 따라서 보통주도 의결권의 배제 또는 제한이 가능하다.

나. 규 제

의결권이 제한되는 종류주식의 총수는 발행주식총수의 4분의 1을 초과하지 못하며, 만일 의결권이 없거나 제한되는 종류주식이 발행주식총수의 4분의 1을 초과하여 발행된 경우에는 회사는 지체 없이 그 제한을 초과하지 아니하도록 하기 위하여 필요한 조치를 하여야 한다(위 조 제2항). 회사가 의결권이 베제되거나 제한되는 종류주식을 제한없이 발행하게 되면 소수 의결권을 가진 주주가 회사를 지배하게 되는 폐단이 발생할 수 있기 때문에 상법은 일정한 제한을 두고 있다.

다. 의결권이 허용되는 경우

의결권이 제한되는 종류주주도 창립총회(제308조 제2항), 주주전원의 동의가 요구되는 경우(제400조 등), 종류주주총회(제435조), 회사분할 또는 분할합병결의(제530조의3 제3항)의 경우에는 예외적으로 의결권이 배제되지 않는다.

3) 상환종류주식

가. 의 의

'상환종류주식(償還種類株式)'이란 정관에 정하는 바에 따라 회사의 이익으로써 「소각」할 수 있는 종류주식을 의미한다(제345조 제1항). 즉, 발행할 때부터 회사가 이익으로 소각할 것이 예정된 종류주식이다. 주주는 원칙적으로 회사로부터 자신의 투자금을 회수할 수 없는 것이지만, 상환주식은 일정시점 이후에 회사로부터 출자를 환급받을 수 있는 특징이 있다. 상환종류주식은 회사의 자금조달의 편의성을 위해서 발행되는 것으로 일정기간 동안에만 존속하고 상환이 예정되어 있다는 점에서 사채와 유사하다.[26] 상환종류주식은 회사가 상환을 결정하는 형태와 주주가 상환을 청구하는 형태의 두 가지가 있다.

나. 발 행

상환종류주식을 발행하는 경우 회사는 정관에 상환가액, 상환기간, 상환의 방법과 상환할 주식의 수를 정하여야 한다. 상환종류주식의 발행은 회사성립 시에는 발기인 전원의 동의로(제291조), 신주발행 시에는 이사회의 결의로(제416조 본문) 결정한다. 회사는 상환종류주식 발행사실을 등기하고(제371조 제1항 제6호), 주권(제356조 제6호), 주식청약서(제302조 제1항 제7호)에

26) 상환주식은 주식과 사채의 장점을 모두 취할 수 있는 주식이다. 즉, 사채와 달리 회사가 영업이익이 없을 때 투자자에게 이자를 줄 필요가 없고, 일반주식과 달리 일정시점에는 투자금의 반환이 이루어지 때문에 장기적인 이익배당의 압박이 없다는 장점이 있다. 한편, 상환주식은 경제적 실질이 사채와 유사하기 때문에 IFRS(한국채택국제회계기준)에서는 부채로 처리한다.

각각 기재하여 공시하여야 한다.

다. 상환의 절차

상환종류주식의 상환은 회사가 상환을 결정하는 경우(제345조 제1항)와 주주가 상환을 청구하는 경우(위 조 제3항)가 있는데, 회사가 상환을 결정하는 경우에는 상환대상인 주식의 취득일부터 2주 전에 그 사실을 **그 주식의 주주 및 주주명부에 적힌 권리자에게 따로 통지**[27]하여야 한다(위 조 제2항).

라. 상환의 방법

회사가 상환주식의 주주에게 상환(償還)하는 수단으로는 **현금, 유가증권(다른 종류주식은 제외), 그 밖의 자산을 교부**[28]**할 수 있다**(위 조 제4항). 회사가 자기주식을 취득할 수 있는 경우는 상법 제341조와 제342조의2에 규정된 경우로 제한되지만, 회사가 상환을 목적으로 자기가 발행한 상환종류주식을 취득하는 경우는 허용된다(제341조 제1항 2호).

상환은 이익으로써 하는 것인데, 여기서의 이익은 배당가능이익을 의미한다. 상환주식의 상환은 이러한 배당가능이익으로 주식을 소각하는 것으로 자본금에는 변화가 없기 때문에 **상법상 자본금감소 절차**(제343조 제1항)**의 예외에 해당하여 채권자보호절차를 거칠 필요가 없다.**

4) 전환종류주식

가. 의 의

'전환종류주식(轉換種類株式)**'**이란 정관에 일정한 사유가 발생할 때 **주주가 인수하는 주식을 다른 종류주식으로 「전환」할 수 있는 주식**을 의미한다. 전환종류주식은 회사가 이익이 저조할 때는 의결권이 없는 우선주로 주식을 인수하였다가 이익이 호전되면 보통주로 전환할 수 있어 투자자에게는 투자유인이 있다.

나. 발 행

전환종류주식을 발행하기 위해서는 **정관에 규정이 있어야** 한다(제346조 제1항, 제2항).전환종류주식의 발행은 회사성립 시에는 발기인 전원의 동의로(제291조), 신주발행 시에는 이사회의 결의로(제416조 본문) 결정한다. 회사는 전환종류주식 발행사실을 등기하고(제371조 제1항 6호), 주권(제356조 6호), 주식청약서(제302조 제1항 7호)에 각각 기재하여 공시하여야 한다. 회사

---

27) 통지는 공고로 갈음할 수 있다.

28) 이 경우 그 자산의 장부가액이 배당가능이익을 초과하여서는 아니된다.

가 발행한 종류주식 가운데 전환으로 인하여 새로 발행할 주식의 수는 주주가 전환을 청구할 수 있는 기간 또는 회사가 전환할 수 있는 기간 내에는 미발행주식수에 남겨두고 그 발행을 유보하여야 한다(제346조 제4항).

다. 전환의 절차

전환권[29]**의 행사는 주주**(제346조 제1항)[30] **뿐만 아니라 회사**(위 조 제2항)[31]도 할 수 있다. 전자의 경우에는 정관에 전환의 조건, 전환의 청구기간, 전환으로 인하여 발행할 주식의 수와 내용을 정하여야 하며(제346조 제1항), 후자의 경우에는 전환의 사유, 전환의 조건, 전환의 기간, 전환으로 인하여 발행할 주식의 수와 내용을 정하여야 한다(위 조 제2항).

라. 전환의 효력발생시기

주식의 전환은 **주주가 전환을 청구한 경우에는 청구한 즉시** 효력이 발생하는 반면, **회사가 전환을 한 경우에는 주권제출기간**(제346조 제3항 제2호)**이 끝난 때에** 그 효력이 발생한다(제350조 제1항). 주주명부폐쇄기간에 전환한 경우에도 효력발생시기는 동일하지만 주주명부폐쇄기간(제354조 제1항) 중에 전환된 주식의 주주는 그 기간 중의 총회의 결의에 관하여는 의결권을 행사할 수 없다(제350조 제2항).

마. 전환의 효과

전환으로 인하여 새로운 주식을 발행하는 경우, **전환 전의 주식의 발행가액을 새로운 주식의 발행가액**으로 한다(제348조). 즉 전환으로 인하여 신주를 발행하는 경우에는 전환 전의 주식발행가액의 총액이 신주식의 발행가액과 일치하여야 한다. 이는 **회사의 자본충실을 기하기 위한 제한**이다.

전환에 의하여 발행된 주식의 이익배당은 해당 주주가 전환을 청구한 때 또는 주권제출기간(제346조 제3항 제2호)의 기간이 끝난 때가 속하는 영업연도 말에 전환된 것으로 보나, 정관으로 정하는 바에 따라 직전 영업연도 말에 전환된 것으로 할 수 있다(제350조 제3항).

주식의 전환으로 인한 변경등기는 전환을 청구한 날 또는 주권제출기간(제346조 제3항 제2호)이 끝난 날이 속하는 달의 마지막 날부터 2주 내에 본점소재지에서 하여야 한다(제351조).

---

29) 형성권(상대방의 의사와 무관하게 일방적 의사표시에 의해서 효력을 발생시킬 수 있는 권리)으로 일방적 의사표시에 의해서 가능하다.
30) 이를 '주주전환주식'이라고 한다.
31) 이를 '회사전환주식'이라고 한다.

5 주식의 분할

(1) 의의 및 기능

'주식의 분할'이란 자본금을 증가시키지 않으면서 이미 발행된 주식수를 증가시키는 것을 의미한다. 액면주식이든 무액면주식이든 주식분할이 되면 회사의 자본금에는 영향이 없고 단지 발행주식수만 증가하게 된다.[32)]

주식의 분할은 회사의 주식의 시가가 너무 비싸게 되어 단위주식의 시가를 낮추는 방법으로 이용되지만, 회사가 합병 시에 합병비율의 계산 등을 위해서도 이루어진다.

(2) 절 차

회사가 주식을 분할하기 위해서는 주주총회의 특별결의를 거쳐야 한다(제329조의2 제1항). 액면주식을 발행한 회사가 주식을 분할할 때는 1주의 금액을 100원 미만으로 하지 못한다(제329조의2 제2항).

주식을 분할하는 회사는 1월 이상의 기간을 정하여 주식을 분할한다는 사실과 그 기간 내에 구(舊)주권을 회사에 제출할 것을 공고하고 주주명부에 기재된 주주와 질권자에 대해서는 각각 통지하여야 한다(제440조). 주권제출기간이 만료된 때에 주식분할의 효력이 발생한다(제441조).

주식분할을 하게 되면 1주의 금액이 감소하고 발행주식총수가 증가하게 되므로 변경등기를 하여야 한다(제317조 제2항 3호, 위 조 제4항, 제183조).

주식분할에 적당하지 아니한 수의 주식이 있는 때에는 발행한 신주를 경매하여 각 주수(주식의 수)에 따라 그 대금을 종전의 주주에게 지급하여야 하며, 거래소의 시세가 있는 주식은 거래소를 통해서 매각하고, 거래소의 시세가 없는 주식은 법원의 허가를 받아 경매외의 방법으로 매각할 수 있다(단주의 처리).

(3) 효 과

주식이 분할되더라도 회사의 발행주식총수가 증가하지만 자본금에는 변동이 없다. 또한 분할 전 · 후의 주식은 동일성이 유지되므로 분할 전의 주식에 대한 질권은 분할 후의 주식에

---

32) 무액면주식도 기존의 모든 주주의 보유주식수를 비례적으로 증가시키는 방법으로 주식분할을 할 수 있다.

대해서도 효력이 미치게 된다(제339조).

6 주주

(1) 주주의 개념

'주주'란 주식을 가지고 있는 자 즉 주식회사의 사원을 의미한다. 원칙적으로 주주가 될 수 있는 자격에는 제한이 없다. 주주는 1주의 이상의 주식을 소유하여야 하고, 주식회사는 적어도 1인 이상의 주주가 있어야 한다.

(2) 실질주주와 형식주주

주주명부에는 기재되어 있지만 실질적인 주식의 소유자를 '실질주주'라 하며, 주주명부상으로만 주주로 기재되어 있는 자를 '형식주주'라고 한다.

(3) 주주평등의 원칙

'주주평등의 원칙'은 주주는 회사와의 법률관계에 있어서 그가 가진 주식 수에 따라 평등한 취급을 받는다는 원칙을 의미한다. 예를 들면, 주주평등의 원칙이 적용되는 조항으로 의결권(제369조), 신주인수권(제418조), 무상주의 교부(제461조 제2항), 이익배당청구권(제464조), 전환사채의 인수권(제513조의2 제1항), 잔여재산의 분배(제538조) 등이 있다. 이는 주식을 많이 보유한 자의 부당한 지배와 간섭으로부터 소액주주를 보호하기 위한 것이다.

주주평등의 원칙에 위배되는 정관규정, 주주총회의 결의, 회사의 업무처리 등은 회사의 선의나 악의를 불문하고 원칙적으로 무효가 된다.[33]

(4) 주주의 권리(주주권)

주주의 권리는 권리행사의 목적에 따라 「자익권」과 「공익권」으로 나뉜다. '자익권'은 주주가 회사로부터 경제적 이익을 받을 권리로, 투하자본의 수익에 관한 권리인 신주인수권(제418조), 이익배당청구권(제462조)과 투하자본의 회수에 관한 권리인 잔여재산분배청구권(제538조), 주식매수청구권(355조의 6, 제374조의2, 제522조의3, 제530조의11 제2항)등이 있다.

---

33) 그러나 예외적으로 상법에는 종류주식(제344조 제1항), 단주(端株)의 처리(제443조), 감사위원의 선임(제409조 제2항), 자기주식의 의결권 제한(제369조 제2항) 등에는 주주평등의 원칙이 적용되지 않도록 규정하고 있다.

'공익권'은 주주가 회사의 경영에 관여할 수 있는 권리로, 회사의 경영에 참여하는 권리인 주주총회 소집청구권(제366조), 의결권(제369조 제1항), 주주제안권(제363조의2)과 회사의 업무집행을 감독할 수 있는 권리인 재무제표열람권(제448조 제2항), 회계장부열람권(제466조), 대표소송 제기권(제324조), 이사해임청구권(제385조), 위법행위유지청구권(제402조) 등이 있다.[34]

또한 주주의 권리는 권리행사의 방법에 따라 「단독주주권」과 「소수주주권」[35]으로 나뉜다. '단독주주권'은 1주를 가진 주주라도 행사할 수 있는 권리로 의결권(제361조), 신주발행유지청구권(제424조), 합병무효청구권(제529조) 등이 있고, '소수주주권'은 일정 비율 이상의 주식을 보유한 주주에게만 인정되는 권리로서, 집중투표청구권(제382조의2 제1항), 대표소송제기권(제403조), 회계장부열람권(제466조 제1항)등이 있다.[36]

(5) 주주의 의무

주주의 의무는 출자의무로 대표된다. 주주의 책임은 그 주식의 인수가액을 한도로 한다(상법 제331조). 인수가액이라고 함은 그가 출자한 금액을 의미한다. 그러나 이와 같은 출자는 회사성립 전(제295조) 또는 신주발행의 효력 발생 전(제421조 제1항)에 완전히 이행하여야 한다는 점에서 '주식인수인의 의무'라고도 볼 수 있다.

7 주권

'주권(株券, titre d'action)'이란 주식 즉 주주의 지위를 나타내는 유가증권으로, 주식의 유통수단이다. 주권은 1주만 나타내는 단일주권과 10주 또는 100주 등 여러 주식을 나타내는 병합주권이 있다.[37]

(1) 주권의 발행시기

주권은 회사성립 후 또는 신주 납입기일 후 「지체없이」[38] 발행하여야 한다(제355조 제1항). 따

34) 공익권을 처분할 수 있는지가 문제되나, 판례는 주주권은 자유롭게 처분할 수 있는 것이기 때문에 공익권이라고 하여 처분이 제한되는 것이 아니라고 판시하고 있다(대법원 1985.12.10. 선고 84다카319 판결).

35) 소수주주권은 주로 주주에 의한 경영간섭에 대한 것이다. 따라서 상법이 소수주주권으로 규정하고 있는 것들은 주주권을 남용하는 것을 방지하기 위한 차원으로 것으로 볼 수 있다.

36) 상법은 소수주주권자의 범위를 상장회사와 비상장회사로 구분하여 각기 별도로 규정하고 있다.

37) 주식예탁증서(株式預託證書, Depositary Receipts)란 국내주식이 외국에서 거래되는 것을 용이하게 하기 위해 발행되는 것으로 외화증권의 하나이다(외국환관리법 제21조).

38) 상법 제335조 제3항에 따르면, "주권발행 전에 한 주식의 양도는 회사에 대하여 효력이 없으나 회사성립 후 또는 신주의 납입기일 후 6월이 경과한 때에는 그러하지 아니하다."고 규정하고 있어서, '지체없이'의 시간적 의미는 6개월을 의미한다고 볼 수 있다.

라서 주권은 회사 성립 후 또는 신주의 납입기일 후가 아니면 발행하지 못한다(위 조 제2항).[39] 이는 주식 투기 방지를 위함이다.

▶ 1993년 발행된 삼성전자주식회사 주권[40]- 2019.9.16.부터 종이증권이 사라지고 전자증권제도가 실시된다.[41]

(2) 주권의 효력발생시기

주권의 효력발생 시기는 「교부시설」, 「발행시설」, 「작성시설」 등의 대립이 있다. 판례는 과거에 발행시설을 택한 적도 있으나 현재는 **교부시설에 따라 회사가 주권을 작성하여 주주에게 교부한 때 발생한다고 한다.** 교부시설은 주권이 작성된 후 **진정한 주주에게 교부된 경우에** 한하여 주권으로서의 효력이 발생한다고 보기 때문에 주권이 도난·분실된 경우 또는 주주 아닌 자에게 **잘못 교부된 경우에는 선의취득·압류·제권판결이 불가능하다.** 발행시설이나 작성시설에 비해 진정한 주주의 이익을 보호하는 견해이다.

39) 위 조항의 규정에 위반하여 발행한 주권은 무효로 한다. 그러나 발행한 자에 대한 손해배상의 청구에 영향을 미치지 아니한다(제355조 제3항).

40) 출처-한국예탁결제원 금융박물관

41) 상장주식·채권 등 상장증권은 모두 전자증권 의무 전환 대상이다. 앞으로는 기업이나 증권사가 종이증권을 발행해도 효력이 인정되지 않는다. 전자증권제도는 실물증권의 위·변조와 유통·보관비용 발생 등의 비효율을 제거하기 위해 도입된 제도로 2016.3월 '주식·사채 등의 전자등록에 관한 법률'이 공포된 이후 2019.9.16. 시행에 들어갔다.

대법원 2000.3.23. 선고 99다67529 판결

주권발행 전의 주식양도라 하더라도 회사 성립 후 6월이 경과한 후에 이루어진 때에는 회사에 대하여 효력이 있으므로 그 주식양수인은 주주명부상의 명의개서 여부와 관계없이 회사의 주주가 되고, 그 후 그 주식양도 사실을 통지받은 바 있는 회사가 그 주식에 관하여 주주가 아닌 제3자에게 주주명부상의 명의개서절차를 마치고 나아가 그에게 기명식 주권을 발행하였다 하더라도, 그로써 그 제3자가 주주가 되고 주식양수인이 주주권을 상실한다고는 볼 수 없으며, **상법 제355조의 주권발행은 동법 제356조 소정의 형식을 구비한 문서를 작성하여 이를 주주에게 교부하는 것을 말하고 위 문서가 주주에게 교부된 때에 비로소 주권으로서의 효력을 발생하는 것**이므로 회사가 주주권을 표창하는 문서를 작성하여 이를 주주가 아닌 제3자에게 교부하여 주었다 할지라도 위 문서는 아직 회사의 주권으로서의 효력을 가지지 못한다.

(3) 주권의 불소지제도

1) 취지 및 의의

'주권불소지제도'란 주주가 해당 주식에 대하여 주권의 소지를 하지 아니하겠다는 뜻을 회사에 신고하는 제도이다.

상법은 **주식을 양도하기 위해서는 주권을 교부하여야 한다**고 규정하고 있다(제336조 제1항). 이처럼 주주가 주권을 소지하고 있는 상태에서만 원칙적으로 주식의 양도가 가능하다. 그런데 당분간 **주식을 양도할 의사가 없는 주주**는 주권을 보유함에 따른 분실이나 도난 등의 위험성이 있기 때문에 **주권을 소지하지 않을 필요성**이 있어서, 상법은 주권불소지제도를 두고 있다.

2) 절 차

주권불소지제도는 **정관에 이를 금하는 규정이 없는 경우에만** 그 신고를 할 수 있고(제358조의2 제1항), **주주로서 명의개서가 되어 있는 자만이** 불소지신고를 할 수 있다. 주주에 대한 채권자나 주식을 입질[42]받은 질권자는 불소지신고를 할 수 없다.

주권발행 전에 불소지신고를 하는 경우 회사는 지체없이 주권을 발행하지 아니한다는 뜻을 주주명부와 그 복본에 기재하고, 그 사실을 주주에게 통지한다(제358조의 2 제1항 및 제2항).

불소지신고 전에 이미 발행된 주권이 있는 때에는 이를 회사에 제출하여야 하며, 회사는 제출된 주권을 무효로 하거나 명의개서대리인에게 임치하여야 한다(위 조 제3항).

---

42) '입질(入質)'이란 돈을 빌리기 위해서 물건을 담보로 잡히는 것을 의미한다.

3) 효 과

주권발행 전에 불소지신고를 하였는데도 그 후에 회사가 주권을 발행하거나, 이미 발행된 주권을 회사에 제출을 하여 불소지신고를 하였는데 회사가 그 주권을 유통시킨 경우에는 그 주권은 주권으로서 효력이 없으며 후술하는 선의취득의 대상도 되지 않는다.

4) 주권발행 또는 반환청구

주식을 양도하고자 하는 주주는 회사에 대해서 언제든지 주권의 발행 또는 반환을 청구를 할 수 있다(제358조의2 제4항). 이러한 청구권은 정관으로도 제한할 수 없다. 주식양도의 제한을 초래하기 때문이다.

(4) 주권의 선의취득

1) 의 의

주권의 점유자는 이를 적법한 소지인으로 추정한다(제336조 제2항). 이러한 주권 점유의 권리추정력에 따라 주권의 선의취득이 인정된다. 즉, 주권의 소지인이 무권리자(주권을 절취하거나 분실한 주권을 습득한 자)라 하더라도 양수인에게 악의 또는 중대한 과실이 없는 등 일정한 요건을 충족하면 양수인은 적법하게 주권을 취득하고 주주로서의 지위도 취득하게 되는데, 이를 '주권의 선의취득'이라고 한다(제359조). 주주는 양수인의 선의취득으로 인하여 주주권을 상실하며 주식에 대한 담보권 역시 상실하게 된다. 상법은 주권의 선의취득에 관하여 수표의 선의취득에 관한 규정을 준용하고 있다.[43)]

2) 요 건

주권을 선의취득하기 위해서는 ① 주권이 유효하여야 한다. 위조되거나 실효된 주권, 불소지신고가 된 주권은 선의취득이 가능하지 않다. 주권의 발행시기에 대한 교부시설에 따라 진정한 주주에게 교부되어 효력이 발생하고 있어야 한다. ② 주권이 양수인에게 적법하게 교

---

43) ▷ 수표법 제21조(수표의 선의취득) : 어떤 사유로든 수표의 점유를 잃은 자가 있는 경우에 그 수표의 소지인은 그 수표가 소지인출급식일 때 또는 배서로 양도할 수 있는 수표의 소지인이 제19조에 따라 그 권리를 증명할 때에는 그 수표를 반환할 의무가 없다. 그러나 소지인이 악의 또는 중대한 과실로 인하여 수표를 취득한 경우에는 그러하지 아니하다.

▷ 어음법 제16조(배서의 자격 수여적 효력 및 어음의 선의취득) : ⅰ) 환어음의 점유자가 배서의 연속에 의하여 그 권리를 증명할 때에는 그를 적법한 소지인으로 추정한다. 최후의 배서가 백지식인 경우에도 같다. 말소한 배서는 배서의 연속에 관하여는 배서를 하지 아니한 것으로 본다. 백지식 배서의 다음에 다른 배서가 있는 경우에는 그 배서를 한 자는 백지식 배서에 의하여 어음을 취득한 것으로 본다 ② 어떤 사유로든 환어음의 점유를 잃은 자가 있는 경우에 그 어음의 소지인이 제1항에 따라 그 권리를 증명할 때에는 그 어음을 반환할 의무가 없다. 그러나 소지인이 악의 또는 중대한 과실로 인하여 어음을 취득한 경우에는 그러하지 아니하다.

부되어야 한다. 주권이 교부된 적이 없는 상속이나 합병 등 포괄승계를 원인으로 선의취득할 수 없다. ③ 양도인이 주권을 절취하거나 분실한 주권을 습득한 자에 한정되는지(무권리자 한정설) 이외에 무권대리인, 무능력자이거나 의사표시 하자가 있는 경우 즉, 양도행위에 하자가 있는 경우에도 선의취득이 될 수 있는지(확장설) 문제되나, 판례는 주권의 선의취득은 양도인이 무권리자인 경우뿐만 아니라 무권대리인인 경우에도 인정하고 있어서 확장설의 태도를 취하고 있다.[44] ④ 주권의 취득자는 양도인의 무권리나 양도행위의 하자에 대하여 악의 또는 중대한 과실이 없어야 한다. 악의 · 중과실의 판단은 주권의 취득시기로 판단한다. 주권 점유자의 적법 소지인 추정에 따라 악의 · 중과실은 주권의 반환청구를 하는 자에게 증명책임이 있다.

대법원 1997.12.12. 선고 95다49646 판결
주권의 선의취득은 양도인이 무권리자인 경우뿐만 아니라 무권대리인인 경우에도 인정되는 것이므로, 같은 취지의 원심판결은 정당하고, 거기에 주권의 선의취득 요건에 관한 법리를 오해한 위법이 있다고 할 수 없다.

(5) 주권에 대한 제권판결

1) 취 지

주주가 주권을 도난당하거나 분실된 경우에는 주식을 양도 등을 할 수 없게 되고, 앞서 살펴본 바와 같이 제3자가 선의취득하여 주주로서의 권리를 잃게 되는 위험성이 있다. 따라서, 주권을 도난 · 분실된 주주는 **공시최고절차를 거쳐 제권판결**[45]**을 받아 주권을 무효화한 후**(민사소송법 제475조 이하), **회사에 주권의 재발행을 청구할 수 있도록 하고 있다**(제360조 제2항).

2) 효 력

주권은 제권판결에 의하여 효력을 상실하므로 **제권판결 이후에는 주권을 선의로 취득하더라도 보호받을 수 없다**(제권판결의 소극적 효력). 원래 주권을 소지한 자는 제권판결을 취득하면 주권없이도 주주권을 행사할 수 있는 효력이 발생한다(제권판결의 적극적 효력).

---

44) 대법원 1997.12.12. 선고 95도49646 판결.

45) '제권판결(除權判決)'이란 법원이 공시최고절차를 통해서 불특정 또는 행방불명의 상대편에 대하여 권리관계를 소멸하거나 변경하는 판결을 내리는 것을 의미한다.

3) 제권판결과 선의취득의 관계

제권판결 전 공시최고기일까지 선의취득하였으나 권리신고를 하지 않은 자는 선의취득이 가능한가? 이에 대해서 제권판결취지를 강조하여 제권판결취득자가 우선한다는 견해(**제권판결취득자우선설**)와 거래안전보호를 강조하여 선의취득자가 우선한다는 견해(**선의취득자 우선설**)의 대립이 있다. **판례는 제권판결취득자우선설의 입장**이다.

대법원 1991.5.28. 선고 90다6774 판결
주주로부터 기명주식을 양도받은 자라 하더라도 주주명부에 명의개서를하지 아니하여 그 양도를 회사에 대항할 수 없는 이상 그 주주에 대한 채권자에 불과하고, 또 제권판결 이전에 주식을 선의취득한 자는 위 제권판결에 하자가 있다 하더라도 **제권판결에 대한 불복의 소에 의하여 그 제권판결이 취소되지 않는 한 회사에 대하여 적법한 주주로서의 권한을 행사할 수 없으므로** 회사의 주주로서 주주총회 및 이사회결의무효확인을 소구할 이익이 없다.

한편, 판례는 제권판결을 받아서 회사로부터 주권의 재발행받았지만 그 후에 제권판결을 취소하는 판결이 선고 · 확정된 경우 재발행된 주권의 효력은 소급적으로 무효가 되고 주권의 선의취득도 할 수 없다고 한다.

대법원 2013.12.12. 선고 2011다112247,112254 판결
상법 제360조 제1항은 "주권은 공시최고의 절차에 의하여 이를 무효로 할 수 있다"라고 정하고, 같은 조 제2항은 "주권을 상실한 자는 제권판결을 얻지 아니하면 회사에 대하여 주권의 재발행을 청구하지 못한다"라고 정하고 있다. 이는 주권은 주식을 표창하는 유가증권이므로 기존의 주권을 무효로 하지 아니하고는 동일한 주식을 표창하는 다른 주권을 발행할 수 없다는 의미로서, 위 규정에 반하여 제권판결 없이 재발행된 주권은 무효라고 할 것이다. 한편 **증권이나 증서의 무효를 선고한 제권판결의 효력은 공시최고 신청인에게 그 증권 또는 증서를 소지하고 있는 것과 동일한 지위를 회복시키는 것에 그치고 공시최고 신청인이 실질적인 권리자임을 확정하는 것은 아니다. 따라서 증권이나 증서의 정당한 권리자는 제권판결이 있더라도 실질적 권리를 상실하지 아니하고, 다만 제권판결로 인하여 그 증권 또는 증서가 무효로 되었으므로 그 증권 또는 증서에 따른 권리를 행사할 수 없게 될 뿐이다. 그리고 민사소송법 제490조, 제491조에 따라 제권판결에 대한 불복의 소가 제기되어 제권판결을 취소하는 판결이 확정되면 제권판결은 소급하여 효력을 잃고 정당한 권리자가 소지하고 있던 증권 또는 증서도 소급하여 그 효력을 회복하게 된다. 그런데 위와 같이 제권판결이 취소된 경우에도 그 취소 전에 제권판결에 기초하여 재발행된 주권이 여전히 유효하여 그에 대한 선의취득이 성립할 수 있다면, 그로 인하여 정당한 권리자는 권리를 상실하거나 행사할 수 없게 된다.** 이는 실제 주권을 분실한 적이 없을 뿐 아니라 부정한 방법으로 이루어진 제권판결에 대하여 적극적으로 불복의 소를 제기하여 이를 취소시킨 정당한 권리자에게 가혹한 결

과이고, 정당한 권리자를 보호하기 위하여 무권리자가 거짓 또는 부정한 방법으로 제권판결을 받은 때에는 제권판결에 대한 불복의 소를 통하여 제권판결이 취소될 수 있도록 한 민사소송법의 입법 취지에도 반한다. 또한 민사소송법이나 상법은 제권판결을 취소하는 판결의 효력을 제한하는 규정을 두고 있지도 아니하다. **따라서 기존 주권을 무효로 하는 제권판결에 기하여 주권이 재발행되었다고 하더라도 제권판결에 대한 불복의 소가 제기되어 제권판결을 취소하는 판결이 선고·확정되면, 재발행된 주권은 소급하여 무효로 되고, 그 소지인이 그 후 이를 선의취득할 수 없다고 할 것이다.**

(6) 주식의 전자등록제도

'주식의 전자등록제'란 해당 회사에서 주권을 실제 발행하는 대신 전자등록기관에 주식을 등록하는 것을 의미한다. 이는 주권 발행비용의 부담을 덜고 주권분실에 따른 위험을 방지하기 위함이다.[46)]

회사는 주권을 발행하는 대신 정관으로 정하는 바에 따라 전자등록기관의 전자등록부에 주식을 등록할 수 있다(제356조의2 제1항). **전자등록부에 주식을 등록한 자는 그 등록된 주식에 대한 권리를 적법하게 보유한 것으로 추정하며, 이러한 전자등록부를 선의(善意)로, 그리고 중대한 과실 없이 신뢰하고 전자등록부 등록에 따라 권리를 취득한 자는 그 권리를 적법하게 취득한다**(위 조 제3항).[47)] 전자등록부에 등록된 주식의 양도나 입질(入質)은 전자등록부에 등록하여야 효력이 발생한다(위 조 제2항).

8 주주명부와 명의개서

'주주명부(liste des actionnaires)'**란 주주와 주권에 사항을 명확히 하기 위해서 상법에서 규정한 기재사항인 주주의 성명과 주소, 각 주주가 가진 주식의 종류와 그 수, 각 주주가 가진 주식의 주권을 발행한 때에는 그 주권의 번호 및 각 주식의 취득년월일을 담은 장부를 의미한다**(제352조). **주식을 양도하는 경우 양수인의 성명과 주소를 주주명부에 기재하는 것을 명의개서라고 한다.**

주식양도의 효력은 주권의 교부에 의하여 발생하지만(제336조 제1항), 주권을 양수한 자가 회사에 대해 주주권을 행사하기 위해서는 명의개서를 필하여야 한다(제337조 제1항).

판례에 의하면 주주가 주주명부의 열람·등사를 청구한 경우 회사는 그 청구에 정당한 목적

46) 이는 2011년 상법개정으로 도입된 제도로 정보통신 기술을 이용하여 유가증권의 무권화를 제도한 한 것이다.
47) 따라서 전자등록부에 등록된 주식에 대해서도 선의취득이 인정된다.

이 없다는 등의 특별한 사정이 없는 한 거절할 수 없고 정당한 목적이 없다는 증명책임은 회사에 있다고 한다.

대법원 2017. 11. 9. 선고 2015다235841 판결
주주 또는 회사채권자가 상법 제396조 제2항에 의하여 주주명부 등의 열람 · 등사청구를 한 경우 회사는 그 청구에 정당한 목적이 없는 등의 특별한 사정이 없는 한 이를 거절할 수 없고, 이 경우 정당한 목적이 없다는 점에 관한 증명책임은 회사가 부담한다. 이러한 법리는 상법 제396조 제2항을 유추적용하여 실질주주명부의 열람 · 등사청구권을 인정하는 경우에도 동일하게 적용된다.

(1) 주주명부의 비치와 공시

이사는 회사의 정관과 주주총회의 의사록을 본점과 지점에, 주주명부와 사채원부를 본점에 비치하여야 하며, 이 경우 명의개서대리인을 둔 때에는 주주명부나 사채원부 또는 그 복본을 명의개서대리인의 영업소에 비치할 수 있다(제396조 제1항). 주주와 회사채권자는 영업시간 내에 언제든지 주주명부를 열람 또는 등사를 청구할 수 있다(위 조 제2항).

(2) 명의개서의 효력

1) 대항력

주식의 이전은 취득자의 성명과 주소를 주주명부에 기재하지 아니하면 회사에 대항하지 못한다[48](제337조 제1항). 회사는 정관이 정하는 바에 의하여 명의개서대리인을 둘 수 있는데, 이 경우 명의개서대리인이 취득자의 성명과 주소를 주주명부의 복본에 기재한 때에는 제1항의 명의개서가 있는 것으로 본다(위 조 제2항). 주주명부의 명의개서는 회사에 대한 대항요건인 것이지 주주로서의 권리를 창설하는 효력을 인정하는 것은 아니다.

여기서 '대항할 수 있다'는 의미는 명의개서를 하여야 회사에 주주로서의 권리를 행사할 수 있다는 의미이다. 주식의 양수인이 주권을 교부받았으나 명의개서를 하지 않은 경우 주식의 양수인은 회사에 대하여 어떠한 주주권도 행사할 수 없는 것이다.

판례는 주식양도계약이 해제되거나 취소되었고 하더라도 주주명부상 주주명의를 복구하지 않았다면 회사에 대하여 주주로서 대항할 수 없다고 한다.

48) '대항하지 못한다'의 의미는 이미 성립한 법률관계를 소송 외나 소송을 통해서 주장하지 못한다는 의미이다.

대법원 2002. 12. 24. 선고 2000다69927 판결

기명주식이 양도된 후 주식회사의 주주명부상 양수인 명의로 명의개서가 이미 이루어졌다면, **그 후 그 주식양도약정이 해제되거나 취소되었다 하더라도 주주명부상의 주주 명의를 원래의 양도인 명의로 복구하지 않는 한 양도인은 주식회사에 대한 관계에 있어서는 주주총회에서 의결권을 행사하기 위하여 주주로서 대항할 수 없다**고 할 것이다.

명의개서청구권은 기명주식을 취득한 자가 회사에 대하여 주주권에 기하여 주주명부에 자신의 성명, 주소 등을 청구할 수 있는 권리인데, **판례는 주식양도인은** 특별한 사정이 없는 한 회사에 대하여 주식양수인 명의로 **명의개서청구권이 없다**고 한다.

대법원 2010.10.14. 선고 2009다89665 판결

명의개서청구권은 기명주식을 취득한 자가 회사에 대하여 주주권에 기하여 그 기명주식에 관한 자신의 성명, 주소 등을 주주명부에 기재하여 줄 것을 청구하는 권리로서 기명주식을 취득한 자만이 그 기명주식에 관한 명의개서청구권을 행사할 수 있다. 또한 기명주식의 취득자는 원칙적으로 취득한 기명주식에 관하여 명의개서를 할 것인지 아니면 명의개서 없이 이를 타인에게 처분할 것인지 등에 관하여 자유로이 결정할 권리가 있으므로, **주식 양도인은 다른 특별한 사정이 없는 한 회사에 대하여 주식 양수인 명의로 명의개서를 하여 달라고 청구할 권리가 없다.** 이러한 법리는 주권이 발행되어 주권의 인도에 의하여 기명주식이 양도되는 경우뿐만 아니라, 회사 성립 후 6월이 경과하도록 주권이 발행되지 아니하여 양도인과 양수인 사이의 의사표시에 의하여 기명주식이 양도되는 경우에도 동일하게 적용된다.

2) 추정력

주주라고 명의개서가 되어 있다면 적법한 주주로 추정되므로 그는 회사에 대해 주주로서 권리를 행사할 때 실질주주임을 증명할 필요가 없다. 회사 측에서 그 자가 실질주주가 아니라는 사실을 증명하여 추정을 깨뜨려야 한다.[49]

3) 면책력

회사는 주주 또는 질권자에 대한 통지 또는 최고(催告)[50]는 주주명부에 기재한 주소 또는 그 자로부터 회사에 통지한 주소로 하면 되고(제353조), 주소가 사실과 다르고 이로 인해 주주가 통지를 받지 못하였더라도 회사는 이에 대해 책임을 지지 않는다. **판례는 주주가 누구**

---

49) 대법원 2010.3.11. 선고 2007다51505 판결.

50) 최고(催告)란 상대편에게 일정한 행위를 하도록 독촉하는 통지를 의미한다.

인가에 대해 사정 불문하고, 주주명부상 이름이 있는 자라고 한다.[51)]

대법원 2017.3.23. 선고 2015다248342 전원합의체 판결
상법이 주주명부제도를 둔 이유는, 주식의 발행 및 양도에 따라 주주의 구성이 계속 변화하는 단체 법적 법률관계의 특성상 회사가 다수의 주주와 관련된 법률관계를 외부적으로 용이하게 식별할 수 있는 형식적이고도 획일적인 기준에 의하여 처리할 수 있도록 하여 이와 관련된 사무처리의 효율성과 법적 안정성을 도모하기 위함이다. (중략) 따라서 특별한 사정이 없는 한, 주주명부에 적법하게 주주로 기재되어 있는 자는 회사에 대한 관계에서 그 주식에 관한 의결권 등 주주권을 행사할 수 있고, 회사 역시 주주명부상 주주 외에 실제 주식을 인수하거나 양수하고자 하였던 자가 따로 존재한다는 사실을 알았든 몰랐든 간에 주주명부상 주주의 주주권 행사를 부인할 수 없으며, 주주명부에 기재를 마치지 아니한 자의 주주권 행사를 인정할 수도 없다.

(3) 주주명부의 폐쇄와 기준일

회사는 의결권을 행사하거나 배당을 받을 자 기타 주주 또는 질권자로서 권리를 행사할 자를 정하기 위하여 일정한 기간을 정하여 주주명부의 기재변경을 금지하는 것을 주주명부의 폐쇄라고 하고, 주주권을 행사할 자를 일정한 날의 주주명부 기재를 기준으로 정할 때 그 날을 기준일[52)]이라고 한다(제354조 제1항).

1) 주주명부의 폐쇄

주주명부가 폐쇄되면 폐쇄 직전에 주주명부에 기재된 자가 주주권을 행사할 자로 확정되고 폐쇄기간 중에는 명의개서를 하거나 등록질의 설정 또는 변경의 기재를 금하게 된다.[53)] 주주명부의 폐쇄기간은 3월을 초과할 수 없다(위 조 제2항). 폐쇄기간 2주간 전에 공고하여야 하고, 정관으로 그 기간을 지정한 때에는 공고할 필요가 없다(위 조 제4항 본문).

2) 기준일

기준일은 주주명부의 폐쇄와는 달리 명의개서가 금지되지는 않고, 폐쇄기간이 3월로 제한되는것에 반해 기준일은 「그 권리를 행사할 날에 앞선 3월내의 날」로 설정해야 한다는 점에 차이가 있다. 기준일을 정한 때에는 그 날의 2주간 전에 이를 공고해야 하고, 정관으로 그

51) 과거 판례는 회사가 주주명부상의 주주가 실질주주가 아님을 알았고 또한 이를 용이하게 증명하여 그의 주주권 행사를 거절할 수 있었음에도 이를 허용한 경우에는 주주명부의 면책력이 배제된다는 입장이었다(대법원 1998.9.8.선고 96다45818판결).

52) 이 날은 주주 또는 질권자로서 권리를 행사할 날에 앞선 3월내의 날로 정하여야 한다(위 조 제3항).

53) 그러나 주주의 주소변경 기재 또는 주권불소지 신고 등과 같이 주주권 변동과 관계없는 사항은 폐쇄기간 중에도 가능하다.

날을 지정한 때에는 공고할 필요가 없는 점은 주주명부 폐쇄와 동일하다(위 조 제4항).

(4) 명의개서 미필주주의 지위

1) 개 념

주식을 양도받았음에도 명의개서를 하지 않아서 주주명부상에는 주주로 기재되지 않은 양수인을 명의개서미필주주라고 한다. 명의개서가 되어 있지 않으므로 형식적으로는 주주가 아니나 실질적으로 주주에 해당하는 자이다.

2) 명의개서미필주주의 권리행사 여부

명의개서를 하지 않은 주식의 양수인은 회사에 대해서 대항하지 못한다(제337조 제1항). 이 규정은 대항력에 관한 규정이기 때문에 회사가 명의개서를 하지 않은 주식의 양수인에게 임의로 권리행사를 허용하는 것은 가능하지 않은가라는 문제가 있다. 이에 대해서 회사가 임의로 명의개서 미필주주에게 권리행사를 허용하는 것은 가능하다는 견해(편면적 구속설)와 회사가 임의로 명의개서 미필주주에게 권리행사를 허용하는 것은 불가능하다는 견해(쌍면적 구속설)의 대립이 있다. 판례는 주식의 취득자가 명의개서를 하지 않으면 스스로 회사에 대하여 주주권을 주장할 수 없을 뿐이고, 회사측에서 명의개서를 하지 아니한 실질상의 주주를 주주로 인정하는 것은 가능하다고 판시하고 있어 편면적 구속설의 입장이다.[54)]

대법원 1989.10.24. 선고 89다카14714 판결
구 상법(1984.4.10. 법률 제3724호로 개정되기 전의 것) 제337조의 "기명주식의 이전은 취득자의 성명과 주소를 주주명부에 기재하지 아니하면 회사에 대항하지 못한다"는 규정은 주주권 이전의 효력요건을 정한 것이 아니고 회사에 대한 관계에서 누가 주주로 인정되느냐 하는 주주의 자격을 정한 것으로서 기명주식의 취득자가 주주명부상의 주주명의를 개서하지 아니하면 스스로는 회사에 대하여 주주권을 주장할 수 없다는 의미이고, 명의개서를 하지 아니한 실질상의 주주를 회사측에서 주주로 인정하는 것은 무방하다고 해석하여야 할 것이다.

3) 명의개서의 부당거절과 이에 대한 구제수단

'명의개서의 부당거절'이란 주식의 양수인이 양도인으로부터 적법하게 주식을 인수하여 회사에 명의개서를 청구하였음에도 회사가 정당한 이유 없이 명의개서를 거절한 경우를 의미한다.

54) 대법원 1989.10.24. 선고 89다카14714 판결.

명의개서가 부당하게 거절되면, 주식의 양수인은 명의개서청구소송(민법 제389조 제2항)이나 임시주주의 지위를 정하는 가처분[55]을 신청할 수 있고(민법 제300조 제2항), 나아가 부당거절한 이사(제635조)와 회사(민법 제756조)를 상대로 손해배상청구를 청구할 수 있다.

그런데, 위와 같은 수단은 간접적인 수단에 그치므로 주식의 양수인의 입장에서는 실효성이 떨어지는 구제수단이다. 실질적으로 주식의 양수인을 보호하는 수단은 주식의 양수인에게 명의개서를 마친 주주와 동일한 지위를 부여해주는 것일 것이다. 판례는 주식을 양도받은 주식의 양수인이 명의개서를 청구하였음에도 회사가 정당한 이유 없이 명의개서를 거절하였다면 주식의 양수인이 명의개서를 하지 않고도 회사에 대하여 주주권을 행사할 수 있다고 보고 있다.[56]

4) 명의개서의 지체 시 이익귀속

주식이 양도되었으나 명의개서가 이루어지 않고 있는 사이에 회사가 이익배당이나 신주배정을 하였다면 이익배당금이나 신주는 누구에게 귀속되는가? 양도인에게 귀속된다는 견해(양도인귀속설)도 있긴 하지만, 통설은 주식의 실질귀속 주체인 양수인에게 귀속된다고 보고 있다(양수인귀속설).

양수인귀속설의 입장에서 회사가 이미 양도인에게 이익을 귀속시켰다면 양수인은 양도인에게 이익의 반환을 청구할 수 있는지 문제된다.[57] 예를 들면, 명의개서가 이루어지지 않는 동안 회사가 양도인에게 이익배당금을 지급한 경우(이를 광의의 실기주라고도 한다)나 회사가 양도인에게 신주를 발행한 경우(이를 협의의 실기주라고도 한다)이다. 다수의 견해는 광의의 실기주는 양수인이 양도인을 상대로 민법 제741조[58]의 부당이득반환 법리로 반환이 가능하다고 보고 있고, 협의의 실기주는 민법 제734조[59]의 사무관리 법리로 반환이 받을 수 있다고 보고 있다.[60]

---

55) 가처분이란 임시적인 처분으로 금전 채권이 아닌 청구권에 대한 향후 집행을 보전하거나 권리관계에 대한 다툼에 대하여 임시적인 지위를 정하기 위하여 법원의 일시적인 명령을 의미한다.

56) 대법원 1993.7.13. 선고 92다40952 판결.

57) 만약 양수인이 회사를 상대로 이익배당을 재배해당줄 것을 청구한다면 회사는 주주명부의 면책력(제353조 제1항)을 주장하여 벗어날 수 있을 것이다.

58) 민법 제741조(부당이득의 내용) 법률상 원인 없이 타인의 재산 또는 노무로 인하여 이익을 얻고 이로 인하여 타인에게 손해를 가한 자는 그 이익을 반환하여야 한다.

59) 민법 제734조(사무관리의 내용) ⅰ) 의무 없이 타인을 위하여 사무를 관리하는 자는 그 사무의 성질에 좇아 가장 본인에게 이익되는 방법으로 이를 관리하여야 한다.
② 관리자가 본인의 의사를 알거나 알 수 있는 때에는 그 의사에 적합하도록 관리하여야 한다.
③ 관리자가 전2항의 규정에 위반하여 사무를 관리한 경우에는 과실 없는 때에도 이로 인한 손해를 배상할 책임이 있다. 그러나 그 관리행위가 공공의 이익에 적합한 때에는 중대한 과실이 없으면 배상할 책임이 없다.

60) 부당이득은 반환범위가 손해를 한도로 하기 때문에 양도인이 취한 이익 중 반환되지 않는 이익이 있을 수 있기 때문에 사무관리 법리에 따라 반환받는 것이 양수인에게 더 유리하다.

9 주식의 양도

(1) 양도 원칙과 방법

1) 주식양도자유의 원칙

주식회사는 합명회사나 합자회사와는 달리 퇴사제도가 없다. 따라서 이미 출자한 금액의 회수를 보장하기 위해서라도 주식양도의 자유가 보장될 필요가 있다. 상법 제335조 제1항 본문은 이러한 주식양도자유의 원칙에 대해서 규정하고 있다.

'주식양도'란 주식을 매매, 증여, 교환 등과 같은 법률행위에 의해 주주권을 거래 상대방에게 이전하는 것이다.[61] 주식양도에는 원칙적으로 제한이 없으나 1995년도 개정 상법에서는 정관에 의한 주식양도의 제한이 가능하도록 하는 여러 규정이 도입되었다(제335조 제1항).

그렇다면 「억지」로 양도하라는 정관규정이 있다면 이는 주식양도자유의 원칙에 위배되는가? 판례는 주주를 제명하고 회사가 그 주주에게 출자금 등을 환급하도록 하는 내용을 규정한 정관이나 내부규정은 물적 회사로서의 주식회사의 본질에 한하고 자기주식의 취득을 금지하는 상법의 규정에 위반되어 무효라는 입장이다.

대법원 2007.5.10. 선고 2005다60147 판결
상법은 제218조 제6호, 제220조, 제269조에서 인적 회사인 합명회사, 합자회사에 대하여 사원의 퇴사사유의 하나로서 '제명'을 규정하면서 제명의 사유가 있는 때에는 다른 사원 과반수의 결의에 의하여 그 사원의 제명의 선고를 법원에 청구할 수 있도록 규정하고 있음에 비하여, 주식회사의 경우에는 주주의 제명에 관한 근거 규정과 절차 규정을 두고 있지 아니한바, 이는 상법이 인적 결합이 아닌 자본의 결합을 본질로 하는 물적 회사로서의 주식회사의 특성을 특별히 고려한 입법이라고 해석되므로, 회사의 주주의 구성이 소수에 의하여 제한적으로 이루어져 있다거나 주주 상호간의 신뢰관계를 기초로 하고 있다는 등의 사정이 있다 하더라도, 그러한 사정만으로 인적 회사인 합명회사, 합자회사의 사원 제명에 관한 규정을 물적 회사인 주식회사에 유추적용하여 주주의 제명을 허용할 수 없다. **주주 간의 분쟁 등 일정한 사유가 발생할 경우 어느 주주를 제명시키되 회사가 그 주주에게 출자금 등을 환급해 주기로 하는 내용의 규정을 회사의 정관이나 내부규정에 두는 것은 그것이 회사 또는 주주 등에게 생길지 모르는 중대한 손해를 회피하기 위한 것이라 하더라도 법정사유 이외에는 자기주식의 취득을 금지하는 상법 제341조의 규정에 위반**되므로, 결국 주주를 제명하고 회사가 그 주주에게 출자금 등을 환급하도록 하는 내용을 규정한 정관이나 내부규정은 물적 회사로서의 주식회사의 본질에 반하고 자기주식의 취득을 금지하는 상법의 규정에도 위반되어 무효이다.

61) 이는 물권(物權) 이외의 권리의 변동을 직접 발생시키는 법률 행위라는 점에서 준물권행위(準物權行爲)라고도 한다.

2) 주식의 양도방법

주식양도는 원칙적으로 ⅰ) 당사자간에 양도계약이 있어야 하고 ⅱ) 주권을 교부[62]하여야 한다(제336조 제1항).[63]주식양도계약은 특별한 방식이 필요하지 않으며 구두계약도 가능하다. 여기서 주권의 교부란 주권의 인도를 의미한다. 주권을 교부하는 방법으로 현실의 인도외에 간이인도, 점유개정, 목적물반환청구권의 양도에 의해서도 가능하다.[64] 이후 주식취득자의 성명과 주소를 주주명부에 기재하는 명의개서를 하여야 한다(제337조 제1항). 주식의 취득자는 주주명부에 명의개서를 하지 아니하면 회사에 대해 대항력이 없다. 즉, 위 ⅰ)과 ⅱ)는 주식양도계약의 효력발생요건이고 명의개서는 대항요건이다.

회사는 정관이 정하는 바에 의해 명의개서대리인을 둘 수 있다(제337조 제2항). 이 경우 명의개서대리인이 취득자의 성명과 주소를 주주명부의 복본에 기재한 때에는 명의개서가 있는 것으로 본다(위 항 후단).[65]

(2) 주식양도의 제한

1) 정관에 의한 제한

가. 취 지

주식은 타인에게 양도할 수 있으나, 회사는 정관으로 정하는 바에 따라 그 발행하는 주식의 양도에 관하여 이사회의 승인을 받도록 할 수 있다(제335조 제1항). 이는 소규모주식회사의 경우 주주 상호 간의 신뢰관계의 보호 및 회사경영의 안정을 위하여 외부투자자의 회사 내 진입을 막을 필요가 있는 경우를 고려한 것이다.[66]

나. 정관의 규정 및 이사회의 승인

주식의 양도를 정하는 정관은 회사설립 시에 작성된 정관 뿐만 아니라 주주총회 특별결의에 따라 변경된 정관도 가능하다. 이사회가 아닌 주주총회가 주식의 양도를 승인하도록 하는 정관은 효력이 없다. 상법 제335조 제1항은 회사의 기관 권한배분에 강행규정이기 때문이다. 한편, 주식의 양도에 이사회의 승인을 요하는 것은 절차적인 제한에 불과한 것이고 주식의 양도를 금지하는 것은 아니다. 따라서, 주주간에 일정기간 주식의 양도를 일체 금지하는 양도제한약

---

62) 기명증권의 경우 배서와 교부를 필요로 하고(민법 제508조), 무기명증권은 교부만으로 양도하도록 하고 있다(민법 제523조).
63) 주권의 점유자는 이를 적법한 소지인으로 추정한다(위 조 제2항).
64) 대법원 2000.9.8. 선고 99다5471 판결.
65) 공매도란 무엇인가? 주가를 올리기 위한 수법?
66) 최준선, 「회사법(제11판)」, 삼영사, 2016, p.311.

정은 이를 정관으로 규정되었다고 하더라도 무효라는 것이 판례의 입장이다.

대법원 2000.9.26. 선고 99다48429 판결

원심이 제1심판결을 인용하여 적법하게 확정한 사실관계에 의하면, 피고 회사와 주주들은 1994. 6. 3. 이 사건 합작투자계약시에, 그리고 주주들을 대리한 소외 주식회사 포항제철과 소외 주식회사 경방은 1994. 9. 4. 투자약정시에, 피고 회사 발행 주식의 양도제한에 관하여 "합작회사(이하 '피고 회사'를 말한다)가 사전에 공개되는 경우를 제외하고 합작회사의 설립일로부터 5년 동안, 합작회사의 어느 주주도 합작회사 주식의 전부 또는 일부를 다른 당사자 또는 제3자에게 매각, 양도할 수 없다. 단 법률상 또는 정부의 조치에 의하여 그 주식의 양도가 강제되는 경우 또는 당사자들 전원이 그 양도에 동의하는 경우는 예외로 한다. 위 예외의 경우나 설립일로부터 5년이 경과한 후 합작회사의 공개 이전까지 포항제철이나 코오롱 이외의 주주가 보유하는 합작회사의 주식의 전부 또는 일부를 양도하고자 할 경우에는 포항제철과 코오롱이 주식 매입시의 각자의 주식보유비율에 따라 동 주식을 우선 매수할 권리가 있다. 이때 양도인은 우선 포항제철과 코오롱에 서면으로 동 주식의 양도를 청약하여야 하고, 그 양도가액은 합의된 가격 또는 감정에 의한 공정가격으로 한다. 위 계약들에 의한 주식의 양도제한에 위배하여 합작회사의 주식이 양도된 경우 그 주식양수인은 위 계약들에 따른 어떠한 권리와 이익도 가지지 아니하며, 그 주식의 양도인은 본 계약 및 위 합의서 등의 서면에 의한 약정 및 의무에 대하여 계속 책임을 진다."는 내용의 합의를 하였다는 것이다. **그러나 이 사건 약정은, 그 내용 자체에 의하더라도 그 양도에 이사회의 승인을 얻도록 하는 등 그 양도를 제한하는 것이 아니라, 설립 후 5년간 일체 주식의 양도를 금지하는 내용으로, 이와 같은 내용은 위에서 본 바와 같이 정관으로 규정하였다고 하더라도 이는 주주의 투하자본회수의 가능성을 전면적으로 부정하는 것으로서 무효**라고 할 것이다. 그러므로 그와 같이 정관으로 규정하여도 무효가 되는 내용을 나아가 회사나 주주들 사이에서, 혹은 주주들 사이에서 약정하였다고 하더라도 이 또한 무효라고 할 것이다.
그리고 **이 사건 약정 가운데 주주 전원의 동의가 있으면 양도할 수 있다는 내용이 있으나, 이 역시 상법 제335조 제1항 단서 소정의 양도제한 요건을 가중하는 것으로서 상법 규정의 취지에 반할 뿐 아니라, 사실상 양도를 불가능하게 하거나 현저하게 양도를 곤란하게 하는 것으로서 실질적으로 양도를 금지한 것과 달리 볼 것은 아니다.**

주주사이가 나빠 경쟁관계에 있는 자에게 주식을 팔았다면 이는 반사회질서 법률행위일까? 그리고 이 경우 주식양도를 금하고 있는 정관규정은 유효할까? **판례는 회사와 경쟁관계에 있거나 분쟁 중에 있어 그 회사의 경영에 간섭할 목적을 가지고 있는 자에게 주식을 양도하였다고 하여 그러한 사정만으로 이를 반사회질서 법률행위라고** 할 수 없다고 판시하고 있다.

대법원 2010.7.22. 선고 2008다37193 판결

상법 제335조 제1항 본문은 "주식은 타인에게 이를 양도할 수 있다"고 하여 주식양도의 자유를 보장하고 있으므로 회사와 경쟁관계에 있거나 분쟁 중에 있어 그 회사의 경영에 간섭할 목적을 가지고 있는 자에게 주식을 양도하였다고 하여 그러한 사정만으로 이를 반사회질서 법률행위라고 할 수 없다. 그렇다면 원심이 **원고와 피고사이에 분쟁이 있고 원고가 피고의 경영에 간섭할 목적을 가지고 있었다는 사정만으로 이 사건 주식매매가 반사회질서 법률행위라고 할 수 없다**고 판단한 것은 정당하고 거기에 상고이유로 주장하는 바와 같은 반사회질서 법률행위에 관한 법리오해의 위법이 있다고 할 수 없다.

다. 승인청구

이사회의 승인을 얻어 주식을 양도하고자 하는 주주는 회사에 대하여 양도의 상대방 및 양도하고자 하는 주식의 종류와 수를 기재한 서면으로 양도의 승인을 청구할 수 있고, 회사는 청구가 있는 날부터 1월 이내에 주주에게 그 승인여부를 서면으로 통지하여야 하며, 이 기간 내에 주주에게 거부의 통지를 하지 아니한 때에는 주식의 양도에 관하여 이사회의 승인이 있는 것으로 본다(제335조의 2 각 항).[67)]

라. 상대방지정청구권 및 주식매수청구권

만일 회사로부터 양도승인거부의 통지를 받은 주주는 통지를 받은 날부터 20일내에 회사에 대하여 양도의 상대방의 지정 또는 그 주식의 매수를 청구할 수 있다(위 조 제4항).

한편, 주주가 양도의 상대방을 지정하여 줄 것을 청구한 경우에는 이사회는 이를 지정하고, 그 청구가 있은 날부터 2주간 내에 주주 및 지정된 상대방에게 서면으로 이를 통지하여야 하며, 위 기간 내에 주주에게 상대방지정의 통지를 하지 아니한 때에는 주식의 양도에 관하여 이사회의 승인이 있는 것으로 본다(제335조의3 각 항).

위 조항에 따라 상대방으로 지정된 자는 지정통지를 받은 날부터 10일 이내에 지정청구를 한 주주에 대하여 서면으로 그 주식을 자기에게 매도할 것을 청구할 수 있으며, 만일 위 기간 내에 매도청구를 하지 아니한 때에 주식의 양도에 관하여 이사회의 승인이 있는 것으로 본다(제335조의4 각 항). 주식의 양수인에게도 주식매도청구권이 인정되는지에 관하여 판례는 주식매도청구권은 양도인에게 적용되고 양수인에게는 적용되지 않는다고 판시하고 있다.

---

67) 주권발행 전에 한 주식의 양도는 회사에 대하여 효력이 없다. 그러나 회사성립 후 또는 신주의 납입기일 후 6월이 경과한 때에는 그러하지 아니하다(제335조 제3항).

대법원 2014.12.24. 선고 2014다221258, 221265 판결

주식의 양도에 관하여 이사회의 승인을 얻어야 하는 경우에 주식을 취득하였으나 회사로부터 양도승인거부의 통지를 받은 양수인은 상법 제335조의7에 따라 회사에 대하여 주식매수청구권을 행사할 수 있다.

이러한 **주식매수청구권은 주식을 취득한 양수인에게 인정되는 이른바 형성권으로서 그 행사로 회사의 승낙 여부와 관계없이 주식에 관한 매매계약이 성립**하게 되므로, 주식을 취득하지 못한 양수인이 회사에 대하여 주식매수청구를 하더라도 이는 아무런 효력이 없고, 사후적으로 양수인이 주식 취득의 요건을 갖추게 되더라도 하자가 치유될 수는 없다.

주식의 매도가액은 주주와 매도청구인간의 협의로 이를 결정하며, 30일 이내에 협의가 이루어지지 아니하는 경우, 회사 또는 주식의 매수를 청구한 주주는 법원에 대하여 매수가액의 결정을 청구할 수 있고, 이 때 법원은 회사의 재산상태 그 밖의 사정을 참작하여 공정한 가액으로 이를 산정하여야 한다(제335조의 6).

2) 권리주의 양도제한

가. 의의 및 취지

'권리주'란 주식이 인수된 이후에 아직 주식으로서의 효력이 발생하기 전까지의 주식인수인의 법적 지위를 말한다. 이러한 권리주의 양도에 대해서 상법은 엄격히 제한하고 있다. 권리주의 양도는 회사설립 시 뿐만 아니라 신주발행 시에도 회사에 대하여 효력이 없다(제319조, 제425조 제1항). 이처럼 권리주의 양도를 엄격하게 제한하는 이유는 단기차익을 노리는 투기행위를 억제하고 회사불성립으로 인한 피해로부터 권리주의 양수인을 보호하기 위한 것이다.

나. 권리주 양도의 효력

만약 **주식인수인이 권리주를 양도한 경우는 양수인이 회사에게 주식인수인의 지위를 주장하지 못할 뿐만 아니라 회사 역시도 양수인을 주식인수인으로 승인하지 못한다는 것이 판례이다.**[68] 다만, 이 경우 주식양도인과 양수인 사이에 채권적 효력까지 부인되는 것은 아니기 때문에 양도인이 후에 주권을 발행받은 경우 양수인은 양도인에게 그 주권을 교부할 것을 요구할 수는 있다.

68) 대법원 1965.12.7. 선고 65다2069 판결.

3) 주권발행 전 주식양도의 제한

가. 취 지

주식의 양도는 주권을 교부하여야 효력이 발생한다. 상법은 주권이 발행되기 전에 한 주식의 양도는 회사에 대하여 효력이 없다고 규정하고 있다(제335조 제3항 본문). 그런데 회사가 계속해서 주권을 발행주지 않는다면 기존 주주는 투자했던 자본을 회수할 수 없게 되는 결과가 발생한다. 1984년 상법 개정으로 회사성립 후 또는 신주의 납입기일 후 6월이 경과한 때에는 주권이 발행되지 않은 상태에서도 주주가 주식을 양도할 수 있도록 하였다(제355조 제3항 단서).

나. 제한위반의 효과

만약 주식의 효력이 발생한 이후 6월이 경과되기 전에 주권없이 주식을 양도한 경우는 권리주와 마찬가지로 양수인은 회사에게 주주임을 주장할 수 없고, 회사는 양수인을 주주로 인정할 수 없다. 다만, 양도인과 양수인 사이에 채권적 효력은 있으므로 양수인은 양도인이 회사에 대해서 가지는 주권발행 · 교부청구권을 대위행사하여 회사가 양도인에게 주권을 발행 · 교부할 것을 청구할 수 있다.

주식의 효력발생 후 6월이 경과하기 전에 주권 없이 주식양도가 이루어진 다음 6월이 경과하게 되면 주식양도는 유효하게 되는가?[69] 주식양도가 유효하게 되지 않고 재차 양도계약을 맺어야 한다는 견해가 있으나, 통설과 판례는 회사가 6월이 지나도록 주권을 발행하지 않은 이상 종전의 양도는 유효하게 된다는 입장이다.[70]

다. 주권발행 전 주식양도 제한의 예외

주권이 발행되지 않은 상태에서 회사성립 후 또는 신주의 납입기일 후 6월이 경과한 때에는 주주가 주식을 양도할 수 있다(제335조 제3항 단서). 즉, 회사성립 후 또는 신주의 납입기일 후 6월이 경과한 때는 회사가 주권을 발행하지 않은 상태에서도 그 주식양도를 가지고 회사에 대하여 효력을 주장할 수 있다. 이는 주권발행 전에 주식을 양도한 자가 향후 주가상승이 되자 기존 주식양도가 무효임을 주장하여 주식을 회수해갈 수 있는 문제점을 막기 위한 규정이다.

판례는 이때의 양도방법은 민법의 일반원칙에 따라 양도인과 양수인간의 합의만으로 양도효력이 발생하지만 회사에 대해서 주주로서의 권리를 행사하려면 명의개서를 하여야 한다.

---

69) 6월이 지나기 전에 회사가 주권을 발행한 경우는 주식양도의 효력이 없는 것으로 확정된다.
70) 대법원 2002.3.15.선고 2000두1850 판결.

대법원 2003.10.24. 선고 2003다29661 판결

상법 제335조 제3항 소정의 주권발행 전에 한 주식의 양도는 회사성립 후 6월이 경과한 때에는 회사에 대하여 효력이 있는 것으로서, **이 경우 주식의 양도는 지명채권의 양도에 관한 일반원칙에 따라 당사자의 의사표시만으로 효력이 발생하는 것**이고, **상법 제337조 제1항에 규정된 주주명부상의 명의개서는 주식의 양수인이 회사에 대한 관계에서 주주의 권리를 행사하기 위한 대항요건에 지나지 아니한다.**

만약 6월이 경과한 이후에 양도인이 이중으로 주식을 양도하였다면 제1양수인과 제2양수인 중 누가를 주주로 인정할 수 있는지가 문제된다. **판례는 주권발행 전의 주식양도의 제3자에 대한 대항요건은 확정일자가 붙은 증서로 통지한 순서에 따라 결정한다**고 한다.

대법원 2006.9.14. 선고 2005다45537 판결

주권발행 전 주식의 양도는 당사자의 의사표시만으로 효력이 발생하고, **주권발행 전 주식을 양수한 사람은 특별한 사정이 없는 한 양도인의 협력을 받을 필요 없이 단독으로 자신이 주식을 양수한 사실을 증명함으로써 회사에 대하여 그 명의개서를 청구할 수 있지만, 회사 이외의 제3자에 대하여 양도 사실을 대항하기 위하여는 지명채권의 양도에 준하여 확정일자 있는 증서에 의한 양도통지 또는 승낙을 갖추어야 한다는 점**을 고려할 때, **양도인은 회사에 그와 같은 양도통지를 함으로써 양수인으로 하여금 제3자에 대한 대항요건을 갖출 수 있도록 해 줄 의무를 부담**한다. **따라서 양도인이 그러한 채권양도의 통지를 하기 전에 제3자에게 이중으로 양도하고 회사에게 확정일자 있는 양도통지를 하는 등 대항요건을 갖추어 줌으로써 양수인이 그 제3자에게 대항할 수 없게 되었고, 이러한 양도인의 배임행위에 제3자가 적극 가담한 경우라면, 제3자에 대한 양도행위는 사회질서에 반하는 법률행위로서 무효**이다.
주주명부에 기재된 명의상의 주주는 회사에 대한 관계에 자신의 실질적 권리를 증명하지 않아도 주주의 권리를 행사할 수 있는 자격수여적 효력을 인정받을 뿐이지 주주명부의 기재에 의하여 창설적 효력을 인정받는 것은 아니므로, 실질상 주식을 취득하지 못한 사람이 명의개서를 받았다고 하여 주주의 권리를 행사할 수 있는 것이 아니다. **따라서 주권발행 전 주식의 이중양도가 문제되는 경우, 그 이중양수인 중 일부에 대하여 이미 명의개서가 경료되었는지 여부를 불문하고 누가 우선순위자로서 권리취득자인지를 가려야 하고, 이 때 이중양수인 상호간의 우열은 지명채권 이중양도의 경우에 준하여 확정일자 있는 양도통지가 회사에 도달한 일시 또는 확정일자 있는 승낙의 일시의 선후에 의하여 결정하는 것이 원칙**이다.
양도통지가 확정일자 없는 증서에 의하여 이루어짐으로써 제3자에 대한 대항력을 갖추지 못하였더라도 확정일자 없는 증서에 의한 양도통지나 승낙 후에 그 증서에 확정일자를 얻은 경우 그 일자 이후에는 제3자에 대한 대항력을 취득하는 것인바, **확정일자 제도의 취지에 비추어 볼 때 원본이 아닌 사본에 확정일자를 갖추었다 하더라도 대항력의 판단에 있어서는 아무런 차이가 없다.**

4) 자기주식 취득 제한

'자기주식'이란 회사(A)가 자기의 명의(A)와 계산으로 자기(A)가 발행한 주식을 취득하는 것을 의미한다(제341조 제1항). 회사가 자기주식을 취득하면 회사가 자기주식의 소유자에게 그 대가를 지급하는 것이므로 결국 자본금충실원칙에 반(反)하는 결과가 된다.

그러나 2011년 개정 상법에서는 적대적 기업매수[71]에 대응하는 수단이 될 수 있다는 점 등을 들어 몇 가지 상법에 열거된 경우에는 자기주식을 예외적으로 취득할 수 있도록 하였다.[72]

가. 자기주식을 취득할 수 있는 경우

가) 특정목적에 의한 자기주식 취득

회사는 배당가능이익이 없어도 i) 회사의 합병 또는 다른 회사의 영업전부의 양수로 인한 경우 ii) 회사의 권리를 실행함에 있어 그 목적을 달성하기 위하여 필요한 경우 iii) 단주(端株)의 처리를 위하여 필요한 경우 및 iv) 주주가 주식매수청구권을 행사한 경우에는 자기주식을 취득할 수 있다(제341조의 2).

나) 배당가능이익의 범위 내에서 자기주식 취득

회사는 배당가능이익의 범위 내에서, i) 거래소에서 시세(時勢)가 있는 주식의 경우에는 거래소에서 취득하는 방법, ii) 주식의 상환에 관한 종류인 경우 외에는 각 주주가 가진 주식 수에 따라 균등한 조건으로 취득하는 것으로서 대통령령으로 정하는 방법[73]에 따라 자기주식을 취득할 수 있다.

'배당가능이익'이라 함은 직전 결산기의 대차대조표 상의 순자산액에서 자본금 등 법령이 정하는 금액을 뺀 금액을 의미한다.[74] 이는 회사의 배당가능이익에서 자기주식을 취득하는 경우 주주평등의 원칙에 따라 취득하기 위함이다.

나. 자기주식 취득 절차

회사는 자기주식을 취득하려는 경우, 미리 주주총회의 결의로 i) 취득할 수 있는 주식의

---

71) '적대적 기업매수'란 기업인수 · 합병 절차에서 어느 한편이 상대편 기업의 의사에 반하여 강제적으로 경영권을 탈취하고자 하는 경우를 의미한다.

72) 상법과 달리 자본시장법은 넓게 자기주식 취득을 허용하고 있었는데, 상법 개정으로 자본시장법이 적용되지 않는 회사도 자기주식을 취득할 수 있게 되었다.

73) 상법 시행령 제9조(자기주식 취득 방법의 종류 등)에 따르면 i) 회사가 모든 주주에게 자기주식 취득의 통지 또는 공고를 하여 주식을 취득하는 방법 2) 자금법 제133조부터 제146조까지의 규정에 따른 공개매수의 방법을 열거하고 있다.

74) 상법 제462조 제1항 : i) 회사는 대차대조표의 순자산액으로부터 다음의 금액을 공제한 액을 한도로 하여 이익배당을 할 수 있다. i) 자본금의 액 ii) 그 결산기까지 적립된 자본준비금과 이익준비금의 합계액 iii) 그 결산기에 적립하여야 할 이익준비금의 액 iv) 미실현이익

종류 및 수 ii) 취득가액의 총액의 한도 iii) 1년을 초과하지 아니하는 범위에서 자기주식을 취득할 수 있는 기간의 사항을 결정하여야 한다. 다만, 이사회의 결의로 이익배당을 할 수 있다고 정관으로 정하고 있는 경우에는 이사회의 결의로써 주주총회의 결의를 갈음할 수 있다(제341조 제2항).

다. 자기주식의 지위

회사의 자기주식은 의결권이 없다(제369조 제2항). 상법은 회사가 보유한 자기 주식은 의결권이 없다고만 규정하고 있고 그 외의 주주권에 대해서는 규정이 없다. 공익권은 그 성질상 인정될 수 없다. 자익권에 대해서는 일부 자익권은 인정해줄 수 있다는 견해(부분적 휴지설)도 있으나 일반주주의 이익을 보호하기 위해서 어떠한 자익권도 인정될 수 없다는 것이 일반적인 견해이다(전면적 휴지설).

라. 위법한 자기주식 취득의 효력

가) 취득행위의 사법상 효력

회사가 법령을 위반하여 자기주식을 취득한 경우, 그 취득행위의 사법상 효력에 대해 「무효설」, 「유효설」, 「상대적 무효설」 등이 대립하고 있다.

판례는 명시적 규정이 없는 한 설령 회사 또는 주주나 회사채권자 등에게 생길지도 모르는 중대한 손해를 회피하기 위하여 부득이 한 사정이 있다고 하더라도 자기주식의 취득은 허용되지 아니하는 것이고 위와 같은 금지규정에 위반하여 회사가 자기주식을 취득하는 것은 당연히 무효라고 판시하여 무효설의 입장이다.

대법원 2003.5.16. 선고 2001다44109 판결
주식회사가 자기의 계산으로 자기의 주식을 취득하는 것은 회사의 자본적 기초를 위태롭게 하여 회사와 주주 및 채권자의 이익을 해하고 주주평등의 원칙을 해하며 대표이사 등에 의한 불공정한 회사지배를 초래하는 등의 여러 가지 폐해를 생기게 할 우려가 있으므로 상법은 일반 예방적인 목적에서 이를 일률적으로 금지하는 것을 원칙으로 하면서, 예외적으로 자기주식의 취득이 허용되는 경우를 유형적으로 분류하여 명시하고 있으므로, 상법 제341조, 제341조의2, 제342조의2 또는 증권거래법 등에서 명시적으로 자기주식의 취득을 허용하는 경우 외에, 회사가 자기주식을 무상으로 취득하는 경우 또는 타인의 계산으로 자기주식을 취득하는 경우 등과 같이, 회사의 자본적 기초를 위태롭게 하거나 주주 등의 이익을 해한다고 할 수 없는 것이 유형적으로 명백한 경우에도 자기주식의 취득이 예외적으로 허용되지만, 그 밖의 경우에 있어서는, **설령 회사 또는 주주나 회사채권자 등에게 생길지도 모르는 중대한 손해를 회피하기 위하여 부득이 한 사정이**

있다고 하더라도 자기주식의 취득은 허용되지 아니하는 것이고 위와 같은 금지규정에 위반하여 회사가 자기주식을 취득하는 것은 당연히 무효이다.

나) 이사의 책임

법령을 위반하여 자기주식을 취득한 회사 또는 제3자에게 손해가 발생한 경우 이사는 회사 또는 제3자에게 손해배상책임을 지며(제399조, 제401조),[75] 배당가능이익에 의한 자기주식취득과 관련하여 해당 영업연도의 결산기에 재무상태표상의 순자산액이 상법 제462조 제1항 각호의 금액의 합계액에 미치지 못하는데도 회사가 이미 자기주식을 취득하였다면 이사는 회사에 대하여 연대하여 그 미치지 못한 금액을 배상할 책임이 있다(제341조 제4항).

마. 자기주식의 처분

회사는 자기주식을 제3자에게 양도할 수 있고(제342조), 소각해서 절대적으로 소멸시킬 수도 있다(제343조 제1항 단서).

회사가 보유하는 자기의 주식을 처분하는 경우, i) 처분할 주식의 종류와 수 ii) 처분할 주식의 처분가액과 납입기일 iii) 주식을 처분할 상대방 및 처분방법에 대해 정관에 규정이 없는 것은 이사회가 결정한다(제342조).[76][77]

주식의 소각은 자본금감소에 관한 규정에 따라서만 가능하나, 자기주식 취득규정에 따라 취득한 자기주식을 소각하는 경우 자본금 감소의 규정이 적용되지 않고 이사회의 결의로서 할 수 있다(제343조 제1항 단서).

5) 상호주식 소유제한

주식을 상호보유하게 되면 소액의 자본으로도 두 회사를 지배하게 되어 자본의 자본충

75) 이사가 회사의 계산으로 부정하게 회사의 주식을 취득하였다면 형사상 제재도 받을 수 있다(제625조 제2호)

76) 처분기한에 대해서 종전 상법 342조는 "상당한 시기에 그 주식을 처분하여야 한다."고 규정하였으나, 2011년 개정상법에서는 이 규정이 삭제되었다.

77) 반면, 자금법 제165조의3에서는 자기주식 취득 및 처분의 특례에 대해 아래와 같이 규정하고 있다.

i) 주권상장법인은 다음 각 호의 방법으로 자기주식을 취득할 수 있다.

1. 상법 제341조제1항에 따른 방법
2. 신탁계약에 따라 자기주식을 취득한 신탁업자로부터 신탁계약이 해지되거나 종료된 때 반환받는 방법(신탁업자가 해당 주권상장법인의 자기주식을 상법 제341조제1항의 방법으로 취득한 경우로 한정한다)

② 제1항의 경우 자기주식의 취득가액의 총액은 상법 제462조제1항에 따른 이익배당을 할 수 있는 한도 이내이어야 한다.

③ 주권상장법인은 제1항의 방법 또는 상법 제341조제1항 각 호의 어느 하나에 해당하는 방법으로 자기주식을 취득하는 경우에는 같은 조 제2항에도 불구하고 이사회의 결의로써 자기주식을 취득할 수 있다.

④ 주권상장법인은 제1항에 따라 자기주식을 취득(자기주식을 취득하기로 하는 신탁업자와의 신탁계약의 체결을 포함)하거나 이에 따라 취득한 자기주식을 처분(자기주식을 취득하기로 하는 신탁업자와의 신탁계약의 해지를 포함)하는 경우에는 대통령령으로 정하는 요건 · 방법 등의 기준에 따라야 한다.

실의 원칙에 어긋나고, 특정주주에 의한 회사의 부당한 유지 가능성 등 및 대기업의 경제력 집중 완화를 위해, 상법에서는 모자회사간 및 비모자회사간의 상호주식 소유를 제한하고 있다.[78)]

가. 모자회사간 상호주식 소유 제한

상법상 모(母)회사(A)란 다른 회사(B)의 발행주식의 총수의 100분의 50을 초과하는 주식을 가진 회사를 의미하고, 이 때 자회사는 B가 된다(제342조의2 제1항).

또한 다른 회사(C)의 발행주식의 총수의 100분의 50을 초과하는 주식을 A와 B 또는 B가 가지고 있는 경우, C는 상법의 적용에 있어 A의 자회사로 본다(위 조 제3항).[79)]

그런데 이 경우 **자회사는 모회사의 주식을 취득할 수 없다**(위 조 제1항). 그러나 ⅰ) **주식의 포괄적 교환, 주식의 포괄적 이전, 회사의 합병 또는 다른 회사의 영업전부의 양수로 인한 때** ⅱ) **회사의 권리를 실행함에 있어 그 목적을 달성하기 위하여 필요한 때에는 예외적으로 취득이 인정되나**, 해당 자회사는 모회사의 주식을 취득한 날로부터 6월 이내에 처분하여야 한다(위 조 제2항).

자회사가 취득금지규정을 위반하여 자회사가 모회사 주식을 취득한 경우 그 취득행위의 사법상 효력은 자기주식취득의 경우와 마찬가지로 무효이다. 또한 예외적으로 보유한 모회사의 주식에 대한 의결권 뿐만 아니라 공익권, 자익권도 없다고 할 것이다(전면적 휴지설). 그리고 이사의 책임도 자기주식취득과 동일하게 회사 또는 제3자에 대하여 **손해배상책임**을 질 수 있다(제399조, 제401조).

나. 비모자회사간 상호주식 소유 제한

회사 A, 모회사 B 및 B의 자회사 C, 자회사 D가 각각 다른 회사 E의 발행주식의 총수의 10분의 1을 초과하는 주식을 가지고 있는 경우, 그 다른 회사 E의 발행주식을 가지고 있는 회사 A 또는 모회사 B의 주식은 의결권이 없다(제369조 제3항). 이는 주주총회결의의 왜곡을 방지하기 위함이다.

6) 기타 주식에 관한 문제

가. 주식취득 통지의무

회사가 다른 회사의 발행주식총수의 10**분의** 1**을 초과하여 취득한 때에는 그 다른 회사에 대하**

78) 은행법에서는 "동일인은 은행의 의결권 있는 발행주식 총수의 100분의 10을 초과하여 은행의 주식을 보유할 수 없다."고 규정하고 있다(제15조 제1항).

79) 상법 조문이 너무 난해하여 회사를 A, B, C로 특정하여 표기하였다.

여 지체없이 이를 통지하여야 한다(제342조의3). 이는 대량의 주식을 은밀하게 취득하여 상대방회사를 지배하는 것을 막고자함이다.

나. 주식의 질권설정

가) 개념

'질권(質權)'이란 부동산 이외의 재산권에 설정하는 약정담보물권으로, 채권자 A가 그의 채권의 담보로서 채무자 B의 물건을 수취하여 채무의 변제가 있을 때까지 채무자 B 또는 제3자인 물상보증인[80] C로부터 받은 물건(예 : 주식)을 점유 또는 유치함으로써, 채무의 변제를 간접적으로 강제하고 만일 채무의 변제가 없는 경우에는 그 목적물로(예 : 주식)부터 다른 채권자에 우선하여 변제를 받는 권리를 말한다.[81]

나) 질권설정 자유에 대한 제한

주식의 질권설정은 자유이나 주식 양도의 제한처럼 일정한 범위 내에서 질권설정이 제한된다. 권리주의 질권설정이나 주권발행 전의 주식의 질권설정은 당사자 간에 채권적 효력만이 있을 뿐이고 회사에 대해서는 효력이 없다. 자기주에 대한 질권설정도 제한되어 원칙적으로 회사는 발행주식총수의 20분의 1을 초과하여 자기의 주식을 질권의 목적으로 받지 못한다(제341조의 3).[82]

다) 질권의 설정방법

주식에 질권을 설정하는 방법으로 「약식질」과 「등록질」이 있다. 약식질은 주권을 질권자에게 교부하는 것만으로 질권을 설정하는 방법으로, 질권설정의 합의와 주권의 교부로서 그 효력이 발생한다(제338조 제1항). 등록질은 주권교부 외에 질권자의 성명과 주소를 주주명부에 기재하는 것으로 질권을 설정하는 방법으로, 주주명부에 질권자의 성명과 주소가 기재됨으로 효력이 발생한다(제340조 제1항 전단).

라) 질권의 효력

약식질이든 등록질이든 질권자는 계속하여 주권을 점유하지 아니하면 그 질권으로써 제3자에게 대항하지 못한다(제338조 제2항). 등록질의 경우는 질권자는 자신의 성명과 주소가 주주명부에 기재되었다는 사실로 회사에 대하여 질권자로서 각종 권리를 행사할 수 있다.

주식에 대한 질권에도 민법상의 질권에 인정되는 일반적 효력인 유치적 효력, 우선변제권, 전

---

80) '물상보증인(物上保證人)'이란 다른 사람의 채무를 담보하기 위하여 자기의 재산에 질권이나 저당권을 설정해 준 사람을 의미한다.
81) 민법 제329조 및 제345조.
82) 다만, 회사의 합병 또는 다른 회사의 영업전부의 양수로 인한 경우 및 회사의 권리를 실행함에 있어 그 목적을 달성하기 위하여 필요한 경우는 예외로 한다(위 조 단서 조문).

질권 및 물상대위가 모두 인정된다(민법 제355조). **단, 물상대위에 대해서는 상법에서 별도로 규정**하고 있다.[83)]

주식에 대한 질권의 효력에 대해서 상법은 등록질에 대해서만 규정하고 있다. 즉, 등록질의 경우 질권자는 회사로부터 이익배당, 잔여재산의 분배 또는 질권의 물상대위(物上代位)[84)]에 따른 금전의 지급을 받아 다른 채권자에 우선하여 자기채권의 변제에 충당할 수 있다고 규정하고 있다(제340조 제1항).[85)]

다. 주식의 소각과 분할 및 병합

'주식의 소각'이란 회사의 존속 중에 발행주식의 일부를 소멸시키는 행위다. 주식을 소각하면 원칙적으로 자본금이 감소하므로, 상법은 '자본금 감소에 관한 규정'(제439조 제2항)에 따라서만 소각한다.

그러나 이사회의 결의에 의하여 회사가 보유하는 자기주식을 소각하는 경우에는 그러하지 아니하도록 규정하고 있다(제343조 제1항). 이는 주주에게 배당할 이익으로써 자기주식을 취득하여 소각하는 것으로 자본금이 감소되지 않는다. 따라서 채권자보호절차를 따로 밟을 필요는 없다.

'주식의 분할'이란 자본금을 증가시키지 않고 발행주식수를 증가시키는 것을 말한다.[86)] 이 경우 회사는 주주총회의 결의로 주식을 분할할 수 있으나, 분할 후의 액면가는 100원 이상이어야 한다(제329조의2).

'주식의 병합'이란 여러 주식을 합하여 그보다 적은 주식으로 하는 것을 말한다. 주식 병합의 경우 단주가 발행되어 각 주주의 이해관계에 영향을 미칠 수 있으므로, 예외적으로, 자본의 감소(제440조), 합병(제530조 제3항) 및 분할(제530조의11조 제1항)의 경우에 인정하고 있다.

---

83) 제339조(질권의 물상대위) : 주식의 소각, 병합, 분할 또는 전환이 있는 때에는 이로 인하여 종전의 주주가 받을 금전이나 주식에 대하여도 종전의 주식을 목적으로 한 질권을 행사할 수 있다.

84) '물상대위(物上代位)'란 질권이나 저당권 등의 담보물권의 효력이 본래 그 담보대상이던 목적물의 변형된 상태에까지 미치는 것을 의미한다. 예를 들면, 저당권의 대상이 된 주택에 화재로 전소된 경우 저당권자는 화재 보험금에 저당권을 행사하여 우선적으로 받을 수 있다.

85) 약식질(略式質에) 대해서는 위의 등록질과 같은 명문의 규정이 없으나 잔여재산의 분배청구권은 해산 시의 주식의 변형물에 불과하기 때문에 약식질에도 이를 인정하는데 의문이 없다. 약식질의 이익배당청구권이나 주식배당에 대해서는 약실질의 효력이 미치는지에 대해서 긍정설, 부정설의 견해 대립이 있고 아직 판례의 입장이 나온 사례는 없다.

86) 주식수를 증가시키는 것은 주권의 분할이라고 한다.

10 주식매수선택권

(1) 개 념

'주식매수선택권(stock option)'이란 주주총회의 특별결의로 회사의 설립 · 경영 및 기술혁신 등에 기여하거나 기여할 수 있는 회사의 이사, 집행임원, 감사 또는 피용자(被傭者)[87]에게 미리 정한 가액(주식매수선택권의 행사가액)으로 신주를 인수하거나 자기의 주식을 매수할 수 있는 권리(주식매수선택권)를 부여할 수 있다(제340조의2 제1항). 이는 회사에 공로가 많은 임직원들에 대한 인센티브의 일환이다.

(2) 주식매수선택권의 유형

주식매수선택권은 i) 주식매수선택권자가 권리행사하면 회사가 행사가액으로 신주를 발행하는 방식과 ii) 회사가 취득해두었던 자기주식을 선택권자가 행사가액으로 양수할 수 있도록 권리를 부여하는 방식이 있다(제340조의2 제1항 본문).[88]

(3) 부여대상자

주식매수선택권을 부여받을 수 있는 자는 주주총회결의일부터 2년 이상 재임 또는 재직하여야 이를 행사할 수 있으며(제340조의4 제1항)[89], 이를 양도할 수는 없으나 주식매수선택권을 행사할 수 있는 자가 사망한 경우에는 그 상속인이 이를 행사할 수 있다(위 조 제2항).

(4) 주식매수선택권의 부여

주식매수선택권을 부여하기 위해서는 정관에 i) 일정한 경우 주식매수선택권을 부여할 수 있다는 뜻 ii) 주식매수선택권의 행사로 발행하거나 양도할 주식의 종류와 수 iii) 주식매수선택권을 부여받을 자의 자격요건 iv) 주식매수선택권의 행사기간 및 v) 일정한 경우 이사회결의로 주식매수선택권의 부여를 취소할 수 있다는 뜻이 기재되어 있어야 한다(제340조의3).

---

87) '피용자(被傭者)'란 근로계약에 의해 임금을 받고 고용된 사람을 의미한다.

88) 두 가지 방식 모두 주식매수선택권의 행사가액이 주식의 실질가액보다 낮은 경우에 회사는 그 차액을 금전으로 지급하거나 그 차액에 상당하는 자기의 주식을 양도할 수 있으며 이 경우 주식의 실질가액은 주식매수선택권의 행사일을 기준으로 평가한다(위 조 단서조문).

89) 예를 들면, 주식매수선택권 행사 최소기간 2년에 도달하기 위해서는 1달이 더 필요하다. 1달 뒤에 주식매수선택권을 행사하면 양도차액이 150억 원 정도로 추산된다. 공교롭게도 장관제의가 왔다. 여러분의 선택은?

(5) 주식매수선택권을 부여받을 수 없는 자

주식매수선택권을 부여할 수 없는 자는 i) 의결권 없는 주식을 제외한 발행주식총수의 100분의 10 이상의 주식을 가진 주주와 이들의 배우자 및 직계존비속 ii) 이사 · 집행임원 · 감사의 선임과 해임 등 회사의 주요 경영사항에 대하여 사실상 영향력을 행사하는 자와 이들의 배우자 및 직계존비속이다(제340조의2 제2항).

(6) 제약조건

주주총회의 특별결의에 따라 발행할 신주 또는 양도할 자기의 주식은 회사의 발행주식총수의 100분의 10을 초과할 수 없다(위 조 제3항). 이는 회사의 자본충실의 원칙을 해하거나 기존 주주의 이익을 침해할 수 있는 것을 방지하기 위한 제한이다.

주식매수선택권의 행사가액은 i) 신주를 발행하는 경우에는 주식매수선택권의 부여일을 기준으로 한 주식의 실질가액과 주식의 권면액 중 높은 금액(다만, 무액면주식을 발행한 경우에는 자본으로 계상되는 금액 중 1주에 해당하는 금액을 권면액으로 봄) ii) 자기의 주식을 양도하는 경우에는 주식매수선택권의 부여일을 기준으로 한 주식의 실질가액 보다 높은 가액이어야 한다(위 조 제4항).

(7) 주식매수선택권의 행사

주식매수선택권의 행사로 인해 신주를 발행하는 경우, 주식매수선택권자는 청구서 2통을 회사에 제출하고 해당 신주의 발행가액 전액을 정관이 정하는 납입장소에 납입하여야 하며, 그 행사일이 속한 달의 말일부터 2주 내에 신주발행으로 인한 변경등기를 하여야 한다(제340조의 5).

(8) 주식매수선택권 행사의 효과

주식매수선택권의 행사로 주식매수선택권자는 주주가 된다. 주주가 되는 시기는 주식매수선택권의 행사로 신주를 발행하는 경우 주식매수선택권자는 그 행사가액을 납입한 때에 주주가 된다(제340조의5, 제516조의10 전단). 회사가 주식매수선택권자에게 자기주식을 양도하는 경우에는 일반적인 주식양도와 마찬가지로 주식매수선택권자가 회사로부터 주권을 교부받은 때에 주주가 된다(제336조 제1항 참조).

11 세금

(1) 법인세법상 익금불산입

법인은 법인세 납세의무를 부담한다. 납세의무가 있는 법인은 각 사업연도의 종료일이 달의 말일부터 3개월 이내에 법령이 정하는 바에 따라 그 「사업연도」의 소득에 대한 법인세의 과세표준과 세액을 납세지 관할 세무서장에게 신고하여야 한다(법인세법 제60조).

이때 사업연도란 법령이나 법인의 정관 등에서 정하는 1회계기간으로 한다(법인세법 제6조 제1항). 각 사업연도의 소득은 그 사업연도에 속하는 「익금」의 총액에서 그 사업연도에 속하는 「손금」의 총액을 공제한 금액으로 한다(법인세법 제14조 제1항).[90]

'익금(益金)'이란 "자본 또는 출자의 납입 및 법령에서 규정하는 것을 제외하고 해당 법인의 순자산을 증가시키는 거래로 인하여 발생하는 수익의 금액"으로 하며(법인세법 제15조 제1항),[91] '손금(損金)'이란 "해당 법인의 순자산을 감소시키는 거래로 인하여 발생하는 손비의 금액"을 의미한다(법인세법 제19조 제1항).

1) 자본 또는 출자의 납입 금액의 익금불산입

법인설립은 발기설립 또는 모집설립의 과정을 거치게 되고 이에 따라 자본이나 출자[92]의 납입이 이뤄진다. 즉, 자본금의 증가다. 그런데 여기에 법인세를 부과하면? 예를 들면, A가 100억원을 출자한 경우 여기에 법인세가 부과된다고 하자. 그러면 앞서 설명한 자본금 확정의 원칙, 자본금 충실의 원칙, 자본금 불변의 원칙에 맞지 않다. 법인세 부담액만큼 자본금이 줄어들기 때문이다. 따라서 법인세법상 익금의 정의에 자본 또는 출자의 납입을 뺀다고 하고 있다.

2) 자본거래로 인한 수익의 익금불산입

법인세법은 손익거래(영업활동으로 인한 이익)가 아닌 자본거래 중 ⅰ) 주식발행액면초과액[93] ⅱ) 주식의 포괄적 교환차익 ⅲ) 주식의 포괄적 이전차익 ⅳ) 감자차익 ⅴ) 합병차익 ⅵ) 분할차

---

90) 개인기업에 적용되는 소득세법은 「익금」 대신 「총수입금액」을 「손금」 대신 「필요경비」라는 용어를 사용한다(소득세법 제24조 및 제27조).

91) '수익(收益)'이란 해당 법인의 순자산을 증가시키는 거래로 인하여 발생하는 금액이란 뜻이다. 그런데 익금의 정의에 수익이라는 말이 또 쓰인 동어반복의 형태다. 손금과 손비도 동일한 처지다(이창희, 「세법강의(제15판)」, 박영사, 2017, p.493.).

92) '출자(出資)'란 사업을 영위하기 위한 자본으로 금전 기타의 재산 · 신용 · 노무를 법인에게 출연하는 일을 의미한다.

93) 주식 액면가액이 5,000원인데 이를 8,000원에 발행할 경우, 3,000원의 주식발행액면초과액이 발생한다. 하지만 이 금액의 성질은 실질적인 자본금 또는 출자의 납입에 해당되므로 익금불산입한다.

익 등에 대해 익금불산입하여 법인세 부담에서 배제시키고 있다(법인세법 제17조 각 항).

이들 자본거래는 기본적으로 자본금과 직접 관련이 있고, 상법은 주주 및 회사채권자 보호를 위해 이 자본금에 대해 확정, 충실, 불변 원칙을 규정하고 있고, 「법인세법」도 해당 상법의 정신을 따르고 있다고 본다. 세법은 복잡한 경제현상을 다루고 있어서 법률에 모든 것을 규정할 수 없어서 시행령에 위임하고 있다. **판례는 시행령 조항이 납세자에게 불리한 방향으로 법인세의 과세대상을 확장하고 있고 이와 같은 시행령의 과세대상 확장을 위임한 모법의 규정이 없다면 조세법률주의의 원칙에 반하여 무효라고 판시하고 있다.**

대법원 2012.11.22. 선고 2010두17564 전원합의체 판결

2003. 12. 30. 대통령령 제18174호로 개정된 구 법인세법 시행령(2006. 2. 9. 대통령령 제19328호로 개정되기 전의 것) 제15조 제1항은 종전의 규정을 전문으로 그대로 유지하면서 후문(이하 '이 사건 시행령 조항'이라 한다)을 신설하여 "법 제17조 제1호의 주식발행액면초과액에 있어서 채무의 출자전환으로 주식을 발행하는 경우로서 해당 주식의 시가가 액면가액 이상이고 발행가액 이하에 해당하는 경우에는 시가에서 액면가액을 차감한 금액을 말한다."고 규정함으로써 구 법인세법 제17조 제1호가 규정한 주식발행액면초과액의 범위에서 주주가 납입한 주식의 인수가액과 시가의 차액에 상당하는 금액 부분(이하 '발행 주식 시가 초과 부분'이라 한다)을 제외하여 결과적으로 법인세의 과세 대상이 되는 수익의 범위를 확장하고 있다. **이처럼 이 사건 시행령 조항이 납세자에게 불리한 방향으로 법인세의 과세 대상을 확장하는 것은 구 법인세법 제17조 제1호의 규정과 부합하지 아니할 뿐만 아니라 그와 같이 확장하도록 위임한 모법의 규정도 찾아볼 수 없으므로 조세법률주의의 원칙에 반하여 무효라고 할 것이다.** 이 사건 시행령 조항이 예정하고 있는 채무의 출자전환으로 주식을 발행하는 경우로서 해당 주식의 시가가 액면가액 이상이고 발행가액 이하에 해당하는 경우에는 출자전환되는 채무 중 발행 주식 시가 초과 부분에 대하여 채무를 면제받는 것과 동일한 경제적 효과가 발생하는 것처럼 보이기는 한다. 그러나 구 상법 제421조, 제423조 제1항, 제2항 등의 규정에 의하면, 신주발행의 경우 신주인수인은 납입기일에 그 인수한 주식에 대한 인수가액의 전액을 납입할 의무가 있고, 만약 신주인수인이 납입기일에 납입 또는 현물출자의 이행을 하지 아니하면 그 권리를 잃으며, 신주발행의 효력은 발행예정주식 중 납입기일에 납입이 이루어진 주식에 한하여 발생한다. 이러한 신주발행의 법률관계에 비추어 보면, 채무의 출자전환으로 주식을 발행하는 경우에는 출자전환되는 채무 전부가 주식에 대한 인수가액으로 납입된 것으로 인정되어야만 발행예정주식 전부에 대하여 신주발행의 효력이 발생하는 것이므로, 그 결과로서 나타나는 경제적 측면에서의 효과를 이유로 출자전환되는 채무 중 발행 주식 시가 초과 부분만을 따로 떼어내어 주식에 대한 납입금으로서의 실질을 부인할 수는 없다. **따라서 명문의 규정이 없는 한 채무의 출자전환으로 주식을 발행하는 경우에도 그 인수가액 중 액면을 초과하는 금액은 그 전액이 구 법인세법 제17조 제1호가 규정한 주식발행액면초과액에 해당한다고 봄이 타당하고,** 이와 달리 위와 같은 경제적 측면에서의 효과만을 들어 출자전환되는 채무 중

발행 주식 시가 초과 부분이 구 법인세법 제17조 제1호의 주식발행액면초과액의 범위에서 제외된다고 해석하는 것은 세법규정에 대한 엄격해석의 원칙에 비추어 허용될 수 없을 뿐만 아니라 실질과세원칙의 적용범위도 벗어나는 것이다. 결국 2005. 12. 31. 법률 제7838호로 개정된 법인세법이 제17조 제1항 제1호 단서로 '채무의 출자전환으로 주식 등을 발행하는 경우에는 해당 주식 등의 시가를 초과하여 발행된 금액 부분을 주식발행액면초과액의 범위에서 제외한다'는 취지의 규정을 명문으로 두기 전까지는 위 발행 주식 시가 초과 부분도 구 법인세법 제17조 제1호의 주식발행액면초과액의 범위에 포함된다고 해석하는 것이 옳으므로, 이와 달리 규정한 이 사건 시행령 조항은 모법에 어긋난다고 볼 수밖에 없다.

(2) 현물출자에 대한 양도소득세 과세

소득세법은 과세대상소득을 종합소득, 퇴직소득, 양도소득 및 금융투자소득으로 구분하고 있고(소득세법 제4조), 양도소득세는 양도소득(소득세법 제94조)에 대해 과세하는데 이 때 '양도'란 "자산에 대한 등기 또는 등록과 관계없이 매도, 교환, 법인에 대한 현물출자 등을 통하여 그 자산을 유상(有償)으로 사실상 이전하는 것"을 말한다(소득세법 제88조 제1호).[94]

(3) 주식양도에 대한 양도소득세 과세

주권상장법인의 주식을 양도한 경우에는 법령에서 정한 대주주의 주식양도소득에 대해서는 과세된다.

'주권상장법인'이란 ⅰ) 증권시장에 상장된 주권을 발행한 법인 ⅱ) 주권과 관련된 증권예탁증권이 증권시장에 상장된 경우에는 그 주권을 발행한 법인을 의미한다(자금법 제9조 제15항 제3호). 주식양도소득은 원칙적으로 모두 과세대상이 된다(소득세법 제87조의6).

(4) 주식매수선택권 행사에 따른 소득세 과세

퇴직 전에 부여받은 주식매수선택권을 퇴직 후 행사하거나 또는 고용관계 없이 주식매수선택권을 부여받아 이를 행사함으로써 얻는 이익은 기타소득으로 보고 종합소득세 과세대상이 된다(소득세법 제21조 제1항 제22호).

94) 예외로 개인기업이 법인기업으로 전환하는 과정에서 부동산을 현물출자 하는 경우 그 당시에는 양도소득세를 과세하지 않고 그 법인이 현물출자를 받은 부동산을 양도할 때 그 양도차익에 대해 과세(이월과세)를 하고 있다(조세특례제한법 제32조 제1항). 또한 지주회사 설립을 위한 주식의 현물출자에 대한 과세이연(조세특례제한법 제38조의2 제1항), 벤처기업에 대한 현물출자 등에 대한 과세이연(조세특례제한법 제46조의2) 등의 규정이 있다.

제 4 장

Company law and tax

주주총회

강의의 초점

- ▷ A가 100억 원을 투자한 B 회사가 설립되었고 이사, 대표이사, 감사를 선임했다. 그리고 1년이 지나 결산을 한다. A는 100억 원 투자 대가로 무엇을 얼마나 받을까? (적어도 은행 이자율보다는 많이 받아야 할 것이다.)
- ▷ 그런데 이사 D와 F가 맘에 들지 않는다. 감사 F도 미덥지 않다. 어떻게 해야 되나?
- ▷ 이사 G는 스톡옵션을 주고 싶다. 월급보다 능력과 실적이 좋아서다. 어떻게 해야 되나?
- ▷ 1주 1투표권이 있다고 한다. 그리고 과반수로 결의한다고 한다. 모든 안건마다 이렇게 할까? 집중투표제란 무엇인가?
- ▷ 반드시 1주 1투표권으로만 해야 하나? 〈1주 = 과반수 투표권〉을 보장하는 권리주 도입은 필요하지 않은가?
- ▷ A는 아무튼 배당을 받았다. 그런데 세금을 내라고 한다. 아니 회사가 법인세를 냈으면 됐지, 또다시 A한테 소득세를 내라고 하는 것은 이중과세 아닌가?
- ▷ 이중과세가 되지 않게 하는 제도는 있는가? Gross-up 제도는 무엇인가?

1 의의

주식회사는 자연인과 달리 스스로 행동할 수 없다. 따라서 구체적인 활동을 하려면 자연인을 통해서만 가능하다. 한편. 이와 같은 활동을 가능하게 하는 조직을 기관(機關)이라고 하며 그 기관에 속한 자연인을 통해 업무를 수행한다.

주식회사의 기관 중 **의사결정기관으로 「주주총회」**가 있고, **업무집행기관으로 「이사회와 대표이사 및 집행임원」**이 있으며, **감사기관으로 「감사 또는 감사위원회」**가 있다.

주식회사의 주주총회는 주주만으로 구성되는 최고의사결정기관이다. 의결권이 없는 주주라도 주주총회에 참석하여 의견을 개진할 수 있다.

주주총회에서는 상법 또는 정관에 정하는 사항에 한하여 결의할 수 있으며(제361조)[1], 이를 벗어난 결의는 원칙적으로 무효다.[2] **따라서, 판례는 주주총회에서 결의할 사항을 정관으로 다른 기관이 할 수 있다고 할 경우 무효라는 입장이다.**

대법원 2017.3.23. 선고 2016다251215 전원합의체 판결

회사는 상행위 기타 영리를 목적으로 하여 설립된 법인으로서 독자적인 권리능력을 가지나, 사회적 실체로서 그 의사를 결정하고 업무를 집행하며 결정된 의사를 대외적으로 표시하기 위해서는 기관이 있어야 한다. 회사의 종류 중에서도 합명회사와 같은 인적 회사에서는 원칙적으로 각 사원이 업무집행권과 대표권을 가지며 업무집행자와 대표자를 별도로 둔다 하더라도 사원 중에서 선임되어야 하므로 기관자격과 사원자격이 일치하는 데 반하여, 물적 회사인 주식회사에서는 회사의 출자자이자 소유자인 주주로 구성되는 주주총회 외에는 회사의 기관이 되는 데 주주로서의 자격을 필요로 하지 아니하는 것이 특색이다. 주식회사의 기관 중에서도 **주주총회는 주주들이 회사의 기본 조직과 경영에 관한 중요 사항에 관하여 회사의 의사를 결정하는 필요적 기관**이다. 상법은 제361조에서 주주총회의 권한에 관하여 "주주총회는 본법 또는 정관에 정하는 사항에 한하여 결의할 수 있다."라고 규정하고 있는데, **상법에 정한 주주총회의 결의사항에 대해서는 정관이나 주주총회의 결의에 의하더라도 다른 기관이나 제3자에게 위임하지 못한다고 보아야 한다**. 또한 상법은 제382조 제1항, 제409조 제1항에서 이사 · 감사의 선임에 관하여 '이사 · 감사는 주주총회에서 선임한다'고 규정하고 있는데, 위 조항의 취지는 원칙적으로 소유와 경영이 분리되는 주식회사의 특수성을 고려하여 **주주가 회사의 경영에 관여하는 유일한 통로인 주주총회에 이사 · 감사의 선임 권한을 전속적으로 부여**하기 위한 데에 있다.

---

1) 자본금 총액이 10억원 미만인 회사는 이사를 1명 또는 2명으로 할 수 있고, 이 경우 이사회 권한의 상당부분이 주주총회로 이전된다(제383조 제1항, 제4항).

2) 주주총회에서 국회의원이나 대통령 당선자를 결의했다고 해서 효력이 있을까?

2 소 집

(1) 소집권자

1) 이사회

주주총회는 상법에 달리 규정이 없는 한 이사회가 소집하고(제362조), 대표이사가 구체적인 소집절차를 밟는다(제389조 제3항).[3] 그러나 자본금총액이 10억원 미만인 회사는 주주 전원의 동의가 있을 경우 소집절차 없이 주주총회를 개최할 수 있고, 서면에 의한 결의로써 주주총회의 결의를 갈음할 수 있으며, 결의의 목적사항에 대하여 주주 전원이 서면으로 동의를 한 때에는 서면에 의한 결의가 있는 것으로 본다(제363조 제4항).[4] 1인회사의 경우 주주총회 소집 권한이 없는 자가 소집한 주주총회 결의는 유효할까? 어차피 주주는 혼자이고 참석해서 결의를 했는데 유효할 지가 문제된다. 판례는 이 경우에도 주주총회 성립과정에 중대한 하자가 있어 무효라고 보고 있다.

대법원 2010.6.24. 선고 2010다13541 판결
주주총회를 소집할 권한이 없는 자가 이사회의 주주총회 소집결정도 없이 소집한 주주총회에서 이루어진 결의는, 1인 회사의 1인 주주에 의한 총회 또는 주주 전원이 참석하여 총회를 개최하는 데 동의하고 아무런 이의 없이 결의가 이루어졌다는 등의 특별한 사정이 없는 이상, 총회 및 결의라고 볼 만한 것이 사실상 존재한다고 하더라도, **그 성립과정에 중대한 하자가 있어 법률상 존재하지 않는다**고 보아야 한다.

2) 소수주주

발행주식총수의 100분의 3 이상에 해당하는 주식을 가진 주주는 회의의 목적사항과 소집의 이유를 적은 서면 또는 전자문서를 이사회에 제출하여 임시총회의 소집을 청구할 수 있다(제366조 제1항). 위와 같은 청구가 있은 후 지체 없이 총회소집의 절차를 밟지 아니한 때에는 해당 주주는 법원의 허가를 받아 총회를 소집할 수 있으며, 이 경우 법원은 주주총회 의장으로 이해관계인의 청구나 직권으로 선임할 수 있다(위 조 제2항). 이때 총회는 회사의 업무와 재산상태의 조사를 위하여 검사인을 선임할 수 있다(위 조 제3항).

---

3) 청산 중의 회사는 이사회가 존재하지 않고 청산인회가 구성되므로 주주총회 소집은 청산인회가 결정한다(제542조 제2항).

4) 서면에 의한 결의는 주주총회의 결의와 같은 효력이 있다(위 조 제5항).

3) 감사 또는 감사위원회

감사 또는 감사위원회는 회의의 목적사항과 소집의 이유를 기재한 서면을 이사회에 제출하여 임시총회의 소집을 청구할 수 있다(제412조의3 제1항, 제415조의2 제7항).

위와 같은 청구가 있은 후에도 해당 회사가 지체 없이 총회소집의 절차를 밟지 아니한 경우, 해당 주주는 법원의 허가를 받아 총회를 소집할 수 있으며, 이 때 법원은 주주총회의 장을 이해관계인의 청구나 직권으로 선임할 수 있다(제366조 제2항).

4) 법 원

회사 업무집행에 부정행위 또는 법령이나 정관에 위반한 중대한 사실이 있음을 의심할 사유가 있는 때에는 발행주식의 총수의 100분의 3 이상에 해당하는 주식을 가진 주주는 회사의 업무와 재산상태 조사를 위해 법원에 검사인의 선임을 청구할 수 있다(제467조 제1항).

이 때 검사인은 그 조사의 결과를 법원에 보고하여야 하며, 법원은 필요하다고 인정한 때에는 대표이사에게 주주총회의 소집을 명할 수 있다(위 조 제2항 및 제3항). 이 경우, 이사와 감사는 지체 없이 위 검사인의 보고서의 정확여부를 조사하여 이를 주주총회에 보고하여야 한다(위 조 제4항).

(2) 소집절차

1) 소집시기 및 장소

정기총회는 매년 1회 일정한 시기에 이를 소집하여야 하며, 연 2회 이상의 결산기를 정한 회사는 매기에 총회를 소집하여야 한다(제365조 제1항 및 제2항). 임시총회는 필요가 있을 때마다 수시 소집할 수 있다(위 조 제3항). 총회는 정관에 다른 정함이 없으면 본점소재지 또는 이에 인접한 지에 소집하여야 한다(제364조).[5] 판례에 따르면 건물의 옥상이나 다방도 주주총회의 소집장소가 될 수 있다.

5) 소집장소에 대해서는 상법에서 별도로 규정하고 있지 않다.

대법원 1983.8.23. 선고 83도748 판결
1976.8.16.09:00에 개회선언된 임시주주총회에서 의안에 대한 심의도 하지 아니한 채 법률상으로나 사실상으로 의사를 진행할 수 있는 상태에서 주주들이 당시 대표이사에 대하여 회사경영에 대한 책임을 묻기에 이르자 주주들의 의사에 반하여 의장인 대표이사나 이사가 회의장을 자진하여 나가버렸다고 할 것이어서 이러한 경우 임시주주총회가 폐회되었다거나 그 총회가 종결되었다고 할 수는 없으며, **설령 당시 대표이사인 한인향이 옥상이나 다방에서 자기 독단으로 폐회선언을 하고 회의장을 퇴장하였다고 하더라도 위 한인향은 의장으로서 적절한 의사운영을 하여 의사일정의 전부를 종료케 하는 등의 직책을 포기하고 스스로 그의 권한 및 권리행사를 하지 아니하였다고 보아야 할 것인 즉 그곳에 있던 주주들에 의한 이건 임시주주총회의 결의는 적법하다** 할 것이다.

2) 소집통지

주주총회를 소집할 때에는 **주주총회일의 2주 전에 각 주주에게 서면으로 통지를 발송하거나 각 주주의 동의를 받아 전자문서로 통지를 발송하여야** 한다. 그러나 그 통지가 주주명부상 주주의 주소에 계속 3년간 도달하지 아니한 경우, 회사는 해당 주주에게 총회의 소집을 통지하지 아니할 수 있다(제363조 제1항).[6] 총회소집의 통지를 할 때에는 통지서에는 회의의 목적사항을 적어야 한다(위 조 제2항).

그러나 자본금 총액이 10억원 미만인 회사가 주주총회를 소집하는 경우에는 주주총회일의 10일 전에 각 주주에게 서면으로 통지를 발송하거나 각 주주의 동의를 받아 전자문서로 통지를 발송할 수 있다(위 조 제3항).

한편, 상장회사의 경우에는 발행주식총수의 100분의 1 이하의 주식을 소유하는 주주에게는 정관으로 정하는 바에 따라 주주총회일의 2주 전에 주주총회를 소집하는 뜻과 회의의 목적 사항을 둘 이상의 일간신문에 각각 2회 이상 공고하거나 금융감독원 또는 한국거래소가 운영하는 「전자공시시스템(DART)」에 공고함으로써 소집통지를 갈음할 수 있다(제542조의4 제1항).[7]

그러나 의결권 없는 주주에게는 통지절차를 필요로 하지 않는다(제363조 제7항). 다만 소집통지서의 회의목적이 반대주주의 주식매수청구권이 있는 경우에는 통지절차를 취해야 한다(위 조 제7항 단서). **판례는 소집의 철회와 변경의 경우 소집통지와 같은 방법으로 통지가 필요하**

6) 위와 같은 통지서에는 회의의 목적사항을 적어야 한다(위 조 제2항).

7) 상장회사가 이사 · 감사의 선임에 관한 사항을 목적으로 하는 주주총회를 소집통지 또는 공고하는 경우에는 이사 · 감사 후보자의 성명, 약력, 추천인, 그밖에 대통령령으로 정하는 후보자에 관한 사항을 통지하거나 공고하여야 한다(위 조 제2항). 또한 상장회사가 주주총회 소집의 통지 또는 공고를 하는 경우에는 사외이사 등의 활동내역과 보수에 관한 사항, 사업개요 등 대통령령으로 정하는 사항을 통지 또는 공고하여야 한다. 다만, 상장회사가 그 사항을 대통령령으로 정하는 방법으로 일반인이 열람할 수 있도록 하는 경우에는 그러하지 아니하다(위 조 제3항).

다고 한다.

대법원 2011.6.24. 선고 2009다35033 판결

원심이 인용한 제1심판결의 이유에 의하면, 원심은, 원고 회사의 대표이사인소외 1이 2005. 7. 14. 이사회를 소집하여 원고 회사의 임시주주총회를 2005. 7. 29. 오전 11:00에 소집하기로 하는 내용의 이사회결의가 이루어진 후, 같은 날 주주들에게 그 임시주주총회 소집통지서를 발송한 사실, 그러나 소외 1은 2005. 7. 29.자로 예정된 임시주주총회의 소집을 철회하기로 계획한 후, 2005. 7. 28. 16:00에 이사회를 소집하여 2005. 7. 29.자 임시주주총회의 소집을 철회하기로 하는 내용의 이사회결의가 이루어지자마자 임시주주총회가 개최될 장소의 출입문에 2005. 7. 29.자 임시주주총회가 이사회결의로 철회되었다는 취지의 공고문을 부착하고, 이사회에 참석하지 않은 주주들(소외 2,3,4)에게는 퀵서비스를 이용하여 2005. 7. 29. 11:00 개최 예정이었던 임시주주총회가 이사회결의로 그 소집이 철회되었다는 내용의 소집철회통지서를 보내는 한편 전보와 휴대전화(직접 통화 또는 메시지 녹음)를 이용하여 같은 취지의 통지를 한 사실을 인정한 다음, 이 사건 2005. 7. 29.자 임시주주총회가 적법하게 철회되었다고 판단하였다. 원심이 인정한 사실관계에 비추어 볼 때, 이 사건 2005. 7. 29.자 임시주주총회의 소집을 철회하기로 하는 이사회결의를 거친 후, **소집통지와 같은 방법인 서면에 의한 소집철회통지를 한 이상, 위 임시주주총회의 소집이 적법하게 철회되었다고 볼 수 있으므로, 같은 취지의 원심 판단은 정당하다.** 원심판결에는 상고이유로 주장하는 바와 같이 주주총회 소집철회 통지의 방법에 관한 법리를 오해하거나 판례를 위반한 위법이 없다.

3) 소집절차의 하자

회사 또는 발행주식총수의 100분의 1 이상에 해당하는 주식을 가진 주주는 총회의 소집절차나 결의방법의 적법성을 조사하기 위하여 총회 전에 법원에 검사인의 선임을 청구할 수 있다(제367조 제2항).

주주 · 이사 또는 감사는 주주총회의 소집절차 또는 결의방법이 법령 또는 정관에 위반하거나 현저하게 불공정한 때 또는 그 결의의 내용이 정관에 위반하다고 판단한 경우, 그 결의의 날로부터 2월내에 결의취소의 소를 제기할 수 있다(제376조). 아울러 결의부존재의 확인을 청구하는 소의 원인이 된다(제380조).

그러나 소집통지 기간을 준수하지 않았다던가, 아니면 통지 자체를 하지 않은 경우, 또는 통지 내용에 회의의 목적사항이 명시되지 않는 경우 등의 하자, 즉, 절차통지의 하자는 하자가 존재하는 주주의 동의 또는 주주전원의 동의로 치유가 가능하다는 것이 판례의 입장이다.

대법원 2002.12.24. 선고 2000다69927 판결
주식회사의 임시주주총회가 법령 및 정관상 요구되는 이사회의 결의 및 소집절차 없이 이루어졌다 하더라도, **주주명부상의 주주 전원이 참석하여 총회를 개최하는 데 동의하고 아무런 이의 없이 만장일치로 결의가 이루어졌다면 그 결의는 특별한 사정이 없는 한 유효하다.**

(3) 주주제안권

1) 개 념

'주주제안권'이란 일정한 요건을 갖춘 주주가 주주총회에서 다룰 안건을 제안하는 것을 의미한다. 이는 회사경영에서 제외된 소수주주들에게 회사의 의사결정에 참여할 기회를 제공할 목적으로 도입되었다.

2) 제안권자 및 행사내용

발행주식총수의 100분의 3 이상에 해당하는 주식을 가진 주주(이하 '소수주주'라 한다)[8]는 이사에게 주주총회일(정기주주총회의 경우 직전 연도의 정기주주총회일에 해당하는 그 해의 해당일)의 6주 전에 서면 또는 전자문서로 일정한 사항을 주주총회의 목적사항으로 할 것을 제안(의제제안)할 수 있다(제363조의2 제1항). 이 때 해당 소수주주는 이사에게 주주총회일의 6주 전에 서면 또는 전자문서로 회의의 목적으로 할 사항에 추가하여 해당 주주가 제출하는 의안의 요령 즉, 구체적인 의제에 대한 결의안을 주주총회 소집통지에 기재할 것을 청구("의안제안")할 수 있다(위 조 제2항).

한편, 이사는 위 주주제안이 있는 경우에는 이를 이사회에 보고하고, 이사회는 주주제안의 내용이 법령 또는 정관을 위반하는 경우와 그 밖에 법령으로 정하는 경우를 제외하고는 이를 주주총회의 목적사항으로 하여야 하며, 또한 주주제안을 한 자의 청구가 있는 때에는 주주총회에서 해당 의안을 설명할 기회를 주어야 한다(위 조 제3항).[9]

3) 주주제안을 무시한 주주총회 결의의 효력

만약 소수주주의 제안을 소집통지서에 기재하지 않았거나 기재는 하였으나 의제로 상정하지 않은 경우 또는 의안설명의 기회를 부여하지 않은 주주총회총회 결의의 효력이 있는

8) 의결권없는 주식은 제외한다.
9) 상장회사의 경우, 6개월 전부터 계속하여 발행주식총수의 1만분의 1 이상에 해당하는 주식을 보유한 자는 주주제안권을 행사할 수 있다(제542조의 6 제2항).

가? 소수주주권자가 제안을 하였음에도 주주총회의 의제가 되는 기회를 주지 않은 경우는 결의자체가 없어 결의취소의 소 여부는 문제가 되지 않는다. 다만, 이사는 이에 대해서 손해배상 책임(401조)이나 과태료의 제재를 받게 된다(제635조 제1항 19조의3).

한편, 소집절차 또는 주주총회 결의가 이루어질 때 의안의 요령에 대한 기회를 주지 않은 경우에는 소집절차 또는 결의방법에 하자가 있어 결의취소의 소(제376조)의 원인이 된다.

3 주주의 의결권

(1) 개 념

'주주의 의결권'이란 주주총회에 출석하여 그 결의에 참가할 수 있는 권리이다. 대표적인 공익권에 해당한다. 의결권은 주주평등의 원칙에 따라 1주마다 1개가 주어지는 것이 원칙이다(제369조 제1항). 판례는 1주당 1의결권을 규정한 상법 제369조 제1항은 강행규정으로 법률이 아닌 정관이나 주주총회의 결의로 달리 정할 수 없다고 한다.

대법원 2009.11.26. 선고 2009다51820 판결
상법 제369조 제1항에서 주식회사의 주주는 1주마다 1개의 의결권을 가진다고 하는 1주 1의결권의 원칙을 규정하고 있는바, 위 규정은 강행규정이므로 법률에서 위 원칙에 대한 예외를 인정하는 경우를 제외하고, 정관의 규정이나 주주총회의 결의 등으로 위 원칙에 반하여 의결권을 제한하더라도 그 효력이 없다.

주식회사의 주주는 상법 제368조 제2항에 따라 타인에게 의결권 행사를 위임하거나 대리행사하도록 할 수 있다. 이 경우 의결권의 행사를 구체적이고 개별적인 사항에 국한하여 위임해야 한다고 해석하여야 할 근거는 없고 포괄적으로 위임할 수도 있다.[10] 판례는 의결권의 대리행사에 있어서 주주의 대리권을 증명하는 서면은 원본이어야 하지만 대리권 수여 사실이 충분이 증명된 예외적인 경우에는 사본도 위임장으로 인정된다고 한다.

---

10) 대법원 2014.1.23. 선고 2013다56839 판결.

대법원 1995.2.28. 선고 94다34579 판결

상법 제368조 제3항은 주주의 의결권을 대리행사하고자 하는 자는 대리권을 증명하는 서면을 총회에 제출하도록 규정하고 있는바, 그 규정은 대리권의 존부에 관한 법률관계를 명확히 하여 주주총회 결의의 성립을 원활하게 하기 위한 데 그 목적이 있다고 할 것이므로, 대리권을 증명하는 서면은 위조나 변조 여부를 쉽게 식별할 수 있는 원본이어야 하고 **특별한 사정이 없는 한 사본은 그 서면에 해당하지 않는다.**

회사의 주주는 갑과 그 회사의 대표이사들인 을, 병의 3인뿐이었고, 을 · 병은 갑이 그 소유주식 일부를 정과 무에게 명의신탁하여 그들이 갑의 단순한 명의수탁자에 불과하다는 사실을 잘 알면서 오랜 기간 동안 회사를 공동으로 경영하여 왔는데, 갑이 주주총회 개최 사실을 통보받고 미리 의결권을 변호사로 하여금 대이행사하게 하겠다는 의사를 주주총회 개최 전에 회사에 통보까지 하였고 그 변호사가 주주총회에 참석하여 갑의 위임장 원본을 제출하였다면, **비록 그 변호사가 지참한 정 · 무의 위임장 및 인감증명서가 모두 사본이라 하더라도 갑이 그 소유주식 전부에 대한 의결권을 그 변호사에게 위임하였다는 사실은 충분히 증명되었다고 할 것이어서, 회사의 대표이사들은 그 변호사의 의결권 대리행사를 제한하여서는 안된다.**

(2) 의결권의 제한

의결권이 상법에 따라 제한되는 경우가 있다. ⅰ) 의결권이 없는 종류주식 또는 의결권이 제한되는 종류주식은 정관의 정한 범위에서(제344조의3), ⅱ) 자기주식과 상호보유주식은 모든 주주총회 결의에서(제369조 제2항, 제3항), ⅲ) 특별이해관계인이 보유하는 주식(제368조 제3항)과 ⅳ) 감사선임 결의 시 발행주식총수의 100분의3을 초과하여 보유하고 있는 주주의 그 초과부분 주식(제409조 제2항)은 해당 결의사항에 대해서 의결권이 제한된다.

가. 상호보유주식 의결권 제한[11)]

(가) 개념 및 취지

상호보유주식 즉, 회사, 모회사 및 자회사 또는 자회사가 다른 회사의 발행주식의 총수의 10분의 1을 초과하는 주식을 가지고 있는 경우 그 다른 회사가 가지고 있는 회사 또는 모회사의 주식은 의결권이 없다(제369조 제3항). 이렇게 상호보유주식에 대한 의결권을 제한하는 이유는 상호주를 통해 출자 없는 자가 의결권 행사를 함으로써 주주총회의 결의와 회사의 지배구조가 왜곡되는 것을 방지하기 위한 것이다.[12)]

상호보유주식의 취득금지는 모 · 자회사관계에 한정이 되는데 반하여, 의결권의 제한은 모 ·

---

11) 종류주식, 자기주식은 앞서 설명하였으므로 이하에서 설명은 생략한다.
12) 대법원 2009.1.30. 선고 2006다31269 판결.

자회사와 비모 · 자회사[13] 관계 모두에 적용된다는데에 차이가 있다.

나) 통지의무

회사가 다른 회사의 발행주식의 10분의 1을 초과하여 취득하는 경우 그 회사에 대하여 통지할 의무가 있다(제342조의3). 만약 어떤 회사(A)가 다른 회사(B)의 주식을 비밀리에 10분의 1을 초과하여 취득하게 되면 다른 회사의 의결권이 예기치 못하게 발탁되기 때문이다. 통지의무를 위반한 경우에는 A회사의 의결권이 박탈된다고 보아야 하며, 그럼에도 주주총회에서 의결권이 행사되었다면 결의취소의 소대상이 된다고 보아야 할 것이다.

다만, 통지의무에 관하여 판례는 주식을 소유하는 것이 아니라 의결권을 위임받아 의결권을 대리행사하는 경우에는 회사가 다른 회사의 발행주식 총수의 10분의 1을 초과하여 의결권 대리권한을 취득하였다고 하여도 통지의무가 없다고 한다.

2001. 5. 15. 선고 2001다12973 판결

상법 제342조의3에는 "회사가 다른 회사의 발행주식 총수의 10분의 1을 초과하여 취득한 때에는 그 다른 회사에 대하여 지체 없이 이를 통지하여야 한다."라고 규정되어 있는바, 이는 회사가 다른 회사의 발행주식 총수의 10분의 1 이상을 취득하여 의결권을 행사하는 경우 경영권의 안정을 위협받게 된 그 다른 회사는 역으로 상대방 회사의 발행주식의 10분의 1 이상을 취득함으로써 이른바 상호보유주식의 의결권 제한 규정(상법 제369조 제3항)에 따라 서로 상대 회사에 대하여 의결권을 행사할 수 없도록 방어조치를 취하여 다른 회사의 지배가능성을 배제하고 경영권의 안정을 도모하도록 하기 위한 것으로서, 특정 주주총회에 한정하여 각 주주들로부터 개별안건에 대한 의견을 표시하게 하여 의결권을 위임받아 의결권을 대리행사하는 경우에는 회사가 다른 회사의 발행주식 총수의 10분의 1을 초과하여 의결권을 대리행사할 권한을 취득하였다고 하여도 위 규정이 유추적용되지 않는다.

다) 제한의 효과

상호보유주식의 의결권 제한은 모든 주주총회 결의에 대해서 의결권이 없다. 정족수 계산 시 발행주식총수에 산입하지 않는다(제371조 제2항). 만약 둘다 10분의 1을 초과하여 보유하고 있다면 양쪽 모두에 의결권이 없다.

13) 예를 들어, A회사가 B회사의 발행주식총수의 10분의 1을 초과하지만 100분의 50이하로 주식을 보유하는 관계를 '비모 · 자회사관계'라고 한다.

나. 특별이해관계인의 소유주식

가) 개념 및 취지

주주총회의 결의에 관하여 특별한 이해관계가 있는 자는 의결권을 행사하지 못한다(제368조 제3항). 의결권은 대표적인 공익권인데 회사와 특별한 이해관계있는 자가 의결권을 남용하여 사익을 추구하는 것을 방지하기 위한 것이다. 여기서 특별이해관계의 의미에 대해서 특정한 주주가 개인으로서 가지는 경제적 이해관계만을 뜻한다고 보는 것이 통설이다(개인법설). 개인법설에 의하면 주주의 지위에서 행해지는 의결, 즉, 회사의 지배와 관련된 이사선임결의 등은 특별이해관계가 없다고 보게 된다.

나) 제한범위

앞서 살펴본 「개인법설」에 의하면, 주로 주주가 동시에 이사나 감사 등인 경우에 의결권이 제한되는 경우가 발생한다. 즉, 주주가 이사 등인 경우 이사 등의 책임을 면제하는 결의(제400조 제1항, 제415조, 제324조), 주주가 이사나 감사인 경우 그 보수를 정하는 결의(제388조, 제415조) 등의 경우 의결권이 제한된다. 또한, 회사와 주주 사이에 영업양도, 양수, 임대 등의 계약을 하는 경우의 결의(제374조)를 하는 경우도 의결권이 제한된다.

한편, 회사의 지배와 관련된 이사 또는 감사의 선임이나 해임결의, 재무제표의 승인결의 등은 의결권이 제한되지 않는다.

다) 정족수의 계산 및 위반의 효과

특별이해관계인이 보유한 주식은 의결정족수에는 산입되나, 출석한 주주의 의결권에는 산입되지 않는다(제371조 제2항). 특별이해관계인이 의결권을 행사하였다면 결의방법의 하자에 해당되어 결의취소의 소의 대상이 된다.

다. 감사선임 결의의 제한

의결권이 없는 주식을 제외한 발행주식총수의 100분의 3을 초과하는 수의 주식을 가진 주주는 그 초과하는 주식으로써 감사를 선임하는 주주총회 결의에서 의결권을 행사하지 못한다(제409조 제2항). 회사는 정관으로써 위의 비율보다 낮은 비율로 정할 수 있다(위 조 제3항). 반대로 회사는 정관으로써도 위의 비율보다 높게 정할 수는 없다. 이 규정은 감사의 회사에 대한 중립적인 지위를 보장하기 위한 것이다.

100분의 3을 초과하는 수의 주식이 의결권이 제한되는 부분은 감사선임 결의에 한한다. 따라서 그 외의 주주총회 결의는 가능하다.

감사선임 결의 주주총회 정족수를 계산할 때는 특별이해관계인과 동일하게 의결정족수에는 산입하나, 출석한 주주의 의결권에는 산입하지 않는다(제371조 제2항).

(3) 의결권의 수

의결권은 1주마다 1개씩 주어진다(제369조 제1항). 이와 같이 상법은 '1주 1의결권의 원칙'을 규정하고 있는데, 위 규정은 강행규정이므로 법률에서 위 원칙에 대한 예외를 인정하는 경우를 제외하고, 정관의 규정이나 주주총회의 결의 등으로 위 원칙에 반하여 의결권을 제한하더라도 그 효력이 없다. 이런 이유로 총회회의결과 가부동수(可否同數)인 경우에는 이는 부결된 것으로 보며, 주주총회 의장에게 결정권이 없다.[14)]

대법원 2009. 11. 26. 선고 2009다51820 판결
'최대주주가 아닌 주주와 그 특수관계인 등'에 대하여도 일정 비율을 초과하여 소유하는 주식에 관하여 감사의 선임 및 해임에 있어서 의결권을 제한하는 내용의 정관 규정이나 주주총회 결의 등은 무효라고 보아야 한다.

(4) 의결권의 행사 방법

1) 의결권의 불통일 행사

가. 개 념

주주가 2이상의 의결권을 가지고 있는 때에는 이를 통일하지 아니하고 행사할 수 있는데 이를 '의결권의 불통일행사'라고 한다(제368조의2 제1항). 의결권의 불통일행사는 주식을 공유하는 경우, 1인의 형식주주에게 사실은 수인의 실질주주가 있는 경우, 주주가 법인인 경우에 공유자 사이, 실질주주 사이, 법인의 구성원들 간에 의결권 행사에 대한 의사통일이 이루어지지 않은 경우에 유용한 제도이다.[15)]

나. 절 차

의결권을 불통일행사하려고 하면 주주총회일의 3일전에 회사에 대하여 서면 또는 전자문서로 그 뜻과 이유를 통지하여야 한다(제368조의2 제1항 후단). 3일 전보다 늦게 통지되었는데 불통일행사가 되었다면 효력은 어떠할까? 판례는 회사가 스스로 총회운영에 지장이 없다고 판단하

14) 헌법 제49조도 그렇게 쓰여 있다.

15) 이는 명의상 주주와 사실상 주주주가 다른 현상이 제도적으로 많이 일어나고 있으므로 이러한 현상에 대비하여 실질주주의 이익을 보호할 수 있도록 하기 위함이라고 견해가 있다(이기종, 상법, 삼영사, 2017, p.255).

여 이를 받아들이기로 하고 이에 따라 의결권의 불통일행사가 이루어진 것이라면 의결권의 불통일행사가 위법하지 않다고 한다.

대법원 2009. 4. 23. 선고 2005다22701,22718 판결
상법 제368조의2 제1항은 "주주가 2 이상의 의결권을 가지고 있는 때에는 이를 통일하지 아니하고 행사할 수 있다. 이 경우 회일의 3일 전에 회사에 대하여 서면으로 그 뜻과 이유를 통지하여야 한다"고 규정하고 있는바, 여기서 3일의 기간이라 함은 의결권의 불통일행사가 행하여지는 경우에 회사 측에 그 불통일행사를 거부할 것인가를 판단할 수 있는 시간적 여유를 주고, 회사의 총회 사무운영에 지장을 주지 아니하도록 하기 위하여 부여된 기간으로서, 그 불통일행사의 통지는 주주총회 회일의 3일 전에 회사에 도달할 것을 요한다. **다만, 위와 같은 3일의 기간이 부여된 취지에 비추어 보면, 비록 불통일행사의 통지가 주주총회 회일의 3일 전이라는 시한보다 늦게 도착하였다고 하더라도 회사가 스스로 총회운영에 지장이 없다고 판단하여 이를 받아들이기로 하고 이에 따라 의결권의 불통일행사가 이루어진 것이라면, 그것이 주주평등의 원칙을 위반하거나 의결권 행사의 결과를 조작하기 위하여 자의적으로 이루어진 것이라는 등의 특별한 사정이 없는 한, 그와 같은 의결권의 불통일행사를 위법하다고 볼 수는 없다.**

주주가 불통일행사를 통지하지 않았는데 주주총회에서 불통일행사를 한 경우에는 결의취소의 소대상이 된다. 그러나 주주가 불통일행사를 통지하였다고 하여도 불통일행사가 강제되는 것은 아니기 때문에 주주총회에서 통일적으로 행사하여도 문제가 되지는 않는다.

다. 회사의 거부

회사는 주주가 주식의 신탁을 인수[16]하였거나 기타 타인을 위하여 주식을 가지고 있는 경우 외에는 주주의 의결권의 불통일행사를 거부할 수 있다(위 조 제2항). 실제로 의결권 불통일행사가 실익이 있는 경우가 주식의 신탁을 인수하였거나 타인을 위하여 주식을 가지고 있는 경우이므로 그 외의 경우는 회사가 거부할 수 있도록 규정하고 있다. 회사의 거부는 주주총회 결의 전에 하여야 한다.

라. 불통일행사의 효과

불통일행사한 경우 각각의 표는 **유효한 투표로서 취급**된다. 즉, 찬성표와 반대표가 서로 상쇄되는 것이 아니라 각각 정족수 계산에 산입하게 된다.

---

16) '주주가 주식의 신탁을 인수하였다는 의미'는 해당 주주가 신탁계약에 따라서 신탁설정자로부터 주식을 수탁받았다는 의미이다. 즉, 여기서의 주주는 신탁설정자(타인)를 위해서 주식을 가지고 있는 수탁자를 의미한다.

2) 의결권의 대리행사

가. 취 지

주주는 대리인으로 하여금 그 의결권을 행사하게 할 수 있다(제368조 제2항). 의결권의 대리 행사가 허용됨으로써 회사 입장에서는 용이하게 주주총회의 정족수를 확보할 수 있고, 주주 입장에서는 자신의 의결권을 용이하게 행사할 수 있다. 이러한 취지가 있기 때문에 판례는 의결권의 대리행사는 정관으로 제한할 수 없다고 한다.

대법원 2009.11.26. 선고 2009다51820 판결
'최대주주가 아닌 주주와 그 특수관계인 등'에 대하여도 일정 비율을 초과하여 소유하는 주식에 관하여 감사의 선임 및 해임에 있어서 의결권을 제한하는 내용의 정관 규정이나 주주총회 결의 등은 무효라고 보아야 한다.

한편, 제3자(예 : 주주인 국가, 지방공공단체의 공무원 또는 주식회사의 직원 또는 피용자)에게 의결권의 대리행사를 재위임할 수 있는지에 대해서 판례는 주주의 대리인 자격을 주주로 제한하는 정관 규정이 있다고 하더라도 주주로부터 의결권 행사를 위임받은 대리인은 특별한 사정이 없는 한 그 의결권 행사의 취지에 따라 제3자에게 그 의결권의 대리행사를 재위임할 수 있다고 한다.

대법원 2009.4.23. 선고 2005다22701, 22718 판결
상법 제368조 제3항의 규정은 주주의 대리인의 자격을 제한할 만한 합리적인 이유가 있는 경우 정관의 규정에 의하여 상당하다고 인정되는 정도의 제한을 가하는 것까지 금지하는 취지는 아니라고 해석되는바, 대리인의 자격을 주주로 한정하는 취지의 주식회사의 정관 규정은 주주총회가 주주 이외의 제3자에 의하여 교란되는 것을 방지하여 회사 이익을 보호하는 취지에서 마련된 것으로서 합리적인 이유에 의한 상당한 정도의 제한이라고 볼 수 있으므로 이를 무효라고 볼 수는 없다. 그런데 위와 같은 정관규정이 있다 하더라도 주주인 국가, 지방공공단체 또는 주식회사 등이 그 소속의 공무원, 직원 또는 피용자 등에게 의결권을 대리행사하도록 하는 때에는 특별한 사정이 없는 한 그들의 의결권 행사에는 주주 내부의 의사결정에 따른 대표자의 의사가 그대로 반영된다고 할 수 있고 이에 따라 주주총회가 교란되어 회사 이익이 침해되는 위험은 없는 반면에, 이들의 대리권 행사를 거부하게 되면 사실상 국가, 지방공공단체 또는 주식회사 등의 의결권 행사의 기회를 박탈하는 것과 같은 부당한 결과를 초래할 수 있으므로, 주주인 국가, 지방공공단체 또는 주식회사 소속의 공무원, 직원 또는 피용자 등이 그 주주를 위한 대리인으로서 의결권을 대리행사하는 것은 허용되어야 하고 이를 가리켜 정관 규정에 위반한 무효의 의결권 대리행사라고 할 수는 없다.

나. 대리인의 자격여부

회사가 대리인의 자격을 주주로만 제한할 수 있는지가 문제된다. 무능력자의 법정대리인은 법률에 의해서 대리권이 인정되는 것이므로 대리인의 자격을 제한할 수 없다. 그렇다면, 회사가 임의대리인의 자격을 주주로만 제한하는 것은 가능한가? 판례는 주주의 의결권 행사를 위한 대리권 선임이 무제한적으로 인정되는 것이 아니기 때문에 주주총회의 개최가 부당하게 저해되거나 회사의 이익이 부당하게 침해될 우려가 있는 등의 특별한 사정이 있다면 회사는 거절할 수 있다고 보고 있다.

대법원 2001.9.7. 선고 2001도2917 판결
주주의 자유로운 의결권 행사를 보장하기 위하여 주주가 의결권의 행사를 대리인에게 위임하는 것이 보장되어야 한다고 하더라도 **주주의 의결권 행사를 위한 대리인 선임이 무제한적으로 허용되는 것은 아니고, 그 의결권의 대리행사로 말미암아 주주총회의 개최가 부당하게 저해되거나 혹은 회사의 이익이 부당하게 침해될 염려가 있는 등의 특별한 사정이 있는 경우에는 회사는 이를 거절할 수 있다**고 보아야 할 것이다. 그리고 주주가 자신이 가진 복수의 의결권을 불통일행사하기 위하여는 회일의 3일 전에 회사에 대하여 서면으로 그 뜻과 이유를 통지하여야 할 뿐만 아니라, 회사는 주주가 주식의 신탁을 인수하였거나 기타 타인을 위하여 주식을 가지고 있는 경우외에는 주주의 의결권 불통일행사를 거부할 수 있는 것이므로, 주주가 위와 같은 요건을 갖추지 못한 채 의결권 불통일행사를 위하여 수인의 대리인을 선임하고자 하는 경우에는 회사는 역시 이를 거절할 수 있다고 할 것이다.

다. 수 개의 총회에 대한 일괄위임 가능여부

1회의 총회에서 수개의 의안에 대해 일괄하여 위임하는 것이 문제된 사안에서, 판례는 일괄하여 위임이 가능하다는 입장이다.[17] 그렇다면 수개의 총회에 대해 일괄하여 위임하는 것이 가능한가? 사실상 의결권의 양도가 되어 인정할 수 없다는 견해(부정설)와 법정관리 등의 경우에 실제상의 필요가 있으므로 기간을 정하여 인정할 수 있다는 견해(긍정설)가 있으나 이에 대해서 아직까지 판례는 없다. 무한정하게 위임하는 것은 부정설에서 우려하는 의결권의 양도가 되어 타당하지 않으나 실제상의 필요가 있는 범위 내에서 기간을 정하여 위임하는 것은 가능하다고 보는 긍정설이 타당하다고 본다.

17) 대법원 1969.7.8. 선고 69다688 판결.

라. 대리권을 증명하는 서면

대리인에 의하여 의결권을 행사하는 경우 그 대리인은 대리권을 증명하는 서면(즉, 위임장)을 총회에 제출하여야 한다(제368조 제1항). 위임장은 의결권 행사 전에 제출되어야 한다. 의결권의 대리행사에 대해서 위임장만 제출하면 되므로, 그 외에 다른 서류를 첨부하게 하는 정관이나 기타 합의로 대리권의 행사를 제한할 수는 없다.[18]

판례는 위임장은 원칙적으로 원본이어야 하나, 특별한 사정이 없는 한 사본은 대리권을 증명하는 서면이 아니나 다른 사실에 의하여 의결권의 위임사실이 증명되는 경우에는 사본인 경우도 가능하다.[19]

대법원 2004.4.27. 선고 2003다29616 판결
상법 제368조 제3항의 규정은 대리권의 존부에 관한 법률관계를 명확히 하여 주주총회 결의의 성립을 원활하게 하기 위한 데 그 목적이 있다고 할 것이므로 **대리권을 증명하는 서면은 위조나 변조 여부를 쉽게 식별할 수 있는 원본이어야 하고, 특별한 사정이 없는 한 사본은 그 서면에 해당하지 아니하고, 팩스를 통하여 출력된 팩스본 위임장 역시 성질상 원본으로 볼 수 없다.**

대법원 1995.2.28. 선고 94다34579 판결
상법 제368조 제3항은 주주의 의결권을 대리행사하고자 하는 자는 대리권을 증명하는 서면을 총회에 제출하도록 규정하고 있는바, 위 규정은 대리권의 존부에 관한 법률관계를 명확히 하여 주주총회 결의의 성립을 원활하게 하기 위한데 그 목적이 있다고 할 것이므로, **대리권을 증명하는 서면은 위조나 변조여부를 쉽게 식별할 수 있는 원본이어야 하고 특별한 사정이 없는 한 사본은 그 서면에 해당하지 않는다고 할 것이다.** 그러나 **이 사건에서 피고 회사의 주주는 원고 1과 피고 회사의 대표이사들인 위 소외 1, 소외 2의 3인 뿐이었고, 위 소외 1과 소외 2는 원고 2와 같은 원고 3이 같은 원고 1의 단순한 명의수탁자에 불과하다는 사실을 잘 알면서 오랜기간 동안 피고 회사를 공동으로 경영하여 왔으며, 원고 1의 위임장 원본을 제출하였고 또 미리 의결권을 위 소외 6 변호사로 하여금 대리행사하게 하겠다는 의사를 임시주주총회 개최 전에 피고 회사에 통보까지 하였다면,** 위 26,800주의 주식을 소유하고 있는 원고 1이 그 소유주식 전부에 대한 의결권을 위 소외 6 변호사에게 **위임하였다는 사실은 충분히 증명되었다고 할 것이어서,** 피고 회사의 대표이사들인 위 소외 1과 소외 2는 위 소외 6 변호사의 의결권대리행사를 제한하여서는 안된다고 할 것이다.

18) 대법원 2004.4.27. 선고 2003다29616 판결.
19) 같은 취지로, 대법원 1995.2.28. 선고 94다34579 판결.

3) 서면투표

주주는 정관이 정한 바에 따라 총회에 출석하지 아니하고 서면에 의하여 의결권을 행사할 수 있다(제368조의3 제1항).[20] 이는 소수주주나 외국주주의 편의를 위한 것으로 본다. 회사는 총회의 소집통지서에 주주가 의결권을 행사하는데 필요한 서면과 참고자료를 첨부하여야 한다(위 조 제2항). 서면투표를 하는 경우에도 의결권의 대리행사나 불통일행사는 가능하다.

주주가 서면에 의하여 의결권을 행사하게 되면 주주가 직접 총회에 출석하여 의결권을 행사한 것과 동일한 효과가 있게 된다.

4) 전자투표

회사는 이사회의 결의로 주주가 총회에 출석하지 아니하고 전자적 방법으로 의결권을 행사할 수 있음을 정할 수 있다(제368조의4 제1항). 회사는 주주총회 소집의 통지를 할 때 전자적 방법으로 의결권을 행사할 수 있다는 내용을 통지하여야 하며(위 조 제2항), 의결권 행사에 필요한 양식과 참고자료를 주주에게 전자적 방법으로 제공하여야 한다(위 조 제3항 후반). 이 경우 주주는 주주 확인절차 등 법령[21]으로 정하는 바에 따라 의결권을 행사하여야 한다(위 조 제3항 전단). 회사는 의결권행사에 관한 전자적 기록을 총회가 끝난 날부터 3개월간 본점에서 열람하게 하고 총회가 끝난 날부터 5년간 보존하여야 한다(위 조 제5항).

서면의 의한 의결권 행사와 중복될 수 있으므로, 상법은 이를 방지하기 위해서 둘 중에 하나를 선택하도록 하고 있다. 즉, 주주는 동일한 주식에 관하여 전자적 방법 또는 서면 방법에 따라 의결권을 동시에 선택할 수 없고, 이 중 어느 하나의 방법을 선택하여야 한다(위 조 제4항).

5) 소규모회사의 경우

자본금 총액이 10억원 미만인 회사는 주주 전원의 동의가 있을 경우에는 소집절차 없이 주주총회를 개최할 수 있고, 서면에 의한 결의로써 주주총회의 결의를 갈음할 수 있으며, 결의의 목적사항에 대하여 주주 전원이 서면으로 동의를 한 때에는 서면에 의한 결의가 있는 것으로 본다(제363조 제4항).[22]

---

20) 유한회사의 경우는 총사원의 동의가 있으면 서면으로 의결권을 행사할 수 있다(제577조 제1항).
21) 상법 시행령 제13조(전자적 방법에 의한 의결권의 행사) 참조.
22) 위에 따른 서면에 의한 결의는 주주총회의 결의와 같은 효력이 있다(위 조 제5항).

4 주주총회 의사진행

1) 의사진행 방법

주주총회 의사진행에 대해서는 상법에서 특별하게 규정하고 있지 않다. 따라서 **회사정관이나 총회의 결의 및 관습법에 따라 진행**하면 된다. 관습법도 없다면 회의체의 의사에 관한 일반원칙에 따라 진행한다.

2) 의장의 선임 및 권한

주주총회의 의장은 **정관에서 정하고 정관에서 정함이 없는 때에는 총회에서 선임한다**(제366조의2 제1항). 그는 총회의 질서를 유지하고 의사를 정리하며 고의로 의사진행을 방해하기 위한 발언 · 행동을 하는 등 현저히 질서를 문란하게 하는 자에 대하여 그 발언의 정지 또는 퇴장을 명할 수 있다(위 조 제2항 및 제3항). 앞서 살펴본 바와 같이 **의장은 가부동수인 결정권이 인정되지 않는다.** 의장에게 가부동수(찬성과 반대가 같음)인 경우 결정권을 주는 정관은 무효이다. 왜냐하면, 의장이 주주라면 1주1의결권 원칙에 반하며, 주주가 아니라면 주주 아닌 자가 의결에 참가하는 것이 되기 때문이다. 따라서 **가부동수인 경우 해당 의안은 부결된 것**으로 본다.

3) 회의의 속행과 연기 및 의사록

주주총회에서는 회의의 속행 또는 연기의 결의를 할 수 있으며, 이 경우 주주소집의 통지 규정을 적용하지 아니한다(제372조 각 항). 총회의 의사에는 의사록을 작성하여야 하며, 의사록에는 의사의 경과요령과 그 결과를 기재하고 의장과 출석한 이사가 기명날인 또는 서명하여야 한다(제373조 각 항).

4) 주주권 행사와 관련한 재산상 이익공여의 금지

상법은 주주총회에서 주주의 권리행사와 관련하여 **「재산상 이익공여의 금지조항」**을 두고 있다. 즉, **회사는 누구에게든지 주주의 권리행사와 관련하여 재산상의 이익을 공여할 수 없다**(제467조의2 제1항). 회사가 이를 위반하여 재산상의 이익을 공여한 때에는 그 이익을 공여받은 자는 이를 회사에 반환하여야 한다(위 조 제3항).[23]

---

23) 이 경우 회사에 대하여 대가를 지급한 것이 있는 때에는 그 반환을 받을 수 있다.

'주주의 권리'란 법률과 정관에 따라 주주로서 행사할 수 있는 모든 권리를 의미하고, 주주총회에서의 의결권, 대표소송 제기권, 주주총회결의에 관한 각종 소권 등과 같은 공익권뿐만 아니라 이익배당청구권, 잔여재산분배청구권, 신주인수권 등과 같은 자익권도 포함하지만, 판례는 회사에 대한 계약상의 특수한 권리는 포함되지 않는다고 한다. 그리고 '주주의 권리행사와 관련하여'란 주주의 권리행사에 영향을 미치기 위한 것을 의미한다.

대법원 2017.1.12. 선고 2015다68355, 68362 판결
상법 제467조의2 제1항은 "회사는 누구에게든지 주주의 권리행사와 관련하여 재산상의 이익을 공여할 수 없다."라고 규정하고, 제3항은 "회사가 제1항의 규정에 위반하여 재산상의 이익을 공여한 때에는 그 이익을 공여받은 자는 이를 회사에 반환하여야 한다."라고 규정하고 있다. 여기서 '주주의 권리'란 법률과 정관에 따라 주주로서 행사할 수 있는 모든 권리를 의미하고, 주주총회에서의 의결권, 대표소송 제기권, 주주총회결의에 관한 각종 소권 등과 같은 공익권뿐만 아니라 이익배당청구권, 잔여재산분배청구권, 신주인수권 등과 같은 자익권도 포함하지만, 회사에 대한 계약상의 특수한 권리는 포함되지 아니한다. 그리고 '주주의 권리행사와 관련하여'란 주주의 권리행사에 영향을 미치기 위한 것을 의미한다.

'재산상의 이익을 공여한다'라고 함은 동산이나 부동산 등을 무상 또는 현저히 낮은 대가를 받고 제공하는 것을 말한다. 회사가 특정의 주주에 대하여 무상으로 재산상의 이익을 공여한 경우에는 주주의 권리행사와 관련하여 이를 공여한 것으로 추정하며, 특정의 주주에 대하여 유상으로 재산상의 이익을 공여한 경우에 있어서도 회사가 얻은 이익이 공여한 이익에 비하여 현저하게 적은 때에도 재산상 이익의 공여에 포함한다(위 조 제2항).

아울러 주식회사의 이사, 집행임원, 감사위원회 위원, 감사, 지배인, 그 밖의 사용인이 주주의 권리 행사와 관련하여 회사의 계산으로 재산상의 이익을 공여(供與)한 경우에는 1년 이하의 징역 또는 300만원 이하의 벌금에 처하고, 이들로부터 이익을 수수하거나, 제3자에게 이를 공여하게 한 자도 처벌하고 있다(제634조의2 각 항).

만약 주주총회에서 무상으로 상품권이 전달되었다면 이는 주주의 권리행사와 관련된 이익의 공여인가? 판례는 회사가 사전투표에 참여하거나 주주총회에서 직접 투표권을 행사한 주주들에게 무상으로 고액의 예약권과 상품권을 제공하는 것은 주주의 권리행사와 관련하여 이를 공여한 것으로 추정된다고 판시하고 있다.

대법원 2014.7.11. 2013마2397 판결
이 사건 회사가 사전투표에 참여하거나 주주총회에서 직접 투표권을 행사한 주주들에게 무상으로 이 사건 예약권과 상품권을 제공하는 것은 주주의 권리행사와 관련하여 이를 공여한 것으로 추정된다. 뿐만 아니라 다음과 같은 사정, 즉 ① 기존 임원들인 채무자들과 반대파 주주들인 채권자들 사이에 이 사건 주주총회결의를 통한 경영권 다툼이 벌어지고 있는 상황에서 대표이사인 채무자 1 등의 주도로 사전투표기간이 연장되었고, 사전투표기간의 의결권행사를 조건으로 주주들에게 이 사건 예약권과 상품권이 제공된 점, ② 이 사건 예약권과 상품권은 그 액수가 단순히 의례적인 정도에 그치지 아니하고 사회통념상 허용되는 범위를 넘어서는 것으로 보이는 점, ③ 이러한 이익이 총 주주의 68%에 달하는 960명의 주주들(사전투표에 참가한 주주 942명과 주주총회 당일 직접 투표권을 행사한 주주 18명)에게 공여된 점, ④ 사전투표기간에 이익공여를 받은 주주들 중 약 75%에 해당하는 711명의 주주가 이러한 이익을 제공한 당사자인 채무자 1에게 투표하였고, 이러한 사전투표기간 중의 투표결과가 대표이사 후보들의 당락을 좌우한 요인이 되었다고 보이는 점 등에 비추어 보면, 이러한 이익은 단순히 투표율 제고나 정족수 확보를 위한 목적으로 제공되기보다는 의결권이라는 주주의 권리행사에 영향을 미치기 위한 의도로 공여된 것으로 보인다. 따라서 이 사건 **예약권과 상품권은 주주권행사와 관련되어 교부되었을 뿐만 아니라 그 액수도 사회통념상 허용되는 범위를 넘어서는 것으로서 상법상 금지되는 주주의 권리행사와 관련된 이익공여에 해당**하고, 이러한 이익공여에 따른 의결권행사를 기초로 한 이 사건 주주총회는 그 결의방법이 법령에 위반한 것이라고 봄이 상당하다. 그렇다면, 이 사건 주주총회결의는 정관에 위반하여 사전투표기간을 연장하고, 그 사전투표기간에 전체 투표수의 약 67%(전체 투표수 1411표 중 942표)에 해당하는 주주들의 의결권행사와 관련하여 사회통념상 허용되는 범위를 넘어서는 위법한 이익이 제공됨으로써 주주총회결의취소사유에 해당하는, 결의방법이 법령과 정관에 위반한 하자가 있다고 할 것이므로, 이 사건 가처분신청은 채무자들에 대한 직무집행정지가처분을 구할 피보전권리의 존재가 인정된다.

5 주주총회 결의

상법상 주주총회 결의는 「보통결의」, 「특별결의」 및 「특수결의」로 구분된다.

(1) 보통결의

주주총회의 결의는 상법 또는 정관에 다른 정함이 있는 경우를 제외하고는 「출석한 주주의 의결권의 과반수」와 「발행주식총수의 4분의 1 이상의 수」로써 한다(제368조 제1항).[24]

24) 과반수 출석요건은 삭제되었다.

이 결의는 기관구성, 회계, 업무감독과 관련된 것 등 주로 회사의 조직과 운영에 관한 사항이 이에 속한다. 주된 내용은 이사 및 감사의 선임(제382조 제1항 및 제409조 제1항), 재무제표의 승인(제449조 제1항), 준비금의 자본전입(제461조 제1항), 전환사채발행(제513조 제2항), 신주인수권부 사채 발행(제516조의 2 제2항) 등을 포함한다.

판례는 감사의 선임 시에 상법 제409조 제2항의 의결권 없는 주식은 발행주식총수와 출석한 주주의 의결권의 수에 모두 산입되지 않는다고 한다.

대법원 2016.8.17. 선고 2016다222996 판결
주주총회에서 감사를 선임하려면 우선 '출석한 주주의 의결권의 과반수'라는 의결정족수를 충족하여야 하고, 나아가 그 의결정족수가 '발행주식총수의 4분의 1 이상의 수'이어야 하는데, 상법 제371조는 제1항에서 '발행주식총수에 산입하지 않는 주식'에 대하여 정하면서 상법 제409조 제2항의 의결권 없는 주식(이하 '3% 초과 주식'이라 한다)은 이에 포함시키지 않고 있고, 제2항에서 '출석한 주주의 의결권 수에 산입하지 않는 주식'에 대하여 정하면서는 3% 초과 주식을 이에 포함시키고 있다. 그런데 만약 3% 초과 주식이 상법 제368조 제1항에서 말하는 '발행주식총수'에 산입된다고 보게 되면, 어느 한 주주가 발행주식총수의 78%를 초과하여 소유하는 경우와 같이 3% 초과 주식의 수가 발행주식총수의 75%를 넘는 경우에는 상법 제368조 제1항에서 말하는 '발행주식총수의 4분의 1 이상의 수'라는 요건을 충족시키는 것이 원천적으로 불가능하게 되는데, 이러한 결과는 감사를 주식회사의 필요적 상설기관으로 규정하고 있는 상법의 기본 입장과 모순된다. 따라서 감사의 선임에 있어서 3% 초과 주식은 위 제371조의 규정에도 불구하고 상법 제368조 제1항에서 말하는 '발행주식총수'에 산입되지 않는다고 보아야 한다. 그리고 이는 자본금 총액이 10억 원 미만이어서 감사를 반드시 선임하지 않아도 되는 주식회사라고 하여 달리 볼 것도 아니다.

(2) 특별결의

특별결의는 「출석한 주주의 의결권의 3분의 2 이상의 수」와 「발행주식총수의 3분의 1 이상의 수」로써 하여야 한다(제434조).[25]

이 결의는 회사의 기본구조변경이나 회사의 자본금과 관계된다. 주된 내용은 정관의 변경(제433조 및 제434조), 회사의 분할 계획서 또는 분할합병계약서 승인 (제530조의 3 제2항), 회사의 영업에 중대한 영향을 미치는 다른 회사의 영업의 전부 또는 일부의 인수(제374조 제1항 제3호), 주식매수선택권 부여(제340조의 2 제1항), 주식의 할인발행(제417조 제1항) 등을 포함한다.

주주총회특별결의가 요구되는지에 관하여 상법 제374조에서 의미하는 영업양도가 상법총칙 제

25) 이러한 특별결의요건은 완화하는 것은 안되지만, 가중하는 것은 가능하다.

41조 내지 제45조의 영업양도와 같은 의미인지가 문제된다. 즉, 상법총칙에서 규정하는 영업양도는 유기적 일체로서의 영업을 양도하는 경우를 의미하는데, 영업용 중요재산만을 양도하는 경우에도 주주총회특별결의가 필요한지가 문제이다.[26] **판례는 원칙적으로는 상법 제374조의 영업양도와 상법총칙상의 영업양도와 같은 의미로 보아 주주총회 특별결의가 필요 없다**고 보나, **영업용 재산 중 회사 존속의 기초가 되는 재산을 양도하여 회사영업의 전부 또는 일부를 양도하거나 폐지하는 것과 같은 결과를 초래하는 경우에는 주주총회 특별결의가 필요하다는 입장**이다.[27]

대법원 2004.7.8. 선고 2004다13717 판결

주주총회의 특별결의가 있어야 하는 상법 제374조 제1항 제1호 소정의 '영업의 전부 또는 중요한 일부의 양도'라 함은 일정한 영업목적을 위하여 조직되고 유기적 일체로 기능하는 재산의 전부 또는 중요한 일부를 총체적으로 양도하는 것을 의미하는 것으로서, 이에는 양수 회사에 의한 양도 회사의 영업적 활동의 전부 또는 중요한 일부분의 승계가 수반되어야 하는 것이므로 단순한 영업용 재산의 양도는 이에 해당하지 않으나, **다만 영업용 재산의 처분으로 말미암아 회사 영업의 전부 또는 일부를 양도하거나 폐지하는 것과 같은 결과를 가져오는 경우에는 주주총회의 특별결의가 필요하다.**

하지만 **판례**는 이러한 회사존속의 기초가 되는 영업재산을 처분할 당시에 **이미 회사의 영업을 폐지하거나 중단하고 있었던 경우는 주주총회 특별결의가 필요없다**고 한다.

대법원 1992.8.18. 선고 91다14369 판결

회사의 영업 그 자체가 아닌 영업용재산의 처분이라고 하더라도 그로 인하여 회사의 영업의 전부 또는 중요한 일부를 양도하거나 폐지하는 것과 같은 결과를 가져오는 경우에는 그 처분행위를 함에 있어서 상법 제374조 제1호 소정의 주주총회의 특별결의를 요하는 것이고, **다만 회사가 위와 같은 회사존속의 기초가 되는 영업재산을 처분할 당시에 이미 영업을 폐지하거나 중단하고 있었던 경우에는 그 처분으로 인하여 비로소 영업의 전부 또는 일부가 폐지되거나 중단되기에 이른 것이라고 할 수 없으므로 주주총회의 특별결의를 요하지 않는 것이고, 위에서 '영업의 중단'이라고 함은 영업의 계속을 포기하고 일체의 영업활동을 중단한 것으로서 영업의 폐지에 준하는 상태를 말하고 단순히 회사의 자금사정 등 경영상태의 악화로 일시 영업활동을 중지한 경우는 여기에 해당하지 않는다.**

---

26) 영업용 중요재산의 양도는 당연히 이사회결의는 반드시 거쳐야 한다. 의사회결의 외에 주주총회 특별결의가 추가적으로 필요한지의 문제이다.

27) 하지만 이러한 회사존속의 기초가 되는 영업재산을 처분할 당시에 이미 회사의 영업을 폐지하거나 중단하고 있었던 경우는 주주총회 특별결의가 필요없다고 한다(대법원 1988.4.12. 선고 87다카1662판결).

(3) 특수결의

특수결의란 의결권없는 주식을 포함한 총주주의 동의를 요하거나 또는 총주주의 일치에 의해 결의할 것을 요함으로써 특별결의사항보다 요건이 가중된 경우를 의미한다.

발기인, 이사, 감사 및 검사인의 책임면제는 「총주주의 동의」가 필요하다(제324조 등). 주식회사를 유한회사로 조직을 변경할 때는 「총주주의 일치에 의한 총회결의」가 필요하다(제604조), 모집설립(제309조), 신설합병(제527조 제3항), 분할 및 분할합병(제530조의11 제1항) 등의 경우에는 「출석한 주식인수인의 3분의 2이상의 찬성과 인수된 주식총수의 과반수에 의한 결의」가 필요한데, 이들 경우가 특수결의에 해당한다.

6 종류주주총회

(1) 개 념

회사가 종류주식을 발행한 경우, 주주총회에서 다수인 종류주식의 주주가 소수인 종류주식의 주주에게 손해를 입힐 수 있는 상황이 발생할 수 있다. 따라서 상법은 주주총회 특별결의사항 중에서 일정한 경우에는 주주총회의 결의 외에 손해를 입을 우려가 있는 종류주식의 주주들만의 결의를 요구하도록 규정하고 있다. 이를 종류주주총회라고 한다.

판례는 종류주주총회의 성질에 대해서 주주총회의 결의 외에 회사법상의 법률효과를 발생하기 위한 하나의 특별요건이라고 보고 있다.[28)]

(2) 종류주주총회 결의사항 및 결의의 정족수

회사가 종류주식을 발행한 경우, 정관을 변경함으로써 어느 종류주식의 주주에게 손해를 미치게 될 때에는 주주총회의 결의 외에 그 종류주식의 주주의 총회의 결의가 있어야 하고, 그 결의에 「출석한 주주의 의결권의 3분의 2 이상의 수와 그 종류의 발행주식총수의 3분의 1 이상의 수」로써 하여야 한다(제435조 제1항 및 제2항).[29)]

이외에도 종류주주총회가 필요한 경우는 신주인수, 주식병합, 주식분할 등으로 인해 주식 배정이 주식의 종류에 따라 달리 배정될 가능성이 있는 경우(제344조 제3항 및 제436조), 회

28) 대법원 2006.1.27. 선고 2004다44575,44582 판결
29) 이 경우 무의결권주식도 발행주식총수에 포함되고 의결권의 수에도 산입된다(위 조 제3항).

사의 분할, 분할합병, 주식교환 등으로 어느 종류의 주주에게 손해를 미칠 가능성이 있을 때(제436조)에 이에 포함된다.

(3) 종류주주총회의 소집과 의사진행

종류주주총회의 소집과 의사진행에 관한 사항은 정족수와 의결권 없는 주식도 행사할 수 있다는 것 외에는 주주총회에 관한 규정이 준용된다(제435조 제3항).

(4) 종류주주총회 결의를 흠결한 경우

종류주주총회를 요하는 사항임에도 **일반주주총회의 결의만으로 의결한 경우**에 일반주주총회 결의의 효과는 어떠한가? 이에 대해서 일반주주총의에 취소사유가 있다는 견해(취소설), 무효사유가 있다는 견해(무효설), 일반주주총회의 결의는 하자가 없으나 일반주주총회 결의는 불완전한 상태에 있고 종류주주총회의 결의가 추가되면 완전하게 유효하게 된다는 견해(결의불발효설)의 대립이 있다.

판례는 앞서 살펴본 데로 종류주주총회에 대해서 주주총회 외에 회사법상의 법률효과를 발생하는 **하나의 특별요건**으로 판단하고 있다. **판례**는 이러한 입장에서 예를 들어, **정관변경에 관하여 종류주주총회의 결의가 없는 경우에 주주총회결의 자체 효력에는 영향이 없으나, 정관변경의 효력은 아직 발생하지 않는다고 판단하고 있다.**

대법원 2006.1.27. 선고 2004다44575,44582 판결
상법 제435조 제1항은 "회사가 수종의 주식을 발행한 경우에 정관을 변경함으로써 어느 종류의 주주에게 손해를 미치게 될 때에는 주주총회의 결의 외에 그 종류의 주주의 총회의 결의가 있어야 한다."고 규정하고 있는바, 위 규정의 취지는 주식회사가 보통주 이외의 수종의 주식을 발행하고 있는 경우에 보통주를 가진 다수의 주주들이 일방적으로 어느 종류의 주식을 가진 소수주주들에게 손해를 미치는 내용으로 정관을 변경할 수 있게 할 경우에 그 종류의 주식을 가진 소수주주들이 부당한 불이익을 받게 되는 결과를 방지하기 위한 것이므로, **여기서의 '어느 종류의 주주에게 손해를 미치게 될 때'라 함에는, 어느 종류의 주주에게 직접적으로 불이익을 가져오는 경우는 물론이고, 외견상 형식적으로는 평등한 것이라고 하더라도 실질적으로는 불이익한 결과를 가져오는 경우도 포함되며, 나아가 어느 종류의 주주의 지위가 정관의 변경에 따라 유리한 면이 있으면서 불이익한 면을 수반하는 경우도 이에 해당된다.**

어느 종류 주주에게 손해를 미치는 내용으로 정관을 변경함에 있어서 그 정관변경에 관한 주주총회의 결의 외에 추가로 요구되는 종류주주총회의 결의는 정관변경이라는 법률효과가 발생하기 위한 하나의 특별요건이라고 할 것이므로, 그와 같은 내용의 정관변경에 관하여 종류주주총회의 결의가 아직 이루어지지 않았다면 그러한 정관변경의 효력이 아직 발생하지 않는 데에 그칠 뿐이고, 그러한 정관변경을 결의한 주주총회결의 자체의 효력에는 아무런 하자가 없다

7 특별결의 반대주주의 주식매수청구권

(1) 개 념

상법은 주주총회의 특별결의에 따라 주주의 이해관계에 중대한 사항이 결의되었을 경우, 이 결의에 반대한 주주가 회사에 대해 주식의 매수를 청구할 수 있는 권리를 부여하고 있다. 이를 '특별결의 반대주주의 주식매수청구권'이라고 한다. 특별결의사항은 주로 회사의 구조적인 변화에 관한 사항인데 특별결의 반대주주의 주식매수청구권은 이러한 회사의 구조적 변화에 반대하는 소수주주에게 그 변화를 거부할 수 있는 권한을 부여하여 다수주주와 소수주주와의 균형을 도모해주고 있다.

이러한 주식매수청구권은 주주권 중 주주가 출자한 자금을 회수할 수 있는 자익권의 일종으로, 주주가 일방적으로 행사할 수 있는 형성권이다.

대법원 2011.4.28. 선고 2010다94953 판결

영업양도에 반대하는 주주의 주식매수청구권에 관하여 규율하고 있는 상법 제374조의2 제1항 내지 제4항의 규정 취지에 비추어 보면, 영업양도에 반대하는 주주의 주식매수청구권은 이른바 형성권으로서 그 행사로 회사의 승낙 여부와 관계없이 주식에 관한 매매계약이 성립하고, 상법 제374조의2 제2항의 '회사가 주식매수청구를 받은 날로부터 2월'은 주식매매대금 지급의무의 이행기를 정한 것이라고 해석된다. 그리고 이러한 법리는 위 2월 이내에 주식의 매수가액이 확정되지 아니하였다고 하더라도 다르지 아니하다.

(2) 특별결의 반대주주의 주식매수청구권이 인정되는 사항

특별결의 반대주주의 주식매수청구권의 적용대상에는 주식의 포괄적 교환(제360조의5), 주식의 포괄적 이전(제360조의22), 영업의 양도(제374조의2 제1항), 회사의 합병(제522조의3), 분할합병(제530조의11 제2항)등이 포함된다.

(3) 특별결의 반대주주의 주식매수청구권 행사

주주총회의 특별결의 사항에 반대하는 주주(의결권이 없거나 제한되는 주주를 포함[30])는 주주총회 전에 회사에 대하여 서면으로 그 결의에 반대하는 의사를 통지한 경우, 그 총회의 **결의일부터 20일 이내(매수청구기간)에 주식의 종류와 수를 기재한 서면으로** 회사에 대하여 자기가 소유하고 있는 주식의 매수를 청구할 수 있다(제374조의2 제1항). 상법은 특별결의를 반대하는 주주는 회사에 반대의사표시를 한 이후에 주식매수청구권을 행사할 수 있도록 하고 있다. 회사가 미리 대비할 수 있도록 하기 위한 규정이다.[31]

(4) 회사의 매수 및 가격의 결정

이와 같은 청구를 받은 회사는 **매수청구기간이 종료하는 날부터 2개월 이내에 그 주식을 매수하여야 하고, 주식의 매수가액은 주주와 회사 간의 협의에 의하여 결정한다**(위 조 제2항 및 제3항). 회사가 매수청구기간이 종료하는 날부터 **2개월이 지나도록 주식을 매수하지 않은 경우에는 회사는 이행지체로 인한 지연손해금을 부담하게** 된다. 즉, 회사가 주식매수청구를 받은 날로부터 2월은 주식매매대금 지급의무의 이행기가 되기 때문에 이를 도과하면 회사는 이행지체에 빠지게 된다.

대법원 2011.4.28. 선고 2010다94953 판결

영업양도에 반대하는 주주(반대주주)의 주식매수청구권에 관하여 규율하고 있는 상법 제374조의2 제1항 내지 제4항의 규정 취지에 비추어 보면, **반대주주의 주식매수청구권은 이른바 「형성권」**으로서 그 행사로 회사의 승낙 여부와 관계없이 주식에 관한 매매계약이 성립하고, 상법 제374조의2 제2항의 '회사가 주식매수청구를 받은 날로부터 2월'은 주식매매대금 지급의무의 이행기를 정한 것이라고 해석된다. 이러한 법리는 위 2월 이내에 주식의 매수가액이 확정되지 아니하였다고 하더라도 다르지 아니하다. …… 원고들이 2004. 3. 16. 또는 2004. 3. 25. 피고에게 주식매수청구권을 행사하였음에도 피고가 2월의 매수기간 내에 주식대금을 지급하지 않았으므로, 피고는 2004. 5. 17. 또는 2004. 5. 26. 이후에는 **이행지체로 인한 지연손해금을 지급하여야 한다**고 판단하였다. 앞에서 본 법리에 비추어 볼 때 원심의 이러한 판단은 정당한 것으로 수긍이 가고, 거기에 이 부분 상고이유로 주장하는 바와 같은 상법상 주식매수청구권의 법적 성격 내지 상법 제374조의2 제2항의 해석에 관한 법리오해 등의 위법이 없다.

---

30) 의결권이 없는 주식을 가진 주주에 대해서는 주식매수청권을 인정하는 상법상의 명문 규정은 없으나 이를 인정하는 것이 일반적인 견해이다. 한편, 자본시장법 제165조의5 제1항은 명문으로 인정하고 있다.

31) 반대의 의사표시를 한 주주와 주식매수청구권을 행사하는 주주는 동일인이어야 한다.

한편, 매수청구기간이 종료하는 날부터 30일 이내에 협의가 이루어지지 아니한 경우에는 회사 또는 주식의 매수를 청구한 주주는 법원에 대하여 매수가액의 결정을 청구할 수 있으며(위 조 제4항), 법원은 회사의 재산상태 그 밖의 사정을 참작하여 공정한 가액으로 이를 산정하여야 한다(위 조 제5항).

(5) 회사가 매수한 주식의 지위

반대주주가 주식매수청구권을 행사하여 회사가 이를 취득하게 되면 자기주식의 취득이 되는데, 상법 제341조의2 제4호에 따라 이러한 자기주식의 취득이 가능하다.

8 지배주주의 매도청구권

어느 특정 대주주(지배주주)가 회사의 주식을 대부분 소유하고 있는 경우, 다른 소수주주가 보유하는 주식을 공정가액으로 취득하게 함으로써 소수주주의 출자금 회수를 원활하게 할 필요가 있다. 이를 '지배주주의 매도청구권'이라고 한다.

회사의 발행주식총수의 100분의 95 이상을 자기의 계산으로 보유하고 있는 주주(지배주주)는 회사의 경영상 목적을 달성하기 위하여 필요한 경우에는 회사의 다른 주주(소수주주)에게 그 보유하는 주식의 매도를 청구할 수 있다(제360조의24 제1항). 이를 위해서는 미리 주주총회의 승인을 받아야 한다(위 조 제3항).

매도청구를 받은 소수주주는 매도청구를 받은 날부터 2개월 내에 해당 지배주주에게 그 주식을 매도하여야 한다(위 조 제6항). 이 때 매도가격은 서로간의 협의로 결정한다. 매도청구를 받은 날부터 30일 내에 제7항의 매매가액에 대한 협의가 이루어지지 아니한 경우에는 매도청구를 받은 소수주주 또는 매도청구를 한 지배주주는 법원에 매매가액의 결정을 청구할 수 있다. 이 때 법원은 회사의 재산상태와 그 밖의 사정을 고려하여 공정한 가액으로 산정하여야 한다(위 조 제8항 및 제9항).

9 소수주주의 매수청구권

위 지배주주의 매도청구권과는 반대로, 지배주주가 있는 회사의 소수주주는 언제든지 지배주주에게 그 보유주식의 매수를 청구할 수 있으며, 위와 같은 매수청구를 받은 지배주주는 매수를 청구한 날을 기준으로 2개월 내에 매수를 청구한 주주로부터 그 주식을 매수하여야 한다.

이때 그 매매가액은 매수를 청구한 주주와 매수청구를 받은 지배주주 간의 협의로 결정한다. 만일 매수청구를 받은 날부터 30일 내에 제3항의 매매가액에 대한 협의가 이루어지지 아니한 경우에는 매수청구를 받은 A 또는 B는 법원에 대하여 매매가액의 결정을 청구할 수 있으며, 법원이 주식의 매매가액을 결정하는 경우에는 회사의 재산상태와 그 밖의 사정을 고려하여 공정한 가액으로 산정하여야 한다(제360조의25 각 항).[32)]

10 주주총회 결의의 하자

주주총회는 주식회사의 최고 의사결정기관이다. 이 과정에서 하자가 있는 경우 그 결의의 효력은 다수의 이해관계자에게 미친다. 그렇다고 해서 결의의 하자를 무제한으로 주장하여 기존의 법률관계를 흔들 경우 회사를 둘러싼 법적 안정성이 위협을 받을 수 있다. 이러한 점은 주주총회의 결의가 일반 민사관계와는 달리 단체법적 성격을 가지고 있기 때문이다.

이리하여 상법에서는 「결의 취소의 소」, 「결의무효확인의 소」, 「결의부존재 확인의 소」, 「부당결의 취소 · 변경의 소」 등 4가지 소(訴)를 통해서만 그 하자를 주장할 수 있게 하였다.

(1) 결의 취소의 소

1) 소의 원인

'결의취소의 소'는 총회의 소집절차 또는 결의방법이 법령 또는 정관에 위반하거나 현저하게 불공정한 때(절차상의 하자) 또는 그 결의의 내용이 정관에 위반한 때(내용상의 하자)에 상법이 정한 제소권자가 다툴 수 있는 소이다(제376조 제1항). 총회의 절차상의 하자나 내용상의 하자가

---

32) 소수주주권의 주된 행사 요건을 정리하면 아래와 같다.

사안	일반규정	특례규정
주주제안권	3/100 (제363조의2)	10/1,000 (제542조의6 제2항)
대표소송	1/100 (제403조)	6/10,000 (제542조의6 제6항)
집중투표	3/100 (제382조의2)	1/100 (제542조의7 제2항)
이사 및 감사 해임청구	3/100 (제385조 제2항)	50/10,000 (제542조의6 제3항)
유지청구	1/100 (제402조)	50/100,000 (제542조의6 제6항)
회계장부열람권	3/100 (제466조)	10/10,000 (제542조의6 제4항)
주주총회소집	3/100 (제366조)	15/1,000 (제542조의6 제1항)
업무검사권	3/100 (제467조)	15/1,000 (제542조6 제1항)

경미한 경우에 제기할 수 있는 소이다.

첫째, 소집절차상의 하자로는 주주총회를 소집하기로 한 이사회의 총회소집결의가 있는 경우, 주주총회 통지절차상의 하자, 주주총회가 소집권자에 의해 개최되었으나 정족수가 미달한 결의[33], 총회의 소집목적 이외의 사항에 대한 결의[34] 등이 있다.

둘째, 결의방법의 하자로는 주주 아닌 자가 주주총회 결의에 참가하거나, 의결권 제한이 된 주주가 결의를 한 경우나 정족수나 의결권 계산이 잘못된 경우 등이 있다. 판례는 의사진행이 현저하게 불공정한 경우에도 결의방법의 하자가 있다는 입장이다.

대법원 1996.12.20. 선고 96다39998 판결

원고를 제외한 피고 회사의 사실상의 유일한 주주인 위 A가 이 사건 주주총회의 의장으로서 위 주주총회의 의사를 진행함에 있어서는 주주총회 개최시각으로 통지된 10시 정각에 원고측이 회의장에 입장하지 아니하였으면 ……의결권을 행사할 기회를 최대한 보장하는 것이 신의칙에 부합하는 공정한 의사진행방식 내지 결의방식이라 할 것인데도 불구하고, 위 A는 자신이 위 주주총회의 의장이고 원고를 대리한 위 B가 위 주주총회의 개최시각 무렵에 피고 회사 건물에 도착하여 **회의장 입장이 수분 간 지체됨을 기화로** 위와 같은 방법으로 의사를 진행하지 아니하고 안건 순서대로 심의, 표결하는 방법으로 의사를 진행하여 위 안건에 대한 원고의 의결권 행사의 기회를 봉쇄한 채 위 안건을 표결하여 가결처리 하였으니, 위와 같이 피고 회사측이 위 B의 이 사건 주주총회 회의장 입장을 부당한 방법으로 지체시킨 점, **그 주주총회의 의사진행방식 내지 결의방식이 신의칙에 반하는 점 등을 종합하여 보면 이 사건 주주총회의 결의방법은 신의칙에 반하는 것으로서 현저하게 불공정한 것이라 할 것이다.**

셋째, 결의내용상의 하자는 결의내용이 정관에 위반한 때이므로 각 회사의 정관에 따라 판단하면 된다. 판례에 의하면 정관상 의장이 될 사람이 아닌 자가 주주총회의 의사에 관여하여 결의한 경우는 주주총회 결의취소사유에 해당한다고 한다.

대법원 1977.9.28. 선고 76다2386 판결

본건의 경우에 있어서 정관상 의장이 될 사람이 아닌 위 소외 1이 정당한 사유없이 위 주주총회의 의장이 되어 의사에 관여하였다고 가정하더라도 그 사유만으로서는 위 **주주총회에서의 결의가 부존재**한 것으로 볼 수는 없는 것이고 그러한 하자는 **다만 그 결의방법이 정관에 위반하는 것으로서 주주총회의 결의취소사유에 해당하는데 지나지 않는 것**으로 볼 수밖에 없으며 원심의 위 인정사실에 의할지라도 그밖에 위 주주총회의 결의가 부존재한 것이라고 단정할 수는 없는 것이라고 할 것이다.

---

33) 대법원 1996.12.23. 선고 96다32768 판결.

34) 대법원 1979.3.27. 선고 79다19 판결.

2) 제척기간

결의취소의 소는 「형성의 소」[35]이고 결의한 날부터 2개월 이내(제척기간)[36]에 제기하여야 한다. 2월의 제소기간은 제소권자가 결의가 있다는 사실을 몰랐다고 하더라도 연기되지 않는다.

주주총회에 여러 건의 안건이 상정되어 각각 결의가 행하여 진 경우 결의취소의 소 제소기간의 준수여부는 각 안건에 대한 결의마다 별도로 판단하여야 한다는 것이 판례 입장이다.

대법원 2010.3.11. 선고 2007다51505 판결

주주총회결의 취소의 소는 상법 제376조 제1항에 따라 그 결의의 날로부터 2개월 내에 제기하여야 하고, 이 기간이 지난 후에 제기된 소는 부적법하다. 그리고 주주총회에서 여러 개의 안건이 상정되어 각기 결의가 행하여진 경우 위 제소기간의 준수 여부는 각 안건에 대한 결의마다 별도로 판단되어야 한다.

3) 소의 당사자

소를 제기할 수 있는 자는 주주 · 이사 또는 감사다(제376조 제1항). 이 때 주주는 주주명부상에 기재된 자이다.[37] 주주는 결의 당시의 주주가 아니더라도 제소 당시에 주주인 이상 총회결의취소의 소를 제기할 수 있다. 단독주주라도 제소가 가능하다. 판례에 따르면 주주는 다른 주주에 대한 소집절차의 하자를 이유로 주주총회결의 취소의 소를 제기할 수 있다고 한다.[38] 이사 또는 감사 역시 제소 당시에 재임 중에 있어야 한다.

상법상 규정이 없으나 피고는 회사만이 될 수 있다(통설).[39] 다만, 회사가 이사에 대하여 또는 이사가 회사에 대하여 소를 제기하는 경우에 감사는 그 소에 관하여 회사를 대표한다(제394조 제1항).[40] 그리고 감사위원회의 규정에 의한 감사위원회의 위원이 소의 당사자인 경우

---

35) '형성의 소(形成의 訴)'란 민사소송법상 소송의 한 종류로, 법률관계의 변동을 일으키는 일정한 법률요건의 존재를 주장하여 그 변동을 선언하는 판결을 구하는 소이다. 형성의 소는 법률에 명문의 규정이 있는 경우에 한하여 인정되는 것이고 법률상의 근거가 없는 경우에는 허용될 수 없다. 실체법상 형성의 소에는 가사소송, 회사관계 소송(주주총회결의 취소의 소), 채권자취소소송(민법 제406조), 항고소송, 선거무효 · 당선 무효의 소 등이 있다.

36) 제척기간과 소멸시효는 일정한 기간 안에 행사하지 않으면 해당 권리가 소멸된다는 점에서 비슷한 개념이다. 그러나 소멸시효는 증거보전의 어려움이나 권리 위에 잠자는 자를 보호하지 않겠다는 취지이나 제척기간은 해당 권리와 관련된 법률관계를 조속히 확정하기 위한 목적에서 차이가 있다. 따라서, 제척기간은 소멸시효와는 달리 정지되거나 중단되지 않고 소송에서 특별히 주장하지 않아도 법원에서 판단한다는 점에서 소멸시효와 차이가 있다.

37) 한편 소의 남용(남소, 濫訴)을 막기 위해 법원은 주주가 결의취소의 소를 제기한 때에는 회사의 청구에 의하여 상당한 담보를 제공할 것을 명할 수 있으나, 그 주주가 이사 또는 감사인 때에는 그러하지 아니하다(제377조)

38) 2003.7.11. 선고 2001다45584 판결.

39) 이기종, 앞의 책, p. 267.

40) 주주의 대표소송(제403조제1항)의 경우에도 감사는 회사를 대표한다(위 조 후단).

에는 감사위원회 또는 이사는 법원에 회사를 대표할 자를 선임하여 줄 것을 신청하여야 한다(위 조 제2항).

4) 소의 절차

결의 취소의 소는 **주주총회 결의일로부터 2개월 이내에** 본점소재지를 관할하는 지방법원에 제출한다(제186조). 소가 제기된 때에는 회사는 지체없이 공고하여야 하며(제187조), 여러 개의 설립무효의 소 또는 설립취소의 소가 제기된 때에는 법원은 이를 병합 심리하여야 한다(제188조).

한편, 법원은 결의취소의 소가 제기된 경우에 **결의의 내용, 회사의 현황과 제반사정을 참작하여 그 취소가 부적당하다고 인정한 때에는 법원은 그 청구를 기각**(재량기각, 裁量棄却)**할 수 있다**(제379조).

5) 판결의 효력

원고가 승소할 경우, 판결의 효력은 제3자에 대하여도 그 효력이 있다(제376조 제2항). 이를 **대세적 효력**[41)]이라고 하는데, 단체법적인 법률관계를 획일적으로 확정할 필요가 있기 때문에 인정되는 효력이다. 또한, 결의취소의 소에 관한 제376조 제2항이 불소급효를 규정한 제190조 단서를 준용하고 있지 않으므로 **소급효도 있다.**[42)]

결의한 사항이 이미 등기가 되어 있는 경우에는 결의취소판결이 확정된 때에 본점과 지점의 소재지에서 이를 등기하여야 한다(제378조).

반면 **원고가 패소할 경우, 승소판결과 같은 대세적 효력은 없고 그 효력은 민사소송법의 일반원칙에 따라서 정해진다. 원고가 패소한 경우에 그의 소제기에 '악의 또는 중대한 과실'이 있는 때에는 회사에 대하여 연대하여 손해를 배상할 책임이 있다**(제191조 및 제376조 제2항).

(2) 결의무효확인의 소

1) 소의 원인

주주총회의 결의의 내용이 「법령에 위반한 것을 이유」로 하여 결의무효의 확인을 청구하는 소를 제기할 수 있다(제380조). 결의의 내용이 법령에 위반한 경우로는 주주평등의 원칙에 반하거나, 주주에게 유한책임에 반하여 출자의무를 추가하는 경우나 배당가능이익이 없음에도

---

41) '대세적 효력'이란 해당 소송의 당사자가 아닌 자에게도 판결의 효력이 미친다는 의미이다.
42) 권기훈 · 송호신 · 강재영, 「회사법」, 경상대학교출판부, 2013, p.181.

배당결의를 한 경우 등이 이에 해당한다.

2) 소의 당사자

상법은 이 소의 제척기간에 대해 규정하고 있지 않다. 무효는 언제나 무효이기 때문에 제척기간이 있을 수 없기 때문이다.

결의무효확인의 소는 결의취소와는 달리 제소권자에 대한 제한이 없다. 따라서 형식적으로는 누구든지 소를 제기할 수는 있어 보인다. 하지만 판례는 소송법상의 당사자적격에 대한 일반원칙에 따라 무효확인(또는 후술할 부존재확인)에 관하여 정당한 법률상의 이익이 있는 자, 즉 소의 이익을 가진 자만이 결의무효확인의 소를 제기할 수 있다고 한다.

대법원 1992. 8. 14. 선고 91다45141 판결
주식회사의 채권자는 그 주주총회의 결의가 그 채권자의 권리 또는 법적 지위를 구체적으로 침해하고 또 직접적으로 이에 영향을 미치는 경우에 한하여 주주총회결의의 부존재확인을 구할 이익이 있다.

결의취소의 소와 마찬가지로 피고에 대한 명문의 규정이 없으나 결의무효확인의 소 역시 피고는 회사에 한한다. 소의 절차는 앞서 설명한 결의취소의 소와 같으나 재량기각은 인정되지 않는다. 판결의 효력은 앞서 설명한 결의취소의 소와 같다.

(3) 결의부존재확인의 소

주주총회의 소집절차 또는 결의방법에 「총회결의가 존재한다고 볼 수 없을 정도의 중대한 하자가 있는 것」을 이유로 하여 결의부존재의 확인을 청구할 수 있다(제380조).

결의취소의 소와 마찬가지로 소집절차 또는 결의방법의 하자를 소의 원인으로 하나 그 하자가 총회결의가 존재한다고 볼 수 없을 정도로 중대한 경우인 점에서 차이가 있다. 대표적인 예로 권한이 없는 자에 의한 주주총회 소집[43], 주주가 아닌 자들에 의한 결의, 주주총회

---

43) 하지만, 판례는 정당한 소집권자에 의해 소집된 주주총회의 결의라면 이사회 결의를 거치지 않고 주주총회를 소집하였더라고 하더라도 결의취소사유에 불과하다고 한다(대법원 1987. 4. 28. 선고 86다카553 판결 : 정당한 소집권자에 의하여 소집된 주주총회가 아니라면 그 결의는 당연무효라 할 것이나 그렇지 아니하고 정당한 소집권자에 의하여 소집된 주주총회의 결의라면 설사 주주총회의 소집에 이사회의 결의가 없었고 그 소집통지가 서면에 의하지 아니한 구두소집통지로서 법정소집기간을 준수하지 아니하였으며 또한 극히 일부의 주주에 대하여는 소집통지를 빠뜨렸다 하더라도 그와 같은 주주총회소집절차상의 하자는 주주총회결의의 단순한 취소사유에 불과하다 할 것이고, 취소할 수 있는 결의는 법정기간내에 제기된 소에 의하여 취소되지 않는 한 유효하다). 반대로 판례는 대표이사 아닌 이사가 이사회의 소집 결의에 따라서 주주총회를 소집한 것이라면 위 주주총회에 있어서 소집절차상 하자는 주주총회결의의 취소라고 한다(대법원 1993.9.10. 선고 93도698 판결).

소집이 철회 또는 변경되었음에도 불구하고 별도의 장소에서 당초 예정한 주주총회에서의 결의 등이 있다. 판례는 1인회사가 아닌 1인이 총 주식의 대다수를 가지고 있으나 주식의 소유가 실질적으로 분산되어 있는 회사에서 소집절차와 결의절차를 거치지 않은 경우에는 결의부존재사유라고 한다.

대법원 2007. 2. 22. 선고 2005다73020 판결

주식회사에 있어서 총 주식을 한 사람이 소유한 이른바 1인 회사의 경우 그 주주가 유일한 주주로서 주주총회에 출석하면 전원 총회로서 성립하고 그 주주의 의사대로 결의가 될 것임이 명백하므로 따로 총회소집절차가 필요 없으며, 실제로 총회를 개최한 사실이 없었다 하더라도 그 1인 주주에 의하여 의결이 있었던 것으로 주주총회 의사록이 작성되었다면 특별한 사정이 없는 한 그 내용의 결의가 있었던 것으로 볼 수 있고, 이 점은 한 사람이 다른 사람의 명의를 빌려 주주로 등재하였으나 총 주식을 실질적으로 그 한 사람이 모두 소유한 경우에도 마찬가지라고 할 수 있으나, 이와 달리 주식의 소유가 실질적으로 분산되어 있는 경우에는 상법상의 원칙으로 돌아가 실제의 소집절차와 결의절차를 거치지 아니한 채 주주총회의 결의가 있었던 것처럼 주주총회 의사록을 허위로 작성한 것이라면 설사 1인이 총 주식의 대다수를 가지고 있고 그 지배주주에 의하여 의결이 있었던 것으로 주주총회 의사록이 작성되어 있다 하더라도 도저히 그 결의가 존재한다고 볼 수 없을 정도로 중대한 하자가 있는 때에 해당하여 그 주주총회의 결의는 부존재하다고 보아야 한다.

‘결의부존재’라 함은 외형상 해당 회사의 주주총회로서 소집, 개최되어 결의가 성립하였으나 그 소집절차나 결의방법에 중대한 하자가 있어 법률상 결의의 부존재로 볼 수밖에 없는 경우만을 가리키고, 전혀 주주총회를 소집, 개최함이 없이 주주총회의사록만 작성하였거나 또는 외형상 해당 회사의 주주총회로 볼 수 없는 회의를 개최하여 의사록을 작성한 경우와 같이 외형상 해당 회사의 주주총회의 결의의 존재를 인정하기 어려운 경우는 여기에 해당하지 않는다.[44)]

소규모 폐쇄된 주식회사가 많은 우리나라에서는 주주총회를 부실하게 운영하는 경우가 많아 결의부존재확인의 소가 많이 이용되고 있다.[45)]

제척기간, 소의 당사자와 절차, 판결의 효력은 앞에서 살펴본 결의무효확인의 소와 같다.

(4) 부당결의 취소 · 변경의 소

주주가 주주총회 과정에서 의결권을 행사할 수 없었던 경우, 그 결의가 현저하게 부당하고 그 주주가 의결권을 행사하였더라면 이를 저지할 수 있었을 때에는 그 주주는 그 결의의 날로부터

44) 대법원 1996.6.11. 선고 95다13982 판결.
45) 최준선, 앞의 책, p.431.

2월내에 결의의 취소의 소 또는 변경의 소를 제기할 수 있다(제381조).

이를 나누어서 소 제기의 요건을 살펴보면 i) 해당결의에 이해관계가 있는 주주가 의결권을 행사하지 못했고 ii) 그 결의가 현저하게 부당했으며 iii) 해당 주주가 의결권을 행사하였더라면 결의를 저지할 수 있었을 가능성이 높을 것 등이다.

제소기간은 주주총회 결의 날로 부터 2개월 이내이고, 소의 제기절차는 결의취소의 소와 같다. 다만 법원의 재량기각은 허용되지 않는다. 판결의 효력은 대세적 효력과 소급효가 있다.

11 세금

(1) 주주의 배당소득과 이중과세 문제

주주가 회사로부터 받은 배당금액은 소득세법상 배당소득으로 보아 과세대상이 된다(소득세법 제17조 제1항). 하지만 주주의 배당소득은 이미 해당 법인이 법인세를 납부한 금액 차감하고 지급한 것이다. 따라서 배당소득에 대해 과세를 한다면, 하나의 법인소득에 대해 법인세가 과세되고 소득세도 과세되는 이른바 '경제적 이중과세'가 발생한다.

(2) Gross-up 제도

소득세법은 이를 방지하기 위해 「Gross-up 제도」를 두고 있다(소득세법 제17조 제3항). 'Gross-up 제도'란 주주가 회사로부터 받은 배당소득에 일정한 금액(100분의 11)을 더하여 배당을 받은 것으로 하고[46], 그 금액을 다시 세액에서 빼주는 것을 말한다.[47] 이렇게 함으로써 같은 소득에 대해서 이중으로 과세된 부분을 없앨 수 있게 된다.

이에 대해서 같은 금액을 더하고 난 뒤 나중에 빼주는 것은 금액상 똑같을 수 있다는 주장이 있지만, 실제로 소득세 산출금액 과정과 그 결과를 보면 다른 결과가 나온다.

예를 들어 100억 원의 배당소득이 있다고 하자. 세율을 42%라고 하고, 누진공제 없이 그대로 적용하면 배당소득세는 42억 원(100억 원 × 42%)이 된다(ⓐ). 그러나 Gross-up 제도를 적용하면, 배당소득금액은 100억 원 대신 111억 원〔100억 원 + (100억 원 × 100분의 11)〕이 된다. 여기에 세율을 곱하면 산출세액은 46억 6천만 원(111억 원 × 42%)이다. 그런데 여기에서 배당세액공제액 11억 원(100억 원 × 100분의 11)을 공제하면, 정작 납부해야할 세액은 35억 6천만

46) 배당소득금액 = 배당수입금액 + 귀속법인세(배당수입금액의 100분의 11).
47) 종합소득결정세액 = 종합소득산출세액 − 귀속법인세(배당수입금액의 100분의 11).

원(46억 6천만 원 – 11억 원)이 된다(ⓑ). 따라서 6억 4천만 원(ⓐ – ⓑ)만큼의 세금이 줄어든다.

ⓐ와 ⓑ를 비교하면 Gross-up 제도를 적용하는 방식이 세금부담이 6억 4천만 원이나 차이가 나는 것을 알 수 있다. 이러한 경제적 이중과세방지를 위해 세법에서 공제를 해주기 때문이다.

제 5 장

Company law and tax

이사와 이사회

강의의 초점

- ▷ A가 100억원을 투자한 B회사는 이사 C 및 이사회가 운영하고 있다. B회사의 운영과 영업은 이사, 대표이사, 이사회가 한다. 그런데 이사들이 회사의 이익에 어긋나는 행동을 할 경우 어떻게 할 것인가? 주주의 말을 잘 안 듣는 이사를 어떻게 해임시킬 것인가?
- ▷ 이사와 B 회사가 서로 짜고 이익을 줄여서 배당가능액을 줄인다면 A가 할 수 있는 방법은 무엇이 있는가?
- ▷ 등기이사와 비등기 이사의 차이는 무엇인가? 상법의 처벌대상에 비등기이사가 포함되는가? 급여차이는 많은가?
- ▷ 이사를 사칭하고 다니는 자는 어떻게 할 것인가? 선의의 제3자에게 B는 손해배상을 하여야 하나?
- ▷ 이사가 회사와 짜고 거래를 하여 이익을 얻었을 때 세금은?
- ▷ 이사가 업무와 관련하여 부정한 금품을 받았을 때 세금은?
- ▷ 이사가 공무원에게 뇌물을 주었다. 이 비용은 회사의 비용? 돈을 받은 공무원은 소득세를 납부하여야 하는가?

주주는 돈을 부담하여 회사를 세우는 사람이라고 하면, 이사회와 대표이사는 그 회사의 업무집행에 관한 의사를 결정하고, 이에 대한 집행을 통해서 돈을 버는 기관이다.[1] 이러한 이사회나 대표이사를 업무집행기관이라고 한다. 이런 업무집행기관을 구성하는 자가 이사이다.[2]

(1) 의의 및 이사의 종류

'이사'란 이사회의 구성원으로서, 이사회에서 행하는 회사의 업무집행에 대한 의사결정과 대표이사의 업무집행을 감독하는데 참여할 권한을 가진 자를 의미한다. 이사는 「사내이사」, 「사외이사」, 그밖에 「상무에 종사하지 아니하는 이사」로 구분된다(제317조 제2항 제8호). 사내이사는 회사의 일상업무(상무, 常務)를 담당한다. 이와는 반대로 사외이사는 상무에 종사하지 않은 이사(비상근이사)다.[3][4]

(2) 자 격

이사의 자격에는 원칙적으로 제한이 없다.[5] **주주가 아니어도 이사가 될 수 있다.** 사외이사는 상법에 최대주주가 자연인인 경우 본인과 그 배우자 및 직계 존속 · 비속 등 결격사유(제382조 제3항 참조)를 열거하고 있으며, 상장회사의 경우에는 이외에 또 다른 결격사유을 추가하고 있다(제542조의 8 제2항 참조).

회사의 정관에 주주만이 이사가 될 자격이 있다고 정할 수 있는데, 이 경우 이사가 되기 위해서 보유해야 하는 주식을 자격주(資格株)라고 하고, 다른 규정이 없는 한, 그 수의 주권은 감사 또는 감사위원회에 공탁하여야 한다(제387조, 제415조의2 제7항).

(3) 이사의 권한

이사는 이사회 구성원이다. 이사는 정관이나 회사내규에 의해 부여된 업무집행권한을 행

---

1) 물론 주주이면서 이사인 자도 많다.
2) 이사는 회사로부터 일정한 사무처리의 위임을 받은 자다(제382조 제2항). 반면 근로자는 "직업의 종류와 관계없이 임금을 목적으로 사업이나 사업장에 근로를 제공하는 자"를 말하며, 사용자는 "사업주 또는 사업 경영 담당자, 그밖에 근로자에 관한 사항에 대하여 사업주를 위하여 행위를 하는 자"를 말한다(근로기준법 제2조 제1항 제1호 및 제2호).
3) 그러면 전무, 사장, 회장 등은 무엇인가? 이들도 이사인가?
4) 사외이사는 기업경영진에 대한 실효성 있는 감독을 위해서 기업경영을 감독하는 이사회를 경영진으로부터 독립하여 수행할 수 있는 자로 구성하기 위해서 선임하는 자이다.
5) 그러나 이는 자연인으로 제한된다고 본다. 법인이 다른 법인의 이사가 되어 그 스스로 기업경영을 할 수 없기 때문이다.

사한다. 그러나 회사의 대표권은 대표이사에게 있다. 이사는 대표이사로 하여금 다른 이사 또는 피용자의 업무에 관하여 이사회에 보고할 것을 요구할 수 있다(제393조 제3항). 그리고 이사는 3월에 1회 이상 업무의 집행상황을 이사회에 보고하여야 한다(위 조 제4항).이는 이사의 회사의 업무에 대한 정보접근권을 용이하게 하기 위한 것으로 보인다.

(4) 이사의 선임 및 종임

1) 선 임

이사는 주주총회에서 **보통결의로 선임한다**(제38조 제1항). **발기설립의 경우 발기인이 호선하**고(제296조 제1항), **모집설립의 경우 창립총회에서 선임한다**(제312조). 이사의 성명과 주민등록번호는 등기사항이다(제317조 제2항 제8호).[6]

한편, **주주총회에서 이사로 선임될 경우 다시 대표이사와 이사가 임용계약을 체결하여야 하는가? 대법원 전원합의체 판결**은 상법 제38조 제1항은 주주가 회사의 경영에 관여하는 유일한 통로인 주주총회에 이사 · 감사의 선임 권한을 전속적으로 부여한 것이기 때문에 **주주총회 선임결의와 별도로 대표이사와 사이에 임용계약을 체결할 필요가 없다**는 입장이다.

대법원 2017.3.23. 선고 2016다251215 전원합의체 판결
상법은 이사 · 감사의 선임에 관하여 '이사 · 감사는 주주총회에서 선임한다'고 규정하고 있는데, 위 조항의 취지는 원칙적으로 소유와 경영이 분리되는 주식회사의 특수성을 고려하여 **주주가 회사의 경영에 관여하는 유일한 통로인 주주총회에 이사 · 감사의 선임 권한을 전속적으로 부여하기 위한 데에 있다.** 그럼에도 불구하고 이사 · 감사의 지위가 주주총회의 선임결의와 별도로 대표이사와 사이에 임용계약이 체결되어야만 비로소 인정된다고 보는 것은, 이사 · 감사의 선임을 주주총회의 전속적 권한으로 규정하여 주주들의 단체적 의사결정 사항으로 정한 상법의 취지에 배치된다. 또한 상법상 대표이사는 회사를 대표하며, 회사의 영업에 관한 재판상 또는 재판 외의 모든 행위를 할 권한이 있으나(제389조 제3항, 제209조 제1항), 이사 · 감사의 선임이 여기에 속하지 아니함은 법문상 분명하다. 그러므로 이사 · 감사의 지위는 주주총회의 선임결의가 있고 선임된 사람의 동의가 있으면 취득된다고 보는 것이 옳다. ……결론적으로, 주주총회에서 이사나 감사를 선임하는 경우, 그 선임결의와 피선임자의 승낙만 있으면, 피선임자는 대표이사와 별도의 임용계약을 체결하였는지 여부와 관계없이 이사나 감사의 지위를 취득한다고 보아야 한다.

6) 그러면 등기이사가 아닌 이사는 이사가 아닌가? 등기이사와 비등기 이사의 차이는?

2) 종 임

가. 일반적인 종임사유

이사와 회사 사이의 법률관계는 민법의 위임에 관한 규정이 준용된다(제382조 제2항). 따라서 민법의 위임계약의 법리에 따라 위임의 종류사유(민법제 689조, 제690조)에 의하여 종임될 수 있고, 이사 스스로 언제든지 사임도 가능하다(민법 제689조 제1항-위임계약 해지의 자유). 이는 회사의 승낙이 필요하지 않다는 의미이다. 이사의 사임에 따른 변경등기가 없더라도 그 사임의 효력에는 영향이 없다는 것이 판례의 태도이다.[7]

나. 주주총회의 해임결의 및 손해배상청구

이사는 주주총회의 특별결의로 언제든지 해임될 수 있다(제434조). 그러나 이사의 임기를 정하였는데,「정당한 사유 없이」이사를 임기만료 전에 해임한 경우, 해당 이사는 회사를 상대로 손해배상청구를 할 수 있다(제385조 제1항).[8] 판례는 정관 또는 주주총회의 결의로 임기가 정해져 있어야 해임된 이사가 손해배상청구를 할 수 있다고 한다.

대법원 2001.6.15. 선고 2001다23928 판결

상법 제385조 제1항에 의하면 "이사는 언제든지 주주총회의 특별결의로 해임할 수 있으나, 이사의 임기를 정한 경우에 정당한 이유 없이 그 임기만료 전에 이를 해임한 때에는 그 이사는 회사에 대하여 해임으로 인한 손해의 배상을 청구할 수 있다"고 규정하고 있는바, **이때 이사의 임기를 정한 경우라 함은 정관 또는 주주총회의 결의로 임기를 정하고 있는 경우를 말하고, 이사의 임기를 정하지 않은 때에는 이사의 임기의 최장기인 3년을 경과하지 않는 동안에 해임되더라도 그로 인한 손해의 배상을 청구할 수 없다고 할 것**이고, 회사의 정관에서 상법 제383조 제2항과 동일하게 "이사의 임기는 3년을 초과하지 못한다."고 규정한 것이 이사의 임기를 3년으로 정하는 취지라고 해석할 수는 없다.

한편, 정당한 사유란 무엇인가? 판례는 정당한 사유에 대해서 '주주와 이사 사이에 불화 등 단순히 주관적인 신뢰관계가 상실된 것만으로는 부족하고, 해당 이사가 경영자로서 업무를 집행하는 데 장해가 될 객관적 상황이 발생한 경우'라고 판시하고 있다.

---

7) 대법원 2009.5.14. 선고 2008도11040 판결.

8) 만일 이사의 임기를 정하지 아니하였다면 언제든지 해임이 가능하고 따라서 손해배상청구도 불가능하다고 본다. 한편 상법 제383조 제2항의 '이사의 임기는 3년을 초과하지 못한다.'고 규정하고 있는데, 그렇다고 해서 이사의 임기를 최소 3년으로 하겠다는 취지는 아니다.

대법원 2014. 5. 29. 선고 2012다98720 판결
상법 제385조 제1항에 의하면, 이사는 언제든지 주주총회의 특별결의로 해임할 수 있으나, 이사의 임기를 정한 경우에 정당한 이유 없이 그 임기만료 전에 이사를 해임한 때에는 그 이사는 회사에 대하여 해임으로 인한 손해의 배상을 청구할 수 있다. **여기에서 '정당한 이유'란 주주와 이사 사이에 불화 등 단순히 주관적인 신뢰관계가 상실된 것만으로는 부족하고, 이사가 법령이나 정관에 위배된 행위를 하였거나 정신적·육체적으로 경영자로서의 직무를 감당하기 현저하게 곤란한 경우, 회사의 중요한 사업계획 수립이나 그 추진에 실패함으로써 경영능력에 대한 근본적인 신뢰관계가 상실된 경우 등과 같이 해당 이사가 경영자로서 업무를 집행하는 데 장해가 될 객관적 상황이 발생한 경우**라야 할 것이다.

한편, 이사가 그 직무에 관하여 부정행위 또는 법령이나 정관에 위반한 중대한 사실이 있음에도 불구하고 **주주총회에서 그 해임을 부결한 때에는 발행주식의 총수의 100분의 3 이상에 해당하는 주식을 가진 주주는 총회의 결의가 있은 날부터 1월내에 그 이사의 해임을 법원[9]에 청구할** 수 있다(위 조 제2항).

(5) 이사의 인원수

이사는 3명 이상이어야 한다. 다만, 자본금 총액이 10억원 미만인 회사는 1명 또는 2명으로 할 수 있다(제383조 제1항). **이사의 임기는** 3년을 초과하지 못한다. 그러나 정관으로 그 임기 중의 최종의 결산기에 관한 정기주주총회의 종결에 이르기까지 연장할 수 있다(제383조 제2항 및 제3항). **판례에 의하면 '임기 중의 최종의 결산기에 관한 정기주주총회'는 임기 중에 도래하는 최종의 결산기에 관한 정기주주총회를 의미한다고 한다.**

대법원 2010.6.24. 선고 2010다13541 판결
상법 제383조 제3항은 이사의 임기는 3년을 초과할 수 없도록 규정한 같은 조 제2항에 불구하고 정관으로 그 임기 중의 최종의 결산기에 관한 정기주주총회의 종결에 이르기까지 이를 연장할 수 있다고 규정하고 있는바, 위 규정은 임기가 만료되는 이사에 대하여는 임기 중의 결산에 대한 책임을 지고 주주총회에서 결산서류에 관한 주주들의 질문에 답변하고 변명할 기회를 주는 한편, 회사에 대하여는 정기주주총회를 앞두고 이사의 임기가 만료될 때마다 임시주주총회를 개최하여 이사를 선임하여야 하는 번거로움을 덜어주기 위한 것에 그 취지가 있다. 위와 같은 입법 취지 및 그 규정 내용에 비추어 보면, **위 규정상의 '임기 중의 최종의 결산기에 관한 정기주주총회'라 함은 임기 중에 도래하는 최종의 결산기에 관한 정기주주총회를 말하고, 임기 만료 후 최**

9) 본점 소재지를 관할하는 지방법원을 의미한다.

초로 도래하는 결산기에 관한 정기주주총회 또는 최초로 소집되는 정기주주총회를 의미하는 것은 아니므로, 위 규정은 결국 이사의 임기가 최종 결산기의 말일과 해당 결산기에 관한 정기주주총회 사이에 만료되는 경우에 정관으로 그 임기를 정기주주총회 종결일까지 연장할 수 있도록 허용하는 규정이라고 보아야 한다.

한편, 상장회사는 자산 규모 등을 고려하여 대통령령으로 정하는 경우를 제외하고는 이사 총수의 4분의 1 이상을 사외이사로 하여야 하나, 자산 규모 등을 고려하여 법령으로 정하는 상장회사의 사외이사는 3명 이상으로 하되, 이사 총수의 과반수가 되도록 하여야 한다(제542조의8 제1항).[10] 이 경우, 상장회사는 사외이사 후보를 추천하기 위하여 사외이사 후보추천위원회를 설치하여야 하며, 이 위원회는 사외이사가 총 위원의 과반수가 되도록 구성하여야 한다(위 조 제4항).

(6) 이사의 보수

이사는 회사와 위임관계에 있는 자이기 때문에 일반 근로자와 달리 회사의 피용자가 아니다. 민법상 위임관계는 무상이 원칙(민법 제686조 제1항)이나 정관이나 주주총회에 이사의 보수에 관한 사항이 없다고 하더라도 이사와 회사 사이에는 묵시의 보수지급에 대한 특약이 있다고 보는 것이 판례이다.[11]

이사의 보수는 정관에 그 액을 정하지 아니한 때에는 주주총회의 결의로 이를 정한다(제388조). 이사들이 자신들의 보수를 스스로 결정하게 되면, 과다하게 책정할 가능성이 있기 때문에 주주총회의 결의로 정하도록 하고 있다. 이사의 보수액을 정하는 주주총회의 결의에서 당사자인 주주이자 이사는 특별이해관계인에 해당하므로 의결권이 제한된다(제368조 제3항).

(7) 집중투표제

1) 의 의

이사는 주주총회에서 선임된다. 주주의 의결권은 1주당 1의결권이 있다. 따라서 이사 선임은 대주주의 의도에 따라 선임될 수밖에 없다. 이를 방지하기 위해, 소수주주의 의결권을 특정한 이사에게 집중하여 투표할 수 있도록 하여, 소수주주가 지지하는 이사가 선임될 수 있도

10) 구체적인 내용: 상법 시행령 제34조 각 항 참조.
11) 대법원 1964.3.31. 선고 63다715 판결.

록 하는 제도가 '집중투표제'이다.

상법은 2인 이상의 이사의 선임을 목적으로 하는 총회의 소집이 있는 때에는 의결권 없는 주식을 제외한 발행주식총수의 100분의 3 이상에 해당하는 주식을 가진 주주는 정관에서 달리 정하는 경우를 제외하고는 회사에 대하여 집중투표의 방법으로 이사를 선임할 것을 청구할 수 있다(제382조의2 제1항)고 규정하여 집중투표제를 규정하고 있다.

2) 절 차

의결권 없는 주식을 제외한 발행주식총수의 100분의 3 이상에 해당하는 주식을 가진 주주는 주주총회일의 7일 전까지 집중투표를 서면 또는 전자문서로 하여야 한다(위 조 제2항).

판례는 상법 제368조 제1항에 따르면 **보통결의 요건을 정관에서 달리 정할 수 있으므로 정관에 의하여 의사정족수를 규정한 경우, 집중투표의 경우에도 결의가 되려면 정관에서 정한 의사정족수는 충족하여야 한다**고 한다.

대법원 2017.1.12. 선고 2016다217741 판결

상법 제368조 제1항은 주주총회의 보통결의 요건에 관하여 "총회의 결의는 이 법 또는 정관에 다른 정함이 있는 경우를 제외하고는 출석한 주주의 의결권의 과반수와 발행주식총수의 4분의 1 이상의 수로써 하여야 한다."라고 규정하여 주주총회의 성립에 관한 의사정족수를 따로 정하고 있지는 않지만, 보통결의 요건을 정관에서 달리 정할 수 있음을 허용하고 있으므로, 정관에 의하여 의사정족수를 규정하는 것은 가능하다. 한편 상법 제382조의2에 정한 집중투표란 2인 이상의 이사를 선임하는 경우에 각 주주가 1주마다 선임할 이사의 수와 동일한 수의 의결권을 가지고 이를 이사 후보자 1인 또는 수인에게 집중하여 투표하는 방법으로 행사함으로써 투표의 최다수를 얻은 자부터 순차적으로 이사에 선임되는 것으로서, 이 규정은 어디까지나 **주주의 의결권 행사에 관련된 조항**이다. 따라서 주식회사의 정관에서 이사의 선임을 발행주식총수의 과반수에 해당하는 주식을 가진 주주의 출석과 그 출석주주의 의결권의 과반수에 의한다고 규정하는 경우, 집중투표에 관한 위 상법조항이 정관에 규정된 의사정족수 규정을 배제한다고 볼 것은 아니므로, 이사의 선임을 집중투표의 방법으로 하는 경우에도 **정관에 규정한 의사정족수는 충족되어야** 한다.

3) 효 과

집중투표가 실시되면 이사의 선임결의에 관하여 각 주주는 1주마다 선임할 이사의 수와 동일한 수의 의결권을 가지며, 그 의결권은 이사 후보자 1인 또는 수인에게 집중하여 투표하는 방법으로 행사할 수 있다(위 조 3항).[12]

2 이사회

이사회는 이사 전원으로 구성되는 회의체이고 회사 업무집행에 관한 의사결정과 이사의 직무를 감독하는 기관이다. 다만, 자본금 총액이 10억 원 미만인 회사 중 이사가 1명인 경우에는 이사회에 관한 규정이 적용되지는 않는다(제383조 제1항 단서).

(1) 권 한

이사회는 회사의 중요한 자산의 처분 및 양도, 대규모 재산의 차입, 지배인의 선임 또는 해임과 지점의 설치 · 이전 또는 폐지 등 회사의 업무집행을 결의를 통해서 한다(제393조 제1항). 또한 이사의 직무의 집행을 감독하며(위 조 제2항), 회사의 업무에 대한 정보 접근권을 갖는다(위 조 제3항 및 제4항). 이외에도 이사회는 주주총회 소집(제362조), 이사의 경업금지의 승인(제397조), 이사의 자기거래 승인(제398조), 재무제표의 승인(제447조), 사채발행(제469조) 등의 권한을 가지고 있다.

(2) 소 집

이사회는 각 이사가 소집하지만 이사회의 결의로 소집할 이사를 정한 때에는 해당 이사가 소집한다(제390조 제1항). 이 경우 소집권자로 지정되지 않은 다른 이사는 소집권자인 이사에게 이사회 소집을 요구할 수 있고 소집권자인 이사가 정당한 이유 없이 이사회 소집을 거절하는 경우에는 다른 이사가 이사회를 소집할 수 있다(위 조 제2항).

이사회를 소집함에는 회일을 정하고 그 1주간 전[13]에 각 이사 및 감사에 대하여 통지를 발송하여야 한다(위 조 제3항). 정관의 규정이 있거나 특별한 사정이 없는 한 회의의 목적사항을 함께 통지할 필요는 없다.[14] 그러나 이사 및 감사 전원의 동의가 있는 때에는 사전 통지 절차를 생략하고 언제든지 회의할 수 있다(위 조 제4항).

12) 위 규정에 의한 투표의 방법으로 이사를 선임하는 경우에는 투표의 최다수를 얻은 자부터 순차적으로 이사에 선임되는 것으로 한다(위 조 제4항).

13) 그러나 정관으로 이 기간을 단축할 수는 있다(위 조 제3항).

14) 이사회 소집통지를 할 때에는, 회사의 정관에 이사들에게 회의의 목적사항을 함께 통지하도록 정하고 있거나 회의의 목적사항을 함께 통지하지 아니하면 이사회에서의 심의 · 의결에 현저한 지장을 초래하는 등의 특별한 사정이 없는 한, 주주총회 소집통지의 경우와 달리 회의의 목적사항을 함께 통지할 필요는 없다(대법원 2011.6.24. 선고 2009다35033 판결).

(3) 결의 방법

이사회의 결의는 **이사과반수의 출석과 출석이사의 과반수**로 하여야 하지만, 정관으로 그 비율을 높게 정할 수 있다(제391조 제1항).[15] 1이사 1의결권이 주어진다. 특별한 이해관계에 있는 이사는 그 의결권의 수는 출석한 이사의 의결권의 수에 산입하지 않는다(위 조 제3항).[16]

이사회는, 정관에서 달리 정하는 경우를 제외하고, 이사의 전부 또는 일부가 직접 회의에 출석하지 아니하고 모든 이사가 음성을 동시에 송수신하는 원격통신수단(예 : 화상회의 또는 전화회의 등)에 의하여 결의에 참가하는 것을 허용할 수 있으며, 이 경우 해당 이사는 이사회에 직접 출석한 것으로 본다(위 조 제2항).

한편, **의결권의 대리는 허용되지 않는다는 것이 통설**이다. 왜냐하면, 이사회에서의 이사의 역할은 이사 개개인의 능력과 회사와의 신뢰관계를 바탕으로 하기 때문이다. **판례도 이사회는 이사 자신이 참석하여야 하고 대리인의 출석은 인정되지 않고 대리인의 출석에 기한 이사회의 결의는 무효라는 입장**이다.[17]

(4) 이사회결의 하자

주주총회 결의의 하자처럼 이사회 결의에도 하자가 존재할 수 있다. 그런데, 상법에는 이에 대한 규정이 존재하지 않는다. 그렇기 때문에 이사회 결의의 하자는 민법상의 일반원칙을 따를 수 밖에 없다. **민법상의 일반원칙을 적용하면, 이사회 결의의 하자는 절차상의 하자이든, 내용상 하자이든 모두 무효이고, 이러한 무효는 제3자라도 주장할** 수 있다. 이사회결의 하자에 대한 판결의 효력은 **대세적 효력은 인정되지 않고,** 민사소송법상 판결 효력의 일반원칙(제218조)에 따라 판단하여야 한다.

---

15) 그러나 낮게 정할 수는 없다. 한편, 판례는 이사회의 결의요건을 충족하였는지 여부는 이사회 결의 당시를 기준으로 판단하여야 하고 결의의 대상인 행위가 실제로 이루어진 날을 기준으로 판단할 것은 아니라고 한다(대법원 2003.1.24. 선고 2000다20670 판결).

16) 이해관계 있는 이사는 이사회에서 의결권을 행사할 수는 없으나, 의사정족수 산정의 기초가 되는 이사의 수에는 포함되고, 다만 결의성립에 필요한 출석이사에는 산입되지 않는다(대법원 1991.5.28. 선고 90다20084 판결)

17) 대법원 1982.7.13. 선고 80다2441 판결.

대법원 1988.4.25. 선고 87누399 판결
이사회의 결의에 하자가 있는 경우에 관하여 상법은 아무런 규정을 두고 있지 아니하나 그 결의에 **무효사유가 있는 경우에는 이해관계인은 언제든지 또 어떤 방법에 의하든지 그 무효를 주장할 수 있다고 할 것**이지만 이와 같은 무효주장의 방법으로서 이사회결의무효확인소송이 제기되어 승소확정판결을 받은 경우, 그 판결의 효력에 관하여는 **주주총회결의무효확인소송 등과는 달리 상법 제190조가 준용될 근거가 없으므로 대세적 효력은 없다.**

(5) 의사록

이사회의 의사에 관하여는 의사록을 작성하여야 하며, 여기에는 의사의 안건, 경과요령, 그 결과, 반대하는 자와 그 반대이유를 기재하고 출석한 이사 및 감사가 기명날인 또는 서명하여야 한다(제391조의3 제1항 및 제2항). 한편, 주주는 영업시간 내에 이사회의사록의 열람 또는 등사를 청구할 수 있으나(위 조 제3항), 회사는 이 청구에 대하여 이유를 붙여 이를 거절할 수 있고, 이 경우 주주는 법원의 허가를 얻어 이사회의사록을 열람 또는 등사할 수 있다(위 조 제4항). 주주총회의 의사록은 회사가 비치 · 공시해야 하고 회사의 채권자도 언제든지 열람 · 등사가 가능하다(제396조). 이에 반해 이사회의 의사록은 영업비밀 등 회사 내 중요사항에 대한 내용이 주를 이루기 때문에 회사가 비치 · 공시할 의무가 없고, 회사의 채권자도 열람 · 등사가 가능하지 않다.

(6) 이사회 내 위원회

이사회는 정관이 정한 바에 따라 위원회를 설치할 수 있고 법령이 정한 사항[18]을 제외하고는 그 권한을 위원회에 위임할 수 있다(제393조의2 제1항 및 제2항). 위원회는 2인 이상의 이사로 구성하며(위 조 제3항), 위원회는 결의된 사항을 각 이사에게 통지하여야 하고, 이 경우 이를 통지받은 각 이사는 이사회의 소집을 요구할 수 있으며, 이사회는 위원회가 결의한 사항에 대하여 다시 결의할 수 있다(위 조 제4항).

위원회의 결의에 하자가 있는 경우에도 상법에 규정이 없기 때문에 이사회 결의 하자와 동일하게 민법상의 일반원칙에 따라 다툴 수 있다.

18) 법령이 정한 사항이란 ⅰ) 주주총회의 승인을 요하는 사항의 제안 ⅱ) 대표이사의 선임 및 해임 ⅲ) 위원회의 설치와 그 위원의 선임 및 해임 ⅳ) 정관에서 정하는 사항 등이 있다(위 조 제2항).

3 대표이사

(1) 대표이사의 선임과 종임

1) 선 임

'대표이사'는 대내적으로 회사의 업무를 집행하고, 대외적으로는 회사를 대표하는 이사이다. 대표이사는 이사 중에서 이사회의 결의로 선정된다(제389조 제1항, 제2항). 그러나 주주총회에서 선정할 수 있다고 정관에서 규정하고 있다면 그 총회에서 할 수 있다(제389조 제1항 단서). 대표이사는 여러 명이 공동으로 할 수 있다(위 조 제2항). 회사를 대표할 이사의 성명 · 주민등록번호 및 주소는 등기사항이다(제317조 제2항 제8호).[19]

2) 종 임

이사의 자격이 있어야 대표이사가 될 수 있기 때문에 이사의 자격을 상실하면 대표이사의 자격을 상실하게 된다.

대표이사의 임기는 상법에 특별한 규정이 없으므로 그의 사임과 해임 및 결원이 있는 경우는 이사에 관한 규정을 준용한다.

첫째, 대표이사는 언제든지 스스로 사임할 수 있다. 다만, 사임하는 시기가 회사에 불리한 시기여서 회사에 손해가 발생한 경우에는 손해배상책임이 있을 수 있다(민법 제689조 제2항).

둘째, 회사는 대표이사를 해임할 수 있다. 이사회에서 선임된 대표이사는 이사회 결의로, 주주총회에서 선임된 대표이사는 주주총회의 결의로 해임할 수 있고 있고 정당한 사유여부와 관계없이 해임이 가능하다. 다만, 대표이사의 임기 만료 전에 해임을 당하였다면 회사를 상대로 손해배상을 청구할 수 있는지가 문제된다. 이사가 해임당했을 경우 회사를 상대로 손해배상을 청구할 수 있다는 상법 제385조 제1항 단서의 규정이 이사회 결의에 의한 대표이사의 해임에 적용될 수 없다는 것이 판례의 입장이다.[20]

셋째, 법률이나 정관으로 대표이사의 원수(員數)를 정한 경우에 임기의 만료 또는 사임으로 인하여 퇴임한 대표이사는 새로 선임된 대표이사가 취임할 때까지 대표이사로서의 권리와 의무가 있다(제389조 제3항, 제386조 제1항). 이 경우 필요하다고 인정할 때에는 법원은 이사, 감사

19) 이 등기는 효력발생요건이 아니라 상업등기의 일반적 효력에 따라 대항요건이다. 즉, 등기가 없다고 하더라도 이사회의 선임행위에 의하여 대표이사의 자격을 발생한다.

20) 대법원 2004.12.10. 선고 2004다25123 판결.

기타의 이해관계인의 청구에 의하여 일시 대표이사의 직무를 행할 자를 선임할 수 있다(제389조 제3항, 제386조 제2항).

위와 같은 종임사유가 있는 경우에 회사는 이를 등기하여야 한다(제317조 제2항 제9호, 제4항, 제183조).

(2) 대표이사의 권한

1) 업무집행권

대표이사는 회사의 업무집행권이 있다. 즉, 이사회나 주주총회에서 결의된 사항 또는 의사결정권을 위임받은 사항의 업무를 집행할 권한이 있다.

2) 대표권

가. 대표권의 범위

대표이사의 권한은 **회사의 영업에 관하여 재판상 또는 재판외의 모든 행위를 할 권한**이 있다(제389조 제3항 및 제209조). 대표이사가 그「업무집행으로 인하여」타인에게 손해를 가한 때에는 회사는 그 사원과 연대하여 배상할 책임이 있다(제201조). 이는 대표이사의 불법행위이기도 하고 동시에 회사의 불법행위가 된다. 따라서 해당행위가 대표이사의 개인적 불법행위라면 회사의 불법행위로는 볼 수는 없다고 본다.

나. 대표권의 제한

법률상 주주총회의 결의나 이사회의 결의가 요건으로 되어 있는 행위(예 : 사채발행, 신주발행, 영업양도 등)에 대해서는 대표이사라 할지라도 주주총회나 이사회의 결의를 거쳐서 대표권을 행사하여야 하고, **정관 · 이사회규칙 · 이사회 결의** 등에 의한 대표권의 제한(제389조 제3항, 제209조 제2항)이 가능하다.[21]

정관 등에 의해서 대표권을 제한한 경우는 선의의 제3자[22]에게 대항하지 못한다(위 조 제3항). **판례는 주식회사의 대표이사가 이사회의 결의를 거쳐야 할 대외적 거래행위에 관하여 이를 거치지 아니한 경우, 그 거래 상대방이 그와 같은 이사회결의가 없었다는 점을 알았거나 알 수 있었다면 그 거래행위는 거래 상대방에 대하여 효력이 없다**고 한다.[23]

---

21) 뒤에서 살펴 볼 공동으로 대표권을 행사해야 하는 공동대표이사(위 조 제2항)도 대표권 제한의 한 유형이다.
22) '선의(善意)'란 어떤 사실에 대해서 알고 있지 않다는 의미로 여기서의 '선의의 제3자'란 정관 등에 의해서 대표권을 제한한 사실을 알지 못하는 거래상대방을 의미한다. 반대로 어떤 사실에 대해서 알고 있는 것을 악의라고 한다.
23) 대법원 2012.8.17. 선고 2012다45443 판결.

한편, 대표이사와 이사회 결의 절차를 거치지 않은 보증계약을 체결하였으나 채권자가 이사회 결의가 없음을 알지 못하는 데 과실이 있어 보증계약은 무효이지만, **대표이사가 채권자로 하여금 보증이 유효하다고 믿게 한 잘못이 있는 경우 회사는 채권자에 대한 손해배상책임이 있다는 것이** 판례의 태도이다.

대법원 2009.3.26. 선고 2006다47677 판결
주식회사의 대표이사가 이사회결의 절차를 거치지 아니하고 타인의 채무에 대하여 보증 기타 이와 유사한 약정(보증)을 한 경우 채권자가 이사회결의가 없음을 알지 못한 데 대하여 과실이 있는 경우에는 그 보증은 무효이지만, 이 경우 그 대표이사가 상법이 정한 이사회결의의 절차를 거치지 아니하여 채권자와의 보증계약이 효력을 갖지 못하게 한 것은 업무의 집행자로서의 주의의무를 다하지 못한 과실행위이고, **그 대표이사가 위와 같이 이사회결의의 절차를 거치지 아니하여 그 보증계약이 무효임에도 불구하고 그 보증이 유효한 것으로 오신한 채권자로 하여금 그 거래를 계속하게 하여 손해를 입게 한 경우**에는, 이는 주식회사의 대표이사가 그 업무집행으로 인하여 타인에게 손해를 가한 때에 해당하므로 해당 주식회사는 상법 제389조 제3항에 의하여 준용되는 상법 제210조에 의하여 그 대표이사와 연대하여 손해를 배상할 책임이 있다. 위와 같은 경우 **이사회결의의 부존재를 이유로 주식회사에 대한 보증계약의 효력을 부정하면서 회사의 손해배상책임을 인정한다**고 하여 상법 제393조 제1항의 규정 취지를 몰각하였다고 볼 수는 없다.

회사가 이사에 대하여 또는 이사가 회사에 대하여 소를 제기하는 경우에, 대표이사가 아닌 감사가 그 소에 관하여 회사를 대표한다(제394조 제1항). 이는 주주의 대표소송(제403조 제1항)의 경우에도 동일하다.

한편, 감사위원회의 위원이 소의 당사자인 경우에는 감사위원회 또는 이사는 법원에 회사를 대표할 자를 선임하여 줄 것을 신청하여야 한다(제394조 제2항).

4 공동대표이사

(1) 의 의

상법은 여러 명의 대표이사가 선임되는 경우, 이사회 결의로 그 둘 중 2인 이상의 공동으로 **회사를 대표("공동대표이사")할 것을 정할 수 있다**(제389조 제2항). 이처럼 이사회가 공동대표이사를 선정할 수 있지만, 정관으로 주주총회가 대표이사 선임권을 가지도록 한 때에는 주주총회에서 공동대표이사를 선임한다.

이와 같은 공동대표이사제도는 대표이사의 위법하거나 회사에 이익에 부합하지 않은 대표행위를 하는 것을 방지하기 위한 제도이다. 앞서 살펴본 바와 같이 대표권 제한의 일종이다.

판례는 공동대표이사의 1인이 그 대표권의 행사를 다른 공동대표이사에게 일반적, 포괄적으로 위임하는 것은 허용되지 않는다고 한다.

대법원 1989.5.23. 선고 89다카3677 판결
주식회사에 있어서의 공동대표제도는 대외 관계에서 수인의 대표이사가 공동으로만 대표권을 행사할 수 있게 하여 업무집행의 통일성을 확보하고, 대표권 행사의 신중을 기함과 아울러 대표이사 상호간의 견제에 의하여 대표권의 남용 내지는 오용을 방지하여 회사의 이익을 도모하려는데 그 취지가 있으므로 **공동대표이사의 1인이 그 대표권의 행사를 특정사항에 관하여 개별적으로 다른 공동대표이사에게 위임함은 별론으로 하고, 일반적, 포괄적으로 위임함은 허용되지 아니한다.**

(2) 공동대표이사 중 1인 단독행위의 효력

공동대표이사 1인의 단독대표행위는 무효이지만, 제3자가 공동대표이사 중 1인에게 하는 의사표시는 효력이 있다(제208조 제2항). 이는 권한남용의 우려가 없기 때문이다.[24] 공동대표이사 1인의 불법행위에 대해서는 해당 본인은 물론 회사도 연대하여 책임을 진다(제210조).

회사가 공동대표이사에게 단순한 대표이사라는 명칭을 사용하여 법률행위를 하는 것을 용인 내지 방임한 경우에도 회사는 상법 제395조에 의한 표현책임[25]을 면할 수 없고,[26] 공동대표이사가 단독으로 회사를 대표하여 제3자와 한 법률행위를 추인함에 있어 그 의사표시는 단독으로 행위한 공동대표이사나 그 법률행위의 상대방인 제3자 중 어느 사람에게 대하여서도 할 수 있다고 할 것이다.[27]

정관으로 수인의 사원이 공동으로 회사를 대표할 것을 정하고도 이를 등기하지 아니한 경우, 공동대표사원 중 1인이 단독으로 회사를 대표하여 행위를 하였더라도, 그 대표행위가 정관에 위배된다는 점을 들어 위 대표행위의 유효를 주장하는 선의의 제3자에게 대항하지 못한다.[28]

---

24) 이기종, 앞의 책, p. 286.
25) '표현책임'이란 일정한 권한이 없는 자임에도 일정한 권한이 있을 것 같은 외관을 신뢰하여 법률관계를 맺은 선의의 제3자에 대해서 권한이 있을 것 같은 외관의 형성에 책임 있는 자에게 그 법률관계에 대한 책임을 지게 하는 것을 의미한다.
26) 대법원 1991.11.12. 선고 91다 19111 판결.
27) 대법원 1981.4.14. 선고 80다2314 판결.
28) 대법원 2014.5.29. 선고 2013다212295 판결.

5 표현대표이사

(1) 의 의

'표현대표이사(表現代表理事)'란 회사의 대표이사가 아님에도 불구하고 사장, 부사장, 전무, 상무 기타 회사를 대표할 권한이 있는 것으로 인정될 만한 명칭을 사용한 자를 말하며, 이들의 행위에 대하여는 그 이사가 회사를 대표할 권한이 없는 경우에도 회사는 선의의 제3자에 대하여 그 책임을 진다(제395조).

(2) 표현대표이사와 상업등기의 관계

상법 제317조 제2항 제9호에 따르면 대표이사의 성명은 등기사항이다. 대표이사의 성명을 등기하게 되면, 상업등기의 적극적 효력에 따라 선의의 제3자에게도 대항할 수 있다(제37조 제1항). 이는 표현대표이사가 선의의 제3자에 대해서도 책임을 지는 것과 배치되는 것처럼 보인다. 예를 들면 A가 진정한 대표이사로 등기가 되어 있는데 회사가 B에게 회사의 대표권이 있는 것처럼 명칭을 사용하게 하였다면 회사는 책임이 있는지가 문제된다. 판례는 표현대표이사와 상업등기는 다른 차원의 문제라고 하여 표현대표이사는 상업등기에도 불구하고 적용할 수 있다고 한다.[29)]

(3) 표현대표이사 적용요건

1) 외관의 존재

대표이사가 아닌 자가 회사를 대표할 권한이 있는 것으로 보일만한 명칭을 사용하여야 한다. 제395조는 사장, 부사장, 전무, 상무를 규정하고 있는데 이는 예시적인 것이고 그 밖의 명칭도 회사를 대표할 권한이 있다고 보인다면 인정될 수 있다. 반대로 제395조에서 규정된 명칭을 사용한다고 해서 바로 표현대표이사 명칭이라고 할 수 없다.[30)] 표현대표이사제도는 외관에 대한 신뢰에 대해서 적용되기 때문에 단순히 명칭만으로 판단하는 것이 아니기 때문이다. 이런 점에서 사장 등의 명칭을 사용하는 자가 반드시 이사가 아니어도 적용될 수 있다는 것이 통설이다. 판례도 같은 입장이다.

---

29) 대법원 1979.2.13. 선고 77다2436 판결.
30) 대법원 1999.11.12. 선고 99다19797 판결.

대법원 1992.7.28. 선고 91다35816 판결
회사가 이사의 자격이 없는 자에게 대표이사의 명칭을 사용하게 허용한 경우 또는 이사의 자격도 없는 사람이 임의로 대표이사의 명칭을 사용하고 있는 것을 회사가 알면서도 아무런 조치를 취하지 아니한 채 그대로 방치하여 소극적으로 묵인한 경우에도 상법 제395조가 유추적용되는 것으로 해석함이 상당하다.

또한 판례는 회사가 공동대표이사에게 단순한 대표이사라는 명칭을 사용하여 법률행위를 하는 것을 용인 내지 방임한 경우에도 회사는 상법 제395조에 의한 표현책임을 면할 수 없다고 한다.[31)]

2) 외관의 부여

회사가 사장 등의 명칭을 사용하는 것을 명시적 또는 묵시적으로 허락하였어야 한다. 즉, 회사에게 귀책사유가 존재하여야 한다. 판례는 회사가 명시적이나 묵시적으로 허락하지 않았음에도 임의로 명칭을 사용한 자에 대해서는 그 명칭사용에 대해서 회사에 과실이 있다고 하여도 선의의 제3자에게 책임을 지지 않는다고 한다.[32)]

3) 외관의 신뢰

제3자는 행위자가 대표권이 없다는 것을 알지 못하였어야 한다. 즉, 선의여야 한다. 여기에서 말하는 '선의'란 표현대표이사가 대표권이 없음을 알지 못한 것을 말하는 것이지 반드시 형식상 대표이사가 아니라는 것을 알지 못한 것에 한정되지는 않는다.

통설과 판례는 제3자에게 무과실까지는 요구하지 않으나 중과실이 있는 제3자는 악의와 동일하게 보아 보호할 수 없다는 입장이다.[33)] 여기서 제3자의 중대한 과실이라 함은 그가 조금만 주의를 기울였더라면 표현대표이사의 행위가 대표권에 기한 것이 아니라는 사정을 알 수 있었음에도 만연히 이를 대표권에 기한 행위라고 믿음으로써 거래통념상 요구되는 주의의무에 현저히 위반하는 것으로서, 공평의 관점에서 제3자를 구태여 보호할 필요가 없다고 봄이 상당하다고 인정되는 상태를 말한다.[34)]

31) 대법원 1992.10.27. 선고 92다19033 판결.
32) 대법원 1995.11.21. 선고 94다50908 판결.
33) 대법원 1999.11.12. 선고 99다19797 판결 (회사의 책임이 성립하기 위하여 제3자의 선의 이외에 무과실까지도 필요로 하는 것은 아니지만 (중략) 제3자의 신뢰는 보호할 만한 가치가 있는 정당한 것이어야 할 것이므로, 설령 제3자가 회사의 대표이사가 아닌 이사에게 그 거래행위를 함에 있어 회사를 대표할 권한이 있다고 믿었다 할지라도 그와 같이 믿음에 있어서 중대한 과실이 있는 경우에는 회사는 그 제3자에 대하여는 책임을 지지 아니한다).
34) 대법원 2003.7.22. 선고 2002다40432 판결.

여기서의 제3자는 표현대표이사와 직접 거래한 상대방뿐만 아니라 그 행위와 관련하여 명칭을 신뢰한 그 후에 취득한 모든 자를 포함한다.

(4) 적용효과

표현대표이사가 성립한 경우에는 회사는 표현대표이사의 행위에 대해서 진정한 대표이사가 행위한 것과 동일하게 권리를 취득하거나 의무를 부담하게 된다.

표현대표이사가 성립되었으나 그 표현대표이사의 행위가 이사회의 결의가 필요한 경우인데 이사회의 결의를 거치지 않은 경우에도 제3자가 보호될 수 있는가? 판례는 제3자가 이사회의 결의가 없었음을 알았거나 알 수 있었다면 보호될 수 없다고 한다.

대법원 1998.3.27. 선고 97다34709 판결

상법 제395조가 회사를 대표할 권한이 있는 것으로 인정될 만한 명칭을 사용한 이사의 행위에 대한 회사의 책임을 규정한 것이어서, 표현대표이사가 이사의 자격을 갖출 것을 요건으로 하고 있으나, 이 규정은 표시에 의한 금반언의 법리나 외관이론에 따라 대표이사로서의 외관을 신뢰한 제3자를 보호하기 위하여 그와 같은 외관의 존재에 대하여 귀책사유가 있는 회사로 하여금 선의의 제3자에 대하여 그들의 행위에 관한 책임을 지도록 하려는 것이므로, 회사가 이사의 자격이 없는 자에게 표현대표이사의 명칭을 사용하게 허용한 경우는 물론, 이사의 자격이 없는 사람이 임의로 표현대표이사의 명칭을 사용하고 있는 것을 회사가 알면서도 아무런 조치를 취하지 아니한 채 그대로 방치하여 소극적으로 묵인한 경우에도 위 규정이 유추적용되는 것으로 해석함이 상당하다 할 것이고, 또한 위 규정은 표현대표이사가 자기의 명칭을 사용하여 법률행위를 한 경우는 물론이고 자기의 명칭을 사용하지 아니하고 다른 대표이사의 명칭을 사용하여 행위를 한 경우에도 적용된다고 하여야 할 것이며, 한편 여기에서 말하는 '선의'란 표현대표이사가 대표권이 없음을 알지 못한 것을 말하는 것이지 반드시 형식상 대표이사가 아니라는 것을 알지 못한 것에 한정할 필요는 없다고 할 것이다. 표현대표이사의 행위와 이사회의 결의를 거치지 아니한 대표이사의 행위는 모두 본래는 회사가 책임을 질 수 없는 행위들이지만 거래의 안전과 외관이론의 정신에 입각하여 그 행위를 신뢰한 제3자가 보호된다는 점에 공통되는 면이 있으나, 제3자의 신뢰의 대상이 전자에 있어서는 대표권의 존재인 반면, 후자에 있어서는 대표권의 범위이므로 제3자가 보호받기 위한 구체적인 요건이 반드시 서로 같다고 할 것은 아니고, 따라서 표현대표이사의 행위로 인정이 되는 경우라고 하더라도 만일 그 행위에 이사회의 결의가 필요하고 거래의 상대방인 제3자의 입장에서 이사회의 결의가 없었음을 알았거나 알 수 있었을 경우라면 회사로서는 그 행위에 대한 책임을 면한다고 봄이 상당하다.

6 집행임원

(1) 의 의

'집행임원제도'란 회사의 선택에 따라 대표이사에 갈음하는 기구를 설치하여 회사의 업무집행과 회사대표에 관한 권한을 행사하는 것을 말한다. 집행임원을 둔 회사는 대표이사를 두지 못한다(제408조의 2 제1항).[35]

(2) 선임 및 종임

1) 선 임

회사는 집행임원을 둘 수 있는데 집행임원 설치회사의 집행임원의 선임은 이사회의 결의로 한다(제408조의2 제3항).

집행임원 설치회사의 이사회는 i) 집행임원과 대표집행임원의 선임 · 해임 ii) 집행임원의 업무집행 감독 iii) 집행임원과 집행임원 설치회사의 소송에서 집행임원 설치회사를 대표할 자의 선임 iv) 집행임원에게 업무집행에 관한 의사결정의 위임 v) 집행임원이 여러 명인 경우 집행임원의 직무 분담 및 지휘 · 명령관계, 그 밖에 집행임원의 상호관계에 관한 사항의 결정 vi) 정관에 규정이 없거나 주주총회의 승인이 없는 경우 집행임원의 보수 결정 등의 권한을 갖는다(위 조 제3항).

그리고 집행임원 설치회사는 이사회의 회의를 주관하기 위하여 이사회 의장을 두어야 한다. 이 경우 이사회 의장은 정관의 규정이 없으면 이사회 결의로 선임한다(위 조 제4항).

2) 종 임

집행임원의 임기는 정관에 다른 규정이 없으면 2년을 초과하지 못하나, 정관에 그 임기 중의 최종 결산기에 관한 정기주주총회가 종결한 후 가장 먼저 소집하는 이사회의 종결 시까지로 정할 수 있다(408조의3 각 항).

---

35) 집행임원 설치회사와 집행임원의 관계는 「민법」 중 위임에 관한 규정을 준용한다(위 조 제2항).

(3) 권 한

1) 업무집행권 및 위임업무의 집행에 관한 결정권

집행임원은 집행임원 설치회사의 업무집행에 대한 권한이 있다. 또한 정관이나 이사회의 결의에 의하여 위임받은 업무집행에 관한 의사결정을 할 수 있는 권한이 있다(제408조의4).

2) 회사의 대표권

집행임원 설치회사는 대표이사를 두지 못하고 대표집행임원이 이를 대신하게 된다. 2명 이상의 집행임원이 선임된 경우에는 이사회 결의로 집행임원 설치회사를 대표할 대표집행임원을 선임하여야 하되, 집행임원이 1명인 경우에는 그 집행임원이 대표집행임원이 된다(제408조의5 각 항).

3) 이사회 소집청구권

집행임원은 필요하면 회의의 목적사항과 소집이유를 적은 서면을 이사(소집권자가 있는 경우에는 소집권자를 말함)에게 제출하여 이사회 소집을 청구할 수 있으며, 이와 같은 청구를 한 이사가 지체 없이 이사회 소집의 절차를 밟지 아니하면 소집을 청구한 집행임원은 법원의 허가를 받아 이사회를 소집할 수 있다. 이 경우 이사회 의장은 법원이 이해관계자의 청구에 의하여 또는 직권으로 선임할 수 있다(제408조의7 각 항).

(4) 의 무

집행임원은 위임관계에 따라 **회사에 대하여 선관주의의무**를 진다(제408조의2 제2항). 상법 제409조의9에 따라 이사가 부담하는 의무가 집행임원에게도 준용되므로, 집행임원은 충실의무, 비밀유지의무, 경업피지의무, 회사의 기회 및 자산의 유용 금지의무, 자기거래금지의무를 부담한다.

집행임원은 이사회에 대한 보고의무가 있는데, 3개월에 1회 이상 업무의 집행상황을 이사회에 보고하여야 하며, 이사회의 요구가 있을 경우 언제든지 이사회에 출석하여 요구한 사항을 보고하여야 한다(제408조의6 각 항).[36]

---

36) 이사는 대표집행임원으로 하여금 다른 집행임원 또는 피용자의 업무에 관하여 이사회에 보고할 것을 요구할 수 있다(위 조 제3항).

(5) 책 임

집행임원이 고의 또는 과실로 법령이나 정관을 위반한 행위를 하거나 그 임무를 게을리 한 경우에는 그 집행임원은 집행임원 설치회사에 손해를 배상할 책임이 있으며, 고의 또는 중대한 과실로 그 임무를 게을리 한 경우에는 그 집행임원은 제3자에게 손해를 배상할 책임이 있다(제408조의8 제1항 및 제2항).

집행임원이 집행임원 설치회사 또는 제3자에게 손해를 배상할 책임이 있는 경우에 다른 집행임원 · 이사 또는 감사도 그 책임이 있으면 다른 집행임원 · 이사 또는 감사와 연대하여 배상할 책임이 있다(위 조 제3항).

7 이사의 의무

상법과 상법이 준용하는 민법에 따른 이사의 의무는 아래와 같다.

(1) 선량한 관리자의 의무

회사와 이사는 위임관계에 있는데, 상법에서는 이 관계를 민법의 위임에 관한 규정을 준용하도록 하고 있다(제382조 제2항). 민법 규정에 따르면, 위임은 당사자 일방(회사 A)이 상대방(이사 B)에 대하여 사무의 처리를 위탁하고 상대방(이사 B)이 이를 승낙함으로써 그 효력이 생긴다(민법 제680조).**이 경우 수임을 받은 수임인(이사 B)은 위임의 본지에 따라 '선량한 관리자'의 주의로써 위임사무를 처리하여야 한다**(민법 제681조).[37)]

선량한 관리자의 개념이 모호하여 이사의 경영활동이 위축될 우려가 있다. 이를 해결하기 위한 잣대로 판례가 제시하고 있는 「**경영판단의 원칙**(經營判斷의 原則, Business Judgment Rule)」이 있다. 이는 **회사의 이사들이 선의로 선량한 관리자의 주의를 다하고 그 권한 내의 행위를 하였다면 그 행위로 인하여 비록 회사에 손해를 끼쳤다고 하더라도 회사에 대해 그 개인적인 책임, 예를 들면 배임죄 등을 부담하지 않는다는 이론**을 말한다.

37) 참조 조문(민법 제374조) : 특정물의 인도가 채권의 목적인 때에는 채무자는 그 물건을 인도하기까지 선량한 관리자의 주의로 보존하여야 한다.

대법원 2017.11.9. 선고 2015도12633 판결

회사의 이사 등이 타인에게 회사자금을 대여함에 있어 그 타인이 이미 채무변제능력을 상실하여 그에게 자금을 대여할 경우 회사에 손해가 발생하리라는 점을 충분히 알면서 이에 나아갔거나, 충분한 담보를 제공받는 등 상당하고도 합리적인 채권회수조치를 취하지 아니한 채 만연히 대여해 주었다면, 그와 같은 자금대여는 타인에게 이익을 얻게 하고 회사에 손해를 가하는 행위로서 회사에 대하여 배임행위가 되고, 회사의 이사는 단순히 그것이 경영상의 판단이라는 이유만으로 배임죄의 죄책을 면할 수 없으며, 이러한 이치는 그 타인이 자금지원 회사의 계열회사라 하여 달라지지 않는다. **다만 기업의 경영에는 원천적으로 위험이 내재하여 있어서 경영자가 개인적인 이익을 취할 의도 없이 가능한 범위 내에서 수집된 정보를 바탕으로 기업의 이익을 위한다는 생각으로 신중하게 결정을 내렸다고 하더라도 그 예측이 빗나가 기업에 손해가 발생하는 경우가 있으므로, 이러한 경우에까지 고의에 관한 해석기준을 완화하여 업무상배임죄의 형사책임을 물을 수 없다.** 여기서 경영상의 판단을 이유로 배임죄의 고의를 인정할 수 있는지는 문제 된 경영상의 판단에 이르게 된 경위와 동기, 판단대상인 사업의 내용, 기업이 처한 경제적 상황, 손실발생의 개연성과 이익획득의 개연성 등 제반 사정에 비추어 자기 또는 제3자가 재산상 이익을 취득한다는 인식과 본인에게 손해를 가한다는 인식하의 의도적 행위임이 인정되는 경우인지에 따라 개별적으로 판단하여야 한다. 한편 기업집단의 공동목표에 따른 공동이익의 추구가 사실적, 경제적으로 중요한 의미를 갖는 경우라도 그 기업집단을 구성하는 개별 계열회사는 별도의 독립된 법인격을 가지고 있는 주체로서 각자의 채권자나 주주 등 다수의 이해관계인이 관여되어 있고, 사안에 따라서는 기업집단의 공동이익과 상반되는 계열회사의 고유이익이 있을 수 있다. 이와 같이 동일한 기업집단에 속한 계열회사 사이의 지원행위가 기업집단의 차원에서 계열회사들의 공동이익을 위한 것이라 하더라도 지원 계열회사의 재산상 손해의 위험을 수반하는 경우가 있으므로, 기업집단 내 계열회사 사이의 지원행위가 합리적인 경영판단의 재량 범위 내에서 행하여졌는지 여부는 신중하게 판단하여야 한다. 따라서 동일한 기업집단에 속한 계열회사 사이의 지원행위가 합리적인 경영판단의 재량 범위 내에서 행하여진 것인지 여부를 판단하기 위해서는 앞서 본 여러 사정들과 아울러, 지원을 주고받는 계열회사들이 자본과 영업 등 실체적인 측면에서 결합되어 공동이익과 시너지 효과를 추구하는 관계에 있는지 여부, 이러한 계열회사들 사이의 지원행위가 지원하는 계열회사를 포함하여 기업집단에 속한 계열회사들의 공동이익을 도모하기 위한 것으로서 특정인 또는 특정회사만의 이익을 위한 것은 아닌지 여부, 지원 계열회사의 선정 및 지원 규모 등이 해당 계열회사의 의사나 지원 능력 등을 충분히 고려하여 객관적이고 합리적으로 결정된 것인지 여부, 구체적인 지원행위가 정상적이고 합법적인 방법으로 시행된 것인지 여부, 지원을 하는 계열회사에 지원행위로 인한 부담이나 위험에 상응하는 적절한 보상을 객관적으로 기대할 수 있는 상황이었는지 여부 등까지 충분히 고려하여야 한다. 위와 같은 사정들을 종합하여 볼 때, 문제 된 계열회사 사이의 지원행위가 합리적인 경영판단의 재량 범위 내에서 행하여진 것이라고 인정된다면 이러한 행위는 본인에게 손해를 가한다는 인식하의 의도적 행위라고 인정하기 어려울 것이다.

(2) 충실의 의무

이사는 법령과 정관의 규정에 따라 회사를 위하여 그 직무를 충실하게 수행하여야 한다(제382조의3). 이를 이사의 충실의 의무라고 한다. 이는 회사의 업무집행과 관련하여 회사의 이익과 자기(이사)의 이익이 충돌하는 경우, 회사의 이익을 우선시해야 한다는 의무를 말한다.[38] **판례는 이사가 주주들을 꼬드겨서 자기 급여를 비정상적으로 올린 경우, 이는 배임행위에 해당한다고 한다.**

대법원 2016.1.28. 선고 2014다11888 판결
상법이 정관 또는 주주총회의 결의로 이사의 보수를 정하도록 한 것은 이사들의 고용계약과 관련하여 사익 도모의 폐해를 방지함으로써 회사와 주주 및 회사채권자의 이익을 보호하기 위한 것이므로, 비록 보수와 직무의 상관관계가 상법에 명시되어 있지 않더라도 이사가 회사에 대하여 제공하는 직무와 그 지급받는 보수 사이에는 합리적 비례관계가 유지되어야 하며, 회사의 채무 상황이나 영업실적에 비추어 합리적인 수준을 벗어나서 현저히 균형성을 잃을 정도로 과다하여서는 아니 된다. **따라서 회사에 대한 경영권 상실 등에 의하여 퇴직을 앞둔 이사가 회사로부터 최대한 많은 보수를 받기 위하여 그에 동조하는 다른 이사와 함께 이사의 직무내용, 회사의 재무상황이나 영업실적 등에 비추어 지나치게 과다하여 합리적 수준을 현저히 벗어나는 보수 지급 기준을 마련하고 그 지위를 이용하여 주주총회에 영향력을 행사함으로써 소수주주의 반대에 불구하고 이에 관한 주주총회결의가 성립되도록 하였다면, 이는 회사를 위하여 직무를 충실하게 수행하여야 하는 상법 제382조의3에서 정한 의무를 위반하여 회사재산의 부당한 유출을 야기함으로써 회사와 주주의 이익을 침해하는 것으로서 회사에 대한 배임행위**에 해당하므로, 주주총회결의를 거쳤다 하더라도 그러한 위법행위가 유효하다 할 수는 없다.

(3) 비밀유지의무

이사는 재임 중 뿐 만 아니라 퇴임 후에도 직무상 알게 된 회사의 영업상 비밀을 누설하여서는 아니 된다(제382조의4). 이를 '비밀유지의무'라고 한다. 이는 이사의 회사에 대한 정보접근권(제393조 제3항 및 제4항)이 수월해지면서 이의 남용을 막기 위해 도입된 것이다.[39]

이 의무에는 기업의 비밀을 지킬 의무와 기업의 비밀을 이사 개인의 사적 이익을 위해 사용하지 않을 의무는 물론 타인이 해당 회사의 비밀 공개를 방지하는 주의 의무도 포함한다(제399조 제1항).[40]

---

38) 충실의 의무가 선량한 관리자의 의무의 의미가 같거나 후자를 구체화한다는 동질설과 서로 다르다는 이질설이 있다(참조 : 최기원, 신회사법론(제14대 개정판), 박영사, 2012, pp.660-662.

39) 기업 고위직에 근무하다가 퇴직한 뒤 「회고록」을 쓰는 경우 이 역시 비밀유지의무에 위배되나? 공무원은?

40) 최준선, 앞의 책, p.519. 한편 자금법에서는 이사 등이 미공개중요정보를 이용하여 특정증권 등의 매매, 그 밖의 거래에 이용하거나 타인에게 이용하게 하여서는 아니 된다고 규정하고 있다. 이를 위반한 자는 손해배상책임은 물론 (위 법 제175조 제1항) 10년 이하의 징역 또는 그 위반행위로 얻은 이익 또는 회피한 손실액의 2배 이상 5배 이하에 상당하는 벌금에 처한다(위 법 제443조 제1항).

(4) 경업피지의무

1) 의 의

이사는 이사회의 승인이 없으면 자기 또는 제3자의 계산으로 회사의 영업부류에 속한 거래를 하거나 동종영업을 목적으로 하는 다른 회사의 무한책임사원이나 이사가 되지 못한다(제397조 제1항). 이를 '**경업피지의무**'라고 한다. 즉, 이사가 사적으로 하는 사업이 자기가 몸담고 있는 회사와 경쟁관계가 있다면, 서로 이익상충이 발생되므로, 그 사업은 회사에 부정적인 영향을 줄 수 있어서 상법에서는 이를 금지하고 있다.

이 규정의 취지는 이사가 그 지위를 이용하여 자신의 개인적 이익을 추구함으로써 회사의 이익을 침해할 우려가 큰 경업을 금지하여 이사로 하여금 선량한 관리자의 주의로써 회사를 유효적절하게 운영하여 그 직무를 충실하게 수행하여야 할 의무를 다하도록 하려는 데 있다.[41] **판례는 형식적으로는 제3자간의 거래이지만 실질적으로는 공동의 이익을 추구하는 관계라면 반드시 이사회의 승인을 얻을 필요는 없다**고 보고 있다.[42]

대법원 2013.9.12. 선고 2011다57869 판결
이사는 경업 대상 회사의 이사, 대표이사가 되는 경우뿐만 아니라 그 회사의 지배주주가 되어 그 회사의 의사결정과 업무집행에 관여할 수 있게 되는 경우에도 자신이 속한 회사 이사회의 승인을 얻어야 하는 것으로 볼 것이다. 한편 어떤 회사가 이사가 속한 회사의 영업부류에 속한 거래를 하고 있다면 그 당시 서로 영업지역을 달리하고 있다고 하여 그것만으로 두 회사가 경업관계에 있지 아니하다고 볼 것은 아니지만, 두 회사의 지분소유 상황과 지배구조, 영업형태, 동일하거나 유사한 상호나 상표의 사용 여부, 시장에서 두 회사가 경쟁자로 인식되는지 여부 등 거래 전반의 사정에 비추어 볼 때 **경업 대상 여부가 문제되는 회사가 실질적으로 이사가 속한 회사의 지점 내지 영업부문으로 운영되고 공동의 이익을 추구하는 관계에 있다면 두 회사 사이에는 서로 이익충돌의 여지가 있다고 볼 수 없고,** 이사가 위와 같은 다른 회사의 주식을 인수하여 지배주주가 되려는 경우에는 상법 제397조가 정하는 바와 같은 이사회의 승인을 얻을 필요가 있다고 보기 어렵다.

2) 법적 성질

이사의 경업피지의무는 **법률에서 당연히 발생하는 의무**로서 회사와 이사 간의 약정유무와 관계없이 발생한다. 상법에 따른 경업금지의무는 이사로서의 재임기간 내로 한정되나, 회

41) 대법원 1993.4.9. 선고 92다53583 판결 참조.
42) 현대자동차와 기아자동차는 경업관계인가? 그렇다면 전자의 이사가 후자의 이사를 겸하고 있을 경우, 그는 경업금지의무 규정을 위반하고 있는가? 아닌가? 그 이유는?

사와 약정에 따라 퇴임 후에도 경업금지의무를 설정하는 것은 가능하다.

3) 내 용

이사의 경업피지의무는 「경업금지의무」와 「겸직금지의무」를 내용으로 한다.

가. 경업금지의무

이사는 이사회의 승인이 없으면 자기 또는 제3자의 계산으로 회사의 영업부류에 속하는 거래를 하지 못한다(제397조 제1항 전단). '자기 또는 제3자의 계산'이란 해당 거래에서 발생하는 손익 귀속의 주체가 이사 또는 제3자가 된다는 것이다. '회사의 영업부류에 속하는 거래'라 함은 그 회사가 영업으로 하는 거래 즉, 영업적 상행위를 의미하는 것이고, 회사가 영업을 위하여 하는 보조적 상행위는 금지되지 않는다.

나. 겸직금지의무

이사는 이사회의 승인이 없으면 그 회사와 동종영업을 목적으로 하는 다른 회사의 무한책임사원이나 이사가 되지 못한다(제397조 제1항 후단). 이사는 동종영업을 목적으로 하는 다른 회사의 무한책임사원이나 이사가 되지 못하나, 상업사용인(제17조)은 법문에서 겸직의 범위를 한정하고 있지 않은 점에서 차이가 있다.

4) 위반의 효과

가. 해임과 손해배상책임

경업피지의무를 위반한 경우에도 거래행위 또는 겸직행위가 무효가 되는 것은 아니다. 다만, 이사가 법률상의 의무를 위반하였으므로 회사는 이사를 해임할 수 있고(제385조), 손해가 있다면 손해배상책임을 물을 수 있다(제399조).

나. 개입권

'개입권(介入權)'이란 상거래(商去來)의 당사자가 아닌 자가 당사자와 같은 이익이나 지위를 주장할 수 있는 권리를 의미한다.

상법은 이사(A)가 경업금지의무 규정을 위반하여 거래를 한 경우에 해당 회사(B)는 이사회의 결의로 그 이사(A)의 거래가 자기(B)의 계산으로 한 것인 때에는 이를 회사(B)의 계산으로 한 것으로 볼 수 있고, 제3자(C)의 계산으로 한 것인 때에는 그 이사(A)에 대하여 이로 인한 이득의 양도를 청구할 수 있다(제397조 제2항).

개입권이 행사되면, 이사가 회사로의 경제적 효과를 귀속시킬 의무가 생길 뿐이고 회사가 직접 거래의 상대방이 되는 것이 아니다. 이와 같은 개입권은 일방적 의사표시로서 행사가 가능한 형성권으로서, 해당 거래가 있은 날로부터 1년을 경과하면 소멸한다(위 조 제3항).

(5) 회사의 기회 및 자산의 유용 금지

이사는 이사회의 승인 없이 현재 또는 장래에 회사의 이익이 될 수 있는 i) 직무를 수행하는 과정에서 알게 되거나 회사의 정보를 이용한 사업기회 ii) 회사가 수행하고 있거나 수행할 사업과 밀접한 관계가 있는 사업기회를 자기 또는 제3자의 이익을 위하여 이용하여서는 아니 되며, 이 경우 이사회의 승인은 이사 3분의 2 이상의 수로써 하여야 한다(제397조의2 제1항).[43]

만일 이사 A가 위 조항을 위반하여 회사 B에게 손해를 발생시켰다면, A 이사 및 승인한 이사 C는 연대하여 B에게 손해를 배상할 책임이 있으며 이로 인하여 이사 A 또는 제3자가 얻은 이익은 손해로 추정한다(위 조 제2항).[44]

(6) 자기거래 금지

1) 의의

상법은 이사, 그의 배우자와 직계존비속 및 주요주주들[45]은 그들 또는 제3자의 계산으로 해당 회사와 거래를 하는 경우, 미리 이사회에서 해당 거래에 관한 중요사실을 밝히고 이사회의 이사 3분의 2 이상 찬성을 받도록 규정하고 있다(제398조).

반면, 상장법인은 주요주주 등 이해관계자[46] 등을 상대방으로 하거나 그를 위하여 신용공여(금전 등 경제적 가치가 있는 재산의 대여, 채무이행의 보증, 자금 지원적 성격의 증권 매입, 그밖에 거래상의 신용위험이 따르는 직접적 · 간접적 거래로서 대통령령으로 정하는 거래를 말함)를 하여서는 안 된다고 하여, 이들의 자기거래를 원천적으로 제한하고 있다(제542조의9 제1항).

2) 자기거래의 내용

자기거래는 경제상의 귀속주체가 누구인지로 판단한다. 거래의 명의가 이사로 되어 있을 필요가 없다. 이사가 제3자의 대리인 또는 제3자의 위탁을 받아 회사를 거래하더라도 자기거래에 해당할 수 있다.

---

43) 퇴임 후의 이사는 위 조문의 적용대상이 아니다.

44) 사업기회를 이용한 결과는 간접적인 손해이기 때문에 손해액수의 증명이 어려워서 상법은 손해를 추정하는 규정을 두고 있다.

45) 구체적인 내용 : 상법 제398조 참조.

46) 구체적인 내용 : 상법 제542조의9 제1항 참조.

이사와 회사의 이익이 충돌우려가 없는 거래에는 적용되지 않는다. 회사의 주주가 1인 주주이자 이사인 경우에는 1인 주주와 회사의 이해의 충돌이 없기 때문에 이 경우에도 적용되지 않는다.[47] **판례는 어느 회사가 이사회 결의를 거쳐 사업을 포기했는데 그 사업을 그 회사재직 중인 이사가 인수하여 사업을 한 경우, 이는 자기거래금지 원칙에 위배되지 않는다고 한다.**

대법원 2017.9.12. 선고 2015다70044 판결

구 상법(2011. 4. 14. 법률 제10600호로 개정되기 전의 것) 제398조에 의하면 "이사는 이사회의 승인이 있는 때에 한하여 자기 또는 제3자의 계산으로 회사와 거래를 할 수 있다."라고 규정하고 있다. 여기서 이사회의 승인이 필요한 이사와 회사의 거래에는 이사가 거래의 상대방이 되는 경우뿐만 아니라 상대방의 대리인이나 대표자로서 회사와 거래를 하는 경우와 같이 특별한 사정이 없는 한 회사와 이사 사이에 이해충돌의 염려 내지 회사에 불이익을 생기게 할 염려가 있는 거래도 해당된다. 이러한 이사의 거래에 이사회의 승인을 요하는 이유는 이사와 회사 사이의 이익상반거래가 비밀리에 행해지는 것을 방지하고 그 거래의 공정성을 확보함과 아울러 이사회에 의한 적정한 직무감독권의 행사를 보장하기 위해서이다. 따라서 그 거래와 관련된 이사는 이사회의 승인을 받기에 앞서 이사회에 그 거래에 관한 자기의 이해관계 및 그 거래에 관한 중요한 사실들을 개시하여야 할 의무가 있다. 이사는 회사에 대하여 선량한 관리자의 주의의무를 지므로, 법령과 정관에 따라 회사를 위하여 그 의무를 충실히 수행한 때에야 이사로서의 임무를 다한 것이 된다. 이사는 이익이 될 여지가 있는 사업기회가 있으면 이를 회사에 제공하여 회사로 하여금 이를 이용할 수 있도록 하여야 하고, 회사의 승인 없이 이를 자기 또는 제3자의 이익을 위하여 이용하여서는 아니 된다. 그러나 **회사의 이사회가 그에 관하여 충분한 정보를 수집·분석하고 정당한 절차를 거쳐 의사를 결정함으로써 그러한 사업기회를 포기하거나 어느 이사가 그것을 이용할 수 있도록 승인하였다면 의사결정과정에 현저한 불합리가 없는 한 그와 같이 결의한 이사들의 경영판단은 존중되어야 할 것이므로,** 이 경우에는 어느 이사가 그러한 사업기회를 이용하게 되었더라도 그 이사나 이사회의 승인 결의에 참여한 이사들이 이사로서 선량한 관리자의 주의의무 또는 충실의무를 위반하였다고 할 수 없다.

자기거래는 **직접거래이든 간접거래**[48]이든 이사와 이해가 충돌될 수 있는 거래이면 자기거래에 해당하게 된다. **자기계약 형태이든 쌍방대리**[49] **형태여도** 적용된다.

47) 대법원 2007.5.10. 선고 2005다4284 판결.
48) '간접거래'란 이사이외의 제3자와 회사의 거래이지만 실질에 있어서는 회사와 이사의 이익이 충돌되는 경우를 말한다. 예를 들면, 회사가 이사 개인의 보증하는 경우이다.
49) '쌍방대리'란 A회사와 B회사의 대표이사가 동일인인데 A회사와 B회사의 사이의 거래를 말한다.

3) 이사회의 승인

자기거래의 승인은 이사회에서 한다. 보통의 이사회 결의와 달리 자기거래의 승인은 이사 3분의 2 이상의 찬성으로 한다.

이사회의 승인은 이사 등이 회사와 거래를 하기 전에 미리 받아야 한다. 이사회의 승인은 개개의 거래마다 받아야 하고 포괄적인 승인은 허용되지 않는다. 동일한 형태의 거래가 반복적으로 이루어지는 경우에는 포괄적인 승인도 가능하다. 판례는 이사회의 자기거래의 승인은 원칙적으로 이사회의 전결사항이나 주주전원의 동의가 있다거나 정관으로 주주총회의 권한사항으로 하는 것은 가능하다고 한다.

대법원 2007.5.10. 선고 2005다4284 판결
이사와 회사 사이의 이익상반거래에 대한 승인은 주주 전원의 동의가 있다거나 그 승인이 정관에 주주총회의 권한사항으로 정해져 있다는 등의 특별한 사정이 없는 한 이사회의 전결사항이라 할 것이므로, 이사회의 승인을 받지 못한 이익상반거래에 대하여 아무런 승인 권한이 없는 주주총회에서 사후적으로 추인 결의를 하였다 하여 그 거래가 유효하게 될 수는 없다.

이사회의 승인 시에 거래당사자인 이사는 특별이해관계가 있는 자이므로 이사회에서 의결권을 행사하지 못한다(제391조 제3항, 제368조 제3항).

이사회의 승인이 있는 경우에는 회사와 이사간의 거래는 유효하게 된다. 이사회의 승인이 이사의 책임까지 면제해주는 것은 아니기 때문에 이사회 승인이 있다고 하더라도 회사에 손해가 발생하게 되면 해당 이사와 이를 승인한 이사는 그 회사의 손해에 대해서 연대하여 배상할 책임이 있다(제399조 제1항, 제2항).[50] 이 책임은 주주 전원의 동의로 면제가 가능하다(제400조 제1항).

4) 이사회 승인이 없는 자기거래의 효과

이사회의 승인없는 자기거래의 효력에 대해서는 「유효설」, 「무효설」, 「상대적 무효설」이 있으나, 통설은 상대적 무효설이다.[51] 판례도 상대적 무효설의 입장에 있다.

즉, 이사회의 승인이 없는 자기거래는 회사와 이사 간에는 무효이지만, 제3자에게는 그가 이사회의 승인이 없음을 알았다는 사실을 회사가 증명하여야 무효를 주장할 수 있다. 제3자가 중대한 과실로 이사회 승인이 없었음을 알지 못했다면 악의인 경우와 동일하게 취급한다.

---

50) 대법원 1989.1.31. 선고 87누760 판결.
51) 이기종, 앞의 책, p. 305.

대법원 2004.3.25. 선고 2003다64688 판결

회사의 대표이사가 **이사회의 승인 없이 한 이른바 자기거래행위는 회사와 이사 간에서는 무효**이지만, 회사가 위 거래가 이사회의 승인을 얻지 못하여 무효라는 것을 제3자에 대하여 주장하기 위해서는 거래의 안전과 선의의 제3자를 보호할 필요상 이사회의 승인을 얻지 못하였다는 것 외에 **제3자가 이사회의 승인 없음을 알았다는 사실을 입증하여야 할 것이고, 비록 제3자가 선의였다 하더라도 이를 알지 못한 데 중대한 과실이 있음을 입증한 경우에는 악의인 경우와 마찬가지**라고 할 것이며, 이 경우 중대한 과실이라 함은 제3자가 조금만 주의를 기울였더라면 그 거래가 이사와 회사간의 거래로서 이사회의 승인이 필요하다는 점과 이사회의 승인을 얻지 못하였다는 사정을 알 수 있었음에도 불구하고, 만연히 이사회의 승인을 얻은 것으로 믿는 등 거래통념상 요구되는 주의의무에 현저히 위반하는 것으로서 공평의 관점에서 제3자를 구태여 보호할 필요가 없다고 봄이 상당하다고 인정되는 상태를 말한다.

판례는 상대적 무효설에 따라 이사와 회사 사이의 거래가 상법 제398조를 위반하였음을 이유로 무효임을 주장할 수 있는 자는 회사에 한정되므로 **특별한 사정이 없는 한 거래의 상대방이나 제3자는 그 무효를 주장할 이익이 없다**고 한다.

대법원 2012.12.27. 선고 2011다67651 판결

상법 제398조가 이사와 회사 사이의 거래에 관하여 이사회의 승인을 얻도록 한 것은, 이사가 그 지위를 이용하여 회사와 직접 거래를 하거나 이사 자신의 이익을 위하여 회사와 제3자 사이의 거래를 함으로써 이사 자신의 이익을 도모하고 회사 및 주주에게 손해를 입히는 것을 방지하고자 하는 것이므로, 그 규정 취지에 비추어 이사와 회사 사이의 거래가 상법 제398조를 위반하였음을 이유로 **무효임을 주장할 수 있는 자는 회사에 한정되고 특별한 사정이 없는 한 거래의 상대방이나 제3자는 그 무효를 주장할 이익이 없다고 보아야 하므로,** 거래의 상대방인 해당 이사 스스로가 위 규정 위반을 내세워 그 거래의 무효를 주장하는 것은 허용되지 않는다 할 것이다.

(7) 보고의무

감사가 이사에 대하여 영업에 관한 보고를 요구한 경우에는 이사는 이에 응하여 보고하여야 한다(제412조 제2항). 이사는 회사에 현저하게 손해를 미칠 염려가 있는 사실을 발견한 때에는 즉시 감사에게 이를 보고하여야 한다(제412조의2). 만약 이사가 이들 보고의무를 위반한 경우에는 그로 인한 회사의 손해를 배상할 책임이 있다(제399조 제1항).

(8) 감시의무

이사들은 서로 다른 이사의 업무집행에 관하여 감시의무가 있다는 것이 통설이다. 이러한 이사들의 감시의무는 서로의 직무위반행위를 발견한 경우 감사기관에 시정을 요구하는 것을 내용으로 한다.

판례는 이사들이 각자 내부적인 사무분장에 따라 전문분야를 전담하여 처리할 수밖에 없더라도 그러한 사정만으로는 다른 이사들의 업무집행에 관한 감시의무를 면할 수 없다고 한다.

대법원 2008.9.11. 선고 2006다68636 판결
대표이사는 이사회의 구성원으로서 **다른 대표이사를 비롯한 업무담당이사의 전반적인 업무집행을 감시할 권한과 책임**이 있으므로, 다른 대표이사나 업무담당이사의 업무집행이 위법하다고 의심할 만한 사유가 있음에도 악의 또는 중대한 과실로 인하여 감시의무를 위반하여 이를 방치한 때에는 그로 말미암아 제3자가 입은 손해에 대하여 배상책임을 면할 수 없다. 이러한 감시의무의 구체적인 내용은 회사의 규모나 조직, 업종, 법령의 규제, 영업상황 및 재무상태에 따라 크게 다를 수 있는바, **고도로 분업화되고 전문화된 대규모의 회사에서 공동대표이사와 업무담당이사들이 내부적인 사무분장에 따라 각자의 전문 분야를 전담하여 처리하는 것이 불가피한 경우라 할지라도 그러한 사정만으로 다른 이사들의 업무집행에 관한 감시의무를 면할 수는 없고**, 그러한 경우 무엇보다 합리적인 정보 및 보고시스템과 내부통제시스템을 구축하고 그것이 제대로 작동하도록 배려할 의무가 이사회를 구성하는 개개의 이사들에게 주어진다는 점에 비추어 볼 때, 그러한 노력을 전혀 하지 아니하거나, 위와 같은 시스템이 구축되었다 하더라도 이를 이용한 회사 운영의 감시·감독을 의도적으로 외면한 결과 다른 이사의 위법하거나 부적절한 업무집행 등 이사들의 주의를 요하는 위험이나 문제점을 알지 못한 경우라면, 다른 이사의 위법하거나 부적절한 업무집행을 구체적으로 알지 못하였다는 이유만으로 책임을 면할 수는 없고, 위와 같은 지속적이거나 조직적인 감시 소홀의 결과로 발생한 다른 이사나 직원의 위법한 업무집행으로 인한 손해를 배상할 책임이 있다.

대표이사나 업무담당이사에게 감시의무를 부여하는 데는 별 이견이 없으나 비상근평이사의 경우 평상시 업무집행을 하는 것이 아니라 이사회가 소집한 경우에 의결권을 행사하는 것일 뿐이기 때문에 이사회를 통하여 업무담당이사의 업무집행을 감시하는 것 외에 업무담당이사의 전반적인 업무집행을 감시할 의무가 부여되는지가 문제되었다. 판례는 평이사에게도 업무담당이사의 전반적인 업무집행을 감시할 의무가 부여된다고 한다.

대법원 1985.6.25. 선고 84다카1954 판결

주식회사의 업무집행을 담당하지 아니한 평이사는 이사회의 일원으로서 **이사회를 통하여 대표이사를 비롯한 업무담당이사의 업무집행을 감시하는 것이 통상적이긴 하나** 평이사의 임무는 단지 이사회에 상정된 의안에 대하여 찬부의 의사표시를 하는데에 그치지 않으며 대표이사를 비롯한 업무담당이사의 전반적인 업무집행을 감시할 수 있는 것이므로, 업무담당 이사의 업무집행이 위법하다고 의심할만한 사유가 있음에도 불구하고 평이사가 감시의무를 위반하여 이를 방치한 때에는 이로 말미암아 회사가 입은 손해에 대하여 배상책임을 면할 수 없다.

8 이사의 책임

앞서 살펴본 바와 같이 이사에게는 여러 가지 의무가 있다. 그러나 이사가 고의나 과실로 법령이나 정관의 규정을 위반하거나 그 임무를 해태(게을리)한 경우, 그 손해를 배상할 책임이 있다.

(1) 회사에 대한 손해배상책임

이사가 「고의 또는 과실」로 법령 또는 정관을 위반하거나 그 「임무를 해태(懈怠, 게을리)」한 경우[52]에는 그 이사는 회사에 대하여 연대하여 손해를 배상할 책임이 있으며, 이 행위가 이사회의 결의에 의한 것인 때에는 그 결의에 찬성한 이사도 책임이 있다(제399조 제1항 및 제2항). 한편, 그 결의에 참가한 이사로서 이의(異議)를 한 기재가 의사록에 없는 자는 그 결의에 찬성한 것으로 추정한다(위 조 제3항).

판례는 회사가 커다란 손해를 입었다고 하더라도 그 의사결정이 합리적인 판단 과정을 거친 경우라면 손해배상책임 대상이 아니라고 한다.

---

52) 대법원은 '주식회사의 이사는 이사회의 일원으로서 이사회에 상정된 의안에 대하여 찬부의 의사표시를 하는데 그치지 않고, 담당업무는 물론 다른 업무담당 이사의 업무집행을 전반적으로 감시할 의무가 있고 이러한 의무는 비상근 이사라고 하여 면할 수 있는 것은 아니므로 주식회사의 이사가 이사회에 참석하지도 않고 사후적으로 이사회의 결의를 추인하는 등으로 실질적으로 이사의 임무를 전혀 수행하지 않은 이상 그 자체로서 임무해태가 된다고 할 것이다'라고 판시한 바가 있다(대법원 2008.12.11. 선고 2005다51471 판결).

대법원 2015.7.23. 선고 2013다62278 판결

흡수합병 시 존속회사가 발행하는 합병신주를 소멸회사의 주주에게 배정·교부함에 있어서 적용할 합병비율을 정하는 것은 합병계약의 가장 중요한 내용이고, 만일 합병비율이 합병할 각 회사의 일방에게 불리하게 정해진 경우에는 그 회사의 주주가 합병 전 회사의 재산에 대하여 가지고 있던 지분비율을 합병 후에 유지할 수 없게 됨으로써 실질적으로 주식의 일부를 상실하게 되는 결과를 초래하므로, 비상장법인 간 흡수합병의 경우 소멸회사의 주주인 회사의 이사로서는 그 합병비율이 합병할 각 회사의 재산 상태와 그에 따른 주식의 실제적 가치에 비추어 공정하게 정하여졌는지를 판단하여 회사가 그 합병에 동의할 것인지를 결정하여야 한다. 다만, 비상장법인 간 합병의 경우 합병비율의 산정방법에 관하여는 법령에 아무런 규정이 없을 뿐만 아니라 합병비율은 자산가치 이외에 시장가치, 수익가치, 상대가치 등의 다양한 요소를 고려하여 결정되어야 하는 만큼 엄밀한 객관적 정확성에 기하여 유일한 수치로 확정할 수 없는 것이므로, **소멸회사의 주주인 회사의 이사가 합병의 목적과 필요성, 합병 당사자인 비상장법인 간의 관계, 합병 당시 각 비상장법인의 상황, 업종의 특성 및 보편적으로 인정되는 평가방법에 의하여 주가를 평가한 결과 등 그 합병에 있어서 적정한 합병비율을 도출하기 위한 합당한 정보를 가지고 합병비율의 적정성을 판단하여 그 합병에 동의할 것인지를 결정하였고, 그 합병비율이 객관적으로 현저히 불합리하지 아니할 정도로 상당성이 있다면, 이사는 선량한 관리자의 주의의무를 다한 것이라고 봄이 상당하다.**

그러나 판례는 이사가 법령을 위반한 행위를 한 때에는 그 행위 자체가 채무불이행에 해당하므로 이와 같은 법령을 위반한 행위에 대해서는 경영판단의 원칙이 적용되지 않는다.

대법원 2005.10.28. 선고 2003다69638 판결

상법 제399조는 이사가 법령에 위반한 행위를 한 경우에 회사에 대하여 손해배상책임을 지도록 규정하고 있는바, 이사가 회사에 대하여 손해배상책임을 지는 사유가 되는 법령에 위반한 행위는 이사로서 임무를 수행함에 있어서 준수하여야 할 의무를 개별적으로 규정하고 있는 상법 등의 제 규정과 회사가 기업활동을 함에 있어서 준수하여야 할 제 규정을 위반한 경우가 이에 해당된다고 할 것이고, 이사가 임무를 수행함에 있어서 **위와 같은 법령에 위반한 행위를 한 때에는 그 행위 자체가 회사에 대하여 채무불이행에 해당**되므로 이로 인하여 회사에 손해가 발생한 이상, 특별한 사정이 없는 한 손해배상책임을 면할 수는 없다 할 것이며, **위와 같은 법령에 위반한 행위에 대하여는 이사가 임무를 수행함에 있어서 선관주의의무를 위반하여 임무해태로 인한 손해배상책임이 문제되는 경우에 고려될 수 있는 경영판단의 원칙은 적용될 여지가 없다.**

(2) 제3자에 대한 손해배상책임

이사가 「고의 또는 중대한 과실」로 그 「임무를 게을리 한 때」에는 그 이사는 제3자에 대하여 연대하여 손해를 배상할 책임이 있다(제401조 제1항).

이와 같은 책임이 이사회의 결의로 인한 행위에서 발생한 경우, 그 결의에 찬성한 이사도 전항의 책임이 있으며(제401조 제2항) 그 결의에 참가한 이사로서 이의를 한 기재가 의사록에 없는 자는 그 결의에 찬성한 것으로 추정한다.

판례는 「주주의 간접손해」는 이사의 제3자에 대한 손해배상책임의 범위에 포함되지 않는다고 한다.

대법원 2003.10.24. 선고 2003다29661 판결
주식회사의 주주가 이사의 악의 또는 중대한 과실로 인한 임무해태행위로 직접 손해를 입은 경우에는 이사에 대하여 상법 제401조에 의하여 손해배상을 청구할 수 있으나, **이사가 회사재산을 횡령하여 회사재산이 감소함으로써 회사가 손해를 입고 결과적으로 주주의 경제적 이익이 침해되는 손해와 같은 간접적인 손해**는 상법 제401조 제1항에서 말하는 손해의 개념에 포함되지 아니하므로 이에 대하여는 위 법조항에 의한 **손해배상을 청구할 수 없다**.

(3) 업무집행관여자의 책임

1) 취 지

실질에 있어서는 회사의 경영을 맡고 있는 지배주주가 형식적으로 이사의 지위에 있지 않다면 이사의 손해배상책임 규정을 적용할 수가 없다. **지배주주는 회사경영에 큰 영향을 끼칠 수 있는 자임에도 업무집행에 대해서 책임을 지지 않는 것은 부당하기 때문에 상법은 회사의 경영을 사실상 맡고 있는 자 즉 업무집행관여자에게 이사와 마찬가지의 책임을 부여하고** 있다. 업무집행관여자는 이사의 회사에 대한 손해배상책임(제399조), 이사의 제3자에 대한 손해배상책임(제401조), 대표소송(제403조)의 규정이 동일하게 적용된다(제401조의2).

2) 업무집행관여자의 유형

업무집행관여자에는 **업무집행지시자, 무권대행자, 표현이사**를 의미한다. **'업무집행지시자'**란 **「회사에 대한 자신의 영향력을 이용하여 이사에게 업무집행을 지시한 자」**를 의미하고(위 조 제1항 제1호), **'무권대행자'란 이사의 이름으로 직접 업무를 집행한 자**를 의미하며(위 조 제1항 제2호), **'표현이사'는 이사가 아니면서 명예회장 · 회장 · 사장 · 부사장 · 전무 · 상무 · 이사 기타 회사의 업무를 집행할 권한이 있는 것으로 인정될 만한 명칭을 사용하여 회사의 업무를 집행한 자**(위 조 제1항 제3호)를 말한다.

한편, 「회사에 대한 자신의 영향력을 이용하여 이사에게 업무집행을 지시한 자」와 「이사의 이름으로 직접 업무를 집행한 자」는 회사에 대해 영향력을 가진 자를 전제로 하고 있으나, 「이사가 아니면서 명예회장 · 회장 · 사장 · 부사장 · 전무 · 상무 · 이사 기타 업무를 집행할 권한이 있는 것으로 인정될 만한 명칭을 사용하여 회사의 업무를 집행한 자」는 직명 자체에 업무집행권이 표상되어 있기 때문에 그에 더하여 회사에 대해 영향력을 가진 자일 것까지 요건으로 하고 있는 것은 아니다.[53)]

3) 책임의 내용

업무집행관여자는 그 지시하거나 집행한 업무에 관하여 상법 제399조, 제401조, 제403조를 적용함에 있어서 이들을 이사로 본다(제401조의2 제1항 본문). 업무집행관여자가 회사, 제3자에 대하여 손해배상책임을 지는 경우 이들의 행위에 협조한 이사나 다른 업무집행관여자는 연대하여 그 책임을 진다(위 조 제2항).

(4) 책임의 소멸

회사의 이사에 대한 손해배상책임은 주주 전원의 동의로 면제할 수 있다(제400조 제1항). 여기서의 주주 전원의 동의는 주주총회의 결의를 의미하는 것은 아니다. 개별적으로 주주에게 동의를 받았다고 하여도 전원의 동의가 있으면 되며, 의결권 없는 주주의 동의도 있어야 한다. 주주 전원의 동의가 있다고 하여도 이사의 불법행위로 인한 손해배상책임까지는 면제되지 않는다.

정기주주총회에서 재무제표를 승인한 후 2년 내에 다른 결의가 없으면 이사의 부정행위를 제외하고는 회사가 이사의 책임을 해제한 것으로 본다(제450조). 여기서 해제되는 이사의 책임은 재무제표에 기재되어 정기총회에서 승인을 얻은 사항에 한정된다.

이사의 회사에 대한 손해배상책임은 일반채권의 시효기간과 같이 10년의 시효로 소멸한다(민법 제162조 제1항).[54)]

9 주주의 이사에 대한 견제

주주가 직접 이사를 견제하고 그 책임을 추궁할 수 있는 제도로서 이사에 대한 「위법행

53) 대법원 2009.11.26. 선고 2009다39240 판결. 그들은 이미 회사에 영향력이 있어서 그 자리에 올랐기 때문일 것이다.

54) 대법원 1985.6.25.선고 84다카1954판결(주식회사의 이사 또는 감사의 회사에 대하 임무해태로 인한 손해배상책임은 일반불법행위 책임이 아니라 위임관계로 인한 채무불이행 책임이므로 그 소멸시효기간은 일반채무의 경우와 같이 10년이라고 보아야 한다).

위 유지청구권」과 「대표소송제도」가 있다.

(1) 위법행위유지청구권

1) 의 의

'위법행위유지청구권(違法行爲留止請求權)'[55]이란 영미법상 금지명령과 유사한 제도로서 이사가 법령 또는 정관에 위반한 행위를 하여 이로 인하여 회사에 회복할 수 없는 손해가 생길 염려가 있는 경우에 감사 또는 100분의 1이상에 해당하는 주식을 가진 주주가 회사를 위하여 해당 이사에게 그 행위를 중지할 것을 청구할 수 있는 권리를 말한다(제402조).

이는 이사의 업무집행에 대한 감독권이라는 측면에서 이하에서 설명하는 대표소송과 공통점이 있으나 대표소송은 사후적인 수단인 반면 위법행위유지청구권은 사전적 수단인 점에 차이가 있다.

2) 요 건

가. 법령 또는 정관에 위반한 행위

이사가 법령 또는 정관에 위반한 행위를 하는 경우에는 그 행위가 회사의 목적 범위 내외이든, 불법행위이든 준법률행위나 사실행위이든 모두 유지청구권의 대상이 된다. 이에 대한 이사의 고의 · 과실 유무를 불문한다.

나. 회복할 수 없는 손해발생의 염려

이사의 법령 또는 정관에 위반한 행위로 인하여 회사에 회복할 수 없는 손해가 생길 염려가 있어야 한다. 회복할 수 없는 손해인지는 회복을 위한 비용이나 절차에 비해 회복이 곤란하거나 상당한 시일이 걸리는지 여부를 사회통념에 따라 판단하여야 하고 법률적 의미에서 회복이 불가능한 것만을 의미하는 것은 아니다.

3) 당사자

유지청구권을 행사할 수 있는 자는 감사 또는 발행주식총수의 100분의 1이상의 주식을 가진 주주이다. 감사에 갈음하여 감사위원회를 둔 경우에는 감사위원회가 유지청구를 할 수 있다(제415조의2 제7항).

---

55) 이 때 유지란 중지와 동일한 의미이다.

4) 절 차

유지청구는 이사에 대해서 소(訴)외로도 할 수 있고 소(訴)로써도 할 수 있다. 소로써 유지청구를 하는 경우에는 가처분으로 이사의 행위를 중지시킬 수 있다(민사집행법 제300조 제2항). 유지청구의 소는 승소나 패소한 경우 모두 판결의 효력이 회사에도 미친다.

5) 효 과

소수주주나 감사가 유지청구를 하였다고 하여도 이사가 반드시 따라야 하는 것은 아니다. 즉, 이사가 유지청구에 응하지 않더라도 법령 또는 정관위반이나 임무해태가 되는 것은 아니다. 왜냐하면, 유지청구가 이유가 없는 경우도 있을 수 있기 때문에 이사는 일반적인 선량한 주주의무로 유지청구를 따를지를 판단하면 된다. 유지청구를 따른 경우에도 그것이 법령이나 정관을 위반한 경우에는 그에 따라 이사는 회사에 손해배상책임을 지게 될 수 있다.

(2) 대표소송

1) 의 의

회사가 이사에 대한 책임추궁을 게을리 하는 경우 주주가 해당 이사에 대한 책임을 추궁하는 소를 제기할 수 있는데, 이를 '대표소송'이라고 한다(제403조).[56] 이사의 책임은 원래 회사의 대표이사가 제기하여야 하나 대표이사와 이사의 관계상 실제 소송이 이루지기가 힘들기 때문에 대표소송제도가 도입된 것이다.

2) 청구요건 및 절차

가. 주주의 회사에 대한 제소 청구

대표소송은 발행주식총수의 100분의 1 이상에 해당하는 주식을 가진 주주가 회사에 대하여 청구할 수 있다(제403조 제1항).

발행주식총수의 100분의 1 이상은 법원에 소를 제기할 때까지만 충족하면 되는 것이고 그 후에 100분의 1 미만으로 감소되어도 원고적격은 유지된다. 다만, 제소한 주주가 발행주식을 보유하지 않게 된 경우에는 원고적격이 없게 되어 소가 각하된다(제405조 제5항).

---

56) 이사 외에도 발기인, 감사, 청산인 등의 책임을 추궁하기 위해서 주주가 대표소송을 제기할 수 있다. 불공정한 가액으로 신주를 인수한 자, 주주권 행사와 관련하여 이익을 공여받은 자에 대한 회사의 권리를 실현하기 위해서도 제기할 수 있다.

대법원 2013.9.12. 선고 2011다57869 판결

상법 제403조 제1항, 제2항, 제3항, 제5항과 구 증권거래법(2007. 8. 3. 법률 제8635호 자본시장과 금융투자업에 관한 법률 부칙 제2조로 폐지, 이하 '구 증권거래법'이라 한다) 제191조의13 제1항을 종합하여 보면, 여러 주주들이 함께 대표소송을 제기하기 위하여는 **그들이 회사에 대하여 이사의 책임을 추궁할 소의 제기를 청구할 때와 회사를 위하여 그 소를 제기할 때 보유주식을 합산하여 상법 또는 구 증권거래법이 정하는 주식보유요건을 갖추면 되고, 소 제기 후에는 보유주식의 수가 그 요건에 미달하게 되어도 무방**하다. 그러나 **대표소송을 제기한 주주 중 일부가 주식을 처분하는 등의 사유로 주식을 전혀 보유하지 아니하게 되어 주주의 지위를 상실**하면, 특별한 사정이 없는 한 그 주주는 **원고적격을 상실하여 그가 제기한 부분의 소는 부적법**하게 되고, 이는 **함께 대표소송을 제기한 다른 원고들이 주주의 지위를 유지하고 있다고 하여 달리 볼 것은 아니다.**

회사에 대한 제소의 청구는 **감사 또는 감사위원회를 상대로 청구해야** 한다. 왜냐하면 회사와 이사 간의 소송에서는 감사 또는 감사위원회가 회사를 대표하기 때문이다(제394조 제1항, 제415조의2 제7항). 이 청구는 그 이유를 기재한 서면으로써 하여야 한다(제403조 제2항).

나. 제소의 해태

주주의 청구를 받은 날부터 30일 내에 감사 또는 감사위원회가 소를 제기하지 아니한 때에는 주주가 직접 소를 제기할 수 있다(위 조 제3항). 위의 기간 30일의 경과로 회사에 회복할 수 없는 손해가 생길 우려가 있는 경우에는 회사에 제소할 필요가 없이 주주가 직접 이사의 책임을 추궁하는 소를 제기할 수 있다(위 조 제4항).

3) 대표소송 대상 범위

상법 제398조의 회사와 이사간의 거래로 인한 이행청구, 제399조의 이사의 손해배상책임, 제428조의 이사의 자본충실책임을 추궁하기 위해서 대표소송을 제기할 수 있다는 것이 통설이다.

4) 판결의 효력

대표소송 판결의 효력은 **승소나 패소와 관계없이 원고인 주주와 회사에 미친다**(민사소송법 제218조 제3항). **판례는 판결의 집행력도 원고인 주주와 회사에 미치며, 주주가 스스로 집행채권자가 될 수 있다고** 한다.[57]

57) 대법원 2014. 2. 19. 자 2013마2316 결정(주주대표소송의 주주와 같이 다른 사람을 위하여 원고가 된 사람이 받은 확정판결의 집행력은 확정판결의 당사자인 원고가 된 사람과 다른 사람 모두에게 미치므로, 주주대표소송의 주주는 집행채권자가 될 수 있다).

5) 이중대표소송 가능 여부

지배종속관계에 있는 회사에서 지배회사의 주주가 종속회사의 이사에 대한 책임을 추궁하기 위해서 대표소송을 제기하는 것을 '이중대표소송'이라고 하는데 이러한 대표소송이 가능한지가 문제된다. **판례는 종속회사의 주주가 아닌 지배회사의 주주는 종속회사의 이사에 대해서 대표소송을 제기할 수 없다는** 입장이다.

대법원 2004.9.23. 선고 2003다49221 판결
어느 한 회사가 다른 회사의 주식의 전부 또는 대부분을 소유하여 양자간에 지배종속관계에 있고, 종속회사가 그 이사 등의 부정행위에 의하여 손해를 입었다고 하더라도, 지배회사와 종속회사는 상법상 별개의 법인격을 가진 회사이고, **대표소송의 제소자격은 책임추궁을 당하여야 하는 이사가 속한 해당 회사의 주주로 한정**되어 있으므로, **종속회사의 주주가 아닌 지배회사의 주주는 상법 제403조, 제415조에 의하여 종속회사의 이사 등에 대하여 책임을 추궁하는 이른바 이중대표소송을 제기할 수 없다.**

10 세금

(1) 이사의 보수

상법상 이사는 이사회의 구성원으로서 회사의 업무집행에 관한 의사결정에 참여할 권한을 가지고 있고(제393조 제1항), 이사는 법령과 정관의 규정에 따라 회사를 위하여 그 직무를 충실하게 수행하여야 할 의무가 있으며(제382조의3), 그의 보수는 정관에 그 액을 정하지 아니한 때에는 주주총회의 결의로 이를 정한다고 규정하고 있다(제388조).

한편, 법인세법 제26조는 인건비(이사의 급여 포함) **중 법령으로 정하는 바에 따라 과다하거나 부당하다고 인정하는 금액은 내국법인의 각 사업연도의 소득금액을 계산할 때 손금에 산입하지 아니한다고 규정**하고 있다. 이는 임원[58] 등이 법인의 의사결정과정에서 영향력을 미쳐서 본인들의 인건비 수준을 좌우할 수 있기 때문이다.[59]

58) 세법상 임원이라 함은 ⅰ) 법인의 회장, 사장, 부사장, 이사장, 대표이사, 전무이사 및 상무이사 등 이사회의 구성원 전원과 청산인 ⅱ) 합명회사, 합자회사 및 유한회사의 업무집행사원 또는 이사 ⅲ) 유한책임회사의 업무집행자 ⅳ) 감사 ⅴ) 그밖에 ⅰ) 내지 ⅳ)의 규정에 준하는 직무에 종사하는 자를 포함하고 있다(법인세법 시행령 제20조 제1항 제4호).

59) 임원과 직원의 임금격차는 어느 정도가 합리적일까? 99:1? 반드시 합리적이어야 하나? 100억 원을 출자한 A의 자식이 B회사의 대표이사라고 하자. 적정한 급여수준은? 정관에서 연봉 100억원으로 하고 있다고 하자. 적정한가? 적정하다면 A는 100억 원을 회사에 출자한 뒤, 그의 아들이 1년 뒤에 이 금액을 모두 회사로부터 뽑아(?)낼 수 있다. A가 100억 원 또는 그 이상을 그의 아들에게 사실상 증여한 게 아닐까?

위 법조문의 위임을 받은 「법인세법 시행령」은 ⅰ) 법인이 그 임원 또는 사용인에게 이익처분에 의하여 지급하는 상여금[60)] ⅱ) 법인이 임원에게 지급하는 상여금 중 정관 · 주주총회 · 사원총회 또는 이사회의 결의에 의하여 결정된 급여지급기준에 의하여 지급하는 금액을 초과하여 지급한 경우 그 초과금액 ⅲ) 법인이 지배주주 등인 임원 또는 사용인에게 정당한 사유없이 동일직위에 있는 지배주주 등 외의 임원 또는 사용인에게 지급하는 금액을 초과하여 보수를 지급한 경우 그 초과금액은 손금에 산입하지 않도록 규정하고 있다(제43조 제1항, 제2항, 제3항).

이사에게 몇십억원의 보수를 준 경우 모든 금액이 손금에 산입될 수 있는가? 판례는 "해당 보수가 임원의 직무집행에 대한 정상적인 대가라기보다는 주로 법인에 유보된 이익을 분여하기 위하여 대외적으로 보수의 형식을 취한 것에 불과하다면, 이는 이익처분으로서 손금불산입 대상이 되는 상여금과 그 실질이 동일하므로 법인세법 시행령 제43조에 따라 손금에 산입할 수 없다."고 판시한 바가 있다. 즉, 정상적인 대가에 한정하여 손금을 인정할 수 있다고 보고 있다.

대법원 2017.9.21. 선고 2015두60884 판결
법인이 임원에게 직무집행의 대가로서 지급하는 보수는 법인의 사업수행을 위하여 지출하는 비용으로서 원칙적으로 손금산입의 대상이 된다. 하지만 앞서 본 규정들의 문언과 법인의 소득을 부당하게 감소시키는 것을 방지하기 위한 구 법인세법 제26조, 법인세법 시행령 제43조의 입법취지 등에 비추어 보면, 법인이 지배주주인 임원(그와 특수관계에 있는 임원을 포함한다)에게 보수를 지급하였더라도, **그 보수가 법인의 영업이익에서 차지하는 비중과 규모, 해당 법인 내 다른 임원들 또는 동종업계 임원들의 보수와의 현저한 격차 유무, 정기적 · 계속적으로 지급될 가능성, 보수의 증감 추이 및 법인의 영업이익 변동과의 연관성, 다른 주주들에 대한 배당금 지급 여부, 법인의 소득을 부당하게 감소시키려는 주관적 의도 등 제반 사정을 종합적으로 고려할 때, 해당 보수가 임원의 직무집행에 대한 정상적인 대가라기보다는 주로 법인에 유보된 이익을 분여하기 위하여 대외적으로 보수의 형식을 취한 것에 불과하다면, 이는 이익처분으로서 손금불산입 대상이 되는 상여금과 그 실질이 동일하므로 법인세법 시행령 제43조에 따라 손금에 산입할 수 없다**고 보아야 한다. 또한 증명의 어려움이나 공평의 관념 등에 비추어, 위와 같은 사정이 상당한 정도로 증명된 경우에는 보수금 전체를 손금불산입의 대상으로 보아야 하고, 위 보수금에 직무집행의 대가가 일부 포함되어 있어 그 부분이 손금산입의 대상이 된다는 점은 보수금 산정 경위나 그 구성내역 등에 관한 구체적인 자료를 제출하기 용이한 납세의무자가 이를 증명할 필요가 있다.

위 판례의 판시사항 중 '이익처분에 의하여 지급하는 상여금'이란 「이익잉여금처분계산서」 상 처분항목으로 기재되어 주주총회 등의 승인(제462조 제3항)을 얻어 지급하는 경우를

60) 법인세법은 급여와 상여금에 대해 별도로 구별하는 규정을 두고 있지 않다.

의미한다. 이는 해당 법인에서 이사에게 지급할 지급기준이 없고 그 금액이 많아서, 해당 법인이 이를 이사 등에게 분배하기 위해, 편법으로 주주총회 결의 형식을 빌어서 지급했다는 것이다. 그러나 지급기준이 사전에 있으면 손금으로 인정하고 사후에 주주총회의 결의를 통해 지급하면 손금으로 불인정한다는 논리는 논리적이라고 보기는 어렵다.[61)]

또한, 판례는 임원의 급여지급기준이 없이 주주총회에서 그 지급을 급하게 결의한 경우, 이는 세법에서 규정하는 급여지급기준이 아니라고 보아 손금불산입 대상이라고 한다.

대법원 2013.7.12. 선고 2013두4842 판결

구 법인세법 제19조 제1항, 제20조 제1호 본문 구 법인세법 시행령 제43조 제1항은 '이익 처분에 의하여 지급하는 상여금'을 원칙적으로 손금에 산입하지 않도록 규정하고, 법인세법 제26조는 "다음 각 호의 손비 중 대통령령이 정하는 바에 따라 과다하거나 부당 하다고 인정되는 금액은 내국법인의 각 사업연도의 소득금액계산에 있어서 이를 손금 에 산입하지 아니한다고 규정하면서 제1호에서 '인건비'를 들고 있으며, 그 위임에 의한 법인세법 시행령 제43조 제2항은" 법인이 임원에게 지급하는 상여금 중 정관 · 주주 총회 · 사원총회 또는 이사회의 결의에 의하여 결정된 급여지급기준에 의하여 지급하는 금액을 초과하여 지급한 경우 그 초과금액은 이를 손금에 산입하지 아니한다 고 규정 하고 있다. 원심은 제1심판결 이유를 인용하여 원고가 2008. 12. 12.자 임시주주총회 결의에 따라 2008. 12. 30. 전임 대표이사인 강OO에게 급여 0000원 이외에 상여금 0000원을 지급한 사실 등을 인정한 다음, 원고가 그 취업규칙에서 경영실적에 따라 상여금을 지급할 수 있다고 규정하고 **원고의 2008. 3. 26.자 정기주주총회에서 임원 보수 한도를 회장 · 부회장의 경우 0000원으로 결의 하였다고 하더라도 그것만으로는 법인세법 시행령 제43조 제2항 소정의 '급여지급기준'이 정해져 있다고 할 수 없고,** 나아가 이 사건 상여금의 액수를 0000원으로 정한 근거를 알 수 없을 뿐만 아니라 그 액수가 2008 사업연도 당기순이익의 약 42%에 이르는 거액이어서 이를 임원 개인에 대한 임금으로 보기도 어렵다는 점 등에 비추어, 이 사건 상여금은 원고가 유보된 이익을 원고의 발행주식 71%를 보유한 지배주주인 강OO에게 배분하기 위하여 상여금의 형식을 취한 것으로서 실질적으로 이익처분 에 의하여 지급되는 상여금에 해당한다는 이유로, 이 사건 상여금이 손금불산입 대상 에 해당함을 전제로 한 이 사건 처분은 적법하다고 판단하였다. 관련 규정과 법리 및 기록에 비추어 살펴보면, 원심의 이러한 판단은 정당하고, 거기에 상고이유에서 주장하는 바와 같은 인건비의 손금산업이나 이익처분에 의하여 지급 하는 상여금에 관한 법리오해 등의 위법이 없다.

61) 같은 뜻 : 김완석 · 황남석, 「법인세법론」, 삼일인포마인, 2017, p.408.

(2) 회사와 이사 사이의 거래

1) 법인세

이사와 회사는 세법상 경제적 연관관계가 있는 '특수관계인'에 해당된다(국세기본법 시행령 제1조의2 제2항 제1호). 특수관계인 사이의 거래가 조세부담을 부당하게 회피할 목적으로 이루어졌다면, 「국세기본법」의 실질과세원칙(제14조)과 각 세법의 부당행위계산의 부인 규정에 따라 해당 거래를 조정하여 세금을 부과한다.

납세지 관할 세무서장 또는 관할지방국세청장(과세관청)은 내국법인의 행위 또는 소득금액의 계산이 법령으로 정하는 특수관계인과의 거래로 인하여 그 법인의 소득에 대한 "조세의 부담을 부당하게 감소시킨 것"으로 인정되는 경우, 그 법인의 행위 또는 소득금액의 계산에 관계없이 그 법인의 각 사업연도의 소득금액을 계산할 수 있다(법인세법 제52조 제1항).[62]

이 때 조세의 부담을 부당하게 감소시킨 경우란 "자산을 시가보다 높은 가액으로 매입 또는 현물출자 받았거나 그 자산을 과대상각한 경우" 등 구체적인 경우를 세법에서 열거하고 있다.[63] 이 때 시가란 "해당 거래와 유사한 상황에서 해당 법인이 특수관계인 외의 불특정다수인과 계속적으로 거래한 가격 또는 특수관계인이 아닌 제3자간에 일반적으로 거래된 가격이 있는 경우에는

62) 부당행위 계산부인 규정은 소득세법 제41조(종합소득세), 제101조(양도소득세)에서 법인세법과 별도로 규정하고 있다. 따라서 이사 A가 특수관계인인 회사 B와 거래를 했을 경우 그 거래에 대해서는 소득세법 상 부당행위계산의 부인 규정을 적용한다.

63) 법인세법시행령 제88조(부당행위계산의 유형 등): ⅰ) 법 제52조 제1항에서 "조세의 부담을 부당하게 감소시킨 것으로 인정되는 경우"란 다음 각 호의 어느 하나에 해당하는 경우를 말한다. 1. 자산을 시가보다 높은 가액으로 매입 또는 현물출자받았거나 그 자산을 과대상각한 경우 2. 무수익 자산을 매입 또는 현물출자받았거나 그 자산에 대한 비용을 부담한 경우 3. 자산을 무상 또는 시가보다 낮은 가액으로 양도 또는 현물출자한 경우(다만, 제20조 제1항 제3호 각 목 외의 부분에 해당하는 주식매수선택권등의 행사 또는 지급에 따라 주식을 양도하는 경우는 제외) 3의2. 특수관계인인 법인 간 합병(분할합병을 포함) · 분할에 있어서 불공정한 비율로 합병 · 분할하여 합병 · 분할에 따른 양도손익을 감소시킨 경우(다만, 「자본시장과 금융투자업에 관한 법률」 제165조의4에 따라 합병(분할합병을 포함한다) · 분할하는 경우는 제외) 4. 불량자산을 차환하거나 불량채권을 양수한 경우 5. 출연금을 대신 부담한 경우 6. 금전, 그 밖의 자산 또는 용역을 무상 또는 시가보다 낮은 이율 · 요율이나 임대료로 대부하거나 제공한 경우(다만, 다음 각 목의 어느 하나에 해당하는 경우는 제외) 가. 제20조 제1항 제3호 각 목 외의 부분에 해당하는 주식매수선택권등의 행사 또는 지급에 따라 금전을 제공하는 경우나. 주주 등이나 출연자가 아닌 임원(소액주주등인 임원을 포함) 및 사용인에게 사택(기획재정부령으로 정하는 임차사택을 포함)을 제공하는 경우 7. 금전, 그 밖의 자산 또는 용역을 시가보다 높은 이율 · 요율이나 임차료로 차용하거나 제공받은 경우 7의2. 기획재정부령으로 정하는 파생상품에 근거한 권리를 행사하지 아니하거나 그 행사기간을 조정하는 등의 방법으로 이익을 분여하는 경우 8. 다음 각 목의 어느 하나에 해당하는 자본거래로 인하여 주주 등인 법인이 특수관계인인 다른 주주 등에게 이익을 분여한 경우 가. 특수관계인인 법인간의 합병(분할합병을 포함)에 있어서 주식 등을 시가보다 높거나 낮게 평가하여 불공정한 비율로 합병한 경우(다만, 「자본시장과 금융투자업에 관한 법률」 제165조의4에 따라 합병(분할합병을 포함)하는 경우는 제외) 나. 법인의 자본(출자액을 포함)을 증가시키는 거래에 있어서 신주(전환사채 · 신주인수권부사채 또는 교환사채 등을 포함)를 배정 · 인수받을 수 있는 권리의 전부 또는 일부를 포기(그 포기한 신주가 「자본시장과 금융투자업에 관한 법률」 제9조 제7항에 따른 모집방법으로 배정되는 경우를 제외)하거나 신주를 시가보다 높은 가액으로 인수하는 경우 다. 법인의 감자에 있어서 주주 등의 소유주식 등의 비율에 의하지 아니하고 일부 주주 등의 주식 등을 소각하는 경우 8의2. 제8호 외의 경우로서 증자 · 감자, 합병(분할합병을 포함한다) · 분할, 「상속세 및 증여세법」 제40조 제1항에 따른 전환사채등에 의한 주식의 전환 · 인수 · 교환 등 법인의 자본(출자액을 포함한다)을 증가시키거나 감소시키는 거래를 통하여 법인의 이익을 분여하였다고 인정되는 경우(다만, 제20조 제1항 제3호 각 목 외의 부분에 해당하는 주식매수선택권등 중 주식매수선택권의 행사에 따라 주식을 발행하는 경우는 제외) 9. 그밖에 제1호 내지 제7호, 제7호의2, 제8호 및 제8호의2에 준하는 행위 또는 계산 및 그 외에 법인의 이익을 분여하였다고 인정되는 경우.

그 가격(주권상장법인이 발행한 주식을 한국거래소에서 거래한 경우 해당 주식의 시가는 그 거래일의 한국거래소 최종시세가액)"**을 의미한다**(법인세법 시행령 제89조 제1항). **만일 시가가 불분명한 경우에는 감정평가법인의 감정 가액 등 세법이 정한 규정에 따라 산출한 금액을 시가로 보아 부당행위계산의** 부인을 한다.[64]

예를 들면 법인 A가 해당 이사 B로부터 시가 50억 원의 부동산을 80억 원에 구입하였을 경우, 세법은 이를 부인하여 50억 원에 구입한 것으로 한다. 이러면 법인은 당초 계상한 구입가액 80억 원 중 30억 원은 손금불산입 대상이 되어 법인세를 추가로 부담하여야 한다.

2) 소득세

그렇다면 이사는? 원래 이사는 회사로부터 급여를 받아서 소득세를 납부할 것이다. 그런데 시가 50억 원 부동산을 80억 원에 팔았다면 30억 원은 소득인가? 소득이라면 무슨 소득인가?

법인의 익금에 산입한 금액은 해당 금액(예를 들면 법인이 특수관계인으로부터 고가로 물품을 구입한 경우 그 시가와 차액)은 구입자에게 지급된 것이므로, 세법은 그 차액을 구입자에게 귀속시킨다. 이를 소득처분이라고 한다.[65] 이에 따르면 해당 이사의 소득은 상여소득이 되어 근로소득세를 부담하게 된다. 반면 주주가 받았다면 배당소득이 된다(소득세법 제17조 제1항 제4호). 부당행위계산 규정을 적용하기 위해서는 납세자의 고의성이 전제되어야 할까? 아래 **판례는 납세자의 고의성과 상관없이 결과적으로 조세부담이 줄어들었다면 부당행위계산의 부인 규정의 적용이 가능하다고** 한다.

---

64) 자세한 내용 : 법인세법 시행령 제2항 내지 제6항 참조.

65) 관련 규정은 아래와 같다.

△ 법인세법 제67조 [소득 처분] : 법인세법 제60조에 따라 각 사업연도의 소득에 대한 법인세의 과세표준을 신고하거나 제66조 또는 제69조에 따라 법인세의 과세표준을 결정 또는 경정할 때 익금에 산입한 금액은 그 귀속자 등에게 상여(賞與) · 배당 · 기타사외유출(其他社外流出) · 사내유보(社內留保) 등 대통령령으로 정하는 바에 따라 처분한다.

△ 법인세법시행령 제106조 [소득처분] : ⅰ) 법 제67조에 따라 익금에 산입한 금액은 다음 각 호의 구분에 따라 처분한다. 비영리내국법인과 비영리외국법인에 대하여도 또한 같다. ⅰ) 익금에 산입한 금액(법 제27조의2 제2항에 따라 손금에 산입하지 아니한 금액을 포함)이 사외에 유출된 것이 분명한 경우에는 그 귀속자에 따라 다음 각 목에 따라 배당, 이익처분에 의한 상여, 기타소득, 기타 사외유출로 할 것. 다만, 귀속이 불분명한 경우에는 대표자(소액주주 등이 아닌 주주 등인 임원 및 그와 제43조 제8항에 따른 특수관계에 있는 자가 소유하는 주식 등을 합하여 해당 법인의 발행주식총수 또는 출자총액의 100분의 30 이상을 소유하고 있는 경우의 그 임원이 법인의 경영을 사실상 지배하고 있는 경우에는 그 자를 대표자로 하고, 대표자가 2명 이상인 경우에는 사실상의 대표자로 한다)에게 귀속된 것으로 본다. ㉠ 귀속자가 주주 등(임원 또는 사용인인 주주 등을 제외한다)인 경우에는 그 귀속자에 대한 배당 ㉡ 귀속자가 임원 또는 사용인인 경우에는 그 귀속자에 대한 상여 ㉢ 귀속자가 법인이거나 사업을 영위하는 개인인 경우에는 기타사외유출. 다만, 그 분여된 이익이 내국법인 또는 외국법인의 국내사업장의 각 사업연도의 소득이나 거주자 또는 「소득세법」 제120조에 따른 비거주자의 국내사업장의 사업소득을 구성하는 경우에 한한다 ㉣ 귀속자가 가목 내지 다목 외의 자인 경우에는 그 귀속자에 대한 기타소득.

대법원 2004.3.26. 선고 2003두14741 판결

소득세법 제41조의 부당행위계산의 부인 규정은, 거주자의 행위 또는 계산이 객관적인 사실에 합치되고 또한 법률상 유효·적법한 것으로서 회계상으로는 정확한 계산이라 하더라도, 그 행위나 계산이 특수관계자 사이의 조세의 부담을 부당하게 감소시키는 거래유형에 해당되는 경우에는 세법상 이를 부인하고 과세권자가 객관적으로 타당하다고 인정되는 소득이 있었던 것으로 의제하여 과세하는 제도로서, 이는 실질과세원칙을 구체화하여 공평과세를 실현하고자 하는 데에 그 입법취지가 있다고 할 것이므로, 부당행위계산은 일정한 특수관계자 사이의 일정한 거래가 사회통념이나 관습에 비추어 볼 때, 합리적인 경제인이 취할 정상적인 거래로 볼 수 없어 조세의 부담을 부당하게 감소시킨 것으로 인정되면 족한 것이지 **당사자에게 조세회피의 목적이 있거나 경제적 손실이 있어야 하는 것은 아니라고 할 것이다.**

(3) 이사의 배임 및 횡령의 경우

세법은 특정인이 알선수재 또는 배임수재에 의해 받은 금품은 그의 「기타소득」으로 보아 소득세를 부과하고 있다(소득세법 제21조 제24호). 알선수재란 공무원의 직무에 속한 사항의 알선에 관하여 금품이나 이익을 수수 등을 하는 행위이다. 배임수재란 타인의 사무를 처리하는 자가 그 임무에 관해 부정한 청탁을 받고 재물 또는 재산상 이득을 취한 행위다. 예를 들면 이사가 회사업무를 하면서 부정하게 받은 돈이 여기에 해당한다. **그런데 이 사실이 발각되어 해당 금액이 몰수당했어도 과세를 하여야 하는가에 대해, 최근 대법원 판례는 그렇지 않다고 하고 있다.** 납세자의 담세력을 넘는 과잉처벌이기 때문이라고 한다.

대법원 2015.7.16. 선고 2014두5514 전원합의체 판결

과세소득은 경제적 측면에서 보아 현실로 이득을 지배·관리하면서 이를 향수하고 있어 담세력이 있다고 판단되면 족하고 그 소득을 얻게 된 원인관계에 대한 법률적 평가가 반드시 적법·유효하여야 하는 것은 아니다. 이러한 점에서 구 소득세법(2008.12.26. 법률 제9270호로 개정되기 전의 것, 이하 같다) 제21조 제1항은 '뇌물'(제23호), '알선수재 및 배임수재에 의하여 받는 금품'(제24호)을 기타소득의 하나로 정하고 있다. 뇌물 등의 위법소득을 얻은 자가 그 소득을 종국적으로 보유할 권리를 갖지 못함에도 그가 얻은 소득을 과세대상으로 삼는 것은, 그가 사실상 소유자나 정당한 권리자처럼 경제적 측면에서 현실로 이득을 지배·관리하고 있음에도 불구하고 이에 대하여 과세하지 않거나 그가 얻은 위법소득이 더 이상 상실될 가능성이 없을 때에 이르러야 비로소 과세할 수 있다면 이는 위법하게 소득을 얻은 자를 적법하게 소득을 얻은 자보다 우대하는 셈이 되어 조세정의나 조세공평에 반하는 측면이 있음을 고려한 것이고, 사후에 위법소득이 정당한 절차에 의하여 환수됨으로써 그 위법소득에 내재되어 있던 경제적 이익의 상실가능성이 현실화된 경우에는 그때 소득이 종국적으로 실현되지 아니한 것으로 보아 이를 조정하면 충분하다. 그런데 형법상 뇌물, 알선수재, 배임수재 등의 범죄에서 몰수나 추징을 하는 것은 범죄행위로 인한 이득을 박탈하여 부정한 이익을 보유하지 못하게 하는 데 그 목적이 있으므로, 이러한 위법소득에 대하여 몰수나 추징이 이루어졌다면 이는 그 위법소득에 내재되어 있던 경제적 이익의 상실가능성이 현실화된 경우에 해당한다고 보아야 한다. 따라서 이러한 경우에는 그 소득이 종국적으로 실현되지 아니한 것이므로 납세의무 성립 후 후발적 사유가 발생하여 과세표준 및 세액의 산정기초에 변동이 생긴 것으로 보아 납세자로 하여금 그 사실을 증명하여 감액을 청구할 수 있도록 함이 타당하다. 즉, **위법소득의 지배 · 관리라는 과세요건이 충족됨으로써 일단 납세의무가 성립하였다고 하더라도 그 후 몰수나 추징과 같은 위법소득에 내재되어 있던 경제적 이익의 상실가능성이 현실화되는 후발적 사유가 발생하여 소득이 실현되지 아니하는 것으로 확정됨으로써 당초 성립하였던 납세의무가 그 전제를 잃게 되었다면, 특별한 사정이 없는 한 납세자는 국세기본법 제45조의2 제2항 등이 규정한 후발적 경정청구를 하여 그 납세의무의 부담에서 벗어날 수 있다고 보아야 한다.** 그리고 이러한 후발적 경정청구사유가 존재함에도 과세관청이 당초에 위법소득에 관한 납세의무가 성립하였던 적이 있음을 이유로 과세처분을 하였다면 이러한 과세처분은 위법하므로 납세자는 항고소송을 통해 그 취소를 구할 수 있다고 할 것이다.

제 6 장

Company law and tax

감사와 감사위원회

강의의 초점

- ▷ 제5장에서 회사의 운영은 이사가 한다고 했다. 이사를 감시하는 장치는?
- ▷ 감사가 회계감사를 할 수 있는 능력까지 있을까? 검사인의 역할은?
- ▷ 감사인의 회계감사 의견의 종류는? 각 의미는?
- ▷ 세무사나 세무법인의 역할은? 공인회계사나 회계법인의 역할은? 변호사나 법무법인의 역할은?
- ▷ 감사위원회의 역할은? 분식회계를 막지 못하는 책임은 누가 지나?
- ▷ 세무조정계산서의 의미는? 누가 작성해야 하나? 해당법인이 직접 하면 안 되나?
- ▷ 절세란? 조세회피란? 탈세란?
- ▷ 탈세를 옆에서 도와준 조력인(변호사, 회계사, 세무사 등)에 대한 처벌은?

감사

(1) 의 의

'감사(監事)'는 회사 내부에서 회사의 재산상태나 이사의 업무집행을 감사하는 필수적기관이고 상설적 기관이다.

(2) 선임 및 종임

1) 선 임

감사는 주주총회에서 선임(選任)한다(제409조 제1항). 이 때 의결권없는 주식을 제외한 발행주식의 총수의 100분의 3을 초과하는 수의 주식을 가진 주주[1]는 그 초과하는 주식에 관하여 제1항의 감사의 선임에 있어서는 의결권을 행사하지 못한다(위 조 제2항).

판례는 감사의 선임은 주주총회 선임결의 후에 피선임자가 동의하면 발생하는 것이고 피선임자와 회사 간의 임용계약 여부는 감사의 지위발생과 관련이 없다고 한다.

대법원 2017.3.23. 선고 2016다251215 전원합의체 판결
이사 · 감사의 지위가 주주총회의 선임결의와 별도로 대표이사와 사이에 임용계약이 체결되어야만 비로소 인정된다고 보는 것은, 이사 · 감사의 선임을 주주총회의 전속적 권한으로 규정하여 주주들의 단체적 의사결정 사항으로 정한 상법의 취지에 배치된다. 또한 상법상 대표이사는 회사를 대표하며, 회사의 영업에 관한 재판상 또는 재판 외의 모든 행위를 할 권한이 있으나(제389조 제3항, 제209조 제1항), 이사 · 감사의 선임이 여기에 속하지 아니함은 법문상 분명하다. **그러므로 이사 · 감사의 지위는 주주총회의 선임결의가 있고 선임된 사람의 동의가 있으면 취득된다고 보는 것이 옳다.** 상법상 이사는 이사회의 구성원으로서 회사의 업무집행에 관한 의사결정에 참여할 권한을 가진다(제393조 제1항). 상법은 회사와 이사의 관계에 민법의 위임에 관한 규정을 준용하고(제382조 제2항), 이사에 대하여 법령과 정관의 규정에 따라 회사를 위하여 그 직무를 충실하게 수행하여야 할 의무를 부과하는 한편(제382조의3), 이사의 보수는 정관에 그 액을 정하지 아니한 때에는 주주총회의 결의로 이를 정한다고 규정하고 있는데(제388조), 위 각 규정의 내용 및 취지에 비추어 보아도 이사의 지위는 단체법적 성질을 가지는 것으로서 이사로 선임된 사람과 대표이사 사이에 체결되는 계약에 기초한 것은 아니다. 또한 주주총회에서 새로운 이사를 선임하는 결의는 주주들이 경영진을 교체하는 의미를 가지는 경우가 종종 있는데, 이사선임결의에도 불구하고 퇴임하는 대표이사가 임용계약의 청약을 하지 아니한 이상 이사로서의 지위를 취득하지 못한다

1) 회사는 정관으로 이 비율(100분의 3)보다 낮은 비율을 정할 수 있다(위 조 제3항).

고 보게 되면 주주로서는 효과적인 구제책이 없다는 문제점이 있다. 한편 감사는 이사의 직무의 집행을 감사하는 주식회사의 필요적 상설기관이며(제412조 제1항), 회사와 감사의 관계에 대해서는 이사에 관한 상법 규정이 다수 준용된다(제415조, 제382조 제2항, 제388조). 이사의 선임과 달리 특히 감사의 선임에 대하여 상법은 제409조 제2항에서 "의결권 없는 주식을 제외한 발행주식총수의 100분의 3을 초과하는 수의 주식을 가진 주주는 그 초과하는 주식에 관하여는 의결권을 행사하지 못한다."라고 규정하고 있다. 따라서 **감사선임결의에도 불구하고 대표이사가 임용계약의 청약을 하지 아니하여 감사로서의 지위를 취득하지 못한다고 하면 위 조항에서 감사 선임에 관하여 대주주의 의결권을 제한한 취지가 몰각되어 부당하다.** 이사의 직무집행에 대한 감사를 임무로 하는 감사의 취임 여부를 감사의 대상인 대표이사에게 맡기는 것이 단체법의 성격에 비추어 보아도 적절하지 아니함은 말할 것도 없다.

결론적으로, 주주총회에서 이사나 감사를 선임하는 경우, 선임결의와 피선임자의 승낙만 있으면, 피선임자는 대표이사와 별도의 임용계약을 체결하였는지와 관계없이 이사나 감사의 지위를 취득한다.

감사의 자격은 제한이 없으나, **정관 규정에 의해서 그 자격을 주주로 제한하는 것은 가능하다. 자본금의 총액이 10억원 미만인 회사의 경우에는 감사를 선임하지 아니할 수 있다**(위 조 제4항). 감사를 선임하지 아니한 회사가 이사에 대하여 또는 이사가 그 회사에 대하여 소를 제기하는 경우에 회사, 이사 또는 이해관계인은 법원에 회사를 대표할 자를 선임하여 줄 것을 신청하여야 한다(위 조 제5항).

2) 종 임

감사와 회사의 관계는 이사와 마찬가지로 **위임관계**다(제415조). 종임(終任) 사유는 원칙적으로 이사와 같다. 감사는 주주총회의 특별결의로 해임(解任)될 수 있다(제415조 및 제385조 제2항). 이 때 감사는 주주총회에서 감사의 해임에 관하여 의견을 진술할 수 있다(제409조의 2). 감사가 주주총회 결의에 의해 **정당한 사유 없이 임기만료 전에 해임당한 경우에는 회사에 대하여 손해배상청구를 할 수 있다**(제415조, 제385조 제1항 단서).

감사의 선임 및 종임은 **등기사항이다**(제317조 제2항 제8호).

(3) 인원 수 및 자격

감사의 인원 수 및 자격에는 제한이 없다. 단, 업무 성질상 감사는 자연인에 한하고 법인은 **제외된다.** 감사는 회사 및 자회사의 이사 또는 지배인 기타의 사용인의 직무를 겸하지 못한다(제411조). 감사는 이사와 달리 수인의 감사가 있는 경우에도 회의체를 구성하는 것이 아니라 단독으로 그 권한을 행사하는 것이다.

한편, 법령으로 정하는 상장회사[2]는 주주총회 결의에 의하여 회사에 상근하면서 감사업무를 수행하는 감사(상근감사)를 1명 이상 두어야 하나, 감사위원회를 설치한 경우에는 그러하지 아니하다(제542조의10 제1항). 이 경우 상장회사의 사외이사 자격에 결격사유가 있는 자[3], 회사의 상무(常務)[4]에 종사하는 이사 · 집행임원 및 피용자 또는 최근 2년 이내에 회사의 상무에 종사한 이사 · 집행임원 및 피용자(단, 감사위원회위원으로 재임 중이거나 재임하였던 이사는 제외), 회사의 경영에 영향을 미칠 수 있는 자로서 법령으로 정하는 자[5]는 상장회사의 상근감사가 되지 못하며, 이에 해당하게 되는 경우에는 그 직을 상실한다(위 조 제2항).

(4) 임기 및 보수

감사의 임기는 취임 후 3년 내의 최종의 결산기에 관한 정기총회의 종결 시까지이다(제410조). 이 임기는 정관이나 주주총회의 결의로 단축하거나 연장할 수 없다.

감사의 보수는 이사의 경우와 같다(제415조 및 제388조). 그러나 상장회사가 주주총회의 목적사항으로 감사의 선임 또는 감사의 보수결정을 위한 의안을 상정하려는 경우에는 이사의 선임 또는 이사의 보수결정을 위한 의안과는 별도로 상정하여 의결하여야 한다(제542조의12 제5항).

(5) 권 한

1) 업무감사권과 회계감사권

감사는 이사의 직무의 집행을 감사하고(제412조 제1항), 언제든지 이사에 대하여 영업에 관한 보고를 요구하거나 회사의 업무와 (회사의) 재산상태를 조사할 수 있으며(제2항), 회사의 비용으로 전문가의 도움을 구할 수 있다(위 조 제3항). 이는 감사가 「업무감사권」과 「회계감사권」을 가지고 있음을 명문화한 것이다.

---

2) 제36조 제1항 : 법 제542조의10 제1항 본문에서 "대통령령으로 정하는 상장회사"란 최근 사업연도 말 현재의 자산총액이 1천억원 이상인 상장회사를 말한다.

3) 제542조의8 제2항 제1호부터 제4호까지 및 제6호 : 1. 미성년자, 금치산자 또는 한정치산자 2. 파산선고를 받고 복권되지 아니한 자 3. 금고 이상의 형을 선고받고 그 집행이 끝나거나 집행이 면제된 후 2년이 지나지 아니한 자 4. 대통령령으로 별도로 정하는 법률을 위반하여 해임되거나 면직된 후 2년이 지나지 아니한 자 6. 누구의 명의로 하든지 자기의 계산으로 의결권 없는 주식을 제외한 발행주식총수의 100분의 10 이상의 주식을 소유하거나 이사 · 집행임원 · 감사의 선임과 해임 등 상장회사의 주요 경영사항에 대하여 사실상의 영향력을 행사하는 주주(주요주주) 및 그의 배우자와 직계 존속 · 비속.

4) '상무(常務)'란 날마다 일상적으로 보는 업무를 의미한다.

5) 제36조 제2항 : 법 제542조의10 제2항 제3호에서 "대통령령으로 정하는 자"란 다음 각 호의 어느 하나에 해당하는 자를 말한다. 1. 해당 회사의 상무에 종사하는 이사 · 집행임원의 배우자 및 직계존속 · 비속 2. 계열회사의 상무에 종사하는 이사 · 집행임원 및 피용자이거나 최근 2년 이내에 상무에 종사한 이사 · 집행임원 및 피용자.

또한 모회사의 감사는 그 직무를 수행하기 위하여 필요한 때에는 자회사에 대하여 영업의 보고를 요구할 수 있고(제412조의5 제1항), 자회사가 지체 없이 보고를 하지 아니할 때 또는 그 보고의 내용을 확인할 필요가 있는 때에는 자회사의 업무와 재산상태를 조사할 수 있다(위 조 제2항). 자회사는 정당한 이유가 없는 한 이를 거부하지 못한다(위 조 제3항).

이사는 임무를 수행함에 있어서 법령에 위반한 행위를 한 때 그 행위 자체가 회사에 대하여 채무불이행에 해당되므로 경영판단의 재량권을 들어 감사의무를 면할 수 없고, 회사의 감사직무규정에서 최종결재자의 결재에 앞서 내용을 검토하고 의견을 첨부하는 방법에 의하여 사전감사를 할 의무를 정하고 있는 사항에 대하여는, 감사에게 그와 같은 사전감사가 충실히 이루어질 수 있도록 할 의무가 있는 것이며, **결재절차가 마련되어 있지 않았다거나 이사의 임의적인 업무처리로 인하여 감사사항을 알지 못하였다는 사정만으로는 그 책임을 면할 수 없다고** 할 것이다.[6]

2) 이사와 이사회 · 주주총회 관련 권한

가. 이사회 출석 및 의견진술권

감사는 이사회에 출석하여 그의 의견을 진술할 수 있다(제391조의2 제1항). 따라서 이사회를 소집하는 경우 그 소집통지를 감사에게도 발송하여야 한다(제390조 제3항 본문).

나. 이사회 및 임시주주총회 소집청구권

감사는 필요하면 회의의 목적사항과 소집이유를 서면에 적어 이사(소집권자가 있는 경우에는 소집권자)에게 제출하여 이사회 소집을 청구할 수 있고(제412조의4 제1항), 만약 이때 이사가 지체 없이 이사회를 소집하지 아니하면 그 청구한 감사가 이사회를 소집할 수 있다(위 조 제2항).

또한 감사는 회의의 목적사항과 소집의 이유를 기재한 서면을 이사회에 제출하여 임시총회의 소집을 청구할 수 있다(제412조의3 제1항). 만일 소집이 되지 않을 경우, 감사는 법원의 허가를 얻어 총회를 소집할 수 있다(제412조의3 제2항, 제366조 제2항).

다. 보고요구 및 조사권

감사는 언제든지 이사에 대하여 영업에 관한 보고를 요구할 수 있으며, 회사의 업무와 재산상태를 조사할 수도 있다(제412조 제2항).

---

6) 대법원 2007.11.16. 선고 2005다58830 판결. 감사의 업무 범위가 넓고 책임도 많다는 얘기다. 정부에서는 누가 이 역할을 하나? 그 기관의 주된 감사는 사전적 감사인가 사후적 감사인가? 4대강 사업에 대한 감사는? 만일 위법했다라고 밝혀진다면, 복원가능성이 있는가? 그 매몰비용은 누가 부담해야 하나?

3) 소송관련권한

가. 회사대표권

회사가 이사에 대하여 또는 이사가 회사에 대하여 소를 제기하는 경우, 감사는 그 소에 관하여 회사를 대표한다(제394조 제1항). 소수주주가 이사의 책임을 추궁하기 위한 대표소송을 제기한 경우도 감사가 회사를 대표한다(위 조 후단). 만일 회사가 감사위원회의 위원이 소의 당사자인 경우에는 감사위원회 또는 이사는 법원에 회사를 대표할 자를 선임하여 줄 것을 신청하여야 한다(위 조 제2항).

나. 자회사에 대한 보고요구 및 조사권

모회사의 감사는 그 직무를 수행하기 위하여 필요한 때에는 자회사에 대하여 영업의 보고를 요구할 수 있다(제412조의5 제1항). 모회사의 감사는 자회사가 지체없이 보고를 하지 아니할 때 또는 그 보고의 내용을 확인할 필요가 있는 때에는 자회사의 업무와 재산상태를 조사할 수 있다(위 조 제2항). 자회사는 정당한 이유가 없는 한 이러한 보고 또는 조사를 거부하지 못한다(위 조 제3항).

다. 각종 소제기권

감사는 회사설립무효의 소(제328조), 주주총회결의취소의 소(제376조), 신주발행무효의 소(제429조), 감자무효의 소(제445조), 합병무효의 소(제529조), 분할 및 분할합병무효의 소(제530조의11, 제529조) 등 각종의 소를 제기할 수 있다.

(6) 의 무

1) 선량한 관리자의 의무

감사와 회사는 위임관계에 있으므로, 이사와 마찬가지로, 선량한 관리자의 의무를 진다(제415조 및 제382조 제2항 및 민법 제681조).[7] 판례는 감사의 구체적인 주의의무의 내용과 범위는 회사의 종류나 규모, 업종, 지배구조 및 내부통제시스템, 재정상태, 법령상 규제의 정도, 감사 개개인의 능력과 경력, 근무 여건 등에 따라 다를 수 있다고 한다. 따라서 회사 사정이 어렵더라도 감사의 의무는 확대될 수 있고 그만큼 책임도 져야 한다고 한다.

---

7) 감사는 이사와 달리 회사와 이해관계가 충돌할 일이 많지 않기 때문에 경업피지의무, 회사의 기회 및 자산의 유용 금지의무, 자기거래금지의무가 규정되어 있지 않다.

대법원 2008.2.14. 선고 2006다82601 판결

감사는 상법 기타 법령이나 정관에서 정한 권한과 의무를 선량한 관리자의 주의의무를 다하여 이행하여야 하고, 악의 또는 중과실로 선량한 관리자의 주의의무에 위반하여 그 임무를 해태한 때에는 그로 인하여 제3자가 입은 손해를 배상할 책임이 있는바, 이러한 감사의 구체적인 주의의무의 내용과 범위는 회사의 종류나 규모, 업종, 지배구조 및 내부통제시스템, 재정상태, 법령상 규제의 정도, 감사 개개인의 능력과 경력, 근무 여건 등에 따라 다를 수 있다 하더라도, **감사가 주식회사의 필요적 상설기관으로서 회계감사를 비롯하여 이사의 업무집행 전반을 감사할 권한을 갖는 등 상법 기타 법령이나 정관에서 정한 권한과 의무를 가지고 있는 점에 비추어 볼 때, 대규모 상장기업에서 일부 임직원의 전횡이 방치되고 있거나 중요한 재무정보에 대한 감사의 접근이 조직적 · 지속적으로 차단되고 있는 상황이라면, 감사의 주의의무는 경감되는 것이 아니라 오히려 현격히 가중**된다.

2) 주주총회에 대한 의견진술의무

감사는 이사가 주주총회에 제출할 의안 및 서류를 조사하여 법령 또는 정관에 위반하거나 현저하게 부당한 사항이 있는지의 여부에 관하여 주주총회에 그 의견을 진술하여야 한다(제413조).

3) 이사회에 대한 보고의무

이사가 법령 또는 정관에 위반한 행위를 하거나 그 행위를 할 염려가 있다고 인정한 때에는 이사회에 이를 보고하여야 한다(제391조의2 제2항).

감사는 이사가 법령 또는 정관에 위반한 행위를 하여 이로 인하여 회사에 회복할 수 없는 손해가 생길 염려가 있는 경우, 감사 또는 발행주식의 총수의 100분의 1 이상에 해당하는 주식을 가진 주주는 회사를 위하여 이사에 대하여 그 행위를 유지할 것을 청구할 수 있다(제402조).

4) 감사록 작성의무

감사는 감사에 관하여 감사록을 작성하여야 하며(제413조의2 제1항), 여기에는 감사의 실시요령과 그 결과를 기재하고 감사를 실시한 감사가 기명날인 또는 서명날인하여야 한다(위조 제2항).

5) 감사보고서 작성의무

한편, 이사는 정기총회회일의 6주간 전에 재무제표의 작성(제447조) 및 영업보고서의 작성(제447조의2)의 서류를 감사에게 제출하여야 하는데(제447조의3), 감사는 이 서류를 받은 날부터 4주 내에 감사보고서를 이사에게 제출하여야 한다(제447조의4 제1항).[8] 감사를 하기 위하여 필요한 조사를 할 수 없었던 경우, 감사는 감사보고서에 그 뜻과 이유를 적어야 한다(위 조 제3항).

그러나 상장회사의 감사 또는 감사위원회는, 상법 제447조의4제1항에도 불구하고, 이사에게 감사보고서를 주주총회일의 1주 전까지 제출할 수 있다(제542조의12 제6항).

6) 유지청구의무

이사가 법령 또는 정관에 위반한 행위를 하여 이로 인하여 회사에 회복할 수 없는 손해가 생길 염려가 있는 경우에는 그 행위에 대한 유지청구를 하는 등의 의무가 있다(제402조).

7) 비밀누설금지 의무

감사는 재임 중 뿐만 아니라 퇴임 후에도 직무상 알게 된 회사의 영업상 기밀을 누설해서는 안 된다(제415조 및 제382조의 4).

(7) 책 임

감사가 그 임무를 해태한 때에는 그 감사는 회사에 대하여 연대하여 손해를 배상할 책임이 있고, 악의 또는 중대한 과실로 인하여 그 임무를 해태한 때에는 그 감사는 제3자에 대하여 연대하여 손해를 배상할 책임이 있으며, 회사 또는 제3자에 대하여 손해를 배상할 책임이 있는 경우에 이사도 그 책임이 있는 때에는 그 감사와 이사는 연대하여 배상할 책임이 있다(제414조 각 항).

대법원 2008.2.14. 선고 2006다82601 판결

주식회사의 감사가 실질적으로 감사로서의 직무를 수행할 의사가 전혀 없으면서도 자신의 도장을 이사에게 맡기는 등의 방식으로 그 명의만을 빌려줌으로써 회사의 이사로 하여금 어떠한 간섭이나 감독도 받지 않고 재무제표 등에 허위의 사실을 기재한 다음 그와 같이 분식된 재무제표 등을 이용하여 거래 상대방인 제3자에게 손해를 입히도록 묵인하거나 방치한 경우, **감사는 악의 또는**

8) 감사보고서에 포함될 사항 : 위 조 제2항 참조.

중대한 과실로 인하여 임무를 해태한 때에 해당하여 그로 말미암아 제3자가 입은 손해를 배상할 책임이 있다. 주식회사의 감사가 감사로서 결산과 관련한 업무 자체를 수행하기는 하였으나 재무제표 등이 허위로 기재되었다는 사실을 과실로 알지 못한 경우에는, 문제된 분식결산이 쉽게 발견 가능한 것이어서 조금만 주의를 기울였더라면 허위로 작성된 사실을 알아내 이사가 허위의 재무제표 등을 주주총회에서 승인받는 것을 저지할 수 있었다는 등 중대한 과실을 추단할 만한 사정이 인정되어야 비로소 제3자에 대한 손해배상의 책임을 인정할 수 있고, 분식결산이 회사의 다른 임직원들에 의하여 조직적으로 교묘하게 이루어진 것이어서 감사가 쉽게 발견할 수 없었던 때에는 분식결산을 발견하지 못하였다는 사정만으로 중대한 과실이 있다고 할 수는 없고, 따라서 감사에게 분식결산으로 인하여 제3자가 입은 손해에 대한 배상책임을 인정할 수 없다.

상법 제401조에 기한 이사의 제3자에 대한 손해배상책임이 제3자를 보호하기 위하여 상법이 인정하는 특수한 책임이라는 점을 감안할 때 **일반 불법행위책임의 단기소멸시효를 규정한 민법 제766조 제1항은 적용될 여지가 없고, 일반 채권으로서 민법 제162조 제1항에 따라 그 소멸시효기간은 10년**이며, 제3자가 상법 제401조에 기한 이사의 제3자에 대한 손해배상책임만을 묻는 손해배상청구 소송에 있어서 주식회사의 외부감사에 관한 법률 제17조 제7항이 정하는 단기소멸시효는 적용될 여지가 없다.

2 감사위원회

회사는 감사 대신에 감사위원회를 이사회 내 위원회로 설치할 수 있으며, 이 경우 감사를 둘 수 없다(제415조의 2 제1항). 상장법인 중 법령이 규정하는 규모에 달하는 법인의 경우에는 감사위원회를 의무적으로 설치하여야 한다(제542조의11 제1항).

(1) 구성 및 운영

감사위원회는 3명의 이사로 구성하되, 사외이사가 위원의 3분의 2 이상이어야 한다(제415조의2 제2항). 감사위원회는 그 결의로 위원회를 대표할 자를 선정하여야 하며, 이 경우 수인의 위원이 공동으로 위원회를 대표할 것을 정할 수 있다(위 조 제4항). 감사위원회는 회사의 비용으로 전문가의 조력을 구할 수 있다(위 조 제5항). 감사위원회의 위원의 해임에 관한 이사회의 결의는 이사 총수의 3분의 2 이상의 결의로 하여야 한다(위 조 제3항).[9]

9) 감사위원회는 결의된 사항을 각 이사에게 통지하여야 하거나 이를 통지받은 각 이사는 이사회의 소집을 요구할 수 있으며, 이사회는 위원회가 결의한 사항에 대하여 다시 결의할 수 있다는 상법 제393조의2 제4항 후단을 적용하지 아니한다(위 조 제6항).

(2) 자격 및 임기

감사위원의 자격은 이사와 동일하다. 왜냐하면 이사 중에 감사위원이 선임되기 때문이다. 감사위원의 임기는 상법에서 규정하고 있지 않다. 따라서 정관에 이에 대해 규정이 있으면 정관에 따르고, 정관에 없으면 주주총회나 이사회에서 정할 수 있다.

(3) 선임과 종임

감사위원의 선임과 종임은 이사와 동일하다. 다만, 비상장회사와 상장회사 중 자산총액이 일정 금액 미만의 회사는 감사위원의 선임을 이사 중에서 이사회의 이사총수의 과반수 결의로 선임한다(제415조의2 제1항 및 제542조의2 제1항).

반면 일정금액 이상의 회사는 주주총회의 보통결의로 선임한다(제542조의12 제1항). 이 경우 주주총회에서 이사를 선임한 후 선임된 이사 중에서 감사위원회위원을 선임하여야 한다(위 조 제2항).

최대주주, 최대주주의 특수관계인, 그 밖에 대통령령으로 정하는 자가 소유하는 상장회사의 의결권 있는 주식의 합계가 그 회사의 의결권 없는 주식을 제외한 발행주식총수의 100분의 3을 초과하는 경우 그 주주는 그 초과하는 주식에 관하여 감사 또는 사외이사가 아닌 감사위원회위원을 선임하거나 해임할 때에는 의결권을 행사하지 못하나, 정관에서 이보다 낮은 주식 보유비율을 정할 수 있다(위 조 제3항).

그리고 대통령령으로 정하는 상장회사의 의결권 없는 주식을 제외한 발행주식총수의 100분의 3을 초과하는 수의 주식을 가진 주주는 그 초과하는 주식에 관하여 사외이사인 감사위원회위원을 선임할 때에 의결권을 행사하지 못하나, 정관에서 이보다 낮은 주식 보유비율을 정할 수 있다(위 조 제4항).

(4) 권한과 의무

감사위원회는 감사와 마찬가지로 이사의 직무집행을 감사할 권한을 갖는다(제415조의2 제7항). 이사회는 감사위원회의 결의에 대해서 이를 번복할 수 없다(제415조의2 제6항).

감사위원회는 이사의 직무집행을 감사하고, 이사가 법령 또는 정관에 위반한 행위를 하거나 그러한 행위를 할 염려가 있다고 인정한 때에는 이사회에 이를 보고하여야 하며, 이사가 법령 또는 정관에 위반한 행위를 하여 이로 인하여 회사에 회복할 수 없는 손해가 생길 염려가 있는 경우에는 그 행위에 대한 유지청구를 하는 등의 의무가 있다(상법 제415조의2

제7항, 제412조 제1항, 제391조의2, 제402조).

(5) 책 임

감사위원회는 감사의 책임 규정을 준용한다(제415조의2 제7항). 따라서 감사위원이 임무를 해태한 때에는 연대하여 회사에 손해배상책임이 있으며(제414조 제1항 및 제415조의2 제6항), 악의 또는 중대한 과실로 인하여 그 임무를 해태한 때에는 그 감사는 제3자에 대하여 연대하여 손해를 배상할 책임이 있다(제414조 제2항). 이 경우 이사도 그 책임이 있는 때에는 그 감사와 이사는 연대하여 배상할 책임이 있다(위 조 제3항).

감사위원회의 위원은 상법상 의무 또는 기타 법령이나 정관에서 정한 의무를 선량한 관리자의 주의의무를 다하여 이행하여야 하고, 고의 · 과실로 선량한 관리자의 주의의무에 위반하여 그 임무를 해태한 때에는 그로 인하여 회사가 입은 손해를 배상할 책임이 있다(제415조의2 제7항, 제414조 제1항, 제382조 제2항).

대법원 2017.11.23. 선고 2017다251694 판결

주식회사의 감사위원회는 이사의 직무집행을 감사하고, 이사가 법령 또는 정관에 위반한 행위를 하거나 그러한 행위를 할 염려가 있다고 인정한 때에는 이사회에 이를 보고하여야 하며, 이사가 법령 또는 정관에 위반한 행위를 하여 이로 인하여 회사에 회복할 수 없는 손해가 생길 염려가 있는 경우에는 그 행위에 대한 유지청구를 하는 등의 의무가 있다(상법 제415조의2 제7항, 제412조 제1항, 제391조의2, 제402조). 감사위원회의 위원은 상법상 위와 같은 의무 또는 기타 법령이나 정관에서 정한 의무를 선량한 관리자의 주의의무를 다하여 이행하여야 하고, 고의 · 과실로 선량한 관리자의 주의의무를 위반하여 그 임무를 해태한 때에는 그로 인하여 회사가 입은 손해를 배상할 책임이 있다(상법 제415조의2 제7항, 제414조 제1항, 제382조 제2항).

금융기관 임원은 소속 금융기관에 대하여 선량한 관리자의 주의의무를 지므로 그 의무를 충실히 이행하여야 임원으로서 임무를 다한 것이다. **금융기관 감사위원이 위와 같은 선량한 관리자의 주의의무를 위반하여 자신의 임무를 게을리 하였는지 여부는 개별 대출에 대한 감사를 함에 있어 통상의 감사위원으로서 간과해서는 안 될 잘못이 있는지 여부를 제반 규정 준수 여부, 대출 조건과 내용 및 규모, 변제계획, 담보 유무와 내용, 채무자의 재산 및 경영상황, 성장 가능성 등 여러 가지 사항에 비추어 종합적으로 판정**해야 한다.

3 검사인

'검사인(檢査人, reviseur)'은 회사의 설립절차 또는 업무나 재산상태 등의 조사를 하는 임시감사기관이다. 검사인의 자격과 인원 수 등에는 상법상 제한이 없다. 검사인의 선임은 법원과 주주총회에서 할 수 있다.

법원에서 검사인을 선임하는 경우에는 변태설립의 경우(제290조), 신주발행의 경우 법원이 재산상태 조사를 위한 경우(제417조 제3항 제3호), 신주발행 시 현물출자의 내용을 조사하기 위해 이사가 청구한 경우(제422조 제1항), 소수주주가 「회사의 업무집행과 관련하여 법령이나 정관 위반사실이 있음을 의심할 사유」가 있는 경우(제467조 제1항) 등이 포함된다. **판례는 막연한 사실만으로는 검사인 선임청구 사유가 안 된다고** 한다.

대법원 1996.7.3. 95마1335 결정
상법 제467조 제1항이 규정하고 있는 검사인 선임청구 사유인 '회사의 업무집행에 관하여 부정행위 또는 법령이나 정관에 위반한 중대한 사실이 있음을 의심할 사유가 있는 때'에 대하여는, 그 내용을 구체적으로 명확히 적시하여 입증하여야 하고 **단순히 일반적으로 그러한 의심이 간다는 정도의 막연한 것만으로는 그 사유로 삼을 수 없는 것이다.**

주주총회에서 검사인을 선임하는 경우에는 소수주주가 회사의 업무나 재산상태를 조사하는 경우(제366조 제3항 제2호), 이사가 제출한 서류와 감사보고서를 주주총회에서 조사하는 경우(제367조) 등이 있다.

검사인은 임기가 없고 그 직무가 끝나면 임기가 종료된다. 검사인은 회사와 위임관계가 있고, 이에 따라 선량한 관리자의 주의의무를 부담한다. 검사인이 악의 또는 중과실로 인한 임무해태가 있는 때에는 회사 또는 제3자에 대하여 손해배상책임을 지게 된다(제325조). 그러나 제3자에 대해서는 직접적인 손해배상책임은 없다.

4 외부감사인

'외부감사인(外部監査人, commissaire aux compte)'이란 회사로부터 독립한 감사를 하는 자를 말하고, 구체적으로는 주식회사 등의 외부감사에 관한 법률(이하 '외감법'이라 한다)**에 따라 회계감사를 하는 자를 의미한다.**[10] 이 법은 「외부감사를 받는 회사」의 회계처리와 외부감사인의 회계감사에 관하여 필요한 사항을 정함으로써 이해관계인을 보호하고 기업의 건전한 경영과 국민경제의 발전에 이바지함을 목적으로 하고 있다(외감법 제1조).

(1) 외부감사 대상 회사

외부감사 대상 회사는 ⅰ) 주권상장법인 ⅱ) 해당 사업연도 또는 다음 사업연도 중에 주권상장법인이 되려는 회사 ⅲ) 직전 사업연도 말의 자산, 부채, 종업원 수 또는 매출액 등 대통령령으로 정하는 기준에 해당하는 회사(단, 해당 회사가 유한회사인 경우에는 본문의 요건 외에 사원 수, 유한회사로 조직변경 후 기간 등을 고려하여 대통령령으로 정하는 기준에 해당하는 유한회사에 한정)를 포함한다.[11]

(2) 외부감사인의 자격 및 제한

감사인이란 ⅰ) **공인회계사법 제23조에 따른 회계법인**(회계법인) ⅱ) **공인회계사법 제41조에 따라 설립된 한국공인회계사회**(한국공인회계사회)**에 총리령으로 정하는 바에 따라 등록을 한 감사반**(감사반)**을 의미한다**(외감법 제2조 제7호).

한편, 주권상장법인(단, 대통령령으로 정하는 주권상장법인은 제외), 대형비상장주식회사 및 금융산업의 구조개선에 관한 법률 제2조 제1호에 해당하는 금융기관, 농업협동조합법에 따른 농협은행 또는 수산업협동조합법에 따른 수협은행은 회계법인인 감사인만이 외부감사를 할 수 있다(외감법 제9조 제1항).

회계법인인 감사인은 동일한 이사[12]**에게 회사의 연속하는 6개 사업연도**(주권상장법인인 회사, 대형비상장주식회사 또는 금융회사의 경우에는 4개 사업연도)**에 대한 감사업무를 하게 할 수 없다.** 다만, 주권상장법인인 회사, 대형비상장주식회사 또는 금융회사의 경우 연속하는 3개 사업연도에 대한 감사업무를 한 이사에게는 그 다음 연속하는 3개 사업연도의 모든 기간 동안 해당 회사의 감사업무를 하게 할 수 없다(외감법 제9조 제5항).

---

10) 이 법은 2017.10.31. 법률 제15022호로 전부개정 되었으며, 2018.11.1.부터 시행한다. 개정이유는 상장주식회사 중심의 회계투명성 제고 과정에서 나타난 유한회사의 주식회사 상장기피 등 부작용을 방지하기 위하여 "유한회사를 외부감사 규율대상에 포함"하고, 감사인의 독립성과 책임성을 강화하고 감사업무의 품질을 높이기 위하여 회사의 외부감사인 선임 절차 등을 개선하며, 회계법인의 품질관리에 관한 제도적 장치를 마련하는 한편, 회계감사기준 위반 등에 대한 행정조치를 정비하고, 회사의 회계 관련 내부통제를 강화하는 가운데, 감사의 독립성과 전문성을 확보할 수 있는 감사인 「주기적 지정제」를 도입하는 등 현행 제도의 운영과정에서 드러난 미비점을 개선 · 보완하려는 것이다(출처 : 해당법률의 전체개정이유서). 유한회사를 외부감사 대상에 포함시키기 위해 법률 이름에 종전의 「주식회사」 대신 「주식회사 등」이란 표현을 쓴 것으로 본다.

11) 그러나 ⅰ) 공공기관의 운영에 관한 법률에 따라 공기업 또는 준정부기관으로 지정받은 회사 중 주권상장법인이 아닌 회사 ⅱ) 법령으로 정하는 회사는 외부의 감사인에 의한 회계감사를 받지 아니할 수 있다(위 조 제2항).

12) 공인회계사법 제26조 제1항에 따른 이사를 말한다.

회계법인인 감사인은 그 소속공인회계사를 주권상장법인인 회사에 대한 감사업무의 보조자로 함에 있어서 동일한 보조자에게 해당 회사의 연속하는 3개 사업연도에 대한 감사업무를 하게 한 경우, 그 다음 사업연도에는 그 보조자의 3분의 2 이상을 교체하여야 한다(외감법 제9조 제6항).

한편, 감사반인 감사인은 법령으로 정하는 주권상장법인인 회사의 연속하는 3개 사업연도에 대한 감사업무를 한 경우, 그 다음 사업연도에는 그 감사에 참여한 공인회계사의 3분의 2 이상을 교체하여야 한다(외감법 제9조 제7항).

(3) 감사인의 선임

회사는 매 사업연도 개시일부터 45일 이내에 해당 사업연도의 감사인을 선임하여야 한다(외감법 제10조 제1항).[13] 그러나 직전 사업연도에 회계감사를 받지 아니한 회사는 해당 사업연도 개시일부터 4개월 이내에 감사인을 선임하여야 한다(위 조 제2항).

한편, 주권상장법인, 대형비상장주식회사 또는 금융회사는 연속하는 3개 사업연도의 감사인을 동일한 감사인으로 선임하여야 한다(위 조 제3항). 이들 회사 중 감사위원회가 설치된 경우에는 감사위원회가 선정한 회계법인 또는 감사반을(위 조 제4항 제1호의 가목), 감사위원회가 설치되지 아니한 경우에는 감사인을 선임하기 위하여 법령으로 정하는 바에 따라 구성한 감사인선임위원회의 승인을 받아 감사가 선정한 회계법인 또는 감사반을 감사인으로 선임하여야 한다(위 조 제4항 제1호의 나목).

주권상장법인, 대형비상장주식회사 또는 금융회사외의 회사는 감사 또는 감사위원회가 선정한 회계법인 또는 감사반을 감사인으로 선정한다(위 조 제4항 제2호)[14]

(4) 증권선물위원회에 의한 감사인 지정

증권선물위원회는 법령이 정한 경우에 해당하는 회사에 3개 사업연도의 범위에서 증권선물위원회가 지정하는 회계법인을 감사인으로 선임하거나 변경선임할 것을 요구할 수 있

13) 그러나 상법 제542조의11 또는 금융회사의 지배구조에 관한 법률 제16조에 따라 감사위원회를 설치하여야 하는 회사의 경우에는 매 사업연도 개시일 이전에 감사인을 선임하면 된다.

14) 다만, 직전 사업연도의 감사인을 다시 감사인으로 선임하는 경우에는 그 감사인, 감사가 없는 대통령령으로 정하는 일정규모 이상의 유한회사인 경우에는 사원총회의 승인을 받은 회계법인 또는 감사반, 기타 감사가 없는 유한회사인 경우 : 회사가 선정한 회계법인 또는 감사반을 감사인으로 선정한다(위 조 제4항 제2호 단서).

다(외감법 제11조 제1항).[15)]

(5) 감사인의 권한

감사인은 언제든지 회사 및 해당 회사의 주식 또는 지분을 일정 비율 이상 소유하고 있는 등 대통령령으로 정하는 관계회사의 회계에 관한 장부와 서류를 열람 또는 복사하거나 회계에 관한 자료의 제출을 요구할 수 있으며, 그 직무를 수행하기 위하여 특히 필요하면 회사 및 관계회사의 업무와 재산상태를 조사할 수 있다(외감법 제21조 제1항).[16)] 또한 연결재무제표를 감사하는 감사인은 그 직무의 수행을 위하여 필요하면 회사 또는 관계회사의 감사인에게 감사 관련 자료의 제출 등 필요한 협조를 요청할 수 있으며, 이 경우 회사 또는 관계회사의 감사인은 지체 없이 이에 따라야 한다(위 조 제2항).

(6) 감사인의 의무

1) 감사보고서 작성

감사인은 감사결과를 기술(記述)한 감사보고서를 작성하여야 한다(외감법 제18조 제1항). 여기에는 감사범위, 감사의견과 이해관계인의 합리적 의사결정에 유용한 정보가 포함되어야 하며(위 조 제2항), 감사인은 감사보고서에 회사가 작성한 재무제표와 대통령령으로 정하는 바에 따라 외부감사 참여 인원수, 감사내용 및 소요시간 등 외부감사 실시내용을 적은 서류를 첨부하여야 한다(위 조 제3항).

---

15) 구체적인 내용(외감법 제11조 제1항) : 1. 감사 또는 감사위원회(감사위원회가 설치되지 아니한 주권상장법인, 대형비상장주식회사 또는 금융회사의 경우는 감사인선임위원회를 말함)의 승인을 받아 제10조에 따른 감사인의 선임기간 내에 증권선물위원회에 감사인 지정을 요청한 회사 2. 제10조에 따른 감사인의 선임기간 내에 감사인을 선임하지 아니한 회사 3. 제10조제3항 또는 제4항을 위반하여 감사인을 선임하거나 증권선물위원회가 회사의 감사인 교체 사유가 부당하다고 인정한 회사 4. 증권선물위원회의 감리 결과 제5조에 따른 회계처리기준을 위반하여 재무제표를 작성한 사실이 확인된 회사(단, 증권선물위원회가 정하는 경미한 위반이 확인된 회사는 제외) 5. 제6조 제6항을 위반하여 회사의 재무제표를 감사인이 대신하여 작성하거나, 재무제표 작성과 관련된 회계처리에 대한 자문을 요구하거나 받은 회사 6. 주권상장법인 중 ㉠ 3개 사업연도 연속 영업이익이 0보다 작은 회사 ㉡ 3개 사업연도 연속 영업현금흐름이 0보다 작은 회사 ㉢ 3개 사업연도 연속 이자보상배율이 1 미만인 회사 ㉣ 그밖에 대통령령으로 정하는 재무기준에 해당하는 회사 7. 주권상장법인 중 대통령령으로 정하는 바에 따라 증권선물위원회가 공정한 감사가 필요하다고 인정하여 지정하는 회사 8. 「기업구조조정 촉진법」 제2조제5호에 따른 주채권은행 또는 대통령령으로 정하는 주주가 대통령령으로 정하는 방법에 따라 증권선물위원회에 감사인 지정을 요청하는 경우의 해당 회사 9. 제13조제1항 또는 제2항을 위반하여 감사계약의 해지 또는 감사인의 해임을 하지 아니하거나 새로운 감사인을 선임하지 아니한 회사 10. 감사인의 감사시간이 제16조의2 제1항에서 정하는 표준 감사시간보다 현저히 낮은 수준이라고 증권선물위원회가 인정한 회사 11. 직전 사업연도를 포함하여 과거 3년간 최대주주의 변경이 2회 이상 발생하거나 대표이사의 교체가 3회 이상 발생한 주권상장법인 12. 그 밖에 공정한 감사가 특히 필요하다고 인정되어 대통령령으로 정하는 회사.

16) 이 경우 회사 및 관계회사는 지체 없이 감사인의 자료 제출 요구에 따라야 한다.

2) 감사조서 작성

감사인은 감사를 실시하여 감사의견을 표명한 경우에는 회사의 회계기록으로부터 감사보고서를 작성하기 위하여 적용하였던 감사절차의 내용과 그 과정에서 입수한 정보 및 정보의 분석결과 등을 문서화한 서류[17]를 작성하여야 한다(외감법 제19조 제1항). 감사인은 감사조서를 감사종료 시점부터 8년간 보존하여야 하며(위 조 제2항), 감사조서를 위조 · 변조 · 훼손 및 파기해서는 아니 된다(위 조 제3항).

3) 부정행위보고

감사인은 직무를 수행할 때 이사의 직무수행에 관하여 부정행위 또는 법령이나 정관에 위반되는 중대한 사실을 발견하면 감사 또는 감사위원회에 통보하고 주주총회 또는 사원총회에 보고하여야 한다(외감법 제22조 제1항).

또한 감사인은 회사가 회계처리 등에 관하여 회계처리기준을 위반한 사실을 발견하면 감사 또는 감사위원회에 통보하여야 한다(위 조 제2항).

감사인은 이사의 직무수행에 관하여 부정행위 또는 법령에 위반되는 중대한 사실을 발견하거나 감사 또는 감사위원회로부터 이러한 사실을 통보받은 경우에는 증권선물위원회에 보고하여야 한다(위 조 제7항).

4) 비밀엄수

감사인[18]은 직무상 알게 된 비밀을 누설하거나 부당한 목적을 위하여 이용해서는 아니 된다. 다만, 다른 법률에 특별한 규정이 있는 경우 또는 증권선물위원회가 외국 감독기관과 정보를 교환하거나 그 외국 감독기관이 하는 감리 · 조사에 협조하기 위하여 필요하다고 인정한 경우에는 그러하지 아니하다(외감법 제20조).

5) 감사보고서 제출

감사인은 감사보고서를 대통령령으로 정하는 기간 내에 회사(감사 또는 감사위원회를 포함), 증권선물위원회 및 한국공인회계사회에 제출하여야 한다(외감법 제23조 제1항).[19]

---

17) 여기에는 자기테이프, 디스켓, 그 밖의 정보보존 장치를 포함한다.

18) 여기에는 ⅰ) 감사인에 소속된 공인회계사 ⅱ) 증권선물위원회 위원 ⅲ) 감사 또는 감리 업무와 관련하여 공인회계사 등을 보조하거나 지원하는 자 ⅳ) 증권선물위원회의 업무를 위탁받아 수행하는 한국공인회계사회의 관련자 등이 포함된다.

19) 다만, 자본시장법 제159조 제1항에 따른 사업보고서 제출대상법인인 회사가 사업보고서에 감사보고서를 첨부하여 금융위원회와 같은 법에 따라 거래소허가를 받은 거래소에 제출하는 경우에는 감사인이 증권선물위원회 및 한국공인회계사회에 감사보고서를 제출한 것으로 본다(위 조 단서).

6) 주주총회출석

감사인 또는 감사위원회에 소속된 공인회계사는 주주총회 등이 요구하면 주주총회 등에 출석하여 의견을 진술하거나 주주 등의 질문에 답변하여야 한다(외감법 제24조).

7) 회계법인의 사업보고서 제출과 비치 및 공시

회계법인인 감사인은 매 사업연도 종료 후 3개월 이내에 사업보고서를 증권선물위원회와 한국공인회계사회에 제출하여야 한다(외감법 제25조 제1항). 여기에는 회계법인의 상호, 사업내용, 재무에 관한 사항, 감사보고서 품질관리 관련 정보, 연차별 감사투입 인력 및 시간, 이사 보수(개별 보수가 5억원 이상인 경우에 한정), 이사의 징계 내역, 그 밖에 총리령으로 정하는 사항을 기재한다(위 조 제2항).

감사 의견은 감사인이 기업을 감사하여 그 내용이 회계 정보로서 적절한 가치를 지니는지에 관해 감사보고서에서 표명하는 의견으로서 「적정」, 「한정」, 「부적정」, 「의견거절」 등이 있다.

'적정'은 회사가 기업회계 기준에 맞게 재무제표를 작성했으며, 감사에 필요한 자료를 회사로부터 충분히 제공받았다는 뜻이지 반드시 회사의 재무 상태가 양호하다는 뜻은 아니다.

'한정'은 감사 범위가 제한되고 회계 기준 위반 사항은 있었지만, '부적정'이나 '의견 거절'까지 갈 수준은 아니라는 뜻이고, 회사가 부실이 늘어날 가능성이 크다는 의미이다.

'부적정'은 회사가 중요한 사안에 대해 기업회계 기준을 위배하여 재무제표를 작성한 경우에 표명하는 의견이다.

'의견거절'은 감사인이 감사보고서를 만드는데 필요한 증거를 얻지 못해 재무제표 전체에 대한 의견 표명이 불가능하거나 기업의 존립에 의문이 들 때, 감사인의 독립성 결여 등으로 회계 감사가 불가능한 상황에 제시하는 것이다.

「부적정」이나 「의견거절」로 감사의견이 나오면 즉시 상장폐지 사유가 될 수 있다. 코스닥 시장에서는 「감사 범위 제한으로 인한 한정」도 상장폐지 사유가 되고 있다. 상장회사는 정기주주총회 일주일 전까지 사업보고서에 첨부될 감사보고서를 공시해야 한다. 만약 법정 기한이 지났는데도 감사보고서를 공시하지 않고 있다면 일단 상장폐지 가능성을 의심해 볼 필요가 있다.

(7) 감사인의 책임

증권선물위원회는 감사인이 회사의 재무제표를 대신하여 작성하거나 재무제표 작성과 관련된 회계처리에 대한 자문에 응하는 등의 행위[20]를 한 경우에는 해당 감사인의 등록을 취소할 것을 금융위원회에 건의하거나 일정한 기간을 정하여 업무의 전부 또는 일부 정지를 명할 것을 금융위원회에 건의 등의 조치를 할 수 있다(외감법 제29조 제3항).[21]

(8) 감사인에 소속된 공인회계사의 책임

증권선물위원회는 감사인에 소속된 공인회계사가 회사의 재무제표를 대신하여 작성하거나 재무제표 작성과 관련된 회계처리에 대한 자문에 응하는 등의 행위 등을 한 경우에는 공인회계사 등록을 취소하거나 일정한 기간을 정하여 직무의 전부 또는 일부 정지를 명할 것을 금융위원회에 건의할 수 있다(외감법 제29조 제4항).[22]

---

20) 구체적인 내용 (외감법 별표 1) :

1. 제6조 제6항을 위반하여 해당 회사의 재무제표를 대신하여 작성하거나 재무제표 작성과 관련된 회계처리에 대한 자문에 응하는 등의 행위를 한 경우
2. 제8조 제6항을 위반하여 같은 조에서 정한 사항의 준수 여부 및 내부회계관리제도의 운영실태에 관한 보고내용을 검토 또는 감사하지 않은 경우
3. 제9조 제2항을 위반하여 감사인이 회계감사할 수 없는 회사를 회계감사한 경우
4. 제9조 제3항을 위반하여 감사인이 될 수 없는 회사의 감사인이 된 경우
5. 제9조 제5항을 위반하여 감사업무를 한 경우
6. 제15조 제3항을 위반하여 감사계약을 해지한 사실을 증권선물위원회에 보고하지 않은 경우
7. 제16조 제1항을 위반하여 일반적으로 공정 · 타당하다고 인정되는 회계감사기준에 따르지 않고 감사를 실시한 경우
8. 제19조 제2항을 위반하여 감사조서를 감사종료 시점부터 8년간 보존하지 않은 경우
9. 제19조 제3항을 위반하여 감사조서를 위조 · 변조 · 훼손 또는 파기한 경우
10. 제20조를 위반하여 직무상 알게 된 비밀을 누설하거나 부당한 목적을 위하여 이용한 경우
11. 제22조 제1항 또는 제7항을 위반하여 이사의 부정행위 또는 법령 위반사항 등에 대한 통보 또는 보고의무를 이행하지 않은 경우
12. 제22조 제2항을 위반하여 회사의 회계처리기준 위반 사실을 감사 또는 감사위원회에 통보하지 않은 경우
13. 제23조 제1항을 위반하여 감사보고서를 기간 내에 제출하지 않은 경우
14. 제24조를 위반하여 주주총회 등의 출석요구 등에 응하지 않은 경우
15. 제25조 제1항 또는 제5항을 위반하여 사업보고서 또는 수시보고서를 미제출 또는 지연제출하거나, 사업보고서 또는 수시보고서의 기재사항 중 중요사항에 관하여 거짓의 기재 또는 표시가 있거나 중요사항의 기재 또는 표시가 누락되어 있는 경우
16. 제25조 제3항을 위반하여 사업보고서를 비치 · 공시하지 않은 경우
17. 제27조 제1항을 위반하여 증권선물위원회의 자료제출 등의 요구 · 열람 또는 조사를 거부 · 방해 · 기피하거나 거짓 자료를 제출한 경우
18. 제31조 제8항을 위반하여 손해배상공동기금의 적립 또는 보험가입 등 필요한 조치를 하지 않은 경우
19. 제32조 제1항을 위반하여 손해배상공동기금을 적립하지 않은 경우
20. 그밖에 이 법 또는 이 법에 따른 명령을 위반한 경우

21) 구체적인 내용은 아래와 같다. ㉠ 해당 감사인의 등록을 취소할 것을 금융위원회에 건의 ㉡ 일정한 기간을 정하여 업무의 전부 또는 일부 정지를 명할 것을 금융위원회에 건의 ㉢ 제32조에 따른 손해배상공동기금 추가 적립 명령 ㉣ 일정한 기간을 정하여 다음 각 목의 어느 하나에 해당하는 회사에 대한 감사업무 제한 ⅰ) 제11조에 따라 증권선물위원회가 감사인을 지정하는 회사 ⅱ) 그밖에 증권선물위원회가 정하는 특정 회사 ㉤ 경고 ㉥ 주의 ㉦ 그 밖에 위법행위를 시정하거나 방지하기 위하여 필요한 조치.

22) 구체적인 내용은 아래와 같다. ⅰ) 공인회계사 등록을 취소할 것을 금융위원회에 건의 ⅱ) 일정한 기간을 정하여 직무의 전부 또는 일부 정지를 명할 것을 금융위원회에 건의 ⅲ) 일정한 기간을 정하여 다음 각 목의 어느 하나에 해당하는 회사에 대한 감사업무 제한 가. 주권상장법인 나. 대형비상장주식회사 다. 제11조에 따라 증권선물위원회가 감사인을 지정하는 회사 라. 그밖에 증권선물위원회가 정하는 특정 회사 ⅳ) 경고 ⅴ) 주의 ⅵ) 그 밖에 위법행위를 시정하거나 방지하기 위하여 필요한 조치.

(9) 손해배상책임

감사인이 그 임무를 게을리하여 회사에 손해를 발생하게 한 경우에는 그 감사인은 회사에 손해를 배상할 책임이 있다(외감법 제31조 제1항). 또한 그가 중요한 사항에 관하여 감사보고서에 적지 아니하거나 거짓으로 적음으로써 이를 믿고 이용한 제3자에게 손해를 발생하게 한 경우에는 그 감사인은 제3자에게 손해를 배상할 책임이 있다(위 조 제2항).[23]

만일 감사인이 감사반인 경우에는 해당 회사에 대한 감사에 참여한 공인회계사가 연대하여 손해를 배상할 책임을 지며(위 조 제3항), 이 경우 해당 회사의 이사 또는 감사(감사위원회가 설치된 경우에는 감사위원회의 위원을 말함)도 그 책임이 있으면 그 감사인과 해당 회사의 이사 및 감사는 연대하여 손해를 배상할 책임이 있으나, 손해를 배상할 책임이 있는 자가 고의가 없는 경우에 그 자는 법원이 귀책사유에 따라 정하는 책임비율에 따라 손해를 배상할 책임이 있다(위 조 제4항).

감사인은 손해배상책임을 보장하기 위하여 총리령으로 정하는 바에 따라 제32조에 따른 손해배상공동기금의 적립 또는 보험가입 등 필요한 조치를 하여야 한다(위 조 제8항). 이와 같은 손해배상책임은 그 청구권자가 해당 사실을 안 날부터 1년 이내 또는 감사보고서를 제출한 날부터 8년 이내에 청구권을 행사하지 아니하면 소멸한다(위 조 제9항).

판례는 주의의무를 위반하여 분식회계를 밝혀내지 못한 감사인에 대해, 그 분식회계의 결과로 발생한 손해와 인과관계가 있어서 손해배상책임이 있다고 한다.

대법원 2016.12.15. 선고 2015다241228 판결

구 자본시장법 제162조 제1항에 근거한 사업보고서 등의 거짓 기재로 인한 손해배상책임이나 구 자본시장법 제170조 제1항, 구 외부감사법 제17조 제2항에 근거한 감사보고서의 거짓 기재로 인한 손해배상책임의 경우, 손해액은 구 자본시장법 제162조 제3항, 제170조 제2항에 따라 산정된 금액으로 추정되고, 사업보고서 등의 제출인 등이나 감사인은 구 자본시장법 제162조 제4항, 제170조 제3항에 따라 손해의 전부 또는 일부와 사업보고서 등이나 감사보고서의 거짓 기재 사이에 인과관계가 없다는 점을 증명하여 책임의 전부 또는 일부를 면할 수 있다. 그리고 이러한 손해 인과관계 부존재의 증명은 직접적으로 문제된 사업보고서 등이나 감사보고서의 거짓 기재가 손해 발생에 아무런 영향을 미치지 아니하였다는 사실이나 부분적 영향을 미쳤다는 사실을 증명하는 방법 또는 간접적으로 문제 된 사업보고서 등이나 감사보고서의 거짓 기재 이외의 다른 요인에 의하여 손해의 전부 또는 일부가 발생하였다는 사실을 증명하는 방법으로 가능하다. 이 경

23) 다만, 연결재무제표에 대한 감사보고서에 중요한 사항을 적지 아니하거나 거짓으로 적은 책임이 종속회사 또는 관계회사의 감사인에게 있는 경우에는 해당 감사인은 이를 믿고 이용한 제3자에게 손해를 배상할 책임이 있다(위 조 제2항 단서).

우 특정한 사건이 발생하기 이전의 자료를 기초로 하여 그 특정한 사건이 발생하지 아니하였다고 가정하였을 경우 예상할 수 있는 기대수익률을 추정하고 그 기대수익률과 시장에서 관측된 실제수익률의 차이인 초과수익률의 추정치를 이용하여 그 특정한 사건이 주가에 미친 영향이 통계적으로 의미가 있는 수준인지를 분석하는 사건연구(event study) 방법을 사용할 수도 있으나, 투자자 보호의 측면에서 손해액 추정조항을 둔 구 자본시장법 제162조 제3항, 제170조 제2항의 입법 취지에 비추어 볼 때 예컨대 거짓 기재가 포함된 사업보고서 등이나 감사보고서가 공시된 이후 매수한 주식의 가격이 하락하여 손실이 발생하였는데 **그와 같은 사업보고서 등이나 감사보고서의 공시 이후 주식 가격의 형성이나 사업보고서 등이나 감사보고서의 거짓 기재가 공표된 이후 주식 가격의 하락이 문제된 사업보고서 등이나 감사보고서의 거짓 기재 때문인지 여부가 불분명하다는 정도의 증명만으로는 그 손해액의 추정이 깨진다고 볼 수 없다.**

5 세금

(1) 손해배상금

소득세법에 따르면 계약의 위약 또는 해약으로 인하여 받는 소득으로서 위약금, 배상금 및 부당이득 반환 시 지급받는 이자는 기타소득으로 보아 과세대상이 된다(소득세법 제21조 제1항 제10호). 만일 **회계법인으로 손해배상금을 지급받았다면 이는 모두 과세대상소득인가?**

위 세법 조항을 위임 받아 규정한 소득세법 시행령에 따르면, **배상금이란 재산권에 관한 계약의 위약 또는 해약으로 받는 손해배상**(보험금을 지급할 사유가 발생하였음에도 불구하고 보험금 지급이 지체됨에 따라 받는 손해배상을 포함)**으로서** 그 명목여하에 불구하고 **본래의 계약의 내용이 되는 지급 자체에 대한 「손해를 넘는 손해」에 대하여 배상하는 금전 또는 그 밖의 물품의 가액을** 말하고, 이 경우 계약의 위약 또는 해약으로 반환받은 금전 등의 가액이 계약에 따라 당초 지급한 총금액을 넘지 아니하는 경우에는 지급 자체에 대한 손해를 넘는 금전 등의 가액으로 보지 아니한다고 규정하고 있다(소득세법 시행령 제41조 제7항).

그렇다면 손해를 넘는 손해란 무슨 의미인가? **판례는 현실적인 손해를 전보하기 위해 지급된 것은 과세대상이 아니나, 이를 초과하여 지급된 것은 과세대상이라고 한다.**

대법원 2010.10.28. 선고 2010두11979 판결

구 소득세법(2008. 12. 26. 법률 제9270호로 개정되기 전의 것) 제21조 제1항 제10호는 계약의 위약 또는 해약으로 인하여 받는 위약금과 배상금을 기타소득의 하나로 규정하고 있고, 그 시행령 제41조 제7항은 법 제21조 제1항 제10호에서 **"위약금 또는 배상금"이라 함은 재산권에 관한 계약의 위약 또는 해약으로 인하여 받는 손해배상으로서 그 명목 여하에 불구하고 본래의 계약의 내용이 되는 지급자체에 대한 손해를 넘는 손해에 대하여 배상하는 금전 또는 기타 물품의 가액을 말한다**고 규정하고 있는바, 매수인측의 채무불이행으로 매매계약을 합의해제하면서 매도인이 매수인으로부터 손해배상금 명목으로 금원을 지급받은 경우, 그것이 현실적인 손해를 전보하기 위하여 지급된 것이라면 소득세법에 의한 기타소득으로 과세대상이 되지 않으나, 이를 초과하여 지급된 것이라면 이는 기타소득으로서 소득세의 과세대상이 된다. 원심이 그 채택 증거들을 종합하여 판시와 같은 사실을 인정한 다음, **원고가 매수인의 채무불이행으로 이 사건 부동산에 관한 매매계약을 해제하고 위약금을 몰취한 외에도 소개비 명목으로 더 지급받은 9억 원 부분은 원고의 현실적 손해를 전보하기 위하여 지급된 손해배상금으로 볼 수 없다**고 판단한 조치는 위 법리와 기록에 비추어 수긍이 가고, 상고이유의 주장과 같은 소득세법상 기타소득의 범위에 관한 법리를 오해하거나 입증책임에 관한 법리를 오해한 위법이 있다고 할 수 없다.

(2) 세무조정계산서 작성

내국법인은 각 사업연도의 종료일이 속하는 달의 말일부터 3개월 이내에 법령이 정하는 바에 따라 그 사업연도의 소득에 대한 법인세의 과세표준과 세액을 납세지 관할 세무서장에게 신고하여야 하며, 그 신고 시 ⅰ) 기업회계기준을 준용하여 작성한 개별 내국법인의 재무상태표 · 포괄손익계산서 및 이익잉여금처분계산서(또는 결손금처리계산서) ⅱ) 법령으로 정하는 바에 따라 작성한 세무조정계산서(세무조정계산서)를 첨부하여 제출하여야 한다(법인세법 제60조 제1항).

사업연도	. . . ~ . . .	법인세과세표준 및 세액조정계산서	법인명	
			사업자등록번호	

구분	항목	코드	금액
① 각사업연도소득계산	(101) 결산서상당기순손익	01	
	소득조정금액 (102) 익금산입	02	
	소득조정금액 (103) 손금산입	03	
	(104) 차가감소득금액 ((101)+(102)-(103))	04	
	(105) 기부금한도초과액	05	
	(106) 기부금한도초과이월액손금산입	54	
	(107) 각사업연도소득금액 ((104)+(105)-(106))	06	
② 과세표준계산	(108) 각사업연도소득금액 ((108)=(107))		
	(109) 이월결손금	07	
	(110) 비과세소득	08	
	(111) 소득공제	09	
	(112) 과세표준 ((108)-(109)-(110)-(111))	10	
	(159) 선박표준이익	55	
③ 산출세액계산	(113) 과세표준((112)+(159))	56	
	(114) 세율	11	
	(115) 산출세액	12	
	(116) 지점유보소득 (「법인세법」 제96조)	13	
	(117) 세율	14	
	(118) 산출세액	15	
	(119) 합계((115)+(118))	16	
④ 납부할세액계산	(120) 산출세액((120)=(119))		
	(121) 공제감면세액(ㄱ)	17	
	(122) 차감세액	18	
	(123) 공제감면세액(ㄴ)	19	
	(124) 가산세액	20	
	(125) 가감계((122)-(123)+(124))	21	
	기납부세액 - 기한내납부세액 (126) 중간예납세액	22	
	기납부세액 - 기한내납부세액 (127) 수시부과세액	23	
	기납부세액 - 기한내납부세액 (128) 원천납부세액	24	
	기납부세액 - 기한내납부세액 (129) 간접투자회사 등의 외국납부세액	25	
	기납부세액 - 기한내납부세액 (130) 소계((126)+(127)+(128)+(129))	26	
	기납부세액 (131) 신고납부전가산세액	27	
	기납부세액 (132) 합계((130)+(131))	28	

구분	항목	코드	금액
	(133) 감면분추가납부세액	29	
	(134) 차감납부할세액 ((125)-(132)+(133))	30	
⑤ 토지 등 양도소득에 대한 법인세 계산	양도차익 (135) 등기자산	31	
	양도차익 (136) 미등기자산	32	
	(137) 비과세소득	33	
	(138) 과세표준 ((135)+(136)-(137))	34	
	(139) 세율	35	
	(140) 산출세액	36	
	(141) 감면세액	37	
	(142) 차감세액((140)-(141))	38	
	(143) 공제세액	39	
	(144) 가산세액	40	
	(145) 가감계((142)-(143)+(144))	41	
	기납부세액 (146) 수시부과세액	42	
	기납부세액 (147) (　　) 세액	43	
	기납부세액 (148) 계((146)+(147))	44	
	(149) 차감납부할세액((145)-(148))	45	
⑥ 세액계	(150) 차감납부할세액계 ((134)+(149))	46	
	(151) 사실과 다른 회계처리 경정 세액공제	57	
	(152) 분납세액계산범위액 ((150)-(124)-(133)-(144)+(131)-(151))	47	
	분납할세액 (153) 현금납부	48	
	분납할세액 (154) 물납	49	
	분납할세액 (155) 계((153)+(154))	50	
	차감납부세액 (156) 현금납부	51	
	차감납부세액 (157) 물납	52	
	차감납부세액 (158) 계((156)+(157)) (158)=((150)-(151)-(155))	53	

▶ 법인세 과세표준 및 세액조정계산서

한편, 기업회계와 세무회계의 정확한 조정 또는 성실한 납세를 위하여 필요하다고 인정하여 법령에 정하는 내국법인의 경우 세무조정계산서는 i) 세무사법에 따른 세무사등록부에 등록한 세무사 ii) 세무사법에 따른 세무사등록부 또는 세무대리업무등록부에 등록한 공인회계사 iii) 세무사법에 따른 세무사등록부에 등록한 변호사로서 법령으로 조정반에 소속된 자가 작성하여야 한다(위 조 제9항).[24]

이 경우 조정반이란 대표자를 선임하여 지방국세청장의 지정을 받은 i) 2명 이상의 세무사등[25] ii) 세무법인 iii) 회계법인을 말한다(법인세법시행령 제97조의3). 그런데 변호사가 빠져있다.[26] 이에 대한 다툼은 아래 판례를 참조하기 바란다.

대법원 2015.8.20. 선고 2012두23808 전원합의체 판결

법인세법 제60조 제1항은 "납세의무가 있는 내국법인은 각 사업연도의 종료일이 속하는 달의 말일부터 3개월 이내에 대통령령으로 정하는 바에 따라 그 사업연도의 소득에 대한 법인세의 과세표준과 세액을 납세지 관할 세무서장에게 신고하여야 한다."고 규정하고, 제2항은 "제1항에 따른 신고를 할 때에는 그 신고서에 다음 각 호의 서류를 첨부하여야 한다."고 하면서 그 제2호에서 '대통령령으로 정하는 바에 따라 작성한 세무조정계산서'를 들고 있다.

나아가 법인세법 시행령 제97조 제9항은 "기획재정부령으로 정하는 법인의 경우 법 제60조 제2항 제2호에 따른 세무조정계산서는 세무사(세무사법 제20조의2에 따라 등록한 공인회계사 및 변호사를 포함한다)가 작성하여야 한다."고 규정하면서, 법인세법 시행령 제97조 제10항은 "제9항에 따른 세무조정계산서를 작성할 수 있는 세무사의 요건에 관하여 필요한 사항은 기획재정부령으로 정한다."고 규정하고 있다.[27]

그 위임에 따라 법인세법 시행규칙 제50조의2는 직전 사업연도의 수입금액이 70억 원 이상인 법인 및 주식회사의 외부감사에 관한 법률 제2조에 따라 외부의 감사인에 의한 회계감사를 받아야 하는 법인뿐 아니라 직전 사업연도의 수입금액이 3억 원 이상인 법인 중 일정한 요건을 충족한 법인 등에 대하여 법인세법 시행령 제97조 제9항이 정하는 위 '세무사'가 세무조정계산서를 작성하도록 강제하고 있고, 구 법인세법 시행규칙(2014.3.14. 기획재정부령 제409호로 개정되기 전의 것) 제50조의3은, 제1항에서 법인세법 시행령 제97조 제9항에 따라 세무조정계산서를 작성할 수

24) 공인회계사나 변호사 중 세무사법에 따라 등록하지 않는 자는 세무조정계산서를 작성할 수 없는가? 세무사법에 따라 등록한 경우와 등록하지 않은 경우의 구별실익은 무엇인가?

25) 이 경우 세무사 등은 하나의 조정반에만 소속되어야 한다.

26) 한편, 2017.12.26. (법률 제15288호) 세무사법 제3조(세무사의 자격)가 개정되어, 종전에 변호사 자격이 있는 자에게 세무사 자격을 주었던 조항이 삭제되었다. 그리고 공인회계사에게 세무사자격을 자동부여한 조항은 2009.1.30. (법률 제11209호)로 삭제되었다. 해당 법령 공포일 이전에는 세무사시험을 합격하지 않았어도, 변호사 간판에 세무사를 공인회계사 간판에 세무사를 병기할 수 있었으나, 해당 법률이 개정되고 난 뒤에는 세무사 시험을 합격해야만 간판에 세무사를 병기할 수 있다.

27) 이 판결의 영향으로 문제된 조항은 모두 법인세법 시행령 제97조의3을 신설하여 규정하고 있다. 최소한 위임입법의 시비에서는 벗어난 것으로 보인다.

> 있는 '세무사'는 지방국세청장의 지정을 받은 조정반에 소속된 세무사로 하고, 제2항에서는 위 조정반은 2명 이상의 세무사, 세무법인 또는 회계법인으로 하되, 세무사는 2개 이상의 조정반에 소속될 수 없다고 규정하면서, 제3항 및 제4항에서는 위 조정반 지정을 받으려는 자는 관할 지방국세청장에게 조정반 지정 신청을 해야 하고, 이러한 신청을 받은 지방국세청장은 신청인에게 그 지정 여부를 통지하도록 정하고 있다.
>
> (중략)
>
> 법인세법 제60조는 제1항에서 과세표준 신고의 주체가 납세의무자임을 명시하고 있고, 제2항에서 "제1항에 따른 신고를 할 때에는 그 신고서에 다음 각 호의 서류를 첨부하여야 한다."고 규정하여 서류 첨부의 주체 역시 위 납세의무자임을 밝히고 있으며, 위 각 호 중 제1호는 '기업회계기준을 준용하여 작성한 개별 내국법인의 재무상태표 · 포괄손익계산서 및 이익잉여금처분계산서'라고 규정하여 제1호에서 열거한 서류의 작성주체는 납세의무자인 법인임이 명백함을 알 수 있으므로, 제2호에서 '대통령령으로 정하는 바에 따라 작성한 세무조정계산서'의 작성 주체 역시 납세의무자인 법인으로 새기는 것이 규정의 체계에 부합한다. 대통령령으로 정하는 자'라고 명시하고 있다.
>
> 위와 같은 이 사건 모법조항의 형식과 내용, 체계 및 취지에 비추어 보면, 이 사건 모법조항의 수권을 받은 시행령에 정해질 내용은 세무조정계산서의 형식 및 그 실질적 내용 등에 관한 것이라고 예상될 뿐, 세무조정계산서의 작성 주체를 제한하는 내용까지 규정될 것으로 예상되지는 아니한다. 또한 외부세무조정제도가 법률로 규율하는 데 입법기술상 어려움이 있다거나, 세부적 · 기술적 · 가변적인 사항이어서 이를 형식적인 법률로 규정하기에 부적절하다고 볼 수도 없다.
>
> 위와 같은 여러 사정들을 종합하여 보면, 이 사건 시행령 조항은 그에 관한 각 모법조항의 위임 없이 규정된 것이거나 위 모법조항의 위임범위를 벗어난 것으로서 무효라고 할 것이므로, 이 사건 시행령 조항의 위임에 따른 이 사건 시행규칙 조항 역시 무효라고 볼 수 있다. 그렇다면 원고에게 세무조정반 지정을 거부한 이 사건 처분은 무효인 이 사건 시행령 조항 및 이 사건 시행규칙 조항에 근거하여 이루어진 것이어서 위법하다.

(3) 회계감사

회계감사는 공인회계사법 제2조의 규정에 따라 공인회계사의 직무에 해당된다. 이에 따르면 공인회계사는 타인의 위촉에 의하여 ⅰ) 회계에 관한 감사 · 감정 · 증명 · 계산 · 정리 · 입안 또는 법인설립 등에 관한 회계 ⅱ) 세무대리 ⅲ) 그리고 ⅰ) 및 ⅱ)에 부대되는 업

무를 한다(공인회계사법 제2조). 즉, 세무사나 변호사의 업무영역이 아니다.[28)]

세무조정계산서 작성은 세무사의 주된 업무영역이고(세무사법 제2조), 변호사는 당사자와 그 밖의 관계인의 위임이나 국가 · 지방자치단체와 그 밖의 공공기관의 위촉 등에 의하여 소송에 관한 행위 및 행정처분의 청구에 관한 대리행위와 일반 법률 사무를 하는 것을 그 직무로 한다(변호사법 제3조).

세무사는 조세에 관한 청구(이의신청, 심사청구, 심판청구 등)를 할 수 있으나[29)] 소송은 할 수 없다. 변호사 영역이기 때문이다.

(4) 절세, 조세회피 및 탈세

절세, 조세회피 및 탈세는 세법에서 규정하고 있는 것이 아니라 강학상 개념이다. 이를 정리하면 아래와 같다.

1) 절 세

'절세'란 세법의 규정을 지킴으로 인해 정상적으로 부담할 세액을 줄이는 것을 말한다. 세법은 세금 부과 규정만 있는 것이 아니라, 비과세나 감면 규정이 있고 특히 조세특례제한법에서는 법령에 규정된 요건을 충족할 경우 납세자의 신청에 따라 세금혜택을 부여하고 있다. 이와 같은 세법 조항을 이용하여 세금부담을 줄이는 것을 절세라고 한다.[30)]

2) 조세회피

'조세회피'란 세법 규정의 미비나 흠결을 악용 또는 남용하여 부당하게 세금을 줄이는 것을 의미한다. 부당행위계산 부인이 되는 행위가 그 대표적이다. 최근에는 조세피난처를 이용한 공격적인 조세회피행위가 만연하고 있다. 조세피난처는 우리나라와는 달리 상법이나 세법 규정이 촘촘하지 않아서 세금부담을 줄이는데 용이하다. 한국기업이 미국과 거래를 하

---

28) 세무사법 제2조 : 세무사는 납세자 등의 위임을 받아 다음 각 호의 행위 또는 업무(이하 "세무대리"라 한다)를 수행하는 것을 그 직무로 한다. 1. 조세에 관한 신고 · 신청 · 청구(과세전 적부심사청구, 이의신청, 심사청구 및 심판청구를 포함) 등의 대리(「개발이익환수에 관한 법률」에 따른 개발부담금에 대한 행정심판청구의 대리를 포함) 2. 세무조정계산서와 그 밖의 세무 관련 서류의 작성 3. 조세에 관한 신고를 위한 장부 작성의 대행 4. 조세에 관한 상담 또는 자문 5. 세무관서의 조사 또는 처분 등과 관련된 납세자 의견진술의 대리 6. 「부동산 가격공시에 관한 법률」에 따른 개별공시지가 및 단독주택가격 · 공동주택가격의 공시에 관한 이의신청의 대리 7. 해당 세무사가 작성한 조세에 관한 신고서류의 확인. 다만, 신고서류를 납세자가 직접 작성하였거나 신고서류를 작성한 세무사가 휴업하거나 폐업하여 이를 확인할 수 없으면 그 납세자의 세무 조정이나 장부 작성의 대행 또는 자문 업무를 수행하고 있는 세무사가 확인할 수 있다. 8. 「소득세법」 또는 「법인세법」에 따른 성실신고에 관한 확인 9. 그 밖에 제1호부터 제8호까지의 행위 또는 업무에 딸린 업무.

29) 이 업무는 공인회계사도 가능하다.

30) 좋은 예로, 신용카드를 사용하거나 현금영수증을 받으면 연말정산 시 세금혜택을 받는 조항을 이용하는 것이다.

면서 세금부담을 줄이기 위해 인위적으로 조세피난처를 경유하도록 하는 것이 그 대표적 유형이다. 세금도 덜 내고 조세범처벌법의 적용대상도 아닐 가능성도 높다.

3) 탈 세

'탈세'란 세법의 규정을 고의적으로 위반해 가면서까지 세금부담을 줄이는 것을 말한다. 탈세란 「사기나 그 밖의 부정한 행위」를 통해 세금부담을 부당하게 줄이는 것을 의미한다.

조세범처벌법 제3조(조세 포탈)에서는 가산세 중과(40%) 대상인 「사기나 그 밖의 부정한 행위」란 i) 이중장부의 작성 등 장부의 거짓 기장 ii) 거짓 증빙 또는 거짓 문서의 작성 및 수취 iii) 장부와 기록의 파기 iv) 재산의 은닉, 소득 · 수익 · 행위 · 거래의 조작 또는 은폐 v) 고의적으로 장부를 작성하지 아니하거나 비치하지 아니하는 행위 또는 계산서, 세금계산서 또는 계산서합계표, 세금계산서합계표의 조작 vi) 전사적 기업자원 관리설비의 조작 또는 전자세금계산서의 조작 vii) 그 밖에 위계(僞計)에 의한 행위 또는 부정한 행위을 통해서 조세의 부과와 징수를 불가능하게 하거나 현저히 곤란하게 하는 적극적 행위라고 규정하고 있다.

4) 조력인에 대한 처벌

조세회피나 탈세의 경우 회계나 세무전문가의 조력이 없이는 목적 달성이 어렵다고 본다. 조세범처벌법 제9조(성실신고방해죄) 제2항에 따르면 납세의무자로 하여금 과세표준의 신고를 하지 아니하게 하거나 거짓으로 신고하게 한 자 또는 조세의 징수나 납부를 하지 않을 것을 선동하거나 교사한 자는 1년 이하의 징역 또는 1천만 원 이하의 벌금에 처하도록 규정하고 있다. 그렇다면 조세회피나 탈세와 관련된 세무나, 공인회계사 및 변호사 등도 납세자의 과세표준신고를 '거짓'으로 신고하게 했으므로 이 법에 따라 처벌될 가능성이 있다.[31)]

31) 그러나 과세현장에서 이와 같은 이유로 처벌한 사례는 극히 드물다. 징역형을 선고 받으면 변호사 등 자격증 소지자는 그 자격이 취소되거나 일정 기간 정지될 수 있다.

제 7 장

Company law and tax

회사의 회계

강의의 초점

- ▷ 회계의 핵심은 재무제표다. 재무제표란 무엇인가?
- ▷ 재무제표를 작성하는 기준은 무엇인가?
- ▷ 분식회계란 무엇인가? 왜 하는가? 세금을 적게 내려고? 세금을 많게 내려고?
- ▷ 준비금이란 무엇인가? 무엇은 준비한다는 얘기인가?
- ▷ 배당의 종류는 무엇이 있는가?
- ▷ 기업회계와 세무회계의 차이는 있는가? 있다면 무엇이고 그 원인은?
- ▷ 경정청구는 무엇인가? 수정신고는 무엇인가?

1 재무제표

주식회사는 영업상의 재산 및 손익의 상황을 명백히 하기 위하여 「회계장부」 및 「대차대조표」를 작성하여야 한다(제29조 제1항). 회계장부에는 거래와 기타 영업상의 재산에 영향이 있는 사항을 기재하여야 한다(제30조 제1항). 상인은 영업을 개시한 때와 매년 1회 이상 일정시기에, 회사는 성립한 때와 매 결산기에 회계장부에 의하여 대차대조표를 작성하고, 작성자가 이에 기명날인 또는 서명하여야 한다(위 조 제2항) 주식회사는 10년간 상업장부와 영업에 관한 중요서류를 보존하여야 하나, 전표 또는 이와 유사한 서류는 5년간 이를 보존하여야 한다(제33조 제1항).[1)]

(1) 회계원칙

회사의 회계는 상법과 「상법 시행령」으로 규정한 것을 제외하고는 「일반적으로 공정하고 타당한 회계관행」에 따른다(제446조의2).[2)]

상법 시행령 제15조(회계원칙)에서는 ⅰ) 외감법 제2조에 따른 외부감사 대상 회사는 같은 법 제13조제1항에 따른 회계처리기준[3)] ⅱ) 공공기관의 운영에 관한 법률 제2조에 따른 공공기관은 같은 법에 따른 공기업 · 준정부기관의 회계 원칙 ⅲ) 이외의 회사는 회사의 종류 및 규모 등을 고려하여 법무부장관이 중소벤처기업부장관 및 금융위원회와 협의하여 고시한 회계기준(중소기업회계기준)을 따르도록 규정하고 있다(446조의2).

한편, 국세기본법 제20조(기업회계의 존중)에 따르면 "세무공무원이 국세의 과세표준을 조사 · 결정할 때에는 해당 납세의무자가 계속하여 적용하고 있는 기업회계의 기준 또는 관행으로서 일반적으로 공정 · 타당하다고 인정되는 것은 존중하여야 한다."고 규정하고 있다. 따라야 한다는 얘기가 아니라 「존중」하여야 한다고 한다.[4)] 판례도 세법에서 별도로 규정하고 있지 않는 내용

---

1) 위 장부와 서류는 마이크로필름 기타의 전산정보처리조직에 의하여 이를 보존할 수 있다(위 조 제3항).

2) 외감법 제13조 제1항에 따르면 회계처리기준은 한국채택국제회계기준(Korean International Financial Reporting Standards : K-IFRS)과 일반기업회계기준으로 구별된다. 주권상장법인의 경우에는 K-IFRS를 적용하여야 하고, 기타 법인은 일반기업회계기준을 적용한다(외감법 시행령 제7조의2).

3) 이 법은 2018.1.1.부터 법률 명칭이 주식회사 등의 외부감사에 관한 법률로 개정되고 감사대상에는 유한회사가 포함된다. 따라서 상법 시행령도 개정하여 법률 명칭과 해당 조문을 개정하여야 한다. 해당 법률 제16조(회계감사기준)에서는 "감사인은 일반적으로 공정 · 타당하다고 인정되는 회계감사기준에 따라 감사를 실시하여야 하고, 이 기준(회계감사기준)은 한국공인회계사회가 감사인의 독립성 유지와 재무제표의 신뢰성 유지에 필요한 사항 등을 포함하여 대통령령으로 정하는 바에 따라 금융위원회의 사전승인을 받아 정한다"고하고 있다.

4) 이는 결국 법관이 판단하겠다는 것과 다름없어서, 조세법률주의 원칙을 규정한 헌법에 어긋난다(이창의, 앞의 책, p. 79)

중 기업회계기준에서 정하고 있다면 이를 따를 수 있다고 한다.[5)]

대법원 2017.12.22. 선고 2014두44847 판결

구 법인세법 제40조는 제1항, 제2항 등에서 권리의무확정주의를 선언하고, 거래유형 등에 따라 익금과 손금의 구체적인 귀속시기를 규정하고 있다. 그러나 이러한 거래유형 등에 따른 세법상의 손익귀속에 관한 규정은 현대사회의 다종다양한 모든 거래유형을 예측하여 그 자체로서 완결적으로 손익의 귀속을 정한 규정이라고 할 수 없으므로, 위 규정들만으로 손익의 귀속을 정하기 어려운 경우에는 법인세법상의 권리의무확정주의에 반하지 아니하는 한, 구 법인세법 제43조에서 정하였듯이 **일반적으로 공정 · 타당한 회계 관행으로 받아들여지는 기업회계기준에 따라 손익의 귀속을 정할 수도 있다고 해석함이 타당하며,** 이러한 해석이 구 국세기본법(2010.1.1. 법률 제9911호로 개정되기 전의 것) 제20조의 취지에도 부합한다. 따라서 기업회계기준상의 손익의 귀속에 관한 규정이 세법의 개별 규정에 명시되어 있지 않다는 이유만으로 곧바로 권리의무확정주의에 반한다고 단정할 수는 없고, 특정 기업회계기준의 도입 경위와 성격, 관련된 과세실무 관행과 그 합리성, 수익비용대응 등 일반적인 회계원칙과의 관계, 과세소득의 자의적 조작 가능성, 연관된 세법 규정의 내용과 체계 등을 종합적으로 고려하여, 구 법인세법 제43조에 따라 내국법인의 각 사업연도 소득금액계산에 적용될 수 있는 '기업회계의 기준이나 관행'에 해당하는지를 판단하여야 한다.

(2) 작 성

'재무제표(財務諸表)'란 회사의 재무상태나 영업실적 등을 외부관계자들로 하여금 파악할 수 있도록 객관적이고 규정화된 방식으로 만들어서 공표하는 회계자료를 총칭한다. 재무제표는 기업실체의 외부 정보이용자에게 기업실체에 관한 재무정보를 전달하는 핵심적 재무보고 수단이다.[6)]

상법이 이 규정을 마련하고 있는 목적은 투자자나 회사채권자나 정부가 해당 회사의 재무제표를 통해 그 기업의 자산과 부채와 자본 및 소득이나 주주가 누구인지를 정확하게 알 수 있어야 한다는 의미다.

상법상 재무제표는 ⅰ) 대차대조표 ⅱ) 손익계산서 ⅲ) 자본변동표 ⅳ) 이익잉여금 처분계산서 또는 결손금 처리계산서 ⅴ) 현금흐름표 및 ⅵ) 주석(註釋)을 포함한다(제447조 제1항).[7)]

5) 세금은 세법에 따라 납부하여야 한다. 세법은 국회가 만든 법률에 따라 확정되어야 한다. 그런데 법인의 소득금액을 결정하면서 법인세법의 규정에 없는 경우는 기업회계기준을 따라야 한다고 하면, 남은 의문은 과연 기업회계기준이 국회에서 만든 것인가 하는 점이다. 만일 그렇지 않다면 세법률주의는 의미가 있는가? 현재 기업회계기준과 세무회계(세법에 따른 회계)는 대부분 일치하나, 일부에 국한해서 차이가 있을 뿐이다. 따라서 세법에서 회사의 회계처리에 대해 상세한 규정을 정할 필요가 있다고 본다. 세법은 세법이고 기업회계기준은 기업회계기준일 뿐이라고 생각한다.

6) 일반기업회계기준 제4장 60.

1) 대차대조표

'대차대조표'[8]**는 일정 시점 현재**(예를 들면 12월31일) **회사가 보유하고 있는 경제적 자원인 자산과 경제적 의무인 부채, 그리고 자본에 대한 정보를 제공하는 재무보고서**이다[9].

이를 등식으로 표현하면 【자산 = 부채 + 자본】이 된다. A가 출자한 100억원은 자본에 있고, 은행에서 50억원을 차입하여 그 중 30억원을 은행에 예금하고 나머지는 120억원은 부동산을 구입했다면, 자산은 150억원(현금 30억원 + 부동산 120억원), 부채는 50억원, 자본은 100억원이 된다. 결국 【자산 150억원 = 부채 50억원 + 자본금 100억원】으로 대차대조표가 구성된다.[10]

2) 손익계산서

'손익계산서'는 일정 기간 동안(예를 들면, 1월 1일부터 12월 31일까지 기간) **회사의 경영성과**(이익 또는 손실)**에 대한 정보를 제공하는 재무보고서**이다. 일반적으로 이익은 【매출액 – 매출원가 – 판매비와 일반관리비 – 법인세비용】을 통해 산출된다.

3) 자본변동표

'자본변동표'는 기업실체에 대한 자본의 크기와 그 변동에 관한 정보를 제공하는 재무보고서이다. 자본변동표에는 소유주의 투자와 소유주에 대한 분배 등에 대한 정보가 포함된다.[11]

4) 잉여금처분계산서(결손금처리계산서)

'잉여금처분계산서'란 사업연도 말 미처분이익잉여금에 대해, 그 처분내용과 차기이월액을 계산 표시를 하는 서식이다. 결손금처리계산서란 사업연도 말 미처리결손금의 처리내용을 밝히는 재무제표이다.

5) 현금흐름표

'현금흐름표'란 일정 기간 동안 기업실체에 대한 현금유입과 현금유출에 대한 정보를 제공하는 재무보고서이다. 이를 통해 회사의 영업활동을 통한 현금창출에 관한 정보, 투자활동에 관

---

7) 상법 시행령 제16조 제1항. 다만, 다만, 「주식회사 등의 외부감사에 관한 법률」 제2조에 따른 외부감사 대상 회사의 경우에는 현금흐름표 및 주석(註釋)이 포함된다.

8) 재무상태표(Statement of Financial Position)라고도 한다.

9) 일반기업회계기준 제4장 75.

10) 회계학에서는 이렇게 차변의 금액과 대변의 금액이 같은 것을 「대차평균의 원리(貸借平均의 原理, principle of equilibrium)」라고 한다.

11) 일반기업회계기준 제4장 83.

한 정보 및 자본조달을 위한 재무활동에 대한 정보를 제공한다.

6) 영업보고서 작성

이사는 매 결산기에 영업보고서를 작성하여 이사회의 승인을 얻어야 한다(제447조의2 제1항). 영업보고서에는 법령이 정하는 영업에 관한 중요한 사항을 기재하여야 한다.

구체적으로 기재할 사항은 i) 회사의 목적 및 중요한 사업 내용, 영업소 · 공장 및 종업원의 상황과 주식 · 사채의 상황 ii) 해당 영업연도의 영업의 경과 및 성과(자금조달 및 설비투자의 상황을 포함한다) iii) 모회사와의 관계, 자회사의 상황, 그밖에 중요한 기업결합의 상황 iv) 과거 3년간의 영업성적 및 재산상태의 변동상황 v) 회사가 대처할 과제 vi) 해당 영업연도의 이사 · 감사의 성명, 회사에서의 지위 및 담당 업무 또는 주된 직업과 회사와의 거래관계 vii) 상위 5인 이상의 대주주(주주가 회사인 경우에는 그 회사의 자회사가 보유하는 주식을 합산), 그 보유주식 수 및 회사와의 거래관계, 해당 대주주에 대한 회사의 출자 상황 viii) 회사, 회사와 그 자회사 또는 회사의 자회사가 다른 회사의 발행주식총수의 10분의 1을 초과하는 주식을 가지고 있는 경우에는 그 주식 수, 그 다른 회사의 명칭 및 그 다른 회사가 가지고 있는 회사의 주식 수 ix) 중요한 채권자 및 채권액, 해당 채권자가 가지고 있는 회사의 주식 수 x) 결산기 후에 생긴 중요한 사실 xi) 그밖에 영업에 관한 사항으로서 중요하다고 인정되는 사항 등이 포함된다(시행령 제17조).

(3) 작성책임자

이사는 결산기마다 위 서류와 그 부속명세서를 작성하여 이사회의 승인을 받아야 한다(제447조의2 제1항). 한편, 외감법 제2조에 따른 외부감사의 대상이 되는 회사는 지배 종속관계에 있는 2개 이상의 회사를 단일 기업집단으로 연결재무제표를 작성하여 이사회의 승인을 받아야 한다(위 조 제2항).

(4) 재무제표 등의 제출

이사는 정기총회회일의 6주간 전에 재무제표(제447조) **및 영업보고서**(제447조의2)**의 서류를 감사에게 제출하여야** 한다(제447조의3조). 감사는 위 서류를 받은 날부터 4주 내에 감사보고서를 이사에게 제출하여야 한다.

감사보고서에는 i) 감사방법의 개요 ii) 회계장부에 기재될 사항이 기재되지 아니하거나 부실 기재된 경우 또는 대차대조표나 손익계산서의 기재 내용이 회계장부와 맞지 아니하는 경우에는 그 뜻 iii) 대차대조표 및 손익계산서가 법령과 정관에 따라 회사의 재무상태와 경영성과를 적정하게 표시하고 있는 경우에는 그 뜻 iv) 대차대조표 또는 손익계산서가 법령이나 정관을 위반하여 회사의 재무상태와 경영성과를 적정하게 표시하지 아니하는 경우에는 그 뜻과 이유 v) 대차대조표 또는 손익계산서의 작성에 관한 회계방침의 변경이 타당한지 여부와 그 이유 등을 기재하여야 한다(제447조의4 제1항).[12)]

만일 감사가 감사를 하기 위하여 필요한 조사를 할 수 없었던 경우에는 감사보고서에 그 뜻과 이유를 적어야 한다(위 조 제2항). 다만, 상장회사의 경우, 감사 또는 감사위원회는 이사에게 감사보고서를 주주총회일의 1주 전까지 제출할 수 있다(제542조의12 제6항).[13)]

(5) 재무제표 등의 비치 · 공시

이사는 정기총회회일의 1주간 전부터 재무제표(제447조) 및 영업보고서(제447조의2)의 서류와 감사보고서를 본점에 5년간, 그 등본을 지점에 3년간 비치하여야 한다(제448조 제1항).

주주와 회사채권자는 영업시간 내에 언제든지 위 비치서류를 열람할 수 있으며 회사가 정한 비용을 지급하고 그 서류의 등본이나 초본의 교부를 청구할 수 있다(위 조 제2항).

(6) 재무제표 등의 승인 · 공고

이사는 재무제표(제447조)**의 각 서류를 정기총회에 제출하여 그 승인을 요구**하여야 하며(제449조 제1항), **주주총회의 승인을 얻은 때에는 지체없이 대차대조표를 공고**하여야 한다(위 조 제3항). 아울러 이사는 영업보고서(제447조의2)의 서류를 정기총회에 제출하여 그 내용을 보고하여야 한다(위 조 제2항).

그러나 회사는 정관이 정하는 바에 따라 i) 재무제표(제447조)의 각 서류가 법령 및 정관에 따라 회사의 재무상태 및 경영성과를 적정하게 표시하고 있다는 외부감사인의 의견이 있으며 ii) 감사(감사위원회 설치회사의 경우에는 감사위원을 말함) 전원의 동의가 있다면, 재무제표를 이사회의 결의로 승인할 수 있다(제449조의2 제1항). 이 경우 이사는 재무제표의 내용을

---

12) 이외에도 vi) 영업보고서가 법령과 정관에 따라 회사의 상황을 적정하게 표시하고 있는지 여부 vii) 이익잉여금의 처분 또는 결손금의 처리가 법령 또는 정관에 맞는지 여부 viii) 이익잉여금의 처분 또는 결손금의 처리가 회사의 재무상태나 그 밖의 사정에 비추어 현저하게 부당한 경우에는 그 뜻 ix) 재무제표(제447조)의 부속명세서에 기재할 사항이 기재되지 아니하거나 부실기재된 경우 또는 회계장부 · 대차대조표 · 손익계산서나 영업보고서의 기재 내용과 맞지 아니하게 기재된 경우에는 그 뜻 x) 이사의 직무수행에 관하여 부정한 행위 또는 법령이나 정관의 규정을 위반하는 중대한 사실이 있는 경우에는 그 사실 등을 기재하여야 한다.

13) 외부감사인은 정기주주총회 1주일 전에 감사보고서를 제출하여야 한다(외감법 제8조 및 같은 법 시행령 제7조 제1항).

주주총회에 보고하여야 한다(위 조 제2항).

(7) 이사와 감사의 책임해제

정기주주총회에서 재무제표 등이 승인을 한 후 2년 내에 다른 결의가 없으면 회사는 이사와 감사의 책임을 해제한 것으로 본다(제450조 제1항). 그러나 이사 또는 감사의 부정행위에 대하여는 그러하지 아니하다(위 조 제2항).

이사의 임무는 단지 이사회에 상정된 의안에 대하여 찬부의 의사표시를 하는 데에 그치지 않으며 대표이사를 비롯한 업무담당이사의 전반적인 업무집행을 감시할 수 있는 것이므로, 대표이사나 다른 업무담당이사의 업무집행이 위법하다고 의심할 만한 사유가 있음에도 악의 또는 중대한 과실로 인하여 감시의무를 위반하여 이를 방치한 때에는 이로 말미암아 제3자가 입은 손해에 대하여 배상책임을 면할 수 없다. 일정한 업무분장하에 회사의 일상적인 업무를 집행하는 업무집행이사는 회사의 업무집행을 전혀 담당하지 아니하는 평이사에 비하여 보다 높은 주의의무를 부담한다고 보아야 한다.[14]

앞서 살펴본 바와 같이 이사가 임무를 수행함에 있어서 법령을 위반한 행위를 한 때에는 그 행위 자체가 회사에 대하여 채무불이행에 해당하므로, 그로 인하여 회사에 손해가 발생한 이상 손해배상책임을 면할 수 없고, 위와 같은 법령을 위반한 행위에 대하여는 이사가 임무를 수행함에 있어서 선량한 관리자의 주의의무를 위반하여 임무해태로 인한 손해배상책임이 문제되는 경우에 고려될 수 있는 경영판단의 원칙은 적용될 여지가 없다.[15]

대법원 2007.12. 13. 선고 2007다60080 판결
이사가 임무를 수행함에 있어서 법령을 위반한 행위를 한 때에는 그 행위 자체가 회사에 대하여 채무불이행에 해당하므로, 그로 인하여 회사에 손해가 발생한 이상 손해배상책임을 면할 수 없고, 위와 같은 법령을 위반한 행위에 대하여는 이사가 임무를 수행함에 있어서 선량한 관리자의 주의의무를 위반하여 임무해태로 인한 손해배상책임이 문제되는 경우에 고려될 수 있는 경영판단의 원칙은 적용될 여지가 없다.

14) 대법원 2008.9.11. 선고 2007다31518 판결.
15) 대법원 2007.12.13. 선고 2007다60080 판결.

2 준비금

'준비금(reserve)'이란 잉여금을 주주에게 모두 배당하지 않고, 장래 발생할지 모르는 필요에 대비하기 위해 회사에 쌓아두는 금액을 말한다. 준비금에는 상법의 규정에 따른 법정준비금과 정관 또는 주주총회의 결의에 따른 임의준비금[16]이 있다.[17]

한편, 합병이나 분할 또는 분할합병의 경우, 소멸 또는 분할되는 회사의 이익준비금이나 그 밖의 법정준비금은 합병 · 분할 · 분할합병 후 존속되거나 새로 설립되는 회사가 승계할 수 있다(제459조 제2항).

(1) 법정준비금

법정준비금에는 「이익준비금」과 「자본준비금」이 있다. 이익준비금의 이익은 회사의 영업거래로부터 나오고, 자본준비금의 자본은 회사의 자본거래로부터 나온다.

1) 이익준비금

'이익준비금'이란 손익거래 즉, 영업거래로부터 발생하는 이익으로 적립하는 법정준비금을 의미한다. 회사가 영업을 하여 잉여금이 발생한 경우, 이를 모두 주주에게 배당을 하지 않고, 그 자본금의 2분의 1이 될 때까지 매 결산기 이익배당액의 10분의 1 이상을 이익준비금으로 적립하여야 한다(제458조).[18] 다만 주식배당의 경우에는 회사의 현금이 회사 밖으로 나가는 것이 아니므로 주식배당액 상당을 이익준비금으로 적립할 필요는 없다(위 조 단서).

2) 자본준비금

'자본준비금'이란 자본거래로부터 발생한 이익으로 적립하는 법정준비금이다. 회사가 자본거래[19]를 통해 발생한 잉여금은 회사의 영업과 관련이 없이 발생한 것으로 주주에게 배당할 성질의 금액이 아니다. 따라서 상법은 그 전액을 자본준비금으로 적립하도록 하고 있다(제

---

16) 임의준비금은 상법 등 법률에 따라 적립이 강제되는 것이 아니라, 회사 스스로 정관이나 주주총회의 결의에 따라 적립하는 준비금을 의미하며, 그 처분 역시 정관이나 주주총회에서 결정할 수 있다. 법정준비금과 달리 자본금 전입의 용도로 사용할 수 없다. 이하에서는 법정준비금만 설명하기로 한다.

17) 조세특례제한법상 준비금은 원칙적으로 결산조정사항이나 기업회계기준에 위배되는 회계처리인바 이를 신고 조정할 수 있도록 규정하고 있다.

18) 예를 들어 회사 자본금이 10억 원인데, 00사업연도에 4억 원의 영업이익이 발생하였고 이 중 3억 원을 배당하였다면, 이 중 3천만 원 이상을 00사업연도에 이익준비금으로 계상하되 자본금의 1/2인 5억원에 달할 때 까지 00사업연도 이후 계속 적립하여야 한다는 것이다.

19) 예를 들면 주식할증발행으로 액면가보다 더 많은 주금이 회사에 들어온 경우를 들 수 있다.

459조).[20] 주식발행초과금, 감자차익금, 합병차익금, 분할차익금, 주식교환차익금, 주식이전차익금 등이 자본준비금에 포함된다.

(2) 법정준비금의 사용

1) 결손금에 보전

이익준비금(제458조)과 자본준비금(제459조)은 「자본금의 결손」 보전에 충당하는 경우 외에는 처분하지 못한다(제460조).[21] 자본금의 결손이란 회사의 순자산액(자산 – 부채)이 자본금과 법정준비금의 합계액보다 적은 경우를 말한다.

2) 준비금의 자본전입

가. 의 의

'준비금의 자본전입'이란 회사의 법정준비금을 자본금 항목으로 이체시키는 것을 의미한다. 이는 회사의 자본금을 증가시키는 효과가 있다. 회사가 당초 회사 설립 시 자본금을 형성할 때 주식을 발행하고 주금액을 회사로 납입시켰던 것처럼, 자본금이 늘어난다는 것은 이제 주식을 새로 발행하여 주주에게 나눠주어야 한다는 의미다.

나. 법적 성질

준비금이 자본으로 전입하게 되면 회사의 순자산은 변동이 없으면서 발행주식수만 증가한다. 이런 점에서 주식분할과 유사하다. 판례도 기존 주식이 분할된 것과 유사하다는 입장이다. 그러나 주식분할은 자본금의 변동이 없지만 준비금의 자본전입은 자본금이 증가하는 점에서 차이가 있다.

대법원 2011.7.28. 선고 2009다90856 판결

자산재평가법상의 재평가적립금 등의 자본전입에 따른 무상주의 발행은, 기존 주식의 재산적 가치에 반영되고 있던 자산재평가적립금 등이 전입되면서 자본금이 증가함에 따라 그 증자액에 해당하는 만큼의 신주가 발행되어 기존의 주주에게 그가 가진 주식의 수에 따라 무상으로 배정되는 것이어서, **회사의 자본금은 증가하지만 순자산에는 아무런 변동이 없고 주주의 입장에서도 원칙적으로 그가 가진 주식의 수만 늘어날 뿐 그가 보유하는 총 주식의 자본금에 대한 비율이나 실질적인 재산적 가치에는 아무런 차이가 없으므로 위 무상주는 실질적으로 기존 주식이 분할된 것에 다름 아니다.**

---

20) 상법 시행령 제18조(적립할 자본준비금의 범위) : 회사는 회계원칙(제15조)에 정한 회계기준에 따라 자본잉여금을 (모두) 자본준비금으로 적립하여야 한다.

21) 2011년 개정 전 상법에서는 자본금의 결손이 발생한 경우, 먼저 이익준비금으로 충당을 하되 부족한 경우 자본준비금을 사용할 수 있게 하였으나 2011년 개정으로 삭제되어 순서의 제한이 없게 되었다.

다. 절 차

회사는 이사회의 결의에 의하여 준비금의 전부 또는 일부를 자본금에 전입할 수 있으나, 정관으로 주주총회에서 결정하기로 정한 경우에는 해당 주주총회서 자본전입 여부를 결정한다(제461조 제1항). 이 때 회사는 주주에 대해 그들이 가진 주식의 수에 따라 주식을 발행하여야 한다(위 조 제2항).[22]

자본전입에 대하여 이사회의 결의가 있은 때에는 회사는 일정한 날을 정하여 그 날에 주주명부에 기재된 주주가 제2항의 신주의 주주가 된다는 뜻을 그 날의 2주간 전에 공고하여야 한다(위 조 제3항).

그리고 이사는 지체 없이 신주를 받은 주주와 주주명부에 기재된 질권자에 대하여 그 주주가 받은 주식의 종류와 수를 통지하여야 한다(위 조 제5항).

라. 효력발생시기

준비금의 자본금전입에 의해 발행된 신주의 효력이 발생하는 시기는 이사회의 결의에 의한 경우에는 이사회가 정한 일정한 날 즉, 배정기준일이고(제461조 제3항 본문), 정관의 규정에 따라 주주총회의 결의에 의한 경우에는 그 결의일이다(위 조 제4항). 신주의 효력이 발생한 때, 즉 신주의 주주가 된 때에는 이사는 지체없이 신주를 받은 주주와 주주명부에 기재된 질권자에 대하여 그 주주가 받은 주식의 종류와 수를 통지하여야 한다(위 조 제5항).

(3) 법정준비금의 감소

회사는 적립된 자본준비금 및 이익준비금의 총액이 자본금의 1.5배를 초과하는 경우에 주주총회의 결의에 따라 그 초과한 금액 범위에서 자본준비금과 이익준비금을 감액할 수 있다(제461조의2). 감액한다는 의미는 해당 금액을 다시 잉여금 상태로 돌려놓는 것을 의미한다.

3 배 당

배당에는 「이익배당」, 「주식배당」, 「중간배당」 및 「현물배당」이 있다.

---

22) 이 경우 1주에 미달하는 단수에 대하여는 해당 주식을 경매하여 각 주수에 따라 그 대금을 종전의 주주에게 지급하여야 한다.

(1) 이익배당

1) 의 의

'이익배당'이란 크게 보면, 회사가 영업활동을 통해서 벌어들인 이익을 주주에게 분배하는 것을 의미한다. 상법상 규정하는 넓은 의미의 이익배당에는 금전배당, 주식배당, 중간배당, 현물배당이 있다.

좁은 의미의 이익배당은 금전배당을 의미하며, 금전배당이 이익배당의 원칙적인 모습이다. 이하에서 이익배당은 좁은 의미인 금전배당을 의미하는 것으로 사용하기로 한다.

2) 이익배당의 기준

가. 원 칙

주주평등의 원칙에 따라 이익배당은 각 주주가 가진 주식의 수에 따라 지급하여야 한다(제464조 본문). 판례는 일반주주에게 대주주보다 높은 비율로 이익배당을 하는 것은 허용된다고 본다.

대법원 1980.8.26. 선고 80다1263 판결
주주총회에서 대주주에게는 30프로, 소주주에게는 33프로의 이익배당을 하기로 결의한 것은 대주주가 자기들이 배당받을 몫의 일부를 떼내어 소주주들에게 고루 나누어 주기로 한 것이니, 이는 주주가 스스로 그 배당받을 권리를 포기하거나 양도하는 것과 마찬가지여서 상법 제464조에 위반된다고 할 수 없다.

나. 예 외

회사가 정관에 따라 이익의 배당에 관하여 내용이 다른 종류주식을 발행한 경우에는 그 이익배당의 순서나 조건 등을 일반적인 보통주식과 다르게 정할 수 있다(제344조 제1항, 제344조의 제1항).

회사가 정관으로 금전 외의 재산으로 배당할 것을 정한 경우 일정수 미만의 주식을 보유한 주주에게 금전 외의 재산 대신 금전을 지급할 수 있는데(제462조의4 제2항 2호), 이 역시 주주평등의 원칙에 대한 예외라고 할 수 있다.

3) 이익배당의 요건

회사가 이익배당을 하기 위해서는 배당가능이익이 있어야 한다. 배당가능이익은 다음과 같이 계산한다. 대차대조표의 순자산액으로부터 i) 자본금의 액 ii) 그 결산기까지 적립된 자본준비금과 이익준비금의 합계액 iii) 그 결산기에 적립하여야 할 이익준비금의 액 및 법령이 정하는 미실현이익[23]을 공제한 후 남은 금액이 배당가능이익이다(제462조 제1항). 이렇게 계산한 배당가능이익이 없음에도 배당을 하게 되면 위법배당이 된다.

이익배당은 주주총회의 결의로 정하나, 재무제표 등의 승인에 대한 특칙(제449조의2)에 따라 재무제표를 이사회가 승인하는 경우에는 이사회의 결의로 정한다(위 조 제2항).

4) 배당금지급시기

회사는 이익배당을 주주총회나 이사회의 결의 등을 한 날부터 1개월 내에 하여야 하되, 주주총회 또는 이사회에서 배당금의 지급시기를 따로 정한 경우에는 그에 따른다(제464조의2 제1항). 이에 따른 배당금의 지급청구권은 5년간 이를 행사하지 아니하면 소멸시효가 완성한다(위 조 제2항).

5) 위법배당의 효과

앞서 살펴본 바와 같이 상법 제462조 제1항에서 정한 배당가능이익이 없음에도 불구하고 이익배당을 하거나 배당가능이익이 있더라도 이를 초과하여 이익배당하는 것을 위법배당이라고 한다. 위법배당이 있게 되면 회사와 회사채권자는 위법배당금을 받은 주주에게 그 반환을 청구할 수 있다.

가. 회사의 반환청구

위법배당은 당연무효이기 때문에 회사가 위법배당금반환청구를 하기 위해서 선결적으로 위법배당결의무효확인의 소를 제기해야 하는 것은 아니고 민법의 부당이익반환규정에 따라 배당금을 받은 주주에게 반환청구를 할 수 있다(민법 제741조 이하 참조).

---

23) 상법 시행령 제19조 제1항 : 미실현이익이란 회계 원칙에 따른 자산 및 부채에 대한 평가로 인하여 증가한 대차대조표상의 순자산액으로서, 미실현손실과 상계(相計)하지 아니한 금액을 말한다. 그러나 i) 「자본시장과 금융투자업에 관한 법률」 제4조 제2항 제5호에 따른 파생결합증권의 거래를 하고, 그 거래의 위험을 회피하기 위하여 해당 거래와 연계된 거래를 한 경우로서 각 거래로 미실현이익과 미실현손실이 발생한 경우 ii) 「자본시장과 금융투자업에 관한 법률」 제5조에 따른 파생상품의 거래가 그 거래와 연계된 거래의 위험을 회피하기 위하여 한 경우로서 각 거래로 미실현이익과 미실현손실이 발생한 경우에는 미실현이익과 미실현손실을 상계할 수 있다.

나. 회사 채권자의 반환청구

회사의 채권자는 위법배당금을 회사에 반환할 것을 주주에게 청구할 수 있다(제462조 제3항). 여기서의 회사의 채권자는 반환청구 당시 채권자라면 위법배당결의 당시 채권자가 아니어도 청구가 가능하다. 반환의 범위도 자신의 채권에 한정되지 않고 위법배당된 전액을 반환청구할 수 있다.

(2) 주식배당

1) 의 의

'주식배당'이란 **배당을 현금이 아니라 주식으로 하는 것**을 말한다(제462조의2 제1항). 주식배당은 회사의 이익을 회사 밖으로 유출시키지 않고 회사 내에 유보시킨다는 점에서 보면 회사의 재정을 건전하게 할 수 있는 장점이 있지만, 현금을 배당받을 수 있는 주주의 권리를 침해할 우려가 있다. 따라서 **주식배당은 이익배당총액의 2분의 1에 상당하는 금액을 초과하지 못하도록 하고 있다**(위 조 단서).

주식배당과 준비금의 자본전입은 신주를 발행받는 자가 주주로 한정되고, 주주가 회사에 발행가액을 납입하지 않으며, 회사의 순자산이 변하지 않고 발행주식수와 자본금만 증가하는 점에서 공통점이 있다. 그러나 신주발행재원이 준비금의 자본전입은 법정준비금이나 주식배당은 배당가능이익이라는 점에서 차이가 있다.

2) 법적 성격

주식배당의 본질이 무엇인지에 관하여 「**주식분할설**」과 「**이익배당설**」의 대립이 있다. **통설은 주식배당도 배당가능이익이 있어야 배당이 가능한 점, 주식분할과 달리 주식배당을 하면 자본금이 증가하는 점에서 이익배당설을 취하고 있다.**

3) 요 건

회사가 주식배당을 하기 위해서는 i) 배당가능이익이 있어야 하고 ii) 발행예정주식총수 중 미발행주식이 있어야 하며 iii) 이익배당총액의 2분의 1을 넘지 않은 범위에서만 주식배당을 할 수 있다.

4) 절 차

회사는 주주총회의 결의에 의하여 주식배당을 할 수 있다(제462조의2 제1항). 주식배당에 따라 발행하는 신주의 발행가액 해당 주식의 권면액으로 하며, 회사가 종류주식을 발행한 때에는 각각 그와 같은 종류의 주식으로 할 수 있다(위 조 제2항).

이사는 주식배당 결의가 있는 때에는 지체없이 배당을 받을 주주와 주주명부에 기재된 질권자에게 그 주주가 받을 주식의 종류와 수를 통지하여야 한다(위 조 제5항). 주식배당으로 인해 발행되는 신주는 질권의 물상대위가 인정된다(위 조 제6항).

5) 효 과

가. 주식수와 자본금 증가

주식배당을 하게 되면 주식액면가는 변화가 없는 상태에서 발행주식수가 증가하게 되어 회사의 자본금이 증가하게 된다.

나. 주식의 효력발생시기

주식으로 배당을 받은 주주는 주식배당결의가 있는 주주총회가 종결한 때부터 신주의 주주가 된다(제462조의2 제4항). 다만 주식배당의 결의가 영업연도 중에 있었던 경우 신주의 효력도 영업연도의 일부에 대해서만 효력이 발생하는데 이익배당의 경우에는 직전 영업연도 말부터 주주가 된 것(제350조 제3항)으로 볼 수 있다.

6) 위법한 주식배당

'위법한 주식배당'이란 i) 배당가능이익이 없음에도 주식배당을 한 경우 ii) 주식배당으로 인해 정관상 발행예정주식수를 넘어선 경우 iii) 주식배당을 통해 신주를 발행하는 과정에서 자본충실원칙, 수권자본제도를 위반하거나 특정 주주의 권리를 침해한 경우가 있다.

이에 대해서 주주는 회사에 대해 신주발행의 유지를 청구할 수 있고(제424조), 주주 · 이사 · 감사는 신주발행무효의 소를 제기할 수도 있다. 위법한 주식배당으로 손해를 입은 사람이 있다면 이사나 회사에 대해서 손해배상도 청구할 수 있다(제401조, 제389조 제3항, 제210조).

(3) 중간배당

1) 의의 및 취지

'중간배당'이란 영업연도 중 1회에 한하여 이사회의 결의로 이익을 배당하는 것을 말한다(제

462조의3 제1항). 중간배당은 이익배당과는 달리 결산기가 도래하지 않은 상황에서 주주총회가 아닌 이사회의 결의로 이익을 배당한다. 중간배당은 투기적인 거래보다는 배당이익을 추구하게 하고 결산기말에 이익배당이 집중되어 회사에게 자금압박이 되는 상황을 완화하고자 하는 제도이다.

2) 법적 성질

중간배당의 법적 성질에 대해서 직전결산기의 이익이 존재해야만 중간배당이 가능하다는 점에서 직전결산기 이익의 후급이라는 견해(전기이익후급설), 해당결산기에 이익이 발생할 것이 예상되어야 중간배당할 수 있다는 점에서 해당 결산기의 이익을 선급하는 것이라는 견해(당기이익선급설)의 대립이 있다. 통설은 현실적인 중간배당의 재원이 되는 것은 직전결산기의 이익배당을 하고 난 후의 잔여 배당가능이익이라는 점을 들어 전기이익후급설을 취하고 있다.

3) 요 건

가. 형식적 요건

중간배당을 하기 위해서는 형식적으로는 i) **정관에 중간배당에 관한 규정**이 있어야 하고 ii) **이사회가 중간배당결의**하여야 하며 iii) **연 1회의 결산기를 정한 회사**여야 한다.

나. 실질적 요건

중간배당을 하기 위해서는 실질적으로는 직전 결산기의 대차대조표상 순자산액에서 i) 직전 결산기의 자본금의 액 ii) 직전 결산기까지 적립된 자본준비금과 이익준비금의 합계액 iii) 직전 결산기의 정기총회에서 이익으로 배당하거나 또는 지급하기로 정한 금액 iv) 중간배당에 따라 해당 결산기에 적립하여야 할 이익준비금을 공제한 잔액이 있어야 하고(위 조 제2항),[24] 해당 결산기의 대차대조표상의 순자산액이 제462조 제1항 각호의 금액의 합계에 미치지 못할 우려가 없어야 한다(제462조의3 제3항).[25]

4) 중간배당의 확정 및 지급시기

정관에 따라 이사회가 중간배당을 결의하면 **이사회가 정한 일정한 날**(중간배당기준일)**의 주주명부상의 주주에게 배당청구권이 확정된다.** 주주는 중간배당에서도 **주주평등의 원칙에 따라** 그

24) 그러나 해당 결산기의 대차대조표상의 순자산액이 위 조 제1항에서 언급된 공제대상금액의 합계액에 미치지 못할 우려가 있는 때에는 중간배당을 못한다(위 조 제3항).

25) 해당 결산기에 자본금이나 법정 준비금에 결손의 우려가 없어야 한다.

의 보유주식수에 비례하여 중간배당청구권을 취득한다(제462조의3 제5항, 제464조 본문).

중간배당은 이사회의 결의가 있는 날부터 1월 내에 주주에게 지급하여야 한다(제464조의2 제1항). 다만, 이사회가 중간배당결의를 하면서 그 지급시기를 따로 정한 경우는 그 지급시기에 따른다(위 항 단서). 배당은 금전뿐만 아니라 현물배당도 가능하다.

5) 위법한 중간배당의 효과

'위법한 중간배당'이란 **직접 결산기의 이익이 남아 있지 않거나 해당 결산기의 이익이 예상되지 않는데도 중간배당을 하는 것**이다. 일반 위법배당과 마찬가지로 회사가 주주에게 부당이득반환청구를 할 수 있고(민법 제741조), 회사채권자가 주주에게 그 이익을 회사에 반환할 것을 청구할 수 있다(제462조의3 제6항, 제462조 제3항).

이러한 일반 위법배당의 효과 외에도 중간배당에는 특칙이 있다. 해당 결산기 대차대조표상의 순자산액이 제462조 제1항 각호의 금액의 합계액(회사가 유보해야 할 자본금과 법정준비금의 합계액)에 미치지 못함에도 불구하고 중간배당을 한 경우 이사는 회사에 대하여 연대하여 그 차액(배당액이 그 차액보다 적을 경우에는 배당액)을 배상할 책임이 있다. 다만, 이사가 제3항의 우려가 없다고 판단함에 있어 주의를 게을리 하지 아니하였음을 증명한 때에는 그러하지 아니하다(제462조의3 제4항).

(4) 현물배당

1) 의 의

회사는 정관으로 금전 외의 재산으로 배당을 할 수 있음을 정할 수 있는데(제462조의4 제1항),[26] 이를 **'현물배당'**이라고 한다. 현물배당제도를 이용하게 되면 회사는 스스로 보유하고 있던 재산을 제3자에게 매각하는 데 소요되는 비용을 경감할 수 있는 장점이 있다.

2) 요 건

회사가 배당가능이익을 현물로 배당하기 위해서는 ⅰ) **정관에 근거**하여(제462조의4 제1항), ⅱ) **주주총회에서 금전에 갈음하여 현물로 배당한다는 결정**이 있어야 한다(제462조 제2항 단서).[27]

---

26) 회사가 신주를 발행하여 이익배당을 하는 것은 주식배당이고, 회사가 이미 보유한 구주(舊株)를 자기주식으로 이익배당하는 것은 현물배당이다. 금전배당으로 확정된 것을 회사와 주주가 현물로 지급하기로 합의하여 현물을 지급한 것은 현물배당이 아니라 대물변제이다.

27) 재무제표를 이사회에서 승인하는 회사의 경우에는 이사회가 결정한다(제462조 제2항 단서).

3) 위법한 현물배당

회사가 현물배당요건 즉, 정관에 근거가 없거나 주주총회나 이사회결의가 없이 현물배당이 이루어진 위법배당의 경우에는 **회사는 주주에게 배당한 현물의 반환을 청구**할 수 있다.

4) 주주의 보호

현물배당을 원하지 않는 주주를 위해서 회사는 i) 주주가 배당되는 금전 외의 재산 대신 금전의 지급을 회사에 청구할 수 있도록 한 경우에는 그 금액 및 청구할 수 있는 기간 ii) 일정 수 미만의 주식을 보유한 주주에게 금전 외의 재산 대신 금전을 지급하기로 한 경우에는 그 일정 수 및 금액 등을 정할 수 있다(제464조의4 제2항 1호).

4 세금

(1) 분식회계와 경정청구

1) 의의 및 목적

'분식회계(粉飾會計, Window dressing in accounting)**'란 기업이 자산과다 계상, 부채과소계상, 매출과다계상, 비용과소계상을 통해 경영성과나 재무상태 등을 조작하는 것을 의미한다.** 이를 위해 이익을 축소[28]하는 것이 아니라 그 반대로 이익을 확대하여 재무제표에 표기하는 것이 일반적이다.[29]

분식회계는 주가(株價) 유지와 상승, 금융기관으로부터 차입이나 사채발행을 쉽게 할 목적으로 한다.[30]

2) 유형 및 영향

분식회계의 유형으로는 대차대조표상 자산항목의 과다계상과 부채항목의 과소계상이 있다. 손익계산서상 매출액의 과다계상과 매출원가의 과소계상으로도 이익의 과다계상이 가능하다. 또한 관계회사 등 특수관계인 사이의 거래를 통해 이익을 조작하거나 잦은 합병이

---

28) 분식회계를 통해 이익을 축소하고자 하는 것은 세금부담의 감소, 임금인상 회피, 납품단가 인하요구 등을 회피할 목적이 있다고 본다.

29) 분식회계의 발생원인은 단순오류와 고의로 구분할 수 있다. 전자는 계산착오, 회계기준의 잘못된 해석 등이 포함되고, 후자에는 회계문서의 조작이나 위조 및 변경 등이 포함된다. 일반적으로 분식회계라 함은 후자의 경우를 의미한다.

30) 분식회계의 주요 유형으로는 매출채권 및 매출액의 과다(과소)계상, 매출원가의 과다(과소)계상, 고정자산 과다(과소)계상, 개발비 과다(과소) 계상, 특수관계인 사이 거래의 조작 등이 있다.

나 분할에 따르는 채권과 채무의 과다(과소)를 통해서도 가능하다.

분식회계는 투자자들에게 그릇된 회계정보를 제공하여 결과적으로 막대한 손실을 줄 수 있다. 회사의 채권자 및 거래처에게도 해당 회사의 신용도를 잘못 판단하게 하여 부실채권을 양산할 가능성이 있다. 자칫 국가의 신용도에도 악영향을 미칠 수 있다.

3) 경정청구

분식회계 중 이익을 과다하게 계상한 것은 결국 법인세 부담의 증가로 이어진다. 국세기본 법은 과세표준신고서를 법정신고기한까지 제출한 자 중 그 신고한 과세표준 및 세액이 세법에 따라 신고하여야 할 금액을 초과할 때 또는 그 신고한 결손금액 또는 환급세액이 그 신고하여야 할 금액에 미치지 못할 때는 최초신고 및 수정신고한 국세의 과세표준 및 세액의 결정 또는 경정을 법정신고기한이 지난 후 5년 이내에 관할 세무서장에게 청구할 수 있다고 규정하고 있다(제45조의2 제1항).

분식회계를 한 회사도 위 조항을 적용받을 수 있다. 그러나 국세기본법보다 우선 적용되는 법인세법에 따르면, 분식회계를 한 내국법인이 경정(更正)을 받은 경우에는 그 경정일이 속하는 사업연도의 개시일부터 5년 이내에 끝나는 각 사업연도의 법인세액에서 과다 납부한 세액을 차례로 공제한다(제58조의3 제1항)고 규정하고 있다. 과다납부한 세액을 즉시로 돌려주는 것은 아니다.

(2) 세법상 준비금의 손금산입

'세법상 준비금'이란 비용이나 손실이 발생하지는 아니했지만 장래에(적어도 1년 후에) **다액의 비용이나 손실이 발생할 경우를 대비해서 미리 손금에 산입한 금액을 의미한다.**[31] 그리고 **실제 비용이나 손실이 발생할 경우에는 그 비용 등과 상계**한다. 즉, 일찍 손금으로 계상하여 법인세를 줄이고 실제 발생할 때는 비용처리를 하지 않게 되므로, 법인세를 미리 공제해 줌에 따라서 해당 기간 동안 유예하는 과세이연의 효과가 있다.[32]

세법상 준비금은 「**강제성 준비금**」과 「**임의성 준비금**」이 있다. 전자는 책임준비금과 비상위험준비금이 있고(법인세법 제30조), 후자는 고유목적사업준비금(법인세법 제29조), 연구 · 인력개발준비금(조세특례제한법 제9조)과 고유목적사업준비금(조세특례제한법 제74조)이 있다.

---

31) 이런 점에서 보면 세법상 준비금은 상법상 준비금과 그 성격이 전혀 다르다.
32) 김완석 · 황남석, 앞의 책, p. 277.

(3) 기업회계와 세무회계의 차이

'기업회계'란 회사의 회계처리를 기업회계기준 등 일반적으로 인정된 회계원칙에 따라 처리하고 보고를 하는 것을 의미하고, '세무회계'란 회사의 소득에 대한 과세를 목적으로 세법의 규정에 따라 과세소득을 계산하기 위한 회계실무를 의미한다. 세무회계는 기업회계에 따라 산출된 당기순이익에서 출발하여 세법상 익금산입, 익금불산입, 손금산입 및 손금불산입 사항을 반영하여 과세소득을 산출한다.

법인세법은 "내국법인의 각 사업연도의 소득금액을 계산할 때 그 법인이 익금과 손금의 귀속사업연도와 자산 · 부채의 취득 및 평가에 관하여 일반적으로 공정 · 타당하다고 인정되는 기업회계기준을 적용하거나 관행을 계속 적용하여 온 경우에는 이 법 및 「조세특례제한법」에서 달리 규정하고 있는 경우를 제외하고는 그 기업회계의 기준 또는 관행에 따른다."고 규정하고 있다(제43조). 결국 기업회계가 있고 세무회계가 실질적으로 따로 있다는 의미다.[33]

(4) 세무신고

1) 정상적인 신고

법인은 각 사업연도 종료일이 속하는 달의 말일부터 3개월 이내에 법인세를 납세지관할 세무서장에게 신고하여야 한다(법인세법 제60조 제1항). 이사 등 개인은 과세기간 다음연도 5월 1일부터 5월 31일까지 종합소득세 신고를 하여야 한다(소득세법 제70조 제1항).

2) 수정신고

위와 같이 정상적인 신고를 한 자 중, 세법에 따라 신고하여야 할 과세표준 및 세액에 미치지 못하게 신고를 한 자 또는 결손금액이나 환급세액을 초과하여 신고한 자는 국세부과제척기간(국세기본법 제26조의2, 세무조사가능기간)이 끝나기 전까지 과세표준 수정신고서를 제출할 수 있다(국세기본법 제45조 제1항).[34] 이 경우 가산세 등의 감면혜택이 주어진다.

3) 기한 후 신고

법정신고기한까지 과세표준신고서를 제출하지 아니한 자는 관할 세무서장이 세법에 따

33) 이창희, 앞의 책, pp. 785-788 참조.
34) 추가자진납부도 가능하다(국세기본법 제46조 제1항). 그런데 세무조사 대상자 선정 가능성이 높지 않다면, 과연 수정신고하려고 할까?

라 해당 국세의 과세표준과 세액을 결정하여 통지하기 전까지 기한 후과세표준신고서를 제출할 수 있다(국세기본법 제45조의3 제1항).

4) 경정청구

가. 일반적 경정청구

과세표준신고서를 법정신고기한까지 제출한 자 중 ⅰ) 과세표준신고서에 기재된 과세표준 및 세액(각 세법에 따라 결정 또는 경정이 있는 경우에는 해당 결정 또는 경정 후의 과세표준 및 세액)이 세법에 따라 신고하여야 할 과세표준 및 세액을 초과할 때 ⅱ) 과세표준신고서에 기재된 결손금액 또는 환급세액(각 세법에 따라 결정 또는 경정이 있는 경우에는 해당 결정 또는 경정 후의 결손금액 또는 환급세액다)이 세법에 따라 신고하여야 할 결손금액 또는 환급세액에 미치지 못할 때에는, 최초신고 및 수정신고한 국세의 과세표준 및 세액의 결정 또는 경정을 법정신고기한이 지난 후 5년 이내에 관할 세무서장에게 청구할 수 있다. 다만, 결정 또는 경정으로 인하여 증가된 과세표준 및 세액에 대하여는 해당 처분이 있음을 안 날(처분의 통지를 받은 때에는 그 받은 날)부터 90일 이내(법정신고기한이 지난 후 5년 이내로 한정한다)에 경정을 청구할 수 있다(국세기본법 제45조의2 제1항). 세금을 착오로 더 많이 냈으니 돌려달라는 얘기다.

나. 후발적 경정청구

반면 과세표준 신고를 제출할 때는 정상적으로 세금을 납부했지만 그 뒤에 발생한 사유로 인해 더 많이 낸 것으로 밝혀진 경우에도 역시 경정청구를 통해 국가로부터 세금을 돌려받을 수 있다.

과세표준신고서를 법정신고기한까지 제출한 자 또는 국세의 과세표준 및 세액의 결정을 받은 자 중 ⅰ) 최초의 신고·결정 또는 경정에서 과세표준 및 세액의 계산 근거가 된 거래 또는 행위 등이 그에 관한 소송에 대한 판결(판결과 같은 효력을 가지는 화해나 그 밖의 행위를 포함)에 의하여 다른 것으로 확정되었을 때 ⅱ) 소득이나 그 밖의 과세물건의 귀속을 제3자에게로 변경시키는 결정 또는 경정이 있을 때 ⅲ) 조세조약에 따른 상호합의가 최초의 신고·결정 또는 경정의 내용과 다르게 이루어졌을 때 ⅳ) 결정 또는 경정으로 인하여 그 결정 또는 경정의 대상이 되는 과세기간 외의 과세기간에 대하여 최초에 신고한 국세의 과세표준 및 세액이 세법에 따라 신고하여야 할 과세표준 및 세액을 초과할 때에는 그 사유가 발생한 것을 안 날부터 3개월 이내에 결정 또는 경정을 청구할 수 있다(국세기본법 제45조의2 제2항).

(5) 세무조사

'세무조사'란 납세의무자가 신고한 내용에 오류나 탈루가 있을 경우 과세관청이 이를 확인하여 경정하는 절차를 의미한다.

1) 세무조사권 남용 금지

세무공무원은 적정하고 공평한 과세를 실현하기 위하여 필요한 최소한의 범위에서 세무조사를 하여야 하며, 다른 목적 등을 위하여 조사권을 남용해서는 아니된다(국세기본법 제81조의4 제1항).[35]

2) 중복세무조사 금지

세무공무원은 같은 세목[36] 및 같은 과세기간에 대하여 세무조사를 두 번 할 수 없다(국세기본법 제81조의4 제2항). 그런데 예외 조항이 너무 많다. 주된 사항으론 ⅰ) 조세탈루의 혐의를 인정할 만한 명백한 자료가 있는 경우 ⅱ) 거래상대방에 대한 조사가 필요한 경우 ⅲ) 2개 이상의 과세기간과 관련하여 잘못이 있는 경우 ⅳ) 납세자가 세무공무원에게 직무와 관련하여 금품을 제공하거나 금품제공을 알선한 경우 등을 포함한다.[37] 판례는 현지 확인절차라도 이는 세무조사의 일환이라고 보고 있다.

대법원 2017.3.16. 선고 2014두8360 판결
세무조사는 국가의 과세권을 실현하기 위한 행정조사의 일종으로서 국세의 과세표준과 세액을 결정 또는 경정하기 위하여 질문을 하고 장부 · 서류 그 밖의 물건을 검사 · 조사하거나 그 제출을 명하는 일체의 행위를 말하며, 부과처분을 위한 과세관청의 질문조사권이 행하여지는 세무조사의 경우 납세자 또는 그 납세자와 거래가 있다고 인정되는 자 등은 세무공무원의 과세자료 수집을 위한 질문에 대답하고 검사를 수인하여야 할 법적 의무를 부담한다. 한편 같은 세목 및 과세기간에 대한 거듭된 세무조사는 납세자의 영업의 자유나 법적 안정성 등을 심각하게 침해할 뿐만 아니라 세무조사권의 남용으로 이어질 우려가 있으므로 조세공평의 원칙에 현저히 반하는 예외적인 경우를 제외하고는 금지될 필요가 있다.

35) 그런데 정치적 목적에 따른 세무조사는 세무조사권 남용인가? 그러면 과세관청은 처벌대상인가? 손해배상 청구소송이 가능한가? 이를 방지하기 위해 해당 세무공무원에게 「징벌적 손해배상」이 가능하도록 하는 제도의 도입은 어려운가?

36) '세목'이란 납세자가 국가에 내는 세금의 종류를 의미한다. 예컨대, 법인세, 소득세, 상속세 등이 각각의 세목에 해당한다.

37) 그러나 이 예외 조항은 너무 모호하고 막연하다. 매출규모가 10조원인 회사에서 세무조사 후 조세탈루혐의가 명백한 100만원 거래가 발견되었다고 하자. 이를 빌미로 다시 세무조사를 할 수 있는가? 없는가?

> 이러한 세무조사의 성질과 효과, 중복세무조사를 금지하는 취지 등에 비추어 볼 때, 세무공무원의 조사행위가 실질적으로 납세자 등으로 하여금 질문에 대답하고 검사를 수인하도록 함으로써 **납세자의 영업의 자유 등에 영향을 미치는 경우에는 국세청 훈령인 구 조사사무처리규정**(2010. 3. 30. **국세청 훈령 제**1838**호로 개정되기 전의 것)에서 정한 '현지확인'의 절차에 따른 것이라고 하더라도 그것은 재조사가 금지되는 '세무조사'에 해당한다고 보아야 한다.**
>
> 그러나 과세자료의 수집 또는 신고내용의 정확성 검증 등을 위한 과세관청의 모든 조사행위가 재조사가 금지되는 세무조사에 해당한다고 볼 경우에는 과세관청으로서는 단순한 사실관계의 확인만으로 충분한 사안에서 언제나 정식의 세무조사에 착수할 수밖에 없고 납세자 등으로서도 불필요하게 정식의 세무조사에 응하여야 하므로, 납세자 등이 대답하거나 수인할 의무가 없고 납세자의 영업의 자유 등을 침해하거나 세무조사권이 남용될 염려가 없는 조사행위까지 재조사가 금지되는 '세무조사'에 해당한다고 볼 것은 아니다.
>
> 세무공무원의 조사행위가 재조사가 금지되는 '세무조사'에 해당하는지 여부는 조사의 목적과 실시경위, 질문조사의 대상과 방법 및 내용, 조사를 통하여 획득한 자료, 조사행위의 규모와 기간 등을 종합적으로 고려하여 구체적 사안에서 개별적으로 판단할 수밖에 없을 것인데, 세무공무원의 조사행위가 사업장의 현황 확인, 기장 여부의 단순 확인, 특정한 매출사실의 확인, 행정민원서류의 발급을 통한 확인, 납세자 등이 자발적으로 제출한 자료의 수령 등과 같이 단순한 사실관계의 확인이나 통상적으로 이에 수반되는 간단한 질문조사에 그치는 것이어서 납세자 등으로서도 손쉽게 응답할 수 있을 것으로 기대되거나 납세자의 영업의 자유 등에도 큰 영향이 없는 경우에는 원칙적으로 재조사가 금지되는 '세무조사'로 보기 어렵지만, 조사행위가 실질적으로 과세표준과 세액을 결정 또는 경정하기 위한 것으로서 납세자 등의 사무실 · 사업장 · 공장 또는 주소지 등에서 납세자 등을 직접 접촉하여 상당한 시일에 걸쳐 질문하거나 일정한 기간 동안의 장부 · 서류 · 물건 등을 검사 · 조사하는 경우에는 특별한 사정이 없는 한 재조사가 금지되는 '세무조사'로 보아야 할 것이다.

3) 세무조사기간

세무공무원은 조사대상 세목 · 업종 · 규모, 조사 난이도 등을 고려하여 세무조사 기간이 최소한이 되도록 하여야 한다. 그러나 i) 납세자가 장부 · 서류 등을 은닉하거나 제출을 지연하거나 거부하는 등 조사를 기피하는 행위가 명백한 경우 ii) 거래처 조사, 거래처 현지확인 또는 금융거래 현지확인이 필요한 경우 iii) 세금탈루 혐의가 포착되거나 조사 과정에서 조사유형이 「조세범 처벌절차법」에 따른 조세범칙조사로 전환되는 경우 iv) 천재지변이나 노동쟁의로 조사가 중단되는 경우 등의 경우에는 필요한 범위 내에서 세무조사기간이 연장된다(국세기본법 제81조의 8).

제 8 장

Company law and tax

자본금의 증감

강의의 초점

- ▷ 회사가 신주를 발행하는 목적은?
- ▷ 신주를 발행하면 A 주주에게는 이득일까?
- ▷ 주주배정과 제3자 배정의 차이와 구별의 실익은?
- ▷ 주주의사에 반해서 회사가 신주를 발행하려고 할 때 주주가 취할 수 있는 방안은?
- ▷ 신주인수권은 무엇인가? 양도할 수 있는가?
- ▷ 신주를 시가보다 낮게 배정받았을 경우 세금은?
- ▷ 신주인수권을 양도하면 세금은?
- ▷ 증자에 따른 세금은?
- ▷ 제1장에서 A는 100억원을 출연하여 B회사를 만들었다. 그런데 감자를 한다? 그 목적은 무엇인가?
- ▷ 감자를 하는 방법은 무엇이 있는가? 무상감자, 유상감자는 무엇인가?
- ▷ 감자차익은 무엇인가? 감자차익에 대한 세금은?
- ▷ 무상감자, 유상감자, 감자차익에 대한 세금은?

1 자본금의 증가

(1) 신주발행

1) 의 의

'신주(新株) 발행'이란 회사성립 이후 새로운 주식을 발행하는 것을 말한다. 신주를 발행하는 목적 중의 하나는 회사의 자본금을 증가시켜서 운영자금을 확보하기 위함이다. 일반적으로 회사가 자금을 조달하는 방법은 **자본금을 증가시키는 방법과 부채를 증가시키는 방법**이 있다. **전자는 신주발행을** 의미하고 **후자는 은행 등으로부터 돈을 빌리는 것**이다.

신주를 발행하면 액면가액으로 발행할 경우 그 주식의 액면가액만큼 회사로 자금이 유입되고 동시에 회사의 자본금(발행주식수 × 액면가)도 증가한다(유상증자).[1] 하지만 신주인수를 누가 하느냐에 따라 그 회사의 소유주식비율도 변경이 가능하다.

2) 발행사항의 결정

가. 결정기관 및 결정사항

회사가 성립한 후에 주식을 발행하는 경우, 신주발행사항에 대해 **정관에 규정이 없는 것은 이사회가 결정**하나,[2] 상법에 다른 규정이 있거나 정관으로 주주총회에서 결정하기로 정한 경우에는 해당 **주주총회에서 결정한다**(제416조).

신주발행사항에는 i) 신주의 종류와 수 ii) 신주의 발행가액과 납입기일 iii) 무액면주식의 경우에는 신주의 발행가액 중 자본금으로 계상하는 금액 iv) 신주의 인수방법 v) 현물출자를 하는 자의 성명과 그 목적인 재산의 종류, 수량, 가액과 이에 대하여 부여할 주식의 종류와 수 vi) 주주가 가지는 신주인수권을 양도할 수 있는 것에 관한 사항 vii) 주주의 청구가 있는 때에만 신주인수권증서를 발행한다는 것과 그 청구기간 등이 포함된다.

나. 발행방식

신주를 발행할 때 누구에게 신주를 인수할 수 있는 권리(신주인수권)를 부여하는지에 따라 「**주주배정**」, 「**제3자배정**」 그리고 「**모집**」으로 나눌 수 있다.

상법은 기존 주주에게 신주인수권을 부여하는 **주주배정을 원칙**으로 한다(제418조 제1항). 그

1) 그러나 신주를 발행한다고 하여도 자본금이 증가되지 않는 무상증자의 경우도 있다.
2) 신주를 발행할 때 정관에 다른 규정이 없는 한 이를 원칙적으로 이사회가 결정하도록 하는 것을 '수권자본제도'라고 한다.

러나 법률에 근거가 있거나 신기술 도입 등 회사의 경영상 목적을 달성하기 위하여 미리 정관에 근거를 둔 때에는 제3자에게 신주인수권을 부여하는 제3자 배정을 할 수 있다(위 조 제2항). 또한 주주나 제3자에게 배정하는 것이 아니라 일반공중에게 자본금을 조달하여 신주를 발행하는 자본금을 조달하는 「공모(公募)」, 회사와 기존에 이해관계를 지는 자에게 자본금을 조달하여 신주를 발행하는 「사모(私募)」로 나누어진다.

다. 발행가액

주식을 발행할 때 회사가 주식의 인수인으로부터 각 1주당 납입받는 금액을 발행가액이라고 한다. 신주발행가액은 **액면금액대로 발행하는 방법**(액면발행)과 **그 이상으로 발행하는 방법**(할증발행) **및 그 이하로 발행하는 방법**(할인발행)이 있다.[3] **판례는 신주발행 시 그 발행가액을 시가 보다 낮게 발행하였다고 하여 그것만으로는 배임죄가 성립되는 것은 안 된다**고 한다.[4]

대법원 2009.5.29. 선고 2008도9436 판결
회사가 주주 배정의 방법, 즉 주주가 가진 주식 수에 따라 신주 등을 발행하는 경우에는 발행가액 등을 반드시 시가에 의하여 하는 것은 아니고, 회사의 임원인 이사로서는 주주 전체의 이익과 회사의 자금조달의 필요성과 급박성 등을 감안하여 **경영판단에 따라 자유로이 그 발행조건을 정할 수 있다고 보아야 할 것**이므로, 시가보다 낮게 발행가액 등을 정함으로써 주주들로부터 가능한 최대한의 자금을 유치하지 못하였다고 하여 **배임죄의 구성요건인 임무위배, 즉 회사의 재산보호의무를 위반하였다고 볼 것은 아니다.** 이 경우 신주 등의 발행이 **주주 배정방식인지 또는 제3자 배정방식인지를 구별하는 기준은 회사가 주주들에게 그들의 지분비율에 따라 신주 등을 우선적으로 인수할 기회를 부여하였는지 여부에 따라 객관적으로 결정되어야 할 성질의 것이지,** 신주 등의 인수권을 부여받은 주주들이 실제로 인수권을 행사하여 신주 등을 배정받았는지 여부에 좌우되는 것은 아니다.

라. 액면미달발행

주식을 액면금액 이하로 발행할 수도 있는데 이를 '**액면미달발행**'이라고 한다. 이는 자본유지의 원칙이나 자본충실의 원칙에 맞지 않으므로 **상법에서는 그 발행 요건을 엄하게 규정하**고 있다.[5]

회사는 주주총회의 결의와 법원의 인가를 얻어서 그 회사가 성립한 날로부터 2**년을 경과한 후**

3) 신주는 액면금액은 물론 시가보다 보다 높게 발행하는 것이 상식이다. 하지만 낮게 발행하기도 한다. 그 이유는?
4) 시가 보다 현저하게 낮게 발행하는 이유는 무엇이 있는가? 해당 주식을 인수할 자를 미리 서로 짜고 정해놓은 경우는 아닐까?
5) 주식을 액면금 이상으로 받는 액면초과발행은 회사법상 문제될 것이 없다.

에 주식을 발행하는 경우 해당 주식을 액면미달의 가액으로 발행할 수 있으나(제417조 제1항), 이를 위해서는 주주총회에서 주식의 최저발행가액을 정하여야 한다(위 조 제2항).

한편, 법원은 회사의 현황과 제반사정을 참작하여 최저발행가액을 변경하여 인가할 수 있고, 이를 위하여 검사인을 선임할 수 있다(위 조 제3항). 법원의 인가가 있다면, 회사는 인가를 얻은 날로부터 1월내에 발행하여야 한다(위 조 제4항).[6)]

(2) 신주인수권

1) 의의

신주인수권이란 해당 회사의 성립 후 그 회사가 신주를 발행하는 경우, 다른 자에 우선하여 그 신주의 인수를 청구할 수 있는 권리를 의미한다(제418조 제1항).[7)]

이는 주주권의 하나인 주주평등의 원칙에 따라, 회사가 신주를 발행할 때 기존주주의 주식보유수에 비례하여 신주를 배정받을 수 있다(주주의 신주인수권).[8)] 그러나 회사는 정관에서 정하는 바에 따라, 신기술의 도입, 재무구조의 개선 등 회사의 경영상 목적을 달성하기 위하여 필요한 경우에는 기존 주주 이외의 제3자에게 신주를 배정(제3자의 신주인수권)할 수 있다(위 조 제2항).

판례는 신주인수권 제도는 회사가 신주를 발행하는 경우 원칙적으로 기존 주주에게 이를 배정하고 정관에 정한 경우에만 제3자에게 신주배정을 할 수 있게 하면서 그 사유도 신기술의 도입이나 재무구조의 개선 등 경영상 목적을 달성하기 위하여 필요한 경우에 한정함으로써 기존 주주의 신주인수권을 보호하고 있으므로, 회사가 위와 같은 사유가 없음에도 경영권 분쟁이 현실화된 상황에서 경영진의 경영권이나 지배권 방어라는 목적을 달성하기 위하여 제3자에게 신주를 배정하는 것은 상법 제418조 제2항을 위반하여 주주의 신주인수권을 침해하는 것이고[9)] 이러한 법리는 신주인수권부사채를 제3자에게 발행하는 경우에도 마찬가지로 적용된다고 한다.[10)]

2) 주주의 신주인수권

주주의 신주인수권은 계약이 아닌 법률에서 당연히 발생하는 권리이다. 주주의 신주인수권은 「추상적 신주인수권」과 「구체적 신주인수권」으로 나눌 수 있다. 추상적 신주인수권이란 만약

---

6) 법원은 이 기간을 연장하여 인가할 수 있다(위 조 제4항).
7) 신주를 우선 인수할 수 있다는 의미지 발행가액 등 기타 다른 조건의 우대를 부여해준다는 의미는 아니다.
8) 한편 주권상장법인은 이사회의 결의로(자금법 제165조의6 제4항) 불특정다수인에게 신주를 발행할 수 있다.
9) 대법원 2009.1.30. 선고 2008다50776 판결.
10) 대법원 2015.12.10. 선고 2015다202919 판결.

회사가 신주를 발행하게 되면 주주가 신주를 인수할 수 있다는 잠재적인 권리를 의미하고, 구체적 신주인수권이란 회사가 실제로 신주발행절차를 개시하게 되었을 때 주주가 청약하면 신주를 배정받을 수 있는 권리를 말한다. 둘을 구별하는 이유는 추상적 신주인수권은 주주권의 일부이기 때문에 주식과 분리하여 양도나 처분을 하지 못하는 반면에 구체적 신주인수권은 주주권과는 별개의 채권으로 주식과 분리하여 양도나 처분이 가능하다는 점에 차이가 있기 때문이다.

회사가 신주를 발행하는 과정에서 주주의 신주인수권을 침해하여 주주에게 손해가 발생할 수 있다. 이 경우 주주는 회사에 대하여 손해배상을 청구할 수 있고(제389조 제3항, 제210조), 관련된 이사에게 손해배상을 청구할 수도 있다(제401조). 신주발행 무효의 소(제429조)도 제기할 수 있다. 사전적 구제수단으로 신주발행유지청구권(제424조)을 행사할 수 있다.

3) 제3자의 신주인수권

제3자의 신주인수권이란 기존 주주 이외의 자가 신주를 우선적으로 인수할 수 있는 권리를 말한다. 제3자에게 신주인수권을 부여는 신기술의 도입, 재무구조의 개선 등 회사의 경영상 목적을 달성하기 위하여 필요한 경우에 한하며 이에 대해서 정관에서 정하고 있어야 한다(제418조 제2항). 주주에 대한 신주인수권의 제한에 관한 사항 또는 특정한 제3자에게 이를 부여할 것을 정한 때에는 그 사항을 주식청약서에 기재하여야 한다(제420조 제5호).

제3자의 신주인수권이 침해된 경우 제3자는 주주의 신주인수권과 달리 신주발행유지청구권이나 신주발행무효의 소를 제기하지 못한다. 신주발행유지청구권은 주주만, 신주발행무효의 소는 주주 · 이사 · 감사만이 소를 제기할 수 있기 때문이다. 제3자는 회사나 이사에 대해서 손해배상을 청구할 수 있을 뿐이다.

4) 신주발행절차

가. 주식발행사항의 결정

회사가 신주를 발행할 때에는 발행할 주식의 종류와 수, 발행방법 및 발행가액 등을 결정하여야 하는데, 원칙적으로 이사회가 결정하고 정관에 규정이 있으면 주주총회에서 결정할 수도 있다(제416조).

나. 배정기준일 공고

가) 내용 및 취지

주주배정방식으로 신주를 발행하는 경우에는 회사는 일정한 날(배정기준일)을 정하여 그 날에 주주명부에 기재된 주주가 신주인수권을 가진다는 뜻을 그 날을 2주전에 공고하여야 한다(제418조 제3항 본문). 그러나 배정기준일이 제354조제1항의 기간 중(주주명부폐쇄기간)인 때에는 그 기간의 초일의 2주간 전에 이를 공고하여야 한다(제418조 제3항 단서).

주식을 양수받은 자가 배정기준일을 알지 못하여 명의개서를 못하는 신주를 협의의 실기주라고 한다. 회사가 배정기준일을 공고하도록 하는 것은 협의의 실기주가 발생하는 것을 방지하려는 목적이다.

나) 공고흠결의 효과

회사가 상법에 따른 배정기준일을 지키지 못하여 회사의 지배력에 영향을 미쳤다면 신주발행에 무효사유가 있다고 할 것이다.

다) 배정기준일 도래의 효과

주주배정방식에서 배정기준일이 도래하면 배정기준일까지 명의개서를 완료한 주주가 신주인수권자로 확정된다. 이렇게 확정된 신주인수권을 '구체적 신주인수권'이라고 한다.[11] 구체적 신주인수권은 채권적 권리로 주식과 분리하여 타인에게 양도할 수 있고, 이를 양도하기 위해서는 신주인수권증서를 교부하여야 한다(제420조의3 제1항).

다. 청약의 최고

'최고(催告)'란 상대방에게 일정한 행위를 하도록 상대방에게 요구하는 의사의 통지를 말한다. 회사는 신주인수권을 가진 자에 대하여 그 인수권을 가지는 주식의 종류 및 수와 일정한 기일까지 주식인수의 청약을 하지 아니하면 그 권리를 잃는다는 뜻을 통지하되(제419조 제1항), 이 통지는 해당기일의 2주간 전까지 하여야 한다(위 조 제2항).[12]

이와 같은 통지에도 불구하고 그 기일까지 주식인수의 청약을 하지 아니한 때, 신주인수권 자는 그 권리를 잃는다(위 조 제3항).

라. 신주인수권증서의 발행

신주인수권증서는 주주의 신주인수권을 표창[13]하는 유가증권이다. 신주인수권은 주주에게만 발행된다.[14] 정관 또는 이사회결의로 신주인수권을 양도할 수 있다는 것으로 정한 때에는 회사는 신주인수권증서를 발행하여야 한다(제420조의2 제1항). 신주인수권증서는 주식을 인수 시에

11) 회사가 신주를 발행한다면 신주인수권을 취득할 수 있다는 기대권에 불과한 '추상적 신주인수권'은 주식과 분리하여 양도할 수 없다.
12) 이러한 최고는 권리의 상실을 예고하는 것으로 '실권예고부청약최고'라고 한다.
13) '표창'이란 유형화시켜서 드러낸다는 의미이다.
14) 이는 신주인수권부사채권자에게 발행하는 신주인수권증권과 구별된다.

필요한 청약의 수단이 되면, 신주인수권을 양도할 때에 양도의 수단이 된다.

신주인수권증서는 **청약기일의 2주전까지 발행**하여야 한다(제420조의2 제1항). 신주인수권증서를 교부받은 자는 **선의취득이 인정되며**(제420조3, 수표법 제21조), **신주인수권증서의 소지자는 적법한 소지인으로 추정된다**(제420조의3 제2항, 제336조 제2항).

회사는 신주인수권증서를 발행하는 대신 정관으로 정하는 바에 따라 전자등록기관의 전자등록부에 신주인수권을 등록할 수 있다(제420조의4 전단).

마. 신주의 청약

이사는 법정사항을 기재한 주식청약서를 작성하여야 하며(제420조), 주식을 인수하고자 하는 자는 모집설립의 경우와 동일하게 주식청약서에 의해 청약하여야 한다(제425조 제1항 제302조 제1항). 신주인수권증서가 발행된 경우에는 이 증서로 신주인수의 청약을 한다(제420조의5 제1항).

바. 신주의 배정

신주의 배정은 이사가 한다. 회사는 신주인수권에 상응하게 배정하여야 하며, **주주배정의 경우에는 주주평등의 원칙이 적용된다.** 모집의 경우에는 신주인수권자가 없기 때문에 이사가 재량으로 배정할 수 있다.

사. 출자의 이행

이사는 신주의 인수인으로 하여금 그 배정한 주식 수에 따라 납입기일에 그 인수한 주식에 대한 인수가액의 전액을 납입시켜야 한다(제421조 제1항). **신주의 인수인은 회사의 동의 없이 납입채무와 주식회사에 대한 채권을 상계할 수 없다**(위 조 제2항). 현물출자를 하기로 하고 주식을 인수한 자는 납입기일에 출자의 목적인 재산을 인도하고 등기, 등록 기타 권리의 설정 또는 이전에 필요한 서류를 완비하여 회사에 교부하여야 한다(제425조, 제305조 제3항, 제295조 제2항).

주식의 인수인이 납입기일에 납입 또는 현물출자의 이행을 하지 아니한 때에는 주식인수인으로서의 권리를 잃는다(제423조 제2항).

5) 신주 효력 발생

신주의 인수인은 납입 또는 현물출자의 이행[15]을 한 때에는 납입기일의 다음 날로부터 주주의 권리의무가 발생한다(제423조 제1항).[16] 이처럼 신주의 효력이 발생하게 되면 주식인수인의 지

15) 이 경우 이사는 검사인의 선임을 법원에 청구하여 그 정당성을 판단한다.

16) 이 경우 신주에 대한 이익배당에 관하여는 정관으로 정하는 바에 따라 그 청구를 한 때 또는 종류주식의 경우 2주 이상의 일정한 기간 내에 그 주권을 회사에 제출하여야 한다는 뜻을 통지한 때 (제346조 제3항 제2호)가 속하는 영업연도의 직전 영업연도 말에 전환된 것으로 할 수 있다.

위인 권리주가 주주의 지위인 주식으로 변환되므로 권리주 양도제한규정(제425조 제1항, 제319조)을 적용받지 않게 된다.

6) 신주발행의 변경등기

신주발행은 등기사항이다(제317조 제2항 제2호). 회사의 자본금과 발행주식총수가 증가하기 때문이다. 신주의 발행으로 인한 변경등기를 한 날로부터 1년을 경과한 후에는 신주를 인수한 자는 주식청약서 또는 신주인수권증서의 요건의 흠결을 이유로 하여 그 인수의 무효를 주장하거나 사기, 강박 또는 착오를 이유로 하여 그 인수를 취소하지 못하며, 그 주식에 대하여 주주의 권리를 행사한 때에도 같다(제427조).

변경등기가 된 후에도 아직 인수되지 아니한 주식이 있거나 주식인수의 청약이 취소된 때에는 이사가 이를 공동으로 인수한 것으로 간주한다(제428조). 공동인수한 것으로 간주된 주식에 대하여 이사는 연대하여 주금액을 납입할 책임을 진다(제333조 제1항).

7) 실권주 처리

'실권주(失權株)'란 신주 인수권자가 청약 기일까지 청약하지 아니하거나 청약 후 납입까지 주금을 납부하지 아니하여 인수되지 않은 주식을 말한다. 신주의 인수인이 납입기일에 납입 또는 현물출자의 이행을 하지 아니한 때에는 그 권리를 잃는다(제423조 제2항). 이 경우 실권절차 없이 당연히 실권되며, 이러한 납입의 해태로 인해서 회사가 손해가 발생하였다면 인수인에게 손해배상을 청구할 있다(제423조 제2항, 제3항).

그런데 상법에서는 실권주 처리에 대해 규정하고 있지 않는데, 회사는 미발행주식으로 유보하거나 재모집할 수 있다[17]. 그러나 **판례는 이사회 결의에 따라 제3자에게 발행할 수 있다고** 한다.[18]

---

17) 한편, 주권상장법인은 신주를 배정하는 경우 그 기일까지 신주인수의 청약을 하지 아니하거나 그 가액을 납입하지 아니한 주식(실권주)에 대하여 발행을 철회하도록 하고 있다(자본시장법 제165조의6 제2항). 다만, 금융위원회가 정하여 고시하는 방법에 따라 산정한 가격 이상으로 신주를 발행하는 경우로서 ⅰ) 실권주가 발생하는 경우 대통령령으로 정하는 특수한 관계에 있지 아니한 투자매매업자가 인수인으로서 그 실권주 전부를 취득하는 것을 내용으로 하는 계약을 해당 주권상장법인과 체결하는 경우 ② 자금법 제165조의6 제1항 제1호의 경우 신주인수의 청약 당시에 해당 주권상장법인과 주주 간의 별도의 합의에 따라 실권주가 발생하는 때에는 신주인수의 청약에 따라 배정받을 주식수를 초과하는 내용의 청약(초과청약)을 하여 그 초과청약을 한 주주에게 우선적으로 그 실권주를 배정하기로 하는 경우(이 경우 신주인수의 청약에 따라 배정받을 주식수에 대통령령으로 정하는 비율을 곱한 주식수를 초과할 수 없다) ③ 그 밖에 주권상장법인의 자금조달의 효율성, 주주 등의 이익 보호, 공정한 시장질서 유지의 필요성을 종합적으로 고려하여 대통령령으로 정하는 경우에는 철회를 하지 않는다.(위 항 단서)

18) 만일 신주를 발행한 회사 A가 A의 이사회를 좌지우지하는 특정인 B에게 실권주를 몰아주기 위해 고의로 실권주를 발생하게 하고 이사회결의를 통해 B에게 시가 보다 낮게 배정결의를 한 경우, 이는 위법한 행위일까? 아닐까?

대법원 2012.11.15. 선고 2010다49380 판결
신주 등의 발행에서 주주배정방식과 제3자 배정방식을 구별하는 기준은 회사가 신주 등을 발행함에 있어서 주주들에게 그들의 지분비율에 따라 신주 등을 우선적으로 인수할 기회를 부여하였는지 여부에 따라 객관적으로 결정되어야 하고, 신주 등의 인수권을 부여받은 주주들이 실제로 인수권을 행사함으로써 신주 등을 배정받았는지 여부에 좌우되는 것은 아니다. 회사가 주주배정방식에 의하여 신주를 발행하려는데 주주가 인수를 포기하거나 청약을 하지 아니함으로써 그 인수권을 잃은 때에는(상법 제419조 제4항) **회사는 이사회의 결의에 의하여 그 인수가 없는 부분에 대하여 자유로이 이를 제3자에게 처분할 수 있고, 이 경우 그 실권된 신주를 제3자에게 발행하는 것에 관하여 정관에 반드시 근거 규정이 있어야 하는 것은 아니다.**

(3) 신주인수권의 양도

1) 양도절차

신주인수권에 대한 정관의 규정, 정관의 규정이 없는 경우에는 이사회결의, 정관에서 주주총회의 결의로 정한다고 한 경우에는 주주총회의 결의로 양도할 수 있다(제416조 제5호).

신주인수권의 양도는 「신주인수권증서」의 교부에 의하여서만 이를 행한다(제420조의3 제1항). 신주인수권증서란 회사가 신주를 발행할 때, 기존 주주가 해당 신주를 우선적으로 배정받는 권리를 표시하는 유가증권이다.

신주를 발행하는 회사는 신주인수권을 신주청약기일 2주간 전에 발행[19]해야 하는데(제420조의 2 제1항)[20], 이 증서에는 i) 신주인수권증서라는 뜻의 표시 ii) 주식청약서 기재사항(제420조) iii) 신주인수권의 목적인 주식의 종류와 수 iv) 일정기일까지 주식의 청약을 하지 아니할 때에는 그 권리를 잃는다는 뜻이 포함되어 있어야 하고 여기에 번호를 기재하며 이사가 기명날인 또는 서명하여야 한다(제420조의2 제2항).

회사는 신주인수권증서를 발행하는 대신 정관으로 정하는 바에 따라 전자등록기관의 전자등록부에 신주인수권을 등록할 수 있다(제420조의4).

판례는 신주인수권의 양도에 관한 이사회의 정함이 없는 경우에도 지명채권양도 방식에 의하여 양도하고 회사의 승낙이 있으면 양도가 유효하다고 한다.

---

19) 따라서 신주인수권은 청약일 기준 2주 정도 유통될 가능성이 있다.

20) 그러나 상법 제416조 제6호(주주의 청구가 있는 때에만 신주인수권증서를 발행한다는 것과 그 청구기간)에 따라 달리 규정하고 있으면 그에 따른다.

대법원 1995.5.23. 선고 94다36421 판결

상법 제416조 제5호에 의하면, 회사의 정관 또는 이사회의 결의로 주주가 가지는 신주인수권을 양도할 수 있는 것에 관한 사항을 결정하도록 되어 있는바, 신주인수권의 양도성을 제한할 필요성은 주로 회사측의 신주발행사무의 편의를 위한 것에서 비롯된 것으로 볼 수 있고, **또 상법이 주권발행 전 주식의 양도는 회사에 대하여 효력이 없다고 엄격하게 규정한 것과는 달리 신주인수권의 양도에 대하여는 정관이나 이사회의 결의를 통하여 자유롭게 결정할 수 있도록 한 점**에 비추어 보면, **회사가 정관이나 이사회의 결의로 신주인수권의 양도에 관한 사항을 결정하지 아니하였다 하여 신주인수권의 양도가 전혀 허용되지 아니하는 것은 아니고, 회사가 그와 같은 양도를 승낙한 경우에는 회사에 대하여도 그 효력이 있다.**

주권발행 전의 주식의 양도는 지명채권 양도의 일반원칙에 따르고, 신주인수권증서가 발행되지 아니한 신주인수권의 양도 또한 주권발행 전의 주식양도에 준하여 지명채권 양도의 일반원칙에 따른다고 보아야 하므로, **주권발행 전의 주식양도나 신주인수권증서가 발행되지 아니한 신주인수권 양도의 제3자에 대한 대항요건으로는 지명채권의 양도와 마찬가지로 확정일자 있는 증서에 의한 양도통지 또는 회사의 승낙이라고 보는 것이 상당**하고, 주주명부상의 명의개서는 주식 또는 신주인수권의 양수인들 상호간의 대항요건이 아니라 적법한 양수인이 회사에 대한 관계에서 주주의 권리를 행사하기 위한 대항요건에 지나지 아니한다.

2) 효력 발생

신주인수권의 양도는 신주인수권증서의 교부에 의하여서만 이를 행한다(제420조의3 제1항). 신주인수권증서를 발행한 경우에는 신주인수권증서에 의하여 주식의 청약을 한다(제420조의5 제1항). 신주인수권증서를 상실한 자는 주식청약서에 의하여 주식의 청약을 할 수 있으나 그 청약은 신주인수권증서에 의한 청약이 있는 때에는 그 효력을 잃는다(위 조 제2항).[21]

(4) 신주발행에 대한 이사의 인수담보책임

신주의 발행으로 인한 변경등기가 있은 후에 아직 인수하지 아니한 주식이 있거나 주식인수의 청약이 취소된 때에는 이사가 이를 공동으로 인수한 것으로 본다(제428조 제1항). 이를 이사의 인수담보책임이라고 한다. 이렇게 공동으로 인수된 것으로 간주된 주식에 대해서 이사는 연대하여 납입할 책임을 지게 된다(제333조 제1항). 이사가 인수담보책임을 지더라도 이사에 대한 손해배상의 청구에 영향을 미치지 아니한다(위 조 제2항).[22]

21) 신주인수권증서의 점유자를 적법한 소지인으로 추정하고 선의취득을 인정하고 있기 때문이다(제420조의 3 제2항, 제336조 제2항, 수표법 제21조).

22) 이사가 공동으로 인수한 것으로 본다고 하여도 손해배상청구의 대상이 된다는 의미다.

(5) 신주발행에 대한 주주의 유지청구권

회사가 법령 또는 정관에 위반하거나 현저하게 불공정한 방법에 의하여 주식을 발행함으로써 주주가 불이익을 받을 염려가 있는 경우에는 그 주주[23]는 회사에 대하여 그 발행을 유지할 것을 청구할 수 있다(제424조). 이는 신주발행으로 인해 기존 주주들이 받을 수 있는 피해를 사전적으로 구제하는 수단이다.[24]

(6) 불공정한 가액으로 주식을 인수한 자(통모인수인)의 책임

이사와 통모(通謀, 서로 짜고)하여 현저하게 불공정한 발행가액[25]으로 주식을 인수한 자는 회사에 대하여 공정한 발행가액과의 차액에 상당한 금액을 지급할 의무가 있다(제424조의2 제1항).[26] 불법행위에 기한 손해배상청구권의 일종이다. 이는 실질적으로는 추가출자에 해당하므로 주주전원의 동의로도 면제할 수는 없다.

만일 주식인수인 A가 이사 B와 서로 짜고 시가 10만원의 주식을 2만원에 인수했다면, 이는 회사의 자본금 조달이 충실하지 못하게 되어 기존주주에게도 영향을 미치게 된다. 따라서 상법은 이 경우 이사 B는 회사에 대해 손해배상책임을 지고(제399조), 주식인수인 A도 공정발행가액과의 차액을 회사에 지급할 의무가 있다. 주식인수인의 책임과 이사의 책임은 부진정연대채무관계에 있다.

소수주주는 대표소송을 통해 이사와 짜고 불공정한 가액으로 주식을 인수한 자의 책임을 물을 수 있다(제454조의2 제2항, 제430조 내지 제406조).

판례는 현저하게 불공정한 가액으로 제3자 배정방식에 의하여 신주 등을 발행하는 행위는 이사에 대하여 배임죄의 죄책을 물을 수 있으나 회사가 제3자 배정의 방법으로 신주 등을 발행하는 경우에는 회사의 재무구조 등 여러 사정을 종합적으로 고려하여 이사의 업무상배임죄의 성립 여부를 판단하여야 한다고 한다.

---

23) 1주만 보유한 주주라도 청구가 가능하다.

24) 반면, 이사가 법령 또는 정관에 위반한 행위를 하여 이로 인하여 회사에 회복할 수 없는 손해가 생길 염려가 있는 경우에는 감사 또는 발행주식의 총수의 100분의 1 이상에 해당하는 주식을 가진 주주는 회사를 위하여 이사에 대하여 그 행위를 유지할 것을 청구할 수 있다(제402조). 신주발행 유지청구(제424조)는 해당주주에게 직접적인 피해, 그리고 이사의 위법행위유지 청구권(제402조)은 해당주주가 이사의 위법행위에 따른 간접적인 피해를 받을 경우가 예상되는 경우에 대한 구제방안이다.

25) 이때 불공정한 가액이라 함은 공정한 가액보다 낮은 금액을 의미한다. 높은 금액이라면 해당 법조문은 의미가 없다.

26) 주식인수인과 통모한 이사도 회사나 다른 주주에 대하여 손해배상책임을 진다(제424조의2 제3항, 제399조, 제401조)

2009.5.29. 선고 2007도4949 전원합의체 판결
주주는 회사에 대하여 주식의 인수가액에 대한 납입의무를 부담할 뿐 인수가액 전액을 납입하여 주식을 취득한 후에는 주주 유한책임의 원칙에 따라 회사에 대하여 추가 출자의무를 부담하지 않는 점, 회사가 준비금을 자본으로 전입하거나 이익을 주식으로 배당할 경우에는 주주들에게 지분비율에 따라 무상으로 신주를 발행할 수 있는 점 등에 비추어 볼 때, 회사가 주주 배정의 방법, 즉 주주가 가진 주식 수에 따라 신주, 전환사채나 신주인수권부사채(이하 '신주 등'이라 한다)의 배정을 하는 방법으로 신주 등을 발행하는 경우에는 발행가액 등을 반드시 시가에 의하여야 하는 것은 아니다. 따라서, 회사의 이사로서는 주주 배정의 방법으로 신주를 발행하는 경우 원칙적으로 액면가를 하회하여서는 아니 된다는 제약 외에는 주주 전체의 이익, 회사의 자금조달의 필요성, 급박성 등을 감안하여 경영판단에 따라 자유로이 그 발행조건을 정할 수 있다고 보아야 하므로, 시가보다 낮게 발행가액 등을 정함으로써 주주들로부터 가능한 최대한의 자금을 유치하지 못하였다고 하여 배임죄의 구성요건인 임무위배, 즉 회사의 재산보호의무를 위반하였다고 볼 것은 아니다. 그러나 주주배정의 방법이 아니라 제3자에게 인수권을 부여하는 제3자 배정방법의 경우, 제3자는 신주 등을 인수함으로써 회사의 지분을 새로 취득하게 되므로 그 제3자와 회사와의 관계를 주주의 경우와 동일하게 볼 수는 없다. 제3자에게 시가보다 현저하게 낮은 가액으로 신주 등을 발행하는 경우에는 시가를 적정하게 반영하여 발행조건을 정하거나 또는 주식의 실질가액을 고려한 적정한 가격에 의하여 발행하는 경우와 비교하여 그 차이에 상당한 만큼 회사의 자산을 증가시키지 못하게 되는 결과가 발생하는데, 이 경우에는 회사법상 공정한 발행가액과 실제 발행가액과의 차액에 발행주식수를 곱하여 산출된 액수만큼 회사가 손해를 입은 것으로 보아야 한다. 이와 같이 현저하게 불공정한 가액으로 제3자 배정방식에 의하여 신주 등을 발행하는 행위는 이사의 임무위배행위에 해당하는 것으로서 그로 인하여 회사에 공정한 발행가액과의 차액에 상당하는 자금을 취득하지 못하게 되는 손해를 입힌 이상 이사에 대하여 배임죄의 죄책을 물을 수 있다. 다만, 회사가 제3자 배정의 방법으로 신주 등을 발행하는 경우에는 회사의 재무구조, 영업전망과 그에 대한 시장의 평가, 주식의 실질가액, 금융시장의 상황, 신주의 인수가능성 등 여러 사정을 종합적으로 고려하여, 이사가 그 임무에 위배하여 신주의 발행가액 등을 공정한 가액보다 현저히 낮추어 발행한 경우에 해당하는지를 살펴 이사의 업무상배임죄의 성립 여부를 판단하여야 한다.

(7) 신주발행무효의 소

1) 의 의

신주발행의 무효는 소로만 주장할 수 있으며, 이는 주주, 이사 또는 감사에 한하여 신주를 발행한 날로부터 6월내에 제기할 수 있다(제429조). 이와 같이 신주발행의 무효는 제소권자와 제소기간을 법정하고 있는데, 이는 신주발행에 수반되는 복잡한 법률관계를 조기에 확정하고

자 하는 것으로서, 새로운 무효사유를 출소기간의 경과 후에도 주장할 수 있도록 하면 법률관계가 불안정하게 되어 위 규정의 취지가 몰각[27]된다는 점에 비추어, 위 규정은 무효사유의 주장시기도 제한하고 있는 것이라고 해석함이 상당하므로, 신주발행의 무효의 소에서 신주를 발행한 날부터 6월의 출소기간이 경과한 후에는 새로운 무효사유를 추가하여 주장할 수 없다.[28]

2) 소의 원인

무효의 원인에 대해서는 상법에서 규정하고 있지 않다. 신주 발행을 사후에 무효로 하는 것은 거래의 안전을 해할 우려가 크기 때문에 신주발행무효의 소에서 그 무효원인은 엄격하게 해석하여야 할 것이나, 신주 발행에 법령이나 정관을 위반한 위법이 있고 그것이 주식회사의 본질 또는 회사법의 기본원칙에 반하거나 기존 주주들의 이익과 회사의 경영권 내지 지배권에 중대한 영향을 미치는 경우에는 원칙적으로 그 신주의 발행은 무효라고 보아야 할 것이다.[29]

3) 판결의 효력

신주발행무효의 판결이 확정되면 그 판결의 효력은 제3자에 대해 **대세적 효력**이 있고(제430조), 법률관계의 안정을 위해 **소급효는 인정되지 않는다**(제431조 제1항). 이 경우 회사는 지체없이 그 뜻과 일정한 기간내에 신주의 주권을 회사에 제출할 것을 공고하고 주주명부에 기재된 주주와 질권자에 대하여는 각별로 그 통지를 하여야 하되, 그 기간은 3월 이상으로 하여야 한다(위 조 제2항). 해당 신주에 대하여 이미 질권이 설정되어 있다면 질권자는 신주발행무효판결 이후 질권설정자인 주주에게 반환되는 금액에 대하여 질권의 효력을 주장할 수 있다(제432조 제3항, 제339조).

4) 판결 후의 조치

회사는 신주를 인수한 주주에 대해 납입한 금액을 반환하여야 한다(제432조 제1항). 다만, 판결 확정시 회사의 재산상태에 비추어 현저하게 부당한 때에는 법원은 회사 또는 주주의 청구에 의하여 그 금액의 증감을 명할 수 있다(위 조 제2항).

---

27) '몰각'이란 무시하다라는 의미이다.
28) 대법원 2004.6.25. 선고 2000다37326 판결.
29) 대법원 2015.12.10. 선고 2015다202919 판결.

2 자본금의 감소

(1) 의 의

'자본금의 감소(réduction du capital social)'란 회사가 상법의 절차를 거쳐서 자본의 총액을 줄이는 것을 의미한다. 자본금은 발행주식수에다가 1주당 액면금액을 곱하여 산출된다. 따라서 자본금을 감소시키기 위해서는 **액면금액**(주금액)**의 감소와 발행주식수의 감소 방법**이 있다. **자본금의 감소는 정관변경의 특별결의**(제434조)**에서 그 감소의 결의를 하도록 하고 있다**(제439조 제1항). **또한 채권자보호절차**를 거쳐야 한다(제439조 제2항, 제232조).

한편 상법상 자본감소는 ⅰ) 회사의 사업규모상 현재의 자본이 과잉이므로 이를 주주에게 되돌려주기 위한 목적, ⅱ) 해산을 예상하고 청산절차를 간편하게 할 목적. ⅲ) 합병을 앞두고 소멸예정회사의 주주들의 지분을 감소시킬 목적, ⅳ) 자본의 결손이 있는 회사가 자본을 순재산에 접근시키기 위한 목적 등을 위하여 이루어진다.[30]

(2) 방 법

1) 액면금액의 감소

주식회사의 **주식 액면금액은 100원 이상**이어야 한다(제329조의2 제2항). 그 이상이 되는 금액은 100원까지 낮출 수 있다. 이렇게 낮춘 금액을 주주에게 돌려주는 방법(실질적의미의 자본금 감소)과 낮춘 금액을 주주의 손실로 돌리는 방법(형식적 의미의 자본금 감소)이 있다. 주금액을 감소하는 방법에 대해서는 상법에서 규정하고 있지 않다.

다만, 이를 위해서는 주주의 권리를 축소시킬 뿐만 아니라 회사채권자 보호를 위해서 주주총회의 특별결의(제434조)가 필요하다(제438조 제1항). 그러나 결손의 보전(補塡)을 위한 자본금의 감소는 보통결의(제368조 제1항)에 의한다.

한편, 회사채권자에 대해서는 자본금의 감소 결의가 있은 날부터 2주내에 이의가 있으면 일정한 기간 내에 이를 제출할 것을 공고하여야 하며, 이미 알고 있는 채권자에 대하여는 따로따로 이를 최고하여야 하되 그 기간은 1월 이상이어야 한다(제439조 제2항).[31]

사채권자가 이의를 제기하려면 사채권자집회의 결의가 있어야 하며, 이 경우 법원은 이해관계인의 청구에 의하여 사채권자를 위하여 이의 제기 기간을 연장할 수 있다(위 조 제3항).

---

30) 서울고등법원 2012.11.16 선고 2012누12121 판결.
31) 다만, 결손의 보전을 위하여 자본금을 감소하는 경우에는 그러하지 아니하다.

2) 주식수의 감소

주식 수의 감소 방법에는 「주식의 소각」과 「주식의 병합」이 있다.

가. 주식의 소각

회사가 특정주식을 절대적으로 소멸시키는 행위를 '주식의 소각(消却)'이라고 하며, 회사가 주식을 취득하여(자기주식) 이를 소각한다. 주식소각으로 주주로서의 지위를 잃고 회사의 재산이 감소하기 때문에 주주뿐만 아니라 채권자에게도 중대한 이해관계가 있다.

주주의 승낙이 필요한지 여부에 따라 「임의소각」과 「강제소각」(제343조)으로 구분하고, 주주에게 대가를 지급하는지 여부에 따라 「유상소각」과 「무상소각」으로 구분한다.

주주권은 주식의 양도나 소각 등 법률에 정하여진 사유에 의하여서만 상실되고 단순히 당사자 사이의 특약이나 주주권 포기의 의사표시만으로 상실되지 아니하며 다른 특별한 사정이 없는 한 그 행사가 제한되지도 아니한다.[32)]

나. 주식의 병합

가) 의 의

'주식의 병합'이란 이미 발행된 여러 개의 주식을 합쳐서 그보다 적은 주식으로 하는 것을 의미한다.[33)] 주주는 이전의 지분을 보다 적은 주수로 표시될 뿐이므로 그가 보유한 주식의 가치에는 변동이 없다.[34)] 주식병합은 일반적으로 자본금감소의 수단으로 사용되는데, 자본금감소가 없는 주식분할과 차이가 있다.

나) 절 차

주식병합은 주주총회 특별결의가 있어야 한다. 주식병합이 자본금감소의 방법으로 이용되면 주주총회의 특별결의(제438조 제1항)뿐만 아니라 채권자보호절차도 거쳐야 한다(제439제2항, 제232조).[35)]

주식을 병합하게 되면 구주권을 폐기하고 신주권을 병합하기 때문에 회사는 1월 이상의 기간을 정하여 그 뜻과 그 기간 내에 주권을 회사에 제출할 것을 공고하고 주주명부에 기재된 주주와 질권자에 대하여는 각별로 그 통지를 하여야 한다(제440조). 판례는 1인 회사는 주주총회의 결의를 거친 경우에는 공고 등의 절차가 필요 없다고 한다.

---

32) 대법원 1999.7.23. 선고 99다14808 판결.
33) 주식의 분할과는 반대다.
34) 그러나 병합으로 인한 1주 미만의 주식(단주)이 발생하여 그 주식의 지주는 이전만큼의 권리를 잃게 되는 경우도 있다.
35) 주식병합은 자본금을 변화시키지 않는 방법으로도 가능하나 거의 이용되지 않는다.

대법원2005.12.9. 선고 2004다40306 판결
주식병합에 있어서 위와 같이 일정한 기간을 두어 공고와 통지의 절차를 거치도록 한 취지는 신 주권을 수령할 자를 파악하고 실효되는 구 주권의 유통을 저지하기 위하여 회사가 미리 구 주권을 회수하여 두려는 데 있다 할 것인바, **사실상 1인 회사에 있어서 주식병합에 관한 주주총회의 결의를 거친 경우에는 회사가 반드시 위와 같은 공고 등의 절차를 통하여 신 주권을 수령할 자를 파악하거나 구 주권을 회수하여야 할 필요성이 있다고 보기는 어려우므로, 주식병합에 관한 주주총회의 결의에 따라 그 변경등기가 경료되었다면 위와 같은 공고 등의 절차를 거치지 않았다고 하더라도 그 변경등기 무렵에 주식병합의 효력이 발생한다고 봄이 상당하다.**

다) 효 과

주식의 병합은 **주권제출기간이 만료한 때에 그 효력이 생긴다.** 그러나 **채권자이의절차**(제232조)**에 의한 절차가 종료하지 아니한 때에는 그 종료한 때에** 효력이 생긴다(제441조).

주식을 병합하는 경우에 구(舊)주권을 회사에 제출할 수 없는 자가 있는 때에는 회사는 그 자의 청구에 의하여 3월 이상의 기간을 정하고 이해관계인에 대하여 그 주권에 대한 이의가 있으면 그 기간 내에 제출할 뜻을 공고하고 그 기간이 경과한 후에 신주권을 청구자에게 교부할 수 있으며, 이 경우 공고의 비용은 청구자의 부담으로 한다(제442조 각 항).

병합에 적당하지 아니한 수의 주식이 있는 때에는 그 병합에 적당하지 아니한 부분에 대하여 발행한 신주를 경매하여 각 주수에 따라 그 대금을 종전의 주주에게 지급하여야 하나, 거래소의 시세있는 주식은 거래소를 통하여 매각하고, 거래소의 시세 없는 주식은 법원의 허가를 받아 경매외의 방법으로 매각할 수 있다(제443조 제1항). 한편, 구주권을 제출할 수 없는 자는 신주권의 교부절차(제442조)를 준용한다(위 조 제2항).

판례는 주식 병합 후 6개월 동안 신주권이 발행되지 않은 경우에는 회사에 대해 명의개서를 청구할 수 있다고 한다.

대법원 2014.7.24. 선고 2013다55386 판결
주식병합의 효력이 발생하면 구주권은 실효되고 회사는 신주권을 발행하여야 하며, 주주는 병합된 만큼 감소된 수의 신주권을 교부받게 되는데, 이에 따라 교환된 주권 역시 병합 전의 주식을 여전히 표창하면서 그와 동일성을 유지하는 것이고(대법원 2012.2.9. 선고 2011다62076, 62083 판결), 주권발행 전 주식을 양수한 사람은 특별한 사정이 없는 한 양도인의 협력을 받을 필요 없이 단독으로 자신이 주식을 양수한 사실을 증명함으로써 회사에 대하여 그 명의개서를 청구할 수 있는바(대법원 1995.5.23. 선고 94다36421 판결), **주식병합 전 주식을 양수하였다가 주식병합 후 6개월이 경과할 때까지 신주권이 발행되지 않은 경우 양수인은 구주권 또는 신주권의 제시 없이 자신의 주식 양수 사실을 증명하여 회사에 대하여 명의개서를 청구할 수 있다.**

(3) 감자무효의 소

1) 서 설

자본금 감소절차에 하자가 있는 경우에 회사법률관계의 안정성을 위해서 상법은 일정한 소의 방식에 의해서만 그 하자를 다툴 수 있도록 규정하고 있다.

자본금 감소의 무효는 주주 · 이사 · 감사 · 청산인 · 파산관재인 또는 자본금의 감소를 승인하지 아니한 채권자만이 자본금 감소로 인한 변경등기가 된 날부터 6개월 내에 소(訴)만으로 주장할 수 있다(제445조).

감자무효의 소와 관련한 존속관할(제186조), 소제기의 공고(187조), 소의 병합심리(제188조), 하자의 보완등과 청구의 기각(제189조) 등은 설립무효의 소에 관한 규정을 준용한다(제446조).

2) 소의 원인

자본금 감소에 관한 주주총회의 결의에 하자가 있거나, 채권자보호절차를 이행하지 않은 경우 등이 자본금 감소절차의 중대한 하자에 해당하게 된다.

한편, 자본금을 감소에 관한 주주총회의 결의에 하자가 있는 경우, 자본금 감소의 효력이 아직 발생하기 전에는 주주총회 결의 하자를 다툴 수 있지만, **자본금 감소의 효력이 발생하지 않은 경우에는 감자무효의 소에 의해야 한다. 판례도 같은 입장이다.**

대법원 2010.2.11. 선고 2009다83599 판결
자본감소의 무효는 주주 등이 자본감소로 인한 변경등기가 있은 날로부터 6월 내에 소만으로 주장할 수 있다고 규정하고 있으므로, 설령 주주총회의 자본감소 결의에 취소 또는 무효의 하자가 있다고 하더라도 그 하자가 극히 중대하여 자본감소가 존재하지 아니하는 정도에 이르는 등의 특별한 사정이 없는 한 **자본감소의 효력이 발생한 후에는 자본감소 무효의 소에 의해서만 다툴 수 있다.**

3) 판결의 효력

만일 **원고가 승소한** 경우에는 **대세적 효력과 소급효가 인정된다**(제190조, 제446조). 그러나 **원고가 패소한** 경우, **원고에게 악의 또는 중과실이 있는 때에는 회사에 대해 연대하여 손해배상책임을** 진다(제191조, 제446조).

3 세금

회사 A가 발행한 주식의 시가가 주당 100만원이라고 하자. 그런데 이를 60만원에 발행한다면, 해당 주식을 인수한 자 B는 차액 40만원을 A 회사로부터 증여받은 셈이다. 그 반대로 회사 A가 이를 150만원에 발행한다면 A 회사는 주식을 인수한 B로부터 50만원을 증여받은 셈이다. 이 경우 세법은 회사와 주식을 인수한 자의 관계에 따라 과세한다는 복잡한 규정을 두고 있다.[36] **아래 판례는 상속세 및 증여세의 완전포괄주의 타당성을** 설명하고 있다.

대법원 2015.10.15. 선고 2013두13266 판결
구 상속세 및 증여세법(2003. 12. 30. 법률 제7010호로 개정되기 전의 것)은 '증여'의 개념에 관한 고유의 정의규정을 두지 않고 민법상 증여의 개념을 차용하여 '당사자 일방이 무상으로 재산을 상대방에게 수여하는 의사를 표시하고 상대방이 이를 승낙함으로써 재산수여에 대한 의사가 합치된 경우'를 원칙적인 증여세 과세대상으로 하되, 당사자 간의 계약에 의하지 아니한 부의 무상이전에 대하여는 증여로 의제하는 규정(제32조 내지 제42조)을 별도로 마련하여 과세하였다. 그 결과 증여의제규정에 열거되지 아니한 새로운 금융기법이나 자본거래 등의 방법으로 부를 무상이전하는 경우에는 적시에 증여세를 부과할 수 없어 적정한 세 부담 없는 부의 이전을 차단하는 데에 한계가 있었다.
이에 과세권자가 증여세의 과세대상을 일일이 세법에 규정하는 대신 본래 의도한 과세대상뿐만 아니라 이와 경제적 실질이 동일 또는 유사한 거래 · 행위에 대하여도 증여세를 과세할 수 있도록 함으로써 공평과세를 구현하기 위하여 2003. 12. 30. 법률 제7010호로 개정된 상속세 및 증여세법은, 민법상 증여뿐만 아니라 '재산의 직접 · 간접적인 무상이전'과 '타인의 기여에 의한 재산가치의 증가'를 증여의 개념에 포함하여 증여세 과세대상을 포괄적으로 정의하고 종전의 열거방식의 증여의제규정을 증여시기와 증여재산가액의 계산에 관한 규정(이하 '가액산정규정'이라 한다)**으로 전환함으로써, 이른바 증여세 완전포괄주의 과세제도를 도입하였다.**
이와 같이 변칙적인 상속 · 증여에 사전적으로 대처하기 위하여 세법 고유의 포괄적인 증여 개념을 도입하고, 종전의 증여의제규정을 일률적으로 가액산정규정으로 전환한 점 등에 비추어 보면, 원칙적으로 어떤 거래 · 행위가 법 제2조 제3항에서 규정한 증여의 개념에 해당하는 경우에는 같은 조 제1항에 의하여 증여세의 과세가 가능하다고 보아야 한다.

36) 이는 한국 재벌들의 대물림 작업에 가장 많이 이용하는 상법 상 제도다. 이런 점을 감안하여 상속세 및 증여세 과세체계를 열거주의에서 완전포괄주의 방식으로 개정하였다. 그러나 큰 손(?)은 이미 세법의 그물망이 좁혀오기 전에 그 시장바닥을 지나갔다. 누구의 잘못인가? 재벌의 절세권인가? 이를 도와준 자들에게는 죄를 물을 수 없나? 우리나라 형편 상 노블레스 오블리제(nobless obligé)를 기대하는 것은 아직도 시기상조인가? 그러면서도 선진국이라 할 수 있는가?

그러나 한편 증여의제규정의 가액산정규정으로의 전환은 증여의제에 관한 제3장 제2절의 제목을 '증여의제 등'에서 '증여재산가액의 계산'으로 바꾸고, 개별 증여의제규정의 제목을 '증여의제'에서 '증여'로, 각 규정 말미의 '증여받은 것으로 본다'를 '증여재산가액으로 한다'로 각 개정하는 형식에 의하였고, 그로 말미암아 종전의 증여의제규정에서 규율하던 과세대상과 과세범위 등 과세요건과 관련된 내용은 그대로 남게 되었다.

즉 개별 가액산정규정은 일정한 유형의 거래 · 행위를 대상으로 하여 거래 당사자 간에 특수관계가 존재할 것을 요구하거나, 시가 등과 거래가액 등의 차액이 시가의 30% 이상일 것 또는 증여재산가액이 일정 금액 이상일 것 등을 요구하고 있고, 이러한 과세대상이나 과세범위에 관한 사항은 수시로 개정되어 오고 있다. 이는 납세자의 예측가능성과 세법률관계의 안정성을 도모하고 완전포괄주의 과세제도의 도입으로 인한 과세상의 혼란을 방지하기 위하여 종전의 증여의제규정에 의하여 규율되어 오던 증여세 과세대상과 과세범위에 관한 사항을 그대로 유지하려는 입법자의 의사가 반영된 것으로 보아야 한다.

따라서 납세자의 예측가능성 등을 보장하기 위하여 개별 가액산정규정이 특정한 유형의 거래 · 행위를 규율하면서 그중 일정한 거래 · 행위만을 증여세 과세대상으로 한정하고 그 과세범위도 제한적으로 규정함으로써 증여세 과세의 범위와 한계를 설정한 것으로 볼 수 있는 경우에는, 개별 가액산정규정에서 규율하고 있는 거래 · 행위 중 증여세 과세대상이나 과세범위에서 제외된 거래 · 행위가 법 제2조 제3항의 증여의 개념에 들어맞더라도 그에 대한 증여세를 과세할 수 없다.

(1) 증자의 이익에 따른 이익의 증여와 증여세

상속세 및 증여세법(이하 '상증법'이라 한다) 제39조는 "법인이 자본금을 증가시키기 위하여 새로운 주식 또는 지분(신주)을 발행함으로써 「법령에서 정한 이익을 얻은 경우」[37]에는 주식대금 납입일 등 을 증여일로 하여 그 이익에 상당하는 금액을 그 이익을 얻은 자의 증여재산가액으로 한다."고 규정하고 있다. 이는 추정규정이 아니라 의제규정이므로 해당 이익에 대해서는 납세자의 반증이 필요하지 않고 바로 증여세 과세대상이 된다. 이익을 얻은 경우는 아래와 같다.[38]

1) 신주를 시가보다 낮은 가액으로 발행하는 경우

신주를 시가[39]보다 낮은 가액으로 발행하는 경우 중 해당 법인의 주주 등이 신주인수

37) 상증법 시행령 제29조 참조.

38) 종류주식(상증법에서는 "전환주식"이라고 함)의 경우 i) 전환주식을 시가보다 낮은 가액으로 발행한 경우, 교부받았거나 교부받을 주식의 가액이 전환주식 발행 당시 전환주식의 가액을 초과함으로써 그 주식을 교부받은 자가 얻은 이익 ii) 전환주식을 시가보다 높은 가액으로 발행한 경우, 교부받았거나 교부받을 주식의 가액이 전환주식 발행 당시 전환주식의 가액보다 낮아짐으로써 그 주식을 교부받은 자의 특수관계인이 얻은 이익을 증여재산가액으로 보아 증여세를 부과한다.

39) 상증법 제60조 및 제63조에 따라 평가한 금액임.

권의 전부 또는 일부를 포기한 경우로서 ⅰ) 해당 법인이 그 실권주를 배정하는 경우에는 그 실권주를 배정받은 자가 실권주를 배정받음으로써 얻은 이익[40] ⅱ) 해당 법인이 실권주를 배정하지 아니한 경우에는 그 신주 인수를 포기한 자의 특수관계인이 신주를 인수함으로써 얻은 이익 ⅲ) 해당 법인의 주주 등이 아닌 자가 해당 법인으로부터 신주를 직접 배정받음으로써 얻은 이익 ⅳ) 해당 법인의 주주 등이 소유한 주식 등의 수에 비례하여 균등한 조건으로 배정받을 수 있는 수를 초과하여 신주를 직접 배정받음으로써 얻은 이익[41]은 증여재산가액으로 보아 증여세 과세대상이 된다. 시가 보다 낮게 배정 받음에 따라 그 차액만큼 회사로부터 증여받았다고 보는 것이다. 그럼 언제 증여받은 것인가? 이게 중요한 것은 납세의무 성립일과 관련이 있다. 왜냐면 적용되는 세법을 확정하는 것이기 때문이다.[42]

아래 판례는 증여일을 신주 배정받은 일로 보겠다고 한다.

대법원 2017.5.17. 선고 2014두14976 판결

상속세 및 증여세법 제39조 제1항 제1호의 입법 취지는 법인이 신주를 시가보다 낮은 가액으로 발행하는 경우 증자에 따른 이익이 실권주를 배정받은 주주 등에게 무상으로 이전되는 효과가 발생하므로 그 이익에 대하여 과세함으로써 조세평등을 도모하려는 데에 있다.

상장법인이 유가증권의 모집방법에 따라 신주를 발행하는 경우에는 그 발행에 관한 사항을 공시해야 하고 원칙적으로 유가증권시장 등에서 형성되는 주식가격에 근접한 가격으로 발행가액을 정해야 하는 등 관련 법령에서 정한 엄격한 규제를 따라야 하며(유가증권 발행규정 제53조, 제57조 등), 유가증권시장 등에서 유상증자를 통하여 자금을 조달하기 위해서는 어느 정도 할인발행이 불가피하다는 점 등을 감안한 것이다.

그러나 주주배정 방식으로 진행된 유상증자에서 실권주가 발생하여 이를 제3자에게 배정하는 때에는 그 발행가액을 제한하는 규정이 없다. 이에 따라 유가증권 발행규정 제57조의 제한보다도 높은 할인율이 적용된 가액으로 발행된 신주가 제3자에게 배정되어 그 시가와 발행가액의 차액에 해당하는 이익이 무상으로 이전된 경우에는 처음부터 제3자 배정 방식에 의하여 일반적인 모집 또는 그와 마찬가지의 규제를 받는 간주모집 방법으로 신주를 배정하는 경우와 동일하게 취급하여야 할 이유가 없다. 따라서 이러한 경우에는 설령 구 증권거래법 시행령(2008. 1. 18. 대통령령 제20551호로 개정되기 전의 것) 제2조의4 제4항이 정한 간주모집의 요건을 충족하더라도 이 사건 괄호 규정이 정한 비과세 대상인 '유가증권의 모집방법'에는 해당하지 않는다고 보아야 한다.

---

40) 자금법에 따른 주권상장법인이 같은 법 제9조 제7항에 따른 유가증권의 모집방법(대통령령으로 정하는 경우를 제외)으로 배정하는 경우는 제외한다.

41) 자금법 제9조 제12항에 따른 인수인으로부터 인수 · 취득하는 경우와 그밖에 대통령령으로 정하는 방법으로 인수 · 취득하는 경우를 포함한다.

42) 우리나라는 세법이 너무 자주 개정되어서 이를 구별하는 실익은 의외로 많다.

상속세 및 증여세법 제39조 제1항 제1호의 문언과 취지 등에 비추어 보면, **실권주를 배정받은 주주 등은 시가보다 낮은 가액으로 신주를 배정받은 때에 이미 증자에 따른 이익을 얻었다고 볼 수 있다.** …… 신주를 저가로 발행함으로써 발생하는 증여이익은 자본이득이므로 신주의 발행시점에 이미 실현된 것이지 취득한 신주를 처분할 때에 비로소 실현된다고 볼 것은 아니다.

2) 신주를 시가보다 높은 가액으로 발행하는 경우

신주를 시가보다 높은 가액으로 발행하는 경우 중 해당 법인의 주주 등이 신주인수권의 전부 또는 일부를 포기한 경우로서 i) 그 실권주를 배정받은 자가 그 실권주를 인수함으로써 그의 특수관계인에 해당하는 신주 인수 포기자가 얻은 이익 ii) 해당 법인이 실권주를 배정하지 아니한 경우에는 그 신주를 인수함으로써 그의 특수관계인에 해당하는 신주 인수 포기자가 얻은 이익 iii) 해당 법인의 주주 등이 아닌 자가 해당 법인으로부터 신주를 직접 배정받아 인수함으로써 그의 특수관계인인 주주 등이 얻은 이익 iv) 해당 법인의 주주 등이 소유한 주식 등의 수에 비례하여 균등한 조건으로 배정받을 수 있는 수를 초과하여 신주를 직접 배정받아 인수함으로써 그의 특수관계인인 주주 등이 얻은 이익은 증여재산가액으로 보아 증여세 과세대상이 된다.

한편, **아래 판례는 상장주식의 평가에 대한 입증책임이 원칙적으로 과세관청에 있으나 예외적인 경우에는 납세자에게 있다고 한다.**

대법원 2017.5.17. 선고 2014두14976 판결

상속세 및 증여세법 제60조 제1항은 '이 법에 의하여 증여세가 부과되는 재산의 가액은 증여일(이하 '평가기준일'이라 한다) 현재의 시가에 의한다'고 하고, 제3항은 '제1항을 적용할 때 시가를 산정하기 어려운 경우에는 해당 재산의 종류, 규모, 거래상황 등을 고려하여 제61조부터 제65조까지에 규정된 방법으로 평가한 가액을 시가로 본다'고 하여 시가 산정이 어려운 경우에는 이른바 보충적 평가방법에 의한 가액을 '시가'로 보도록 규정하고, 상속세 및 증여세법 제63조 제1항 제1호 다.목은 비상장법인의 주식에 대한 평가방법에 관하여 '거래소에 상장되지 아니한 주식 및 출자지분은 해당법인의 자산 및 수익 등을 고려하여 대통령령이 정하는 방법으로 평가한다'고 규정하고 있다.

상속세 및 증여세법 시행령 제54조 제1항은 비상장주식의 가액은 '1주당 최근 3년간의 순손익액의 가중평균액'을 일정한 이자율로 나누어 산정하는 방법으로 평가한 '1주당 순손익가치'와 해당 법인의 순자산가액을 발행주식 총수로 나누어 산정한 '1주당 순자산가치'를 3과 2의 비율로 가중평가한 가액으로 한다고 하고 있고, 같은 법 시행령 제55조와 제56조는 '순자산가액' 및

> 최근 3년간의 순손익액의 가중평균액'에 대한 구체적인 계산방법을 각 규정하고 있는데, 이에 의하면 '순자산가액'은 평가기준일 현재 해당 법인의 자산을 법 제60조 내지 제66조의 규정에 의하여 평가한 가액에서 부채를 차감한 금액이고, '1주당 최근 3년간의 순손익액의 가중평균액'은 평가기준일인 증여일 직전 연도부터 3개 사업연도의 각 순손익액을 일정 산식에 의하여 가중평균한 값으로 하도록 각 규정하고 있다.
>
> **순자산가액에 대한 증명책임은 원칙적으로 과세관청에 있다고 할 것이나,양도일 현재 해당 법인의 순자산가액을 산정함에 있어서 법인의 자산이 재무상태표와 다른 사정이 있다거나 하는 등의 사실은 예외적인 사유에 속하는 것이므로 이러한 특별한 사유에 대한 입증책임은 이를 다투는 납세의무자에게 있다.**

(2) 무상감자와 법인세

자본감소절차의 일환으로 자기주식을 취득하여 소각하는 것은 자본의 증감에 관련된 거래로서 자본거래이고 이는 과세대상이 되는 자산의 손익거래는 아니다(법인세법 제17조 제1항 제4호). 이는 주식소각의 목적에서 자기주식 취득의 대가로 지급한 금액은 자본의 환급에 해당할 뿐 손익거래로 인하여 발생하는 손금에 해당하지 않는다.[43]

(3) 유상감자와 법인세

주식회사가 감자를 하면서 이를 유상으로 할 경우, 감소액보다 더 많은 대가를 지불하면 감자차손이 생기고 덜 지급하면 감자차익이 생긴다. 감자차익은 앞서 살펴본 바와 같이 익금이 아니다(법인세법 제17조 제1항 제1호).[44]

(4) 유상감자와 소득세

주주가 자본의 감소로 인하여 받은 금액 중 당초 출자한 금액을 초과하는 금액은 무슨 소득인가? 예를 들면 주식 1주를 5,000원에 취득했는데 감자로 인해 8,000원을 지급받은 경우, 초과액 3,000원은 과세대상소득인가? 만일 그렇다면 무슨 소득으로 과세되는가? 배당소득인가? 양도소득인가?

소득세법 제17조 제1항에는 배당소득의 종류를 규정하고 있는데 이 중 하나가 의제배당(擬制配

---

43) 대법원 2013.5.23. 선고 2013두673 판결.

44) 감자차손에 대해 법인세법에서 명확한 규정이 없지만, 감자차익이 익금불산입 대상이 되는 만큼 감자차손도 손금불산입 대상이 되어야 한다(이창희, 앞의 책, p.585.).

當)이 있다. 의제배당이란 상법상 배당이 아니지만, **세법상 배당으로 보는 개념이다.**

같은 조 제2항 제2호에서는 "주식의 소각이나 자본의 감소로 인하여 주주가 취득하는 금전, 그 밖의 재산의 가액(價額) 또는 퇴사·탈퇴나 출자의 감소로 인하여 사원이나 출자자가 취득하는 금전, 그 밖의 재산의 가액이 주주·사원이나 출자자가 그 주식 또는 출자를 취득하기 위하여 사용한 금액을 초과하는 금액"을 의제배당으로 보고 있다. 따라서 앞에서 설명한 3,000원은 의제배당으로 보아 소득세 과세대상이 된다.[45] **판례는 감자로 인한 의제배당 규정이 조세평등주의를 위반하지 않는다고 보고 있다.**

대법원 2010.10.28. 선고 2008두19628 판결
구 소득세법(2006.12.30. 법률 제8144호로 개정되기 전의 것) 제17조 제2항 제1호는 감자 등으로 인한 의제배당에 관하여 '주식의 소각이나 자본의 감소로 인하여 주주가 취득하는 금전 기타 재산의 가액이 주주가 해당 주식을 취득하기 위하여 소요된 금액을 초과하는 금액은 이를 해당 주주에게 배당한 것으로 본다'고 규정하고 있다. 그리고 상법 제343조 제1항 전문은 "주식은 자본감소에 관한 규정에 의하여서만 소각할 수 있다."고 규정하고, 제341조는 "회사는 주식을 소각하기 위한 때(제1호) 외에는 자기의 계산으로 자기의 주식을 취득하지 못한다."고 규정하고 있다. 또한 제341조의2 제1항, 제3항은 '회사는 퇴직하는 이사 등의 주식을 양수함으로써 발행주식총수의 100분의 10을 초과하지 아니하는 범위 안에서 이익배당이 가능한 한도 이내로 자기의 주식을 취득할 수 있으나, 상당한 시기에 이를 처분하여야 한다'고 규정하고 있다. 한편, 주식의 매도가 자산거래인 주식의 양도에 해당하는가 또는 자본거래인 주식의 소각 내지 자본의 환급에 해당하는가는 법률행위 해석의 문제로서 그 거래의 내용과 당사자의 의사를 기초로 하여 판단하여야 할 것이지만, 실질과세의 원칙상 단순히 해당 계약서의 내용이나 형식에만 의존할 것이 아니라, 당사자의 의사와 계약체결의 경위, 대금의 결정방법, 거래의 경과 등 거래의 전체과정을 실질적으로 파악하여 판단하여야 한다. 구 소득세법 제17조 제2항 제1호가 규정하고 있는 의제배당소득, 즉 주식의 소각 또는 자본의 감소로 인하여 주주가 받은 재산의 가액에서 그 주주가 해당 주식을 취득하기 위하여 소요된 금액을 초과하는 금액 중에는 기업경영의 성과인 잉여금 중 사외에 유출되지 않고 법정적립금, 이익준비금 기타 임의적립금 등의 형식으로 사내에 유보된 이익뿐만 아니라 유보된 이익과 무관한 해당 주식의 보유기간 중의 가치증가분도 포함되어 있을 수 있으나, **위 법률조항이 이를 별도로 구분하지 않고 모두 배당소득으로 과세하고 있는 것은 입법정책의 문제라 할 것이고, 그 밖에 의제배당소득의 입법 취지, 조세징수의 효율성이라는 공익적인 측면 등에 비추어 보면 위 법률조항이 입법자의 합리적 재량의 범위를 일탈하였다고 볼 수 없어 그로써 조세평등주의를 규정한 헌법 제11조에 위반된다거나 재산권보장을 규정한 헌법 제23조에 위반된다고 볼 수 없다.**

45) 이에 따른 소득이 배당소득인가 양도소득인가에 대한 논의: 이창희, 위의 책, pp.586-588 참조.

제 9 장

Company law and tax

사 채

강의의 초점

- ▷ 사채를 발행하는 목적은? 이른 바 '악덕사채업자'의 사채와는 어떻게 다른가?
- ▷ 차라리 은행에서 빌리는 것이 낫지 않을까? 이 둘의 차이는?
- ▷ 사채발행과 신주발행의 차이는?
- ▷ 신주인수권부 사채란?
- ▷ 만일 회사가 사채를 상환하지 않거나 이자를 지급하지 못하면 사채권자는 어떻게 해야 하나?
- ▷ B회사가 사채이자를 지급하면 모두 법인세법 상 손금으로 인정되는지?
- ▷ A가 전환사채를 시가 보다 낮게 인수할 경우 세금은?

1 의 의

'**사채(社債)'란 주식회사가 일반인들로부터 자금을 조달하려고 발행하는 유가증권인 채권으로, 이를 회사채(會社債)라고도 한다.** 사채발행과 앞에서 설명한 주식발행의 공통점은 회사의 운영자금을 조달하는데 있다.[1] 그러나 사채권자는 이자를 받고 주주는 배당을 받으며, 사채는 금전납입만 가능하나 주식은 금전납입뿐만 아니라 현물출자도 허용된다. 주주는 주주총회를 통해 회사의 운영에 참여할 수 있으나 사채권자는 원칙적으로 불가능하다.

회사의 입장에서 보면 주식발행의 경우 배당을 하지 않을 수도 있지만 사채는 정해진 날짜에 이자를 주어야 하는 부담이 있다. 반면 주주의 입장에서 보면, 주식발행의 경우 자기 지분이 줄어들 가능성이 있지만 사채발행의 경우에는 그럴 위험은 없다.

주식과 사채는 위와 같은 차이점이 있지만 둘 다 회사의 자금을 조달한다는 공통점 때문에 소위 **주식의 사채화, 사채의 주식화 현상**이 나타나고 있다. **의결권 없는 주식, 상환종류주식 등은 주식의 사채화 현상을 보여주는 것이고, 사채의 경우 전환사채, 신주인수권부사채 등이 사채의 주식화 현상을** 보여준다.

2 발행절차

(1) 원 칙

회사는 이사회의 결의에 의하여 사채(社債)를 발행할 수 있다(제469조 제1항). 그러나 정관으로 정하는 바에 따라 이사회는 대표이사에게 사채의 금액 및 종류를 정하여 1년을 초과하지 아니하는 기간 내에 사채를 발행할 것을 위임할 수 있다(위 조 제4항).

발행할 수 있는 사채의 종류에는 ⅰ) 이익배당에 참가할 수 있는 사채(이익참가부 사채) ⅱ) 주식이나 그 밖의 다른 유가증권으로 교환 또는 상환할 수 있는 사채(교환사채) ⅲ) 유가증권이나 통화 또는 그 밖에 대통령령으로 정하는 자산이나 지표 등의 변동과 연계하여 미리 정하여진 방법에 따라 상환 또는 지급금액이 결정되는 사채(파생결합사채) 등이 포함된다.[2]

---

1) 합명회사와 합자회사는 상법상 사채에 관한 규정이 없으나 발행이 가능하며, 유한회사는 사채를 발행할 수 없다.
2) 참조 조문 : 자본시장법 제165조의10(사채의 발행 및 배정 등에 관한 특례).

(2) 발행방법

사채발행방법은 특정인에게 사채의 총액을 인수시키는 「총액인수」 방법과 일반인으로부터 사채권자를 모집하는 「공모발행」 방법이 있다. 총액인수방법은 특정인이 회사가 발행한 사채의 총액을 인수하는 방법이다(제475조).[3] 사채의 모집이 완료한 때에는 이사는 지체없이 인수인에 대하여 각 사채의 전액 또는 제1회의 납입을 시켜야 한다(제476조 제1항).

공모발행은 사채권자를 일반인으로부터 모집하는 방법으로, 직접모집과 위탁모집 및 도급모집으로 구별한다. 직접모집이란 회사가 직접 일반인을 상대로 사채권자를 모집하는 방법이고, 위탁모집이란 회사가 특정인에게 사채발행업무를 위탁하여 발행하는 방법이며(제476조 제2항), 도급모집이란 위탁모집의 결과 그 모집액이 총액에 미달하는 경우 그 잔액을 인수할 것을 의미한다(제474조 제2항 제14호).

(3) 청 약

사채의 모집에 응하고자 하는 자는 사채청약서 2통에 그 인수할 사채의 수와 주소를 기재하고 기명날인 또는 서명하여야 한다(제474조 제1항).[4] 사채발행의 최저가액을 정한 경우에는 응모자는 사채청약서에 응모가액을 기재하여야 한다(위 조 제3항). 그러나 총액인수나 도급모집의 경우에는 사채청약서가 필요하지 않다(제475조).

일반사채를 제외한 전환사채와 신주인수권부사채를 발행한 경우에는 납입이 완료한 날로부터 2주간 내에 이 사실을 본점소재지에서 등기를 하여야 한다(제514조의2 제1항 및 제516조의8 제2항).

(4) 배 정

사채의 청약에 대해서 발행회사나 수탁회사가 배정을 하면 사채의 계약이 성립된다. 수탁회사가 자기의 명의로 배정하였다고 하여도 사채의 계약관계는 발행회사와 사채권자 사

---

3) 사채모집의 위탁을 받은 회사가 사채의 일부를 인수하는 경우도 포함된다.

4) 사채청약서는 이사가 작성하고 다음의 사항을 적어야 한다(위 조 제2항). ⅰ) 회사의 상호 및 자본금과 준비금의 총액과 최종의 대차대조표에 의하여 회사에 현존하는 순재산액 ⅱ) 사채의 총액과 각 사채의 금액 및 사채발행의 가액 또는 그 최저가액 ⅲ) 사채의 이율과 사채의 상환과 이자지급의 방법과 기한 ⅳ) 사채를 수회에 분납할 것을 정한 때에는 그 분납금액과 시기 ⅴ) 채권을 기명식 또는 무기명식에 한한 때에는 그 뜻 및 채권을 발행하는 대신 전자등록기관의 전자등록부에 사채권자의 권리를 등록하는 때에는 그 뜻 ⅵ) 전에 모집한 사채가 있는 때에는 그 상환하지 아니한 금액 ⅶ) 사채모집의 위탁을 받은 회사가 있는 때에는 그 상호와 주소 및 사채관리회사가 있는 때에는 그 상호와 주소 ⅷ) 사채관리회사가 사채권자집회결의에 의하지 아니하고 상법 제484조 제4항 제2호의 행위를 할 수 있도록 정한 때에는 그 뜻 ⅸ) 위탁을 받은 회사가 그 모집액이 총액에 달하지 못한 경우에 그 잔액을 인수할 것을 약정한 때에는 그 뜻 ⅹ) 명의개서대리인을 둔 때에는 그 성명 · 주소 및 영업소.

이에 이루어지는 것이다.

(5) 납 입

사채의 모집이 완료한 때에는 이사는 지체없이 인수인에 대하여 각 사채의 전액 또는 제1회의 납입을 시켜야 한다(제476조 제1항). 사채모집의 위탁을 받은 회사는 그 명의로 위탁회사를 위하여 인수인으로 하여금 납입시킬 수 있다(위 조 제2항).

3 유통

(1) 사채증서

1) 의 의

사채증서는 유가증권의 일종이고, 이는 기명식과 무기명식으로 구분하는데, 현실적으로 주식과는 달리 무기명식[5]이 많이 이용되고 있다. 사채증서는 요식의 유가증권이므로 법정 기재사항을 기재하고 대표이사가 기명날인하거나 서명하여야 한다(제478조 제2항).

2) 발 행

사채증서는 사채 전액을 납입하여야 발행할 수 있다(제478조 제1항). 그러나 사채 전액을 납입하지 않고 사채증서를 발행하였다고 하여도 사채증서는 유효하다. 다만, 사채증서를 발행한 이사 등은 과태료의 제재를 받는다(제635조 제1항 제24호).

회사는 정관에 정하는 바에 따라 기명사채, 무기명사채를 불문하고 사채증서를 발행하는 대신에 전자등록기관의 전자등록부에 사채를 등록할 수 있다(제478조 제3항 전단). 사채를 등록하는 회사는 이 사실을 사채원부에 기재하고(제488조 제5호), 사채청약서에도 이를 기재하여야 한다(제474조 제2항 제10호의2).

3) 기명식, 무기명식간의 전환

사채권자는 언제든지 기명식의 채권을 무기명식으로, 무기명식의 채권을 기명식으로 할 것을 회사에 청구할 수 있으나, 채권을 기명식 또는 무기명식에 한할 것으로 정한 때에는

5) 무기명 사채는 지하경제활성화의 요인이 되기도 한다.

전환할 수 없다(제480조).

(2) 사채원부 작성

사채원부는 사채권자와 사채 및 채권에 관한 사항을 명백하기 위해 작성되는 장부다. 기명사채를 발행하는 경우에는 사채권자의 성명과 주소, 채권의 번호, 각 사채의 납입금액과 납입연월일, 채권의 발행연월일 또는 채권을 발행하는 대신 전자등록기관의 전자등록부에 사채권자의 권리를 등록하는 때에는 그 뜻, 각 사채의 취득연월일을, 무기명사채를 발행한 경우에는 그 종류, 수, 번호와 발행연월일 등을 기록하여야 하고(제488조) 이를 본점에 비치해야 한다(제396조).[6]

(3) 사채의 양도

사채의 양도는 자유이고, 주식과 달리, 자기사채의 취득은 금지되지 않는다.[7] 사채의 양도방법에 대해서는 상법에 특별한 규정이 없다. 따라서 일반원칙에 따라 당사자간의 의사표시만으로 양도가 가능하다고 할 것이다. 그러나 사채증서를 발행한 경우에는 기명사채, 무기명사채 불문하고 양도의 의사표시 외에 사채증서를 교부하여야 효력이 있다.

기명사채의 양도는 취득자의 성명과 주소를 사채원부에 기재하고 그 성명을 채권에 기재하지 아니하면 회사 기타의 제3자에게 대항하지 못한다(제479조 제1항). 다만, 명의개서대리인을 둔 경우에는 명의개서대리인이 취득자의 성명과 주소를 주주명부의 복본에 기재한 때에 대항력이 인정된다(위 조 제2항, 제337조 제2항). 무기명사채의 양도는 사채증서의 점유가 대항요건이다.

(4) 사채의 입질

입질(入質)이란 동산이나 유가증권 등을 담보로 하여 금전을 빌려주는 행위를 의미한다. 상법은 무기명사채의 입질에 대해 별도로 규정하고 있지 않아서 「민법」의 규정에 의한다. 즉, 무기명사채의 보유자는 해당 사채권을 질권자나 양수인에게 교부함으로써 그 효력이

---

6) 공사채등록법은 공사채(公社債)의 발행을 간편하게 하고 공사채권자의 권리 보전(保全)을 확실하게 함으로써 자본시장의 발전에 이바지함을 목적(제1조)으로 하고 있는데, 한국예탁결제원 등 등록기관은 총리령으로 정하는 바에 따라 「공사채등록부」를 비치하고 필요한 사항을 기록하여야 하며(제9조), 등록기관은 공사채의 등록을 마친 경우, 총리령으로 정하는 바에 따라 지체 없이 그 사실을 공사채원부를 비치한 발행자에게 통지하여야 하고, 공사채원부를 비치한 발행자는 지체 없이 그 사실을 공사채원부에 기록하여야 한다(제10조).

7) 이 경우 양도소득세 과세대상인가?

생기고, 이들인 해당 채권을 점유함으로써 제3자에 대항한다(민법 제351조 및 523조).

반면 기명사채의 경우에는 해당 사채권을 교부함으로써 효력이 발생하고 제3자에 대항하기 위해서는 사채원부에 취득자의 성명과 주소를 기재하여야 한다(제479조 제1항).[8)]

4 사채의 이자지급 및 상환

(1) 이자지급

사채이자는 해당 사채의 발행 시 발행조건에 따른다(제474조 제2항, 제478조 제2항, 제488조). 기명사채의 경우 이자지급은 사채원부에 기록된 사채권자에게 지급되나, 무기명사채의 경우에는 이권(利券,Interest Coupon)[9)]과 교환하면서 이자가 지급된다.[10)]

(2) 상 환

사채의 상환이란 회사가 사채권자에 대해 채무를 갚는 것을 의미한다. 그 상환의 방법은 당초 사채의 발행조건으로 정해져 있고 사채원부에 기재되어 있다(제474조 제2항 제8호 등).[11)] 사채의 상환은 사채증서와 서로 교환(상환, 相換)하는 방법으로 한다. 사채는 자기사채취득이 가능하므로, 사채발행회사는 해당 사채를 소각함으로써 사채의 상환에 갈음한다.

(3) 불공정한 행위의 취소

어느 회사가 사채권자에게 한 변제, 화해, 그 밖의 행위가 현저하게 불공정한 때에는 사채관리회사는 소(訴)만으로 그 행위의 취소를 청구할 수 있으나, 이는 그 취소의 원인인 사실을 안 때부터 6개월, 행위가 있은 때부터 1년 내에 제기하여야 한다(제511조 각 항).

한편, 사채권자집회의 결의가 있는 때에는 대표자 또는 집행자도 소를 제기할 수 있으나, 이는 그 행위가 있은 때로부터 1년 내에 한한다(제512조).

---

8) 그러나 실무상 기명사채를 발행하는 경우는 드물다.

9) 이권이란 무기명 사채 등 채권증서의 밑에 붙여 각기의 이자채권을 표창하는 무기명증권으로 해당 이자의 지급기한과 금액이 기재되어 있다.

10) 이권있는 무기명식의 사채를 상환하는 경우에 이권이 흠결된 때에는 그 이권에 상당한 금액을 상환액으로부터 공제하고, 이권소지인은 언제든지 그 이권과 상환하여 공제액의 지급을 청구할 수 있다(제486조 각 항).

11) 회사는 사채상환을 위해 매년 일정 금액을 적립하는데 이를 「상환기금」이라고 한다.

(4) 시 효

사채의 상환청구권은 10년간 행사하지 아니하면 소멸시효가 완성한다. 사채의 이자의 청구권은 5년간 행사하지 아니하면 소멸시효가 완성한다(제487조 각 항).[12)]

5 사채의 관리

상법은 다수의 사채권자를 보호하기 위해 「사채관리회사」와 「사채권자집회」에 관한 규정을 두고 있다.

(1) 사채관리회사

1) 의 의

사채를 발행하는 회사는 「사채관리회사」를 정하여 변제의 수령, 채권의 보전, 그 밖에 사채의 관리를 관련 업무를 위탁할 수 있다(제480조의2).[13)] 그러나 사채관리회사는 은행, 신탁회사, 그 밖에 법령으로 정하는 자가 아니면 사채관리회사가 될 수 없다(제480조의3 제1항).[14)]

2) 권 한

사채관리회사는 사채권자를 위하여 사채에 관한 채권을 변제받거나 채권의 실현을 보전하기 위하여 필요한 재판상 또는 재판 외의 모든 행위를 할 수 있다(제484조 제1항). 사채관리회사는 사채변제를 받으면 지체 없이 그 뜻을 공고하고, 알고 있는 사채권자에게 통지하여야 하며(위 조 제2항), 이 경우 사채권자는 사채관리회사에 사채 상환액 및 이자 지급을 청구할 수 있다(위 조 제3항).[15)]

한편, 사채관리회사가 i) 해당 사채 전부에 대한 지급의 유예, 그 채무의 불이행으로 발생한 책임의 면제 또는 화해 ii) 해당 사채 전부에 관한 소송행위 또는 채무자회생 및 파산에 관한 절차에 속하는 행위(사채에 관한 채권을 변제받거나 채권의 실현을 보전하기 위한 행위는 제

---

12) 사채관리회사에 대한 사채상환청구권과 이자의 소멸시효는 위 경우와 동일하다(위 조 제2항 및 제3항).

13) 사채발행회사와 사채관리회사는 위임관계가 있으나, 시채관리회사와 사채권자와는 특별한 관계가 없다고 본다.

14) 사채의 인수인이나 사채를 발행한 회사와 특수한 이해관계가 있는 자로서 법령이 정하는 자는 사채관리회사가 될 수 없다(위 조 제2항 및 제3항).

15) 사채권이 발행된 때에는 사채권과 상환하여 상환액지급청구를 하고, 이권(利券)과 상환하여 이자지급청구를 하여야 한다(위 조 제3항).

외)를 하는 경우에는 사채권자집회의 결의에 의하여야 한다(위 조 제4항).

사채관리회사는 그 관리를 위탁받은 사채에 관하여 그 권한 내의 행위를 하기 위해 필요하다고 판단하는 경우, 법원의 허가를 받아 사채를 발행한 회사의 업무와 재산상태를 조사할 수 있다(위 조 제7항).

3) 의무와 책임

사채관리회사는 사채권자에 대해 사채권자를 위하여 공평하고 성실하게 사채를 관리하여야 하고, 선량한 관리자의 주의로 사채를 관리하여야 하며, 상법이나 사채권자집회결의를 위반한 행위를 한 때에는 사채권자에 대하여 연대하여 이로 인하여 발생한 손해를 배상할 책임이 있다(제484조의2 각 항).

4) 사임과 해임

사채관리회사는 사채를 발행한 회사와 사채권자집회의 동의를 받아 사임할 수 있다(제481조).[16] 사채관리회사가 그 사무를 처리하기에 적임이 아니거나 그밖에 정당한 사유가 있을 때에는 법원은 사채를 발행하는 회사 또는 사채권자집회의 청구에 의하여 사채관리회사를 해임할 수 있다(제482조).

사채관리회사의 사임 또는 해임으로 인하여 사채관리회사가 없게 된 경우에는 사채를 발행한 회사는 그 사무를 승계할 사채관리회사를 정하여 사채권자를 위하여 사채 관리를 위탁하여야 하며, 이 경우 회사는 지체 없이 사채권자집회를 소집하여 동의를 받아야 한다(제483조 제1항).[17]

5) 보수와 비용

사채관리회사, 대표자 또는 집행자에게 줄 보수와 그 사무 처리에 필요한 비용은 사채를 발행한 회사와의 계약에 약정된 경우 외에는 법원의 허가를 받아 사채를 발행한 회사로 하여금 부담하게 할 수 있고(제507조 제1항), 이들은 사채에 관한 채권을 변제받은 금액에서 사채권자보다 우선하여 보수와 비용을 변제받을 수 있다(제484조 제2항).

16) 부득이한 사유가 있어 법원의 허가를 받은 경우에도 이와 같다.
17) 부득이한 사유가 있는 때에는 이해관계인은 사무승계자의 선임을 법원에 청구할 수 있다(위 조 제2항).

(2) 사채권자집회

1) 의 의

'사채권자집회'란 주식회사의 사채를 가진 사채권자가 그들의 이익을 보호하기 위해 사채에 관한 사항에 대하여 심의 및 결의하기 위한 임시적 의결단체를 말한다.[18] 이 집회에서는 상법에서 규정하고 있는 사항 및 사채권자의 이해관계가 있는 사항에 관하여 결의를 할 수 있다(제400조).

2) 소 집

가. 소집권자

사채권자집회는 사채를 발행한 회사 또는 사채관리회사가 소집하며, 사채의 종류별로 해당 종류의 사채 총액(상환받은 액은 제외)의 10분의 1 이상에 해당하는 사채를 가진 사채권자는 회의 목적인 사항과 소집 이유를 적은 서면 또는 전자문서를 사채를 발행한 회사 또는 사채관리회사에 제출하여 사채권자집회의 소집을 청구할 수 있다(제491조 제1항 및 제2항).[19]

나. 통지와 공고

사채권자집회를 소집할 때에는 회의일의 2주 전에 각 사채권자에게 서면으로 통지를 발송하거나 각 사채권자의 동의를 받아 전자문서로 통지를 발송하여야 한다(제491조의2 제1항). 다만, 그 통지가 사채권자의 주소에 3년간 도달하지 아니한 경우 그 사채권자에게는 통지하지 아니할 수 있다(위 조 제1항 단서). 회사가 무기명식 사채증서를 발행한 경우에는 회의일의 3주 전에 사채권자집회를 소집하는 뜻과 회의의 목적사항을 공고하여야 한다(491조의2 제2항).

3) 결 의

각 사채권자는 그가 가지는 해당 종류의 사채 금액의 합계액(상환받은 금액은 제외)에 따라 의결권을 가진다(제492조 제1항).

결의방법은 원칙적으로, 정관변경의 특별결의와 같이, 출석한 사채권자 의결권의 3분의 2 이상의 수와 총사채의결권의 3분의 1 이상의 수로써 하여야 한다(제495조 제1항). 그러나

---

18) 사채권자집회는 회사의 기관은 아니나, 회의체라는 점에서 주주총회와 유사하여 주주총회에 관한 규정이 준용된다(예 : 제363조, 제371조 내지 제373조 등).

19) 무기명식의 채권을 가진 자는 그 채권을 공탁하지 아니하면 위 권리를 행사하지 못한다(위 조 제4항).

사채관리회사의 사임 동의 등 경미한 사항의 경우에는 출석한 사채권자 의결권의 과반수로 결정할 수 있다(위 조 제2항).

사채권자집회에는 의사록을 작성하여야 하고(제510조 제1항), 이를 사채발행회사의 본점에 비치하여(위 조 제2항), 사채관리회사와 사채권자가 항상 열람이 가능하게 하여야 한다(위 조 제3항). 사채권자집회에 관한 비용은 사채를 발행한 회사가 부담한다(제508조 제1항).

사채권자집회의 소집자는 결의한 날부터 1주간 내에 결의의 인가를 법원에 청구하여야 하고(제496조), 그 인가를 얻은 때에 결의의 효력이 발생한다(제498조 제1항 본문). 다만, 그 종류의 사채권자 전원이 동의한 결의는 법원의 인가를 요하지 않는다(위 조 제1항 단서). 사채권자집회의 결의는 그 종류의 사채를 가진 모든 사채권자에게 효력이 미친다(위 조 제2항).

4) 결정의 위임 및 집행

사채권자집회는 해당 종류의 사채 총액(상환 받은 금액은 제외)의 500분의 1 이상을 가진 사채권자 중에서 1명 또는 여러 명의 대표자를 선임하여 그 결의할 사항의 결정을 위임할 수 있다(제500조 제1항). 대표자가 수인인 때에는 위의 결정은 그 과반수로 한다(위 조 제2항).

사채권자집회의 결의는 사채관리회사가 집행하고, 사채관리회사가 없는 때에는 대표자가 집행한다(제501조 제1항). 다만, 사채권자집회의 결의로써 따로 집행자를 정할 수 있다(위 조 제2항).

6 특수사채

상법에서는 전환사채, 신주인수권부사채 이외에 이익배당에 참가할 수 있는 사채(이익참가부사채), 주식이나 그 밖의 다른 유가증권으로 교환 또는 상환할 수 있는 사채(교환사채) 및 유가증권이나 통화 또는 그 밖에 법령으로 정하는 자산이나 지표 등의 변동과 연계하여 미리 정하여진 방법에 따라 상환 또는 지급금액이 결정되는 사채 등의 발행을 위한 규정을 신설하였다(제469조 제2항).[20]

---

20) 신주발행과 마찬가지로 재벌기업들이 특수사채 조항을 남용 또는 악용하여 세부담 없이(매우 적게 하여) 재산물림을 하는 경우는 너무도 많다.

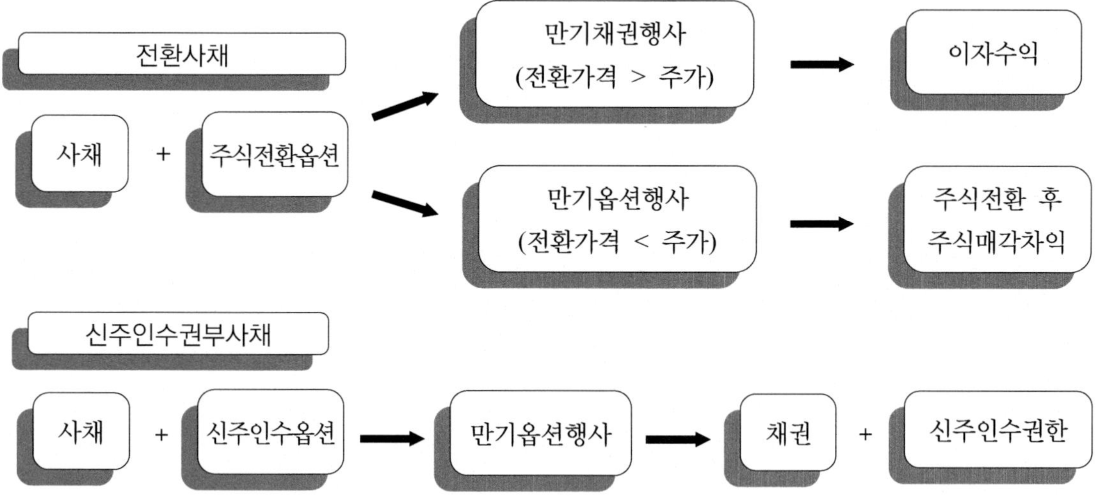

▶ 전환사채와 신주인수권부사채 비교[21)]

(1) 전환사채

'전환사채(轉換社債, Convertible Bond)'란 일단 사채로서 발행되었지만 일정기간 경과 뒤 소유자의 청구에 의하여 주식으로 전환할 수 있는 사채를 의미한다. 전환사채는 사채의 장점과 주식의 장점을 갖춘 상품으로서 회사의 자금조달을 용이하게 할 수 있다. 그러나 전환사채는 주식으로 전환할 수 있다는 점에서 기존주주의 이익이 침해될 가능성이 있다. 이를 방지하기 위해 상법에서는 여러 규정을 두고 있다.

1) 발 행

전환사채를 발행하는 방법에는 전환사채인수권을 특정인에게 부여하는 방식과 전환사채인수권을 누구에게도 부여하지 않는 모집방식이 있다. 특정인에게 부여하는 방식에는 기존주주에게 발행하는 방식과 주주 이외의 제3자에게 발행하는 방식이 있다.

가. 기존주주에게 발행

기존 주주에게 전환사채를 발행할 경우 결정할 사항으로는 i) 전환사채의 총액 ii) 전환의 조건 iii) 전환으로 인하여 발행할 주식의 내용 iv) 전환을 청구할 수 있는 기간

21) 전환사채는 만기 시에 이자수익을 얻거나 주식으로 전환하여 주식매각차익을 얻을 수 있는데 둘 중에 하나만을 선택해야 하는데 반해서, 신주인수권부사채는 채권은 그대로 가지고 있으면서 미리 정해진 가격으로 주식을 인수할 수 있는 권리도 함께 가지게 되는 점에서 차이가 있다.

ⅴ) 주주에게 전환사채의 인수권을 준다는 뜻과 인수권의 목적인 전환사채의 액 ⅵ) 주주 외의 자에게 전환사채를 발행하는 것과 이에 대하여 발행할 전환사채의 액 등이 있다(위 조 제2항).

나. 주주 이외의 제3자에게 발행

만일 주주외의 자에 대하여 전환사채를 발행하는 경우에는 위 ⅰ) 내지 ⅳ)항에 관하여 정관에 규정이 없으면 특별결의로써 이를 정하여야 한다(위 조 제3항). 다만 이 경우 신기술의 도입, 재무구조의 개선 등 회사의 경영상 목적을 달성하기 위하여 필요한 경우에 한한다(제513조의2 제2항 후단, 제418조 제2항).

2) 발행 절차

가. 결정기관

회사는 전환사채를 발행할 수 있으며, 정관에 전환사채 발행 규정이 없는 경우에는 **이사회가 결정**하고, 만일 **주주총회에서 결정하기로 한 경우에는 그 총회에서 결정**한다(제513조 제1항 및 제2항). 앞서 살펴본 바와 같이 주주 외의 자에게 전환사채를 발행하기 위해서는 정관에 규정이 있거나 주주총회의 특별결의가 있어야 한다(제513조 제3항 전단).

한편, 사채청약서, 채권과 사채원부에 ⅰ) 사채를 주식으로 전환할 수 있다는 뜻 ⅱ) 전환의 조건 ⅲ) 전환으로 인하여 발행할 주식의 내용 ⅳ) 전환을 청구할 수 있는 기간 ⅴ) 주식의 양도에 관하여 이사회의 승인을 얻도록 정한 때에는 그 규정을 기재하여야 한다(제514조 제1항).

나. 공 시

회사는 전환사채의 발행에 관한 일정한 사항을 사채청약서와 사채증서, 그리고 사채원부에 기재하여 대외적으로 공시하여야 한다(제514조).

다. 청약과 배정

가) 기존 주주에게 배정하는 경우

전환사채의 인수권을 가진 주주는 그가 가진 주식의 수에 따라서 전환사채의 배정을 받을 권리가 있다(제513조의2 제1항).[22] 기존 주주에게 발행하는 경우에는 회사는 일정한 날을 정하여 그 날에 주주명부에 기재된 주주가 인수권을 가지다는 뜻과 인수권을 양도할 수 있

22) 그러나 각 전환사채의 금액 중 최저액에 미달하는 단수에 대하여는 그러하지 아니하다.

을 경우에는 그 뜻을 그날의 2주간 전에 공고하여야 한다(제513조의2 제2항, 제418조 제3항).

회사는 각 주주에 대하여 그 인수권을 가지는 전환사채의 액, 발행가액, 전환의 조건, 전환으로 인하여 발행할 주식의 내용, 전환을 청구할 수 있는 기간과 일정한 기일까지 전환사채의 청약을 하지 아니하면 그 권리를 잃는다는 뜻을 통지하여야 한다(제513조의3 제1항).

나) 주주 이외의 제3자에게 배정하는 경우

상법에는 주주 외의 자에게 전환사채를 배정하는 경우에 대한 규정은 없다. 정관에 정함이 없는 경우에는 주주총회의 특별결의로 정한 후에 사채의 공모발행에 관한 제474조를 유추적용하여 절차를 진행하면 될 것이다.

라. 등 기

전환사채를 발행한 때에는 각 사채의 납입이 완료된 날로부터 2주간 내에 본점의 소재지에서 전환사채의 등기를 하여야 한다(제514조의2 제1항). 외국에서 전환사채를 모집한 경우에 등기할 사항이 외국에서 생긴 때에는 등기기간은 그 통지가 도달한 날로부터 기산한다(위 조 제4항).

3) 전환의 청구

전환의 청구는 사채발행사항을 결정할 때 전환을 청구할 수 있는 기간 내에서는 언제든지 할 수 있다. 전환을 청구하는 자는 청구서 2통에 채권을 첨부하여 회사에 제출하여야 하나, 채권(債券)을 발행하는 대신 전자등록기관의 전자등록부에 채권(債權)을 등록한 경우에는 그 채권을 증명할 수 있는 자료를 첨부하여 회사에 제출하여야 한다(제515조 제1항). 그리고 위 청구서에는 전환하고자 하는 사채와 청구의 연월일을 기재하고 기명날인 또는 서명하여야 한다(위 조 제2항).

4) 전환의 효력

전환권은 형성권으로서 전환사채의 전환은 사채권자가 전환을 청구한 때에 그 효력이 발생한다(제516조 제2항). 이에 따라 사채권자의 지위는 주주의 지위로 변경된다. 또한, 사채의 금액은 감소하고 그 금액만큼 자본금은 증가한다.

한편, 상법은 전환사채의 발행가액 총액을 전환에 의하여 발행하는 주식의 발행가액 총액과 일치시키도록 하고 있다(제516조 제2항, 제348조).

5) 불공정한 전환사채의 발행

회사가 법령 또는 정관에 위배하거나 불공정한 방법에 의해 전환사채를 발행하여 주주가 불이익을 받을 우려가 있는 경우에는, 주주는 회사에 대해 전환사채 발행 유지청구를 할 수 있다(제516조 제1항, 제424조의 2).[23]

한편, 이사와 짜고 불공정한 발행가액으로 전환사채를 인수한 자는 공정한 발행가액과의 차액에 상당한 금액을 회사에 지급할 의무가 있다(제516조 제1항, 제424조의2 제1항). 이 경우 주주의 대표소송이 인정되고, 해당 이사는 주주 또는 회사에 대해 손해배상책임은 진다(제516조 제1항, 제424조의2 제2항). 판례는 주주총회 의사록을 허위로 작성한 경우 그 주주총회의의 전환사채 발행 결의는 무효라고 한다.

대법원 2004.8.16. 선고 2003다9636 판결
전환사채발행유지 청구는 회사가 법령 또는 정관에 위반하거나 현저하게 불공정한 방법에 의하여 전환사채를 발행함으로써 주주가 불이익을 받을 염려가 있는 경우에 회사에 대하여 그 발행의 유지를 청구하는 것으로서(상법 제516조 제1항, 제424조), 전환사채 발행의 효력이 생기기 전, 즉 전환사채의 납입기일까지 이를 행사하여야 할 것이고, 한편 전환사채권자가 전환 청구를 하면 회사는 주식을 발행해 주어야 하는데, 전환권은 형성권이므로 전환을 청구한 때에 당연히 전환의 효력이 발생하여 전환사채권자는 그 때부터 주주가 되고 사채권자로서의 지위를 상실하게 되므로(상법 제516조, 제350조) 그 이후에는 주식전환의 금지를 구할 법률상 이익이 없게 될 것이다. 한편, 실제의 소집절차와 회의절차를 거치지 아니한 채 **주주총회 의사록을 허위로 작성하는 등 도저히 그 결의가 존재한다고 볼 수 없을 정도로 중대한 하자가 있는 경우**에는 그 주주총회의 결의는 부존재하다고 보아야 한다.

(2) 신주인수권부사채

'신주인수권부사채(新株引受權附社債, Bond with Warrant)'란 사채권자에게 일정기간 내에 사채를 발행한 회사의 신주인수권이 부여된 사채를 의미한다. 전환사채는 주식으로 전환됨에 따라 사채가 소멸되지만, 신주인수권부사채는 사채는 사채대로 존속하면서 신주가 발행되고 아울

23) 상법은 제516조 제1항에서 신주발행의 유지청구권에 관한 제424조 및 불공정한 가액으로 주식을 인수한 자의 책임에 관한 제424조의2 등을 전환사채의 발행의 경우에 준용한다고 규정하면서도 신주발행무효의 소에 관한 제429조의 준용 여부에 대해서는 아무런 규정을 두고 있지 않으나, 전환사채는 전환권의 행사에 의하여 장차 주식으로 전환될 수 있는 권리가 부여된 사채로서, 이러한 전환사채의 발행은 주식회사의 물적 기초와 기존 주주들의 이해관계에 영향을 미친다는 점에서 사실상 신주를 발행하는 것과 유사하므로, 전환사채의 발행의 경우에도 신주발행무효의 소에 관한 상법 제429조가 유추적용된다고 봄이 상당하다(대법원 2004.6.25. 선고 2000다37326 판결).

러 그 대금이 회사에 납입되어야 한다. 또한 신주인수증권을 발행할 경우(분리형)[24], 해당 사채권과는 별도로, 이를 양도할 수 있다는 점에서 전환사채와 차이가 있다.

1) 발 행

회사는 신주인수권부사채를 발행할 수 있고, 이 경우 ⅰ) 신주인수권부사채의 총액 ⅱ) 각 신주인수권부사채에 부여된 신주인수권의 내용 ⅲ) 신주인수권을 행사할 수 있는 기간 ⅳ) 신주인수권만을 양도할 수 있는 것에 관한 사항 ⅴ) 신주인수권을 행사하려는 자의 청구가 있는 때에는 신주인수권부사채의 상환에 갈음하여 그 발행가액으로 전액 납입이 있는 것으로 본다는 뜻 ⅵ) 주주에게 신주인수권부사채의 인수권을 준다는 뜻과 인수권의 목적인 신주인수권부사채의 액 ⅶ) 주주외의 자에게 신주인수권부사채를 발행하는 것과 이에 대하여 발행할 신주인수권부사채의 액에 대해 정관에 규정이 없는 것은 이사회가 이를 결정하나 정관으로 주주총회에서 이를 결정하도록 정한 경우에는 그 총회에서 결정한다(516조의2 제1항).

만약, 주주외의 자(제3자)에 대하여 신주인수권부사채를 발행하는 경우에는 그 발행할 수 있는 신주인수권부사채의 액, 신주인수권의 내용과 신주인수권을 행사할 수 있는 기간에 관하여 정관에 규정이 없으면 특별결의로써 이를 정하여야 한다. 다만, 이 경우 신기술의 도입, 재무구조의 개선 등 회사의 경영상 목적을 달성하기 위하여 필요한 경우에 한한다(제516조의2 제4항 후단, 제418조 제2항).

2) 한 도

각 신주인수권부사채에 부여된 신주인수권의 행사로 인하여 발행할 주식의 발행가액의 합계액은 각 신주인수권부사채의 금액을 초과할 수 없다(위 조 제3항).

3) 공고와 통지

주주가 신주인수권부사채의 인수권을 가진 경우에는 회사는 일정한 날을 정하여 그 날에 주주명부에 기재된 주주가 신주인수권부사채의 인수권을 가진다는 뜻을 그 날의 2주 전에 공고하여야 한다(제516조의11, 제513조의2 제2항, 제418조 제3항). 또한 각 주주에 대하여 인수권을 가지는 신주인수권부사채의 액, 발행가액, 신주인수권의 내용, 신주인수권을 행사할

24) 신주인수권부사채에는 분리형과 결합형이 있다. 분리형은 신주인수권증권이 사채증서와 별도로 발행되어 신수인수권을 독립적으로 양도할 수 있는 반면, 결합형은 사채와 신주인수권이 하나의 사채증서에 담겨 있어서 분리하여 양도할 수 없다.

수 있는 기간과 일정한 기일까지 신주인수권부사채의 청약을 하지 아니하면 그 권리를 잃는다는 뜻을 통지하여야 한다(제516조의3 제1항).

4) 인수와 납입

신주인수권부사채는 사채청약서에 의해 청약을 한다(제516조의4). 이 청약에 대해 회사가 배정을 하면 사채의 인수가 완료된다. 이와 같이 사채의 모집이 완료한 때에는 이사는 지체 없이 인수인에 대하여 각 사채의 전액 또는 제1회의 납입을 시켜야 한다(제476조).

5) 등 기

신주인수권부사채를 발행한 때에는 각 사채의 납입이 완료된 날로부터 2주간 내에 본점의 소재지에서 신주인수권부사채의 등기를 하여야 한다(제514조의2 제1항).

6) 신주인수권의 양도

신주인수권증권이 발행된 경우(분리형)에 신주인수권의 양도는 신주인수권증권의 교부에 의하여서만 이를 행한다(제516조의6 제1항). 회사는 신주인수권증권을 발행하는 대신 정관으로 정하는 바에 따라 전자등록기관의 전자등록부에 신주인수권을 등록할 수 있다(제516조의7). 회사가 신주인수권부사채를 발행한 때에는 i) 신주인수권부사채라는 뜻 ii) 신주인수권의 행사로 인하여 발행할 주식의 발행가액의 총액 iii) 각 신주인수권부사채의 금액 iv) 각 신주인수권부사채의 납입금액 등을 등기하여야 한다(제516조의8 제1항).

7) 신주인수권의 행사

신주인수권을 행사하려는 자는 청구서 2통을 회사에 제출하고, 신주의 발행가액의 전액을 납입하여야 한다(제516조의9 제1항). 청구서 제출 시 신주인수권증권이 발행된 때에는 신주인수권증권을 첨부하고, 이를 발행하지 아니한 때에는 채권을 제시하여야 한다(위 조 제2항). 다만, 채권(債券)이나 신주인수권증권을 발행하는 대신 전자등록기관의 전자등록부에 채권(債權)이나 신주인수권을 등록한 경우에는 그 채권이나 신주인수권을 증명할 수 있는 자료를 첨부하여 회사에 제출하여야 한다(위 조 제2항 단서).

8) 주주가 되는 시기

신주인수권을 행사한 자는 해당 금액을 납입한 때에 주주가 된다(제516조의10). 이와 관련하여 신주인수권부사채를 발행한 회사의 승낙을 필요로 하지 않는다.

9) 불공정 발행의 경우

신주인수권부사채가 불공정하게 발행된 경우, 전환사채의 규정을 준용한다(제516조의 11, 제516조 제1항, 제424조, 제424조의2 제1항). 신주인수권부사채는 미리 확정된 가액으로 일정한 수의 신주 인수를 청구할 수 있는 신주인수권이 부여된 사채로서 신주인수권부사채 발행의 경우에도 주식회사의 물적 기초와 기존 주주들의 이해관계에 영향을 미친다는 점에서 사실상 신주를 발행하는 것과 유사하므로, 신주발행무효의 소에 관한 상법 제429조가 유추적용되고, 신주발행의 무효원인에 관한 법리 또한 동일하게 적용된다[25].

세금

(1) 무기명 사채와 실질과세

상법은 무기명을 허용하고 있지만 세법은 실질과세원칙에 따라 무기명이 있을 수 없다. 누가 맞고 누가 틀린가? **판례는 무기명사채라고 해도 세법은 그 실질을 좇아 과세한다고 한다.** 그렇다면 상법에서 무기명사채 발행을 금지하면 될 일 아닌가? 국회에서 만든 법률 중 무기명사채에 대해 상법은 가능하다고 하고 세법은 그렇지 않다고 하면, 이게 합리적인 법치주의 국가의 모습일까?

대법원 2000.9.29. 선고 97누18462 판결

주식회사의 사채 모집에는 이사회의 결의를 요하고(상법 제469조), 채권(채권)의 발행이 전제되어 있고(같은 법 제478조), 사채권자집회는 사채를 발행한 회사가 소집하도록 되어 있는(같은 법 제491조) 등 사채의 발행에는 단순한 금전채무 부담의 의사표시 외에도 일정한 절차적 요건이 요구되고, 사채발행회사는 금전채무의 채무자 이상의 일정한 회사법상 지위를 차지하게 되며, 사채는 채권의 형태로 거래계에 유통될 것이 예정되어 있으므로, 원고의 주장과 같이 이 사건에서 사채발행으로 인한 자금의 실제 사용자가 영풍산업이고 영풍산업이 사채발행 과정의 전면에 나서서 사채발행을 실질적으로 주도하였다고 하더라도 이 경우의 원고와 영풍산업의 관계를 명의신탁이나 내적조합의 경우의 법률관계와 유사하게 파악하여 영풍산업을 실질적인 사채발행회사 또는 사채의 채무자의 지위에 있다고 보기는 어렵다 할 것이고, **실질과세 원칙을 규정하고 있는**

25) 대법원 2015.12.10. 선고 2015다202919 판결.

> **국세기본법 제14조, 구 법인세법 제3조 제2항의 각 규정에 의한 세법의 적용에 있어서도 원고에 의하여 이루어진 사채발행행위의 사법상의 효과를 무시하고 영풍산업을 이 사건 사채의 실질적 채무자로 볼 수는 없다 할 것이다.** 따라서 원심이 그 판시 사실에 터잡아 원고가 이 사건 사채의 실질적 채무자라고 판단하고 그 사채 발행으로 조성한 자금을 영풍산업에 대여하였다고 본 것은 정당하고, 거기에 실질과세의 원칙에 관한 법리오해 또는 채증법칙 위배의 위법이 있다고 할 수 없을 다(이하 생략).

(2) 주식전환에 따른 이익과 증여세

이 문제는 신주발행의 경우와 매우 유사하다. 회사 A가 특정인 B에게 전환사채 등을 시가보다 낮게 또는 높게 발행함으로써 결국 B가 혜택을 입을 가능성이 매우 높다.

현행 상증법 제40조 제1항은 전환사채, 신주인수권부사채, 그 밖의 주식으로 전환 · 교환하거나 주식을 인수할 수 있는 권리가 부여된 사채(전환사채 등)를 인수 · 취득 · 양도하거나, 전환사채 등에 의하여 주식으로 전환 · 교환 또는 주식의 인수(주식전환 등)를 함으로써 이익을 얻은 경우 그 이익은 증여로 보아 증여세 과세대상이 된다고 한다.

1) 전환사채 등을 인수하거나 취득한 경우

전환사채 등을 ⅰ) 특수관계인으로부터 시가보다 낮은 가액으로 취득함으로써 얻은 이익 ⅱ) 전환사채 등을 발행한 법인[26]의 최대주주나 그의 특수관계인인 주주가 그 법인으로부터 전환사채 등을 시가보다 낮은 가액으로 그 소유주식 수에 비례하여 균등한 조건으로 배정받을 수 있는 수를 초과하여 인수 · 취득[27]함으로써 얻은 이익 ⅲ) 전환사채 등을 발행한 법인의 최대주주의 특수관계인(그 법인의 주주는 제외)이 그 법인으로부터 전환사채 등을 시가보다 낮은 가액으로 인수 등을 함으로써 얻은 이익은 그 이익을 얻은 자가 증여받은 것으로 본다(상증법 제40조 제1항 제1호).

2) 전환사채 등을 주식으로 전환하는 경우

전환사채 등을 ⅰ) 특수관계인으로부터 취득한 자가 전환사채 등에 의하여 교부받았거나 교부받을 주식의 가액이 전환 · 교환 또는 인수 가액(전환가액 등)을 초과함으로써 얻은

26) 자금법에 따른 주권상장법인으로서 같은 법 제9조 제7항에 따른 유가증권의 모집방법(대통령령으로 정하는 경우를 제외)으로 전환사채 등을 발행한 법인은 제외한다.

27) 자금법 제9조 제12항에 따른 인수인으로부터 인수 · 취득하는 경우와 그 밖에 대통령령으로 정하는 방법으로 인수 · 취득한 경우를 포함한다.

이익ⅱ) 전환사채 등을 발행한 법인의 최대주주나 그의 특수관계인인 주주가 그 법인으로부터 전환사채등을 그 소유주식 수에 비례하여 균등한 조건으로 배정받을 수 있는 수를 초과하여 인수등을 한 경우로서 전환사채 등에 의하여 교부받았거나 교부받을 주식의 가액이 전환가액등을 초과함으로써 얻은 이익 ⅲ) 전환사채 등을 발행한 법인의 최대주주의 특수관계인(그 법인의 주주는 제외)이 그 법인으로부터 전환사채 등의 인수 등을 한 경우로서 전환사채 등에 의하여 교부받았거나 교부받을 주식의 가액이 전환가액 등을 초과함으로써 얻은 이익 ⅳ) 전환사채 등에 의하여 교부받은 주식의 가액이 전환가액등보다 낮게 됨으로써 그 주식을 교부받은 자의 특수관계인이 얻은 이익은 이를 주식전환 등을 한 날에 그 이익을 얻은 자가 증여받은 것으로 본다(상증법 제40조 제1항 제2호).

3) 전환사채 등을 특수관계인에게 양도한 경우

전환사채 등을 특수관계인에게 양도한 경우, 전환사채 등의 양도일에 양도가액이 시가를 초과함으로써 양도인이 얻은 이익은 그 이익을 얻은 자가 증여받은 것으로 본다(상증법 제40조 제1항 제3호). **판례는 납세자가 선택한 법률관계를 실질과세원칙이라는 잣대로 적용할 때 매우 신중해야 한다고 한다.**

대법원 2017.1.25. 선고 2015두3270 판결
구 상속세 및 증여세법(2010.1.1. 법률 제9916호로 개정되기 전의 것) 제2조는 제1항에서 타인의 증여로 인한 증여재산이 있는 경우에 그 증여재산을 증여세의 과세대상으로 하도록 규정하고 있고, 제3항에서 "증여라 함은 그 행위 또는 거래의 명칭·형식·목적 등에 불구하고 경제적 가치를 계산할 수 있는 유형·무형의 재산을 타인에게 직접 또는 간접적인 방법에 의하여 무상으로 이전(현저히 저렴한 대가로 이전하는 경우를 포함한다)하는 것 또는 기여에 의하여 타인의 재산가치를 증가시키는 것을 말한다."라고 규정하고 있으며, 제4항에서 "제3자를 통한 간접적인 방법이나 2 이상의 행위 또는 거래를 거치는 방법에 의하여 상속세 또는 증여세를 부당하게 감소시킨 것으로 인정되는 경우에는 그 경제적인 실질에 따라 당사자가 직접 거래한 것으로 보거나 연속된 하나의 행위 또는 거래로 보아 제3항의 규정을 적용한다."라고 규정하고 있다. 구 상증세법 제2조 제4항에서 2 이상의 행위 또는 거래를 거치는 방법에 의하여 증여세를 부당하게 감소시킨 것으로 인정되는 경우에 그 경제적인 실질에 따라 연속된 하나의 행위 또는 거래로 보아 과세하도록 규정한 것은, 증여세의 과세대상이 되는 행위 또는 거래를 우회하거나 변형하여 여러 단계의 거래를 거침으로써 증여의 효과를 달성하면서도 부당하게 증여세를 감소시키는 조세회피행위에 대처하기 위하여 그와 같은 여러 단계의 거래 형식을 부인하고 실질에 따라 증여세의 과세대상인 하나의 행위 또는 거래로 보아 과세할 수 있도록 한 것으로서, 실질과세

원칙의 적용 태양[28] 중 하나를 증여세 차원에서 규정하여 조세공평을 도모하고자 한 것이다. 그렇지만 한편 **납세의무자는 경제활동을 할 때 동일한 경제적 목적을 달성하기 위하여 여러 가지의 법률관계 중의 하나를 선택할 수 있고 과세관청으로서는 특별한 사정이 없는 한 당사자들이 선택한 법률관계를 존중하여야 하며,** 또한 여러 단계의 거래를 거친 후의 결과에는 손실 등의 위험 부담에 대한 보상 뿐 아니라 외부적인 요인이나 행위 등이 개입되어 있을 수 있으므로, 그 여러 단계의 거래를 거친 후의 결과만을 가지고 그 실질이 증여 행위라고 쉽게 단정하여 증여세의 과세 대상으로 삼아서는 아니 된다.

(3) 사채이자 지급과 손금불산입

회사가 지급한 지급이자는 원칙적으로 손금에 산입하여 법인세를 줄일 수 있다. 하지만 ⅰ)채권자불분명사채이자 ⅱ) 수령자불분명채권 또는 증권이자는 해당법인의 각 사업연도의 소득금액을 계산할 때 손금에 산입하지 아니한다(법인세법 제28조 제1항).[29]

이는 비실명으로 사채를 보유한 자가 해당 발행법인으로부터 이자를 지급받은 경우, 실질과세원칙과 누진과세제도를 채택하고 있는 소득세법과의 형평을 맞추기 위한 규정으로 보인다. 즉, 사채이자를 주는 법인 단계에서는 그 이자 상당액을 손금불산입 함에 따라 법인세 부담을 증가시켜서 사채의 실질소유자에게 지급하도록 하고 이를 지급받는 자가 소득세 부담을 하도록 하기 위함이다(소득세법 제16조 제1항).

28) '태양(態樣)'이란 형태나 생긴 모습을 의미한다.

29) 2004.12.31. 법인세법 개정(법률 제7317호) 전 제28조 제2항(지급이자의 손금불산입)에서는 내국법인으로서 대통령령이 정하는 자기자본의 4배를 초과하는 차입금을 보유하고 있는 법인에 대하여는 각 사업연도에 지급한 차입금의 이자 중 대통령령이 정하는 바에 따라 계산한 금액은 손금불산입 하고 있었다. 한편, 외국자본이 국내에 자회사를 만든 경우, 해당 내국법인의 차입금 중 국외지배주주로부터 차입한 금액과 국외지배주주의 지급보증에 의하여 제3자로부터 차입한 금액이 그 국외지배주주가 출자한 출자금액의 2배를 초과하는 경우에는 그 초과분에 대한 지급이자 및 할인료는 그 내국법인의 손금에 산입하지 아니한다(국제조세 조정에 관한 법률 제14조 제1항).

제 10 장

Company law and tax

회사의 구조변경

강의의 초점

- ▷ 합병의 목적은? 분할의 목적은?
- ▷ 주식의 포괄적 교환이란? 주식의 포괄적 이전이란? 이 둘의 차이는?
- ▷ 해산의 의미는? 청산의 의미는? 이 둘의 차이는?
- ▷ 적격합병이란 무엇인가? 비적격합병이란 무엇인가? 이 둘의 차이는?
- ▷ 적격합병의 경우 세금 혜택은? 왜 세금 혜택을 부여하는가?
- ▷ 비적격합병의 경우 세금 혜택은? 왜 세금을 납부해야 하는가? 그 이유는?
- ▷ A는 합병과 분할 과정에서 시가 보다 높은 금액을 또는 본인의 지분보다 더 많은 혜택을 입었다. 이 때 세금은?
- ▷ A는 주식의 포괄적 이전이나 교환과정에서 시가보다 높은 금액을 또는 본인의 지분보다 더 많은 혜택을 입었다. 이 때 세금은?
- ▷ 청산소득세는 무엇인가?
- ▷ 제1장에서 A는 100억원을 출연하여 만든 B회사를 만들었다. 그리고 4년이 지난 뒤, 그 회사가 1조 매출을 기록했고, 자본금은 3,000억원으로 증가되었으며, 이 중 A의 몫은 1,000억원이다. 그 동안 B로부터 받은 배당액은 200억원이다. 이제 쉬고 싶어 B회사를 청산하고자 한다4년 전 100억원이 4년 뒤 1,200억원이 되었다. 그럼 이 과정에서 세금은 얼마나 납부했을까? 어떻게 했으면 세금 부담을 좀 더 줄였을까?

(1) 의 의

'회사의 합병'이란 두 개 이상의 회사가 계약에 의하여 새로운 회사를 설립하거나 또는 그 중의 한 회사가 다른 회사를 흡수하고, 소멸회사의 재산과 사원(주주)이 신설회사 또는 존속회사에 법정 절차에 따라 이전 · 수용되는 효과를 가져 오는 것으로서, 소멸회사의 사원(주주)은 합병에 의하여 1주 미만의 단주만을 취득하게 되는 경우나 혹은 합병에 반대한 주주로서의 주식매수청구권을 행사하는 경우 등과 같은 특별한 경우를 제외하고는, 원칙적으로 합병계약상의 합병비율과 배정방식에 따라 존속회사 또는 신설회사의 사원권(주주권)을 취득하여, 존속회사 또는 신설회사의 사원(주주)이 되는 것이다.[1)]

회사의 법인격이 소멸되기 위해서는 해산과 청산절차를 밟아야 하는데, 이 과정에서 많은 비용이 발생하고 또한 자본소득에 대한 세금 부담이 있을 수 있어서, 상법에서는 이를 최소화하기 위해 합병이라는 특별규정을 두고 있다.

(2) 유 형

합병유형을 구분하면 「흡수합병」과 「신설합병」이 있고, 그 합병 결정방법에 따라 「간이합병」과 「소규모합병」으로 구분한다.

1) 흡수합병

'흡수합병'이란 어느 회사(합병법인 A)가 다른 회사(피합병법인 B)를 흡수하여 합병하는 것으로, B의 권리와 의무는 모두 A에게 승계된다.[2)] 이 경우 B의 자산과 부채 등은 모두 A에게 넘어가고 그 대신 B 법인의 주주는 A로부터 그 넘겨준 대가로 A가 발행하는 신주 또는 금전이나 재산 등을 교부받을 수 있다(제523조 제4호).[3)] 합병비율은 어떻게 할까? 판례는 합병비율이 합리적인 범위 내에서 이루어진 것이라면 그 계약이 무효로 이어지지는 않는다고 한다.

---

1) 대법원 2003.2.11. 선고 2001다14351 판결.

2) 물론 여러 개의 회사를 하나의 회사가 흡수할 수 있다. 이를 포괄승계라고 하며, 이론적으로는 A의 법인격과 B의 법인격이 합쳐졌다고 해서 「인격합일설」이라고 한다. 합병의 본질은 인격(실체)의 계승이라고 보아야 하므로 인격합일설이 타당하다고 한다(이철송, 「회사법강의(제24판)」, 박영사, 2016, p. 120.)

3) 소멸하는 A 회사의 주주에게 제공하는 재산이 존속하는 회사 B 의 모회사 C 주식을 포함하는 경우에는 존속하는 회사 B는 그 지급을 위하여 모회사주식 C 을 취득할 수 있다(제360조의3 제3항 제4호 및 제6호, 제523조의2 제2항). 이를 「삼각합병」이라고 한다.

대법원 2009.4.23. 선고 2005다22701,22718 판결
현저하게 불공정한 합병비율을 정한 합병계약은 사법관계를 지배하는 신의성실의 원칙이나 공평의 원칙 등에 비추어 무효이고, 따라서 합병비율이 현저하게 불공정한 경우 합병할 각 회사의 주주 등은 상법 제529조에 의하여 소로써 합병의 무효를 구할 수 있다고 할 것이지만, 합병비율은 자산가치 이외에 시장가치, 수익가치, 상대가치 등의 다양한 요소를 고려하여 결정되어야 할 것인 만큼 엄밀한 객관적 정확성에 기하여 유일한 수치로 확정할 수 없는 것이고, 그 제반 요소의 고려가 합리적인 범위 내에서 이루어진 것이라면 결정된 합병비율이 현저하게 부당하다고 할 수 없다. 따라서 합병당사회사의 전부 또는 일부가 주권상장법인인 경우 증권거래법과 그 시행령 등 관련 법령이 정한 요건과 방법 및 절차 등에 기하여 합병가액을 산정하고 그에 따라 합병비율을 정하였다면 그 합병가액 산정이 허위자료에 의한 것이라거나 터무니없는 예상 수치에 근거한 것이라는 등의 특별한 사정이 없는 한, 그 합병비율이 현저하게 불공정하여 합병계약이 무효로 된다고 볼 수 없다.

2) 신설합병

'신설합병'이란 합병당사법인인 A와 B는 소멸하고 이들에 의해 신설회사 C가 설립되어, A와 B의 권리와 의무가 포괄적으로 이전되는 것을 의미한다. A와 B의 주주는 C로부터 그가 발행한 신주, 금전이나 재산 등을 교부받을 수 있다. 판례는 신설합병의 경우 이사회의 공고로 이사나 감사의 선임이 가능하다고 한다,

대법원 2009.4.23. 선고 2005다22701,22718 판결
상법 제527조 제2항은 신설합병의 창립총회에서 정관변경의 결의를 할 수 있되 합병계약의 취지에 위반하는 결의는 하지 못하도록 규정하고 있는바, 정관변경은 창립총회에서 할 수 있다는 것이지 반드시 하여야 하는 것은 아니고, 주식회사를 설립하는 창립총회에서는 이사와 감사를 선임하여야 한다는 상법 제312조의 규정이 …… 합병으로 인하여 설립되는 회사의 이사와 감사 또는 감사위원회 위원을 정한 때에는 신설합병의 합병계약서에 그 성명 및 주민등록번호를 기재하게 되어 있고, 그 합병계약서가 각 합병당사회사의 주주총회에서 승인됨으로써 합병으로 인하여 설립되는 회사의 이사와 감사 등의 선임이 이루어지는 만큼, 이러한 경우에는 굳이 신설합병의 창립총회를 개최하여 합병으로 인하여 설립되는 회사의 이사와 감사 등을 선임하는 절차를 새로이 거칠 필요가 없고 이사회의 공고로 갈음할 수 있다고 할 것이다. 상법은 신설합병의 창립총회에 갈음하는 이사회 공고의 방식에 관하여 특별한 규정을 두고 있지 아니하므로, 이 경우 이사회 공고는 상법 제289조 제1항 제7호에 의하여 합병당사회사의 정관에 규정한 일반적인 공고방식에 의하여 할 수 있다.

3) 간이합병

'간이합병'이란 합병과정을 매우 간단하게 하는 절차로, 소멸하는 회사의 주주총회 결의를 거치지 않고 이사회의 승인으로 할 수 있는 제도를 말한다. 상법은 i) 소멸하는 회사(A)의 총주주의 동의가 있는 경우, ii) A의 발행주식총수의 100분의 90 이상을 이미 존속하는 회사인 합병법인(B)이 소유하고 있는 경우, 소멸하는 회사(A)의 주주총회는 이사회 결의로 대체할 수 있다(제527조의2 제1항).

4) 소규모 합병

'소규모합병'이란 회사(A)가 소규모회사(B)를 흡수합병하는 경우, 존속하는 회사의 주주총회 결의 대신 이사회의 승인으로 할 수 있는 합병제도를 의미한다.

회사(A)가 합병으로 인하여 B의 주주에게 지급하여야 할 발행하는 신주 및 이전하는 자기주식의 총수가 그 회사(A)의 발행주식총수의 100분의 10을 초과하지 아니하는 경우에는 그 존속하는 회사(A)의 주주총회의 승인은 이를 이사회의 승인으로 갈음할 수 있다. 다만, 합병으로 인하여 소멸하는 회사(B)의 주주에게 제공할 금전이나 그 밖의 재산을 정한 경우에 그 금액 및 그 밖의 재산의 가액이 존속하는 회사(A)의 최종 대차대조표상으로 현존하는 순자산액의 100분의 5를 초과하는 경우에는 그러하지 아니하다(제527조의3 제1항).[4)]

(3) 절 차

1) 합병계약의 체결

합병대상 회사의 대표기관 간에 합병계약이 체결되어야 한다. 합병계약서를 작성할 때 주식회사의 경우에는 기재하여야 할 일정한 법정사항이 있다.[5)] 흡수합병의 경우, 존속하는 회사가 합병으로 인하여 그 발행할 주식의 총수를 증가하는 때에는 그 증가할 주식의 총수, 종류와 수 등을 합병계약서 등에 기재하여야 한다(제523조 각 호). 신설합병의 경우, 합병계약서에 새로 신설되는 회사의 정관의 절대적 기재사항 등을 합병계약서에 적어야 한다(제524조 각 호).

2) 공 시

이사는 합병관련 주주총회 회일의 2주 전부터 합병을 한 날 이후 6개월이 경과하는 날

4) 다시 말해 주주총회의 결의로서만 가능하다는 의미다.
5) 즉, 합병계약은 요식계약이다.

까지 ⅰ) 합병계약서 ⅱ) 합병을 위하여 신주를 발행하거나 자기주식을 이전하는 경우에는 합병으로 인하여 소멸하는 회사의 주주에 대한 신주의 배정 또는 자기주식의 이전에 관하여 그 이유를 기재한 서면 ⅲ) 각 회사의 최종의 대차대조표와 손익계산서 등을 본점에 비치하여야 하며(제522조의2 제1항), 주주 및 회사채권자는 영업시간 내에는 언제든지 위 서류의 열람을 청구하거나, 회사가 정한 비용을 지급하고 그 등본 또는 초본의 교부를 청구할 수 있다(위 조 제2항). 그럼 **주주명부도 열람이 가능한가? 판례는 가능하다고 한다.**

대법원 2017.11.9. 선고 2015다235841 판결
주주는 영업시간 내에 언제든지 주주명부의 열람 또는 등사를 청구할 수 있고(상법 제396조 제2항), 자본시장과 금융투자업에 관한 법률에서 정한 실질주주 역시 이러한 주주명부의 열람 또는 등사를 청구할 수 있다(자본시장법 제315조 제2항). 이는 주주가 주주권을 효과적으로 행사할 수 있게 함으로써 주주를 보호함과 동시에 회사의 이익을 보호하려는 데에 그 목적이 있다. 그와 함께 소수주주들로 하여금 다른 주주들과의 주주권 공동행사나 의결권 대리행사 권유 등을 할 수 있게 하여 지배주주의 주주권 남용을 방지하는 기능도 담당한다. **그런데 자본시장법에 따라 예탁결제원에 예탁된 상장주식 등에 관하여 작성되는 실질주주명부는 상법상 주주명부와 동일한 효력이 있으므로**(자본시장법 제316조 제2항), **위와 같은 열람·등사청구권의 인정 여부와 필요성 판단에서 주주명부와 달리 취급할 이유가 없다. 따라서 실질주주가 실질주주명부의 열람 또는 등사를 청구하는 경우에도 상법 제396조 제2항이 유추적용된다.** 열람 또는 등사청구가 허용되는 범위도 위와 같은 유추적용에 따라 '실질주주명부상의 기재사항 전부'가 아니라 그중 실질주주의 성명 및 주소, 실질주주별 주식의 종류 및 수와 같이 '주주명부의 기재사항'에 해당하는 것에 한정된다. 이러한 범위 내에서 행해지는 실질주주명부의 열람 또는 등사가 개인정보의 수집 또는 제3자 제공을 제한하고 있는 개인정보 보호법에 위반된다고 볼 수 없다.

3) 합병결의

회사가 합병을 하려면 합병계약서를 작성하여 각 회사의 주주총회 승인을 받아야 하고, 이 승인결의는 특별결의(제434)에 의한다(제522조 제1항 및 제3항). 단, 앞서 살펴본 바와 같이 간이합병이나 소규모합병의 경우에는 주주총회의 승인을 이사회의 승인으로 갈음할 수 있다.

4) 채권자의 보호

회사는 주주총회의 합병승인결의가 있은 날부터 2주내에 채권자에 대하여 합병에 이의가 있으면 1월 이상의 기간 내에 이를 제출할 것을 공고하고 알고 있는 채권자에 대하여는 따로따로 이를 최고하여야 한다(제527조의5 제1항). 이 기간 내에 이의를 제출하지 않은 채권자는 합병을 승인한 것으로 보며 이의를 한 자에 대해서는 회사가 변제를 하거나, 상당한 담보를 제공하거나, 또는 이를 목적으로 하여 신탁회사에 상당한 재산을 신탁하여야 한다(제232조, 제269조, 제287조의41, 제527조의5, 제603조)

사채권자가 이의를 제기하기 위해서는 먼저 사채권자집회의 결의를 거쳐야 하는 데, 이 경우에 법원은 이해관계인의 청구에 의하여 사채권자들의 이의제기기간을 연장할 수 있다(제530조 제2항, 제439조 제3항).

5) 보고총회와 창립총회

흡수합병의 경우, 존속하는 회사의 이사는 지체 없이 주주총회를 개최하고 합병에 관한 사항을 보고하여야 한다(제526조 제1항). 이 때 합병당시에 발행하는 신주의 인수인(피합병법인의 주주)은 위 주주총회에서 주주와 동일한 권리가 있다(위 조 제2항).[6)]

신설합병의 경우, 설립위원은 지체 없이 창립총회를 소집하여야 하고(제527조 제1항), 이 창립총회에서는 정관변경의 결의를 할 수도 있으나 합병계약의 취지에 위반하는 결의는 하지 못한다(위 조 제2항).

(4) 합병반대주주의 주식매수청구권

합병결의에 반대하는 주주(의결권이 없거나 제한되는 주주 포함)는 주주총회 전에 회사에 대하여 서면으로 그 결의에 반대하는 의사를 통지한 경우, 그 총회의 결의일부터 20일 이내에 주식의 종류와 수를 기재한 서면으로 회사에 대하여 자기가 소유하고 있는 주식의 매수를 청구할 수 있다(제522조의 3 제1항).

한편, 간이합병(제527조의2)에 반대하는 주주는, 간이합병 공고 또는 통지를 한 날부터 2주내에 회사에 대하여 서면으로 그 기간이 경과한 날부터 20일 이내에 주식의 종류와 수를 기재한 서면으로 회사에 대하여 자기가 소유하고 있는 주식의 매수를 청구할 수 있다(위 조 제2항).[7)]

---

6) 이사회는 공고로써 주주총회에 대한 보고에 갈음할 수 있다(위 조 제3항).

7) 그러나 소규모합병의 경우에는 반대주주에게 미치는 영향이 미미해서 반대주주의 주식매수청구권이 인정되지는 않는다(제527조의3 제5항).

(5) 합병등기

합병절차가 완료되면 본점과 지점의 소재지에서 존속회사는 변경등기를, 소멸회사는 해산등기를, 신설회사는 설립등기를 각각 하여야 한다(제233조, 제269조, 제287조의41, 제528조, 제602조). 합병등기는 효력발생요건으로 합병의 모든 절차가 완결되었다 하여도 합병등기가 하지 않았다면 합병자체가 성립되지 않은 것이다.

(6) 합병의 효력

흡수합병의 경우 피흡수회사는 청산절차를 거치지 않고 소멸하게 되며, 신설합병은 새로운 회사가 설립하게 된다. 존속회사 또는 신설회사는 소멸회사의 모든 권리의무를 포괄승계하게 된다(제530조 제2항, 제235조).

소멸회사의 사원은 존속회사나 신설회사의 사원이 된다. 즉, 주식회사의 경우에는 소멸회사의 사원에게 주식이 발행된다. 사원의 지분은 합병계약에 의해서 정해지게 된다.

한편, 합병을 하는 회사의 한 쪽이 합병 후 존속하는 경우에 존속하는 회사의 이사 및 감사로서 합병 전에 취임한 자는 합병계약서에 다른 정함이 있는 경우를 제외하고는 합병 후 최초로 도래하는 결산기의 정기총회가 종료하는 때에 퇴임한다(제527조의4).

(7) 합병의 자유와 제한

회사의 신설행위가 원칙적으로 자유이듯이 합병행위 역시 법령에 제한이 없는 한 제한이 없다(제174조 제1항).[8)]

한편, 상법에서는 합병과 관련, 합병 후 존속하는 회사 형태에 대한 제한을 두고 있다. 즉, 합병을 하는 회사의 일방(A) 또는 쌍방(A와 B)이 주식회사, 유한회사 또는 유한책임회사인 경우에는 합병 후 존속하는 회사(A 또는 B)나 합병으로 설립되는 회사(C)는 주식회사, 유한회사 또는 유한책임회사이어야 한다(위 조 제2항).[9)]

유한회사(D)와 주식회사(E)가 합병하는 경우, 존속회사 또는 신설회사(F)가 주식회사형태

---

8) SK와 KT통신회사의 합병도 제한이 없을까? 있다면 그 근거는? 왜 제한을 둘까?

△ 독점규제 및 공정거래에 관한 법률 제7조 제1항에서는 누구든지 직접 또는 대통령령이 정하는 특수한 관계에 있는 자(特殊關係人)를 통하여 企業結合"이라 한다)로서 일정한 거래분야에서 경쟁을 실질적으로 제한하는 행위를 하여서는 아니된다고 규정하고 있다.

△ 자본시장과 금융투자업에 관한 법률 제165조의4 제1항에서는 주권상장법인이 1. 다른 법인과의 합병2. 대통령령으로 정하는 중요한 영업 또는 자산의 양수 또는 양도 3. 주식의 포괄적 교환 또는 포괄적 이전 행위를 하는 경우에는 법령이 정하는 요건 · 방법 등의 기준에 따르도록 하여 자유로운 합병원칙에 대한 예외 규정을 두고 있다.

9) 해산 후의 회사(D)는 존립 중의 회사(E)를 존속하는 회사로 하는 경우에 한하여 합병을 할 수 있다(위 조 제3항).

라면 법원의 인가를 얻지 아니하면 합병의 효력이 없으며(제600조 제1항), 또한 위 E가 사채 상환을 완료한 경우에만 F회사의 형태를 유한회사로 할 수 없다(위 조 제3항).

(8) 합병의 무효

상법은 합병절차의 하자는 합병무효의 소에 의해서만 다툴 수 있도록 하고 규정하고 있다. 판례는 회사합병에 있어서 합병등기에 의하여 합병의 효력이 발생한 후에는 합병무효의 소를 제기하는 외에 합병결의무효확인청구만을 독립된 소로서 구할 수 없다고 한다.[10)]

1) 소의 원인

합병무효의 원인에 대해서는 상법은 규정을 두고 있지 않다. 대체로 합병을 승인하는 주주총회의 결의 하자, 채권자 보호절차의 불이행 등이 무효사유가 될 수 있다.

한편, 합병비율의 불공정이 합병무효사유가 되느냐에 대해서 통설은 합병비율은 주주의 이해관계에 중대한 영향을 미치고, 소액주주를 보호할 필요성이 있다는 이유로 합병무효사유가 된다고 한다. **판례 역시 합병비율이 현저하게 불공정한 경우는 합병무효의 소가 가능하다는 입장**이다.[11)]

대법원 2008.1.10. 선고 2007다64136 판결
합병비율을 정하는 것은 합병계약의 가장 중요한 내용이고, 그 합병비율은 합병할 각 회사의 재산 상태와 그에 따른 주식의 실제적 가치에 비추어 공정하게 정함이 원칙이며, 만일 그 비율이 합병할 각 회사의 일방에게 불리하게 정해진 경우에는 그 회사의 주주가 합병 전 회사의 재산에 대하여 가지고 있던 지분비율을 합병 후에 유지할 수 없게 됨으로써 실질적으로 주식의 일부를 상실케 되는 결과를 초래하므로, **현저하게 불공정한 합병비율을 정한 합병계약은 사법관계를 지배하는 신의성실의 원칙이나 공평의 원칙 등에 비추어 무효이고, 따라서 합병비율이 현저하게 불공정한 경우 합병할 각 회사의 주주 등은 상법 제529조에 의하여 소로써 합병의 무효를 구할 수 있다.**

2) 소 제기권자와 제소기간

합병무효는 각 회사의 주주 · 이사 · 감사 · 청산인 · 파산관재인 또는 합병을 승인하지 아니한 채권자에 한하여 소만으로 이를 주장할 수 있으며, 이는 합병등기가 있은 날로부터 6월내에 제기하여야 한다(제529조 제1항 및 제2항).

10) 대법원 1993.5.27. 선고 92누14908 판결.
11) 대법원 2008.1.10. 선고 2007다64136 판결.

3) 판결의 효력

원고승소판결이 확정된 경우 즉, 합병무효판결이 확정된 때에는 본점과 지점의 소재지에서, 존속회사는 변경등기, 신설회사는 해산등기, 소멸회사는 회복등기를 하여야 한다(제238조, 제269조, 제530조 제2항, 제603조). 합병무효판결의 효력은 **대세효와 불소급효를 가진다**(제240조, 제190조, 제269조, 제530조, 제603조). 즉, 소송당사자 뿐만 아니라 제3자에게도 그 효력이 미치나, 존속회사 또는 신설회사와 그 사원 및 제3자 사이에 생긴 권리의무에 영향을 미치지 않는다.

원고패소판결이 확정된 경우에는 소송당사자 사이에서만 판결의 효력이 미치고, 패소한 원고에게 악의 또는 중대한 과실이 인정되는 경우에는 원고가 회사에 대하여 손해를 배상하여야 한다(제530조, 제240조, 제191조).

2 분 할

(1) 의 의

'회사분할'이란 회사의 영업을 둘 이상으로 분리하여 회사를 신설하거나 다른 회사와 합병하는 것을 말한다.[12] 회사가 분할되면 처음의 회사(A)는 소멸하거나 축소되고, A회사의 주주는 A회사의 권리와 의무를 승계한 분할된 회사인 B의 주식을 취득한다.

분할 또는 분할합병으로 인하여 설립되는 회사 또는 존속하는 회사는 분할하는 회사의 권리와 의무를 분할계획서 또는 분할합병계약서가 정하는 바에 따라서 승계한다고 규정하고 있다. 즉 회사의 분할합병이 있는 경우에는 분할합병계약서에 정한 바에 따라 피분할회사의 권리의무는 사법상의 관계나 공법상의 관계를 불문하고 그 성질상 이전을 허용하지 않는 것을 제외하고는 분할합병으로 인하여 존속하는 회사에게 포괄승계된다.[13]

(2) 유 형

1) 단순분할과 분할합병

'단순분할'이란 회사(A)의 영업을 여러 개로 분할하고, 1개 또는 수개의 회사를 설립하는 것을 의미한다(제530조의2 제1항). 이는 A를 해산과 청산을 하고 그 대신 A를 기초로 2개 이상의

---

12) 상법은 주식회사에 대해서만 회사분할제도를 인정하고 있다.
13) 대법원 1980.3.25. 선고 77누265 판결 참조.

회사가 설립되도록 하거나, A는 그대로 존속하면서 A의 영업 중 일부는 신설하는 B회사에 출자할 수 있다.

'분할합병'이란 회사(A)의 영업을 분할에 의해 신설되는 다른 회사(B, C등)에게 합병시키는 것을 의미한다(제530조의2 제2항). 회사는 분할에 의하여 1개 또는 수개의 회사를 설립함과 동시에 분할합병할 수 있다(위 조3항). 해산후의 회사는 존립중의 회사를 존속하는 회사로 하거나 새로 회사를 설립하는 경우에 한하여 분할 또는 분할합병할 수 있다(위 조 제3항).

2) 인적불할과 물적분할

'인적분할'이란 기존회사의 주주들이 지분비율대로 신설법인의 주식을 나눠 갖는 것을 의미한다. 이해관계가 서로 충돌할 가능성이 있는 기존주주들을 설득하여 분할하는데 유리하다. 상법은 인적분할을 회사분할의 원칙적인 형태로 규정하고 있다.

반면, '물적분할'은 기존회사가 신설법인의 주식을 소유하는 방식이다. 이 경우 기존회사의 주주는 신설법인에 대해서도 동일한 지분가치를 누릴 수 있다.

(3) 절 차

1) 분할계획서 또는 분할합병계약서의 작성

회사가 분할 또는 분할합병을 하기 위해서는 분할계획서 또는 분할합병계약서를 작성하여야 한다. 분할계획서나 분할합병계약서에 기재해야 할 사항은 법정되어 있다(제530조의5, 제530조의6).

2) 분할대차대조표의 공시

분할회사의 이사는 주주총회 회일의 2주 전부터 분할의 등기를 한 날 또는 분할합병을 한 날 이후 6개월 간 i) 분할계획서 또는 분할합병계약서 ii) 분할되는 부분의 대차대조표 iii) 분할합병의 경우 분할합병의 상대방 회사의 대차대조표 iv) 분할 또는 분할합병을 하면서 신주가 발행되거나 자기주식이 이전되는 경우에는 분할회사의 주주에 대한 신주의 배정 또는 자기주식의 이전에 관하여 그 이유를 기재한 서면 등의 서류를 본점에 비치하여야 한다(제530조의7 제1항).

3) 승인결의

회사가 분할 또는 분할합병을 하기 위해서는 분할계획서 또는 분할합병계약서를 작성하여야 하고 주주총회의 승인을 얻어야 한다. 이 때 승인결의는 출석한 주주의 의결권의 3분의 2 이상의 수와 발행주식총수의 3분의 1 이상의 수(제434조 특별결의)로써 하여야 하고, 결의 시에는 의결권이 없는 주주(제344조의3 제1항)도 의결권이 있다(제530조의3 각 항).

그러나 회사의 분할 또는 분할합병으로 인하여 분할 또는 분할합병에 관련되는 각 회사의 주주의 부담이 가중되는 경우에는 위 결의 외에 그 주주 전원의 동의가 있어야 한다(위 조 제6항).

분할에 따라 회사가 설립되는 경우에는 상법의 회사설립에 관한 규정을 적용하되, 다만 분할되는 회사(분할회사)의 출자만으로 회사가 설립되는 경우에는 검사인의 조사 및 보고(제299조)를 생략한다(제530조의4).[14]

한편, 분할승계회사의 이사는 분할합병을 승인하는 주주총회 회일의 2주 전부터 분할합병의 등기를 한 후 6개월 간 i) 분할합병계약서 ii) 분할회사의 분할되는 부분의 대차대조표 iii) 분할합병을 하면서 신주를 발행하거나 자기주식을 이전하는 경우에는 분할회사의 주주에 대한 신주의 배정 또는 자기주식의 이전에 관하여 그 이유를 기재한 서면 등의 서류를 본점에 비치하여야 한다(위 조 제2항).

(4) 회사의 책임

분할회사, 단순분할신설회사, 분할승계회사 또는 분할합병신설회사는 분할 또는 분할합병 전의 분할회사 채무에 관하여 연대하여 변제할 책임이 있다(제530조의9 제1항). 이는 회사분할로 채무자의 책임재산에 변동이 생겨 채권 회수에 불리한 영향을 받는 채권자를 보호하기 위하여 부과된 법정책임을 정한 것으로, 수혜회사와 분할 또는 분할합병 전의 회사는 분할 또는 분할합병 전의 회사채무에 대하여 **부진정연대책임을 진다**[15].

그러나 위 제1항에도 불구하고 분할회사가 특별결의(제530조의3 제2항)에 따른 분할에 의하여 회사를 설립하는 경우에는 단순분할신설회사는 분할회사의 채무 중에서 분할계획서에 승계하기로 정한 채무에 대한 책임만을 부담하는 것으로 정할 수 있으나, 이 경우 분할회사가 분할 후에 존속하는 경우에는 단순분할신설회사가 부담하지 아니하는 채무에 대한 책임만을 부담한다(위 조 제2항). 이 경우 회사는 주주총회의 결의가 있은 날부터 2주내에 채**권자에 대하여 합병에 이의가 있으면 1월 이상의 기간내에 이를 제출할 것을 공고하고 알고 있는 채권자에 대하여는 따로따로 이를 최고하는 채권자 보호절차**를 거쳐야 한다. 판례는 만약 채

14) 분할계획서의 기재사항 : 제530조의5 제1항 및 제2항 참조.
15) 대법원 2010.8.26. 선고 2009다95769 판결.

권자 보호절차를 거치지 않은 경우에는 연대책임을 부담한다고 한다.

대법원 2004.8.30. 선고 2003다25973 판결

상법은 회사가 분할되고 분할되는 회사가 분할 후에도 존속하는 경우에, 특별한 사정이 없는 한 회사의 책임재산은 분할되는 회사와 신설회사의 소유로 분리되는 것이 일반적이므로 분할 전 회사의 채권자를 보호하기 위하여 분할되는 회사와 신설회사가 분할 전의 회사채무에 관하여 연대책임을 지는 것을 원칙으로 하고, 이 경우에는 회사가 분할되더라도 채권자의 이익을 해할 우려가 없으므로 알고 있는 채권자에 대하여 따로 이를 최고할 필요가 없도록 한 반면에, 다만 만약 이러한 연대책임의 원칙을 엄격하게 고수한다면 회사분할제도의 활용을 가로막는 요소로 작용할 수 있으므로 연대책임의 원칙에 대한 예외를 인정하여 신설회사가 분할되는 회사의 채무 중에서 출자받은 재산에 관한 채무만을 부담할 것을 분할되는 회사의 주주총회의 특별결의로써 정할 수 있게 하면서, 그 경우에는 신설회사가 분할되는 회사의 채무 중에서 그 부분의 채무만을 부담하고, 분할되는 회사는 신설회사가 부담하지 아니하는 채무만을 부담하게 하여 채무관계가 분할채무관계로 바뀌도록 규정하였다고 해석된다.

분할되는 회사와 신설회사가 분할 전 회사의 채무에 대하여 연대책임을 지지 않는 경우에는 채무자의 책임재산에 변동이 생기게 되어 채권자의 이해관계에 중대한 영향을 미치므로 채권자의 보호를 위하여 분할되는 회사가 알고 있는 채권자에게 개별적으로 이를 최고하도록 규정하고 있는 것이고, **따라서 분할되는 회사와 신설회사의 채무관계가 분할채무관계로 바뀌는 것은 분할되는 회사가 자신이 알고 있는 채권자에게 개별적인 최고절차를 제대로 거쳤을 것을 요건으로 하는 것이라고 보아야 하며, 만약 그러한 개별적인 최고를 누락한 경우에는 그 채권자에 대하여 분할채무관계의 효력이 발생할 수 없고 원칙으로 돌아가 신설회사와 분할되는 회사가 연대하여 변제할 책임을 지게 되는 것이라고 해석하는 것이 옳다.**

분할합병의 경우에 분할회사는 특별결의(제530조의3 제2항)에 따른 분할합병에 따른 출자를 받는 분할승계회사 또는 분할합병신설회사가 분할회사의 채무 중에서 분할합병계약서에 승계하기로 정한 채무에 대한 책임만을 부담하는 것으로 정할 수 있다(위 조 제3항). **판례는 수혜회사가 채권자에게 부담하는 연대채무의 소멸시효를 분할 또는 분할 합병 전의 회사가 채권자에게 부담하는 것과 동일하게 하여야 한다고 한다.**

대법원 2017.5.30. 선고 2016다34687 판결

상법에서 위 규정에 따라 채권자가 연대책임을 물을 수 있는 기간이나 금액에 대해서 아무런 제한규정을 두고 있지 않지만 채권자를 분할 또는 분할합병 이전의 상태보다 더욱 두텁게 보호할 필요는 없다. 수혜회사가 채권자에게 연대하여 변제할 책임을 부담하는 채무는 분할 또는 분할합병 전의 회사가 채권자에게 부담하는 채무와 동일한 채무이다. **따라서 수혜회사가 채권자에게**

부담하는 연대채무의 소멸시효 기간과 기산점은 분할 또는 분할합병 전의 회사가 채권자에게 부담하는 채무와 동일한 것으로 봄이 타당하다. 결국 채권자는 해당 채권의 시효기간 내에서 분할로 인하여 승계되는 재산의 가액과 무관하게 연대책임을 물을 수 있다고 보아야 한다.

부진정연대채무에서는 채무자 1인에 대한 이행청구 또는 채무자 1인이 행한 채무의 승인 등 소멸시효의 중단사유나 시효이익의 포기가 다른 채무자에게 효력을 미치지 않는다. 따라서 채권자가 분할 또는 분할합병이 이루어진 후에 분할회사를 상대로 분할 또는 분할합병 전의 분할회사 채무에 관한 소를 제기하여 분할회사에 대한 관계에서 시효가 중단되거나 확정판결을 받아 소멸시효 기간이 연장된다고 하더라도 그와 같은 소멸시효 중단이나 연장의 효과는 다른 채무자인 수혜회사에 효력이 미치지 않는다.

(5) 효 과

단순분할신설회사, 분할승계회사 또는 분할합병신설회사는 분할회사의 권리와 의무를 분할계획서 또는 분할합병계약서에서 정하는 바에 따라 승계한다(제530조의 10).

(6) 무효의 소

회사분할의 무효의 소는 회사합병무효의 소에 관한 규정을 준용한다(제530조의11).

3 주식의 포괄적 교환

(1) 의 의

'주식의 포괄적 교환'이란 기존의 회사 사이에 계약에 따라 어느 회사(A)의 주식은 주식이전에 따라 설립되는 완전모회사인 회사(B)에게 이전하고, A회사의 주주는 B회사가 발행하는 주식을 배정받아 주주가 되는 것을 의미한다(제360조의15 제1항 및 제2항).

(2) 절 차

1) 주식교환계약서의 작성

주식의 포괄적 교환을 위해서 주식이전을 하고자 하는 회사는 설립하는 완전모회사의 정관 규정 등 법령이 정하는 사항을 적은 「주식이전계획서」를 작성하여 주주총회의 승인

(특별결의)을 받아야 한다(제360조의16 제1항). 그러나 주식이전으로 인하여 주식이전에 관련되는 각 회사의 주주의 부담이 가중되는 경우에는 그 주주 전원의 동의가 있어야 한다(위 조 제4항).

2) 주식교환계약서 등 공시 및 승인

해당 이사는 주식이전계획서, 각 회사의 최종 대차대조표 및 손익계산서 등 법령이 정한 서류를 주주총회의 회일의 2주전부터 주식이전의 날 이후 6월을 경과하는 날까지 본점에 비치하여야 한다(제360조의17 제1항). 주식교환을 하고자 하는 회사는 주식교환계약서를 작성하여 주주총회의 특별결의의 승인을 얻어야 한다(제360조의3 제1항, 제2항).

회사가 종류주식을 발행한 경우에 주식의 포괄적 교환에 의하여 어느 종류주식의 주주에게 손해를 미치게 될 때에는 주식교환을 승인하는 주주총회 특별결의 외에 종류주주총회의 결의를 얻어야 한다(제436조). 주식교환으로 인하여 각 회사의 주주의 부담이 가중되는 경우에는 그 주주 전원의 동의를 얻어야 한다(제360조의3 제5항).

다음의 간이주식교환과 소규모주식교환은 이사회의 결의로 승인할 수 있다.

가. 간이주식교환

완전자회사가 되는 회사의 총주주의 동의가 있거나 그 회사의 발행주식총수의 100분의90이상을 완전모회사가 되는 회사가 소유하고 있는 때에는 완전자회사가 되는 회사의 주주총회의 승인은 이를 이사회의 승인으로 갈음할 수 있는데 이를 '간이주식교환'이라 한다(제360조의9 제1항). 이는 주식교환절차를 간소화하기 위하여 인정되고 있다.

간이주식교환을 하는 경우에 완전자회사가 되는 회사는 주식교환계약서를 작성한 날부터 2주내에 주주총회의 승인을 얻지 아니하고 주식교환을 한다는 뜻을 공고하거나 주주에게 통지하여야 한다. 다만, 총주주의 동의가 있는 경우에는 공고나 통지를 하지 않아도 된다(위 조 제2항).

나. 소규모주식교환

완전모회사가 되는 회사가 주식교환을 위하여 발행하는 신주 및 이전하는 자기주식의 총수가 그 회사의 발행주식총수의 100분의10을 초과하지 아니하는 경우에는 그 회사에서의 주식교환계약서의 승인을 위한 주주총회 결의는 이를 이사회 결의로 갈음할 수 있다(제360조의10 제1항 본문). 다만, 완전자회사가 되는 회사의 주주에게 제공할 금전이나 그 밖의 재산을 정한 경우에 그 금액 및 그 밖의 재산의 가액이 최종 대차대조표에 의하여 완전모회사가 되는 회사에 현존하는 순자산액의 100분의 5를 초과하는 때에는 주주총회특별결의로 승인을 얻어야 한다(위 조 제1항 단서). 완전모회사가 되는 회사는 주식교환계약서를 작성한 날부터 2주내에 완전자회사가 되는 회사의 상호와 본점, 주식교환을 할 날 및 주주총회의 승인을 얻지 아니하고 주식교환을 한다는 뜻을 공고하거나 주주에게 통지하여야 한다(위 조 제4항). 완전모회사가 되는 회사의 발행주식총수의 100분의 20 이상에 해당하는 주식을 가지는 주주가 공고 또는 통지를 한 날부터 2주 내에 회사에 대하여 서면으로 주식교환에 반대하는 의사를 통지한 경우에는 주주총회특별결의로 승인을 얻어야 한다(위 조 제5항).

3) 결의반대주주의 주식매수청구권

주주총회의의 승인사항에 관하여 이사회의 결의가 있는 때에 그 결의에 반대하는 주주(의결권이 없거나 제한되는 주주를 포함한다)는 주주총회전에 회사에 대하여 서면으로 그 결의에 반대하는 의사를 통지한 경우에는 그 총회의 결의일부터 20일 이내에 주식의 종류와 수를 기재한 서면으로 회사에 대하여 자기가 소유하고 있는 주식의 매수를 청구할 수 있다(제360조의5 제1항) 간이주식교환의 공고 또는 통지를 한 날부터 2주내에 회사에 대하여 서면으로 주식교환에 반대하는 의사를 통지한 주주는 그 기간이 경과한 날부터 20일 이내에 주식의 종류와 수를 기재한 서면으로 회사에 대하여 자기가 소유하고 있는 주식의 매수를 청구할 수 있다(위 조 제2항). 다만, 소규모주식교환에 반대하는 주주에 대해서는 주식매수청구권이 부여되지 않는다.

4) 주권실효절차

주식교환에 의하여 완전자회사가 되는 회사는 주식이전계획서를 승인하는 결의를 한 때에는 그 결의를 한 뜻, 1월을 초과하여 정한 기간 내에 주권을 회사에 제출하여야 한다는 뜻, 주식이전의 날에 주권이 무효가 된다는 뜻을 공고하고, 주주명부에 기재된 주주와 질권자에 대하여 따로 따로 그 통지를 하여야 한다(제360조의8 제1항). 완전자회사가 되는 회사의 주권은 주식이 이전하는 날에 무효가 된다.

5) 등 기

주식교환은 이로 인한 변경등기신청서에 소정의 서류를 첨부하여 주식교환으로 인한 변경등기를 하여야 한다(비송사건절차법 제214조의2). 주식교환의 효력이 발생하는 시기는 변경등기시가 아니라 주식교환계약서에 기재된 주식교환을 한 날이다(제360조의3 제3항 6호 참조).

6) 효 과

주식의 포괄적 교환에 의하여 완전자회사가 되는 회사의 주주가 가지는 그 회사의 주식은 주식을 교환하는 날에 주식교환에 의하여 완전모회사가 되는 회사에 이전하고, 그 완전자회사가 되는 회사의 주주는 그 완전모회사가 되는 회사가 주식교환을 위하여 발행하는 신주의 배정을 받거나 그 회사 자기주식의 이전을 받음으로써 그 회사의 주주가 된다(제360조의2 제2항).

주식의 포괄적 교환에 의하여 설립하는 완전모회사의 자본금은 주식이전의 날에 완전자회사가 되는 회사에 현존하는 순자산액에서 그 회사의 주주에게 제공할 금전 및 그 밖의 재산의 가액을 뺀 액을 초과하지 못한다(제360조의18).

7) 주식교환무효의 소

주식교환의 무효는 각 회사의 주주 · 이사 · 감사 · 감사위원회의 위원 또는 청산인에 한하여 주식교환의 날부터 6월내에 소만으로 이를 주장할 수 있다(제360조의14 제1항). 완전모회사가 되는 회사의 본점소재지의 지방법원의 관할에 전속한다(위 조 제2항).

주식교환을 무효로 하는 판결이 원고승소로 확정된 때에는 완전모회사가 된 회사는 주식교환을 위하여 발행한 신주 또는 이전한 자기주식의 주주에 대하여 그가 소유하였던 완전자회사가 된 회사의 주식을 이전하여야 한다(위 조 제4항)

반면 원고패소로 확정된 때에는 민사소송법의 일반원칙에 따라 소송당사자간에만 미치고, 패소한 원고에게 악의나 중대한 과실이 있다면 회사에 대하여 연대하여 손해배상책임이 있다(제360조의14, 제191조).

4 주식의 포괄적 이전

(1) 의 의

'주식의 포괄적 이전'이란 자회사가 되는 회사(A)의 발행주식총수를 신설되는 지주회사(B)로 이전하고, 자회사가 되는 회사(A)의 주주들은 신설되는 지주회사(B)가 발행하는 신주를 배정받음으로써 지주회사를 설립하는 상법상의 제도이다(제360조의15 각 항). 이는 기존의 기업그룹을 재편성하거나 공동지주회사 설립을 위해 이용된다.[16]

---

16) 정찬형, 앞의 책, p.835.

(2) 절 차

1) 주식이전계획서 작성 및 승인

주식을 이전하고자 하는 회사는 설립하는 완전모회사의 정관의 규정 등 법령이 정하는 사항[17]을 적은 주식이전계획서를 작성하여 주주총회의 승인을 받아야 한다(제360조의16). 이와 같은 승인결의는 주주총회의 특별결의에 의한다. 주식의 포괄적 이전에 의하여 어느 종류주식의 주주에게 손해를 미치게 될 경우에는 그 회사의 주주총회의 특별결의 외에 종류주주총회의 결의를 얻어야 한다(제436조). 주식이전으로 인하여 주식이전에 관련되는 각 회사의 주주의 부담이 가중되는 경우에는 해당 주주 전원의 동의가 있어야 한다(제360조의16 제4항).

2) 주식이전계획서 등 공시

해당 회사의 이사는 주주총회의 회일의 2주전부터 주식이전의 날 이후 6월을 경과하는 날까지 주식이전계획서, 완전자회사가 되는 회사의 주주에 대한 주식의 배정에 관한 그 이유를 기재한 서면, 그리고 완전자회사가 되는 회사의 최종 대차대조표 및 손익계산서를 본점에 비치하여야 한다(제360조의17 제1항 각 호). 주주는 영업시간 내에 이러한 서류의 열람 또는 등사를 청구할 수 있다(위 조 제2항, 제391조의3 제3항).

3) 주권실효절차

주식이전에 의하여 완전자회사가 되는 회사는 주식이전계획서를 승인하는 결의를 한 때에는 그 결의를 한 뜻, 1월을 초과하여 정한 기간 내에 주권을 회사에 제출하여야 한다는 뜻, 주식이전의 날에 주권이 무효가 된다는 뜻을 공고하고, 주주명부에 기재된 주주와 질권자에 대하여 따로 따로 그 통지를 하여야 한다(제360조의19 제1항).

4) 등 기

주식이전을 한 때에는 설립한 완전모회사의 본점의 소재지에서는 2주내에, 지점의 소재지에서는 3주내에 완전모회사의 설립등기를 하여야 한다(제360조의20). 주식이전은 이로 인하여 설립한 완전모회사가 그 본점소재지에서 설립등기를 함으로써 그 효력이 발생한다(제360조의21).

17) 자세한 내용 : 해당 조항 각 호 참조.

(3) 효 과

주식이전의 날에 완전자회사가 되는 회사의 종전 주권은 무효가 되고(제360조의19 제1항 3호). 완전모회사가 성립한 때, 즉 설립등기가 이루어지면 주식이전의 효력이 발생한다(제360조의21).

주식의 포괄적 이전에 따라 설립되는 완전모회사의 자본금은 주식이전의 날에 완전자회사가 되는 회사에 현존하는 순자산액에서 그 회사의 주주에게 제공할 금전 및 그 밖의 재산의 가액을 뺀 액을 초과하지 못한다(제360조의18).

(4) 주식이전무효의 소

주식이전의 무효는 각 회사의 주주 · 이사 · 감사 · 감사위원회의 위원 또는 청산인에 한하여 주식이전의 날부터 6월내에 소만으로 이를 주장할 수 있다(제360조의23 제1항). 원고가 승소한 주식이전무효의 확정판결은 대세효, 불소급효를 가진다(제360조의23 제4항, 제190조). 완전모회사가 된 회사는 주식이전을 위하여 발행한 주식의 주주에 대하여 그가 소유하였던 완전자회사가 된 회사의 주식을 이전하여야 한다(제360조의23 제3항). 또한, 완전모회사는 해산에 준하여 청산하여야 한다(위 조 제4항).

5 해 산

(1) 의 의

‘해산’이란 회사의 법인격의 소멸을 가져오게 하는 원인이 되는 법률사실을 말한다. 해산된 주식회사의 경우 정관에 다른 규정이 있거나 주주총회에서 따로 청산인을 선임하지 아니한 이상 그 해산 당시의 이사는 당연히 청산인이 되고, 그러한 청산인이 없는 때에는 이해관계인의 청구에 의하여 법원이 선임한 자가 청산인이 되며, 이러한 청산인만이 회사의 청산사무를 집행하고 대표하는 기관이 된다.[18]

그렇다고 해서 회사가 곧 권리능력(權利能力)을 상실하는 것은 아니고, 해산된 뒤에도 청산법인으로 남아 청산의 목적범위 내에서는 존속하며, 청산이 종료되어야 비로소 법인격의 소멸이 된다. 주식회사는 해산된 뒤에도 청산법인으로 되어 청산의 목적범위 내에서 존속하므로, 그 주

18) 대법원 1994.5.27. 선고 94다7607 판결.

주는 주주총회의 결의에 참여할 수 있을 뿐더러 잔여재산의 분배청구권 및 청산인의 해임청구권이 있고, 한편 해산 당시의 이사는 정관에 다른 규정이 있거나 주주총회에서 따로 청산인을 선임하지 아니한 경우에 당연히 청산인이 되고 해산 당시 또는 그 후에 임기가 만료되더라도 새로 청산인이 선임되어 취임할 때까지는 청산인으로서 권리의무를 가진다.[19)]

(2) 해산사유

주식회사의 해산사유는 ⅰ) 존립기간의 만료 기타 정관으로 정한 사유의 발생(제227조 제1호), ⅱ) 합병 ⅲ) 파산 ⅳ) 법원의 명령 또는 판결 ⅴ) 회사의 분할 또는 분할합병 ⅵ) 주주총회의 결의 등을 포함한다(제517조 각 호). 주식회사는 합명회사나 합자회사와는 달리 사원이 1인이 된 것만으로는 해산사유가 되지 않는다.

(3) 결 의

주식회사의 해산 결의는 출석한 주주의 의결권의 3분의 2 이상의 수와 발행주식총수의 3분의 1 이상의 수(특별결의)로써 하여야 한다(제518조). 그러나 회사가 존립기간의 만료 기타 정관에 정한 사유의 발생 또는 주주총회의 결의에 의하여 해산한 경우에는 특별결의로 회사를 계속할 수 있다(제519조).

(4) 법원에 해산청구

발행주식의 총수의 100분의 10 이상에 해당하는 주식을 가진 주주는 ⅰ) 회사의 업무가 현저한 정돈상태를 계속하여 회복할 수 없는 손해가 생긴 때 또는 생길 염려가 있는 때 ⅱ) 회사재산의 관리 또는 처분의 현저한 실당으로 인하여 회사의 존립을 위태롭게 한 때에는 해당 회사의 해산을 법원에 청구할 수 있다(제520조). 판례는 이사와 이사, 주주와 주주가 대립하고 있어 회사운영이 잘 안 되는 경우에 해산사유에 해당된다고 한다.

---

19) 대법원 1991.11.22. 선고 91다22131 판결. 그러나 회사가 합병을 하거나 청산의 방법으로 영업을 양도하는 경우, 해당 회사의 법인격은 즉시 소멸된다.

대법원 2015.10.29. 선고 2013다53175 판결

상법 제520조 제1항은 주식회사에 대한 해산청구에 관하여 "다음의 경우에 부득이한 사유가 있는 때에는 발행주식의 총수의 100분의 10 이상에 해당하는 주식을 가진 주주는 회사의 해산을 법원에 청구할 수 있다."고 하면서, 제1호로 "회사의 업무가 현저한 정돈상태를 계속하여 회복할 수 없는 손해가 생긴 때 또는 생길 염려가 있는 때"를 규정하고 있다. 여기서 '회사의 업무가 현저한 정돈상태를 계속하여 회복할 수 없는 손해가 생긴 때 또는 생길 염려가 있는 때'란 **이사 간, 주주 간의 대립으로 회사의 목적 사업이 교착상태에 빠지는 등 회사의 업무가 정체되어 회사를 정상적으로 운영하는 것이 현저히 곤란한 상태가 계속됨으로 말미암아 회사에 회복할 수 없는 손해가 생기거나 생길 염려가 있는 경우를 말하고,** '부득이한 사유가 있는 때'란 회사를 해산하는 것 외에는 달리 주주의 이익을 보호할 방법이 없는 경우를 말한다.

상법에서 위 규정에 따라 채권자가 연대책임을 물을 수 있는 기간이나 금액에 대해서 아무런 제한규정을 두고 있지 않지만 채권자를 분할 또는 분할합병 이전의 상태보다 더욱 두텁게 보호할 필요는 없다. 수혜회사가 채권자에게 연대하여 변제할 책임을 부담하는 채무는 분할 또는 분할합병 전의 회사가 채권자에게 부담하는 채무와 동일한 채무이다. **따라서 수혜회사가 채권자에게 부담하는 연대채무의 소멸시효 기간과 기산점은 분할 또는 분할합병 전의 회사가 채권자에게 부담하는 채무와 동일한 것으로 봄이 타당**하다. 결국 채권자는 해당 채권의 시효기간 내에서 분할로 인하여 승계되는 재산의 가액과 무관하게 연대책임을 물을 수 있다고 보아야 한다.

해산청구의 소는 본점소재지의 지방법원의 관할에 속하고, 만일 이 소를 제기한 자가 패소한 경우에 악의 또는 중대한 과실이 있는 때에는 회사에 대하여 연대하여 손해를 배상할 책임이 있다(위 조 제2항).

(5) 휴면회사의 해산

법원행정처장이 최후의 등기 후 5년을 경과한 회사(휴면회사)는 본점의 소재지를 관할하는 법원에 아직 영업을 폐지하지 아니하였다는 뜻의 신고를 할 것을 관보로써 공고한 경우, 그 공고한 날에 이미 최후의 등기 후 5년을 경과한 회사로써 공고한 날로부터 2월 이내에 대통령령이 정하는 바에 의하여 신고를 하지 아니한 때에는 그 회사는 그 신고기간이 만료된 때에 해산한 것으로 본다(제520조의 2 제1항).[20]

법원은 위 공고가 있을 때 해당 회사에 대하여 그 공고가 있었다는 뜻의 통지를 발송하여야 한다(위 조 제2항). 한편, 해산한 것으로 본 회사는 그 후 3년 이내에는 특별결의에 의하여 회사를 계속할 수 있으나(위 조 제3항), 만일 회사를 계속하지 아니 했다면 그 회사는 그

20) 그러나 그 기간 내에 등기를 한 회사에 대하여는 그러하지 아니하다.

3년이 경과한 때에 청산이 종결된 것으로 본다(위 조 제4항).[21]

(6) 해산의 통지와 공고

회사가 해산한 때에는 이사는 지체없이 주주에 대하여 그 통지를 하여야 한다(제521조).[22] 회사가 해산된 때에는 그 해산사유가 있은 날로부터 본점소재지에서는 2주간 내, 지점소재지에서는 3주간 내에 해산등기를 하여야 한다(제521조의2).

(7) 효 과

회사가 해산하면 원칙적으로 청산절차가 개시되나, 해산 사유 중 합병, 파산, 분할은 청산절차가 개시되지 않는다. 합병은 권리의무가 포괄적으로 승계되고, 파산은 특별법상 파산절차로 넘어가고, 분할은 분할신설회사, 분할승계회사, 분할합병회사가 채무에 대하여 연대책임을 지기 때문에 청산절차가 개시되지 않는다.

(8) 해산등기

회사가 해산한 때에는 합병과 파산의 경우를 제외하고는 그 해산사유가 있는 날부터 본점소재지에서는 2주간 내에, 지점소재지에는 3주간 내에 해산등기하여야 한다(제228조, 제269조, 제521조의2, 제613조 제1항). 합병과 파산의 경우는 각각 합병등기 규정(제233조)이나 파산등기 규정(파산법 제109조)에 따라 등기한다.

6 청 산

(1) 의 의

'청산'이란 회사가 합병 · 분할 · 분할합병 또는 파산 이외의 사유로 해산한 경우, 해당 회사의 모든 법률관계를 종료시키고 재산관계를 정리하여 이를 분배함을 목적으로 하는 절차를 말한다. 즉 청산이란 회사가 존립 중에 발생한 재산상의 권리의무를 정리한 후 그 회사의 법인격을

---

21) 참조 판례(대법원 2001.7.13. 선고 2000두5333 판결) : 상법 제520조의2의 규정에 의하여 주식회사가 해산되고 그 청산이 종결된 것으로 보게 되는 회사라도 어떤 권리관계가 남아 있어 현실적으로 정리할 필요가 있으면 그 범위 내에서는 아직 완전히 소멸하지 아니한다.

22) 파산의 경우는 제외한다.

소멸시키는 것을 말한다. 회사가 해산하게 되면 합병, 분할, 분할합병 또는 파산의 경우를 제외하고는 청산절차를 들어가고 회사의 권리능력은 청산의 목적범위 내로 제한된다.

(2) 청산인의 결정 및 신고

'청산인'이란 청산절차에서 청산사무를 집행하고 법에 따라 청산 중의 회사를 대표하는 자를 말한다. 회사가 해산한 때에는 이사가 청산인이 되나[23], 정관에 다른 정함이 있거나 주주총회에서 타인을 선임한 때에는 그러하지 아니하다(제531조 제1항). 만일 청산인이 없는 때에는 법원은 이해관계인의 청구에 의하여 청산인을 선임한다(위 조 제2항). 청산인은 취임한 날로부터 2주간 내에 ⅰ) 해산의 사유와 그 연월일 ⅱ) 청산인의 성명 · 주민등록번호 및 주소 등을 법원에 신고하여야 한다(제532조 각 호).

(3) 청산사무

청산인은 취임한 후 지체 없이 회사의 재산상태를 조사하여 재산목록과 대차대조표를 작성하고 이를 주주총회에 제출하여 그 승인을 얻어야 하며(제533조 제1항), 청산인은 전항의 승인을 얻은 후 지체 없이 재산목록과 대차대조표를 법원에 제출하여야 한다(위 조 제2항).

청산인은 정기총회회일로부터 4주간 전에 대차대조표 및 그 부속명세서와 사무보고서를 작성하여 감사에게 제출하여야 하며(제534조 제1항), 감사는 정기총회회일로부터 1주간 전에 제1항의 서류에 관한 감사보고서를 청산인에게 제출하여야 한다(위 조 제2항).

청산인은 정기총회회일의 1주간 전부터 재무제표와 감사보고서를 본점에 비치하여야 하며(위 조 제3항), 청산인은 대차대조표 및 사무보고서를 정기총회에 제출하여 그 승인을 요구하여야 한다(위 조 제5항).

(4) 청산절차[24]

1) 회사채권자에 최고

청산인은 취임한 날로부터 2월내에 회사채권자에 대하여 일정한 기간 내에 그 채권을 신고할 것과 그 기간 내에 신고하지 아니하면 청산에서 제외될 뜻을 2회 이상 공고로써 최

---

23) 합병 · 분할 · 분할합병 또는 파산의 경우는 제외한다.

24) 청산절차는 임의청산과 법정청산 두가지가 있다. 임의청산은 회사가 자율적으로 청산하는 것이고 법정청산은 청산인이 법률의 규정에 따라 청산하는 것을 말한다. 합명회사, 합자회사는 임의청산과 법정청산 모두 가능하지만, 주식회사, 유한회사, 유한책임회사는 법정청산만 가능하다. 여기서는 법정청산만을 설명한다.

고하여야 하며 그 기간은 2월 이상이어야 한다(제535조 제1항).

청산인은 알고 있는 채권자에 대하여는 각별로 그 채권의 신고를 최고하여야 하며 그 채권자가 신고하지 아니한 경우에도 이를 청산에서 제외하지 못한다(위 조 제2항).

2) 채권신고기간 내의 변제

청산인은 회사채권자에 최고의 신고기간 내에는 채권자에 대하여 변제를 하지 못하나, 회사는 그 변제의 지연으로 인한 손해배상의 책임을 면하지 못한다(제536조 제1항). 그러나 청산인은 소액의 채권, 담보있는 채권 기타 변제로 인하여 다른 채권자를 해할 염려가 없는 채권에 대하여는 법원의 허가를 얻어 이를 변제할 수 있다(위 조 제2항).

3) 잔여재산의 분배

잔여재산은 각 주주가 가진 주식의 수에 따라 주주에게 분배하여야 한다. 종류주식의 경우에는 적용하지 아니한다(제538조). 한편, 신고기간 내에 채권신고를 하지 않아 청산에서 제외된 채권자는 분배되지 아니한 잔여재산에 대하여서만 변제를 청구할 수 있으며, 일부의 주주에 대하여 재산의 분배를 한 경우에는 그와 동일한 비율로 다른 주주에게 분배할 재산은 전항의 잔여재산에서 공제한다(제537조 각 항).

(5) 청산인의 해임

청산인은 법원이 선임한 경우 외에는 언제든지 주주총회의 결의로 이를 해임할 수 있으며, 그 업무를 집행함에 현저하게 부적임하거나 중대한 임무에 위반한 행위가 있는 때에는 발행주식의 총수의 100분의 3 이상에 해당하는 주식을 가진 주주는 법원에 그 청산인의 해임을 청구할 수 있다(제539조 제1항 및 제2항).

(6) 청산의 종결

청산사무가 종결한 때에는 청산인은 지체 없이 결산보고서를 작성하고 이를 주주총회에 제출하여 승인을 얻어야 하며, 이와 같은 승인이 있는 때에는 회사는 청산인에 대하여 그 책임을 해제한 것으로 보나, 청산인의 부정행위에 대하여는 그러하지 아니하다(제540조 각 항). 회사의 권리능력이 소멸하는 것은 이러한 청산사무가 종결된 때이고, 청산종결 등기시가 아니다.

(7) 서류의 보존

회사의 장부 기타 영업과 청산에 관한 중요한 서류는 본점소재지에서 청산종결의 등기를 한 후 10년간 이를 보존하여야 하나 전표 또는 이와 유사한 서류는 5년간 이를 보존하여야 한다(제541조 제1항).[25)]

7 세금

(1) 합병과 법인세

1) 피합병법인의 법인세

가. 원칙

법인세법은 회사 A(합병법인)와 B(피합병법인)가 합병한 경우, B의 자산이 A에게 양도된 것으로 보고, 이로 인해 발생한 양도손익【B가 A로부터 받은 양도가액 — B의 순자산 장부가액(자산—부채)】은 B의 합병등기일이 속하는 사업연도의 소득금액을 계산할 때 익금 또는 손금에 산입하도록 하고 있다(법인세법 제44조 제1항). B의 값어치가 100억 원인데 합병으로 300억 원을 받았다면 그 차액 200억 원에 대해서는 법인세를 납부해야 한다.

나. 적격합병의 경우

그런데 **법인세법은 법령이 정한 합병(적격합병)의 경우, B가 A로부터 받은 양도가액을 B의 순자산가액으로 보아 양도손익을 0으로 하여 법인세부담을 없앨 수 있도록 하였다**(위 조 제2항). **이른바 「과세이연」 제도가 적용된다.** 즉, B가 A에게 합병될 경우 그 합병차익에 대해 B에게 일단 과세를 하여야 하나, 합병을 통한 기업경쟁력 유지 등을 위해, 일단 B에게 과세를 하지 않고 A가 해당 자산을 제3자에게 양도할 때 그 때 과세한다는 것이다.

적격합병의 요건은 ⅰ) 합병등기일 현재 1년 이상 사업을 계속하던 내국법인 간의 합병일 것(단, 다른 법인과 합병하는 것을 유일한 목적으로 하는 법인으로서 법령으로 정하는 법인의 경우는 제외) ⅱ) 피합병법인의 주주 등이 합병으로 인하여 받은 합병대가의 총합계액 중 합병법인의 주식 등의 가액이 100분의 80 이상이거나 합병법인의 모회사의 주식등의 가액이 100분의 80 이상인 경우로서 그 주식 등이 법령으로 정하는 바에 따라 배정 및 피합병법인의 주주

25) 청산 서류 보존에 관하여는 청산인 기타의 이해관계인의 청구에 의하여 법원이 보존인과 보존방법을 정한다.

등이 합병등기일이 속하는 사업연도의 종료일까지 그 주식 등을 보유할 것 iii) 합병법인이 합병등기일이 속하는 사업연도의 종료일까지 피합병법인으로부터 승계받은 사업을 계속할 것 iv) 합병등기일 1개월 전 당시 피합병법인에 종사하는 대통령령으로 정하는 근로자 중 합병법인이 승계한 근로자의 비율이 100분의 80 이상이고, 합병등기일이 속하는 사업연도의 종료일까지 그 비율을 유지할 것 등이 있다(위 조 제2항).[26]

2) 피합병법인의 주주에 대한 과세

해산한 법인(피합병법인) 의 주주가 「그 법인의 해산으로 인한 잔여재산의 분배로서 취득하는 금전과 그 밖의 재산의 가액」이 「그 주식 등을 취득하기 위하여 사용한 금액」을 초과할 때는 그 금액을 피합병 법인으로부터 이익을 배당받았거나 잉여금을 분배받은 금액(의제배당)으로 본다.

위 의제배당액은 그 주주의 배당소득으로 보아 소득세를 부과한다(소득세법 제17조 제1항 제4호).

한편, **불공정합병이 있었다면 이는 부당행위계산의 부인의 대상이 된다.** 과세관청은 내국법인의 행위 또는 소득금액의 계산이 법령으로 특수관계인과의 거래로, 합병이나 분할 포함하여, 그 법인의 소득에 대한 「조세의 부담을 부당하게 감소시킨 것」으로 인정되는 경우에는 그 법인의 행위 또는 소득금액의 계산(부당행위계산)에 관계없이 그 법인의 각 사업연도의 소득금액을 계산할 수 있다(법인세법 제52조 제1항).

여기에서 조세의 부담을 부당하게 감소시킨 것으로 인정되는 경우에는 「특수관계인인 법인간의 합병(분할합병을 포함)에 있어서 주식 등을 시가보다 높거나 낮게 평가하여 불공정한 비율로 합병한 경우」도 포함(자금법 제165조의4에 따라 합병(분할합병을 포함)하는 경우는 제외)된다.[27]

이때 피합병법인의 주주는 합병등기일을 증여일로 하여 그 이익에 상당하는 금액을 그 대주주 등의 증여재산가액으로 한다(상증법 제38조 제1항).

---

26) 적격합병에 따른 세무상 혜택의 남용을 방지하기 위해, 합병법인이 3년 이내에 법령을 정하는 일정한 사유가 발생한 경우, 피합병법인으로부터 양도받은 자산을 시가로 평가하여 그 차액을 법인세로 과세하는 사후관리 규정을 두고 있다(법인세법 제44조의3).

27) 이외에도 부당행위계산의 부인의 유형으로 i) 법인의 자본(출자액을 포함)을 증가시키는 거래에 있어서 신주(전환사채 · 신주인수권부사채 또는 교환사채 등을 포함)를 배정 · 인수받을 수 있는 권리의 전부 또는 일부를 포기(그 포기한 신주가 「자금법」 제9조 제7항에 따른 모집방법으로 배정되는 경우를 제외)하거나 신주를 시가보다 높은 가액으로 인수하는 경우 ii) 법인의 감자에 있어서 주주등의 소유주식 등의 비율에 의하지 아니하고 일부 주주 등의 주식 등을 소각하는 경우 iii) 증자 · 감자, 합병(분할합병을 포함) · 분할, 「상속세 및 증여세법」 제40조제1항에 따른 전환사채 등에 의한 주식의 전환 · 인수 · 교환 등 법인의 자본(출자액을 포함한다)을 증가시키거나 감소시키는 거래를 통하여 법인의 이익을 분여하였다고 인정되는 경우(주식매수선택권 등 중 주식매수선택권의 행사에 따라 주식을 발행하는 경우는 제외) 등이 있다(법인세법 시행령 제88조 제1항 제8호).

3) 합병법인의 법인세

가. 원 칙

합병법인은 피합병법인의 자산을 시가로 양도받은 것으로 보는 경우로서 순자산시가(피합병법인의 합병등기일 현재의 자산총액에서 부채총액을 뺀 금액)에 미달하거나 초과하는 경우 그 차액을 세무조정계산서에 합병매수차익 또는 합병매수차손으로 계산하고, 합병등기일부터 5년간 월할로 균등분할하여 익금 또는 손금에 산입하여야 한다(법인세법 제44조의2 제2항 및 제3항).[28]

나. 적격합병의 경우

법인세법은 합병에 따른 기업의 구조조정 지원을 목적으로 적격합병의 경우 합병법인에 대해 자산의 취득가액을 피합병법인의 장부가액으로 하고, 합병매수손익거래에 대해 익금이나 손금으로 산입하지 아니하며, 피합병법인의 이월결손금과 세무조정사항을 승계가 가능하도록 하고 있다(법인세법 제44조 제1항).

4) 합병법인의 주주

합병법인의 주주는 그 합병이 부당행위계산의 부인 규정의 적용이 될 경우, 앞에서 설명한 피합병법인의 주주가 부담하는 것과 동일한 유형의 증여세를 부담한다(상증법 제38조). 그러나 적격합병의 경우에는 의제배당소득이 없다. 한편, 판례는 합병과 관련된 소득처분으로는 기타 사외유출로 하여야 한다고 한다.

대법원 2014.11.27. 선고 2012두25248 판결
구 법인세법 시행령 제88조 제1항은 부당행위계산의 유형으로서 제1호에서 “자산을 시가보다 높은 가액으로 매입 또는 현물출자받았거나 그 자산을 과대상각한 경우”를 규정하고, 제8호에서는 “다음 각 목의 1에 해당하는 자본거래로 인하여 주주 등인 법인이 특수관계자인 다른 주주 등에게 이익을 분여한 경우”를 규정하면서 그 (가)목에서 “특수관계자인 법인 간의 합병에 있어서 주식 등을 시가보다 높거나 낮게 평가하여 불공정한 비율로 합병한 경우”를, (나)목에서 “법인의 자본을 증가시키는 거래에 있어서 신주를 배정 · 인수받을 수 있는 권리의 전부 또는 일부를 포기하거나 신주를 시가보다 높은 가액으로 인수하는 경우”를, (다)목에서 “법인의 감자에 있어서 주주 등의 소유주식 등의 비율에 의하지 아니하고 일부 주주 등의 주식 등을 소각하는 경우”를 들고 있다.

---

28) 기타 이월결손금의 승계와 그 제한(법인세법 제44조의 3 제2항 및 제45조), 자산과 부채 및 세무조정사항의 승계(법인세법 제44조의2 제1항 및 제44조의3 제2항) 등이 있다.

구 상속세 및 증여세법(2010. 1. 1. 법률 제9916호로 개정되기 전의 것, 이하 같다) 제42조 제1항 제3호는 증여받은 이익의 하나로 "출자 · 감자, 합병(분할합병을 포함한다) · 분할, 제40조 제1항의 규정에 의한 전환사채 등에 의한 주식의 전환 · 인수 · 교환(이하 '주식전환 등'이라 한다) 등 법인의 자본(출자액을 포함한다)을 증가시키거나 감소시키는 거래로 인하여 얻은 이익 또는 사업양수도 · 사업교환 및 법인의 조직변경 등에 의하여 소유지분 또는 그 가액이 변동됨에 따라 얻은 이익. 이 경우 해당 이익은 주식전환 등의 경우에는 주식전환 등 당시의 주식가액에서 주식전환 등의 가액을 차감한 가액으로 하고, 주식전환 등 외의 경우에는 소유지분 또는 그 가액의 변동 전 · 후의 해당 재산의 평가차액으로 한다."고 규정하고 있다.

한편, 상법 제360조의2에서 정한 주식의 포괄적 교환은, 주식의 포괄적 교환에 의하여 다른 회사의 발행주식의 총수를 소유하는 회사(이하 '완전모회사'라 하고, 다른 회사를 '완전자회사'라 한다)가 되는 회사에 완전자회사가 되는 회사의 주식이 이전되는 거래와 완전자회사가 되는 회사의 주주가 완전모회사가 되는 회사로부터 완전자회사가 되는 회사의 주식과 대가관계에 있는 신주를 배정받아 완전모회사가 되는 회사의 주주가 되는 거래가 결합하여 일체로 이루어진다. 따라서 주식의 포괄적 교환은 기본적으로 '법인의 자본을 증가시키는 거래'의 성격을 가지는 것이지만, 그 자본의 출자가 완전자회사가 되는 회사의 주식이라는 현물에 의하여 이루어지게 되므로 그러한 한도에서 '자산의 유상 양도라는 손익거래'의 성격도 병존한다.

이와 같이 주식의 포괄적 교환은 자산의 유상 양도로서의 성격도 있기 때문에, 주식의 포괄적 교환에 의하여 완전모회사가 되는 회사가 완전자회사가 되는 회사의 주식을 시가보다 높은 가액으로 양수한 경우에는 법인의 자산이 과대계상되므로 구 법인세법 시행령 제88조 제1항 제1호의 부당행위계산 부인에 의하여 그 시가 초과액을 자산의 취득가액에서 제외하는 한편 그 금액을 완전모회사인 법인의 익금에 산입하게 되는 것이다.

구 법인세법 시행령 제106조 제1항 제3호는 법인의 익금에 산입한 금액이 사외에 유출된 경우라도 동일한 소득이 이미 귀속자의 과세소득을 구성하고 있는 등 귀속자에게 소득세의 납세의무를 지우는 것이 부적절한 경우에는 그 귀속자에 대한 소득처분 없이 유출사실만을 확정하는 '기타 사외유출'로 처분하도록 하는 데 그 취지가 있다. 그런데 주식의 포괄적 교환에 의하여 완전자회사가 되는 회사의 주주가 얻은 이익은 '법인의 자본을 증가시키는 거래에 따른 이익의 증여'로서 구 상속세 및 증여세법 제42조 제1항 제3호에 따라 증여세가 과세된다(대법원 2014. 4. 24. 선고 2011두23047 판결 참조).

따라서 주식의 포괄적 교환에 의하여 완전모회사가 되는 회사가 완전자회사가 되는 회사의 주식을 시가보다 높은 가액으로 양수함으로써 부당행위계산 부인에 따라 법인의 익금에 산입되는 금액에 대하여는 구 법인세법 시행령 제88조 제1항 제8호의 경우에 준하여 '기타 사외유출'로 처분하여야 하고, 그 귀속자에게 배당, 상여 또는 기타소득의 처분을 할 수 없다.

대법원 2014.4.24. 선고 2011두23047 판결

구 상속세 및 증여세법(2007. 12. 31. 법률 제8828호로 개정되기 전의 것)은 제35조 제1항 제2호, 제2항에서 '재산의 고가양도에 따른 이익의 증여'에 관하여, 제39조 제1항 제1호 각 목에서 '증자에 따른 이익의 증여 중 신주의 저가발행에 따른 이익의 증여'에 관하여 규정하는 한편, 제42조 제1항에서 '기타 이익의 증여 등'에 관하여 "제33조 내지 제41조, 제41조의3 내지 제41조의5, 제44조 및 제45조의 규정에 의한 증여 외에 다음 각 호의 1에 해당하는 이익으로서 대통령령이 정하는 기준 이상의 이익을 얻은 경우에는 해당 이익을 그 이익을 얻은 자의 증여재산가액으로 한다."고 규정하면서 제3호에서 "출자 · 감자, 합병(분할합병을 포함한다) · 분할, 제40조 제1항의 규정에 의한 전환사채 등에 의한 주식의 전환 · 인수 · 교환(이하 '주식전환 등'이라 한다) 등 법인의 자본(출자액을 포함한다)을 증가시키거나 감소시키는 거래로 인하여 얻은 이익 또는 사업양수도 · 사업교환 및 법인의 조직변경 등에 의하여 소유지분 또는 그 가액이 변동됨에 따라 얻은 이익. 이 경우 해당 이익은 주식전환 등의 경우에는 주식전환 등 당시의 주식가액에서 주식전환 등의 가액을 차감한 가액으로 하고, 주식전환 등 외의 경우에는 소유지분 또는 그 가액의 변동 전 · 후의 해당 재산의 평가차액으로 한다."고 규정하고, 같은 조 제3항에서 "제1항의 규정을 적용함에 있어서 거래의 관행상 정당한 사유가 있다고 인정되는 경우에는 특수관계에 있는 자 외의 자간에는 이를 적용하지 아니한다."고 규정하고 있다.

한편 상법 제360조의2에 의하면, 회사는 주식의 포괄적 교환에 의하여 다른 회사의 발행주식의 총수를 소유하는 회사(이하 '완전모회사'라 하고, 다른 회사를 '완전자회사'라 한다)가 될 수 있는데(제1항), 주식의 포괄적 교환이 이루어지면 완전자회사가 되는 회사의 주주가 가지는 그 회사의 주식은 주식을 교환하는 날에 완전모회사가 되는 회사에 이전되고, 그 완전자회사가 되는 회사의 주주는 그 완전모회사가 되는 회사가 주식교환을 위하여 발행하는 신주의 배정을 받음으로써 그 회사의 주주가 된다(제2항). 이처럼 상법상의 주식의 포괄적 교환은 완전자회사가 되는 회사의 주식이 완전모회사가 되는 회사에 이전되는 거래와 완전자회사가 되는 회사의 주주가 완전모회사가 되는 회사로부터 완전자회사가 되는 회사의 주식과 대가관계에 있는 신주를 배정받아 완전모회사가 되는 회사의 주주가 되는 거래가 결합하여 일체로 이루어진다. 따라서 완전자회사가 되는 회사의 주주가 주식의 포괄적 교환을 통하여 이익을 얻었는지 여부는 주식교환비율 산정의 기초가 된 완전자회사가 되는 회사 주식의 1주당 평가액이 상증세법상의 평가액보다 높은 가액이었는지 또는 완전모회사가 되는 회사로부터 배정받은 신주의 인수가액이 상증세법상의 평가액보다 낮은 가액이었는지 여부만에 의하여 결정되는 것이 아니라, 완전자회사가 되는 회사의 주주가 완전모회사가 되는 회사에 이전한 완전자회사가 되는 회사의 주식에 대한 상증세법상의 평가액과 완전모회사가 되는 회사로부터 배정받은 신주에 대한 상증세법상의 평가액의 차액, 즉 교환차익이 존재하는지 여부에 따라 결정된다.

이러한 상법상 주식의 포괄적 교환거래의 구조와 특성, 그리고 앞서 본 규정을 비롯한 상증세법상 관련 규정의 문언 내용과 입법 취지 및 체계 등을 종합하여 보면, **상법상의 주식의 포괄적 교환에 의하여 완전자회사가 되는 회사의 주주가 얻은 이익에 대하여는 '재산의 고가양도에 따른 이익의 증여'에 관한 상증세법 제35조 제1항 제2호, 제2항이나 '신주의 저가발행에 따른 이익의 증여'**

에 관한 상증세법 제39조 제1항 제1호 (다)목을 적용하여 증여세를 과세할 수는 없고, '법인의 자본을 증가시키는 거래에 따른 이익의 증여'에 관한 상증세법 제42조 제1항 제3호를 적용하여 증여세를 과세하여야 할 것이다.

5) 주식의 포괄적 교환과 이전 관련

기업구조조정을 지원하기 위해 조세특례제한법에서는 주주의 주식양도차익에 대해 양도소득세 등에 대해 과세이연 혜택을 주고 있다. 이 혜택을 받기 위해서는 i) 주식의 포괄적 교환 · 이전일 현재 1년 이상 계속하여 사업을 하던 내국법인 간의 주식의 포괄적 교환 등일 것(다만, 주식의 포괄적 이전으로 신설되는 완전모회사는 제외) ii) 완전자회사의 주주가 완전모회사로부터 교환 · 이전대가를 받은 경우 그 교환 · 이전대가의 총합계액 중 완전모회사 주식의 가액이 100분의 80 이상이거나 그 완전모회사의 완전모회사 주식의 가액이 100분의 80 이상으로서 그 주식이 대통령령으로 정하는 바에 따라 배정되고, 완전모회사 및 대통령령으로 정하는 완전자회사의 주주가 주식의 포괄적 교환등으로 취득한 주식을 교환 · 이전일이 속하는 사업연도의 종료일까지 보유할 것 iii) 완전자회사가 교환 · 이전일이 속하는 사업연도의 종료일까지 사업을 계속할 것 등의 조건을 모두 충족하여야 한다(조세특례제한법 제38조 제1항).

그러나 완전자회사가 사업을 폐지하는 경우 또는 완전모회사 또는 법령으로 정하는 완전자회사의 주주가 주식의 포괄적 교환 등으로 취득한 주식을 처분하는 경우에는 과세이연 받은 세액을 납부하여야 한다(위 조 제2항).

6) 청산소득에 대한 법인세

법인은 청산소득에 대해 법인세 납세의무가 있다(법인세법 제3조 제1항 제2호). 그러나 상법의 규정에 따라 조직변경하는 경우, 특별법에 따라 설립된 법인이 그 특별법의 개정이나 폐지로 인하여 상법에 따른 회사로 조직변경하는 경우 및 법령이 정하는 조직변경[29]의 경우에는 청산소득에 대해 법인세를 과세하지 아니한다.

청산소득은 해산에 의한 잔여재산의 가액에서 해산등기일 현재의 자본금 또는 출자금과

---

29) 법인세법시행령 제120조의26 : 법 제78조 제3호에서 "대통령령으로 정하는 경우"란 1. 「변호사법」에 따라 법무법인이 법무법인(유한)으로 조직변경하는 경우 2. 「관세사법」에 따라 관세사법인이 관세법인으로 조직변경하는 경우 3. 「변리사법」에 따라 특허법인이 특허법인(유한)으로 조직변경하는 경우 4. 「협동조합 기본법」 제60조의2 제1항에 따라 법인등이 협동조합으로 조직변경하는 경우 5. 「지방공기업법」 제80조에 따라 지방공사가 지방공단으로 조직변경하거나 지방공단이 지방공사로 조직변경하는 경우 등을 포함한다.

잉여금의 합계액을 공제한 금액으로 한다(법인세법 제79조 제1항). 한편 이월결손금이 있는 경우에는 그 이월결손금은 그날 현재의 그 법인의 자기자본의 총액에서 그에 상당하는 금액과 상계하여야 한다(위 조 제4항).

제 11 장

Company law and tax

기타의 회사

강의의 초점

- ▷ 합명회사의 장점과 단점은?
- ▷ 합자회사의 장점과 단점은?
- ▷ 유한책임회사의 장점과 단점은?
- ▷ 유한회사의 장점과 단점은?
- ▷ 4차 산업혁명시대에 적합한 회사 형태는 무엇이 있는가?
- ▷ 외국회사란 무엇인가? 다국적회사란 무엇인가?
- ▷ 속인주의 과세체계란 무엇인가? 속지주의 과세체계란 무엇인가? 이 둘의 차이는?
- ▷ 국내원천소득이란 무엇인가?
- ▷ 동업기업과세체계와 법인세의 차이점은?
- ▷ 외국기업의 한국 현지법인과 한국지점의 세법상 차이는?
- ▷ 한국기업의 외국 현지법인과 외국지점의 세법상 차이는?

1 합명회사

(1) 의 의

'합명회사(合名會社)'는 2인 이상의 무한책임사원으로 구성하는 회사로서 인적회사의 전형이라고 할 수 있다.[1] 합명회사는 친척 등 극히 친밀한 사람들이 공동으로 사업을 하기에 적합한 회사로서 조합의 형태를 지니지만, 사원(주주)의 책임이 대단히 무겁다는 단점을 가지고 있는 회사이다. 이러한 특성 때문에 합명회사는 사업과 관련된 고도의 비밀을 유지하는데 적합한 구조를 지니고 있다.

합명조합은 그 실질이 조합과 유사하기 때문에 상법은 합명회사의 내부관계에 관하여는 정관 또는 본법에 다른 규정이 없으면 조합에 관한 민법의 규정을 준용하도록 규정하고 있다(제195조).

(2) 설 립

1) 설립절차

합명회사의 설립은 정관의 작성과 설립등기만에 의해서 간단히 설립이 이루어진다. 합명회사 설립은 2인 이상의 사원이 공동으로 정관을 작성하여야 한다(제178조). 합명회사 정관의 절대적 기재사항은 ⅰ) 목적 ⅱ) 상호 ⅲ) 사원의 성명 · 주민등록번호 및 주소 ⅳ) 사원의 출자의 목적과 가격 또는 그 평가의 표준 ⅴ) 본점의 소재지 ⅵ) 정관의 작성년월일 등의 사항을 포함하고, 총사원이 기명날인 또는 서명하여야 한다(제179조). 이후 정관을 변경함에는 총사원의 동의가 있어야 한다(제204조).

2) 설립무효 또는 취소의 소

합명회사 설립의 무효는 그 사원에 한하여[2], 설립의 취소는 그 취소권이 있는 자에 한하여 회사성립의 날로부터 2년 내에 소만으로 이를 주장할 수 있다(제184조 제1항).[3]

한편, 사원이 그 채권자를 해할 것을 알고 회사를 설립한 때에는 채권자는 그 사원과 회사에 대한 소로 회사의 설립취소를 청구할 수 있다(제185조).

---

1) 회사는 다른 회사의 무한책임사원이 되지 못하기 때문에(제173조) 합명회사의 사원이 될 수 없다.
2) 주식회사는 감사도 가능하다.
3) 취소할 수 있는 법률행위는 제한능력자, 착오로 인하거나 사기 · 강박에 의하여 의사표시를 한 자, 그의 대리인 또는 승계인만이 취소할 수 있다(위 조 제2항 및 민법 제140조).

설립무효의 판결 또는 설립취소의 판결은 제3자에 대하여도 그 효력이 있으나, 판결확정 전에 생긴 회사와 사원 및 제3자간의 권리의무에 영향을 미치지 않는다(제190조).[4] 설립무효의 소 또는 설립취소의 소를 제기한 자가 패소한 경우에 악의 또는 중대한 과실이 있는 때에는 회사에 대하여 연대하여 손해를 배상할 책임이 있다(제191조).

설립무효의 판결 또는 설립취소의 판결이 확정된 때에는 해산의 경우에 준하여 청산하여야 한다(제193조 제1항). 이 경우 법원은 사원 기타의 이해관계인의 청구에 의하여 청산인을 선임할 수 있다(위 조 제2항).

(3) 회사의 계속

설립무효의 판결 또는 설립취소의 판결이 확정된 경우, 그 무효나 취소의 원인이 특정한 사원에 한한 것인 때에는 다른 사원 전원의 동의로써 회사를 계속할 수 있다(제194조 제1항). 그러나 그 무효 또는 취소의 원인이 있는 사원은 퇴사한 것으로 본다(위 조 제2항).

(4) 회사의 내부관계

1) 출자의무

합명회사의 사원은 출자의무를 부담한다.[5] 출자의 종류에는 제한이 없으므로 재산뿐만 아니라 노무 및 신용도 출자할 수 있다. 사원은 반드시 출자를 해야 하며, 정관으로도 출자의무를 면제할 수 없다. 출자의무의 이행시기는 정관이나 일반적인 업무집행의 결의로 정하면 되고, 설립등기 전에 반드시 출자의무를 완료해야 하는 것은 아니다.

채권을 출자의 목적으로 한 사원은 그 채권이 변제기에 변제되지 아니한 때에는 그 채권을 변제할 책임을 지며, 이 경우에는 이자를 지급하는 외에 이로 인하여 생긴 손해까지 배상하여야 한다(제196조).

2) 사원의 의무

사원은 다른 사원의 동의가 없으면 자기 또는 제3자의 계산으로 회사의 영업부류에 속하는 거래를 하지 못하며 동종영업을 목적으로 하는 다른 회사의 무한책임사원 또는 이사가 되지 못한다(경업피지의무, 제198조 제1항). 사원은 다른 사원 과반수의 결의가 있는 때에 한하여 자기 또는 제3자의 계산으로 회사와 거래를 할 수 있다(자기거래금지의무, 제199조).[6]

---

4) 설립무효의 판결 또는 설립취소의 판결이 확정된 때에는 본점과 지점의 소재지에서 등기하여야 한다(제192조).

5) 사원이 회사에 대한 채권을 가진 경우에는 그의 출자와 채권을 상계할 수 있다.

6) 이 경우에는 민법 제124조(자기계약, 쌍방대리)의 규정은 적용되지 않는다. 대리인은 본인의 허락이 없으면 본인을 위하여 자기와 법률행위를 하거나 동일한 법률행위에 관하여 당사자쌍방을 대리하지 못한다. 그러나 채무의 이행은 할 수 있다.

3) 업무집행

각 사원은 정관에 다른 규정이 없는 때에는 회사의 업무를 집행할 권리와 의무가 있으나, 다른 사원의 이의가 있는 때에는 곧 행위를 중지하고 총사원과반수의 결의에 의하여야 한다(제200조 각 항).

만일 정관으로 사원의 1인 또는 수인을 업무집행사원으로 정한 때에는 그 사원이 회사의 업무를 집행할 권리와 의무가 있다(제201조 제1항). 정관으로 여러 명의 사원을 공동업무집행사원으로 정한 때에 그 전원의 동의가 없으면 업무집행에 관한 행위를 하지 못하나, 지체할 염려가 있는 때에는 그러하지 아니하다(제202조).

대표사원이 회사를 대표함에 현저하게 부적임하거나 중대한 의무에 위반한 행위가 있는 때에는 법원은 사원의 청구에 의하여 대표권의 상실을 선고할 수 있다(제216조).

4) 손익분배

상법은 합명회사의 손익분배에 관한 규정이 없기 때문에 민법의 조합규정에 따라 정할 수밖에 없다. 손익분배의 비율을 정하지 아니한 때에는 각 사원의 출자가액에 비례하여 이를 정하고, 이익 또는 손실에 대하여 분배의 비율을 정한 때에는 그 비율은 이익과 손실에 공통된 것으로 추정한다(민법 제711조).

5) 지분의 양도 및 상속

사원은 다른 사원의 동의를 얻지 아니하면 그 지분의 전부 또는 일부를 타인에게 양도하지 못한다(제197조).

인적 개성이 강한 합명회사의 사원이 사망한 경우 퇴사원인이 된다(제218조 3호). 따라서 합명회사의 사원이 사망한 경우에는 상속인이 회사로부터 지분을 환급받게 된다. 정관으로 사원이 사망한 경우에 그 상속인이 회사에 대한 피상속인의 권리의무를 승계하여 사원이 될 수 있음을 정한 때에는 상속인은 상속의 개시를 안 날로부터 3월내에 회사에 대하여 승계 또는 포기의 통지를 발송하여야 한다. 상속인이 전항의 통지 없이 3월을 경과한 때에는 사원이 될 권리를 포기한 것으로 본다(제219조). 이는 사망한 사원의 지위를 승계하는 상속인이 있을 수 있기 때문에 규정한 것이다.

(5) 회사 외부관계

1) 회사의 대표

합명회사는 정관으로 업무집행사원을 정하지 아니한 경우, 각 사원은 회사를 대표한다(제207조). 그러나 정관 또는 총사원의 동의로 수인의 사원이 공동으로 회사를 대표할 것을 정할 수 있다(제208조 제1항). 대표사원은 회사의 영업에 관하여 재판상 또는 재판외의 모든 행위를 할 권한이 있으며(제209조 제1항), 그 업무집행으로 인하여 타인에게 손해를 가한 때에는 회사는 그 사원과 연대하여 배상할 책임이 있다(제210조).

2) 사원의 책임

합명회사의 사원은 회사채권자에 대하여 연대 · 무한 · 직접 책임을 진다. 여기서의 연대책임의 의미는 사원 상호간에 연대책임을 의미한다. **사원은 회사의 재산으로써 회사의 채무를 완제할 수 없는 경우**(제212조 제1항) **또는 회사재산에 대한 강제집행이 주효하지 못한 경우**(위 조 제2항)**에만 회사에 연대하여 회사채무를 변제할 책임을 진다.** 즉, 사원은 **보충적인 책임을 부담**하는 것이다.

회사채무에 대해서 사원이 변제의 청구를 받은 때에는 회사가 주장할 수 있는 항변으로 그 채권자에게 대항할 수 있다(제214조 제1항).

회사성립 후에 가입한 사원은 그 가입 전에 생긴 회사채무에 대하여 다른 사원과 동일한 책임을 진다(제213조). **퇴사한 사원 또는 지분의 전부를 양도한 사원도 본점소재지에서 그 사실을 등기하기 전에 생긴 회사채무에 대하여 등기 후 2년 내에는 다른 사원과 동일한 책임을 진다**(제225조 제1항, 제2항). 사원이 아닌 자가 타인에게 자기를 사원이라고 오인시키는 행위를 하였을 때에는 오인으로 인하여 회사와 거래한 자에 대하여 사원과 동일한 책임을 진다(제215조).[7)]**판례에 따르면, 합병회사 사원의 책임에 대해 회사가 채무를 부담하면 당연히 발생한다고 한다.**

대법원 2009.5.28. 선고 2006다65903 판결
상법 제212조 제1항은 "회사의 재산으로 회사의 채무를 완제할 수 없는 때에는 합명회사의 각 사원은 연대하여 변제할 책임이 있다"고 규정하고, 제2항은 "회사재산에 대한 강제집행이 주효하지 못한 때에도 전항과 같다"고 규정하고 있는바, 합명회사는 실질적으로 조합적 공동기업체이어서 회사의 채무는 실질적으로 각 사원의 공동채무라고 할 것이므로, **합명회사의 사원의 책임은**

7) 이를 '자칭사원의 책임'이라고도 한다.

> 회사가 채무를 부담하면 법률의 규정에 기해 당연히 발생하는 것이고, "회사의 재산으로 회사의 채무를 완제할 수 없는 때" 또는 "회사재산에 대한 강제집행이 주효하지 못한 때"에 비로소 발생하는 것은 아니며, 이는 회사채권자가 그와 같은 경우에 해당함을 증명하여 합명회사의 사원에게 보충적으로 책임의 이행을 청구할 수 있다는 책임이행의 요건을 정한 것으로 봄이 타당하다.
>
> 그리고 합자회사의 장에 다른 규정이 없는 사항은 합명회사에 관한 규정을 준용하므로(상법 제269조), 합자회사의 무한책임사원의 회사채권자에 대한 책임은 합명회사의 사원의 책임과 동일하다고 할 것이다.

한편, 사원의 지분에 대한 압류는 사원이 장래 이익배당과 지분환급을 청구하는 권리에 대하여도 그 효력이 미친다(제223조). 압류채권자는 영업연도 말에 그 사원을 퇴사시키고 그 지분환급을 청구함으로써 채권의 만족을 얻을 수 있다(제224조 제1항).

(6) 사원의 퇴사

사원은 정관으로 회사의 존립기간을 정하지 아니하거나 어느 사원의 종신까지 존속할 것을 정한 때에는 사원은 6월 전에 미리 예고를 한 후 영업년도 말에 한하여 퇴사[8]할 수 있으나, 부득이한 사유가 있을 때에는 언제든지 퇴사할 수 있다(제217조 각 항). 한편, 사원은 i) 정관에 정한 사유의 발생 ii) 총사원의 동의 iii) 사망 iv) 금치산 v) 파산 vi) 제명 등에 따라 퇴사한다(제218조). 사원의 지분을 압류한 채권자가 6월 전에 미리 예고를 한 후 영업연도 말에 그 사원을 퇴사시킬 수도 있다(제224조).[9]

(7) 해산과 조직변경 및 청산

1) 해 산

합명회사는 i) 존립기간의 만료 기타 정관으로 정한 사유의 발생 ii) 총사원의 동의 iii) 사원이 1인으로 된 때 iv) 합병 v) 파산 vi) 법원의 명령 또는 판결로 해산한다(제227조).

회사가 해산된 때에는 합병과 파산의 경우 외에는 그 해산사유가 있은 날로부터 본점소

8) '퇴사'란 사원이 회사로부터 탈퇴하여 사원의 지위를 절대적으로 상실하는 것을 의미한다. 퇴사는 사원의 지위가 타인으로 이전되는 지분의 양도와 구별된다. 주식회사, 유한회사는 지분의 양도가 자유롭기 때문에 퇴사제도가 인정되지 않지만, 합명회사, 합자회사는 지분의 양도가 제한되기 때문에 퇴사제도를 인정하고 있다.

9) 이를 '지분압류채권자의 퇴사청구'라고 한다.

재지에서는 2주간 내, 지점소재지에서는 3주간 내에 해산등기를 하여야 한다(제228조).

회사는 합병의 결의가 있은 날부터 2주내에 회사채권자에 대하여 합병에 이의가 있으면 일정한 기간내에 이를 제출할 것을 공고하고 알고 있는 채권자에 대하여는 따로따로 이를 최고하여야 하며, 이 기간 내에 이의를 제출하지 아니한 때에는 합병을 승인한 것으로 본다(제232조 제1항 및 제2항).

2) 조직변경

합명회사는 총사원의 동의로 일부사원을 유한책임사원으로 하거나 유한책임사원을 새로 가입시켜서 합자회사로 변경할 수 있다(제242조). 이 경우 유한책임사원이 된 자는 조직변경의 등기를 하기 전에 생긴 회사채무에 대하여는 등기 후 2년 내에는 무한책임사원의 책임을 면하지 못한다(제244조).

3) 청 산

합명회사는 회사가 해산된 때에 총사원 과반수의 결의로 청산인을 선임하고, 청산인의 선임이 없는 때에는 업무집행사원이 청산인이 된다(제251조 각 항). 그러나 회사가 사원이 1인으로 된 때 또는 법원의 명령 또는 판결로 해산된 때에는 법원은 사원 기타의 이해관계인이나 검사의 청구에 의하여 또는 직권으로 청산인을 선임한다(제252조).

청산인은 취임한 후 지체없이 회사의 재산상태를 조사하고 재산목록과 대차대조표를 작성하여 각 사원에게 교부하여야 하며, 사원의 청구가 있는 때에는 언제든지 청산의 상황을 보고하여야 한다(제256조 각 항)

청산인은 회사의 현존재산이 그 채무를 변제함에 부족한 때에는 **변제기에 불구하고 각 사원에 대하여 출자를 청구할 수 있으며**, 이는 출자액은 각 사원의 출자의 비율로 이를 정한다(제258조 각 항).

청산이 종결된 때에는 청산인은 총사원의 승인이 있은 날로부터 본점소재지에서는 2주간 내, 지점소재지에서는 3주간 내에 청산종결의 등기를 하여야 한다(제264조).

2 합자회사

(1) 의 의

합자회사는 무한책임사원과 유한책임사원으로 구성된다(제268조). 유한책임사원도 병존한다는 점에서 합명회사와 구별되나, 합명회사와 마찬가지로 그 실체는 조합에 가깝다.

무한책임사원은 재산 · 노무 · 신용 중 어느 것이든 출자할 수 있고 유한책임사원은 재산출자만 허용된다(제272조). 무한책임사원은 회사업무 집행의 권리가 있고(제273조), 회사 채무에 대해서 연대 · 무한책임을 진다.[10] 이에 비해 **유한책임사원**은 회사의 업무 집행이나 대표 행위를 하지 못하지만, **일정한 범위 안에서 감시권을 가지고 있고**, 회사 채권자에 대하여 출자한 가액을 한도로 채무 변제 책임을 진다. 상법 상 합자회사의 장(章)에 없는 내용은 합명회사의 규정을 준용한다(269조). **판례는 채무액 계산은 재무제표를 기준으로 하는 것이 아니라 실제 평가한 가치를 기준으로 판단하여야 한다고** 한다.

대법원 2012.4.12. 선고 2010다27847 판결
합자회사의 무한책임사원이 한 대물변제계약 등의 법률행위가 사해행위에 해당하는지 여부를 판단함에 있어, 무한책임사원 고유의 채무 총액과 합자회사의 부채 총액을 합한 액이 무한책임사원 고유의 재산 총액을 초과하는 경우에는 그 법률행위는 특별한 사정이 없는 한 사해행위에 해당한다고 볼 수 있지만, 합자회사의 무한책임사원의 책임이 위와 같이 보충성을 갖고 있는 점 등에 비추어 그 법률행위 당시 합자회사가 그 재산으로 채무를 완제할 수 있었다는 점(상법 제212조 제1항)이 주장 · 입증된 경우에는 합자회사의 채무를 고려함이 없이 무한책임사원 고유의 채무 총액과 그 고유의 재산 총액을 비교하여 그 법률행위가 사해행위에 해당하는지 여부를 판단함이 상당하다. 한편 상법 제212조 제1항에서 규정하는 **"회사의 재산으로 회사의 채무를 완제할 수 없는 때"라 함은 회사의 부채 총액이 회사의 자산 총액을 초과하는 상태, 즉 채무초과 상태를 의미하는바, 이는 회사가 실제 부담하는 채무의 총액과 실제 가치로 평가한 자산의 총액을 기준으로 판단**하여야 하고, 대차대조표 등 재무제표에 기재된 명목상의 부채 및 자산의 총액을 기준으로 판단할 것은 아니며, 나아가 회사의 신용 · 노력 · 기능(기술) · 장래의 수입 등은 원칙적으로 회사의 자산 총액을 산정함에 있어 고려할 대상이 아니다.

10) 대법원 2014.5.29. 선고 2013다212295 판결(상법 제269조, 제180조 제5호, 제209조, 제37조에 의하면, 회사를 대표하는 사원은 회사의 영업에 관하여 재판상 또는 재판외의 모든 행위를 할 권한이 있고, 정관으로 수인의 사원이 공동으로 회사를 대표할 것을 정하고도 이를 등기하지 아니한 경우, 공동대표사원 중 1인이 단독으로 회사를 대표하여 행위하였더라도 그 대표행위가 정관에 위배된다는 점을 들어 위 대표행위의 유효를 주장하는 선의의 제3자에게 대항하지 못한다).

(2) 운 영

합자회사의 정관에는 정관의 절대적 기재사항(제179조) 이외에 각 사원의 무한책임 또는 유한책임인 것을 기재하여야 하며(제270조), 설립등기 시 설립등기 사항(제180조) 이외에 각 사원의 무한책임 또는 유한책임인 것을 등기하여야 한다(제271조).

(3) 무한책임사원의 역할과 책임

무한책임사원은 합명회사의 사원과 마찬가지로 경업피지의무와 자기거래금지의무를 진다(제269조, 제198조, 제199조).

한편, 업무집행권한을 가진 무한책임사원이 업무를 집행함에 현저하게 부적임하거나 중대한 의무에 위반한 행위가 있는 때에는 법원은 사원의 청구에 의하여 업무집행권한의 상실을 선고할 수 있다(제269조, 205조 제1항).[11]

(4) 유한책임사원의 역할과 책임

유한책임사원은 무한책임사원과 달리 다른 사원의 동의없이 자기 또는 제3자의 계산으로 회사의 영업부류에 속하는 거래를 할 수 있고 동종영업을 목적으로 하는 다른 회사의 무한책임사원 또는 이사가 될 수 있다(제275조).

유한책임사원은 **무한책임사원 전원의 동의가 있으면 그 지분의 전부 또는 일부를 타인에게 양도**할 수 있다(제276조).

유한책임사원은 영업년도 말에 있어서 영업시간 내에 한하여 회사의 회계장부 · 대차대조표 기타의 서류를 열람할 수 있고 회사의 업무와 재산상태를 검사할 수 있다(제277조 제1항).

유한책임사원은 출자가액에서 **이미 이행한 부분을 공제한 가액을 한도로 하여 회사채무를 변제할 책임이 있다**(제279조 제1항). **이는 주식회사의 주주와 달리 회사채권자에 대하여 직접 책임을 부담하는 것**이다. 만일 회사에 이익이 없음에도 불구하고 배당을 받은 금액은 변제책임을 정함에 있어서 이를 가산한다(위 조 제2항).

유한책임사원은 그 출자를 감소한 후에도 본점소재지에서 등기를 하기 전에 생긴 회사채무에 대하여는 등기 후 2년 내에는 변제책임이 있다(제280조).

---

11) 판례는 무한책임사원뿐만 아니라 유한책임사원도 업무집행사원에 대한 권한 상실선고를 청구할 수 있다고 한다(대법원 2012.12. 13. 선고 2010다82189 판결).

(5) 해산 및 청산

합자회사는 무한책임사원 또는 유한책임사원의 전원이 퇴사한 때에는 해산된다(제285조 제1항). 이때, 잔존한 무한책임사원 또는 유한책임사원은 전원의 동의로 새로 유한책임사원 또는 무한책임사원을 가입시켜서 회사를 계속할 수 있다(위 조 제2항).

합자회사의 청산인은 무한책임사원 과반수의 의결로 선임한다. 이를 선임하지 아니한 때에는 업무집행사원이 청산인이 된다(제287조).

(6) 조직변경

합자회사는 사원 전원의 동의로 그 조직을 합명회사로 변경하여 계속할 수 있다(제286조 제1항). **유한책임사원 전원이 퇴사한 경우에도 무한책임사원은 그 전원의 동의로 합명회사로 변경하여 계속할 수 있다**(위 조 제2항). 이 때, 본점소재지에서는 2주간 내, 지점소재지에서는 3주간 내에 합자회사에 있어서는 해산등기를, 합명회사에 있어서는 설립등기를 하여야 한다(위 조 제3항).

3 유한책임회사

(1) 의 의

유한책임회사는 유한책임사원으로만 구성되고 주식회사의 경직된 지배구조 보다 신속하고 유연하며 탄력적인 지배구조를 가지고 있고, 각 사원이 출자금액만을 한도로 책임을 지므로, 고도의 기술을 보유하고 있으며 초기 상용화에 어려움을 겪는 청년 벤처기업 및 펀드 등에 유익한 회사형태이다. 유한책임회사는 인적회사와 물적회사를 절충한 형태로서 유한책임회사의 내부관계에 관하여는 정관이나 상법에 다른 규정이 없으면 합명회사에 관한 규정을 준용한다(제287조의6).

(2) 설립 및 운영

유한책임회사를 설립할 때에는 사원은 정관을 작성하여야 한다(제287조의2). **사원은 신용이나 노무를 출자의 목적으로 하지 못한다**(제287조의4 제1항). 그리고 사원은 정관의 작성 후 설립등기를 하는 때까지 금전이나 그 밖의 재산의 출자를 전부 이행하여야 한다(위 조 제2항).

현물출자를 하는 사원은 납입기일에 지체 없이 유한책임회사에 출자의 목적인 재산을 인도하고, 등기, 등록, 그 밖의 권리의 설정 또는 이전이 필요한 경우에는 이에 관한 서류를 모두 갖추어 교부하여야 한다(위 조 제3항). 정관에 다른 규정이 없는 경우 정관을 변경하려면 총사원의 동의가 있어야 한다(제287조의16).

유한책임회사의 설립의 하자에 관한 내용은 합명회사에 관한 규정들이 준용된다(제287조의6 전단). 다만, 합명회사는 설립무효의 소를 제기할 수 있는 자가 사원으로 제한되는 반면에(제184조 제1항), 유한책임회사의 경우에는 사원뿐만 아니라 업무집행자까지 포함되는 점에서 차이가 있다(제287조의6 후단).

(3) 유한책임회사의 내부관계

유한책임회사의 사원의 책임은 이 법에 다른 규정이 있는 경우 외에는 그 출자금액을 한도로 한다(제287조의7). 그는 다른 사원의 동의를 받지 아니하면 그 지분의 전부 또는 일부를 타인에게 양도하지 못한다(제287조의8 제1항). 그러나 업무를 집행하지 아니한 사원은 업무를 집행하는 사원 전원의 동의가 있으면 지분의 전부 또는 일부를 타인에게 양도할 수 있고. 다만, 업무를 집행하는 사원이 없는 경우에는 사원 전원의 동의를 받아야 한다(위 조 제2항).[12)]

유한책임회사는 그 지분의 전부 또는 일부를 양수할 수 없으며, 만일 그 지분을 취득하는 경우에 그 지분은 취득한 때에 소멸한다(제287조의9 각 항).

유한책임회사의 업무집행자는 사원 전원의 동의를 받지 아니하고는 자기 또는 제3자의 계산으로 회사의 영업부류(營業部類)에 속한 거래를 하지 못하며, 같은 종류의 영업을 목적으로 하는 다른 회사의 업무집행자 · 이사 또는 집행임원이 되지 못한다(제287조의10 제1항).

또한 업무집행자는 다른 사원 과반수의 결의가 있는 경우에만 자기 또는 제3자의 계산으로 회사와 거래를 할 수 있다(제287조의11).

유한책임회사의 내부관계에 관하여는 정관이나 이 법에 다른 규정이 없으면 합명회사에 관한 규정을 준용한다(제287조의18).

(4) 업무집행자

유한책임회사는 정관으로 사원 또는 사원이 아닌 자를 업무집행자로 정하여야 하고(제287조의12 제1항), 1명 또는 둘 이상의 업무집행자를 정한 경우에는 업무집행자 각자가 회사의 업무를 집행할 권리와 의무가 있으며(위 조 제2항), 정관으로 둘 이상을 공동업무집행자로

12) 그러나 정관으로 이에 관한 사항을 달리 정할 수 있다(위 조 제3항).

정한 경우에는 그 전원의 동의가 없으면 업무집행에 관한 행위를 하지 못한다(위 조 제3항).

만일 법인이 업무집행자인 경우에는 그 법인은 해당 업무집행자의 직무를 행할 자를 선임하고, 그 자의 성명과 주소를 다른 사원에게 통지하여야 한다(제287조의15 제1항).

(5) 유한책임회사의 외부관계

업무집행자는 유한책임회사를 대표하고, 업무집행자가 둘 이상인 경우 정관 또는 총사원의 동의로 유한책임회사를 대표할 업무집행자를 정할 수 있으며, 정관 또는 총사원의 동의로 둘 이상의 업무집행자가 공동으로 회사를 대표할 것을 정할 수 있다(제287조의 19 제1항 및 제2항).

유한책임회사를 대표하는 업무집행자가 그 업무집행으로 타인에게 손해를 입힌 경우에는 회사는 그 업무집행자와 연대하여 배상할 책임이 있다(제287조의20).

(6) 사원의 가입 및 탈퇴

유한책임회사는 정관을 변경함으로써 새로운 사원을 가입시킬 수 있다(제287조의23 제1항). 이에 따른 사원의 가입은 정관을 변경한 때에 효력이 발생하는데 다만, 정관을 변경한 때에 해당 사원이 출자에 관한 납입 또는 재산의 전부 또는 일부의 출자를 이행하지 아니한 경우에는 그 납입 또는 이행을 마친 때에 사원이 된다(위 조 제2항).

유한책임회사의 사원이 퇴사를 할 경우, 퇴사 사원은 그 지분의 환급을 금전으로 받을 수 있으며, 퇴사 사원에 대한 환급금액은 퇴사 시의 회사의 재산 상황에 따라 정하는데, 이 지분환급에 대하여는 정관으로 달리 정할 수 있다(제287조의28 각 항).

유한책임회사의 채권자는 퇴사하는 사원에게 환급하는 금액이 법령이 정하는 잉여금을 초과한 경우에는 그 환급에 대하여 회사에 이의를 제기할 수 있다(제287조의30 제1항).

(7) 회 계

유한책임회사의 회계는 법령으로 규정한 것 외에는 일반적으로 공정하고 타당한 회계관행에 따른다(제287조의32). 업무집행자는 결산기마다 대차대조표, 손익계산서, 그밖에 유한책임회사의 재무상태와 경영성과를 표시하는 것으로서 대통령령으로 정하는 서류를 작성하여야 한다(제287조의33).

업무집행자는 법령에 규정된 서류를 본점에 5년간 갖추어 두어야 하고, 그 등본을 지점에 3년간 갖추어 두어야 하며, 사원과 유한책임회사의 채권자는 회사의 영업시간 내에는 언제든지 법령에 따라 작성된 재무제표(財務諸表)의 열람과 등사를 청구할 수 있다(제287조의 34 각 항).

유한책임회사는 정관 변경의 방법으로 자본금을 감소할 수 있다(제287조의36 제1항). 또한 대차대조표상의 순자산액으로부터 자본금의 액을 뺀 액(잉여금)을 한도로 하여 잉여금을 분배할 수 있으며(제287조의37 제1항), 이를 위반하여 잉여금을 분배한 경우에는 유한책임회사의 채권자는 그 잉여금을 분배받은 자에 대하여 회사에 반환할 것을 청구할 수 있다(위 조 제2항).

(8) 해산과 조직변경 및 청산

유한책임회사는 i) 존립기간의 만료 기타 정관으로 정한 사유의 발생 ii) 총사원의 동의 iii) 합병 iv) 파산 v) 법원의 명령 또는 판결 vi) 사원이 없게 된 경우에는 해산한다(제287조의38).

유한책임회사가 해산된 경우에는 합병과 파산의 경우 외에는 그 해산사유가 있었던 날부터 본점소재지에서는 2주 내에 해산등기를 하고, 지점소재지에서는 3주 내에 해산등기를 하여야 한다(제287조의39).

주식회사는 총회에서 총주주의 동의로 결의한 경우에는 그 조직을 변경하여 이 장(章)에 따른 유한책임회사로 할 수 있으며, 또한 총사원의 동의에 의하여 주식회사로 변경할 수 있다(제287조의43). 유한책임회사의 청산(清算)은 원칙적으로 합명회사의 규정을 준용한다(제287조의 45).

4 유한회사

(1) 의 의

유한회사는 최소한 2인 이상의 사원이 그들의 출자액에 한하여 책임을 지는 회사를 말하는데, 설립이 용이하고 설립비용이 저렴하며 주식회사보다도 그 조직이 간단하고 공개의무도 없는 것이 특징이다.

(2) 설 립

유한회사의 설립 시 사원이 정관을 작성하여야 하고 법령이 정한 사항을 기재하고 각 사원이 기명날인 또는 서명하여야 한다(제543조 제1항). 정관을 변경함에는 사원총회의 결의가 있어야 한다(제584조). 이 결의는 총사원의 반수 이상이며 총사원의 의결권의 4분의 3 이상을 가지는 자의 동의로 한다(제585조 제1항).[13)]

유한회사 설립 시 출자 1좌의 금액은 100원 이상으로 균일하게 하여야 한다(제546조). 또한 정관으로 이사를 정하지 아니한 때에는 회사성립 전에 사원총회를 열어 이를 선임하여야 한다(제547조 제1항).

유한회사의 이사는 사원으로 하여금 출자전액의 납입 또는 현물출자의 목적인 재산전부의 급여를 시켜야 한다(제548조 제1항). 유한회사의 설립등기는 금전의 납입 또는 현물출자의 이행이 있은 날로부터 2주간 내에 하여야 한다(제549조 제1항).

만일 현물출자의 실가가 정관에 정한 가격에 현저하게 부족한 때에는 회사성립당시의 사원은 회사에 대하여 그 부족액을 연대하여 지급할 책임이 있다(제550조). 또한 회사성립 후에 출자금액의 납입 또는 현물출자의 이행이 완료되지 아니하였음이 발견된 때에는 회사성립당시의 사원, 이사와 감사는 회사에 대하여 그 납입되지 아니한 금액 또는 이행되지 아니한 현물의 가액을 연대하여 지급할 책임이 있다(제551조 제1항).[14)]

유한회사의 설립의 무효는 그 사원, 이사와 감사에 한하여 설립의 취소는 그 취소권이 있는 자에 한하여 회사설립의 날로부터 2년내에 소만으로 이를 주장할 수 있다(제552조 제1항).

(3) 사원의 권리의무

유한회사 사원의 책임은 상법에 달리 규정하는 경우를 제외하고는 그 출자금액을 한도로 한다(제553조). 그리고 각 사원은 그 출자좌수에 따라 지분을 가진다(제554조). 사원은 그 지분의 전부 또는 일부를 양도하거나 상속할 수 있으나 정관으로 지분의 양도를 제한할 수도 있다(제556조). 사원의 지분이전은 취득자의 성명, 주소와 그 목적이 되는 출자좌수를 사원명부에 기재하지 아니하면 이로써 회사와 제삼자에게 대항하지 못한다(제557조).

---

13) 위 규정을 적용함에 있어서는 의결권을 행사할 수 없는 사원은 이를 총사원의 수에, 그 행사할 수 없는 의결권은 이를 의결권의 수에 산입하지 아니한다(위 조 제3항).

14) 이와 관련 이사와 감사의 책임은 총사원의 동의가 없으면 면제하지 못한다(위 조 제3항).

(4) 회사의 관리

유한회사는 1인 또는 수인의 이사를 두어야 한다(제561조). 이사는 회사를 대표하며, 이사가 수인인 경우에 정관에 다른 정함이 없으면 사원총회에서 회사를 대표할 이사를 선정하여야 한다(제562조 제1항 및 제2항).

이사가 수인인 경우에 정관에 다른 정함이 없으면 회사의 업무집행, 지배인의 선임 또는 해임과 지점의 설치 · 이전 또는 폐지는 이사 과반수의 결의에 의하여야 한다(제564조 제1항). 이사는 감사가 있는 때에는 그 승인이, 감사가 없는 때에는 사원총회의 승인이 있는 때에 한하여 자기 또는 제삼자의 계산으로 회사와 거래를 할 수 있다(위 조 제3항).

그리고 이사가 법령 또는 정관에 위반한 행위를 하여 이로 인하여 회사에 회복할 수 없는 손해가 생길 염려가 있는 경우에는 감사 또는 자본금 총액의 100분의 3 이상에 해당하는 출자좌수를 가진 사원은 회사를 위하여 이사에 대하여 그 행위를 유지할 것을 청구할 수 있다(제564조의2).

자본금 총액의 100분의 3 이상에 해당하는 출자좌수를 가진 사원은 회사에 대하여 이사의 책임을 추궁할 소의 제기를 청구할 수 있다(제565조 제1항).

유한회사는 정관에 의하여 1인 또는 수인의 감사를 둘 수 있다(제568조 제1항). 감사는 언제든지 회사의 업무와 재산상태를 조사할 수 있고 이사에 대하여 영업에 관한 보고를 요구할 수 있다(제569조).

자본금 총액의 100분의 3 이상에 해당하는 출자좌수를 가진 사원은 회의의 목적사항과 소집의 이유를 기재한 서면을 이사에게 제출하여 총회의 소집을 청구할 수 있다(제572조 제1항).

사원총회의 결의는 정관 또는 상법에 다른 규정이 있는 경우 외에는 총사원의 의결권의 과반수를 가지는 사원이 출석하고 그 의결권의 과반수로써 하여야 한다(제574조). 각 사원은 출자1좌마다 1개의 의결권을 가지나 정관으로 의결권의 수에 관하여 다른 정함을 할 수 있다(제575조).

(5) 회 계

이사는 매 결산기에 대차대조표와 손익계산서 등을 작성하여야 하고, 감사가 있는 때에는 이사는 정기총회회일로부터 4주간 전에 제1항의 서류를 감사에게 제출하여야 하며, 감사는 제2항의 서류를 받은 날로부터 3주간 내에 감사보고서를 이사에게 제출하여야 한다

(제579조 각 항).

이사는 매 결산기에 영업보고서를 작성하여야 하며(제579조의2 제1항), 정기총회회일의 1주간 전부터 5년간 결산서류와 감사보고서를 본점에 비치하여야 한다(제579조의3 제1항).

이익의 배당은 정관에 다른 정함이 있는 경우 외에는 각사원의 출자좌수에 따라 하여야 한다(제580조).

자본금의 100분의 3 이상에 해당하는 출자좌수를 가진 사원은 회계의 장부와 서류의 열람 또는 등사를 청구할 수 있다(제581조).

회사의 업무집행에 관하여 부정행위 또는 법령이나 정관에 위반한 중대한 사유가 있는 때에는 자본금 총액의 100분의 3 이상에 해당하는 출자좌수를 가진 사원은 회사의 업무와 재산상태를 조사하게 하기 위하여 법원에 검사인의 선임을 청구할 수 있다(제582조 제1항).

회사의 업무집행에 관하여 부정행위 또는 법령이나 정관에 위반한 중대한 사유가 있는 때에는 자본금 총액의 100분의 3 이상에 해당하는 출자좌수를 가진 사원은 회사의 업무와 재산상태를 조사하게 하기 위하여 법원에 검사인의 선임을 청구할 수 있다(제582조 제1항).

(6) 합병과 조직변경

유한회사가 다른 회사와 합병을 함에는 특별결의(제585조)의 규정에 의한 사원총회의 결의가 있어야 한다.

유한회사가 주식회사와 합병하는 경우에 합병후 존속하는 회사 또는 합병으로 인하여 설립되는 회사가 주식회사인 때에는 법원의 인가를 얻지 아니하면 합병의 효력이 없다(제600조 제1항). 합병을 하는 회사의 일방이 사채의 상환을 완료하지 아니한 주식회사인 때에는 합병 후 존속하는 회사 또는 합병으로 인하여 설립되는 회사는 유한회사로 하지 못한다(위 조 제2항).

(7) 해산과 청산

유한회사의 해산사유는 유한책임회사의 경우와 동일하다(제609조 제1항). 잔여재산은 정관에 다른 정함이 있는 경우 외에는 각사원의 출자좌수에 따라 사원에게 분배하여야 한다(제612조).

5 외국회사

(1) 개 념

상법은 외국회사에 대해 몇몇 규정을 두고 있지만, 어느 회사가 외국회사인지에 대해서는 명확하게 규정하고 있지 않다. 어느 회사가 외국회사인지에 대해 설립준거법이 외국법일 경우에는 외국법인으로 보는 「설립준거법주의」와 해당 회사의 본점이 있는 곳이 외국일 경우 외국법인으로 보는 「본점소재지주의」가 있지만, 통설은 설립준거법주의라고 한다.[15)]

(2) 절 차

외국회사가 한국에서 영업을 하려면 그 대표자를 정하고 한국 내에 영업소(지점)를 설치하거나 대표자 중 1명 이상이 한국에 그 주소를 두어야 한다(제614조 제1항). 그리고 영업소의 설치에 관하여 한국에서 설립되는 동종의 회사 또는 가장 유사한 회사의 지점과 동일한 등기를 하여야 하며(위 조 제2항), 그 등기에서는 회사설립의 준거법과 대한민국에서의 대표자[16)]의 성명과 그 주소를 등기하여야 한다(위 조 제3항).[17)]

외국회사는 영업소의 소재지에서 등기를 하기 전에는 계속하여 거래를 하지 못하며(제616조 제1항), 이를 위반한 경우 그 거래를 한 자는 그 거래에 대하여 회사와 연대하여 책임을 진다(위 조 제2항).

(3) 대차대조표 등의 공고

외국회사로서 상법에 따라 등기를 한 외국회사(대한민국에서의 같은 종류의 회사 또는 가장 비슷한 회사가 주식회사인 것만 해당)는 재무제표의 승인(제449조)과 같은 종류의 절차 또는 이와 비슷한 절차가 종결된 후 지체 없이 대차대조표 또는 이에 상당하는 것[18)]을 공고하여야 한다(제616조의2 제1항).

15) 최기원, 앞의 책, p.1321.
16) 외국법인의 대표자에게는 대표사원의 권한(제209조)과 손해배상책임(제210조)의 규정이 준용된다.
17) 등기사항이 외국에서 생긴 때에는 등기기간은 그 통지가 도달한 날로부터 기산한다(제615조).
18) 상법 시행령 제43조 : 상법 제616조의2 제1항에서 "대통령령으로 정하는 것"이란 복식부기의 원리에 의하여 해당 회사의 재무상태를 명확히 하기 위하여 회계연도 말 현재의 모든 자산·부채 및 자본의 현황을 표시한 서류로서 대차대조표에 상당하는 형식을 갖춘 것을 말한다.

(4) 유사외국법인

외국에서 설립된 회사라도 한국에 그 본점을 설치하거나 한국에서 영업할 것을 주된 목적으로 하는 때에는 한국에서 설립된 회사와 같은 규정에 따라야 한다(제617조).

(5) 영업소 폐쇄 명령

한국에 영업소를 설치한 외국회사 중 i) 영업소의 설치목적이 불법한 것인 때 ii) 영업소의 설치등기를 한 후 정당한 사유 없이 1년 내에 영업을 개시하지 아니하거나 1년 이상 영업을 휴지한 때 또는 정당한 사유 없이 지급을 정지한 때 iii) 회사의 대표자 기타 업무를 집행하는 자가 법령 또는 선량한 풍속 기타 사회질서에 위반한 행위를 한 때에는, 법원이 이해관계인 또는 검사의 청구에 의하여 그 영업소의 폐쇄를 명할 수 있다(제619조 제1항).

(6) 청 산

법원은 외국회사의 영업소를 폐쇄한 경우, 이해관계인의 신청에 의하여 또는 직권으로, 한국에 있는 그 회사재산의 전부에 대한 청산의 개시를 명할 수 있고, 이 경우 청산인을 선임하여야 한다(제620조 제1항).

(7) 외국회사의 지위

외국회사는 다른 법률의 적용에 있어서는 법률에 다른 규정이 있는 경우 외에는 한국에서 성립된 동종 또는 가장 유사한 회사로 본다(제621조).

6 세 금

(1) 동업기업과세제도

현행 법인세법은 회사의 경우 모두 법인세 과세대상으로 하고 있다. 즉, 합명회사나 합자회사의 경우에는 그 회사의 이익에 대해 법인세를 과세하고 아울러 배당에 대해서도 소득세를 과세하고 있다.

그런데 2009년부터 조세특례제한법에 **동업기업과세특례방식이 도입되었다**(조세특례제한법 제

100의14 내지 100의26). **이 제도는 이중과세방지 등의 목적으로 동업기업이 얻은 소득에 대해서는 과세하지 않고, 동업자 단계에서만 과세하는 제도다**(제100조의 16).

동업기업이란 2명 이상이 금전이나 그 밖의 재산 또는 노무 등을 출자하여 공동사업을 경영하면서 발생한 이익 또는 손실을 배분받기 위해 설립한 단체로서, 상법의 합명회사, 합자회사, 익명조합 등이 포함되고, 특별법 상 인적회사의 성격이 짙은 법무법인, 특허법인, 노무법인, 회계법인, 세무법인, 과세법인 등이 포함된다(조세특례제한법 제100조의 15).

손익배분비율이란 동업기업이 각 동업자에게 소득을 배분하는 기준을 의미하는데 이는 납세지 관할 세무서장에게 신고한 비율을 의미하고, 배분기준이 없는 경우에는 출자지분의 비율에 따른다(조세특례제한법 제100조의17 제1항).

(2) 속지주의 과세

내국법인은 우리나라에서 전 세계소득(국내원천소득 + 국외원천소득)에 대해서 납세의무가 있지만, 외국회사(외국법인)는 국내원천소득에 대해서만 납세의무가 있다.

그런데 세법은 외국법인의 범위를 상법의 외국회사보다 넓게 규정하고 있다. 법인세법 상 외국법인이란 「외국에 본점 또는 주사무소를 둔 단체(국내에 사업의 실질적 관리장소가 소재하지 아니하는 경우만 해당한다)로서 법령으로 정하는 기준[19)]에 해당하는 법인」이라고 정의하고 있다(법인세법 제1조 제3호).

외국법인의 납세의무는 국내원천소득(國內源泉所得)으로 한정한다(법인세법 제2조 제1항 제2호). 국내원천소득이란 이자소득, 배당소득 등 세법에서 열거하고 있는 소득을 의미한다(법인세법 제93조 각 항 참조).

7 벌칙

상법은 상법 규정을 위반한 자에 대해 벌칙 규정을 두고 있다. 그 내용은 아래와 같다.

---

19) 법인세법 시행령 제1조 제2항 : 「법인세법」 제1조제3호에서 "대통령령으로 정하는 기준에 해당하는 법인"이란 ⅰ) 설립된 국가의 법에 따라 법인격이 부여된 단체 ⅱ) 구성원이 유한책임사원으로만 구성된 단체 ⅲ) 구성원과 독립하여 자산을 소유하거나 소송의 당사자가 되는 등 직접 권리 · 의무의 주체가 되는 단체 ⅳ) 그밖에 해당 외국단체와 동종 또는 유사한 국내의 단체가 상법 등 국내의 법률에 따른 법인인 경우의 그 외국단체를 말한다.

(1) 발기인 등의 특별배임죄

회사의 발기인, 업무집행사원, 이사, 집행임원, 감사위원회 위원, 감사 등 사용인이나 청산인 등이 그 임무에 위배한 행위로써 재산상의 이익을 취하거나 제3자로 하여금 이를 취득하게 하여 회사에 손해를 가한 때에는 10년 이하의 징역 또는 3천만원 이하의 벌금에 처한다(제622조 제1항 및 제2항). 아울러 미수범도 처벌대상이 된다(제624조).

상법상 특별배임죄란 형법상의 배임죄(355조 이하)에 대하여 형을 가중하여 처벌하는 것을 말한다. 여기서 배임이란 타인의 사무를 처리하는 사람이 그 사무에서 불법행위를 하여 재산상의 이익을 취득하거나 제3자로 하여금 이를 취득하게 하여 회사에게 손해를 가하는 범죄를 의미한다. **판례는 배임죄의 경우 당연히 하지 않아야 할 것으로 기대되는 행위까지를 그 대상에 포함한다고 한다.**

대법원 2013.4.11, 선고 2012도15585 판결

배임죄는 타인의 사무를 처리하는 사람이 그 임무에 위배하는 행위로써 재산상 이익을 취득하거나 제3자로 하여금 이를 취득하게 하여 본인에게 손해를 가함으로써 성립하는바, 여기서 그 '임무에 위배하는 행위'는 사무의 내용, 성질 등 구체적 상황에 비추어 법률의 규정, 계약의 내용 혹은 신의칙상 당연히 할 것으로 기대되는 행위를 하지 않거나 당연히 하지 않아야 할 것으로 기대되는 행위를 함으로써 본인과의 신임관계를 저버리는 일체의 행위를 포함하고, '재산상의 손해를 가한 때'는 현실적인 손해를 가한 경우뿐만 아니라 재산상 실해 발생의 위험을 초래한 경우도 포함하므로,

회사의 이사 등이 타인에게 회사자금을 대여함에 있어 그 타인이 이미 채무변제능력을 상실하여 그에게 자금을 대여할 경우 회사에 손해가 발생하리라는 점을 충분히 알면서 이에 나아갔거나, 충분한 담보를 제공받는 등 상당하고도 합리적인 채권회수조치를 취하지 아니한 채 만연히 대여해 주었다면, 그와 같은 자금대여는 타인에게 이익을 얻게 하고 회사에 손해를 가하는 행위로서 회사에 대하여 배임행위가 되고, 회사의 이사는 단순히 그것이 경영상의 판단이라는 이유만으로 배임죄의 죄책을 면할 수는 없다.

(2) 사채권자집회의 대표자 등의 특별배임죄

사채권자집회의 대표자 또는 그 결의를 집행하는 자가 그 임무에 위배한 행위로써 재산상의 이익을 취하거나 제3자로 하여금 이를 취득하게 하여 사채권자에게 손해를 가한 때에는 7년 이하의 징역 또는 2천만원 이하의 벌금에 처한다(제623조). 마찬가지로 미수범도 처벌대상이 된다(제624조).

(3) 주요주주 등 이해관계자와의 거래 위반의 죄

상장회사는 주요주주 및 그의 특수관계인 등에 해당하는 자를 상대방으로 하거나 그를 위하여 신용공여(금전 등 경제적 가치가 있는 재산의 대여, 채무이행의 보증, 자금 지원적 성격의 증권 매입, 그밖에 거래상의 신용위험이 따르는 직접적 · 간접적 거래로서 대통령령으로 정하는 거래를 말함)를 하여서는 아니 된다고 규정하고 있는데(제542조의9 제1항), 이를 위반하여 신용공여를 한 자는 5년 이하의 징역 또는 2억 원 이하의 벌금에 처한다(제624조의2).

(4) 회사재산을 위태롭게 하는 죄

회사의 발기인, 업무집행사원, 이사, 집행임원, 감사위원회 위원, 감사, 검사인, 공증인, 감정인 등이 i) 주식 또는 출자의 인수나 납입, 현물출자의 이행 등에 관하여 법원 · 총회 또는 발기인에게 불실한 보고를 하거나 사실을 은폐한 때 ii) 누구의 명의로 하거나를 불문하고 회사의 계산으로 부정하게 그 주식 또는 지분을 취득하거나 질권의 목적으로 이를 받은 때 iii) 법령 또는 정관에 위반하여 이익배당을 한 때 iv) 회사의 영업범위 외에서 투기행위를 하기 위하여 회사재산을 처분한 때에는 5년 이하의 징역 또는 1천500만 원 이하의 벌금에 처한다(제625조).

(5) 부실보고죄 및 부실문서행사죄

회사의 이사, 집행임원, 감사위원회 위원, 감사 또는 직무대행자가 업무와 관련 법원 또는 총회에 부실한 보고를 하거나 사실을 은폐한 경우에는 5년 이하의 징역 또는 1천500만 원 이하의 벌금에 처한다(제626조).

또한 이들이 주식 또는 사채를 모집함에 있어서 중요한 사항에 관하여 불실한 기재가 있는 주식청약서, 사채청약서, 사업계획서, 주식 또는 사채의 모집에 관한 광고 기타의 문서를 행사한 때에는 5년 이하의 징역 또는 1천500만원 이하의 벌금에 처한다(제627조).

(6) 납입가장죄

회사의 발기인, 업무집행사원, 이사, 집행임원, 감사위원회 위원, 감사 등이 납입 또는 현물출자의 이행을 가장하는 행위를 한 때에는 5년 이하의 징역 또는 1천500만원 이하의 벌금에 처한다(제628조 제1항). 이 행위에 응하거나 이를 중개한 자도 마찬가지다(위 조 제2항).

(7) 독직죄

회사의 발기인, 업무집행사원, 이사, 집행임원, 감사위원회 위원, 감사, 검사인, 감정인 등이 그 직무에 관하여 부정한 청탁을 받고 재산상의 이익을 수수, 요구 또는 약속한 때에는 5년 이하의 징역 또는 1천500만원 이하의 벌금에 처한다(제630조 제1항). 이 이익을 약속, 공여 또는 공여의 의사를 표시한 자도 마찬가지다(위 조 제2항).

(8) 과태료

회사의 발기인, 설립위원, 업무집행사원, 업무집행자, 이사, 집행임원, 감사, 감사위원회 위원, 외국회사의 대표자, 검사인 등이 등기, 공고 또는 통지를 게을리 하거나 부정한 공고 또는 통지를 한 경우에는 500만원 이하의 과태료를 부과한다(제635조).[20)]

8 세법상 가산세

'가산세'는 세법에서 규정하는 의무의 성실한 이행을 확보하기 위하여 세법에 따라 산출한 세액에 가산하여 징수하는 금액으로(국세기본법 제2조 제24호), 이는 납세의무자에게 부여된 협력의무 위반에 대한 책임을 묻는 행정제재를 조세의 형태로 구성한 것이다(헌법재판소 2003. 9.25. 2003헌바16 결정).

가산세는 무신고 가산세(국세기본법 제47조의2), 과소신고가산세 또는 초과환급신고가산세(제47조의3), 납부불성실 또는 환급불성실가산세(47조의4), 원천징수납부 등 불성실가산세조의5(제47조의5) 등이 있다. 부정행위에 따른 것일 경우 가산세 세율은 100분의 40이다.

이 경우 **'부정행위'란 조세범처벌법 제3조 제6항에서 규정하고 있는 「사기나 그 밖의 부정한 행위」 중 조세의 부과와 징수를 불가능하게 하거나 현저히 곤란하게 하는 적극적 행위를 말한다**(국세기본법 시행령 제12조의2).

사기나 그 밖의 부정한 행위란 i) 이중장부의 작성 등 장부의 거짓 기장 ii) 거짓 증빙 또는 거짓 문서의 작성 및 수취 iii) 장부와 기록의 파기 iv) 재산의 은닉, 소득 · 수익 · 행위 · 거래의 조작 또는 은폐 v) 고의적으로 장부를 작성하지 아니하거나 비치하지 아니하는 행위 또는 계산서, 세금계산서 또는 계산서합계표, 세금계산서합계표의 조작 vi) 「조세

---

20) 그러나 그 행위에 대하여 형(刑)을 과할 때에는 그러하지 아니하다(제635조).

특례제한법」 제5조의2 제1호에 따른 전사적 기업자원 관리설비의 조작 또는 전자세금계산서의 조작 vii) 그밖에 위계(僞計)에 의한 행위 또는 부정한 행위를 포함한다.

한편 국세기본법은 정당한 사유가 있는 경우에는 가산세를 부과하지 않는다는 규정을 두고 있다. 한편 판례는 유상증자 과정에서 발생한 증여세 신고와 관련 납세자의 법령의 부지나 오인은 정당한 사유에 포함되지 않는다고 한다.

대법원 2016.3.24. 선고2013두15385 판결

세법상 가산세는 과세권의 행사 및 조세채권의 실현을 용이하게 하기 위하여 납세자가 정당한 이유 없이 법에 규정된 신고 · 납세의무 등을 위반한 경우에 법이 정하는 바에 의하여 부과하는 행정상의 제재로서 납세자의 고의 · 과실은 고려되지 아니하는 것이고, **법령의 부지 또는 오인은 그 정당한 사유에 해당한다고 볼 수 없으며,** 또한 납세의무자가 세무공무원의 잘못된 설명을 믿고 그 신고 · 납부의무를 이행하지 아니하였다 하더라도 그것이 관계 법령에 어긋나는 것임이 명백한 때에는 그러한 사유만으로는 정당한 사유가 있는 경우에 해당한다고 할 수 없다.

원심이 적법하게 채택한 증거에 의하면, 2008. 3. ㅇㅇ청이 출간한 'ㅇㅇ집'(국세통합정보시스템에도 게재되어 있다)에도 유상취득, 유상증자, 무상증자, 주식배당 등으로 취득한 주식에 대한 상장시세차익 전부가 증여세 과세대상에 해당하는 것으로 기재되어 있던 사실 등을 알 수 있을 뿐만 아니라, 상증세법 제41조의3 제1항 및 제6항의 문언내용과 그 입법취지 등에 비추어 이 사건 유상신주의 상장차익이 증여세 과세대상에 해당함은 분명한 것으로 보이며, EEE에 대한 통합조사를 실시한 세무공무원이 이를 증여세 과세대상에 해당하지 않는 것으로 잘못 알고 그 당시 증여세를 부과하지 않기로 하였다고 하더라도 이는 세무공무원의 잘못된 법령해석에 기인한 것이므로 원고들이 이를 신뢰하였다고 하더라도 그것은 관계 법령에 어긋나는 것임이 명백하여 그러한 사유만으로는 가산세를 면할 정당한 사유가 있는 경우에 해당한다고 할 수 없다.

그런데도 원심은 이와 달리 원고들에게 이 사건 유상신주의 상장차익에 대한 증여세 신고 · 납부를 게을리 한 것을 탓할 수 없는 정당한 사유가 있었다고 보아 이 사건 처분 중 가산세 부분이 위법하다고 판단하였으니, 이러한 원심판단에는 가산세를 면할 정당한 사유에 관한 법리를 오해하여 판결에 영향을 미친 위법이 있다. 이 점을 지적하는 상고이유의 주장은 이유 있다.

부 록 1

Company law and tax

삼성전자 정관(2016년)

 일부내용은 삭제하였음

제1장 총칙

제1조(상호)

이 회사는 삼성전자주식회사라 하고 영문으로는 SAMSUNG ELECTRONICS CO.,LTD.라 표기한다.

제2조(목적)

이 회사는 다음의 사업을 경영함을 목적으로 한다.

1. 전자전기기계기구 및 관련기기와 그 부품의 제작, 판매, 수금대행 및 임대, 서비스업
2. 통신기계기구 및 관련기기와 그 부품의 제작, 판매, 수금대행 및 임대, 서비스업
3. 의료기기의 제작 및 판매업
4. 광디스크 및 광원응용기계기구와 그 부품의 제작, 판매, 서비스업
5. 광섬유, 케이블 및 관련 기기의 제조, 판매, 임대, 서비스업
6. 전자계산조직 및 동 관련 제품의 제조, 판매, 수금대행 및 임대, 서비스업
7. 저작물, 컴퓨터 프로그램 등의 제작, 판매, 임대업
8. 노우하우, 기술의 판매, 임대업
9. 정보통신 시스템에 관련된 구성 및 운영과 역무의 제공
10. 자동제어기기 및 응용설비의 제작, 판매, 임대, 서비스업
11. 공작기계 및 부품의 제작, 판매, 임대, 서비스업
12. 반도체 및 관련 제품의 제조, 판매업
13. 반도체 제조 장치의 제조, 판매업
14. 반도체 제조를 위한 원부자재의 제조, 판매업
15. 기타기계기구의 제작 및 판매업
16. 합성수지의 제조, 가공 및 판매업
17. 금을 제외한 금속의 제련가공 및 판매업
18. 수출입업 및 동 대행업
19. 경제성 식물의 재배 및 판매업
20. 부동산업
21. 물품 매도 확약서 발행업

22. 계량기, 측정기 등의 교정 검사업 및 제작, 판매업
23. 전 각항의 기술용역, 정보통신 공사업 및 전기공사업
24. 주택사업 임대 및 분양
25. 운동, 경기 및 기타 관련사업
26. 전동기, 발전기 및 전기변환장치 제조업
27. 전기공급 및 제어장치 제조업
28. 교육 서비스업 및 사업 관련 서비스업
29. 각 항에 관련된 부대사업 및 투자

제3조(소재지)

이 회사는 본점을 경기도 수원시에 두고 필요에 따라 이사회 또는 이사회로부터 위임받은 위원회의 결의로 국내외의 적당한 지역에 공장, 지점, 출장소 또는 영업소를 둘 수 있다.

제4조(공고방법)

이 회사의 공고는 서울특별시 내에서 발행하는 일간「중앙일보」에 게재한다.

제2장 주식 및 사채

제5조(수권자본)

이 회사가 발행할 주식의 총수는 오억주로 한다.

제6조(일주의 금액)

이 회사가 발행하는 주식의 일주 금액은 오천원으로 한다.

제7조(회사의 설립 시 발행하는 주식의 총수)

이 회사의 설립 시 발행하는 주식의 총수는 삼만삼천주로 한다.

제8조(주식 및 주권의 종류)

① 이 회사가 발행할 주식의 종류는 기명식 보통주식과 기명식 우선주식으로 한다.

② 이 회사가 발행할 우선주식은 누적적이며 의결권이 없는 것으로 하고 그 수는 일억주로 한다.

③ 우선주식에 대하여는 발행 시 이사회 또는 이사회로부터 위임받은 위원회의 결의로 액면금액을 기준으로 하여 연 9% 이상으로 우선배당률을 정한다.

④ 보통주식의 배당률이 우선주식의 배당률을 초과할 경우에는 그 초과분에 대하여 보통주식과 동일한 비율로 참가시켜 배당한다.

⑤ 우선주식의 존속기간은 발행일로부터 10년으로 하고 이 기간만료와 동시에 보통주식으로 전환된다. 그러나 위 기간 중 소정의 배당을 하지 못한 경우에는 소정의 배당을 완료할 때까지 그 기간을 연장한다. 이 경우 전환으로 인하여 발행하는 주식에 대한 이익의 배당에 관하여는 제8조의2의 규정을 준용한다.

⑥ 이 회사가 유상증자, 무상증자, 주식배당을 실시하는 경우, 보통주식에 대하여는 보통주식을 우선주식에 대하여는 동일한 조건의 우선주식을 각 그 소유주식 비율에 따라 발행하는 것을 원칙으로 한다. 다만, 회사는 필요에 따라서 유상증자나 주식배당 시 한가지 종류의 주식만을 발행할 수도 있으며 이 경우 모든 주주는 그 발행되는 주식에 대하여 배정 또는 배당을 받을 권리를 갖는다.

⑦ 이 회사의 주권은 일주권, 오주권, 일십주권, 오십주권, 일백주권, 오백주권, 일천주권, 일만주권의 여덟 가지로 한다.

제8조의2 (신주의 배당 기산일)

이 회사가 유상증자, 무상증자 및 주식배당에 의하여 신주를 발행하는 경우 신주에 대한 이익의 배당에 관하여는 신주를 발행한 때가 속하는 사업연도의 직전 사업연도말에 발행된 것으로 본다.

제8조의3 (주식의 소각)

이 회사는 주주에게 배당할 이익의 범위(다만, 해당 사업연도말 상법 제462조 제1항의 규정에 의한 이익배당을 할 수 있는 한도 안에서 관련 법령이 정하는 금액 이하이어야 한다)내에서 관련 법령이 정하는 바에 따라 이사회의 결의로 이 회사의 주식을 소각할 수 있다.

제9조(명의개서대리인)

① 이 회사는 주식의 명의개서대리인을 둘 수 있다.

② 명의개서대리인 및 그 사무취급장소와 대행업무의 범위는 이사회 또는 이사회로부터 위임받은 위원회의 결의로 정하고 이를 공고한다.

③ 이 회사는 주주명부 또는 그 복본을 명의개서대리인의 사무취급장소에 비치하고, 주식의 명의개서, 질권의 등록 또는 말소, 신탁재산의 표시 또는 말소, 주권의 발행, 신고의 접수, 기타 주식에 관한 사무는 명의개서대리인으로 하여금 취급케 한다.

제9조의2 (주주등의 주소, 성명 및 인감 또는 서명 등 신고)

① 주주와 등록질권자는 그 성명, 주소 및 인감 또는 서명 등을 제9조의 명의개서대리인에게 신고하여야 한다.

② 외국에 거주하는 주주와 등록질권자는 대한민국 내에 통지를 받을 장소와 대리인을 정하여 신고하여야 한다.

③ 제1항 및 제2항의 변동이 생긴 경우에도 같다.

제11조(신주인수권)

① 이 회사가 발행할 신주의 주주인수에 관하여는 제8조 제6항에서 정하는 바에 따라 그 소유주식수에 비례하여 신주를 배정하며, 주주가 신주인수권을 포기 또는 상실하거나 신주배정 시 단수주가 발생하였을 경우에는 관련 법령에서 정하는 바에 따라 이사회결의로 이를 처리한다.

② 제1항의 규정에도 불구하고 다음 각호의 경우에는 주주 외의 자에게 신주를 배정할 수 있다.

1. 자본시장과 금융투자업에 관한 법률 등 관련 법령의 규정에 의하여 이사회의 결의로 신주를 모집하거나 인수인에게 인수하게 하는 경우
2. 자본시장과 금융투자업에 관한 법률 등 관련 법령의 규정에 의하여 이사회의 결의로 우리사주조합원에게 신주를 우선 배정하는 경우
3. 자본시장과 금융투자업에 관한 법률 등 관련 법령의 규정에 의하여 이사회의 결의로 주식예탁증서(DR) 발행에 따라 신주를 발행하는 경우
4. 제11조의3에 의하여 일반공모증자방식으로 신주를 발행하는 경우
5. 제11조의4에 의하여 주식매수선택권의 행사로 인하여 신주를 발행하는 경우
6. 긴급한 자금의 조달을 위하여 국내외 금융기관 또는 기술 도입 등을 필요로 그 제휴회

사에게 이사회 결의로 회사의 보통주식 또는 우선주식을 발행주식총수의 100분의 20을 초과하지 않는 범위 내에서 신주를 발행하는 경우. 다만, 이 경우 신주의 발행가격은 자본시장과 금융투자업에 관한 법률 등 관련 법령의 규정에서 정하는 가격 이상으로 한다.

제11조의3 (일반공모증자)

① 이 회사는 발행주식총수의 100분의 20을 초과하지 않는 범위 내에서 자본시장과 금융투자업에 관한 법률 제165조의6 제1항 제3호의 규정에서 정하는 방법에 따라 이사회의 결의로 일반공모증자방식에 의하여 신주를 발행할 수 있다.
② 일반공모증자방식에 의하여 신주를 발행하는 경우에는 발행할 주식의 종류와 수 및 발행가격 등은 이사회의 결의로써 정한다. 다만, 이 경우 신주의 발행가격은 자본시장과 금융투자업에 관한 법률 등 관련 법령의 규정에서 정하는 가격 이상으로 한다.

제11조의4 (주식매수선택권)

① 이 회사는 임 · 직원(상법 제542조의3 제1항에서 규정하는 관계회사의 임 · 직원을 포함한다. 이하 이 조에서 같다)에게 상법이 허용하는 한도 내에서 상법 제542조의3의 규정에 의한 주식매수선택권을 주주총회의 특별결의로 부여할 수 있다. 다만, 관련 법령이 정하는 한도까지 임 · 직원(이 회사의 이사를 제외한다)에게 이사회 결의로써 주식매수선택권을 부여할 수 있다.
② 주식매수선택권을 부여받을 자는 회사의 설립 · 경영 · 해외영업 또는 기술혁신 등에 기여하거나 기여할 수 있는 임 · 직원으로 하되 관련 법령에서 주식매수선택권을 부여받을 수 없는 자로 규정한 임 · 직원은 제외한다.
③ 주식매수선택권의 행사로 교부할 주식(주식매수선택권의 행사가격과 시가와의 차액을 현금 또는 자기주식으로 교부하는 경우에는 그 차액의 산정기준이 되는 주식을 말한다)은 기명식 보통주식 또는 기명식 우선주식으로 한다.
④ 주식매수선택권의 행사로 교부할 수 있는 주식의 총수는 관련 법령에서 허용하는 한도까지로 한다.
⑤ 주식매수선택권은 이를 부여하는 주주총회 또는 이사회의 결의일로부터 2년이 경과한 날로부터 8년 이내에서 각 해당 주주총회 또는 해당 이사회의 결의로 정하는 행사만료일까지 행사할 수 있다. 단, 이 경우 주식매수선택권을 부여받은 자는 관련 법령이 정하는 경우를 제외하고는 본문의 규정에 의한 결의일로부터 2년 이상 재임 또는 재직하여야 이를 행사할 수 있다.

⑥ 주식매수선택권의 내용, 행사가격 등 주식매수선택권의 조건은 관련 법령 및 정관이 정하는 바에 따라 주주총회의 특별결의 또는 이사회 결의로 정하되, 관련 법령 및 정관에서 주주총회 또는 이사회의 결의사항으로 규정하지 않은 사항은 이사회 또는 이사회로부터 위임받은 위원회에서 결정할 수 있다.

⑦ 다음 각호의 1에 해당하는 경우에는 이사회의 결의로 주식매수선택권의 부여를 취소할 수 있다.

1. 임 · 직원이 주식매수선택권을 부여받은 후 임의로 퇴임하거나 퇴직한 경우
2. 임 · 직원이 고의 또는 과실로 회사에 중대한 손해를 초래하게 한 경우
3. 기타 주식매수선택권부여계약에서 정한 취소 사유가 발생한 경우

제15조(주주명부의 폐쇄 및 기준일)

① 이 회사는 매 결산기 최종일의 익일부터 1개월간 주식의 명의개서, 질권의 등록 또는 말소와 신탁재산의 표시 또는 말소를 정지한다. 다만, 회사는 부득이한 경우 3월을 초과하지 아니하는 기간 내에서 주주명부 폐쇄기간을 조정할 수 있으며 이 경우에는 폐쇄기간 2주간전에 신문에 공고를 한다.

② 이 회사는 매 결산기 최종일의 주주명부에 기재되어 있는 주주로 하여금 정기주주총회에서 그 권리를 행사하게 한다.

③ 임시주주총회의 소집 기타 필요한 경우에는 이사회 또는 이사회로부터 위임받은 위원회의 결의에 의하여 이를 2주간전에 공고한 후 3월을 초과하지 않는 일정한 기간을 정하여 주주명부를 폐쇄하거나 기준일을 정할 수 있다. 그러나 이사회 또는 이사회로부터 위임받은 위원회가 필요하다고 인정하는 경우에는 주주명부를 폐쇄하거나 기준일을 함께 정할 수 있다.

제15조의2 (소수주주에 대한 보호)

① 주주는 상법 및 관련 법령에 따라 단독주주 및 소수주주로서의 권한을 가지며 회사의 경영진은 그 권한을 존중하여야 한다.

② 상법 제466조 제1항 또는 상법 제542조의6 제4항에 규정된 주주는 회사에 대하여 이유를 붙인 서면으로 이사의 업무집행, 재산상태, 기타 회사의 경영에 관한 중요한 사항에 대하여 설명을 청구할 수 있고, 회사는 질의사항에 대하여 설명하는 것이 회사 및 주주 공동의 이익을 현저하게 해하거나 회사의 기밀을 유출할 우려가 있는 경우가 아닌 한 이에 대하여 15일이내에 서면으로 회신하고 관련 정보를 제공하여야 한다.

第16조(전환사채의 발행)

① 이 회사가 발행할 전환사채의 주주인수에 관하여는 제8조 제6항에서 정하는 바에 따라 그 소유주식수에 비례하여 배정하며, 주주가 그 인수권을 포기 또는 상실하거나 배정시 단수가 발생하였을 경우에는 관련 법령에서 정하는 바에 따라 이사회 결의로 이를 처리한다. 단, 회사는 주주의 인수권을 제한하여서라도 긴급한 자금조달, 해외전환사채의 발행이나 전략적 제휴 등이 필요한 경우, 자본시장과 금융투자업에 관한 법률 등 관련 법령의 규정에 의하여 이사회의 결의로 액면총액이 4조원을 초과하지 않는 범위 내에서 주주 외의 자에게 전환사채를 발행할 수 있다.

② 제1항의 전환사채에 있어서 이사회는 그 일부에 대해서만 전환권을 부여하는 조건으로도 이를 발행할 수 있다.

③ 제1항 단서의 규정에 따라 주주 외의 자에게 전환사채를 발행할 경우, 전환으로 인하여 발행하는 주식은 사채의 액면총액 중 3조원은 보통주식으로 1조원은 우선주식으로 하고 전환가액은 주식의 액면가액 또는 그 이상의 가액으로 사채발행 시 이사회가 정한다.

④ 전환을 청구할 수 있는 기간은 해당 사채의 발행일 익일부터 그 상환기일의 직전일까지로 한다. 다만, 위 기간 내에서 이사회의 결의로써 그 기간을 조정할 수 있다.

⑤ 전환으로 인하여 발행된 주식에 대한 이익의 배당에 관하여는 제8조의2의 규정을 준용한다.

第16조의2 (신주인수권부사채의 발행)

① 이 회사가 발행할 신주인수권부사채의 주주인수에 관하여는 제8조 제6항에서 정하는 바에 따라 그 소유주식수에 비례하여 배정하며, 주주가 그 인수권을 포기 또는 상실하거나 배정시 단수가 발생하였을 경우에는 관련 법령에서 정하는 바에 따라 이사회 결의로 이를 처리한다. 단, 회사는 주주의 인수권을 제한하여서라도 긴급한 자금조달, 해외신주인수권부사채의 발행이나 전략적 제휴 등이 필요한 경우, 자본시장과 금융투자업에 관한 법률 등 관련 법령의 규정에 의하여 이사회의 결의로 액면총액이 2조원을 초과하지 않는 범위 내에서 주주 외의 자에게 신주인수권부사채를 발행할 수 있다.

② 신주인수를 청구할 수 있는 금액은 사채의 액면총액을 초과하지 않는 범위 내에서 이사회가 정한다.

③ 제1항 단서의 규정에 따라 주주 외의 자에게 신주인수권부사채를 발행할 경우 신주인수권의 행사로 발행하는 주식은 사채의 액면총액 중 일조오천억원은 보통주식으로 오천억원은 우선주식으로 하고 그 발행가액은 액면금액 또는 그 이상의 가액으로 사채발행 시 이사회

가 정한다.

④ 신주인수권을 행사할 수 있는 기간은 당해 사채의 발행일 익일부터 그 상환 기일의 직전 일까지로 한다. 다만, 위 기간 내에서 이사회의 결의로써 그 기간을 조정할 수 있다.

⑤ 신주인수권부사채에 있어서 신주인수권의 행사로 인하여 발행된 주식에 대한 이익의 배당에 관하여는 제8조의2의 규정을 준용한다.

제3장 주주총회

제17조(소집시기)

① 이 회사의 주주총회는 정기주주총회와 임시주주총회로 한다.

② 정기주주총회는 매 사업연도 종료 후 3월이내에, 임시주주총회는 필요에 따라 소집한다.

제17조의2 (소집절차)

① 주주총회의 소집은 법령에 다른 규정이 있는 경우를 제외하고는 이사회 또는 이사회로부터 위임받은 위원회의 결의에 따라 대표이사가 한다.

② 대표이사가 직무를 수행할 수 없는 경우에는 제27조 제2항의 규정을 준용한다.

제17조의3 (소집통지 및 공고)

① 주주총회를 소집함에는 그 일시, 장소 및 회의의 목적사항을 총회일 2주간 전에 주주에게 서면 또는 전자문서로 통지를 발송하여야 한다.

② 상법 제542조의4 제1항에서 규정하는 일정 수 이하의 주식을 소유한 주주에 대한 주주총회 소집통지는 2주간 전에 주주총회를 소집한다는 뜻과 회의목적사항을 일간중앙일보와 헤럴드경제신문에 2회 이상 공고하거나 금융감독원 또는 한국거래소가 운용하는 전자공시 시스템에 공고함으로써 제1항의 소집통지에 갈음할 수 있다.

제18조(소집지)

주주총회는 본점 소재지 또는 이의 인접지 이외에 서울특별시에서도 개최할 수 있다.

제19조(의장)

① 주주총회의 의장은 대표이사로 한다. 다만, 대표이사가 수인인 경우에는 이사회에서 정한다.

② 대표이사가 직무를 수행할 수 없는 경우에는 제27조 제2항의 규정을 준용한다.

제19조의2 (의장의 질서유지권)

① 주주총회의 의장은 고의로 의사진행을 방해하기 위한 발언 · 행동을 하는 등 현저히 질서를 문란하게 하는 자에 대하여 그 발언의 정지 또는 퇴장을 명할 수 있다.
② 주주총회의 의장은 의사진행의 원활을 기하기 위하여 필요하다고 인정할 때에는 주주의 발언의 시간 및 횟수를 제한할 수 있다.

제20조(의결권)

각 주주의 의결권은 법령에 따른 규정이 있는 경우 외에는 소유주식 1주에 대하여 1개로 한다.

제21조(결의방법)

주주총회의 결의는 법령에 다른 정함이 있는 경우를 제외하고는 출석한 주주의 의결권의 과반수로 하되 발행주식총수의 4분의 1 이상의 수로 하여야 한다.

제22조(의결권의 대리행사)

① 주주는 대리인으로 하여금 그 의결권을 행사하게 할 수 있다. 이 경우 대리인은 주주총회 개시 전에 이 회사에 위임장을 제출하여야 한다.
② 주주의 법정대리인이 제1항의 대리권을 다른 주주에게 위임할 경우에는 그 대리권을 증명하는 자격증명서도 같이 첨부제출하여야 한다.
③ 주주는 그 내용이 명시된 일통의 위임장으로써 총회에 관한 포괄대리권을 줄 수 있다.

제23조(의사록)

주주총회의 의사진행에 관하여는 그 경과요령과 결과를 의사록에 기재하고 의장과 출석한 이사가 기명날인 또는 서명을 하여야 한다.

제4장 이사, 이사회 및 위원회

第24조(이사의 선임)

① 이 회사는 이사 3인 이상 14인 이하를 두되 주주총회에서 이를 선임한다. 다만, 사외이사는 사외이사후보추천위원회의 추천을 받은 자 중에서 선임한다.

② 이 회사의 대표이사는 이사회에서 선임하며 대표이사는 각자 회사를 대표한다.

③ 이 회사는 이사회 또는 이사회로부터 위임받은 위원회의 결의로써 회장, 부회장, 사장, 부사장, 전무이사 및 상무이사 약간 명을 선출할 수 있다.

④ 선임은 관련 법령에 다른 정함이 있는 경우를 제외하고는 출석한 주주의 의결권의 과반수로 하되 발행주식총수의 4분의 1 이상의 수로 하여야 한다.

⑤ 사외이사는 경영, 경제, 회계, 법률 또는 관련 기술 등에 관한 전문지식이나 경험이 풍부한 자로서 상법 등 관련 법령에서 정한 자격을 갖춘 자라야 한다.

⑥ 2인 이상의 이사를 선임하는 경우에는 상법 제382조의2에서 규정하는 집중투표제를 적용하지 아니한다.

第25조(이사의 임기)

이사 및 사외이사의 임기는 3년으로 한다. 그러나 그 임기가 최종의 결산기 종료 후 그 결산기에 관한 정기주주총회 전에 만료될 경우에는 그 총회의 종결시까지 그 임기를 연장한다.

第26조(이사의 보선)

① 이사의 결원이 생긴 때에는 주주총회에서 이를 선임한다. 그러나 제24조에서 정하는 원수를 결하지 아니하고 업무 수행상 지장이 없는 경우에는 그러하지 아니한다.

② 2인 이상의 이사를 보선하는 경우에는 상법 제382조의2에서 규정하는 집중투표제를 적용하지 아니한다.

第27조(이사의 직무)

① 대표이사는 이사회에서 결정한 업무를 집행하고 회사의 모든 업무를 통괄한다.

② 사장, 부사장, 전무이사, 상무이사 및 이사는 대표이사를 보좌하며 이사회 또는 이사회로부터 위임받은 위원회에서 정하는 바에 따라 그 소관 업무를 담당 수행한다. 대표이사가 직무를 수행할 수 없는 경우에는 이사회에서 정하는 바에 따라 그 직무를 대행한다.

第27조의2 (이사의 선관주의의무)

이사는 업무 수행 시 선량한 관리자의 주의를 기울여야 한다.

第27조의3 (이사의 충실의무)

이사는 법령과 정관의 규정에 따라 회사를 위하여 그 직무를 충실하게 수행하여야 한다.

第28조(이사회)

이사회는 이사로 구성하며 이 회사 업무의 중요사항을 결의한다.

第28조의2 (위원회)

① 이사회의 결의로 이사회 내에 다음 각호의 위원회를 설치할 수 있다.
   1. 경영위원회
   2. 감사위원회
   3. 사외이사후보추천위원회
   4. 기타 이사회가 필요하다고 인정하는 위원회

② 각 위원회의 권한, 운영 등에 관하여는 관련 법령에 다른 정함이 있는 경우를 제외하고는 이사회의 결의로 정한다.

③ 위원회에 대해서는 第30조, 第31조 및 第31조의2 규정을 준용한다.

第28조의3 (경영위원회)

① 이사회 결의로 第28조의2의 규정에 따른 경영위원회를 설치할 수 있다.

② 경영위원회는 이사회의 규정 및 결의에 따라 그 업무를 수행하여야 하며, 그 외 수시로 이사회가 위임한 사안에 대하여 심의하고 결의한다.

③ 경영위원회의 구성, 운영 등에 관한 상세한 사항은 이사회에서 정한다.

④ 이사회는 경영위원회의 업무수행을 감독하여야 하며 그 책임은 경영위원회에 위임하였다는 이유로 경감되지 아니한다.

第28조의4 (감사위원회)

① 이사회의 결의로 第28조의2의 규정에 따른 감사위원회를 설치할 수 있다.

② 감사위원회의 구성, 운영 등에 관한 상세한 사항은 이사회에서 정한다.

제28조의5 (사외이사후보추천위원회)

① 이사회의 결의로 제28조의2의 규정에 따른 사외이사후보추천위원회를 설치할 수 있다.
② 사외이사후보추천위원회의 구성, 운영 등에 관한 상세한 사항은 이사회에서 정한다.

제29조(이사회의 의장)

이사회의 의장은 이사회의 결의를 거쳐 이사 중에서 선임한다.

제30조(이사회의 소집)

① 이사회는 의장이 소집하며 의장은 회일을 정하여 늦어도 24시간전에 각 이사에게 문서, 전자문서 또는 구두로써 통지하여야 한다. 다만, 이사 전원의 동의가 있을 때에는 소집절차를 생략할 수 있다.
② 각 이사는 업무 수행상 필요하다고 인정되는 경우 의장의 동의를 얻어 이사회를 소집할 수 있다. 이때에도 전항의 규정을 준용한다.

제31조(이사회 결의)

이사회의 결의는 관련 법령에 다른 정함이 있는 경우를 제외하고는 이사 과반수의 출석과 출석이사 과반수로서 하며 이사회 결의에 관하여 특별 이해관계가 있는 이사는 의결권을 행사하지 못한다.

제31조의2 (이사회 의사록)

이사회의 의사에 관하여 의사록을 작성하며, 의사록에는 의사의 안건, 경과요령, 그 결과, 반대하는 자와 그 반대하는 이유를 기재하고 의장과 출석한 이사가 기명날인 또는 서명을 하여야 한다.

제32조(이사의 경업금지)

이사는 이사회 또는 이사회로부터 위임받은 위원회의 승인이 없으면 이 회사와 동일한 종류의 영업행위를 할 수 없다. 그러나 경업 중에 있음을 알고 이사로 선임한 때에는 그러하지 아니한다.

제34조(이사의 보수)

이사의 보수한도는 주주총회의 결의로써 이를 정한다.

제35조(이사의 퇴직금)

이사의 퇴직금 지불은 별도로 정하는 임원퇴직금 지급규정에 의한다.

제5장 계산

제37조(사업연도)

이 회사의 사업연도는 매년 1월 1일부터 12월 31일까지 연1회로 하며 매 기말에 결산을 행한다.

제38조(이익금의 처분)

이 회사는 매 사업연도말의 미처분이익잉여금을 다음과 같이 처분한다.

1. 이익준비금(상법상의 이익준비금)
2. 기타의 법정적립금
3. 배당금
4. 임의적립금
5. 기타의 이익잉여금 처분액

제39조(이익배당 및 분기배당)

① 이익의 배당은 금전과 주식으로 할 수 있다.

② 이익의 배당을 주식으로 하는 경우 회사가 수종의 주식을 발행한 때에는 주주총회의 결의로 그와 다른 종류의 주식으로도 할 수 있다.

③ 이 회사는 사업연도중 3월, 6월 및 9월 말일을 기준일로 하여 이사회의 결의로써 금전으로 이익을 배당할 수 있다.

④ 제1항 및 제3항의 배당은 매 결산기말 또는 분기배당 기준일 현재의 주주명부에 기재된 주주 또는 등록된 질권자에게 지급한다.

⑤ 사업연도 개시일 이후 제3항의 각 기준일 이전에 신주를 발행한 경우(무상증자, 주식배당, 전환사채의 전환청구, 신주인수권부사채의 신주인수권 행사의 경우를 포함한다) 신주에 대한 분기배당에 관하여는 신주를 발행한 때가 속하는 분기의 직전 분기말에 발행된 것으로 본다.

제39조의2(배당금 지급청구권의 소멸시효)

① 배당금의 지급청구권은 5년간 이를 행사하지 아니하면 소멸시효가 완성한다.

② 제1항의 시효의 완성으로 인한 배당금은 이 회사에 귀속한다.

제6장 계열회사 등 특수관계인과의 거래

제40조(내부거래 등의 승인)

① 회사는 다음 각호의 경우에 이사회의 승인을 받아야 한다.

1. 독점규제 및 공정거래에 관한 법률상 특수관계인을 상대로 하거나 동 특수관계인을 위하여 동법 제11조의2의 규정에 따른 대규모내부거래를 하고자 하는 경우
2. 회사의 최대주주(그의 상법상 특수관계인을 포함한다) 및 상법상 특수관계인과 상법 제542조의9 제3항 각호에서 규정하고 있는 거래를 하고자 하는 경우. 다만, 동조 제5항 제2호에 따라 이사회에서 거래총액을 승인받은 경우는 그러하지 아니하다.

② 이사회는 제1항의 거래를 승인함에 있어서는 관련 법령의 취지를 고려하여 합리적인 경영판단을 하여야 한다.

제7장 부칙

제1조(세칙제정)

이 회사는 필요에 따라 이사회 또는 이사회로부터 위임받은 위원회의 결의로써 업무추진 및 경영상 필요한 세칙을 제정 시행할 수 있다.

제2조(상용범위)

이 정관에 규정되지 않은 사항은 상법 기타 법령에 의한다.

제3조(육영문화사업)

이 회사는 적당한 시기에 육영문화사업을 할 수 있다.

제4조(발기인의 주소)

발기인의 주소와 성명은 끝 부분 기재와 같다.

이에 삼성전자주식회사 설립을 위하여 이 정관을 작성하고 발기인 전원이 다음에 기명날인한다.

(이하 생략)

부 록 2

Company law and tax

상법 중 제3편 회사 (2019. 9. 16. 시행)

일부내용은 삭제하였음

제1장 통칙

제169조(회사의 의의) 이 법에서 "회사"란 상행위나 그 밖의 영리를 목적으로 하여 설립한 법인을 말한다.

제170조(회사의 종류) 회사는 합명회사, 합자회사, 유한책임회사, 주식회사와 유한회사의 5종으로 한다.

제171조(회사의 주소) 회사의 주소는 본점소재지에 있는 것으로 한다.

제172조(회사의 성립) 회사는 본점소재지에서 설립등기를 함으로써 성립한다.

제173조(권리능력의 제한) 회사는 다른 회사의 무한책임사원이 되지 못한다.

제174조(회사의 합병)

① 회사는 합병을 할 수 있다.

② 합병을 하는 회사의 일방 또는 쌍방이 주식회사, 유한회사 또는 유한책임회사인 경우에는 합병 후 존속하는 회사나 합병으로 설립되는 회사는 주식회사, 유한회사 또는 유한책임회사이어야 한다.

③ 해산후의 회사는 존립 중의 회사를 존속하는 회사로 하는 경우에 한하여 합병을 할 수 있다.

제175조(동전-설립위원)

① 회사의 합병으로 인하여 신회사를 설립하는 경우에는 정관의 작성 기타 설립에 관한 행위는 각 회사에서 선임한 설립위원이 공동으로 하여야 한다.

제176조(회사의 해산명령)

① 법원은 다음의 사유가 있는 경우에는 이해관계인이나 검사의 청구에 의하여 또는 직권으로 회사의 해산을 명할 수 있다.

1. 회사의 설립목적이 불법한 것인 때
2. 회사가 정당한 사유없이 설립후 1년내에 영업을 개시하지 아니하거나 1년 이상 영업을 휴지하는 때
3. 이사 또는 회사의 업무를 집행하는 사원이 법령 또는 정관에 위반하여 회사의 존속을 허용할 수 없는 행위를 한 때

② 전항의 청구가 있는 때에는 법원은 해산을 명하기 전일지라도 이해관계인이나 검사의 청구에 의하여 또는 직권으로 관리인의 선임 기타 회사재산의 보전에 필요한 처분을 할 수 있다.

③ 이해관계인이 제1항의 청구를 한 때에는 법원은 회사의 청구에 의하여 상당한 담보를 제공할 것을 명할 수 있다.

④ 회사가 전항의 청구를 함에는 이해관계인의 청구가 악의임을 소명하여야 한다.

제177**조(등기기간의 기산점)** 본편의 규정에 의하여 등기할 사항으로서 관청의 허가 또는 인가를 요하는 것에 관하여는 그 서류가 도달한 날로부터 등기기간을 기산한다.

제2장 합명회사

제1절 설립

제178**조(정관의 작성)** 합명회사의 설립에는 2인 이상의 사원이 공동으로 정관을 작성하여야 한다.

제179**조(정관의 절대적 기재사항)** 정관에는 다음의 사항을 기재하고 총사원이 기명날인 또는 서명하여야 한다.

1. 목적
2. 상호
3. 사원의 성명 · 주민등록번호 및 주소
4. 사원의 출자의 목적과 가격 또는 그 평가의 표준
5. 본점의 소재지
6. 정관의 작성년월일

제180**조(설립의 등기)** 합명회사의 설립등기에 있어서는 다음의 사항을 등기하여야 한다.

1. 제179조 제1호 내지 제3호 및 제5호의 사항과 지점을 둔 때에는 그 소재지. 단, 회사를 대표할 사원을 정한 때에는 그 외의 사원의 주소를 제외한다.
2. 사원의 출자의 목적, 재산출자에는 그 가격과 이행한 부분
3. 존립기간 기타 해산사유를 정한 때에는 그 기간 또는 사유
4. 회사를 대표할 사원을 정한 경우에는 그 성명 · 주소 및 주민등록번호
5. 수인의 사원이 공동으로 회사를 대표할 것을 정한 때에는 그 규정

제181**조(지점 설치의 등기)**

① 회사의 설립과 동시에 지점을 설치하는 경우에는 설립등기를 한 후 2주 내에 지점소재지에서 제180조 제1호 본문(다른 지점의 소재지는 제외한다) 및 제3호부터 제5호까지의 사

항을 등기하여야 한다. 다만, 회사를 대표할 사원을 정한 경우에는 그 외의 사원은 등기하지 아니한다.

② 회사의 성립 후에 지점을 설치하는 경우에는 본점소재지에서는 2주 내에 그 지점소재지와 설치 연월일을 등기하고, 그 지점소재지에서는 3주 내에 제180조 제1호 본문(다른 지점의 소재지는 제외한다) 및 제3호부터 제5호까지의 사항을 등기하여야 한다. 다만, 회사를 대표할 사원을 정한 경우에는 그 밖의 사원은 등기하지 아니한다.

제182**조(본점, 지점의 이전등기)**

① 회사가 본점을 이전하는 경우에는 2주간내에 구소재지에서는 신소재지와 이전년월일을, 신소재지에서는 제180조 각호의 사항을 등기하여야 한다.

② 회사가 지점을 이전하는 경우에는 2주 내에 본점과 구지점소재지에서는 신지점소재지와 이전 연월일을 등기하고, 신지점소재지에서는 제180조 제1호 본문(다른 지점의 소재지는 제외한다) 및 제3호부터 제5호까지의 사항을 등기하여야 한다. 다만, 회사를 대표할 사원을 정한 경우에는 그 밖의 사원은 등기하지 아니한다.

제183**조(변경등기)** 제180조에 게기한 사항에 변경이 있는 때에는 본점소재지에서는 2주간 내, 지점소재지에서는 3주간 내에 변경등기를 하여야 한다.

제183**조의**2**(업무집행정지가처분 등의 등기)** 사원의 업무집행을 정지하거나 직무대행자를 선임하는 가처분을 하거나 그 가처분을 변경·취소하는 경우에는 본점 및 지점이 있는 곳의 등기소에서 이를 등기하여야 한다.

제184**조(설립무효, 취소의 소)**

① 회사의 설립의 무효는 그 사원에 한하여, 설립의 취소는 그 취소권있는 자에 한하여 회사성립의 날로부터 2년내에 소만으로 이를 주장할 수 있다.

② 민법 제140조의 규정은 전항의 설립의 취소에 준용한다.

제185**조(채권자에 의한 설립취소의 소)** 사원이 그 채권자를 해할 것을 알고 회사를 설립한 때에는 채권자는 그 사원과 회사에 대한 소로 회사의 설립취소를 청구할 수 있다.

제186**조(전속관할)** 전2조의 소는 본점소재지의 지방법원의 관할에 전속한다.

제187**조(소제기의 공고)** 설립무효의 소 또는 설립취소의 소가 제기된 때에는 회사는 지체없이 공고하여야 한다.

제188**조(소의 병합심리)** 수개의 설립무효의 소 또는 설립취소의 소가 제기된 때에는 법원은 이를 병합심리하여야 한다.

제189조(하자의 보완 등과 청구의 기각) 설립무효의 소 또는 설립취소의 소가 그 심리중에 원인이 된 하자가 보완되고 회사의 현황과 제반사정을 참작하여 설립을 무효 또는 취소하는 것이 부적당하다고 인정한 때에는 법원은 그 청구를 기각할 수 있다.

제190조(판결의 효력) 설립무효의 판결 또는 설립취소의 판결은 제3자에 대하여도 그 효력이 있다. 그러나 판결확정전에 생긴 회사와 사원 및 제3자간의 권리의무에 영향을 미치지 아니한다.

제191조(패소원고의 책임) 설립무효의 소 또는 설립취소의 소를 제기한 자가 패소한 경우에 악의 또는 중대한 과실이 있는 때에는 회사에 대하여 연대하여 손해를 배상할 책임이 있다.

제192조(설립무효, 취소의 등기) 설립무효의 판결 또는 설립취소의 판결이 확정된 때에는 본점과 지점의 소재지에서 등기하여야 한다.

제193조(설립무효, 취소판결의 효과)

① 설립무효의 판결 또는 설립취소의 판결이 확정된 때에는 해산의 경우에 준하여 청산하여야 한다.

② 전항의 경우에는 법원은 사원 기타의 이해관계인의 청구에 의하여 청산인을 선임할 수 있다.

제194조(설립무효, 취소와 회사계속)

① 설립무효의 판결 또는 설립취소의 판결이 확정된 경우에 그 무효나 취소의 원인이 특정한 사원에 한한 것인 때에는 다른 사원 전원의 동의로써 회사를 계속할 수 있다.

② 전항의 경우에는 그 무효 또는 취소의 원인이 있는 사원은 퇴사한 것으로 본다.

③ 제229조 제2항과 제3항의 규정은 전2항의 경우에 준용한다.

제2절 회사의 내부관계

제195조(준용법규) 합명회사의 내부관계에 관하여는 정관 또는 본법에 다른 규정이 없으면 조합에 관한 민법의 규정을 준용한다.

제196조(채권출자) 채권을 출자의 목적으로 한 사원은 그 채권이 변제기에 변제되지 아니한 때에는 그 채권액을 변제할 책임을 진다. 이 경우에는 이자를 지급하는 외에 이로 인하여 생긴 손해를 배상하여야 한다.

제197조(지분의 양도) 사원은 다른 사원의 동의를 얻지 아니하면 그 지분의 전부 또는 일부를 타인에게 양도하지 못한다.

제198조(사원의 경업의 금지)

① 사원은 다른 사원의 동의가 없으면 자기 또는 제3자의 계산으로 회사의 영업부류에 속하

는 거래를 하지 못하며 동종영업을 목적으로 하는 다른 회사의 무한책임사원 또는 이사가 되지 못한다.

② 사원이 전항의 규정에 위반하여 거래를 한 경우에 그 거래가 자기의 계산으로 한 것인 때에는 회사는 이를 회사의 계산으로 한 것으로 볼 수 있고 제3자의 계산으로 한것인 때에는 그 사원에 대하여 회사는 이로 인한 이득의 양도를 청구할 수 있다.

③ 전항의 규정은 회사의 그 사원에 대한 손해배상의 청구에 영향을 미치지 아니한다.

④ 제2항의 권리는 다른 사원 과반수의 결의에 의하여 행사하여야 하며 다른 사원의 1인이 그 거래를 안 날로부터 2주간을 경과하거나 그 거래가 있은 날로부터 1년을 경과하면 소멸한다.

제199조(사원의 자기거래) 사원은 다른 사원 과반수의 결의가 있는 때에 한하여 자기 또는 제삼자의 계산으로 회사와 거래를 할 수 있다. 이 경우에는 민법 제124조의 규정을 적용하지 아니한다.

제200조(업무집행의 권리의무)

① 각 사원은 정관에 다른 규정이 없는 때에는 회사의 업무를 집행할 권리와 의무가 있다.

② 각 사원의 업무집행에 관한 행위에 대하여 다른 사원의 이의가 있는 때에는 곧 행위를 중지하고 총사원과반수의 결의에 의하여야 한다.

제200조의2(직무대행자의 권한)

① 제183조의2의 직무대행자는 가처분명령에 다른 정함이 있는 경우 외에는 법인의 통상업무에 속하지 아니한 행위를 하지 못한다. 다만, 법원의 허가를 얻은 경우에는 그러하지 아니하다.

② 직무대행자가 제1항의 규정에 위반한 행위를 한 경우에도 회사는 선의의 제3자에 대하여 책임을 진다.

제201조(업무집행사원)

① 정관으로 사원의 1인 또는 수인을 업무집행사원으로 정한 때에는 그 사원이 회사의 업무를 집행할 권리와 의무가 있다.

② 수인의 업무집행사원이 있는 경우에 그 각 사원의 업무집행에 관한 행위에 대하여 다른 업무집행사원의 이의가 있는 때에는 곧 그 행위를 중지하고 업무집행사원 과반수의 결의에 의하여야 한다.

제202조(공동업무집행사원) 정관으로 수인의 사원을 공동업무집행사원으로 정한 때에 그 전원의 동의가 없으면 업무집행에 관한 행위를 하지 못한다. 그러나 지체할 염려가 있는 때에는 그러

하지 아니하다.

제203**조(지배인의 선임과 해임)** 지배인의 선임과 해임은 정관에 다른 정함이 없으면 업무집행사원이 있는 경우에도 총사원 과반수의 결의에 의해야 한다.

제204**조(정관의 변경)** 정관을 변경함에는 총사원의 동의가 있어야 한다.

제205**조(업무집행사원의 권한상실선고)**

① 사원이 업무를 집행함에 현저하게 부적임하거나 중대한 의무에 위반한 행위가 있는 때에는 법원은 사원의 청구에 의하여 업무집행권한의 상실을 선고할 수 있다.

② 전항의 판결이 확정된 때에는 본점과 지점의 소재지에서 등기하여야 한다.

제206**조(준용규정)** 제186조의 규정은 전조의 소에 준용한다.

제3절 회사의 외부관계

제207**조(회사대표)** 정관으로 업무집행사원을 정하지 아니한 때에는 각 사원은 회사를 대표한다. 수인의 업무집행사원을 정한 경우에 각 업무집행사원은 회사를 대표한다. 그러나 정관 또는 총사원의 동의로 업무집행사원 중 특히 회사를 대표할 자를 정할 수 있다.

제208**조(공동대표)**

① 회사는 정관 또는 총사원의 동의로 수인의 사원이 공동으로 회사를 대표할 것을 정할 수 있다.

② 전항의 경우에도 제삼자의 회사에 대한 의사표시는 공동대표의 권한 있는 사원 1인에 대하여 이를 함으로써 그 효력이 생긴다.

제209**조(대표사원의 권한)**

① 회사를 대표하는 사원은 회사의 영업에 관하여 재판상 또는 재판외의 모든 행위를 할 권한이 있다.

② 전항의 권한에 대한 제한은 선의의 제삼자에게 대항하지 못한다.

제210**조(손해배상책임)** 회사를 대표하는 사원이 그 업무집행으로 인하여 타인에게 손해를 가한 때에는 회사는 그 사원과 연대하여 배상할 책임이 있다.

제211**조(회사와 사원간의 소에 관한 대표권)** 회사가 사원에 대하여 또는 사원이 회사에 대하여 소를 제기하는 경우에 회사를 대표할 사원이 없을 때에는 다른 사원 과반수의 결의로 선정하여야 한다.

제212**조(사원의 책임)**

① 회사의 재산으로 회사의 채무를 완제할 수 없는 때에는 각 사원은 연대하여 변제할 책임이 있다.

② 회사재산에 대한 강제집행이 주효하지 못한 때에도 전항과 같다.

③ 전항의 규정은 사원이 회사에 변제의 자력이 있으며 집행이 용이한 것을 증명한 때에는 적용하지 아니한다.

제213**조(신입사원의 책임)** 회사성립 후에 가입한 사원은 그 가입 전에 생긴 회사채무에 대하여 다른 사원과 동일한 책임을 진다.

제214**조(사원의 항변)**

① 사원이 회사채무에 관하여 변제의 청구를 받은 때에는 회사가 주장할 수 있는 항변으로 그 채권자에게 대항할 수 있다.

② 회사가 그 채권자에 대하여 상계, 취소 또는 해제할 권리가 있는 경우에는 사원은 전항의 청구에 대하여 변제를 거부할 수 있다.

제215**조(자칭사원의 책임)** 사원이 아닌 자가 타인에게 자기를 사원이라고 오인시키는 행위를 하였을 때에는 오인으로 인하여 회사와 거래한 자에 대하여 사원과 동일한 책임을 진다.

제216**조(준용규정)** 제205조와 제206조의 규정은 회사의 대표사원에 준용한다.

제4절 사원의 퇴사

제217**조(사원의 퇴사권)**

① 정관으로 회사의 존립기간을 정하지 아니하거나 어느 사원의 종신까지 존속할 것을 정한 때에는 사원은 영업년도말에 한하여 퇴사할 수 있다. 그러나 6월전에 이를 예고하여야 한다.

② 사원이 부득이한 사유가 있을 때에는 언제든지 퇴사할 수 있다.

제218**조(퇴사원인)** 사원은 전조의 경우 외에 다음의 사유로 인하여 퇴사한다.

1. 정관에 정한 사유의 발생
2. 총사원의 동의
3. 사망
4. 금치산
5. 파산
6. 제명

제219조(사원사망 시 권리승계의 통지)

① 정관으로 사원이 사망한 경우에 그 상속인이 회사에 대한 피상속인의 권리의무를 승계하여 사원이 될 수 있음을 정한 때에는 상속인은 상속의 개시를 안 날로부터 3월내에 회사에 대하여 승계 또는 포기의 통지를 발송하여야 한다.

② 상속인이 전항의 통지 없이 3월을 경과한 때에는 사원이 될 권리를 포기한 것으로 본다.

제220조(제명의 선고)

① 사원에게 다음의 사유가 있는 때에는 회사는 다른 사원 과반수의 결의에 의하여 그 사원의 제명의 선고를 법원에 청구할 수 있다.

1. 출자의 의무를 이행하지 아니한 때
2. 제198조 제1항의 규정에 위반한 행위가 있는 때
3. 회사의 업무집행 또는 대표에 관하여 부정한 행위가 있는 때, 권한없이 업무를 집행하거나 회사를 대표한 때
4. 기타 중요한 사유가 있는 때

② 제205조 제2항과 제206조의 규정은 전항의 경우에 준용한다.

제221조(제명사원과 회사간의 계산) 제명된 사원과 회사와의 계산은 제명의 소를 제기한 때의 회사재산의 상태에 따라서 하며 그 때부터 법정이자를 붙여야 한다.

제222조(지분의 환급) 퇴사한 사원은 노무 또는 신용으로 출자의 목적으로 한 경우에도 그 지분의 환급을 받을 수 있다. 그러나 정관에 다른 규정이 있는 때에는 그러하지 아니하다.

제223조(지분의 압류) 사원의 지분의 압류는 사원이 장래이익의 배당과 지분의 환급을 청구하는 권리에 대하여도 그 효력이 있다.

제224조(지분 압류채권자에 의한 퇴사청구)

① 사원의 지분을 압류한 채권자는 영업년도말에 그 사원을 퇴사시킬 수 있다. 그러나 회사와 그 사원에 대하여 6월전에 그 예고를 하여야 한다.

② 전항 단서의 예고는 사원이 변제를 하거나 상당한 담보를 제공한 때에는 그 효력을 잃는다.

제225조(퇴사원의 책임)

① 퇴사한 사원은 본점소재지에서 퇴사등기를 하기 전에 생긴 회사채무에 대하여는 등기후 2년내에는 다른 사원과 동일한 책임이 있다.

② 전항의 규정은 지분을 양도한 사원에 준용한다.

제226조(퇴사원의 상호변경청구권) 퇴사한 사원의 성명이 회사의 상호 중에 사용된 경우에는 그 사원은 회사에 대하여 그 사용의 폐지를 청구할 수 있다.

제5절 회사의 해산

제227조(해산원인) 회사는 다음의 사유로 인하여 해산한다.

1. 존립기간의 만료 기타 정관으로 정한 사유의 발생
2. 총사원의 동의
3. 사원이 1인으로 된 때
4. 합병
5. 파산
6. 법원의 명령 또는 판결

제228조(해산등기) 회사가 해산된 때에는 합병과 파산의 경우 외에는 그 해산사유가 있은 날로부터 본점소재지에서는 2주간 내, 지점소재지에서는 3주간 내에 해산등기를 하여야 한다.

제229조(회사의 계속)

① 제227조 제1호와 제2호의 경우에는 사원의 전부 또는 일부의 동의로 회사를 계속할 수 있다. 그러나 동의를 하지 아니한 사원은 퇴사한 것으로 본다.

② 제227조 제3호의 경우에는 새로 사원을 가입시켜서 회사를 계속할 수 있다.

③ 전2항의 경우에 이미 회사의 해산등기를 하였을 때에는 본점소재지에서는 2주간내, 지점소재지에서는 3주간 내에 회사의 계속등기를 하여야 한다.

④ 제213조의 규정은 제2항의 신입사원의 책임에 준용한다.

제230조(합병의 결의) 회사가 합병을 함에는 총사원의 동의가 있어야 한다.

제232조(채권자의 이의)

① 회사는 합병의 결의가 있은 날부터 2주내에 회사채권자에 대하여 합병에 이의가 있으면 일정한 기간 내에 이를 제출할 것을 공고하고 알고 있는 채권자에 대하여는 따로따로 이를 최고하여야 한다. 이 경우 그 기간은 1월 이상이어야 한다.

② 채권자가 제1항의 기간 내에 이의를 제출하지 아니한 때에는 합병을 승인한 것으로 본다.

③ 이의를 제출한 채권자가 있는 때에는 회사는 그 채권자에 대하여 변제 또는 상당한 담보를 제공하거나 이를 목적으로 하여 상당한 재산을 신탁회사에 신탁하여야 한다.

제233조(합병의 등기) 회사가 합병을 한 때에는 본점소재지에서는 2주간 내, 지점소재지에서는 3주간 내에 합병 후 존속하는 회사의 변경등기, 합병으로 인하여 소멸하는 회사의 해산등기, 합병으로 인하여 설립되는 회사의 설립등기를 하여야 한다.

제234조(합병의 효력발생) 회사의 합병은 합병 후 존속하는 회사 또는 합병으로 인하여 설립되는 회사가 그 본점소재지에서 전조의 등기를 함으로써 그 효력이 생긴다.

제235**조(합병의 효과)** 합병 후 존속한 회사 또는 합병으로 인하여 설립된 회사는 합병으로 인하여 소멸된 회사의 권리의무를 승계한다.

제236**조(합병무효의 소의 제기)**

① 회사의 합병의 무효는 각 회사의 사원, 청산인, 파산관재인 또는 합병을 승인하지 아니한 회사채권자에 한하여 소만으로 이를 주장할 수 있다.

② 전항의 소는 제233조의 등기가 있은 날로부터 6월내에 제기하여야 한다.

제237**조(준용규정)** 제176조 제3항과 제4항의 규정은 회사채권자가 전조의 소를 제기한 때에 준용한다.

제238**조(합병무효의 등기)** 합병을 무효로 한 판결이 확정된 때에는 본점과 지점의 소재지에서 합병 후 존속한 회사의 변경등기, 합병으로 인하여 소멸된 회사의 회복등기, 합병으로 인하여 설립된 회사의 해산등기를 하여야 한다.

제239**조(무효판결확정과 회사의 권리의무의 귀속)**

① 합병을 무효로 한 판결이 확정된 때에는 합병을 한 회사는 합병 후 존속한 회사 또는 합병으로 인하여 설립된 회사의 합병 후 부담한 채무에 대하여 연대하여 변제할 책임이 있다.

② 합병 후 존속한 회사 또는 합병으로 인하여 설립한 회사의 합병 후 취득한 재산은 합병을 한 회사의 공유로 한다.

③ 전2항의 경우에 각 회사의 협의로 그 부담부분 또는 지분을 정하지 못한 때에는 법원은 그 청구에 의하여 합병당시의 각 회사의 재산상태 기타의 사정을 참작하여 이를 정한다.

제240**조(준용규정)** 제186조 내지 제191조의 규정은 합병무효의 소에 준용한다.

제241**조(사원에 의한 해산청구)**

① 부득이한 사유가 있는 때에는 각 사원은 회사의 해산을 법원에 청구할 수 있다.

② 제186조와 제191조의 규정은 전항의 경우에 준용한다.

제242**조(조직변경)**

① 합명회사는 총사원의 동의로 일부사원을 유한책임사원으로 하거나 유한책임사원을 새로 가입시켜서 합자회사로 변경할 수 있다.

② 전항의 규정은 제229조 제2항의 규정에 의하여 회사를 계속하는 경우에 준용한다.

제243**조(조직변경의 등기)** 합명회사를 합자회사로 변경한 때에는 본점소재지에서는 2주간내, 지점소재지에서는 3주간 내에 합명회사에 있어서는 해산등기, 합자회사에 있어서는 설립등기를 하여야 한다.

제244조(조직변경에 의하여 유한책임사원이 된 자의 책임) 합명회사사원으로서 제242조 제1항의 규정에 의하여 유한책임사원이 된 자는 전조의 규정에 의한 본점등기를 하기 전에 생긴 회사채무에 대하여는 등기 후 2년 내에는 무한책임사원의 책임을 면하지 못한다.

제6절 청산

제245조(청산 중의 회사) 회사는 해산된 후에도 청산의 목적범위내에서 존속하는 것으로 본다.

제246조(수인의 지분상속인이 있는 경우) 회사의 해산 후 사원이 사망한 경우에 그 상속인이 수인인 때에는 청산에 관한 사원의 권리를 행사할 자 1인을 정하여야 한다. 이를 정하지 아니한 때에는 회사의 통지 또는 최고는 그 중의 1인에 대하여 하면 전원에 대하여 그 효력이 있다.

제247조(임의청산)

① 해산된 회사의 재산처분방법은 정관 또는 총사원의 동의로 이를 정할 수 있다. 이 경우에는 해산사유가 있는 날로부터 2주간 내에 재산목록과 대차대조표를 작성하여야 한다.

② 전항의 규정은 회사가 제227조 제3호 또는 제6호의 사유로 인하여 해산한 경우에는 이를 적용하지 아니한다.

③ 제232조의 규정은 제1항의 경우에 준용한다.

④ 제1항의 경우에 사원의 지분을 압류한 자가 있는 때에는 그 동의를 얻어야 한다.

⑤ 제1항의 회사는 그 재산의 처분을 완료한 날부터 본점소재지에서는 2주간내에, 지점소재지에서는 3주간 내에 청산종결의 등기를 하여야 한다.

제248조(임의청산과 채권자보호)

① 회사가 전조 제3항의 규정에 위반하여 그 재산을 처분함으로써 회사채권자를 해한 때에는 회사채권자는 그 처분의 취소를 법원에 청구할 수 있다.

② 제186조와 민법제406조 제1항 단서, 제2항 및 제407조의 규정은 전항의 취소의 청구에 준용한다.

제249조(지분압류채권자의 보호) 회사가 제247조 제4항의 규정에 위반하여 그 재산을 처분한 때에는 사원의 지분을 압류한 자는 회사에 대하여 그 지분에 상당하는 금액의 지급을 청구할 수 있다. 이 경우에는 전조의 규정을 준용한다.

제250조(법정청산) 제247조 제1항의 규정에 의하여 회사재산의 처분방법을 정하지 아니한 때에는 합병과 파산의 경우를 제외하고 제251조 내지 제265조의 규정에 따라서 청산을 하여야 한다.

제251조(청산인)

①회사가 해산된 때에는 총사원 과반수의 결의로 청산인을 선임한다.

②청산인의 선임이 없는 때에는 업무집행사원이 청산인이 된다.

제252조(법원선임에 의한 청산인) 회사가 제227조 제3호 또는 제6호의 사유로 인하여 해산된 때에는 법원은 사원 기타의 이해관계인이나 검사의 청구에 의하여 또는 직권으로 청산인을 선임한다.

제253조(청산인의 등기)

① 청산인이 선임된 때에는 그 선임된 날로부터, 업무집행사원이 청산인이 된 때에는 해산된 날로부터 본점소재지에서는 2주간내, 지점소재지에서는 3주간내에 다음의 사항을 등기하여야 한다.

1. 청산인의 성명 · 주민등록번호 및 주소. 다만, 회사를 대표할 청산인을 정한 때에는 그 외의 청산인의 주소를 제외한다.
2. 회사를 대표할 청산인을 정한 때에는 그 성명
3. 수인의 청산인이 공동으로 회사를 대표할 것을 정한 때에는 그 규정

② 제183조의 규정은 제1항의 등기에 준용한다.

제254조(청산인의 직무권한)

① 청산인의 직무는 다음과 같다.

1. 현존사무의 종결
2. 채권의 추심과 채무의 변제
3. 재산의 환가처분
4. 잔여재산의 분배

② 청산인이 수인인 때에는 청산의 직무에 관한 행위는 그 과반수의 결의로 정한다.

③ 회사를 대표할 청산인은 제1항의 직무에 관하여 재판상 또는 재판외의 모든 행위를 할 권한이 있다.

④ 민법 제93조의 규정은 합명회사에 준용한다.

제255조(청산인의 회사대표)

① 업무집행사원이 청산인으로 된 경우에는 종전의 정함에 따라 회사를 대표한다.

② 법원이 수인의 청산인을 선임하는 경우에는 회사를 대표할 자를 정하거나 수인이 공동하여 회사를 대표할 것을 정할 수 있다.

제256조(청산인의 의무)

① 청산인은 취임한 후 지체없이 회사의 재산상태를 조사하고 재산목록과 대차대조표를 작성하여 각 사원에게 교부하여야 한다.

② 청산인은 사원의 청구가 있는 때에는 언제든지 청산의 상황을 보고하여야 한다.

제257조(영업의 양도) 청산인이 회사의 영업의 전부 또는 일부를 양도함에는 총사원 과반수의 결의가 있어야 한다.

제258조(채무완제불능과 출자청구)

① 회사의 현존재산이 그 채무를 변제함에 부족한 때에는 청산인은 변제기에 불구하고 각 사원에 대하여 출자를 청구할 수 있다.

② 전항의 출자액은 각 사원의 출자의 비율로 이를 정한다.

제259조(채무의 변제)

① 청산인은 변제기에 이르지 아니한 회사채무에 대하여도 이를 변제할 수 있다.

② 전항의 경우에 이자없는 채권에 관하여는 변제기에 이르기까지의 법정이자를 가산하여 그 채권액에 달할 금액을 변제하여야 한다.

③ 전항의 규정은 이자있는 채권으로서 그 이율이 법정이율에 달하지 못하는 것에 이를 준용한다.

④ 제1항의 경우에는 조건부채권, 존속기간이 불확정한 채권 기타 가액이 불확정한 채권에 대하여는 법원이 선임한 감정인의 평가에 의하여 변제하여야 한다.

제260조(잔여재산의 분배) 청산인은 회사의 채무를 완제한 후가 아니면 회사재산을 사원에게 분배하지 못한다. 그러나 다툼이 있는 채무에 대하여는 그 변제에 필요한 재산을 보류하고 잔여재산을 분배할 수 있다.

제261조(청산인의 해임) 사원이 선임한 청산인은 총사원 과반수의 결의로 해임할 수 있다.

제262조(동전) 청산인이 그 직무를 집행함에 현저하게 부적임하거나 중대한 임무에 위반한 행위가 있는 때에는 법원은 사원 기타의 이해관계인의 청구에 의하여 청산인을 해임할 수 있다.

제263조(청산인의 임무종료)

① 청산인은 그 임무가 종료한 때에는 지체없이 계산서를 작성하여 각 사원에게 교부하고 그 승인을 얻어야 한다.

② 전항의 계산서를 받은 사원이 1월내에 이의를 하지 아니한 때에는 그 계산을 승인한 것으로 본다. 그러나 청산인에게 부정행위가 있는 경우에는 그러하지 아니하다.

제264조(청산종결의 등기) 청산이 종결된 때에는 청산인은 전조의 규정에 의한 총사원의 승인이 있은 날로부터 본점소재지에서는 2주간내, 지점소재지에서는 3주간내에 청산종결의 등기를 하여야 한다.

제266조(장부, 서류의 보존)

① 회사의 장부와 영업 및 청산에 관한 중요서류는 본점소재지에서 청산종결의 등기를 한 후 10년간 이를 보존하여야 한다. 다만, 전표 또는 이와 유사한 서류는 5년간 이를 보존하여야 한다.

② 제1항의 경우에는 총사원 과반수의 결의로 보존인과 보존방법을 정하여야 한다.

제267조(사원의 책임의 소멸시기)

① 제212조의 규정에 의한 사원의 책임은 본점소재지에서 해산등기를 한 후 5년을 경과하면 소멸한다.

② 전항의 기간경과후에도 분배하지 아니한 잔여재산이 있는 때에는 회사채권자는 이에 대하여 변제를 청구할 수 있다.

제3장 합자회사

제268조(회사의 조직) 합자회사는 무한책임사원과 유한책임사원으로 조직한다.

제269조(준용규정) 합자회사에는 본장에 다른 규정이 없는 사항은 합명회사에 관한 규정을 준용한다.

제270조(정관의 절대적 기재사항) 합자회사의 정관에는 제179조에 게기한 사항외에 각 사원의 무한책임 또는 유한책임인 것을 기재하여야 한다.

제271조(등기사항)

① 합자회사의 설립등기를 할 때에는 제180조 각 호의 사항 외에 각 사원의 무한책임 또는 유한책임인 것을 등기하여야 한다.

② 합자회사가 지점을 설치하거나 이전할 때에는 지점소재지 또는 신지점소재지에서 제180조 제1호 본문(다른 지점의 소재지는 제외한다) 및 제3호부터 제5호까지의 사항을 등기하여야 한다. 다만, 무한책임사원만을 등기하되, 회사를 대표할 사원을 정한 경우에는 다른 사원은 등기하지 아니한다.

제272조(유한책임사원의 출자) 유한책임사원은 신용 또는 노무를 출자의 목적으로 하지 못한다.

제273조(업무집행의 권리의무) 무한책임사원은 정관에 다른 규정이 없는 때에는 각자가 회사의 업무를 집행할 권리와 의무가 있다.

제274조(지배인의 선임, 해임) 지배인의 선임과 해임은 업무집행사원이 있는 경우에도 무한책임사원 과반수의 결의에 의하여야 한다.

제275조(유한책임사원의 경업의 자유) 유한책임사원은 다른 사원의 동의없이 자기 또는 제삼자의 계산으로 회사의 영업부류에 속하는 거래를 할 수 있고 동종영업을 목적으로 하는 다른 회사의 무한책임사원 또는 이사가 될 수 있다.

제276조(유한책임사원의 지분양도) 유한책임사원은 무한책임사원 전원의 동의가 있으면 그 지분의 전부 또는 일부를 타인에게 양도할 수 있다. 지분의 양도에 따라 정관을 변경하여야 할 경우에도 같다.

제277조(유한책임사원의 감시권)

① 유한책임사원은 영업년도말에 있어서 영업시간 내에 한하여 회사의 회계장부 · 대차대조표 기타의 서류를 열람할 수 있고 회사 업무와 재산상태를 검사할 수 있다.

② 중요한 사유가 있는 때에는 유한책임사원은 언제든지 법원의 허가를 얻어 제1항의 열람과 검사를 할 수 있다.

제278조(유한책임사원의 업무집행, 회사대표의 금지) 유한책임사원은 회사의 업무집행이나 대표행위를 하지 못한다.

제279조(유한책임사원의 책임)

① 유한책임사원은 그 출자가액에서 이미 이행한 부분을 공제한 가액을 한도로 하여 회사채무를 변제할 책임이 있다.

② 회사에 이익이 없음에도 불구하고 배당을 받은 금액은 변제책임을 정함에 있어서 이를 가산한다.

제280조(출자감소의 경우의 책임) 유한책임사원은 그 출자를 감소한 후에도 본점소재지에서 등기를 하기 전에 생긴 회사채무에 대하여는 등기후 2년내에는 전조의 책임을 면하지 못한다.

제281조(자칭 무한책임사원의 책임)

① 유한책임사원이 타인에게 자기를 무한책임사원이라고 오인시키는 행위를 한 때에는 오인으로 인하여 회사와 거래를 한 자에 대하여 무한책임사원과 동일한 책임이 있다.

② 전항의 규정은 유한책임사원이 그 책임의 한도를 오인시키는 행위를 한 경우에 준용한다.

제282조(책임을 변경한 사원의 책임) 제213조의 규정은 유한책임사원이 무한책임사원으로 된

경우에, 제225조의 규정은 무한책임사원이 유한책임사원으로 된 경우에 준용한다.

제283**조(유한책임사원의 사망)**

① 유한책임사원이 사망한 때에는 그 상속인이 그 지분을 승계하여 사원이 된다.

② 전항의 경우에 상속인이 수인인 때에는 사원의 권리를 행사할 자 1인을 정하여야 한다. 이를 정하지 아니한 때에는 회사의 통지 또는 최고는 그 중의 1인에 대하여 하면 전원에 대하여 그 효력이 있다.

제284**조(유한책임사원의 금치산)** 유한책임사원은 성년후견개시 심판을 받은 경우에도 퇴사되지 아니한다.

제285**조(해산, 계속)**

① 합자회사는 무한책임사원 또는 유한책임사원의 전원이 퇴사한 때에는 해산된다.

② 전항의 경우에 잔존한 무한책임사원 또는 유한책임사원은 전원의 동의로 새로 유한책임사원 또는 무한책임사원을 가입시켜서 회사를 계속할 수 있다.

③ 제213조와 제229조 제3항의 규정은 전항의 경우에 준용한다.

제286**조(조직변경)**

① 합자회사는 사원전원의 동의로 그 조직을 합명회사로 변경하여 계속할 수 있다.

② 유한책임사원전원이 퇴사한 경우에도 무한책임사원은 그 전원의 동의로 합명회사로 변경하여 계속할 수 있다.

③ 전2항의 경우에는 본점소재지에서는 2주간내, 지점소재지에서는 3주간내에 합자회사에 있어서는 해산등기를, 합명회사에 있어서는 설립등기를 하여야 한다.

제287**조(청산인)** 합자회사의 청산인은 무한책임사원 과반수의 의결로 선임한다. 이를 선임하지 아니한 때에는 업무집행사원이 청산인이 된다.

제3장의2 유한책임회사

제1절 설립

제287**조의**2**(정관의 작성)** 유한책임회사를 설립할 때에는 사원은 정관을 작성하여야 한다.

제287**조의**3**(정관의 기재사항)** 정관에는 다음 각 호의 사항을 적고 각 사원이 기명날인하거나 서명하여야 한다.

1. 제179조 제1호부터 제3호까지, 제5호 및 제6호에서 정한 사항
2. 사원의 출자의 목적 및 가액
3. 자본금의 액
4. 업무집행자의 성명(법인인 경우에는 명칭) 및 주소

제287**조의**4(**설립 시의 출자의 이행**)

① 사원은 신용이나 노무를 출자의 목적으로 하지 못한다.

② 사원은 정관의 작성 후 설립등기를 하는 때까지 금전이나 그 밖의 재산의 출자를 전부 이행하여야 한다.

③ 현물출자를 하는 사원은 납입기일에 지체 없이 유한책임회사에 출자의 목적인 재산을 인도하고, 등기, 등록, 그 밖의 권리의 설정 또는 이전이 필요한 경우에는 이에 관한 서류를 모두 갖추어 교부하여야 한다.

제287**조의**5(**설립의 등기 등**)

① 유한책임회사는 본점의 소재지에서 다음 각 호의 사항을 등기함으로써 성립한다.

1. 제179조 제1호 · 제2호 및 제5호에서 정한 사항과 지점을 둔 경우에는 그 소재지
2. 제180조 제3호에서 정한 사항
3. 자본금의 액
4. 업무집행자의 성명, 주소 및 주민등록번호(법인인 경우에는 명칭, 주소 및 법인등록번호). 다만, 유한책임회사를 대표할 업무집행자를 정한 경우에는 그 외의 업무집행자의 주소는 제외한다.
5. 유한책임회사를 대표할 자를 정한 경우에는 그 성명 또는 명칭과 주소
6. 정관으로 공고방법을 정한 경우에는 그 공고방법
7. 둘 이상의 업무집행자가 공동으로 회사를 대표할 것을 정한 경우에는 그 규정

② 유한책임회사가 지점을 설치하는 경우에는 제181조를 준용한다.

③ 유한책임회사가 본점이나 지점을 이전하는 경우에는 제182조를 준용한다.

④ 제1항 각 호의 사항이 변경된 경우에는 본점소재지에서는 2주 내에 변경등기를 하고, 지점소재지에서는 3주 내에 변경등기를 하여야 한다.

⑤ 유한책임회사의 업무집행자의 업무집행을 정지하거나 직무대행자를 선임하는 가처분을 하거나 그 가처분을 변경 또는 취소하는 경우에는 본점 및 지점이 있는 곳의 등기소에서 등기하여야 한다.

제287**조의**6(**준용규정**) 유한책임회사의 설립의 무효와 취소에 관하여는 제184조부터 제194조까지의 규정을 준용한다. 이 경우 제184조 중 "사원"은 "사원 및 업무집행자"로 본다.

제2절 유한책임회사의 내부관계

제287조의7(사원의 책임) 사원의 책임은 이 법에 다른 규정이 있는 경우 외에는 그 출자금액을 한도로 한다.

제287조의8(지분의 양도)

① 사원은 다른 사원의 동의를 받지 아니하면 그 지분의 전부 또는 일부를 타인에게 양도하지 못한다.

② 제1항에도 불구하고 업무를 집행하지 아니한 사원은 업무를 집행하는 사원 전원의 동의가 있으면 지분의 전부 또는 일부를 타인에게 양도할 수 있다. 다만, 업무를 집행하는 사원이 없는 경우에는 사원 전원의 동의를 받아야 한다.

③ 제1항과 제2항에도 불구하고 정관으로 그에 관한 사항을 달리 정할 수 있다.

제287조의9(유한책임회사에 의한 지분양수의 금지)

① 유한책임회사는 그 지분의 전부 또는 일부를 양수할 수 없다.

② 유한책임회사가 지분을 취득하는 경우에 그 지분은 취득한 때에 소멸한다.

제287조의10(업무집행자의 경업 금지)

① 업무집행자는 사원 전원의 동의를 받지 아니하고는 자기 또는 제3자의 계산으로 회사의 영업부류(營業部類)에 속한 거래를 하지 못하며, 같은 종류의 영업을 목적으로 하는 다른 회사의 업무집행자 · 이사 또는 집행임원이 되지 못한다.

② 업무집행자가 제1항을 위반하여 거래를 한 경우에는 제198조 제2항부터 제4항까지의 규정을 준용한다.

제287조의11(업무집행자와 유한책임회사 간의 거래) 업무집행자는 다른 사원 과반수의 결의가 있는 경우에만 자기 또는 제3자의 계산으로 회사와 거래를 할 수 있다. 이 경우에는 「민법」 제124조를 적용하지 아니한다.

제287조의12(업무의 집행)

① 유한책임회사는 정관으로 사원 또는 사원이 아닌 자를 업무집행자로 정하여야 한다.

② 1명 또는 둘 이상의 업무집행자를 정한 경우에는 업무집행자 각자가 회사의 업무를 집행할 권리와 의무가 있다. 이 경우에는 제201조 제2항을 준용한다.

③ 정관으로 둘 이상을 공동업무집행자로 정한 경우에는 그 전원의 동의가 없으면 업무집행에 관한 행위를 하지 못한다.

제287조의13(직무대행자의 권한 등) 제287조의5제5항에 따라 선임된 직무대행자의 권한에 대

하여는 제200조의2를 준용한다.

제287**조의**14(**사원의 감시권**) 업무집행자가 아닌 사원의 감시권에 대하여는 제277조를 준용한다.

제287**조의**15(**법인이 업무집행자인 경우의 특칙**)

① 법인이 업무집행자인 경우에는 그 법인은 해당 업무집행자의 직무를 행할 자를 선임하고, 그 자의 성명과 주소를 다른 사원에게 통지하여야 한다.

② 제1항에 따라 선임된 직무수행자에 대하여는 제287조의11과 제287조의12를 준용한다.

제287**조의**16(**정관의 변경**) 정관에 다른 규정이 없는 경우 정관을 변경하려면 총사원의 동의가 있어야 한다.

제287**조의**17(**업무집행자 등의 권한상실 선고**)

① 업무집행자의 업무집행권한의 상실에 관하여는 제205조를 준용한다.

② 제1항의 소(訴)는 본점소재지의 지방법원의 관할에 전속한다.

제287**조의**18(**준용규정**) 유한책임회사의 내부관계에 관하여는 정관이나 이 법에 다른 규정이 없으면 합명회사에 관한 규정을 준용한다.

제3절 유한책임회사의 외부관계

제287**조의**19(**유한책임회사의 대표**)

① 업무집행자는 유한책임회사를 대표한다.

② 업무집행자가 둘 이상인 경우 정관 또는 총사원의 동의로 유한책임회사를 대표할 업무집행자를 정할 수 있다.

③ 유한책임회사는 정관 또는 총사원의 동의로 둘 이상의 업무집행자가 공동으로 회사를 대표할 것을 정할 수 있다.

④ 제3항의 경우에 제3자의 유한책임회사에 대한 의사표시는 공동대표의 권한이 있는 자 1인에 대하여 함으로써 그 효력이 생긴다.

⑤ 유한책임회사를 대표하는 업무집행자에 대하여는 제209조를 준용한다.

제287**조의**20(**손해배상책임**) 유한책임회사를 대표하는 업무집행자가 그 업무집행으로 타인에게 손해를 입힌 경우에는 회사는 그 업무집행자와 연대하여 배상할 책임이 있다.

제287**조의**21(**유한책임회사와 사원 간의 소**) 유한책임회사가 사원(사원이 아닌 업무집행자를 포함한다. 이하 이 조에서 같다)에 대하여 또는 사원이 유한책임회사에 대하여 소를 제기하는 경우에 유한책임회사를 대표할 사원이 없을 때에는 다른 사원 과반수의 결의로 대표할 사원을 선

정하여야 한다.

제287**조의**22(**대표소송**)

① 사원은 회사에 대하여 업무집행자의 책임을 추궁하는 소의 제기를 청구할 수 있다.

② 제1항의 소에 관하여는 제403조 제2항부터 제4항까지, 제6항, 제7항 및 제404조부터 제406조까지의 규정을 준용한다.

제4절 사원의 가입 및 탈퇴

제287**조의**23(**사원의 가입**)

① 유한책임회사는 정관을 변경함으로써 새로운 사원을 가입시킬 수 있다.

② 제1항에 따른 사원의 가입은 정관을 변경한 때에 효력이 발생한다. 다만, 정관을 변경한 때에 해당 사원이 출자에 관한 납입 또는 재산의 전부 또는 일부의 출자를 이행하지 아니한 경우에는 그 납입 또는 이행을 마친 때에 사원이 된다.

③ 사원 가입 시 현물출자를 하는 사원에 대하여는 제287조의4제3항을 준용한다.

제287**조의**24(**사원의 퇴사권**) 사원의 퇴사에 관하여는 정관으로 달리 정하지 아니하는 경우에는 제217조 제1항을 준용한다.

제287**조의**25(**퇴사 원인**) 사원의 퇴사 원인에 관하여는 제218조를 준용한다.

제287**조의**26(**사원사망 시 권리승계의 통지**) 사원이 사망한 경우에는 제219조를 준용한다.

제287**조의**27(**제명의 선고**) 사원의 제명에 관하여는 제220조를 준용한다. 다만, 사원의 제명에 필요한 결의는 정관으로 달리 정할 수 있다.

제287**조의**28(**퇴사 사원 지분의 환급**)

① 퇴사 사원은 그 지분의 환급을 금전으로 받을 수 있다.

② 퇴사 사원에 대한 환급금액은 퇴사 시의 회사의 재산 상황에 따라 정한다.

③ 퇴사 사원의 지분 환급에 대하여는 정관으로 달리 정할 수 있다.

제287**조의**29(**지분압류채권자에 의한 퇴사**) 사원의 지분을 압류한 채권자가 그 사원을 퇴사시키는 경우에는 제224조를 준용한다.

제287**조의**30(**퇴사 사원의 지분 환급과 채권자의 이의**)

① 유한책임회사의 채권자는 퇴사하는 사원에게 환급하는 금액이 제287조의37에 따른 잉여금을 초과한 경우에는 그 환급에 대하여 회사에 이의를 제기할 수 있다.

② 제1항의 이의제기에 관하여는 제232조를 준용한다. 다만, 제232조 제3항은 지분을 환급하

더라도 채권자에게 손해를 끼칠 우려가 없는 경우에는 준용하지 아니한다.

제287**조의**31(**퇴사 사원의 상호변경 청구권**) 퇴사한 사원의 성명이 유한책임회사의 상호 중에 사용된 경우에는 그 사원은 유한책임회사에 대하여 그 사용의 폐지를 청구할 수 있다.

제5절 회계 등

제287**조의**32(**회계 원칙**) 유한책임회사의 회계는 이 법과 대통령령으로 규정한 것 외에는 일반적으로 공정하고 타당한 회계관행에 따른다.

제287**조의**33(**재무제표의 작성 및 보존**) 업무집행자는 결산기마다 대차대조표, 손익계산서, 그 밖에 유한책임회사의 재무상태와 경영성과를 표시하는 것으로서 대통령령으로 정하는 서류를 작성하여야 한다.

제287**조의**34(**재무제표의 비치 · 공시**)

① 업무집행자는 제287조의33에 규정된 서류를 본점에 5년간 갖추어 두어야 하고, 그 등본을 지점에 3년간 갖추어 두어야 한다.

② 사원과 유한책임회사의 채권자는 회사의 영업시간 내에는 언제든지 제287조의33에 따라 작성된 재무제표(財務諸表)의 열람과 등사를 청구할 수 있다.

제287**조의**35(**자본금의 액**) 사원이 출자한 금전이나 그 밖의 재산의 가액을 유한책임회사의 자본금으로 한다.

제287**조의**36(**자본금의 감소**)

① 유한책임회사는 정관 변경의 방법으로 자본금을 감소할 수 있다.

② 제1항의 경우에는 제232조를 준용한다. 다만, 감소 후의 자본금의 액이 순자산액 이상인 경우에는 그러하지 아니하다.

제287**조의**37(**잉여금의 분배**)

① 유한책임회사는 대차대조표상의 순자산액으로부터 자본금의 액을 뺀 액(이하 이 조에서 "잉여금"이라 한다)을 한도로 하여 잉여금을 분배할 수 있다.

② 제1항을 위반하여 잉여금을 분배한 경우에는 유한책임회사의 채권자는 그 잉여금을 분배받은 자에 대하여 회사에 반환할 것을 청구할 수 있다.

③ 제2항의 청구에 관한 소는 본점소재지의 지방법원의 관할에 전속한다.

④ 잉여금은 정관에 다른 규정이 없으면 각 사원이 출자한 가액에 비례하여 분배한다.

⑤ 잉여금의 분배를 청구하는 방법이나 그밖에 잉여금의 분배에 관한 사항은 정관으로 정할 수 있다.

⑥ 사원의 지분의 압류는 잉여금의 배당을 청구하는 권리에 대하여도 그 효력이 있다.

제6절 해산

제287조의38(해산 원인) 유한책임회사는 다음 각 호의 어느 하나에 해당하는 사유로 해산한다.

1. 제227조 제1호 · 제2호 및 제4호부터 제6호까지에서 규정한 사항에 해당하는 경우
2. 사원이 없게 된 경우

제287조의39(해산등기) 유한책임회사가 해산된 경우에는 합병과 파산의 경우 외에는 그 해산 사유가 있었던 날부터 본점소재지에서는 2주 내에 해산등기를 하고, 지점소재지에서는 3주 내에 해산등기를 하여야 한다.

제287조의40(유한책임회사의 계속) 제287조의38의 해산 원인 중 제227조 제1호 및 제2호의 경우에는 제229조 제1항 및 제3항을 준용한다.

제287조의41(유한책임회사의 합병) 유한책임회사의 합병에 관하여는 제230조, 제232조부터 제240조까지의 규정을 준용한다.

제287조의42(해산청구) 유한책임회사의 사원이 해산을 청구하는 경우에는 제241조를 준용한다.

제7절 조직변경

제287조의43(조직의 변경)

① 주식회사는 총회에서 총주주의 동의로 결의한 경우에는 그 조직을 변경하여 이 장에 따른 유한책임회사로 할 수 있다.

② 유한책임회사는 총사원의 동의에 의하여 주식회사로 변경할 수 있다.

제287조의44(준용규정) 유한책임회사의 조직의 변경에 관하여는 제232조 및 제604조부터 제607조까지의 규정을 준용한다.

제8절 청산

제287조의45(청산) 유한책임회사의 청산(清算)에 관하여는 제245조, 제246조, 제251조부터 제257조까지 및 제259조부터 제267조까지의 규정을 준용한다.

제4장 주식회사

제1절 설립

제288조(발기인) 주식회사를 설립함에는 발기인이 정관을 작성하여야 한다.

제289조(정관의 작성, 절대적 기재사항)

① 발기인은 정관을 작성하여 다음의 사항을 적고 각 발기인이 기명날인 또는 서명하여야 한다.

1. 목적
2. 상호
3. 회사가 발행할 주식의 총수
4. 액면주식을 발행하는 경우 1주의 금액
5. 회사의 설립 시에 발행하는 주식의 총수
6. 본점의 소재지
7. 회사가 공고를 하는 방법
8. 발기인의 성명 · 주민등록번호 및 주소

② 회사의 공고는 관보 또는 시사에 관한 사항을 게재하는 일간신문에 하여야 한다. 다만, 회사는 그 공고를 정관으로 정하는 바에 따라 전자적 방법으로 할 수 있다.

④ 회사는 제3항에 따라 전자적 방법으로 공고할 경우 대통령령으로 정하는 기간까지 계속 공고하고, 재무제표를 전자적 방법으로 공고할 경우에는 제450조에서 정한 기간까지 계속 공고하여야 한다. 다만, 공고기간 이후에도 누구나 그 내용을 열람할 수 있도록 하여야 한다.

⑤ 회사가 전자적 방법으로 공고를 할 경우에는 게시 기간과 게시 내용에 대하여 증명하여야 한다.

⑥ 회사의 전자적 방법으로 하는 공고에 관하여 필요한 사항은 대통령령으로 정한다.

제290조(변태설립사항) 다음의 사항은 정관에 기재함으로써 그 효력이 있다.

1. 발기인이 받을 특별이익과 이를 받을 자의 성명
2. 현물출자를 하는 자의 성명과 그 목적인 재산의 종류, 수량, 가격과 이에 대하여 부여할 주식의 종류와 수
3. 회사성립후에 양수할 것을 약정한 재산의 종류, 수량, 가격과 그 양도인의 성명
4. 회사가 부담할 설립비용과 발기인이 받을 보수액

제291조(설립 당시의 주식발행사항의 결정) 회사설립 시에 발행하는 주식에 관하여 다음의 사항은 정관으로 달리 정하지 아니하면 발기인 전원의 동의로 이를 정한다.

1. 주식의 종류와 수
2. 액면주식의 경우에 액면 이상의 주식을 발행할 때에는 그 수와 금액
3. 무액면주식을 발행하는 경우에는 주식의 발행가액과 주식의 발행가액 중 자본금으로 계상하는 금액

제292**조(정관의 효력발생)** 정관은 공증인의 인증을 받음으로써 효력이 생긴다. 다만, 자본금 총액이 10억원 미만인 회사를 제295조 제1항에 따라 발기설립(發起設立)하는 경우에는 제289조 제1항에 따라 각 발기인이 정관에 기명날인 또는 서명함으로써 효력이 생긴다.

제293**조(발기인의 주식인수)** 각 발기인은 서면에 의하여 주식을 인수하여야 한다.

제295**조(발기설립의 경우의 납입과 현물출자의 이행)**

① 발기인이 회사의 설립 시에 발행하는 주식의 총수를 인수한 때에는 지체없이 각 주식에 대하여 그 인수가액의 전액을 납입하여야 한다. 이 경우 발기인은 납입을 맡을 은행 기타 금융기관과 납입장소를 지정하여야 한다.

② 현물출자를 하는 발기인은 납입기일에 지체없이 출자의 목적인 재산을 인도하고 등기, 등록 기타 권리의 설정 또는 이전을 요할 경우에는 이에 관한 서류를 완비하여 교부하여야 한다.

제296**조(발기설립의 경우의 임원선임)**

① 전조의 규정에 의한 납입과 현물출자의 이행이 완료된 때에는 발기인은 지체없이 의결권의 과반수로 이사와 감사를 선임하여야 한다.

② 발기인의 의결권은 그 인수주식의 1주에 대하여 1개로 한다.

제297**조(발기인의 의사록작성)** 발기인은 의사록을 작성하여 의사의 경과와 그 결과를 기재하고 기명날인 또는 서명하여야 한다.

제298**조(이사 · 감사의 조사 · 보고와 검사인의 선임청구)**

① 이사와 감사는 취임후 지체없이 회사의 설립에 관한 모든 사항이 법령 또는 정관의 규정에 위반되지 아니하는지의 여부를 조사하여 발기인에게 보고하여야 한다.

② 이사와 감사중 발기인이었던 자 · 현물출자자 또는 회사성립후 양수할 재산의 계약당사자인 자는 제1항의 조사 · 보고에 참가하지 못한다.

③ 이사와 감사의 전원이 제2항에 해당하는 때에는 이사는 공증인으로 하여금 제1항의 조사 · 보고를 하게 하여야 한다.

④ 정관으로 제290조 각호의 사항을 정한 때에는 이사는 이에 관한 조사를 하게 하기 위하여 검사인의 선임을 법원에 청구하여야 한다. 다만, 제299조의2의 경우에는 그러하지 아니하다.

제299조(검사인의 조사, 보고)

① 검사인은 제290조 각 호의 사항과 제295조에 따른 현물출자의 이행을 조사하여 법원에 보고하여야 한다.

② 제1항은 다음 각 호의 어느 하나에 해당할 경우에는 적용하지 아니한다.

1. 제290조 제2호 및 제3호의 재산총액이 자본금의 5분의 1을 초과하지 아니하고 대통령령으로 정한 금액을 초과하지 아니하는 경우
2. 제290조 제2호 또는 제3호의 재산이 거래소에서 시세가 있는 유가증권인 경우로서 정관에 적힌 가격이 대통령령으로 정한 방법으로 산정된 시세를 초과하지 아니하는 경우
3. 그 밖에 제1호 및 제2호에 준하는 경우로서 대통령령으로 정하는 경우

③ 검사인은 제1항의 조사보고서를 작성한 후 지체 없이 그 등본을 각 발기인에게 교부하여야 한다.

④ 검사인의 조사보고서에 사실과 다른 사항이 있는 경우에는 발기인은 이에 대한 설명서를 법원에 제출할 수 있다.

제299조의2(현물출자 등의 증명) 제290조 제1호 및 제4호에 기재한 사항에 관하여는 공증인의 조사·보고로, 제290조 제2호 및 제3호의 규정에 의한 사항과 제295조의 규정에 의한 현물출자의 이행에 관하여는 공인된 감정인의 감정으로 제299조 제1항의 규정에 의한 검사인의 조사에 갈음할 수 있다. 이 경우 공증인 또는 감정인은 조사 또는 감정결과를 법원에 보고하여야 한다.

제300조(법원의 변경처분)

① 법원은 검사인 또는 공증인의 조사보고서 또는 감정인의 감정결과와 발기인의 설명서를 심사하여 제290조의 규정에 의한 사항을 부당하다고 인정한 때에는 이를 변경하여 각 발기인에게 통고할 수 있다.

② 제1항의 변경에 불복하는 발기인은 그 주식의 인수를 취소할 수 있다. 이 경우에는 정관을 변경하여 설립에 관한 절차를 속행할 수 있다.

③ 법원의 통고가 있은 후 2주내에 주식의 인수를 취소한 발기인이 없는 때에는 정관은 통고에 따라서 변경된 것으로 본다.

제301조(모집설립의 경우의 주식모집) 발기인이 회사의 설립시에 발행하는 주식의 총수를 인수하지 아니하는 때에는 주주를 모집하여야 한다.

제302조(주식인수의 청약, 주식청약서의 기재사항)

① 주식인수의 청약을 하고자 하는 자는 주식청약서 2통에 인수할 주식의 종류 및 수와 주소를 기재하고 기명날인 또는 서명하여야 한다.

② 주식청약서는 발기인이 작성하고 다음의 사항을 적어야 한다.

1. 정관의 인증년월일과 공증인의 성명
2. 제289조 제1항과 제290조에 게기한 사항
3. 회사의 존립기간 또는 해산사유를 정한 때에는 그 규정
4. 각 발기인이 인수한 주식의 종류와 수
5. 제291조에 게기한 사항 5의2. 주식의 양도에 관하여 이사회의 승인을 얻도록 정한 때에는 그 규정
6. 주주에게 배당할 이익으로 주식을 소각할 것을 정한 때에는 그 규정
7. 일정한 시기까지 창립총회를 종결하지 아니한 때에는 주식의 인수를 취소할 수 있다는 뜻
8. 납입을 맡을 은행 기타 금융기관과 납입장소
9. 명의개서대리인을 둔 때에는 그 성명 · 주소 및 영업소

③ 민법 제107조 제1항 단서의 규정은 주식인수의 청약에는 적용하지 아니한다.

제303조(주식인수인의 의무) 주식인수를 청약한 자는 발기인이 배정한 주식의 수에 따라서 인수가액을 납입할 의무를 부담한다.

제304조(주식인수인 등에 대한 통지, 최고)

① 주식인수인 또는 주식청약인에 대한 통지나 최고는 주식인수증 또는 주식청약서에 기재한 주소 또는 그 자로부터 회사에 통지한 주소로 하면 된다.

② 전항의 통지 또는 최고는 보통 그 도달할 시기에 도달한 것으로 본다.

제305조(주식에 대한 납입)

① 회사설립시에 발행하는 주식의 총수가 인수된 때에는 발기인은 지체없이 주식인수인에 대하여 각 주식에 대한 인수가액의 전액을 납입시켜야 한다.

② 전항의 납입은 주식청약서에 기재한 납입장소에서 하여야 한다.

③ 제295조 제2항의 규정은 제1항의 경우에 준용한다.

제306조(납입금의 보관자 등의 변경) 납입금의 보관자 또는 납입장소를 변경할 때에는 법원의 허가를 얻어야 한다.

제307조(주식인수인의 실권절차)

① 주식인수인이 제305조의 규정에 의한 납입을 하지 아니한 때에는 발기인은 일정한 기일을 정하여 그 기일 내에 납입을 하지 아니하면 그 권리를 잃는다는 뜻을 기일의 2주간 전에 그 주식인수인에게 통지하여야 한다.

② 전항의 통지를 받은 주식인수인이 그 기일내에 납입의 이행을 하지 아니한 때에는 그 권리를 잃는다. 이 경우에는 발기인은 다시 그 주식에 대한 주주를 모집할 수 있다.

③ 전2항의 규정은 그 주식인수인에 대한 손해배상의 청구에 영향을 미치지 아니한다.

제308조(창립총회)

① 제305조의 규정에 의한 납입과 현물출자의 이행을 완료한 때에는 발기인은 지체없이 창립총회를 소집하여야 한다.

② 제363조 제1항 · 제2항, 제364조, 제368조 제2항 · 제3항, 제368조의2, 제369조 제1항, 제371조 제2항, 제372조, 제373조, 제376조 내지 제381조와 제435조의 규정은 창립총회에 준용한다.

제309조(창립총회의 결의) 창립총회 결의는 출석한 주식인수인의 의결권의 3분의 2 이상이며 인수된 주식 총수의 과반수에 해당하는 다수로 하여야 한다.

제310조(변태설립의 경우의 조사)

① 정관으로 제290조에 게기한 사항을 정한 때에는 발기인은 이에 관한 조사를 하게 하기 위하여 검사인의 선임을 법원에 청구하여야 한다.

② 전항의 검사인의 보고서는 이를 창립총회에 제출하여야 한다.

③ 제298조 제4항 단서 및 제299조의2의 규정은 제1항의 조사에 관하여 이를 준용한다.

제311조(발기인의 보고)

① 발기인은 회사의 창립에 관한 사항을 서면에 의하여 창립총회에 보고하여야 한다.

② 전항의 보고서에는 다음의 사항을 명확히 기재하여야 한다.

1. 주식인수와 납입에 관한 제반상황
2. 제290조에 게기한 사항에 관한 실태

제312조(임원의 선임) 창립총회에서는 이사와 감사를 선임하여야 한다.

제313조(이사, 감사의 조사, 보고)

① 이사와 감사는 취임후 지체없이 회사의 설립에 관한 모든 사항이 법령 또는 정관의 규정에 위반되지 아니하는지의 여부를 조사하여 창립총회에 보고하여야 한다.

② 제298조 제2항 및 제3항의 규정은 제1항의 조사와 보고에 관하여 이를 준용한다.

제314조(변태설립사항의 변경)

① 창립총회에서는 제290조에 게기한 사항이 부당하다고 인정한 때에는 이를 변경할 수 있다.

② 제300조 제2항과 제3항의 규정은 전항의 경우에 준용한다.

제315조(발기인에 대한 손해배상청구) 전조의 규정은 발기인에 대한 손해배상의 청구에 영향을 미치지 아니한다.

제316조(정관변경, 설립폐지의 결의)

① 창립총회에서는 정관의 변경 또는 설립의 폐지를 결의할 수 있다.

② 전항의 결의는 소집통지서에 그 뜻의 기재가 없는 경우에도 이를 할 수 있다.

제317조(설립의 등기)

① 주식회사의 설립등기는 발기인이 회사설립시에 발행한 주식의 총수를 인수한 경우에는 제299조와 제300조의 규정에 의한 절차가 종료한 날로부터, 발기인이 주주를 모집한 경우에는 창립총회가 종결한 날 또는 제314조의 규정에 의한 절차가 종료한 날로부터 2주간내에 이를 하여야 한다.

② 제1항의 설립등기에 있어서는 다음의 사항을 등기하여야 한다.

1. 제289조 제1항 제1호 내지 제4호, 제6호와 제7호에 게기한 사항
2. 자본금의 액
3. 발행주식의 총수, 그 종류와 각종주식의 내용과 수

(이하 생략)

③ 주식회사의 지점 설치 및 이전 시 지점소재지 또는 신지점소재지에서 등기를 할 때에는 제289조 제1항 제1호 · 제2호 · 제6호 및 제7호와 이 조 제2항 제4호 · 제9호 및 제10호에 따른 사항을 등기하여야 한다.

④ 제181조 내지 제183조의 규정은 주식회사의 등기에 준용한다.

제318조(납입금 보관자의 증명과 책임)

① 납입금을 보관한 은행이나 그 밖의 금융기관은 발기인 또는 이사의 청구를 받으면 그 보관금액에 관하여 증명서를 발급하여야 한다.

② 제1항의 은행이나 그 밖의 금융기관은 증명한 보관금액에 대하여는 납입이 부실하거나 그 금액의 반환에 제한이 있다는 것을 이유로 회사에 대항하지 못한다.

③ 자본금 총액이 10억원 미만인 회사를 제295조 제1항에 따라 발기설립하는 경우에는 제1항의 증명서를 은행이나 그 밖의 금융기관의 잔고증명서로 대체할 수 있다.

제319조(권리주의 양도) 주식의 인수로 인한 권리의 양도는 회사에 대하여 효력이 없다.

제320조(주식인수의 무효 주장, 취소의 제한)

① 회사성립후에는 주식을 인수한 자는 주식청약서의 요건의 흠결을 이유로 하여 그 인수의 무효를 주장하거나 사기, 강박 또는 착오를 이유로 하여 그 인수를 취소하지 못한다.

② 창립총회에 출석하여 그 권리를 행사한 자는 회사의 성립전에도 전항과 같다.

제321조(발기인의 인수, 납입담보책임)

① 회사설립시에 발행한 주식으로서 회사성립후에 아직 인수되지 아니한 주식이 있거나 주식인수의 청약이 취소된 때에는 발기인이 이를 공동으로 인수한 것으로 본다.

② 회사성립후 제295조 제1항 또는 제305조 제1항의 규정에 의한 납입을 완료하지 아니한 주식이 있는 때에는 발기인은 연대하여 그 납입을 하여야 한다.

③ 제315조의 규정은 전2항의 경우에 준용한다.

제322조(발기인의 손해배상책임)

① 발기인이 회사의 설립에 관하여 그 임무를 해태한 때에는 그 발기인은 회사에 대하여 연대하여 손해를 배상할 책임이 있다.

② 발기인이 악의 또는 중대한 과실로 인하여 그 임무를 해태한 때에는 그 발기인은 제삼자에 대하여도 연대하여 손해를 배상할 책임이 있다.

제323조(발기인, 임원의 연대책임) 이사 또는 감사가 제313조 제1항의 규정에 의한 임무를 해태하여 회사 또는 제삼자에 대하여 손해를 배상할 책임을 지는 경우에 발기인도 책임을 질때에는 그 이사, 감사와 발기인은 연대하여 손해를 배상할 책임이 있다.

제324조(발기인의 책임면제, 주주의 대표소송) 제400조와 제403조 내지 제406조의 규정은 발기인에 준용한다.

제325조(검사인의 손해배상책임) 법원이 선임한 검사인이 악의 또는 중대한 과실로 인하여 그 임무를 해태한 때에는 회사 또는 제삼자에 대하여 손해를 배상할 책임이 있다.

제326조(회사불성립의 경우의 발기인의 책임)

① 회사가 성립하지 못한 경우에는 발기인은 그 설립에 관한 행위에 대하여 연대하여 책임을 진다.

② 전항의 경우에 회사의 설립에 관하여 지급한 비용은 발기인이 부담한다.

제327조(유사발기인의 책임) 주식청약서 기타 주식모집에 관한 서면에 성명과 회사의 설립에 찬조하는 뜻을 기재할 것을 승낙한 자는 발기인과 동일한 책임이 있다.

제328조(설립무효의 소)

① 회사설립의 무효는 주주 · 이사 또는 감사에 한하여 회사성립의 날로부터 2년내에 소만으로 이를 주장할 수 있다.

② 제186조 내지 제193조의 규정은 제1항의 소에 준용한다.

제2절 주식

제1관 주식과 주권

제329조(자본금의 구성)

① 회사는 정관으로 정한 경우에는 주식의 전부를 무액면주식으로 발행할 수 있다. 다만, 무액면주식을 발행하는 경우에는 액면주식을 발행할 수 없다.

② 액면주식의 금액은 균일하여야 한다.

③ 액면주식 1주의 금액은 100원 이상으로 하여야 한다.

④ 회사는 정관으로 정하는 바에 따라 발행된 액면주식을 무액면주식으로 전환하거나 무액면주식을 액면주식으로 전환할 수 있다.

⑤ 제4항의 경우에는 제440조, 제441조 본문 및 제442조를 준용한다.

제329조의2(주식의 분할)

① 회사는 제434조의 규정에 의한 주주총회의 결의로 주식을 분할할 수 있다.

② 제1항의 경우에 분할 후의 액면주식 1주의 금액은 제329조 제3항에 따른 금액 미만으로 하지 못한다.

③ 제440조부터 제443조까지의 규정은 제1항의 규정에 의한 주식분할의 경우에 이를 준용한다.

제330조(액면미달발행의 제한) 주식은 액면미달의 가액으로 발행하지 못한다. 그러나 제417조의 경우에는 그러하지 아니하다.

제331조(주주의 책임) 주주의 책임은 그가 가진 주식의 인수가액을 한도로 한다.

제332조(가설인, 타인의 명의에 의한 인수인의 책임)

① 가설인의 명의로 주식을 인수하거나 타인의 승락없이 그 명의로 주식을 인수한 자는 주식인수인으로서의 책임이 있다.

② 타인의 승락을 얻어 그 명의로 주식을 인수한 자는 그 타인과 연대하여 납입할 책임이 있다.

제333조(주식의 공유)

① 수인이 공동으로 주식을 인수한 자는 연대하여 납입할 책임이 있다.

② 주식이 수인의 공유에 속하는 때에는 공유자는 주주의 권리를 행사할 자 1인을 정하여야 한다.

③ 주주의 권리를 행사할 자가 없는 때에는 공유자에 대한 통지나 최고는 그 1인에 대하여 하면 된다.

제335조(주식의 양도성)

① 주식은 타인에게 양도할 수 있다. 다만, 회사는 정관으로 정하는 바에 따라 그 발행하는 주식의 양도에 관하여 이사회의 승인을 받도록 할 수 있다.

② 제1항 단서의 규정에 위반하여 이사회의 승인을 얻지 아니한 주식의 양도는 회사에 대하여 효력이 없다.

③ 주권발행전에 한 주식의 양도는 회사에 대하여 효력이 없다. 그러나 회사성립후 또는 신주의 납입기일후 6월이 경과한 때에는 그러하지 아니하다.

제335조의2(양도승인의 청구)

① 주식의 양도에 관하여 이사회의 승인을 얻어야 하는 경우에는 주식을 양도하고자 하는 주주는 회사에 대하여 양도의 상대방 및 양도하고자 하는 주식의 종류와 수를 기재한 서면으로 양도의 승인을 청구할 수 있다.

② 회사는 제1항의 청구가 있는 날부터 1월 이내에 주주에게 그 승인여부를 서면으로 통지하여야 한다.

③ 회사가 제2항의 기간내에 주주에게 거부의 통지를 하지 아니한 때에는 주식의 양도에 관하여 이사회의 승인이 있는 것으로 본다.

④ 제2항의 양도승인거부 통지를 받은 주주는 통지를 받은 날부터 20일내에 회사에 대하여 양도의 상대방의 지정 또는 그 주식의 매수를 청구할 수 있다.

제335조의3(양도상대방의 지정청구)

① 주주가 양도의 상대방을 지정하여 줄 것을 청구한 경우에는 이사회는 이를 지정하고, 그 청구가 있은 날부터 2주간내에 주주 및 지정된 상대방에게 서면으로 이를 통지하여야 한다.

② 제1항의 기간내에 주주에게 상대방지정의 통지를 하지 아니한 때에는 주식의 양도에 관하여 이사회의 승인이 있는 것으로 본다.

제335조의4(지정된 자의 매도청구권)

① 제335조의3 제1항의 규정에 의하여 상대방으로 지정된 자는 지정통지를 받은 날부터 10일 이내에 지정청구를 한 주주에 대하여 서면으로 그 주식을 자기에게 매도할 것을 청구할 수 있다.

② 제335조의3 제2항의 규정은 주식의 양도상대방으로 지정된 자가 제1항의 기간내에 매도의 청구를 하지 아니한 때에 이를 준용한다.

제335조의5(매도가액의 결정)

① 제335조의4의 경우에 그 주식의 매도가액은 주주와 매도청구인간의 협의로 이를 결정한다.

② 제374조의2 제4항 및 제5항의 규정은 제335조의4 제1항의 규정에 의한 청구를 받은 날부터 30일 이내에 제1항의 규정에 의한 협의가 이루어지지 아니하는 경우에 이를 준용한다.

제335조의6(주식의 매수청구) 제374조의2제2항 내지 제5항의 규정은 제335조의2제4항의 규정에 의하여 주주가 회사에 대하여 주식의 매수를 청구한 경우에 이를 준용한다.

제335조의7(주식의 양수인에 의한 승인청구)

① 주식의 양도에 관하여 이사회의 승인을 얻어야 하는 경우에 주식을 취득한 자는 회사에 대하여 그 주식의 종류와 수를 기재한 서면으로 그 취득의 승인을 청구할 수 있다.

② 제335조의2 제2항 내지 제4항, 제335조의3 내지 제335조의6의 규정은 제1항의 경우에 이를 준용한다.

제336조(주식의 양도방법)

① 주식의 양도에 있어서는 주권을 교부하여야 한다.

② 주권의 점유자는 이를 적법한 소지인으로 추정한다.

제337조(주식의 이전의 대항요건)

① 주식의 이전은 취득자의 성명과 주소를 주주명부에 기재하지 아니하면 회사에 대항하지 못한다.

② 회사는 정관이 정하는 바에 의하여 명의개서대리인을 둘 수 있다. 이 경우 명의개서대리인이 취득자의 성명과 주소를 주주명부의 복본에 기재한 때에는 제1항의 명의개서가 있는 것으로 본다.

제338조(주식의 입질)

① 주식을 질권의 목적으로 하는 때에는 주권을 질권자에게 교부하여야 한다.

② 질권자는 계속하여 주권을 점유하지 아니하면 그 질권으로써 제삼자에게 대항하지 못한다.

제339조(질권의 물상대위) 주식의 소각, 병합, 분할 또는 전환이 있는 때에는 이로 인하여 종전의 주주가 받을 금전이나 주식에 대하여도 종전의 주식을 목적으로한 질권을 행사할 수 있다.

제340조(주식의 등록질)

① 주식을 질권(質權)의 목적으로 한 경우에 회사가 질권설정자의 청구에 따라 그 성명과 주소를 주주명부에 덧붙여 쓰고 그 성명을 주권(株券)에 적은 경우에는 질권자는 회사로부터 이익배당, 잔여재산의 분배 또는 제339조에 따른 금전의 지급을 받아 다른 채권자에 우선하여 자기채권의 변제에 충당할 수 있다.

② 민법 제353조 제3항의 규정은 전항의 경우에 준용한다.

③ 제1항의 질권자는 회사에 대하여 전조의 주식에 대한 주권의 교부를 청구할 수 있다.

제340조의2(주식매수선택권)

① 회사는 정관으로 정하는 바에 따라 제434조의 주주총회의 결의로 회사의 설립·경영 및 기술혁신 등에 기여하거나 기여할 수 있는 회사의 이사, 집행임원, 감사 또는 피용자(被用者)에게 미리 정한 가액(이하 "주식매수선택권의 행사가액"이라 한다)으로 신주를 인수하거나 자기의 주식을 매수할 수 있는 권리(이하 "주식매수선택권"이라 한다)를 부여할 수 있다. 다만, 주식매수선택권의 행사가액이 주식의 실질가액보다 낮은 경우에 회사는 그 차액을 금전으로 지급하거나 그 차액에 상당하는 자기의 주식을 양도할 수 있다. 이 경우 주식의 실질가액은 주식매수선택권의 행사일을 기준으로 평가한다.

② 다음 각 호의 어느 하나에 해당하는 자에게는 제1항의 주식매수선택권을 부여할 수 없다.

1. 의결권 없는 주식을 제외한 발행주식총수의 100분의 10 이상의 주식을 가진 주주
2. 이사·집행임원·감사의 선임과 해임 등 회사의 주요 경영사항에 대하여 사실상 영향력을 행사하는 자
3. 제1호와 제2호에 규정된 자의 배우자와 직계존비속

③ 제1항에 따라 발행할 신주 또는 양도할 자기의 주식은 회사의 발행주식총수의 100분의 10을 초과할 수 없다.

④ 제1항의 주식매수선택권의 행사가액은 다음 각 호의 가액 이상이어야 한다.

1. 신주를 발행하는 경우에는 주식매수선택권의 부여일을 기준으로 한 주식의 실질가액과 주식의 권면액(券面額) 중 높은 금액. 다만, 무액면주식을 발행한 경우에는 자본으로 계상되는 금액 중 1주에 해당하는 금액을 권면액으로 본다.
2. 자기의 주식을 양도하는 경우에는 주식매수선택권의 부여일을 기준으로 한 주식의 실질가액

제340조의3(주식매수선택권의 부여)

① 제340조의2제1항의 주식매수선택권에 관한 정관의 규정에는 다음 각호의 사항을 기재하여야 한다.

1. 일정한 경우 주식매수선택권을 부여할 수 있다는 뜻
2. 주식매수선택권의 행사로 발행하거나 양도할 주식의 종류와 수
3. 주식매수선택권을 부여받을 자의 자격요건
4. 주식매수선택권의 행사기간
5. 일정한 경우 이사회결의로 주식매수선택권의 부여를 취소할 수 있다는 뜻

② 제340조의2제1항의 주식매수선택권에 관한 주주총회의 결의에 있어서는 다음 각호의 사항을 정하여야 한다.

1. 주식매수선택권을 부여받을 자의 성명
2. 주식매수선택권의 부여방법
3. 주식매수선택권의 행사가액과 그 조정에 관한 사항
4. 주식매수선택권의 행사기간
5. 주식매수선택권을 부여받을 자 각각에 대하여 주식매수선택권의 행사로 발행하거나 양도할 주식의 종류와 수

③ 회사는 제2항의 주주총회결의에 의하여 주식매수선택권을 부여받은 자와 계약을 체결하고 상당한 기간내에 그에 관한 계약서를 작성하여야 한다.

④ 회사는 제3항의 계약서를 주식매수선택권의 행사기간이 종료할 때까지 본점에 비치하고 주주로 하여금 영업시간내에 이를 열람할 수 있도록 하여야 한다.

제340조의4(주식매수선택권의 행사)

① 제340조의2제1항의 주식매수선택권은 제340조의3제2항 각호의 사항을 정하는 주주총회결의일부터 2년 이상 재임 또는 재직하여야 이를 행사할 수 있다.

② 제340조의2제1항의 주식매수선택권은 이를 양도할 수 없다. 다만, 동조 제2항의 규정에 의하여 주식매수선택권을 행사할 수 있는 자가 사망한 경우에는 그 상속인이 이를 행사할 수 있다.

제340조의5(준용규정) 제350조 제2항, 제350조 제3항 후단, 제351조, 제516조의9제1항 · 제3항 · 제4항 및 제516조의10 전단은 주식매수선택권의 행사로 신주를 발행하는 경우에 이를 준용한다.

제341조(자기주식의 취득)

① 회사는 다음의 방법에 따라 자기의 명의와 계산으로 자기의 주식을 취득할 수 있다. 다만, 그 취득가액의 총액은 직전 결산기의 대차대조표상의 순자산액에서 제462조 제1항 각 호의 금액을 뺀 금액을 초과하지 못한다.

1. 거래소에서 시세(時勢)가 있는 주식의 경우에는 거래소에서 취득하는 방법
2. 제345조 제1항의 주식의 상환에 관한 종류주식의 경우 외에 각 주주가 가진 주식 수에 따라 균등한 조건으로 취득하는 것으로서 대통령령으로 정하는 방법

② 제1항에 따라 자기주식을 취득하려는 회사는 미리 주주총회의 결의로 다음 각 호의 사항을 결정하여야 한다. 다만, 이사회의 결의로 이익배당을 할 수 있다고 정관으로 정하고 있는 경우에는 이사회의 결의로써 주주총회의 결의를 갈음할 수 있다.

1. 취득할 수 있는 주식의 종류 및 수
2. 취득가액의 총액의 한도

3. 1년을 초과하지 아니하는 범위에서 자기주식을 취득할 수 있는 기간

③ 회사는 해당 영업연도의 결산기에 대차대조표상의 순자산액이 제462조 제1항 각 호의 금액의 합계액에 미치지 못할 우려가 있는 경우에는 제1항에 따른 주식의 취득을 하여서는 아니 된다.

④ 해당 영업연도의 결산기에 대차대조표상의 순자산액이 제462조 제1항 각 호의 금액의 합계액에 미치지 못함에도 불구하고 회사가 제1항에 따라 주식을 취득한 경우 이사는 회사에 대하여 연대하여 그 미치지 못한 금액을 배상할 책임이 있다. 다만, 이사가 제3항의 우려가 없다고 판단하는 때에 주의를 게을리하지 아니하였음을 증명한 경우에는 그러하지 아니하다.

제341**조의**2(**특정목적에 의한 자기주식의 취득**) 회사는 다음 각 호의 어느 하나에 해당하는 경우에는 제341조에도 불구하고 자기의 주식을 취득할 수 있다.

1. 회사의 합병 또는 다른 회사의 영업전부의 양수로 인한 경우
2. 회사의 권리를 실행함에 있어 그 목적을 달성하기 위하여 필요한 경우
3. 단주(端株)의 처리를 위하여 필요한 경우
4. 주주가 주식매수청구권을 행사한 경우

제341**조의**3(**자기주식의 질취**) 회사는 발행주식총수의 20분의 1을 초과하여 자기의 주식을 질권의 목적으로 받지 못한다. 다만, 제341조의2제1호 및 제2호의 경우에는 그 한도를 초과하여 질권의 목적으로 할 수 있다.

제342**조**(**자기주식의 처분**) 회사가 보유하는 자기의 주식을 처분하는 경우에 다음 각 호의 사항으로서 정관에 규정이 없는 것은 이사회가 결정한다.

1. 처분할 주식의 종류와 수
2. 처분할 주식의 처분가액과 납입기일
3. 주식을 처분할 상대방 및 처분방법

제342**조의**2(**자회사에 의한 모회사주식의 취득**)

① 다른 회사의 발행주식의 총수의 100분의 50을 초과하는 주식을 가진 회사(이하 "母會社"라 한다)의 주식은 다음의 경우를 제외하고는 그 다른 회사(이하 "子會社"라 한다)가 이를 취득할 수 없다.

1. 주식의 포괄적 교환, 주식의 포괄적 이전, 회사의 합병 또는 다른 회사의 영업전부의 양수로 인한 때
2. 회사의 권리를 실행함에 있어 그 목적을 달성하기 위하여 필요한 때

② 제1항 각호의 경우 자회사는 그 주식을 취득한 날로부터 6월 이내에 모회사의 주식을 처분하여야 한다.

③ 다른 회사의 발행주식의 총수의 100분의 50을 초과하는 주식을 모회사 및 자회사 또는 자회사가 가지고 있는 경우 그 다른 회사는 이 법의 적용에 있어 그 모회사의 자회사로 본다.

제342조의3(다른 회사의 주식취득) 회사가 다른 회사의 발행주식총수의 10분의 1을 초과하여 취득한 때에는 그 다른 회사에 대하여 지체없이 이를 통지하여야 한다.

제343조(주식의 소각)

① 주식은 자본금 감소에 관한 규정에 따라서만 소각(消却)할 수 있다. 다만, 이사회의 결의에 의하여 회사가 보유하는 자기주식을 소각하는 경우에는 그러하지 아니하다.

② 자본금감소에 관한 규정에 따라 주식을 소각하는 경우에는 제440조 및 제441조를 준용한다.

제344조(종류주식)

① 회사는 이익의 배당, 잔여재산의 분배, 주주총회에서의 의결권의 행사, 상환 및 전환 등에 관하여 내용이 다른 종류의 주식(이하 "종류주식"이라 한다)을 발행할 수 있다.

② 제1항의 경우에는 정관으로 각 종류주식의 내용과 수를 정하여야 한다.

③ 회사가 종류주식을 발행하는 때에는 정관에 다른 정함이 없는 경우에도 주식의 종류에 따라 신주의 인수, 주식의 병합 · 분할 · 소각 또는 회사의 합병 · 분할로 인한 주식의 배정에 관하여 특수하게 정할 수 있다.

④ 종류주식 주주의 종류주주총회의 결의에 관하여는 제435조 제2항을 준용한다.

제344조의2(이익배당, 잔여재산분배에 관한 종류주식)

① 회사가 이익의 배당에 관하여 내용이 다른 종류주식을 발행하는 경우에는 정관에 그 종류주식의 주주에게 교부하는 배당재산의 종류, 배당재산의 가액의 결정방법, 이익을 배당하는 조건 등 이익배당에 관한 내용을 정하여야 한다.

② 회사가 잔여재산의 분배에 관하여 내용이 다른 종류주식을 발행하는 경우에는 정관에 잔여재산의 종류, 잔여재산의 가액의 결정방법, 그밖에 잔여재산분배에 관한 내용을 정하여야 한다.

제344조의3(의결권의 배제 · 제한에 관한 종류주식)

① 회사가 의결권이 없는 종류주식이나 의결권이 제한되는 종류주식을 발행하는 경우에는 정관에 의결권을 행사할 수 없는 사항과, 의결권행사 또는 부활의 조건을 정한 경우에는 그 조건 등을 정하여야 한다.

② 제1항에 따른 종류주식의 총수는 발행주식총수의 4분의 1을 초과하지 못한다. 이 경우 의

결권이 없거나 제한되는 종류주식이 발행주식총수의 4분의 1을 초과하여 발행된 경우에는 회사는 지체 없이 그 제한을 초과하지 아니하도록 하기 위하여 필요한 조치를 하여야 한다.

제345조(주식의 상환에 관한 종류주식)

① 회사는 정관으로 정하는 바에 따라 회사의 이익으로써 소각할 수 있는 종류주식을 발행할 수 있다. 이 경우 회사는 정관에 상환가액, 상환기간, 상환의 방법과 상환할 주식의 수를 정하여야 한다.

② 제1항의 경우 회사는 상환대상인 주식의 취득일부터 2주 전에 그 사실을 그 주식의 주주 및 주주명부에 적힌 권리자에게 따로 통지하여야 한다. 다만, 통지는 공고로 갈음할 수 있다.

③ 회사는 정관으로 정하는 바에 따라 주주가 회사에 대하여 상환을 청구할 수 있는 종류주식을 발행할 수 있다. 이 경우 회사는 정관에 주주가 회사에 대하여 상환을 청구할 수 있다는 뜻, 상환가액, 상환청구기간, 상환의 방법을 정하여야 한다.

④ 제1항 및 제3항의 경우 회사는 주식의 취득의 대가로 현금 외에 유가증권(다른 종류주식은 제외한다)이나 그 밖의 자산을 교부할 수 있다. 다만, 이 경우에는 그 자산의 장부가액이 제462조에 따른 배당가능이익을 초과하여서는 아니 된다.

⑤ 제1항과 제3항에서 규정한 주식은 종류주식(상환과 전환에 관한 것은 제외한다)에 한정하여 발행할 수 있다.

제346조(주식의 전환에 관한 종류주식)

① 회사가 종류주식을 발행하는 경우에는 정관으로 정하는 바에 따라 주주는 인수한 주식을 다른 종류주식으로 전환할 것을 청구할 수 있다. 이 경우 전환의 조건, 전환의 청구기간, 전환으로 인하여 발행할 주식의 수와 내용을 정하여야 한다.

② 회사가 종류주식을 발행하는 경우에는 정관에 일정한 사유가 발생할 때 회사가 주주의 인수 주식을 다른 종류주식으로 전환할 수 있음을 정할 수 있다. 이 경우 회사는 전환의 사유, 전환의 조건, 전환의 기간, 전환으로 인하여 발행할 주식의 수와 내용을 정하여야 한다.

③ 제2항의 경우에 이사회는 다음 각 호의 사항을 그 주식의 주주 및 주주명부에 적힌 권리자에게 따로 통지하여야 한다. 다만, 통지는 공고로 갈음할 수 있다.

1. 전환할 주식
2. 2주 이상의 일정한 기간 내에 그 주권을 회사에 제출하여야 한다는 뜻
3. 그 기간 내에 주권을 제출하지 아니할 때에는 그 주권이 무효로 된다는 뜻

④ 제344조 제2항에 따른 종류주식의 수 중 새로 발행할 주식의 수는 전환청구기간 또는 전환의 기간 내에는 그 발행을 유보(留保)하여야 한다.

제347조(전환주식발행의 절차) 제346조의 경우에는 주식청약서 또는 신주인수권증서에 다음의 사항을 적어야 한다.

1. 주식을 다른 종류의 주식으로 전환할 수 있다는 뜻
2. 전환의 조건
3. 전환으로 인하여 발행할 주식의 내용
4. 전환청구기간 또는 전환의 기간

제348조(전환으로 인하여 발행하는 주식 발행가액) 전환으로 인하여 신주식을 발행하는 경우 전환전의 주식의 발행가액을 신주식의 발행가액으로 한다.

제349조(전환의 청구)

① 주식의 전환을 청구하는 자는 청구서 2통에 주권을 첨부하여 회사에 제출하여야 한다.

② 제1항의 청구서에는 전환하고자 하는 주식의 종류, 수와 청구년월일을 기재하고 기명날인 또는 서명하여야 한다.

제350조(전환의 효력발생)

① 주식의 전환은 주주가 전환을 청구한 경우에는 그 청구한 때에, 회사가 전환을 한 경우에는 제346조 제3항 제2호의 기간이 끝난 때에 그 효력이 발생한다.

② 제354조 제1항의 기간 중에 전환된 주식의 주주는 그 기간 중의 총회의 결의에 관하여는 의결권을 행사할 수 없다.

③ 전환에 의하여 발행된 주식의 이익배당에 관하여는 주주가 전환을 청구한 때 또는 제346조 제3항 제2호의 기간이 끝난 때가 속하는 영업연도 말에 전환된 것으로 본다. 이 경우 신주에 대한 이익배당에 관하여는 정관으로 정하는 바에 따라 그 청구를 한 때 또는 제346조 제3항 제2호의 기간이 끝난 때가 속하는 영업연도의 직전 영업연도 말에 전환된 것으로 할 수 있다.

제351조(전환의 등기) 주식의 전환으로 인한 변경등기는 전환을 청구한 날 또는 제346조 제3항 제2호의 기간이 끝난 날이 속하는 달의 마지막 날부터 2주 내에 본점소재지에서 하여야 한다.

제352조(주주명부의 기재사항)

① 주식을 발행한 때에는 주주명부에 다음의 사항을 기재하여야 한다.

1. 주주의 성명과 주소
2. 각 주주가 가진 주식의 종류와 그 수 2의2. 각 주주가 가진 주식의 주권을 발행한 때에는 그 주권의 번호
3. 각주식의 취득년월일

② 제1항의 경우에 전환주식을 발행한 때에는 제347조에 게기한 사항도 주주명부에 기재하여야 한다.

제352**조의**2(**전자주주명부**)

① 회사는 정관으로 정하는 바에 따라 전자문서로 주주명부(이하 "전자주주명부"라 한다)를 작성할 수 있다.

② 전자주주명부에는 제352조 제1항의 기재사항 외에 전자우편주소를 적어야 한다.

③ 전자주주명부의 비치 · 공시 및 열람의 방법에 관하여 필요한 사항은 대통령령으로 정한다.

제353**조**(**주주명부의 효력**)

① 주주, 질권자에 대한 회사의 통지 또는 최고는 주주명부에 기재한 주소 또는 그 자로부터 회사에 통지한 주소로 하면 된다.

② 제304조 제2항의 규정은 전항의 통지 또는 최고에 준용한다.

제354**조**(**주주명부의 폐쇄, 기준일**)

① 회사는 의결권을 행사하거나 배당을 받을 자 기타 주주 또는 질권자로서 권리를 행사할 자를 정하기 위하여 일정한 기간을 정하여 주주명부의 기재변경을 정지하거나 일정한 날에 주주명부에 기재된 주주 또는 질권자를 그 권리를 행사할 주주 또는 질권자로 볼 수 있다.

② 제1항의 기간은 3월을 초과하지 못한다.

③ 제1항의 날은 주주 또는 질권자로서 권리를 행사할 날에 앞선 3월내의 날로 정하여야 한다.

④ 회사가 제1항의 기간 또는 날을 정한 때에는 그 기간 또는 날의 2주간전에 이를 공고하여야 한다. 그러나 정관으로 그 기간 또는 날을 지정한 때에는 그러하지 아니하다.

제355**조**(**주권발행의 시기**)

① 회사는 성립후 또는 신주의 납입기일후 지체없이 주권을 발행하여야 한다.

② 주권은 회사의 성립후 또는 신주의 납입기일후가 아니면 발행하지 못한다.

③ 전항의 규정에 위반하여 발행한 주권은 무효로 한다. 그러나 발행한 자에 대한 손해배상의 청구에 영향을 미치지 아니한다.

제356**조**(**주권의 기재사항**) 주권에는 다음의 사항과 번호를 기재하고 대표이사가 기명날인 또는 서명하여야 한다.

1. 회사의 상호
2. 회사의 성립년월일
3. 회사가 발행할 주식의 총수
4. 액면주식을 발행하는 경우 1주의 금액

5. 회사의 성립후 발행된 주식에 관하여는 그 발행 연월일
6. 종류주식이 있는 경우에는 그 주식의 종류와 내용
6의2. 주식의 양도에 관하여 이사회의 승인을 얻도록 정한 때에는 그 규정

제356조의2(주식의 전자등록)

① 회사는 주권을 발행하는 대신 정관으로 정하는 바에 따라 전자등록기관(유가증권 등의 전자등록 업무를 취급하는 기관을 말한다. 이하 같다)의 전자등록부에 주식을 등록할 수 있다.

② 전자등록부에 등록된 주식의 양도나 입질(入質)은 전자등록부에 등록하여야 효력이 발생한다.

③ 전자등록부에 주식을 등록한 자는 그 등록된 주식에 대한 권리를 적법하게 보유한 것으로 추정하며, 이러한 전자등록부를 선의(善意)로, 그리고 중대한 과실 없이 신뢰하고 제2항의 등록에 따라 권리를 취득한 자는 그 권리를 적법하게 취득한다.

④ 전자등록의 절차 · 방법 및 효과, 전자등록기관에 대한 감독, 그밖에 주식의 전자등록 등에 필요한 사항은 따로 법률로 정한다.

제356조의2(주식의 전자등록)

① 회사는 주권을 발행하는 대신 정관으로 정하는 바에 따라 전자등록기관(유가증권 등의 전자등록 업무를 취급하는 기관을 말한다. 이하 같다)의 전자등록부에 주식을 등록할 수 있다.

② 전자등록부에 등록된 주식의 양도나 입질(入質)은 전자등록부에 등록하여야 효력이 발생한다.

③ 전자등록부에 주식을 등록한 자는 그 등록된 주식에 대한 권리를 적법하게 보유한 것으로 추정하며, 이러한 전자등록부를 선의(善意)로, 그리고 중대한 과실 없이 신뢰하고 제2항의 등록에 따라 권리를 취득한 자는 그 권리를 적법하게 취득한다.

④ 전자등록의 절차 · 방법 및 효과, 전자등록기관에 대한 감독, 그 밖에 주식의 전자등록 등에 필요한 사항은 따로 법률로 정한다.

제358조의2(주권의 불소지)

① 주주는 정관에 다른 정함이 있는 경우를 제외하고는 그 주식에 대하여 주권의 소지를 하지 아니하겠다는 뜻을 회사에 신고할 수 있다.

② 제1항의 신고가 있는 때에는 회사는 지체없이 주권을 발행하지 아니한다는 뜻을 주주명부와 그 복본에 기재하고, 그 사실을 주주에게 통지하여야 한다. 이 경우 회사는 그 주권을 발행할 수 없다.

③ 제1항의 경우 이미 발행된 주권이 있는 때에는 이를 회사에 제출하여야 하며, 회사는 제출된 주권을 무효로 하거나 명의개서대리인에게 임치하여야 한다.

④ 제1항 내지 제3항의 규정에 불구하고 주주는 언제든지 회사에 대하여 주권의 발행 또는 반환을 청구할 수 있다.

제359**조(주권의 선의취득)** 수표법 제21조의 규정은 주권에 관하여 이를 준용한다.

제360**조(주권의 제권판결, 재발행)**

① 주권은 공시최고의 절차에 의하여 이를 무효로 할 수 있다.

② 주권을 상실한 자는 제권판결을 얻지 아니하면 회사에 대하여 주권의 재발행을 청구하지 못하다.

제2관 주식의 포괄적 교환

제360**조의**2**(주식의 포괄적 교환에 의한 완전모회사의 설립)**

① 회사는 이 관의 규정에 의한 주식의 포괄적 교환에 의하여 다른 회사의 발행주식의 총수를 소유하는 회사(이하 "완전모회사"라 한다)가 될 수 있다. 이 경우 그 다른 회사를 "완전자회사"라 한다.

② 주식의 포괄적 교환(이하 이 관에서 "주식교환"이라 한다)에 의하여 완전자회사가 되는 회사의 주주가 가지는 그 회사의 주식은 주식을 교환하는 날에 주식교환에 의하여 완전모회사가 되는 회사에 이전하고, 그 완전자회사가 되는 회사의 주주는 그 완전모회사가 되는 회사가 주식교환을 위하여 발행하는 신주의 배정을 받거나 그 회사 자기주식의 이전을 받음으로써 그 회사의 주주가 된다.

제360**조의**3**(주식교환계약서의 작성과 주주총회의 승인 및 주식교환대가가 모회사 주식인 경우의 특칙)**

① 주식교환을 하고자 하는 회사는 주식교환계약서를 작성하여 주주총회의 승인을 얻어야 한다.

② 제1항의 승인결의는 제434조의 규정에 의하여야 한다.

③ 주식교환계약서에는 다음 각호의 사항을 적어야 한다.

1. 완전모회사가 되는 회사가 주식교환으로 인하여 정관을 변경하는 경우에는 그 규정
2. 완전모회사가 되는 회사가 주식교환을 위하여 신주를 발행하거나 자기주식을 이전하는 경우에는 발행하는 신주 또는 이전하는 자기주식의 총수 · 종류, 종류별 주식의 수 및 완전자회사가 되는 회사의 주주에 대한 신주의 배정 또는 자기주식의 이전에 관한 사항
3. 완전모회사가 되는 회사의 자본금 또는 준비금이 증가하는 경우에는 증가할 자본금 또는 준비금에 관한 사항
4. 완전자회사가 되는 회사의 주주에게 제2호에도 불구하고 그 대가의 전부 또는 일부로서 금전이나 그 밖의 재산을 제공하는 경우에는 그 내용 및 배정에 관한 사항

5. 각 회사가 제1항의 결의를 할 주주총회의 기일
6. 주식교환을 할 날
7. 각 회사가 주식교환을 할 날까지 이익배당을 할 때에는 그 한도액
9. 완전모회사가 되는 회사에 취임할 이사와 감사 또는 감사위원회의 위원을 정한 때에는 그 성명 및 주민등록번호

④ 회사는 제363조의 규정에 의한 통지에 다음 각호의 사항을 기재하여야 한다.

1. 주식교환계약서의 주요내용
2. 제360조의5제1항의 규정에 의한 주식매수청구권의 내용 및 행사방법
3. 일방회사의 정관에 주식의 양도에 관하여 이사회의 승인을 요한다는 뜻의 규정이 있고 다른 회사의 정관에 그 규정이 없는 경우 그 뜻

⑤ 주식교환으로 인하여 주식교환에 관련되는 각 회사의 주주의 부담이 가중되는 경우에는 제1항 및 제436조의 결의 외에 그 주주 전원의 동의가 있어야 한다.

⑥ 제342조의2제1항에도 불구하고 제3항 제4호에 따라 완전자회사가 되는 회사의 주주에게 제공하는 재산이 완전모회사가 되는 회사의 모회사 주식을 포함하는 경우에는 완전모회사가 되는 회사는 그 지급을 위하여 그 모회사의 주식을 취득할 수 있다.

⑦ 완전모회사가 되는 회사는 제6항에 따라 취득한 그 회사의 모회사 주식을 주식교환 후에도 계속 보유하고 있는 경우 주식교환의 효력이 발생하는 날부터 6개월 이내에 그 주식을 처분하여야 한다.

제360조의4(주식교환계약서 등의 공시)

① 이사는 제360조의3제1항의 주주총회의 회일의 2주전부터 주식교환의 날 이후 6월이 경과하는 날까지 다음 각호의 서류를 본점에 비치하여야 한다.

1. 주식교환계약서
2. 완전모회사가 되는 회사가 주식교환을 위하여 신주를 발행하거나 자기주식을 이전하는 경우에는 완전자회사가 되는 회사의 주주에 대한 신주의 배정 또는 자기주식의 이전에 관하여 그 이유를 기재한 서면
3. 제360조의3제1항의 주주총회의 회일(제360조의9의 규정에 의한 간이주식교환의 경우에는 동조 제2항의 규정에 의하여 공고 또는 통지를 한 날)전 6월 이내의 날에 작성한 주식교환을 하는 각 회사의 최종 대차대조표 및 손익계산서

② 제1항의 서류에 관하여는 제391조의3제3항의 규정을 준용한다.

제360조의5(반대주주의 주식매수청구권)

① 제360조의3제1항의 규정에 의한 승인사항에 관하여 이사회의 결의가 있는 때에 그 결의에

반대하는 주주(의결권이 없거나 제한되는 주주를 포함한다. 이하 이 조에서 같다)는 주주총회전에 회사에 대하여 서면으로 그 결의에 반대하는 의사를 통지한 경우에는 그 총회의 결의일부터 20일 이내에 주식의 종류와 수를 기재한 서면으로 회사에 대하여 자기가 소유하고 있는 주식의 매수를 청구할 수 있다.

② 제360조의9제2항의 공고 또는 통지를 한 날부터 2주내에 회사에 대하여 서면으로 주식교환에 반대하는 의사를 통지한 주주는 그 기간이 경과한 날부터 20일 이내에 주식의 종류와 수를 기재한 서면으로 회사에 대하여 자기가 소유하고 있는 주식의 매수를 청구할 수 있다.

③ 제1항 및 제2항의 매수청구에 관하여는 제374조의2 제2항 내지 제5항의 규정을 준용한다.

제360조의7(완전모회사의 자본금 증가의 한도액)

① 완전모회사가 되는 회사의 자본금은 주식교환의 날에 완전자회사가 되는 회사에 현존하는 순자산액에서 다음 각호의 금액을 뺀 금액을 초과하여 증가시킬 수 없다.

1. 완전자회사가 되는 회사의 주주에게 제공할 금전이나 그 밖의 재산의 가액
2. 제360조의3 제3항 제2호에 따라 완전자회사가 되는 회사의 주주에게 이전하는 자기주식의 장부가액의 합계액

② 완전모회사가 되는 회사가 주식교환 이전에 완전자회사가 되는 회사의 주식을 이미 소유하고 있는 경우에는 완전모회사가 되는 회사의 자본금은 주식교환의 날에 완전자회사가 되는 회사에 현존하는 순자산액에 그 회사의 발행주식총수에 대한 주식교환으로 인하여 완전모회사가 되는 회사에 이전하는 주식의 수의 비율을 곱한 금액에서 제1항 각호의 금액을 뺀 금액의 한도를 초과하여 이를 증가시킬 수 없다.

제360조의8(주권의 실효절차)

① 주식교환에 의하여 완전자회사가 되는 회사는 주주총회에서 제360조의3제1항의 규정에 의한 승인을 한 때에는 다음 각호의 사항을 주식교환의 날 1월전에 공고하고, 주주명부에 기재된 주주와 질권자에 대하여 따로 따로 그 통지를 하여야 한다.

1. 제360조의3 제1항의 규정에 의한 승인을 한 뜻
2. 주식교환의 날의 전날까지 주권을 회사에 제출하여야 한다는 뜻
3. 주식교환의 날에 주권이 무효가 된다는 뜻

② 제442조의 규정은 제360조의3 제1항의 규정에 의한 승인을 한 경우에 이를 준용한다.

제360조의9(간이주식교환)

① 완전자회사가 되는 회사의 총주주의 동의가 있거나 그 회사의 발행주식총수의 100분의 90 이상을 완전모회사가 되는 회사가 소유하고 있는 때에는 완전자회사가 되는 회사의 주주

총회의 승인은 이를 이사회의 승인으로 갈음할 수 있다.

② 제1항의 경우에 완전자회사가 되는 회사는 주식교환계약서를 작성한 날부터 2주내에 주주총회의 승인을 얻지 아니하고 주식교환을 한다는 뜻을 공고하거나 주주에게 통지하여야 한다. 다만, 총주주의 동의가 있는 때에는 그러하지 아니하다.

제360조의10(소규모 주식교환)

① 완전모회사가 되는 회사가 주식교환을 위하여 발행하는 신주 및 이전하는 자기주식의 총수가 그 회사의 발행주식총수의 100분의 10을 초과하지 아니하는 경우에는 그 회사에서의 제360조의3제1항의 규정에 의한 주주총회의 승인은 이를 이사회의 승인으로 갈음할 수 있다. 다만, 완전자회사가 되는 회사의 주주에게 제공할 금전이나 그 밖의 재산을 정한 경우에 그 금액 및 그 밖의 재산의 가액이 제360조의4제1항 제3호에서 규정한 최종 대차대조표에 의하여 완전모회사가 되는 회사에 현존하는 순자산액의 100분의 5를 초과하는 때에는 그러하지 아니하다.

② 제1항 본문의 경우에는 주식교환계약서에 완전모회사가 되는 회사에 관하여는 제360조의3제1항의 규정에 의한 주주총회의 승인을 얻지 아니하고 주식교환을 할 수 있는 뜻을 기재하여야 하며, 동조 제3항 제1호의 사항은 이를 기재하지 못한다.

③ 완전모회사가 되는 회사는 주식교환계약서를 작성한 날부터 2주내에 완전자회사가 되는 회사의 상호와 본점, 주식교환을 할 날 및 제360조의3제1항의 승인을 얻지 아니하고 주식교환을 한다는 뜻을 공고하거나 주주에게 통지하여야 한다.

④ 완전모회사가 되는 회사의 발행주식총수의 100분의 20 이상에 해당하는 주식을 가지는 주주가 제4항에 따른 공고 또는 통지를 한 날부터 2주 내에 회사에 대하여 서면으로 제1항 본문에 따른 주식교환에 반대하는 의사를 통지한 경우에는 이 조에 따른 주식교환을 할 수 없다.

⑤ 제1항 본문의 경우에 완전모회사가 되는 회사에 관하여 제360조의4제1항의 규정을 적용함에 있어서는 동조동항 각호외의 부분중 "제360조의3제1항의 주주총회의 회일의 2주전" 및 동조동항 제3호중 "제360조의3제1항의 주주총회의 회일"은 각각 "이 조 제4항의 규정에 의한 공고 또는 통지의 날"로 한다.

⑥ 제1항 본문의 경우에는 제360조의5의 규정은 이를 적용하지 아니한다.

제360조의11(단주처리 등에 관한 규정의 준용)

① 제443조의 규정은 회사의 주식교환의 경우에 이를 준용한다.

② 제339조 및 제340조 제3항의 규정은 주식교환의 경우에 완전자회사가 되는 회사의 주식을 목적으로 하는 질권에 이를 준용한다.

제360조의12(주식교환사항을 기재한 서면의 사후공시)

① 이사는 다음 각호의 사항을 기재한 서면을 주식교환의 날부터 6월간 본점에 비치하여야 한다.

1. 주식교환의 날
2. 주식교환의 날에 완전자회사가 되는 회사에 현존하는 순자산액
3. 주식교환으로 인하여 완전모회사에 이전한 완전자회사의 주식의 수
4. 그 밖의 주식교환에 관한 사항

② 제1항의 서면에 관하여는 제391조의3제3항의 규정을 준용한다.

제360조의13(완전모회사의 이사 · 감사의 임기) 주식교환에 의하여 완전모회사가 되는 회사의 이사 및 감사로서 주식교환전에 취임한 자는 주식교환계약서에 다른 정함이 있는 경우를 제외하고는 주식교환후 최초로 도래하는 결산기에 관한 정기총회가 종료하는 때에 퇴임한다.

제360조의14(주식교환무효의 소)

① 주식교환의 무효는 각 회사의 주주 · 이사 · 감사 · 감사위원회의 위원 또는 청산인에 한하여 주식교환의 날부터 6월내에 소만으로 이를 주장할 수 있다.

② 제1항의 소는 완전모회사가 되는 회사의 본점소재지의 지방법원의 관할에 전속한다.

③ 주식교환을 무효로 하는 판결이 확정된 때에는 완전모회사가 된 회사는 주식교환을 위하여 발행한 신주 또는 이전한 자기주식의 주주에 대하여 그가 소유하였던 완전자회사가 된 회사의 주식을 이전하여야 한다.

④ 제187조 내지 제189조, 제190조 본문, 제191조, 제192조, 제377조 및 제431조의 규정은 제1항의 소에, 제339조 및 제340조 제3항의 규정은 제3항의 경우에 각각 이를 준용한다.

제3관 주식의 포괄적 이전

제360조의15(주식의 포괄적 이전에 의한 완전모회사의 설립)

① 회사는 이 관의 규정에 의한 주식의 포괄적 이전(이하 이 관에서 "주식이전"이라 한다)에 의하여 완전모회사를 설립하고 완전자회사가 될 수 있다.

② 주식이전에 의하여 완전자회사가 되는 회사의 주주가 소유하는 그 회사의 주식은 주식이전에 의하여 설립하는 완전모회사에 이전하고, 그 완전자회사가 되는 회사의 주주는 그 완전모회사가 주식이전을 위하여 발행하는 주식의 배정을 받음으로써 그 완전모회사의 주주가 된다.

제360조의16(주주총회에 의한 주식이전의 승인)

① 주식이전을 하고자 하는 회사는 다음 각호의 사항을 적은 주식이전계획서를 작성하여 주

주총회의 승인을 받아야 한다.

1. 설립하는 완전모회사의 정관의 규정
2. 설립하는 완전모회사가 주식이전에 있어서 발행하는 주식의 종류와 수 및 완전자회사가 되는 회사의 주주에 대한 주식의 배정에 관한 사항
3. 설립하는 완전모회사의 자본금 및 자본준비금에 관한 사항
4. 완전자회사가 되는 회사의 주주에게 제2호에도 불구하고 금전이나 그 밖의 재산을 제공하는 경우에는 그 내용 및 배정에 관한 사항
5. 주식이전을 할 시기
6. 완전자회사가 되는 회사가 주식이전의 날까지 이익배당을 할 때에는 그 한도액
7. 설립하는 완전모회사의 이사와 감사 또는 감사위원회의 위원의 성명 및 주민등록번호
8. 회사가 공동으로 주식이전에 의하여 완전모회사를 설립하는 때에는 그 뜻

② 제1항의 승인결의는 제434조의 규정에 의하여야 한다.

③ 제360조의3제4항의 규정은 제1항의 경우의 주주총회의 승인에 이를 준용한다.

④ 주식이전으로 인하여 주식이전에 관련되는 각 회사의 주주의 부담이 가중되는 경우에는 제1항 및 제436조의 결의 외에 그 주주 전원의 동의가 있어야 한다.

제360조의17(주식이전계획서 등의 서류의 공시)

① 이사는 제360조의16 제1항의 규정에 의한 주주총회의 회일의 2주전부터 주식이전의 날 이후 6월을 경과하는 날까지 다음 각호의 서류를 본점에 비치하여야 한다.

1. 제360조의16 제1항의 규정에 의한 주식이전계획서
2. 완전자회사가 되는 회사의 주주에 대한 주식의 배정에 관하여 그 이유를 기재한 서면
3. 제360조의16 제1항의 주주총회의 회일전 6월 이내의 날에 작성한 완전자회사가 되는 회사의 최종 대차대조표 및 손익계산서

② 제1항의 서류에 관하여는 제391조의3제3항의 규정을 준용한다.

제360조의18(완전모회사의 자본금의 한도액) 설립하는 완전모회사의 자본금은 주식이전의 날에 완전자회사가 되는 회사에 현존하는 순자산액에서 그 회사의 주주에게 제공할 금전 및 그 밖의 재산의 가액을 뺀 액을 초과하지 못한다.

제360조의19(주권의 실효절차)

① 주식이전에 의하여 완전자회사가 되는 회사는 제360조의16 제1항의 규정에 의한 결의를 한 때에는 다음 각호의 사항을 공고하고, 주주명부에 기재된 주주와 질권자에 대하여 따로따로 그 통지를 하여야 한다.

1. 제360조의16 제1항의 규정에 의한 결의를 한 뜻

2. 1월을 초과하여 정한 기간내에 주권을 회사에 제출하여야 한다는 뜻
3. 주식이전의 날에 주권이 무효가 된다는 뜻

② 제442조의 규정은 제360조의16 제1항의 규정에 의한 결의를 한 경우에 이를 준용한다. <개정 2014.5.20.>

제360**조의**20(**주식이전에 의한 등기**) 주식이전을 한 때에는 설립한 완전모회사의 본점의 소재지에서는 2주내에, 지점의 소재지에서는 3주내에 제317조 제2항에서 정하는 사항을 등기하여야 한다.

제360**조의**21(**주식이전의 효력발생시기**) 주식이전은 이로 인하여 설립한 완전모회사가 그 본점소재지에서 제360조의20의 규정에 의한 등기를 함으로써 그 효력이 발생한다.

제360**조의**22(**주식교환 규정의 준용**) 제360조의5, 제360조의11 및 제360조의12의 규정은 주식이전의 경우에 이를 준용한다.

제360**조의**23(**주식이전무효의 소**)

① 주식이전의 무효는 각 회사의 주주 · 이사 · 감사 · 감사위원회의 위원 또는 청산인에 한하여 주식이전의 날부터 6월내에 소만으로 이를 주장할 수 있다.

② 제1항의 소는 완전모회사가 되는 회사의 본점소재지의 지방법원의 관할에 전속한다.

③ 주식이전을 무효로 하는 판결이 확정된 때에는 완전모회사가 된 회사는 주식이전을 위하여 발행한 주식의 주주에 대하여 그가 소유하였던 완전자회사가 된 회사의 주식을 이전하여야 한다.

④ 제187조 내지 제193조 및 제377조의 규정은 제1항의 소에, 제339조 및 제340조 제3항의 규정은 제3항의 경우에 각각 이를 준용한다.

제4관 지배주주에 의한 소수주식의 전부 취득

제360**조의**24(**지배주주의 매도청구권**)

① 회사의 발행주식총수의 100분의 95 이상을 자기의 계산으로 보유하고 있는 주주(이하 이 관에서 "지배주주"라 한다)는 회사의 경영상 목적을 달성하기 위하여 필요한 경우에는 회사의 다른 주주(이하 이 관에서 "소수주주"라 한다)에게 그 보유하는 주식의 매도를 청구할 수 있다.

② 제1항의 보유주식의 수를 산정할 때에는 모회사와 자회사가 보유한 주식을 합산한다. 이 경우 회사가 아닌 주주가 발행주식총수의 100분의 50을 초과하는 주식을 가진 회사가 보유하는 주식도 그 주주가 보유하는 주식과 합산한다.

③ 제1항의 매도청구를 할 때에는 미리 주주총회의 승인을 받아야 한다.

④ 제3항의 주주총회의 소집을 통지할 때에는 다음 각 호에 관한 사항을 적어야 하고, 매도를 청구하는 지배주주는 주주총회에서 그 내용을 설명하여야 한다.

1. 지배주주의 회사 주식의 보유 현황
2. 매도청구의 목적
3. 매매가액의 산정 근거와 적정성에 관한 공인된 감정인의 평가
4. 매매가액의 지급보증

⑤ 지배주주는 매도청구의 날 1개월 전까지 다음 각 호의 사실을 공고하고, 주주명부에 적힌 주주와 질권자에게 따로 그 통지를 하여야 한다.

1. 소수주주는 매매가액의 수령과 동시에 주권을 지배주주에게 교부하여야 한다는 뜻
2. 교부하지 아니할 경우 매매가액을 수령하거나 지배주주가 매매가액을 공탁(供託)한 날에 주권은 무효가 된다는 뜻

⑥ 제1항의 매도청구를 받은 소수주주는 매도청구를 받은 날부터 2개월 내에 지배주주에게 그 주식을 매도하여야 한다.

⑦ 제6항의 경우 그 매매가액은 매도청구를 받은 소수주주와 매도를 청구한 지배주주 간의 협의로 결정한다.

⑧ 제1항의 매도청구를 받은 날부터 30일 내에 제7항의 매매가액에 대한 협의가 이루어지지 아니한 경우에는 매도청구를 받은 소수주주 또는 매도청구를 한 지배주주는 법원에 매매가액의 결정을 청구할 수 있다.

⑨ 법원이 제8항에 따라 주식의 매매가액을 결정하는 경우에는 회사의 재산상태와 그밖의 사정을 고려하여 공정한 가액으로 산정하여야 한다.

제360조의25(소수주주의 매수청구권)

① 지배주주가 있는 회사의 소수주주는 언제든지 지배주주에게 그 보유주식의 매수를 청구할 수 있다.

② 제1항의 매수청구를 받은 지배주주는 매수를 청구한 날을 기준으로 2개월 내에 매수를 청구한 주주로부터 그 주식을 매수하여야 한다.

③ 제2항의 경우 그 매매가액은 매수를 청구한 주주와 매수청구를 받은 지배주주 간의 협의로 결정한다.

④ 제2항의 매수청구를 받은 날부터 30일 내에 제3항의 매매가액에 대한 협의가 이루어지지 아니한 경우에는 매수청구를 받은 지배주주 또는 매수청구를 한 소수주주는 법원에 대하여 매매가액의 결정을 청구할 수 있다.

⑤ 법원이 제4항에 따라 주식의 매매가액을 결정하는 경우에는 회사의 재산상태와 그 밖의 사

정을 고려하여 공정한 가액으로 산정하여야 한다.

제360조의26(주식의 이전 등)

① 제360조의24와 제360조의25에 따라 주식을 취득하는 지배주주가 매매가액을 소수주주에게 지급한 때에 주식이 이전된 것으로 본다.

② 제1항의 매매가액을 지급할 소수주주를 알 수 없거나 소수주주가 수령을 거부할 경우에는 지배주주는 그 가액을 공탁할 수 있다. 이 경우 주식은 공탁한 날에 지배주주에게 이전된 것으로 본다.

제3절 회사의 기관

제1관 주주총회

제361조(총회의 권한) 주주총회는 본법 또는 정관에 정하는 사항에 한하여 결의할 수 있다.

제362조(소집의 결정) 총회의 소집은 본법에 다른 규정이 있는 경우외에는 이사회가 이를 결정한다.

제363조(소집의 통지)

① 주주총회를 소집할 때에는 주주총회일의 2주 전에 각 주주에게 서면으로 통지를 발송하거나 각 주주의 동의를 받아 전자문서로 통지를 발송하여야 한다. 다만, 그 통지가 주주명부상 주주의 주소에 계속 3년간 도달하지 아니한 경우에는 회사는 해당 주주에게 총회의 소집을 통지하지 아니할 수 있다.

② 제1항의 통지서에는 회의의 목적사항을 적어야 한다.

③ 제1항에도 불구하고 자본금 총액이 10억원 미만인 회사가 주주총회를 소집하는 경우에는 주주총회일의 10일 전에 각 주주에게 서면으로 통지를 발송하거나 각 주주의 동의를 받아 전자문서로 통지를 발송할 수 있다.

④ 자본금 총액이 10억원 미만인 회사는 주주 전원의 동의가 있을 경우에는 소집절차 없이 주주총회를 개최할 수 있고, 서면에 의한 결의로써 주주총회의 결의를 갈음할 수 있다. 결의의 목적사항에 대하여 주주 전원이 서면으로 동의를 한 때에는 서면에 의한 결의가 있는 것으로 본다.

⑤ 제4항의 서면에 의한 결의는 주주총회의 결의와 같은 효력이 있다.

⑥ 서면에 의한 결의에 대하여는 주주총회에 관한 규정을 준용한다.

⑦ 제1항부터 제4항까지의 규정은 의결권 없는 주주에게는 적용하지 아니한다. 다만, 제1항의 통지서에 적은 회의의 목적사항에 제360조의5, 제360조의22, 제374조의2, 제522조의3 또

는 제530조의11에 따라 반대주주의 주식매수청구권이 인정되는 사항이 포함된 경우에는 그러하지 아니하다.

제363조의2(주주제안권)

① 의결권없는 주식을 제외한 발행주식총수의 100분의 3 이상에 해당하는 주식을 가진 주주는 이사에게 주주총회일(정기주주총회의 경우 직전 연도의 정기주주총회일에 해당하는 그 해의 해당일. 이하 이 조에서 같다)의 6주 전에 서면 또는 전자문서로 일정한 사항을 주주총회의 목적사항으로 할 것을 제안(이하 '株主提案'이라 한다)할 수 있다.

② 제1항의 주주는 이사에게 주주총회일의 6주 전에 서면 또는 전자문서로 회의의 목적으로 할 사항에 추가하여 당해 주주가 제출하는 의안의 요령을 제363조에서 정하는 통지에 기재할 것을 청구할 수 있다.

③ 이사는 제1항에 의한 주주제안이 있는 경우에는 이를 이사회에 보고하고, 이사회는 주주제안의 내용이 법령 또는 정관을 위반하는 경우와 그 밖에 대통령령으로 정하는 경우를 제외하고는 이를 주주총회의 목적사항으로 하여야 한다. 이 경우 주주제안을 한 자의 청구가 있는 때에는 주주총회에서 당해 의안을 설명할 기회를 주어야 한다.

제364조(소집지) 총회는 정관에 다른 정함이 없으면 본점소재지 또는 이에 인접한 지에 소집하여야 한다.

제365조(총회의 소집)

① 정기총회는 매년 1회 일정한 시기에 이를 소집하여야 한다.

② 연 2회 이상의 결산기를 정한 회사는 매기에 총회를 소집하여야 한다.

③ 임시총회는 필요있는 경우에 수시 이를 소집한다.

제366조(소수주주에 의한 소집청구)

① 발행주식총수의 100분의 3 이상에 해당하는 주식을 가진 주주는 회의의 목적사항과 소집의 이유를 적은 서면 또는 전자문서를 이사회에 제출하여 임시총회의 소집을 청구할 수 있다.

② 제1항의 청구가 있은 후 지체 없이 총회소집의 절차를 밟지 아니한 때에는 청구한 주주는 법원의 허가를 받아 총회를 소집할 수 있다. 이 경우 주주총회의 의장은 법원이 이해관계인의 청구나 직권으로 선임할 수 있다.

③ 제1항 및 제2항의 규정에 의한 총회는 회사의 업무와 재산상태를 조사하게 하기 위하여 검사인을 선임할 수 있다.

제366조의2(총회의 질서유지)

① 총회의 의장은 정관에서 정함이 없는 때에는 총회에서 선임한다.

② 총회의 의장은 총회의 질서를 유지하고 의사를 정리한다.

③ 총회의 의장은 고의로 의사진행을 방해하기 위한 발언 · 행동을 하는 등 현저히 질서를 문란하게 하는 자에 대하여 그 발언의 정지 또는 퇴장을 명할 수 있다.

제367조(검사인의 선임)

① 총회는 이사가 제출한 서류와 감사의 보고서를 조사하게 하기 위하여 검사인(檢査人)을 선임할 수 있다.

② 회사 또는 발행주식총수의 100분의 1 이상에 해당하는 주식을 가진 주주는 총회의 소집절차나 결의방법의 적법성을 조사하기 위하여 총회 전에 법원에 검사인의 선임을 청구할 수 있다.

제368조(총회의 결의방법과 의결권의 행사)

① 총회의 결의는 이 법 또는 정관에 다른 정함이 있는 경우를 제외하고는 출석한 주주의 의결권의 과반수와 발행주식총수의 4분의 1 이상의 수로써 하여야 한다.

② 주주는 대리인으로 하여금 그 의결권을 행사하게 할 수 있다. 이 경우에는 그 대리인은 대리권을 증명하는 서면을 총회에 제출하여야 한다.

③ 총회의 결의에 관하여 특별한 이해관계가 있는 자는 의결권을 행사하지 못한다.

제368조의2(의결권의 불통일행사)

① 주주가 2 이상의 의결권을 가지고 있는 때에는 이를 통일하지 아니하고 행사할 수 있다. 이 경우 주주총회일의 3일전에 회사에 대하여 서면 또는 전자문서로 그 뜻과 이유를 통지하여야 한다.

② 주주가 주식의 신탁을 인수하였거나 기타 타인을 위하여 주식을 가지고 있는 경우외에는 회사는 주주의 의결권의 불통일행사를 거부할 수 있다.

제368조의3(서면에 의한 의결권의 행사)

① 주주는 정관이 정한 바에 따라 총회에 출석하지 아니하고 서면에 의하여 의결권을 행사할 수 있다.

② 회사는 총회의 소집통지서에 주주가 제1항의 규정에 의한 의결권을 행사하는데 필요한 서면과 참고자료를 첨부하여야 한다.

제368조의4(전자적 방법에 의한 의결권의 행사)

① 회사는 이사회의 결의로 주주가 총회에 출석하지 아니하고 전자적 방법으로 의결권을 행

사할 수 있음을 정할 수 있다.

② 회사는 제363조에 따라 소집통지를 할 때에는 주주가 제1항에 따른 방법으로 의결권을 행사할 수 있다는 내용을 통지하여야 한다.

③ 회사가 제1항에 따라 전자적 방법에 의한 의결권행사를 정한 경우에 주주는 주주 확인절차 등 대통령령으로 정하는 바에 따라 의결권을 행사하여야 한다. 이 경우 회사는 의결권행사에 필요한 양식과 참고자료를 주주에게 전자적 방법으로 제공하여야 한다.

④ 동일한 주식에 관하여 제1항 또는 제368조의3제1항에 따라 의결권을 행사하는 경우 전자적 방법 또는 서면 중 어느 하나의 방법을 선택하여야 한다.

⑤ 회사는 의결권행사에 관한 전자적 기록을 총회가 끝난 날부터 3개월간 본점에 두어 열람하게 하고 총회가 끝난 날부터 5년간 보존하여야 한다.

⑥ 주주 확인절차 등 전자적 방법에 의한 의결권행사의 절차와 그밖에 필요한 사항은 대통령령으로 정한다.

제369조(의결권)

① 의결권은 1주마다 1개로 한다.

② 회사가 가진 자기주식은 의결권이 없다.

③ 회사, 모회사 및 자회사 또는 자회사가 다른 회사의 발행주식의 총수의 10분의 1을 초과하는 주식을 가지고 있는 경우 그 다른 회사가 가지고 있는 회사 또는 모회사의 주식은 의결권이 없다.

제371조(정족수, 의결권수의 계산)

① 총회의 결의에 관하여는 제344조의3제1항과 제369조 제2항 및 제3항의 의결권 없는 주식의 수는 발행주식총수에 산입하지 아니한다.

② 총회의 결의에 관하여는 제368조 제3항에 따라 행사할 수 없는 주식의 의결권 수와 제409조 제2항 · 제3항 및 제542조의12제3항 · 제4항에 따라 그 비율을 초과하는 주식으로서 행사할 수 없는 주식의 의결권 수는 출석한 주주의 의결권의 수에 산입하지 아니한다.

제372조(총회의 연기, 속행의 결의)

① 총회에서는 회의의 속행 또는 연기의 결의를 할 수 있다.

② 전항의 경우에는 제363조의 규정을 적용하지 아니한다.

제373조(총회의 의사록)

① 총회의 의사에는 의사록을 작성하여야 한다.

② 의사록에는 의사의 경과요령과 그 결과를 기재하고 의장과 출석한 이사가 기명날인 또는

서명하여야 한다.

제374**조(영업양도, 양수, 임대등)**

① 회사가 다음 각 호의 어느 하나에 해당하는 행위를 할 때에는 제434조에 따른 결의가 있어야 한다.

1. 영업의 전부 또는 중요한 일부의 양도
2. 영업 전부의 임대 또는 경영위임, 타인과 영업의 손익 전부를 같이 하는 계약, 그 밖에 이에 준하는 계약의 체결 · 변경 또는 해약
3. 회사의 영업에 중대한 영향을 미치는 다른 회사의 영업 전부 또는 일부의 양수

② 제1항의 행위에 관한 주주총회의 소집의 통지를 하는 때에는 제374조의2제1항 및 제2항의 규정에 의한 주식매수청구권의 내용 및 행사방법을 명시하여야 한다.

제374**조의**2**(반대주주의 주식매수청구권)**

① 제374조에 따른 결의사항에 반대하는 주주(의결권이 없거나 제한되는 주주를 포함한다. 이하 이 조에서 같다)는 주주총회 전에 회사에 대하여 서면으로 그 결의에 반대하는 의사를 통지한 경우에는 그 총회의 결의일부터 20일 이내에 주식의 종류와 수를 기재한 서면으로 회사에 대하여 자기가 소유하고 있는 주식의 매수를 청구할 수 있다.

② 제1항의 청구를 받으면 해당 회사는 같은 항의 매수 청구 기간(이하 이 조에서 "매수청구기간"이라 한다)이 종료하는 날부터 2개월 이내에 그 주식을 매수하여야 한다.

③ 제2항의 규정에 의한 주식의 매수가액은 주주와 회사간의 협의에 의하여 결정한다.

④ 매수청구기간이 종료하는 날부터 30일 이내에 제3항의 규정에 의한 협의가 이루어지지 아니한 경우에는 회사 또는 주식의 매수를 청구한 주주는 법원에 대하여 매수가액의 결정을 청구할 수 있다.

⑤ 법원이 제4항의 규정에 의하여 주식 매수가액을 결정하는 경우에는 회사의 재산상태 그 밖의 사정을 참작하여 공정한 가액으로 이를 산정하여야 한다.

제374**조의**3**(간이영업양도, 양수, 임대 등)**

① 제374조 제1항 각 호의 어느 하나에 해당하는 행위를 하는 회사의 총주주의 동의가 있거나 그 회사의 발행주식총수의 100분의 90 이상을 해당 행위의 상대방이 소유하고 있는 경우에는 그 회사의 주주총회의 승인은 이를 이사회의 승인으로 갈음할 수 있다.

② 제1항의 경우에 회사는 영업양도, 양수, 임대 등의 계약서 작성일부터 2주 이내에 주주총회의 승인을 받지 아니하고 영업양도, 양수, 임대 등을 한다는 뜻을 공고하거나 주주에게 통지하여야 한다. 다만, 총주주의 동의가 있는 경우에는 그러하지 아니하다.

③ 제2항의 공고 또는 통지를 한 날부터 2주 이내에 회사에 대하여 서면으로 영업양도, 양수,

임대 등에 반대하는 의사를 통지한 주주는 그 기간이 경과한 날부터 20일 이내에 주식의 종류와 수를 기재한 서면으로 회사에 대하여 자기가 소유하고 있는 주식의 매수를 청구할 수 있다. 이 경우 제374조의2제2항부터 제5항까지의 규정을 준용한다.

제375**조(사후설립)** 회사가 그 성립 후 2년 내에 그 성립 전부터 존재하는 재산으로서 영업을 위하여 계속하여 사용하여야 할 것을 자본금의 100분의 5 이상에 해당하는 대가로 취득하는 계약을 하는 경우에는 제374조를 준용한다.

제376**조(결의취소의 소)**

① 총회의 소집절차 또는 결의방법이 법령 또는 정관에 위반하거나 현저하게 불공정한 때 또는 그 결의의 내용이 정관에 위반한 때에는 주주·이사 또는 감사는 결의의 날로부터 2월내에 결의취소의 소를 제기할 수 있다.

② 제186조 내지 제188조, 제190조 본문과 제191조의 규정은 제1항의 소에 준용한다.

제377**조(제소주주의 담보제공의무)**

① 주주가 결의취소의 소를 제기한 때에는 법원은 회사의 청구에 의하여 상당한 담보를 제공할 것을 명할 수 있다. 그러나 그 주주가 이사 또는 감사인 때에는 그러하지 아니하다.

② 제176조 제4항의 규정은 제1항의 청구에 준용한다.

제378**조(결의취소의 등기)** 결의한 사항이 등기된 경우에 결의취소의 판결이 확정된 때에는 본점과 지점의 소재지에서 등기하여야 한다.

제379**조(법원의 재량에 의한 청구기각)** 결의취소의 소가 제기된 경우에 결의의 내용, 회사의 현황과 제반사정을 참작하여 그 취소가 부적당하다고 인정한 때에는 법원은 그 청구를 기각할 수 있다.

제380**조(결의무효 및 부존재확인의 소)** 제186조 내지 제188조, 제190조 본문, 제191조, 제377조와 제378조의 규정은 총회의 결의의 내용이 법령에 위반한 것을 이유로 하여 결의무효의 확인을 청구하는 소와 총회의 소집절차 또는 결의방법에 총회결의가 존재한다고 볼 수 없을 정도의 중대한 하자가 있는 것을 이유로 하여 결의부존재의 확인을 청구하는 소에 이를 준용한다.

제381**조(부당결의의 취소, 변경의 소)**

① 주주가 제368조 제3항의 규정에 의하여 의결권을 행사할 수 없었던 경우에 결의가 현저하게 부당하고 그 주주가 의결권을 행사하였더라면 이를 저지할 수 있었을 때에는 그 주주는 그 결의의 날로부터 2월내에 결의의 취소의 소 또는 변경의 소를 제기할 수 있다.

② 제186조 내지 제188조, 제190조 본문, 제191조, 제377조와 제378조의 규정은 제1항의 소에 준용한다.

제2관 이사와 이사회

제382조(이사의 선임, 회사와의 관계 및 사외이사)

① 이사는 주주총회에서 선임한다.

② 회사와 이사의 관계는 「민법」의 위임에 관한 규정을 준용한다.

③ 사외이사(社外理事)는 해당 회사의 상무(常務)에 종사하지 아니하는 이사로서 다음 각 호의 어느 하나에 해당하지 아니하는 자를 말한다. 사외이사가 다음 각 호의 어느 하나에 해당하는 경우에는 그 직을 상실한다.

1. 회사의 상무에 종사하는 이사 · 집행임원 및 피용자 또는 최근 2년 이내에 회사의 상무에 종사한 이사 · 감사 · 집행임원 및 피용자
2. 최대주주가 자연인인 경우 본인과 그 배우자 및 직계 존속 · 비속
3. 최대주주가 법인인 경우 그 법인의 이사 · 감사 · 집행임원 및 피용자
4. 이사 · 감사 · 집행임원의 배우자 및 직계 존속 · 비속
5. 회사의 모회사 또는 자회사의 이사 · 감사 · 집행임원 및 피용자
6. 회사와 거래관계 등 중요한 이해관계에 있는 법인의 이사 · 감사 · 집행임원 및 피용자
7. 회사의 이사 · 집행임원 및 피용자가 이사 · 집행임원으로 있는 다른 회사의 이사 · 감사 · 집행임원 및 피용자

제382조의2(집중투표)

① 2인 이상의 이사의 선임을 목적으로 하는 총회의 소집이 있는 때에는 의결권없는 주식을 제외한 발행주식총수의 100분의 3 이상에 해당하는 주식을 가진 주주는 정관에서 달리 정하는 경우를 제외하고는 회사에 대하여 집중투표의 방법으로 이사를 선임할 것을 청구할 수 있다.

② 제1항의 청구는 주주총회일의 7일 전까지 서면 또는 전자문서로 하여야 한다.

③ 제1항의 청구가 있는 경우에 이사의 선임결의에 관하여 각 주주는 1주마다 선임할 이사의 수와 동일한 수의 의결권을 가지며, 그 의결권은 이사 후보자 1인 또는 수인에게 집중하여 투표하는 방법으로 행사할 수 있다.

④ 제3항의 규정에 의한 투표의 방법으로 이사를 선임하는 경우에는 투표의 최다수를 얻은 자부터 순차적으로 이사에 선임되는 것으로 한다.

⑤ 제1항의 청구가 있는 경우에는 의장은 의결에 앞서 그러한 청구가 있다는 취지를 알려야 한다.

⑥ 제2항의 서면은 총회가 종결될 때까지 이를 본점에 비치하고 주주로 하여금 영업시간내에 열람할 수 있게 하여야 한다.

제382조의3(이사의 충실의무) 이사는 법령과 정관의 규정에 따라 회사를 위하여 그 직무를 충실하게 수행하여야 한다.

제382조의4(이사의 비밀유지의무) 이사는 재임중 뿐만 아니라 퇴임후에도 직무상 알게된 회사의 영업상 비밀을 누설하여서는 아니된다.

제383조(원수, 임기)

① 이사는 3명 이상이어야 한다. 다만, 자본금 총액이 10억원 미만인 회사는 1명 또는 2명으로 할 수 있다.

② 이사의 임기는 3년을 초과하지 못한다.

③ 제2항의 임기는 정관으로 그 임기 중의 최종의 결산기에 관한 정기주주총회의 종결에 이르기까지 연장할 수 있다.

제385조(해임)

① 이사는 언제든지 제434조의 규정에 의한 주주총회의 결의로 이를 해임할 수 있다. 그러나 이사의 임기를 정한 경우에 정당한 이유없이 그 임기만료전에 이를 해임한 때에는 그 이사는 회사에 대하여 해임으로 인한 손해의 배상을 청구할 수 있다.

② 이사가 그 직무에 관하여 부정행위 또는 법령이나 정관에 위반한 중대한 사실이 있음에도 불구하고 주주총회에서 그 해임을 부결한 때에는 발행주식의 총수의 100분의 3 이상에 해당하는 주식을 가진 주주는 총회의 결의가 있은 날부터 1월내에 그 이사의 해임을 법원에 청구할 수 있다.

③ 제186조의 규정은 전항의 경우에 준용한다.

제386조(결원의 경우)

① 법률 또는 정관에 정한 이사의 원수를 결한 경우에는 임기의 만료 또는 사임으로 인하여 퇴임한 이사는 새로 선임된 이사가 취임할 때까지 이사의 권리의무가 있다.

② 제1항의 경우에 필요하다고 인정할 때에는 법원은 이사, 감사 기타의 이해관계인의 청구에 의하여 일시 이사의 직무를 행할 자를 선임할 수 있다. 이 경우에는 본점의 소재지에서 그 등기를 하여야 한다.

제387조(자격주) 정관으로 이사가 가질 주식의 수를 정한 경우에 다른 규정이 없는 때에는 이사는 그 수의 주권을 감사에게 공탁하여야 한다.

제388조(이사의 보수) 이사의 보수는 정관에 그 액을 정하지 아니한 때에는 주주총회의 결의로 이를 정한다.

제389조(대표이사)

① 회사는 이사회의 결의로 회사를 대표할 이사를 선정하여야 한다. 그러나 정관으로 주주총회에서 이를 선정할 것을 정할 수 있다.

② 전항의 경우에는 수인의 대표이사가 공동으로 회사를 대표할 것을 정할 수 있다.

③ 제208조 제2항, 제209조, 제210조와 제386조의 규정은 대표이사에 준용한다.

제390조(이사회의 소집)

① 이사회는 각 이사가 소집한다. 그러나 이사회의 결의로 소집할 이사를 정한 때에는 그러하지 아니하다.

② 제1항 단서의 규정에 의하여 소집권자로 지정되지 않은 다른 이사는 소집권자인 이사에게 이사회 소집을 요구할 수 있다. 소집권자인 이사가 정당한 이유없이 이사회 소집을 거절하는 경우에는 다른 이사가 이사회를 소집할 수 있다.

③ 이사회를 소집함에는 회일을 정하고 그 1주간전에 각 이사 및 감사에 대하여 통지를 발송하여야 한다. 그러나 그 기간은 정관으로 단축할 수 있다.

④ 이사회는 이사 및 감사 전원의 동의가 있는 때에는 제3항의 절차없이 언제든지 회의할 수 있다.

제391조(이사회의 결의방법)

① 이사회의 결의는 이사과반수의 출석과 출석이사의 과반수로 하여야 한다. 그러나 정관으로 그 비율을 높게 정할 수 있다.

② 정관에서 달리 정하는 경우를 제외하고 이사회는 이사의 전부 또는 일부가 직접 회의에 출석하지 아니하고 모든 이사가 음성을 동시에 송수신하는 원격통신수단에 의하여 결의에 참가하는 것을 허용할 수 있다. 이 경우 당해 이사는 이사회에 직접 출석한 것으로 본다.

③ 제368조 제3항 및 제371조 제2항의 규정은 제1항의 경우에 이를 준용한다.

제391조의2(감사의 이사회출석 · 의견진술권)

① 감사는 이사회에 출석하여 의견을 진술할 수 있다.

② 감사는 이사가 법령 또는 정관에 위반한 행위를 하거나 그 행위를 할 염려가 있다고 인정한 때에는 이사회에 이를 보고하여야 한다.

제391조의3(이사회의 의사록)

① 이사회의 의사에 관하여는 의사록을 작성하여야 한다.

② 의사록에는 의사의 안건, 경과요령, 그 결과, 반대하는 자와 그 반대이유를 기재하고 출석한 이사 및 감사가 기명날인 또는 서명하여야 한다.

③ 주주는 영업시간내에 이사회의사록의 열람 또는 등사를 청구할 수 있다.

④ 회사는 제3항의 청구에 대하여 이유를 붙여 이를 거절할 수 있다. 이 경우 주주는 법원의 허가를 얻어 이사회의사록을 열람 또는 등사할 수 있다.

제392조(이사회의 연기 · 속행) 제372조의 규정은 이사회에 관하여 이를 준용한다.

제393조(이사회의 권한)

① 중요한 자산의 처분 및 양도, 대규모 재산의 차입, 지배인의 선임 또는 해임과 지점의 설치 · 이전 또는 폐지 등 회사의 업무집행은 이사회의 결의로 한다.

② 이사회는 이사의 직무의 집행을 감독한다.

③ 이사는 대표이사로 하여금 다른 이사 또는 피용자의 업무에 관하여 이사회에 보고할 것을 요구할 수 있다.

④ 이사는 3월에 1회 이상 업무의 집행상황을 이사회에 보고하여야 한다.

제393조의2(이사회내 위원회)

① 이사회는 정관이 정한 바에 따라 위원회를 설치할 수 있다.

② 이사회는 다음 각호의 사항을 제외하고는 그 권한을 위원회에 위임할 수 있다.

1. 주주총회의 승인을 요하는 사항의 제안
2. 대표이사의 선임 및 해임
3. 위원회의 설치와 그 위원의 선임 및 해임
4. 정관에서 정하는 사항

③ 위원회는 2인 이상의 이사로 구성한다.

④ 위원회는 결의된 사항을 각 이사에게 통지하여야 한다. 이 경우 이를 통지받은 각 이사는 이사회의 소집을 요구할 수 있으며, 이사회는 위원회가 결의한 사항에 대하여 다시 결의할 수 있다.

⑤ 제386조 제1항 · 제390조 · 제391조 · 제391조의3 및 제392조의 규정은 위원회에 관하여 이를 준용한다.

제394조(이사와 회사간의 소에 관한 대표)

① 회사가 이사에 대하여 또는 이사가 회사에 대하여 소를 제기하는 경우에 감사는 그 소에 관하여 회사를 대표한다. 회사가 제403조 제1항의 청구를 받음에 있어서도 같다.

② 제415조의2의 규정에 의한 감사위원회의 위원이 소의 당사자인 경우에는 감사위원회 또는 이사는 법원에 회사를 대표할 자를 선임하여 줄 것을 신청하여야 한다.

제395조(표현대표이사의 행위와 회사의 책임) 사장, 부사장, 전무, 상무 기타 회사를 대표할

권한이 있는 것으로 인정될 만한 명칭을 사용한 이사의 행위에 대하여는 그 이사가 회사를 대표할 권한이 없는 경우에도 회사는 선의의 제삼자에 대하여 그 책임을 진다.

제396조(정관 등의 비치, 공시의무)

① 이사는 회사의 정관, 주주총회의 의사록을 본점과 지점에, 주주명부, 사채원부를 본점에 비치하여야 한다. 이 경우 명의개서대리인을 둔 때에는 주주명부나 사채원부 또는 그 복본을 명의개서대리인의 영업소에 비치할 수 있다.

② 주주와 회사채권자는 영업시간 내에 언제든지 제1항의 서류의 열람 또는 등사를 청구할 수 있다.

제397조(경업금지)

① 이사는 이사회의 승인이 없으면 자기 또는 제삼자의 계산으로 회사의 영업부류에 속한 거래를 하거나 동종영업을 목적으로 하는 다른 회사의 무한책임사원이나 이사가 되지 못한다.

② 이사가 제1항의 규정에 위반하여 거래를 한 경우에 회사는 이사회의 결의로 그 이사의 거래가 자기의 계산으로 한 것인 때에는 이를 회사의 계산으로 한 것으로 볼 수 있고 제삼자의 계산으로 한 것인 때에는 그 이사에 대하여 이로 인한 이득의 양도를 청구할 수 있다.

③ 제2항의 권리는 거래가 있은 날로부터 1년을 경과하면 소멸한다.

제397조의2(회사의 기회 및 자산의 유용 금지)

① 이사는 이사회의 승인 없이 현재 또는 장래에 회사의 이익이 될 수 있는 다음 각 호의 어느 하나에 해당하는 회사의 사업기회를 자기 또는 제3자의 이익을 위하여 이용하여서는 아니 된다. 이 경우 이사회의 승인은 이사 3분의 2 이상의 수로써 하여야 한다.

1. 직무를 수행하는 과정에서 알게 되거나 회사의 정보를 이용한 사업기회
2. 회사가 수행하고 있거나 수행할 사업과 밀접한 관계가 있는 사업기회

② 제1항을 위반하여 회사에 손해를 발생시킨 이사 및 승인한 이사는 연대하여 손해를 배상할 책임이 있으며 이로 인하여 이사 또는 제3자가 얻은 이익은 손해로 추정한다.

제398조(이사 등과 회사 간의 거래) 다음 각 호의 어느 하나에 해당하는 자가 자기 또는 제3자의 계산으로 회사와 거래를 하기 위하여는 미리 이사회에서 해당 거래에 관한 중요사실을 밝히고 이사회의 승인을 받아야 한다. 이 경우 이사회의 승인은 이사 3분의 2 이상의 수로써 하여야 하고, 그 거래의 내용과 절차는 공정하여야 한다.

1. 이사 또는 제542조의8제2항 제6호에 따른 주요주주
2. 제1호의 자의 배우자 및 직계존비속

3. 제1호의 자의 배우자의 직계존비속
4. 제1호부터 제3호까지의 자가 단독 또는 공동으로 의결권 있는 발행주식 총수의 100분의 50 이상을 가진 회사 및 그 자회사
5. 제1호부터 제3호까지의 자가 제4호의 회사와 합하여 의결권 있는 발행주식총수의 100분의 50 이상을 가진 회사

제399조(회사에 대한 책임)

① 이사가 고의 또는 과실로 법령 또는 정관에 위반한 행위를 하거나 그 임무를 게을리한 경우에는 그 이사는 회사에 대하여 연대하여 손해를 배상할 책임이 있다.

② 전항의 행위가 이사회의 결의에 의한 것인 때에는 그 결의에 찬성한 이사도 전항의 책임이 있다.

③ 전항의 결의에 참가한 이사로서 이의를 한 기재가 의사록에 없는 자는 그 결의에 찬성한 것으로 추정한다.

제400조(회사에 대한 책임의 감면)

① 제399조에 따른 이사의 책임은 주주 전원의 동의로 면제할 수 있다.

② 회사는 정관으로 정하는 바에 따라 제399조에 따른 이사의 책임을 이사가 그 행위를 한 날 이전 최근 1년간의 보수액(상여금과 주식매수선택권의 행사로 인한 이익 등을 포함한다)의 6배(사외이사의 경우는 3배)를 초과하는 금액에 대하여 면제할 수 있다. 다만, 이사가 고의 또는 중대한 과실로 손해를 발생시킨 경우와 제397조 제397조의2 및 제398조에 해당하는 경우에는 그러하지 아니하다.

제401조(제삼자에 대한 책임)

① 이사가 고의 또는 중대한 과실로 그 임무를 게을리한 때에는 그 이사는 제3자에 대하여 연대하여 손해를 배상할 책임이 있다.

② 제399조 제2항, 제3항의 규정은 전항의 경우에 준용한다.

제401조의2(업무집행지시자 등의 책임)

① 다음 각호의 1에 해당하는 자는 그 지시하거나 집행한 업무에 관하여 제399조 · 제401조 및 제403조의 적용에 있어서 이를 이사로 본다.

1. 회사에 대한 자신의 영향력을 이용하여 이사에게 업무집행을 지시한 자
2. 이사의 이름으로 직접 업무를 집행한 자
3. 이사가 아니면서 명예회장 · 회장 · 사장 · 부사장 · 전무 · 상무 · 이사 기타 회사의 업무를 집행할 권한이 있는 것으로 인정될 만한 명칭을 사용하여 회사의 업무를 집행한 자

② 제1항의 경우에 회사 또는 제3자에 대하여 손해를 배상할 책임이 있는 이사는 제1항에 규정된 자와 연대하여 그 책임을 진다.

제402조(유지청구권) 이사가 법령 또는 정관에 위반한 행위를 하여 이로 인하여 회사에 회복할 수 없는 손해가 생길 염려가 있는 경우에는 감사 또는 발행주식의 총수의 100분의 1 이상에 해당하는 주식을 가진 주주는 회사를 위하여 이사에 대하여 그 행위를 유지할 것을 청구할 수 있다.

제403조(주주의 대표소송)

① 발행주식의 총수의 100분의 1 이상에 해당하는 주식을 가진 주주는 회사에 대하여 이사의 책임을 추궁할 소의 제기를 청구할 수 있다.

② 제1항의 청구는 그 이유를 기재한 서면으로 하여야 한다.

③ 회사가 전항의 청구를 받은 날로부터 30일내에 소를 제기하지 아니한 때에는 제1항의 주주는 즉시 회사를 위하여 소를 제기할 수 있다.

④ 제3항의 기간의 경과로 인하여 회사에 회복할 수 없는 손해가 생길 염려가 있는 경우에는 전항의 규정에 불구하고 제1항의 주주는 즉시 소를 제기할 수 있다.

⑤ 제3항과 제4항의 소를 제기한 주주의 보유주식이 제소후 발행주식총수의 100분의 1 미만으로 감소한 경우(發行株式을 보유하지 아니하게 된 경우를 제외한다)에도 제소의 효력에는 영향이 없다.

⑥ 회사가 제1항의 청구에 따라 소를 제기하거나 주주가 제3항과 제4항의 소를 제기한 경우 당사자는 법원의 허가를 얻지 아니하고는 소의 취하, 청구의 포기 · 인락 · 화해를 할 수 없다.

⑦ 제176조 제3항, 제4항과 제186조의 규정은 본조의 소에 준용한다.

제404조(대표소송과 소송참가, 소송고지)

① 회사는 전조 제3항과 제4항의 소송에 참가할 수 있다.

② 전조 제3항과 제4항의 소를 제기한 주주는 소를 제기한 후 지체없이 회사에 대하여 그 소송의 고지를 하여야 한다.

제405조(제소주주의 권리의무)

① 제403조 제3항과 제4항의 규정에 의하여 소를 제기한 주주가 승소한 때에는 그 주주는 회사에 대하여 소송비용 및 그 밖에 소송으로 인하여 지출한 비용중 상당한 금액의 지급을 청구할 수 있다. 이 경우 소송비용을 지급한 회사는 이사 또는 감사에 대하여 구상권이 있다.

② 제403조 제3항과 제4항의 규정에 의하여 소를 제기한 주주가 패소한 때에는 악의인 경우외에는 회사에 대하여 손해를 배상할 책임이 없다.

제406조(대표소송과 재심의 소)

① 제403조의 소가 제기된 경우에 원고와 피고의 공모로 인하여 소송의 목적인 회사의 권리를 사해할 목적으로써 판결을 하게 한 때에는 회사 또는 주주는 확정한 종국판결에 대하여 재심의 소를 제기할 수 있다.

② 전조의 규정은 전항의 소에 준용한다.

제407조(직무집행정지, 직무대행자선임)

① 이사선임결의의 무효나 취소 또는 이사해임의 소가 제기된 경우에는 법원은 당사자의 신청에 의하여 가처분으로써 이사의 직무집행을 정지할 수 있고 또는 직무대행자를 선임할 수 있다. 급박한 사정이 있는 때에는 본안소송의 제기전에도 그 처분을 할 수 있다.

② 법원은 당사자의 신청에 의하여 전항의 가처분을 변경 또는 취소할 수 있다.

③ 전2항의 처분이 있는 때에는 본점과 지점의 소재지에서 그 등기를 하여야 한다.

제408조(직무대행자의 권한)

① 전조의 직무대행자는 가처분명령에 다른 정함이 있는 경우외에는 회사의 상무에 속하지 아니한 행위를 하지 못한다. 그러나 법원의 허가를 얻은 경우에는 그러하지 아니하다.

② 직무대행자가 전항의 규정에 위반한 행위를 한 경우에도 회사는 선의의 제삼자에 대하여 책임을 진다.

제408조의2(집행임원 설치회사, 집행임원과 회사의 관계)

① 회사는 집행임원을 둘 수 있다. 이 경우 집행임원을 둔 회사(이하 "집행임원 설치회사"라 한다)는 대표이사를 두지 못한다.

② 집행임원 설치회사와 집행임원의 관계는 「민법」 중 위임에 관한 규정을 준용한다.

③ 집행임원 설치회사의 이사회는 다음의 권한을 갖는다.

1. 집행임원과 대표집행임원의 선임 · 해임
2. 집행임원의 업무집행 감독
3. 집행임원과 집행임원 설치회사의 소송에서 집행임원 설치회사를 대표할 자의 선임
4. 집행임원에게 업무집행에 관한 의사결정의 위임(이 법에서 이사회 권한사항으로 정한 경우는 제외한다)
5. 집행임원이 여러 명인 경우 집행임원의 직무 분담 및 지휘 · 명령관계, 그 밖에 집행임원의 상호관계에 관한 사항의 결정
6. 정관에 규정이 없거나 주주총회의 승인이 없는 경우 집행임원의 보수 결정

④ 집행임원 설치회사는 이사회의 회의를 주관하기 위하여 이사회 의장을 두어야 한다. 이 경우 이사회 의장은 정관의 규정이 없으면 이사회 결의로 선임한다.

제408조의3(집행임원의 임기)

① 집행임원의 임기는 정관에 다른 규정이 없으면 2년을 초과하지 못한다.

② 제1항의 임기는 정관에 그 임기 중의 최종 결산기에 관한 정기주주총회가 종결한 후 가장 먼저 소집하는 이사회의 종결 시까지로 정할 수 있다.

제408조의4(집행임원의 권한) 집행임원의 권한은 다음 각 호의 사항으로 한다.

1. 집행임원 설치회사의 업무집행
2. 정관이나 이사회의 결의에 의하여 위임받은 업무집행에 관한 의사결정

제408조의5(대표집행임원)

① 2명 이상의 집행임원이 선임된 경우에는 이사회 결의로 집행임원 설치회사를 대표할 대표집행임원을 선임하여야 한다. 다만, 집행임원이 1명인 경우에는 그 집행임원이 대표집행임원이 된다.

② 대표집행임원에 관하여는 이 법에 다른 규정이 없으면 주식회사의 대표이사에 관한 규정을 준용한다.

③ 집행임원 설치회사에 대하여는 제395조를 준용한다.

제408조의6(집행임원의 이사회에 대한 보고)

① 집행임원은 3개월에 1회 이상 업무의 집행상황을 이사회에 보고하여야 한다.

② 집행임원은 제1항의 경우 외에도 이사회의 요구가 있으면 언제든지 이사회에 출석하여 요구한 사항을 보고하여야 한다.

③ 이사는 대표집행임원으로 하여금 다른 집행임원 또는 피용자의 업무에 관하여 이사회에 보고할 것을 요구할 수 있다.

제408조의7(집행임원의 이사회 소집 청구)

① 집행임원은 필요하면 회의의 목적사항과 소집이유를 적은 서면을 이사(소집권자가 있는 경우에는 소집권자를 말한다. 이하 이 조에서 같다)에게 제출하여 이사회 소집을 청구할 수 있다.

② 제1항의 청구를 한 후 이사가 지체 없이 이사회 소집의 절차를 밟지 아니하면 소집을 청구한 집행임원은 법원의 허가를 받아 이사회를 소집할 수 있다. 이 경우 이사회 의장은 법원이 이해관계자의 청구에 의하여 또는 직권으로 선임할 수 있다.

제408조의8(집행임원의 책임)

① 집행임원이 고의 또는 과실로 법령이나 정관을 위반한 행위를 하거나 그 임무를 게을리한 경우에는 그 집행임원은 집행임원 설치회사에 손해를 배상할 책임이 있다.

② 집행임원이 고의 또는 중대한 과실로 그 임무를 게을리한 경우에는 그 집행임원은 제3자에게 손해를 배상할 책임이 있다.

③ 집행임원이 집행임원 설치회사 또는 제3자에게 손해를 배상할 책임이 있는 경우에 다른 집행임원 · 이사 또는 감사도 그 책임이 있으면 다른 집행임원 · 이사 또는 감사와 연대하여 배상할 책임이 있다.

제408조의9(준용규정) 집행임원에 대하여는 제382조의3, 제382조의4, 제396조, 제397조, 제397조의2, 제398조, 제400조, 제401조의2, 제402조부터 제408조까지, 제412조 및 제412조의2를 준용한다.

제3관 감사 및 감사위원회

제409조(선임)

① 감사는 주주총회에서 선임한다.

② 의결권없는 주식을 제외한 발행주식의 총수의 100분의 3을 초과하는 수의 주식을 가진 주주는 그 초과하는 주식에 관하여 제1항의 감사의 선임에 있어서는 의결권을 행사하지 못한다.

③ 회사는 정관으로 제2항의 비율보다 낮은 비율을 정할 수 있다.

④ 제1항, 제296조 제1항 및 제312조에도 불구하고 자본금의 총액이 10억원 미만인 회사의 경우에는 감사를 선임하지 아니할 수 있다. <

⑤ 제4항에 따라 감사를 선임하지 아니한 회사가 이사에 대하여 또는 이사가 그 회사에 대하여 소를 제기하는 경우에 회사, 이사 또는 이해관계인은 법원에 회사를 대표할 자를 선임하여 줄 것을 신청하여야 한다.

⑥ 제4항에 따라 감사를 선임하지 아니한 경우에는 제412조, 제412조의2 및 제412조의5제1항 · 제2항 중 “감사”는 각각 “주주총회”로 본다.

제409조의2(감사의 해임에 관한 의견진술의 권리) 감사는 주주총회에서 감사의 해임에 관하여 의견을 진술할 수 있다.

제410조(임기) 감사의 임기는 취임후 3년내의 최종의 결산기에 관한 정기총회의 종결시까지로 한다.

제411조(겸임금지) 감사는 회사 및 자회사의 이사 또는 지배인 기타의 사용인의 직무를 겸하지 못한다.

제412조(감사의 직무와 보고요구, 조사의 권한)

① 감사는 이사의 직무의 집행을 감사한다.

② 감사는 언제든지 이사에 대하여 영업에 관한 보고를 요구하거나 회사의 업무와 재산상태를 조사할 수 있다.

③ 감사는 회사의 비용으로 전문가의 도움을 구할 수 있다.

제412조의2(이사의 보고의무) 이사는 회사에 현저하게 손해를 미칠 염려가 있는 사실을 발견한 때에는 즉시 감사에게 이를 보고하여야 한다.

제412조의3(총회의 소집청구)

① 감사는 회의의 목적사항과 소집의 이유를 기재한 서면을 이사회에 제출하여 임시총회의 소집을 청구할 수 있다.

② 제366조 제2항의 규정은 감사가 총회를 소집하는 경우에 이를 준용한다.

제412조의4(감사의 이사회 소집 청구)

① 감사는 필요하면 회의의 목적사항과 소집이유를 서면에 적어 이사(소집권자가 있는 경우에는 소집권자를 말한다. 이하 이 조에서 같다)에게 제출하여 이사회 소집을 청구할 수 있다.

② 제1항의 청구를 하였는데도 이사가 지체 없이 이사회를 소집하지 아니하면 그 청구한 감사가 이사회를 소집할 수 있다.

제412조의5(자회사의 조사권)

① 모회사의 감사는 그 직무를 수행하기 위하여 필요한 때에는 자회사에 대하여 영업의 보고를 요구할 수 있다.

② 모회사의 감사는 제1항의 경우에 자회사가 지체없이 보고를 하지 아니할 때 또는 그 보고의 내용을 확인할 필요가 있는 때에는 자회사의 업무와 재산상태를 조사할 수 있다.

③ 자회사는 정당한 이유가 없는 한 제1항의 규정에 의한 보고 또는 제2항의 규정에 의한 조사를 거부하지 못한다.

제413조(조사 · 보고의 의무) 감사는 이사가 주주총회에 제출할 의안 및 서류를 조사하여 법령 또는 정관에 위반하거나 현저하게 부당한 사항이 있는지의 여부에 관하여 주주총회에 그 의견을 진술하여야 한다.

제413조의2(감사록의 작성)

① 감사는 감사에 관하여 감사록을 작성하여야 한다.

② 감사록에는 감사의 실시요령과 그 결과를 기재하고 감사를 실시한 감사가 기명날인 또는 서명하여야 한다.

제414조(감사의 책임)

① 감사가 그 임무를 해태한 때에는 그 감사는 회사에 대하여 연대하여 손해를 배상할 책임이 있다.

② 감사가 악의 또는 중대한 과실로 인하여 그 임무를 해태한 때에는 그 감사는 제삼자에 대하여 연대하여 손해를 배상할 책임이 있다.

③ 감사가 회사 또는 제삼자에 대하여 손해를 배상할 책임이 있는 경우에 이사도 그 책임이 있는 때에는 그 감사와 이사는 연대하여 배상할 책임이 있다.

제415조(준용규정) 제382조 제2항, 제382조의4, 제385조, 제386조, 제388조, 제400조, 제401조와 제403조 내지 제407조의 규정은 감사에 준용한다.

제415조의2(감사위원회)

① 회사는 정관이 정한 바에 따라 감사에 갈음하여 제393조의2의 규정에 의한 위원회로서 감사위원회를 설치할 수 있다. 감사위원회를 설치한 경우에는 감사를 둘 수 없다.

② 감사위원회는 제393조의2제3항에도 불구하고 3명 이상의 이사로 구성한다. 다만, 사외이사가 위원의 3분의 2 이상이어야 한다.

③ 감사위원회의 위원의 해임에 관한 이사회의 결의는 이사 총수의 3분의 2이상의 결의로 하여야 한다.

④ 감사위원회는 그 결의로 위원회를 대표할 자를 선정하여야 한다. 이 경우 수인의 위원이 공동으로 위원회를 대표할 것을 정할 수 있다.

⑤ 감사위원회는 회사의 비용으로 전문가의 조력을 구할 수 있다.

⑥ 감사위원회에 대하여는 제393조의2제4항 후단을 적용하지 아니 한다.

제4절 신주의 발행

제416조(발행사항의 결정) 회사가 그 성립 후에 주식을 발행하는 경우에는 다음의 사항으로서 정관에 규정이 없는 것은 이사회가 결정한다. 다만, 이 법에 다른 규정이 있거나 정관으로 주주총회에서 결정하기로 정한 경우에는 그러하지 아니하다.

1. 신주의 종류와 수
2. 신주의 발행가액과 납입기일

2의2. 무액면주식의 경우에는 신주의 발행가액 중 자본금으로 계상하는 금액

3. 신주의 인수방법
4. 현물출자를 하는 자의 성명과 그 목적인 재산의 종류, 수량, 가액과 이에 대하여 부여할 주식의 종류와 수

5. 주주가 가지는 신주인수권을 양도할 수 있는 것에 관한 사항
6. 주주의 청구가 있는 때에만 신주인수권증서를 발행한다는 것과 그 청구기간

제417조(액면미달의 발행)

① 회사가 성립한 날로부터 2년을 경과한 후에 주식을 발행하는 경우에는 회사는 제434조의 규정에 의한 주주총회의 결의와 법원의 인가를 얻어서 주식을 액면미달의 가액으로 발행할 수 있다.

② 전항의 주주총회의 결의에서는 주식의 최저발행가액을 정하여야 한다.

③ 법원은 회사의 현황과 제반사정을 참작하여 최저발행가액을 변경하여 인가할 수 있다. 이 경우에 법원은 회사의 재산상태 기타 필요한 사항을 조사하게 하기 위하여 검사인을 선임할 수 있다.

④ 제1항의 주식은 법원의 인가를 얻은 날로부터 1월내에 발행하여야 한다. 법원은 이 기간을 연장하여 인가할 수 있다.

제418조(신주인수권의 내용 및 배정일의 지정 · 공고)

① 주주는 그가 가진 주식 수에 따라서 신주의 배정을 받을 권리가 있다.

② 회사는 제1항의 규정에 불구하고 정관에 정하는 바에 따라 주주 외의 자에게 신주를 배정할 수 있다. 다만, 이 경우에는 신기술의 도입, 재무구조의 개선 등 회사의 경영상 목적을 달성하기 위하여 필요한 경우에 한한다.

③ 회사는 일정한 날을 정하여 그 날에 주주명부에 기재된 주주가 제1항의 권리를 가진다는 뜻과 신주인수권을 양도할 수 있을 경우에는 그 뜻을 그 날의 2주간전에 공고하여야 한다. 그러나 그 날이 제354조 제1항의 기간 중인 때에는 그 기간의 초일의 2주간전에 이를 공고하여야 한다.

④ 제2항에 따라 주주 외의 자에게 신주를 배정하는 경우 회사는 제416조 제1호, 제2호, 제2호의2, 제3호 및 제4호에서 정하는 사항을 그 납입기일의 2주 전까지 주주에게 통지하거나 공고하여야 한다.

제419조(신주인수권자에 대한 최고)

① 회사는 신주의 인수권을 가진 자에 대하여 그 인수권을 가지는 주식의 종류 및 수와 일정한 기일까지 주식인수의 청약을 하지 아니하면 그 권리를 잃는다는 뜻을 통지하여야 한다. 이 경우 제416조 제5호 및 제6호에 규정한 사항의 정함이 있는 때에는 그 내용도 통지하여야 한다.

② 제1항의 통지는 제1항의 기일의 2주간전에 이를 하여야 한다.

③ 제1항의 통지에도 불구하고 그 기일까지 주식인수의 청약을 하지 아니한 때에는 신주의

인수권을 가진 자는 그 권리를 잃는다.

제420**조(주식청약서)** 이사는 주식청약서를 작성하여 다음의 사항을 적어야 한다.

1. 제289조 제1항 제2호 내지 제4호에 게기한 사항(이하 생략)

제420**조의**2**(신주인수권증서의 발행)**

① 제416조 제5호에 규정한 사항을 정한 경우에 회사는 동조 제6호의 정함이 있는 때에는 그 정함에 따라, 그 정함이 없는 때에는 제419조 제1항의 기일의 2주간전에 신주인수권증서를 발행하여야 한다.

② 신주인수권증서에는 다음 사항과 번호를 기재하고 이사가 기명날인 또는 서명하여야 한다.

1. 신주인수권증서라는 뜻의 표시
2. 제420조에 규정한 사항
3. 신주인수권의 목적인 주식의 종류와 수
4. 일정기일까지 주식의 청약을 하지 아니할 때에는 그 권리를 잃는다는 뜻

제420**조의**3**(신주인수권의 양도)**

① 신주인수권의 양도는 신주인수권증서의 교부에 의하여서만 이를 행한다.

② 제336조 제2항 및 수표법 제21조의 규정은 신주인수권증서에 관하여 이를 준용한다.

제420**조의**4**(신주인수권의 전자등록)** 회사는 신주인수권증서를 발행하는 대신 정관으로 정하는 바에 따라 전자등록기관의 전자등록부에 신주인수권을 등록할 수 있다. 이 경우 제356조의2 제2항부터 제4항까지의 규정을 준용한다.

제420**조의**5**(신주인수권증서에 의한 청약)**

① 신주인수권증서를 발행한 경우에는 신주인수권증서에 의하여 주식의 청약을 한다. 이 경우에는 제302조 제1항의 규정을 준용한다.

② 신주인수권증서를 상실한 자는 주식청약서에 의하여 주식의 청약을 할 수 있다. 그러나 그 청약은 신주인수권증서에 의한 청약이 있는 때에는 그 효력을 잃는다.

제421**조(주식에 대한 납입)**

① 이사는 신주의 인수인으로 하여금 그 배정한 주수(株數)에 따라 납입기일에 그 인수한 주식에 대한 인수가액의 전액을 납입시켜야 한다.

② 신주의 인수인은 회사의 동의 없이 제1항의 납입채무와 주식회사에 대한 채권을 상계할 수 없다.

제422**조(현물출자의 검사)**

① 현물출자를 하는 자가 있는 경우에는 이사는 제416조 제4호의 사항을 조사하게 하기 위하

여 검사인의 선임을 법원에 청구하여야 한다. 이 경우 공인된 감정인의 감정으로 검사인의 조사에 갈음할 수 있다.

② 다음 각 호의 어느 하나에 해당할 경우에는 제1항을 적용하지 아니한다.

1. 제416조 제4호의 현물출자의 목적인 재산의 가액이 자본금의 5분의 1을 초과하지 아니하고 대통령령으로 정한 금액을 초과하지 아니하는 경우
2. 제416조 제4호의 현물출자의 목적인 재산이 거래소의 시세 있는 유가증권인 경우 제416조 본문에 따라 결정된 가격이 대통령령으로 정한 방법으로 산정된 시세를 초과하지 아니하는 경우
3. 변제기가 돌아온 회사에 대한 금전채권을 출자의 목적으로 하는 경우로서 그 가액이 회사장부에 적혀 있는 가액을 초과하지 아니하는 경우
4. 그밖에 제1호부터 제3호까지의 규정에 준하는 경우로서 대통령령으로 정하는 경우

③ 법원은 검사인의 조사보고서 또는 감정인 감정결과를 심사하여 제1항의 사항을 부당하다고 인정한 때에는 이를 변경하여 이사와 현물출자를 한 자에게 통고할 수 있다.

④ 전항의 변경에 불복하는 현물출자를 한 자는 그 주식의 인수를 취소할 수 있다.

⑤ 법원의 통고가 있은 후 2주내에 주식의 인수를 취소한 현물출자를 한 자가 없는 때에는 제1항의 사항은 통고에 따라 변경된 것으로 본다.

제423조(주주가 되는 시기, 납입해태의 효과)

① 신주의 인수인은 납입 또는 현물출자의 이행을 한 때에는 납입기일의 다음 날로부터 주주의 권리의무가 있다. 이 경우 제350조 제3항 후단의 규정을 준용한다.

② 신주의 인수인이 납입기일에 납입 또는 현물출자의 이행을 하지 아니한 때에는 그 권리를 잃는다.

③ 제2항의 규정은 신주의 인수인에 대한 손해배상의 청구에 영향을 미치지 아니한다.

제424조(유지청구권) 회사가 법령 또는 정관에 위반하거나 현저하게 불공정한 방법에 의하여 주식을 발행함으로써 주주가 불이익을 받을 염려가 있는 경우에는 그 주주는 회사에 대하여 그 발행을 유지할 것을 청구할 수 있다.

제424조의2(불공정한 가액으로 주식을 인수한 자의 책임)

① 이사와 통모하여 현저하게 불공정한 발행가액으로 주식을 인수한 자는 회사에 대하여 공정한 발행가액과의 차액에 상당한 금액을 지급할 의무가 있다.

② 제403조 내지 제406조의 규정은 제1항의 지급을 청구하는 소에 관하여 이를 준용한다.

③ 제1항 및 제2항의 규정은 이사의 회사 또는 주주에 대한 손해배상의 책임에 영향을 미치지 아니한다.

제425조(준용규정)

① 제302조 제1항, 제3항, 제303조, 제305조 제2항, 제3항, 제306조, 제318조와 제319조의 규정은 신주의 발행에 준용한다.

② 제305조 제2항의 규정은 신주인수권증서를 발행하는 경우에 이를 준용한다.

제426조(미상각액의 등기) 제417조에 따른 주식을 발행한 경우에 주식의 발행에 따른 변경등기에는 미상각액을 등기하여야 한다.

제427조(인수의 무효주장, 취소의 제한) 신주의 발행으로 인한 변경등기를 한 날로부터 1년을 경과한 후에는 신주를 인수한 자는 주식청약서 또는 신주인수권증서의 요건의 흠결을 이유로 하여 그 인수의 무효를 주장하거나 사기, 강박 또는 착오를 이유로 하여 그 인수를 취소하지 못한다. 그 주식에 대하여 주주의 권리를 행사한 때에도 같다.

제428조(이사의 인수담보책임)

① 신주의 발행으로 인한 변경등기가 있은 후에 아직 인수하지 아니한 주식이 있거나 주식인수의 청약이 취소된 때에는 이사가 이를 공동으로 인수한 것으로 본다.

② 전항의 규정은 이사에 대한 손해배상의 청구에 영향을 미치지 아니한다.

제429조(신주발행무효의 소) 신주발행의 무효는 주주 · 이사 또는 감사에 한하여 신주를 발행한 날로부터 6월내에 소만으로 이를 주장할 수 있다.

제430조(준용규정) 제186조 내지 제189조 · 제190조 본문 · 제191조 · 제192조 및 제377조의 규정은 제429조의 소에 관하여 이를 준용한다.

제431조(신주발행무효판결의 효력)

① 신주발행무효의 판결이 확정된 때에는 신주는 장래에 대하여 그 효력을 잃는다.

② 전항의 경우에는 회사는 지체없이 그 뜻과 일정한 기간내에 신주의 주권을 회사에 제출할 것을 공고하고 주주명부에 기재된 주주와 질권자에 대하여는 각별로 그 통지를 하여야 한다. 그러나 그 기간은 3월 이상으로 하여야 한다.

제432조(무효판결과 주주에의 환급)

① 신주발행무효의 판결이 확정된 때에는 회사는 신주의 주주에 대하여 그 납입한 금액을 반환하여야 한다.

② 전항의 금액이 전조 제1항의 판결확정시의 회사의 재산상태에 비추어 현저하게 부당한 때에는 법원은 회사 또는 전항의 주주의 청구에 의하여 그 금액의 증감을 명할 수 있다.

③ 제339조와 제340조 제1항, 제2항의 규정은 제1항의 경우에 준용한다.

제5절 정관의 변경

제433조(정관변경의 방법)

① 정관의 변경은 주주총회의 결의에 의하여야 한다.

② 정관의 변경에 관한 의안의 요령은 제363조에 따른 통지에 기재하여야 한다.

제434조(정관변경의 특별결의) 제433조 제1항의 결의는 출석한 주주의 의결권의 3분의 2 이상의 수와 발행주식총수의 3분의 1 이상의 수로써 하여야 한다.

제435조(종류주주총회)

① 회사가 종류주식을 발행한 경우에 정관을 변경함으로써 어느 종류주식의 주주에게 손해를 미치게 될 때에는 주주총회의 결의 외에 그 종류주식의 주주의 총회의 결의가 있어야 한다.

② 제1항의 결의는 출석한 주주의 의결권의 3분의 2 이상의 수와 그 종류의 발행주식총수의 3분의 1 이상의 수로써 하여야 한다.

③ 주주총회에 관한 규정은 의결권없는 종류의 주식에 관한 것을 제외하고 제1항의 총회에 준용한다.

제436조(준용규정) 제344조 제3항에 따라 주식의 종류에 따라 특수하게 정하는 경우와 회사의 분할 또는 분할합병, 주식교환, 주식이전 및 회사의 합병으로 인하여 어느 종류의 주주에게 손해를 미치게 될 경우에는 제435조를 준용한다.

제6절 자본금의 감소

제438조(자본금 감소의 결의)

① 자본금의 감소에는 제434조에 따른 결의가 있어야 한다.

② 제1항에도 불구하고 결손의 보전(補塡)을 위한 자본금의 감소는 제368조 제1항의 결의에 의한다.

③ 자본금의 감소에 관한 의안의 주요내용은 제363조에 따른 통지에 적어야 한다.

제439조(자본금 감소의 방법, 절차)

① 자본금 감소의 결의에서는 그 감소의 방법을 정하여야 한다.

② 자본금 감소의 경우에는 제232조를 준용한다. 다만, 결손의 보전을 위하여 자본금을 감소하는 경우에는 그러하지 아니하다.

③ 사채권자가 이의를 제기하려면 사채권자집회의 결의가 있어야 한다. 이 경우에는 법원은

이해관계인의 청구에 의하여 사채권자를 위하여 이의 제기 기간을 연장할 수 있다.

제440조(주식병합의 절차) 주식을 병합할 경우에는 회사는 1월 이상의 기간을 정하여 그 뜻과 그 기간 내에 주권을 회사에 제출할 것을 공고하고 주주명부에 기재된 주주와 질권자에 대하여는 각별로 그 통지를 하여야 한다.

제441조(동전) 주식의 병합은 전조의 기간이 만료한 때에 그 효력이 생긴다. 그러나 제232조의 규정에 의한 절차가 종료하지 아니한 때에는 그 종료한 때에 효력이 생긴다.

제442조(신주권의 교부)

① 주식을 병합하는 경우에 구주권을 회사에 제출할 수 없는 자가 있는 때에는 회사는 그 자의 청구에 의하여 3월 이상의 기간을 정하고 이해관계인에 대하여 그 주권에 대한 이의가 있으면 그 기간 내에 제출할 뜻을 공고하고 그 기간이 경과한 후에 신주권을 청구자에게 교부할 수 있다.

② 전항의 공고의 비용은 청구자의 부담으로 한다.

제443조(단주의 처리)

① 병합에 적당하지 아니한 수의 주식이 있는 때에는 그 병합에 적당하지 아니한 부분에 대하여 발행한 신주를 경매하여 각 주수에 따라 그 대금을 종전의 주주에게 지급하여야 한다. 그러나 거래소의 시세있는 주식은 거래소를 통하여 매각하고, 거래소의 시세없는 주식은 법원의 허가를 받아 경매외의 방법으로 매각할 수 있다.

② 제442조의 규정은 제1항의 경우에 준용한다.

제445조(감자무효의 소) 자본금 감소의 무효는 주주 · 이사 · 감사 · 청산인 · 파산관재인 또는 자본금의 감소를 승인하지 아니한 채권자만이 자본금 감소로 인한 변경등기가 된 날부터 6개월 내에 소(訴)만으로 주장할 수 있다.

제446조(준용규정) 제186조 내지 제189조 · 제190조 본문 · 제191조 · 제192조 및 제377조의 규정은 제445조의 소에 관하여 이를 준용한다.

제7절 회사의 회계

제446조의2(회계의 원칙) 회사의 회계는 이 법과 대통령령으로 규정한 것을 제외하고는 일반적으로 공정하고 타당한 회계관행에 따른다.

제447조(재무제표의 작성)

① 이사는 결산기마다 다음 각 호의 서류와 그 부속명세서를 작성하여 이사회의 승인을 받아

야 한다.

1. 대차대조표
2. 손익계산서
3. 그밖에 회사의 재무상태와 경영성과를 표시하는 것으로서 대통령령으로 정하는 서류

② 대통령령으로 정하는 회사의 이사는 연결재무제표(聯結財務諸表)를 작성하여 이사회의 승인을 받아야 한다.

제447조의2(영업보고서의 작성)

① 이사는 매결산기에 영업보고서를 작성하여 이사회의 승인을 얻어야 한다.

② 영업보고서에는 대통령령이 정하는 바에 의하여 영업에 관한 중요한 사항을 기재하여야 한다.

제447조의3(재무제표등의 제출) 이사는 정기총회회일의 6주간전에 제447조 및 제447조의2의 서류를 감사에게 제출하여야 한다.

제447조의4(감사보고서)

① 감사는 제447조의3의 서류를 받은 날부터 4주 내에 감사보고서를 이사에게 제출하여야 한다.

② 제1항의 감사보고서에는 다음 각 호의 사항을 적어야 한다.

1. 감사방법의 개요
2. 회계장부에 기재될 사항이 기재되지 아니하거나 부실기재된 경우 또는 대차대조표나 손익계산서의 기재 내용이 회계장부와 맞지 아니하는 경우에는 그 뜻
3. 대차대조표 및 손익계산서가 법령과 정관에 따라 회사의 재무상태와 경영성과를 적정하게 표시하고 있는 경우에는 그 뜻
4. 대차대조표 또는 손익계산서가 법령이나 정관을 위반하여 회사의 재무상태와 경영성과를 적정하게 표시하지 아니하는 경우에는 그 뜻과 이유
5. 대차대조표 또는 손익계산서의 작성에 관한 회계방침의 변경이 타당한지 여부와 그 이유
6. 영업보고서가 법령과 정관에 따라 회사의 상황을 적정하게 표시하고 있는지 여부
7. 이익잉여금의 처분 또는 결손금의 처리가 법령 또는 정관에 맞는지 여부
8. 이익잉여금의 처분 또는 결손금의 처리가 회사의 재무상태나 그 밖의 사정에 비추어 현저하게 부당한 경우에는 그 뜻
9. 제447조의 부속명세서에 기재할 사항이 기재되지 아니하거나 부실기재된 경우 또는 회계장부 · 대차대조표 · 손익계산서나 영업보고서의 기재 내용과 맞지 아니하게 기재된 경우에는 그 뜻

10. 이사의 직무수행에 관하여 부정한 행위 또는 법령이나 정관의 규정을 위반하는 중대한 사실이 있는 경우에는 그 사실

③ 감사가 감사를 하기 위하여 필요한 조사를 할 수 없었던 경우에는 감사보고서에 그 뜻과 이유를 적어야 한다.

제448조(재무제표 등의 비치 · 공시)

① 이사는 정기총회회일의 1주간전부터 제447조 및 제447조의2의 서류와 감사보고서를 본점에 5년간, 그 등본을 지점에 3년간 비치하여야 한다.

② 주주와 회사채권자는 영업시간내에 언제든지 제1항의 비치서류를 열람할 수 있으며 회사가 정한 비용을 지급하고 그 서류의 등본이나 초본의 교부를 청구할 수 있다.

제449조(재무제표 등의 승인 · 공고)

① 이사는 제447조의 각 서류를 정기총회에 제출하여 그 승인을 요구하여야 한다.

② 이사는 제447조의2의 서류를 정기총회에 제출하여 그 내용을 보고하여야 한다.

③ 이사는 제1항의 서류에 대한 총회의 승인을 얻은 때에는 지체없이 대차대조표를 공고하여야 한다.

제449조의2(재무제표 등의 승인에 대한 특칙)

① 제449조에도 불구하고 회사는 정관으로 정하는 바에 따라 제447조의 각 서류를 이사회의 결의로 승인할 수 있다. 다만, 이 경우에는 다음 각 호의 요건을 모두 충족하여야 한다.

1. 제447조의 각 서류가 법령 및 정관에 따라 회사의 재무상태 및 경영성과를 적정하게 표시하고 있다는 외부감사인의 의견이 있을 것
2. 감사(감사위원회 설치회사의 경우에는 감사위원을 말한다) 전원의 동의가 있을 것

② 제1항에 따라 이사회가 승인한 경우에는 이사는 제447조의 각 서류의 내용을 주주총회에 보고하여야 한다.

제450조(이사, 감사의 책임해제) 정기총회에서 전조 제1항의 승인을 한 후 2년내에 다른 결의가 없으면 회사는 이사와 감사의 책임을 해제한 것으로 본다. 그러나 이사 또는 감사의 부정행위에 대하여는 그러하지 아니하다.

제451조(자본금)

① 회사의 자본금은 이 법에서 달리 규정한 경우 외에는 발행주식의 액면총액으로 한다.

② 회사가 무액면주식을 발행하는 경우 회사의 자본금은 주식 발행가액의 2분의 1 이상의 금액으로서 이사회(제416조 단서에서 정한 주식발행의 경우에는 주주총회를 말한다)에서 자본금으로 계상하기로 한 금액의 총액으로 한다. 이 경우 주식의 발행가액 중 자본금으로

계상하지 아니하는 금액은 자본준비금으로 계상하여야 한다.

③ 회사의 자본금은 액면주식을 무액면주식으로 전환하거나 무액면주식을 액면주식으로 전환함으로써 변경할 수 없다.

제458**조**(**이익준비금**) 회사는 그 자본금의 2분의 1이 될 때까지 매 결산기 이익배당액의 10분의 1 이상을 이익준비금으로 적립하여야 한다. 다만, 주식배당의 경우에는 그러하지 아니하다.

제459**조**(**자본준비금**)

① 회사는 자본거래에서 발생한 잉여금을 대통령령으로 정하는 바에 따라 자본준비금으로 적립하여야 한다.

② 합병이나 제530조의2에 따른 분할 또는 분할합병의 경우 소멸 또는 분할되는 회사의 이익준비금이나 그 밖의 법정준비금은 합병 · 분할 · 분할합병 후 존속되거나 새로 설립되는 회사가 승계할 수 있다.

제460**조**(**법정준비금의 사용**) 제458조 및 제459조의 준비금은 자본금의 결손 보전에 충당하는 경우 외에는 처분하지 못한다.

제461**조**(**준비금의 자본금 전입**)

① 회사는 이사회의 결의에 의하여 준비금의 전부 또는 일부를 자본금에 전입할 수 있다. 그러나 정관으로 주주총회에서 결정하기로 정한 경우에는 그러하지 아니하다.

② 제1항의 경우에는 주주에 대하여 그가 가진 주식의 수에 따라 주식을 발행하여야 한다. 이 경우 1주에 미달하는 단수에 대하여는 제443조 제1항의 규정을 준용한다.

③ 제1항의 이사회의 결의가 있은 때에는 회사는 일정한 날을 정하여 그 날에 주주명부에 기재된 주주가 제2항의 신주의 주주가 된다는 뜻을 그 날의 2주간전에 공고하여야 한다. 그러나 그 날이 제354조 제1항의 기간 중인 때에는 그 기간의 초일의 2주간전에 이를 공고하여야 한다.

④ 제1항 단서의 경우에 주주는 주주총회의 결의가 있은 때로부터 제2항의 신주의 주주가 된다.

⑤ 제3항 또는 제4항의 규정에 의하여 신주의 주주가 된 때에는 이사는 지체없이 신주를 받은 주주와 주주명부에 기재된 질권자에 대하여 그 주주가 받은 주식의 종류와 수를 통지하여야 한다.

⑥ 제350조 제3항 후단의 규정은 제1항의 경우에 이를 준용한다.

⑦ 제339조의 규정은 제2항의 규정에 의하여 주식의 발행이 있는 경우에 이를 준용한다.

제461조의2(준비금의 감소) 회사는 적립된 자본준비금 및 이익준비금의 총액이 자본금의 1.5배를 초과하는 경우에 주주총회의 결의에 따라 그 초과한 금액 범위에서 자본준비금과 이익준비금을 감액할 수 있다.

제462조(이익의 배당)

① 회사는 대차대조표의 순자산액으로부터 다음의 금액을 공제한 액을 한도로 하여 이익배당을 할 수 있다.

1. 자본금의 액
2. 그 결산기까지 적립된 자본준비금과 이익준비금의 합계액
3. 그 결산기에 적립하여야 할 이익준비금의 액
4. 대통령령으로 정하는 미실현이익

② 이익배당은 주주총회의 결의로 정한다. 다만, 제449조의2제1항에 따라 재무제표를 이사회가 승인하는 경우에는 이사회의 결의로 정한다.

③ 제1항을 위반하여 이익을 배당한 경우에 회사채권자는 배당한 이익을 회사에 반환할 것을 청구할 수 있다.

④ 제3항의 청구에 관한 소에 대하여는 제186조를 준용한다.

제462조의2(주식배당)

① 회사는 주주총회의 결의에 의하여 이익의 배당을 새로이 발행하는 주식으로써 할 수 있다. 그러나 주식에 의한 배당은 이익배당총액의 2분의 1에 상당하는 금액을 초과하지 못한다.

② 제1항의 배당은 주식의 권면액으로 하며, 회사가 종류주식을 발행한 때에는 각각 그와 같은 종류의 주식으로 할 수 있다.

③ 주식으로 배당할 이익의 금액중 주식의 권면액에 미달하는 단수가 있는 때에는 그 부분에 대하여는 제443조 제1항의 규정을 준용한다.

④ 주식으로 배당을 받은 주주는 제1항의 결의가 있는 주주총회가 종결한 때부터 신주의 주주가 된다. 이 경우 제350조 제3항 후단의 규정을 준용한다.

⑤ 이사는 제1항의 결의가 있는 때, 지체없이 배당을 받을 주주와 주주명부에 기재된 질권자에게 그 주주가 받을 주식의 종류와 수를 통지하여야 한다.

⑥ 제340조 제1항의 질권자의 권리는 제1항의 규정에 의한 주주가 받을 주식에 미친다. 이 경우 제340조 제3항의 규정을 준용한다.

제462조의3(중간배당)

① 년 1회의 결산기를 정한 회사는 영업년도중 1회에 한하여 이사회의 결의로 일정한 날을 정하여 그 날의 주주에 대하여 이익을 배당(이하 이 條에서 "中間配當"이라 한다)할 수 있

음을 정관으로 정할 수 있다.

② 중간배당은 직전 결산기의 대차대조표상의 순자산액에서 다음 각호의 금액을 공제한 액을 한도로 한다.

1. 직전 결산기의 자본금의 액
2. 직전 결산기까지 적립된 자본준비금과 이익준비금의 합계액
3. 직전 결산기의 정기총회에서 이익으로 배당하거나 또는 지급하기로 정한 금액
4. 중간배당에 따라 당해 결산기에 적립하여야 할 이익준비금

③ 회사는 당해 결산기의 대차대조표상의 순자산액이 제462조 제1항 각호의 금액의 합계액에 미치지 못할 우려가 있는 때에는 중간배당을 하여서는 아니된다.

④ 당해 결산기 대차대조표상의 순자산액이 제462조 제1항 각호의 금액의 합계액에 미치지 못함에도 불구하고 중간배당을 한 경우 이사는 회사에 대하여 연대하여 그 차액(配當額이 그 差額보다 적을 경우에는 配當額)을 배상할 책임이 있다. 다만, 이사가 제3항의 우려가 없다고 판단함에 있어 주의를 게을리하지 아니하였음을 증명한 때에는 그러하지 아니하다.

제462조의4(현물배당)

① 회사는 정관으로 금전 외의 재산으로 배당을 할 수 있음을 정할 수 있다.

② 제1항에 따라 배당을 결정한 회사는 다음 사항을 정할 수 있다.

1. 주주가 배당되는 금전 외의 재산 대신 금전의 지급을 회사에 청구할 수 있도록 한 경우에는 그 금액 및 청구할 수 있는 기간
2. 일정 수 미만의 주식을 보유한 주주에게 금전 외의 재산 대신 금전을 지급하기로 한 경우에는 그 일정 수 및 금액

제464조(이익배당의 기준) 이익배당은 각 주주가 가진 주식의 수에 따라 한다. 다만, 제344조 제1항을 적용하는 경우에는 그러하지 아니하다.

제464조의2(이익배당의 지급시기)

① 회사는 제464조에 따른 이익배당을 제462조 제2항의 주주총회나 이사회의 결의 또는 제462조의3제1항의 결의를 한 날부터 1개월 내에 하여야 한다. 다만, 주주총회 또는 이사회에서 배당금의 지급시기를 따로 정한 경우에는 그러하지 아니하다.

② 제1항의 배당금의 지급청구권은 5년간 이를 행사하지 아니하면 소멸시효가 완성한다.

제466조(주주의 회계장부열람권)

① 발행주식의 총수의 100분의 3 이상에 해당하는 주식을 가진 주주는 이유를 붙인 서면으로 회계의 장부와 서류의 열람 또는 등사를 청구할 수 있다.

② 회사는 제1항의 주주의 청구가 부당함을 증명하지 아니하면 이를 거부하지 못한다.

제467조(회사의 업무, 재산상태의 검사)

① 회사의 업무집행에 관하여 부정행위 또는 법령이나 정관에 위반한 중대한 사실이 있음을 의심할 사유가 있는 때에는 발행주식의 총수의 100분의 3 이상에 해당하는 주식을 가진 주주는 회사의 업무와 재산상태를 조사하게 하기 위하여 법원에 검사인의 선임을 청구할 수 있다.

② 검사인은 그 조사의 결과를 법원에 보고하여야 한다.

③ 법원은 제2항의 보고에 의하여 필요하다고 인정한 때에는 대표이사에게 주주총회의 소집을 명할 수 있다. 제310조 제2항의 규정은 이 경우에 준용한다.

④ 이사와 감사는 지체없이 제3항의 규정에 의한 검사인의 보고서의 정확여부를 조사하여 이를 주주총회에 보고하여야 한다.

제467조의2(이익공여의 금지)

① 회사는 누구에게든지 주주의 권리행사와 관련하여 재산상의 이익을 공여할 수 없다.

② 회사가 특정의 주주에 대하여 무상으로 재산상의 이익을 공여한 경우에는 주주의 권리행사와 관련하여 이를 공여한 것으로 추정한다. 회사가 특정의 주주에 대하여 유상으로 재산상의 이익을 공여한 경우에 있어서 회사가 얻은 이익이 공여한 이익에 비하여 현저하게 적은 때에도 또한 같다.

③ 회사가 제1항의 규정에 위반하여 재산상의 이익을 공여한 때에는 그 이익을 공여받은 자는 이를 회사에 반환하여야 한다. 이 경우 회사에 대하여 대가를 지급한 것이 있는 때에는 그 반환을 받을 수 있다.

④ 제403조 내지 제406조의 규정은 제3항의 이익의 반환을 청구하는 소에 대하여 이를 준용한다.

제468조(사용인의 우선변제권) 신원보증금의 반환을 받을 채권 기타 회사와 사용인간의 고용관계로 인한 채권이 있는 자는 회사의 총재산에 대하여 우선변제를 받을 권리가 있다. 그러나 질권 · 저당권이나 「동산 · 채권 등의 담보에 관한 법률」에 따른 담보권에 우선하지 못한다.

제8절 사채

제1관 통칙

제469조(사채의 발행)

① 회사는 이사회의 결의에 의하여 사채(社債)를 발행할 수 있다.

② 제1항의 사채에는 다음 각 호의 사채를 포함한다.

1. 이익배당에 참가할 수 있는 사채
2. 주식이나 그 밖의 다른 유가증권으로 교환 또는 상환할 수 있는 사채
3. 유가증권이나 통화 또는 그밖에 대통령령으로 정하는 자산이나 지표 등의 변동과 연계하여 미리 정하여진 방법에 따라 상환 또는 지급금액이 결정되는 사채

③ 제2항에 따라 발행하는 사채의 내용 및 발행 방법 등 발행에 필요한 구체적인 사항은 대통령령으로 정한다.

④ 제1항에도 불구하고 정관으로 정하는 바에 따라 이사회는 대표이사에게 사채의 금액 및 종류를 정하여 1년을 초과하지 아니하는 기간 내에 사채를 발행할 것을 위임할 수 있다.

제474조(공모발행, 사채청약서)

① 사채의 모집에 응하고자 하는 자는 사채청약서 2통에 그 인수할 사채의 수와 주소를 기재하고 기명날인 또는 서명하여야 한다.

② 사채청약서는 이사가 작성하고 다음의 사항을 적어야 한다.

1. 회사의 상호
2. 자본금과 준비금의 총액
3. 최종의 대차대조표에 의하여 회사에 현존하는 순재산액
4. 사채의 총액
5. 각 사채의 금액
6. 사채발행의 가액 또는 그 최저가액
7. 사채의 이율
8. 사채의 상환과 이자지급의 방법과 기한(이하 생략)

③ 사채발행의 최저가액을 정한 경우에는 응모자는 사채청약서에 응모가액을 기재하여야 한다.

제475조(총액인수의 방법) 전조의 규정은 계약에 의하여 사채의 총액을 인수하는 경우에는 이를 적용하지 아니한다. 사채모집의 위탁을 받은 회사가 사채의 일부를 인수하는 경우에는 그 일부에 대하여도 같다.

제476**조(납입)**

① 사채의 모집이 완료한 때에는 이사는 지체없이 인수인에 대하여 각 사채의 전액 또는 제1회의 납입을 시켜야 한다.

② 사채모집의 위탁을 받은 회사는 그 명의로 위탁회사를 위하여 제474조 제2항과 전항의 행위를 할 수 있다.

제478**조(채권의 발행)**

①채권은 사채전액의 납입이 완료한 후가 아니면 이를 발행하지 못한다.

② 채권에는 다음의 사항을 적고 대표이사가 기명날인 또는 서명하여야 한다.

1. 채권의 번호
2. 제474조 제2항 제1호 · 제4호 · 제5호 · 제7호 · 제8호 · 제10호 · 제13호 · 제13호의2 및 제13호의3에 규정된 사항

③ 회사는 제1항의 채권(債券)을 발행하는 대신 정관으로 정하는 바에 따라 전자등록기관의 전자등록부에 채권(債權)을 등록할 수 있다. 이 경우 제356조의2제2항부터 제4항까지의 규정을 준용한다.

제479**조(기명사채의 이전)**

① 기명사채의 이전은 취득자의 성명과 주소를 사채원부에 기재하고 그 성명을 채권에 기재하지 아니하면 회사 기타의 제3자에게 대항하지 못한다.

② 제337조 제2항의 규정은 기명사채의 이전에 대하여 이를 준용한다.

제480**조(기명식, 무기명식간의 전환)** 사채권자는 언제든지 기명식의 채권을 무기명식으로, 무기명식의 채권을 기명식으로 할 것을 회사에 청구할 수 있다. 그러나 채권을 기명식 또는 무기명식에 한할 것으로 정한 때에는 그러하지 아니하다.

제480**조의**2**(사채관리회사의 지정 · 위탁)** 회사는 사채를 발행하는 경우에 사채관리회사를 정하여 변제의 수령, 채권의 보전, 그 밖에 사채의 관리를 위탁할 수 있다.

제480**조의**3**(사채관리회사의 자격)**

① 은행, 신탁회사, 그 밖에 대통령령으로 정하는 자가 아니면 사채관리회사가 될 수 없다.

② 사채의 인수인은 그 사채의 사채관리회사가 될 수 없다.

③ 사채를 발행한 회사와 특수한 이해관계가 있는 자로서 대통령령으로 정하는 자는 사채관리회사가 될 수 없다.

제481**조(사채관리회사의 사임)** 사채관리회사는 사채를 발행한 회사와 사채권자집회의 동의를 받아 사임할 수 있다. 부득이한 사유가 있어 법원의 허가를 받은 경우에도 같다.

제482**조(사채관리회사의 해임)** 사채관리회사가 그 사무를 처리하기에 적임이 아니거나 그 밖에 정당한 사유가 있을 때에는 법원은 사채를 발행하는 회사 또는 사채권자집회의 청구에 의하여 사채관리회사를 해임할 수 있다.

제483**조(사채관리회사의 사무승계자)**

① 사채관리회사의 사임 또는 해임으로 인하여 사채관리회사가 없게 된 경우에는 사채를 발행한 회사는 그 사무를 승계할 사채관리회사를 정하여 사채권자를 위하여 사채 관리를 위탁하여야 한다. 이 경우 회사는 지체 없이 사채권자집회를 소집하여 동의를 받아야 한다.

② 부득이한 사유가 있는 때에는 이해관계인은 사무승계자의 선임을 법원에 청구할 수 있다.

제484**조(사채관리회사의 권한)**

① 사채관리회사는 사채권자를 위하여 사채에 관한 채권을 변제받거나 채권의 실현을 보전하기 위하여 필요한 재판상 또는 재판 외의 모든 행위를 할 수 있다.

② 사채관리회사는 제1항의 변제를 받으면 지체 없이 그 뜻을 공고하고, 알고 있는 사채권자에게 통지하여야 한다.

③ 제2항의 경우에 사채권자는 사채관리회사에 사채 상환액 및 이자 지급을 청구할 수 있다. 이 경우 사채권이 발행된 때에는 사채권과 상환하여 상환액지급청구를 하고, 이권(利券)과 상환하여 이자지급청구를 하여야 한다.

④ 사채관리회사가 다음 각 호의 어느 하나에 해당하는 행위(사채에 관한 채권을 변제받거나 채권의 실현을 보전하기 위한 행위는 제외한다)를 하는 경우에는 사채권자집회의 결의에 의하여야 한다. 다만, 사채를 발행하는 회사는 제2호의 행위를 사채관리회사가 사채권자집회결의에 의하지 아니하고 할 수 있음을 정할 수 있다.

1. 해당 사채 전부에 대한 지급의 유예, 그 채무의 불이행으로 발생한 책임의 면제 또는 화해
2. 해당 사채 전부에 관한 소송행위 또는 채무자회생 및 파산에 관한 절차에 속하는 행위

⑤ 사채관리회사가 제4항 단서에 따라 사채권자집회의 결의에 의하지 아니하고 제4항 제2호의 행위를 한 때에는 지체 없이 그 뜻을 공고하고, 알고 있는 사채권자에게는 따로 통지하여야 한다.

⑥ 제2항과 제5항의 공고는 사채를 발행한 회사가 하는 공고와 같은 방법으로 하여야 한다.

⑦ 사채관리회사는 그 관리를 위탁받은 사채에 관하여 제1항 또는 제4항 각 호에서 정한 행위를 위하여 필요하면 법원의 허가를 받아 사채를 발행한 회사의 업무와 재산상태를 조사할 수 있다.

제484조의2(사채관리회사의 의무 및 책임)

① 사채관리회사는 사채권자를 위하여 공평하고 성실하게 사채를 관리하여야 한다.

② 사채관리회사는 사채권자에 대하여 선량한 관리자의 주의로 사채를 관리하여야 한다.

③ 사채관리회사가 이 법이나 사채권자집회결의를 위반한 행위를 한 때에는 사채권자에 대해 연대하여 이로 인하여 발생한 손해를 배상할 책임이 있다.

제485조(둘 이상의 사채관리회사가 있는 경우의 권한과 의무)

① 사채관리회사가 둘 이상 있을 때에는 그 권한에 속하는 행위는 공동으로 하여야 한다.

② 제1항의 경우에 사채관리회사가 제484조 제1항의 변제를 받은 때에는 사채관리회사는 사채권자에 대하여 연대하여 변제액을 지급할 의무가 있다.

제486조(이권흠결의 경우)

① 이권있는 무기명식의 사채를 상환하는 경우에 이권이 흠결된 때에는 그 이권에 상당한 금액을 상환액으로부터 공제한다.

② 전항의 이권소지인은 언제든지 그 이권과 상환하여 공제액의 지급을 청구할 수 있다.

제487조(원리청구권의 시효)

① 사채의 상환청구권은 10년간 행사하지 아니하면 소멸시효가 완성한다.

② 제484조 제3항의 청구권도 전항과 같다.

③ 사채의 이자와 전조 제2항의 청구권은 5년간 행사하지 아니하면 소멸시효가 완성한다.

제488조(사채원부) 회사는 사채원부를 작성하고 다음 각 호의 사항을 적어야 한다.

1. 사채권자(무기명식 채권이 발행되어 있는 사채의 사채권자는 제외한다)의 성명과 주소
2. 채권의 번호(이하 생략)

제489조(준용규정)

① 제353조의 규정은 사채응모자 또는 사채권자에 대한 통지와 최고에 준용한다.

② 제333조의 규정은 사채가 수인의 공유에 속하는 경우에 준용한다.

제2관 사채권자집회

제490조(결의사항) 사채권자집회는 이 법에서 규정하고 있는 사항 및 사채권자의 이해관계가 있는 사항에 관하여 결의를 할 수 있다.

제491조(소집권자)

① 사채권자집회는 사채를 발행한 회사 또는 사채관리회사가 소집한다.

② 사채의 종류별로 해당 종류의 사채 총액(상환받은 액은 제외한다)의 10분의 1 이상에 해당

하는 사채를 가진 사채권자는 회의 목적인 사항과 소집 이유를 적은 서면 또는 전자문서를 사채를 발행한 회사 또는 사채관리회사에 제출하여 사채권자집회의 소집을 청구할 수 있다.

③ 제366조 제2항의 규정은 전항의 경우에 준용한다.

④ 무기명식의 채권을 가진 자는 그 채권을 공탁하지 아니하면 전2항의 권리를 행사하지 못한다.

제491조의2(소집의 통지, 공고)

① 제363조 제1항 및 제2항은 사채권자집회를 소집할 경우에 이를 준용한다.

② 제1항에도 불구하고 회사가 무기명식의 채권을 발행한 경우에는 주주총회일의 3주(자본금 총액이 10억원 미만인 회사는 2주) 전에 사채권자집회를 소집하는 뜻과 회의의 목적사항을 공고하여야 한다.

제492조(의결권)

① 각 사채권자는 그가 가지는 해당 종류의 사채 금액의 합계액(상환받은 액은 제외한다)에 따라 의결권을 가진다.

② 무기명식의 채권을 가진 자는 회일로부터 1주간전에 채권을 공탁하지 아니하면 그 의결권을 행사하지 못한다.

제493조(사채발행회사 또는 사채관리회사 대표자의 출석 등)

① 사채를 발행한 회사 또는 사채관리회사는 그 대표자를 사채권자집회에 출석하게 하거나 서면으로 의견을 제출할 수 있다.

② 사채권자집회의 소집은 전항의 회사에 통지하여야 한다.

③ 제363조 제1항과 제2항의 규정은 전항의 통지에 준용한다.

제494조(사채발행회사의 대표자의 출석청구) 사채권자집회 또는 그 소집자는 필요있다고 인정하는 때에는 사채를 발행한 회사에 대하여 그 대표자의 출석을 청구할 수 있다.

제495조(결의의 방법)

① 제434조의 규정은 사채권자집회의 결의에 준용한다.

② 제481조부터 제483조까지 및 제494조의 동의 또는 청구는 제1항에도 불구하고 출석한 사채권자 의결권의 과반수로 결정할 수 있다.

③ 사채권자집회에 출석하지 아니한 사채권자는 서면에 의하여 의결권을 행사할 수 있다.

④ 서면에 의한 의결권행사는 의결권행사서면에 필요한 사항을 적어 사채권자집회 전일까지 의결권행사서면을 소집자에게 제출하여야 한다.

⑤ 제4항에 따라 서면에 의하여 행사한 의결권의 수는 출석한 의결권자의 의결권 수에 포함한다.

⑥ 사채권자집회에 대하여는 제368조의4를 준용한다.

제496조(결의의 인가의 청구) 사채권자집회의 소집자는 결의한 날로부터 1주간내에 결의의 인가를 법원에 청구하여야 한다.

제497조(결의의 불인가의 사유)

① 법원은 다음의 경우에는 사채권자집회의 결의를 인가하지 못한다.

1. 사채권자집회소집의 절차 또는 그 결의방법이 법령이나 사채모집의 계획서의 기재에 위반한 때
2. 결의가 부당한 방법에 의하여 성립하게 된 때
3. 결의가 현저하게 불공정한 때
4. 결의가 사채권자의 일반의 이익에 반하는 때

② 전항 제1호와 제2호의 경우에는 법원은 결의의 내용 기타 모든 사정을 참작하여 결의를 인가할 수 있다.

제498조(결의의 효력)

① 사채권자집회의 결의는 법원의 인가를 받음으로써 그 효력이 생긴다. 다만, 그 종류의 사채권자 전원이 동의한 결의는 법원의 인가가 필요하지 아니하다.

② 사채권자집회의 결의는 그 종류의 사채를 가진 모든 사채권자에게 그 효력이 있다.

제499조(결의의 인가, 불인가의 공고) 사채권자집회의 결의에 대하여 인가 또는 불인가의 결정이 있은 때에는 사채를 발행한 회사는 지체없이 그 뜻을 공고하여야 한다.

제500조(사채권자집회의 대표자)

① 사채권자집회는 해당 종류의 사채 총액(상환받은 금액은 제외한다)의 500분의 1 이상을 가진 사채권자 중에서 1명 또는 여러 명의 대표자를 선임하여 그 결의할 사항의 결정을 위임할 수 있다.

② 대표자가 수인인 때에는 전항의 결정은 그 과반수로 한다.

제501조(결의의 집행) 사채권자집회의 결의는 사채관리회사가 집행하고, 사채관리회사가 없는 때에는 제500조의 대표자가 집행한다. 다만, 사채권자집회의 결의로써 따로 집행자를 정한 때에는 그러하지 아니하다.

제502조(수인의 대표자, 집행자가 있는 경우) 제485조 제1항의 규정은 대표자나 집행자가 수인인 경우에 준용한다.

제503조(사채상환에 관한 결의의 집행) 제484조, 제485조 제2항과 제487조 제2항의 규정은 대표자나 집행자가 사채의 상환에 관한 결의를 집행하는 경우에 준용한다.

제504조(대표자, 집행자의 해임 등) 사채권자집회는 언제든지 대표자나 집행자를 해임하거나 위임한 사항을 변경할 수 있다.

제507조(사채관리회사 등의 보수, 비용)

① 사채관리회사, 대표자 또는 집행자에게 줄 보수와 그 사무 처리에 필요한 비용은 사채를 발행한 회사와의 계약에 약정된 경우 외에는 법원의 허가를 받아 사채를 발행한 회사로 하여금 부담하게 할 수 있다.

② 사채관리회사, 대표자 또는 집행자는 사채에 관한 채권을 변제받은 금액에서 사채권자보다 우선하여 제1항의 보수와 비용을 변제받을 수 있다.

제508조(사채권자집회의 비용)

① 사채권자집회에 관한 비용은 사채를 발행한 회사가 부담한다.

② 제496조의 청구에 관한 비용은 회사가 부담한다. 그러나 법원은 이해관계인의 신청에 의하여 또는 직권으로 그 전부 또는 일부에 관하여 따로 부담자를 정할 수 있다.

제509조(수종의 사채있는 경우의 사채권자집회) 수종의 사채를 발행한 경우에는 사채권자집회는 각종의 사채에 관하여 이를 소집하여야 한다.

제510조(준용규정)

① 제368조 제2항 · 제3항, 제369조 제2항 및 제371조부터 제373조까지의 규정은 사채권자집회에 준용한다.

② 사채권자집회의 의사록은 사채를 발행한 회사가 그 본점에 비치하여야 한다.

③ 사채관리회사와 사채권자는 영업시간 내에 언제든지 제2항의 의사록 열람을 청구할 수 있다.

제511조(사채관리회사에 의한 취소의 소)

① 회사가 어느 사채권자에게 한 변제, 화해, 그 밖의 행위가 현저하게 불공정한 때에는 사채관리회사는 소(訴)만으로 그 행위의 취소를 청구할 수 있다.

② 제1항의 소는 사채관리회사가 취소의 원인인 사실을 안 때부터 6개월, 행위가 있은 때부터 1년 내에 제기하여야 한다.

③ 제186조와 민법 제406조 제1항 단서 및 제407조의 규정은 제1항의 소에 준용한다.

제512조(대표자등에 의한 취소의 소) 사채권자집회의 결의가 있는 때에는 대표자 또는 집행자도 전조 제1항의 소를 제기할 수 있다. 그러나 행위가 있은 때로부터 1년내에 한한다.

제3관 전환사채

제513조(전환사채의 발행)

① 회사는 전환사채를 발행할 수 있다.

② 제1항의 경우에 다음의 사항으로서 정관에 규정이 없는 것은 이사회가 이를 결정한다. 그러나 정관으로 주주총회에서 이를 결정하기로 정한 경우에는 그러하지 아니하다.

1. 전환사채의 총액
2. 전환의 조건
3. 전환으로 인하여 발행할 주식의 내용
4. 전환을 청구할 수 있는 기간
5. 주주에게 전환사채의 인수권을 준다는 뜻과 인수권의 목적인 전환사채의 액
6. 주주외의 자에게 전환사채를 발행하는 것과 이에 대하여 발행할 전환사채의 액

③ 주주외의 자에 대하여 전환사채를 발행하는 경우에 그 발행할 수 있는 전환사채의 액, 전환의 조건, 전환으로 인하여 발행할 주식의 내용과 전환을 청구할 수 있는 기간에 관하여 정관에 규정이 없으면 제434조의 결의로써 이를 정하여야 한다. 이 경우 제418조 제2항 단서의 규정을 준용한다.

④ 제3항의 결의에 있어서 전환사채의 발행에 관한 의안의 요령은 제363조의 규정에 의한 통지에 기재하여야 한다.

제513조의2(전환사채의 인수권을 가진 주주의 권리)

① 전환사채의 인수권을 가진 주주는 그가 가진 주식의 수에 따라서 전환사채의 배정을 받을 권리가 있다. 그러나 각 전환사채의 금액중 최저액에 미달하는 단수에 대하여는 그러하지 아니하다.

② 제418조 제3항은 주주가 전환사채의 인수권을 가진 경우에 이를 준용한다.

제513조의3(전환사채의 인수권을 가진 주주에 대한 최고)

① 주주가 전환사채의 인수권을 가진 경우에는 각 주주에 대하여 그 인수권을 가지는 전환사채의 액, 발행가액, 전환의 조건, 전환으로 인하여 발행할 주식의 내용, 전환을 청구할 수 있는 기간과 일정한 기일까지 전환사채의 청약을 하지 아니하면 그 권리를 잃는다는 뜻을 통지하여야 한다.

② 제419조 제2항 및 제3항의 규정은 제1항의 경우에 이를 준용한다.

제514조(전환사채발행의 절차)

① 전환사채에 관하여는 사채청약서, 채권과 사채원부에 다음의 사항을 기재하여야 한다.

1. 사채를 주식으로 전환할 수 있다는 뜻
2. 전환의 조건
3. 전환으로 인하여 발행할 주식의 내용
4. 전환을 청구할 수 있는 기간
5. 주식의 양도에 관하여 이사회의 승인을 얻도록 정한 때에는 그 규정

제514조의2(전환사채의 등기)

① 회사가 전환사채를 발행한 때에는 제476조의 규정에 의한 납입이 완료된 날로부터 2주간 내에 본점의 소재지에서 전환사채의 등기를 하여야 한다.

② 제1항의 규정에 의하여 등기할 사항은 다음 각호와 같다.

1. 전환사채의 총액
2. 각 전환사채의 금액
3. 각 전환사채의 납입금액
4. 제514조 제1호 내지 제4호에 정한 사항

③ 제183조의 규정은 제2항의 등기에 대하여 이를 준용한다.

④ 외국에서 전환사채를 모집한 경우에 등기할 사항이 외국에서 생긴 때에는 등기기간은 그 통지가 도달한 날로부터 기산한다.

제515조(전환의 청구)

① 전환을 청구하는 자는 청구서 2통에 채권을 첨부하여 회사에 제출하여야 한다. 다만, 제478조 제3항에 따라 채권(債券)을 발행하는 대신 전자등록기관의 전자등록부에 채권(債權)을 등록한 경우에는 그 채권을 증명할 수 있는 자료를 첨부하여 회사에 제출하여야 한다.

② 제1항의 청구서에는 전환하고자 하는 사채와 청구의 연월일을 기재하고 기명날인 또는 서명하여야 한다.

제516조(준용규정)

① 제346조 제4항, 제424조 및 제424조의2의 규정은 전환사채의 발행의 경우에 이를 준용한다.

② 제339조, 제348조, 제350조 및 제351조의 규정은 사채의 전환의 경우에 이를 준용한다.

제4관 신주인수권부사채

제516조의2(신주인수권부사채의 발행)

① 회사는 신주인수권부사채를 발행할 수 있다.

② 제1항의 경우에 다음의 사항으로서 정관에 규정이 없는 것은 이사회가 이를 결정한다. 그러나 정관으로 주주총회에서 이를 결정하도록 정한 경우에는 그러하지 아니하다.

1. 신주인수권부사채의 총액
2. 각 신주인수권부사채에 부여된 신주인수권의 내용
3. 신주인수권을 행사할 수 있는 기간
4. 신주인수권만을 양도할 수 있는 것에 관한 사항
5. 신주인수권을 행사하려는 자의 청구가 있는 때에는 신주인수권부사채의 상환에 갈음하여 그 발행가액으로 제516조의9제1항의 납입이 있는 것으로 본다는 뜻
6. 주주에게 신주인수권부사채의 인수권을 준다는 뜻과 인수권의 목적인 신주인수권부사채의 액
7. 주주외의 자에게 신주인수권부사채를 발행하는 것과 이에 대하여 발행할 신주인수권부사채의 액

③ 각 신주인수권부사채에 부여된 신주인수권의 행사로 인하여 발행할 주식의 발행가액의 합계액은 각 신주인수권부사채의 금액을 초과할 수 없다.

④ 주주외의 자에 대하여 신주인수권부사채를 발행하는 경우에 그 발행할 수 있는 신주인수권부사채의 액, 신주인수권의 내용과 신주인수권을 행사할 수 있는 기간에 관하여 정관에 규정이 없으면 제434조의 결의로써 이를 정하여야 한다. 이 경우 제418조 제2항 단서의 규정을 준용한다.

⑤ 제513조 제4항의 규정은 제4항의 경우에 이를 준용한다.

제516조의3(신주인수권부사채의 인수권을 가진 주주에 대한 최고)

① 주주가 신주인수권부사채의 인수권을 가진 경우에는 각 주주에 대하여 인수권을 가지는 신주인수권부사채의 액, 발행가액, 신주인수권의 내용, 신주인수권을 행사할 수 있는 기간과 일정한 기일까지 신주인수권부사채의 청약을 하지 아니하면 그 권리를 잃는다는 뜻을 통지하여야 한다. 이 경우 제516조의2 제2항 제4호 또는 제5호에 규정한 사항의 정함이 있는 때에는 그 내용도 통지하여야 한다.

② 제419조 제2항 및 제3항의 규정은 제1항의 경우에 이를 준용한다.

제516조의4(사채청약서 · 채권 · 사채원부의 기재사항) 신주인수권부사채에 있어서는 사채청약서 · 채권 및 사채원부에 다음의 사항을 기재하여야 한다. 그러나 제516조의5제1항의 신주인수권증권을 발행할 때에는 채권에는 이를 기재하지 아니한다.

1. 신주인수권부사채라는 뜻
2. 제516조의2 제2항 제2호 내지 제5호에 정한 사항
3. 제516조의9에 따라 납입을 맡을 은행이나 그 밖의 금융기관 및 납입장소
4. 주식의 양도에 관하여 이사회의 승인을 얻도록 정한 때에는 그 규정

제516조의5(신주인수권증권의 발행)

① 제516조의2 제2항 제4호에 규정한 사항을 정한 경우에는 회사는 채권과 함께 신주인수권증권을 발행하여야 한다.

② 신주인수권증권에는 다음의 사항과 번호를 기재하고 이사가 기명날인 또는 서명하여야 한다.

1. 신주인수권증권이라는 뜻의 표시
2. 회사의 상호
3. 제516조의2 제2항 제2호 · 제3호 및 제5호에 정한 사항
4. 제516조의4 제3호에 정한 사항
5. 주식의 양도에 관하여 이사회의 승인을 얻도록 정한 때에는 그 규정

제516조의6(신주인수권의 양도)

① 신주인수권증권이 발행된 경우에 신주인수권의 양도는 신주인수권증권의 교부에 의하여서만 이를 행한다.

② 제336조 제2항, 제360조 및 수표법 제21조의 규정은 신주인수권증권에 관하여 이를 준용한다.

제516조의7(신주인수권의 전자등록) 회사는 신주인수권증권을 발행하는 대신 정관으로 정하는 바에 따라 전자등록기관의 전자등록부에 신주인수권을 등록할 수 있다. 이 경우 제356조의2 제2항부터 제4항까지의 규정을 준용한다.

제516조의8(신주인수권부사채의 등기)

① 회사가 신주인수권부사채를 발행한 때에는 다음의 사항을 등기하여야 한다.

1. 신주인수권부사채라는 뜻 (이하 생략)

제516조의9(신주인수권의 행사)

① 신주인수권을 행사하려는 자는 청구서 2통을 회사에 제출하고, 신주의 발행가액의 전액을 납입하여야 한다.

② 제1항의 규정에 의하여 청구서를 제출하는 경우에 신주인수권증권이 발행된 때에는 신주인수권증권을 첨부하고, 이를 발행하지 아니한 때에는 채권을 제시하여야 한다. 다만, 제478조 제3항 또는 제516조의7에 따라 채권(債券)이나 신주인수권증권을 발행하는 대신 전자등록기관의 전자등록부에 채권(債權)이나 신주인수권을 등록한 경우에는 그 채권이나 신주인수권을 증명할 수 있는 자료를 첨부하여 회사에 제출하여야 한다.

③ 제1항의 납입은 채권 또는 신주인수권증권에 기재한 은행 기타 금융기관의 납입장소에서 하여야 한다.

④ 제302조 제1항의 규정은 제1항의 청구서에, 제306조 및 제318조의 규정은 제3항의 납입을 맡은 은행 기타 금융기관에 이를 준용한다.

제516**조의**10(**주주가 되는 시기**) 제516조의9 제1항에 따라 신주인수권을 행사한 자는 동항의 납입을 한 때에 주주가 된다. 이 경우 제350조 제2항 및 제3항의 규정을 준용한다.

제516**조의**11(**준용규정**) 제351조의 규정은 신주인수권의 행사가 있는 경우에, 제513조의2 및 제516조 제1항의 규정은 신주인수권부사채에 관하여 이를 준용한다.

제9절 해산

제517**조**(**해산사유**) 주식회사는 다음의 사유로 인하여 해산한다.

1. 제227조 제1호, 제4호 내지 제6호에 정한 사유

1의2. 제530조의2의 규정에 의한 회사의 분할 또는 분할합병

2. 주주총회의 결의

제518**조**(**해산의 결의**) 해산의 결의는 제434조의 규정에 의하여야 한다.

제519**조**(**회사의 계속**) 회사가 존립기간의 만료 기타 정관에 정한 사유의 발생 또는 주주총회의 결의에 의하여 해산한 경우에는 제434조의 규정에 의한 결의로 회사를 계속할 수 있다.

제520**조**(**해산판결**)

① 다음의 경우에 부득이한 사유가 있는 때에는 발행주식의 총수의 100분의 10 이상에 해당하는 주식을 가진 주주는 회사의 해산을 법원에 청구할 수 있다.

1. 회사의 업무가 현저한 정돈상태를 계속하여 회복할 수 없는 손해가 생긴 때 또는 생길 염려가 있는 때
2. 회사재산의 관리 또는 처분의 현저한 실당으로 인하여 회사의 존립을 위태롭게 한 때

② 제186조와 제191조의 규정은 전항의 청구에 준용한다.

제520**조의**2(**휴면회사의 해산**)

① 법원행정처장이 최후의 등기후 5년을 경과한 회사는 본점의 소재지를 관할하는 법원에 아직 영업을 폐지하지 아니하였다는 뜻의 신고를 할 것을 관보로써 공고한 경우에, 그 공고한 날에 이미 최후의 등기후 5년을 경과한 회사로써 공고한 날로부터 2월 이내에 대통령령이 정하는 바에 의하여 신고를 하지 아니한 때에는 그 회사는 그 신고기간이 만료된 때에 해산한 것으로 본다. 그러나 그 기간내에 등기를 한 회사에 대하여는 그러하지 아니하다.

② 제1항의 공고가 있는 때에는 법원은 해당 회사에 대하여 그 공고가 있었다는 뜻의 통지를

발송하여야 한다.

③ 제1항의 규정에 의하여 해산한 것으로 본 회사는 그 후 3년 이내에는 제434조의 결의에 의하여 회사를 계속할 수 있다.

④ 제1항의 규정에 의하여 해산한 것으로 본 회사가 제3항의 규정에 의하여 회사를 계속하지 아니한 경우에는 그 회사는 그 3년이 경과한 때에 청산이 종결된 것으로 본다.

제521조(해산의 통지, 공고) 회사가 해산한 때에는 파산의 경우외에는 이사는 지체없이 주주에 대하여 그 통지를 하여야 한다.

제521조의2(준용규정) 제228조와 제229조 제3항의 규정은 주식회사의 해산에 관하여 이를 준용한다.

제10절 합병

제522조(합병계약서와 그 승인결의)

① 회사가 합병을 함에는 합병계약서를 작성하여 주주총회의 승인을 얻어야 한다.

② 합병계약의 요령은 제363조에 정한 통지에 기재하여야 한다.

③ 제1항의 승인결의는 제434조의 규정에 의하여야 한다.

제522조의2(합병계약서 등의 공시)

① 이사는 제522조 제1항의 주주총회 회일의 2주 전부터 합병을 한 날 이후 6개월이 경과하는 날까지 다음 각 호의 서류를 본점에 비치하여야 한다.

1. 합병계약서
2. 합병을 위하여 신주를 발행하거나 자기주식을 이전하는 경우에는 합병으로 인하여 소멸하는 회사의 주주에 대한 신주의 배정 또는 자기주식의 이전에 관하여 그 이유를 기재한 서면
3. 각 회사의 최종의 대차대조표와 손익계산서

② 주주 및 회사채권자는 영업시간내에는 언제든지 제1항 각호의 서류의 열람을 청구하거나, 회사가 정한 비용을 지급하고 그 등본 또는 초본의 교부를 청구할 수 있다.

제522조의3(합병반대주주의 주식매수청구권)

① 제522조 제1항에 따른 결의사항에 관하여 이사회의 결의가 있는 때에 그 결의에 반대하는 주주(의결권이 없거나 제한되는 주주를 포함한다. 이하 이 조에서 같다)는 주주총회 전에 회사에 대하여 서면으로 그 결의에 반대하는 의사를 통지한 경우에는 그 총회의 결의일부터 20일 이내에 주식의 종류와 수를 기재한 서면으로 회사에 대하여 자기가 소유하고 있

는 주식의 매수를 청구할 수 있다.

② 제527조의2 제2항의 공고 또는 통지를 한 날부터 2주내에 회사에 대하여 서면으로 합병에 반대하는 의사를 통지한 주주는 그 기간이 경과한 날부터 20일 이내에 주식의 종류와 수를 기재한 서면으로 회사에 대하여 자기가 소유하고 있는 주식의 매수를 청구할 수 있다.

제523조(흡수합병의 합병계약서) 합병할 회사의 일방이 합병 후 존속하는 경우에는 합병계약서에 다음의 사항을 적어야 한다.

1. 존속하는 회사가 합병으로 인하여 그 발행할 주식의 총수를 증가하는 때에는 그 증가할 주식의 총수, 종류와 수
2. 존속하는 회사의 자본금 또는 준비금이 증가하는 경우에는 증가할 자본금 또는 준비금에 관한 사항
3. 존속하는 회사가 합병을 하면서 신주를 발행하거나 자기주식을 이전하는 경우에는 발행하는 신주 또는 이전하는 자기주식의 총수, 종류와 수 및 합병으로 인하여 소멸하는 회사의 주주에 대한 신주의 배정 또는 자기주식의 이전에 관한 사항 (이하 생략)

제523조의2(합병대가가 모회사주식인 경우의 특칙)

① 제342조의2에도 불구하고 제523조 제4호에 따라 소멸하는 회사의 주주에게 제공하는 재산이 존속하는 회사의 모회사주식을 포함하는 경우에는 존속하는 회사는 그 지급을 위하여 모회사주식을 취득할 수 있다.

② 존속하는 회사는 제1항에 따라 취득한 모회사의 주식을 합병 후에도 계속 보유하고 있는 경우 합병의 효력이 발생하는 날부터 6개월 이내에 그 주식을 처분하여야 한다.

제524조(신설합병의 합병계약서) 합병으로 회사를 설립하는 경우에는 합병계약서에 다음의 사항을 적어야 한다.

1. 설립되는 회사에 대하여 제289조 제1항 제1호부터 제4호까지에 규정된 사항과 종류주식을 발행할 때에는 그 종류, 수와 본점소재지
2. 설립되는 회사가 합병당시에 발행하는 주식의 총수와 종류, 수 및 각 회사의 주주에 대한 주식의 배정에 관한 사항
3. 설립되는 회사의 자본금과 준비금의 총액
4. 각 회사의 주주에게 제2호에도 불구하고 금전이나 그 밖의 재산을 제공하는 경우에는 그 내용 및 배정에 관한 사항
5. 제523조 제5호 및 제6호에 규정된 사항
6. 합병으로 인하여 설립되는 회사의 이사와 감사 또는 감사위원회의 위원을 정한 때에는 그 성명 및 주민등록번호

제525조(합명회사, 합자회사의 합병계약서)

① 합병후 존속하는 회사 또는 합병으로 인하여 설립되는 회사가 주식회사인 경우에 합병할 회사의 일방 또는 쌍방이 합명회사 또는 합자회사인 때에는 총사원의 동의를 얻어 합병계약서를 작성하여야 한다.

② 전2조의 규정은 전항의 합병계약서에 준용한다.

제526조(흡수합병의 보고총회)

① 합병을 하는 회사의 일방이 합병후 존속하는 경우에는 그 이사는 제527조의5의 절차의 종료후, 합병으로 인한 주식의 병합이 있을 때에는 그 효력이 생긴 후, 병합에 적당하지 아니한 주식이 있을 때에는 합병후, 존속하는 회사에 있어서는 제443조의 처분을 한 후, 소규모합병의 경우에는 제527조의3제3항 및 제4항의 절차를 종료한 후 지체없이 주주총회를 소집하고 합병에 관한 사항을 보고하여야 한다.

② 합병당시에 발행하는 신주의 인수인은 제1항의 주주총회에서 주주와 동일한 권리가 있다.

③ 제1항의 경우에 이사회는 공고로써 주주총회에 대한 보고에 갈음할 수 있다.

제527조(신설합병의 창립총회)

① 합병으로 인하여 회사를 설립하는 경우에는 설립위원은 제527조의5의 절차의 종료후, 합병으로 인한 주식의 병합이 있을 때에는 그 효력이 생긴 후, 병합에 적당하지 아니한 주식이 있을 때에는 제443조의 처분을 한 후 지체없이 창립총회를 소집하여야 한다.

② 창립총회에서는 정관변경의 결의를 할 수 있다. 그러나 합병계약의 취지에 위반하는 결의는 하지 못한다.

③ 제308조 제2항, 제309조, 제311조, 제312조와 제316조 제2항의 규정은 제1항의 창립총회에 준용한다.

④ 제1항의 경우에 이사회는 공고로써 주주총회에 대한 보고에 갈음할 수 있다.

제527조의2(간이합병)

① 합병할 회사의 일방이 합병후 존속하는 경우에 합병으로 인하여 소멸하는 회사의 총주주의 동의가 있거나 그 회사의 발행주식총수의 100분의 90이상을 합병후 존속하는 회사가 소유하고 있는 때에는 합병으로 인하여 소멸하는 회사의 주주총회의 승인은 이를 이사회의 승인으로 갈음할 수 있다.

② 제1항의 경우에 합병으로 인하여 소멸하는 회사는 합병계약서를 작성한 날부터 2주내에 주주총회의 승인을 얻지 아니하고 합병을 한다는 뜻을 공고하거나 주주에게 통지하여야 한다. 다만, 총주주의 동의가 있는 때에는 그러하지 아니하다.

제527**조의**3**(소규모합병)**

① 합병 후 존속하는 회사가 합병으로 인하여 발행하는 신주 및 이전하는 자기주식의 총수가 그 회사의 발행주식총수의 100분의 10을 초과하지 아니하는 경우에는 그 존속하는 회사의 주주총회의 승인은 이를 이사회의 승인으로 갈음할 수 있다. 다만, 합병으로 인하여 소멸하는 회사의 주주에게 제공할 금전이나 그 밖의 재산을 정한 경우에 그 금액 및 그 밖의 재산의 가액이 존속하는 회사의 최종 대차대조표상으로 현존하는 순자산액의 100분의 5를 초과하는 경우에는 그러하지 아니하다.

② 제1항의 경우에 존속하는 회사의 합병계약서에는 주주총회의 승인을 얻지 아니하고 합병을 한다는 뜻을 기재하여야 한다.

③ 제1항의 경우에 존속하는 회사는 합병계약서를 작성한 날부터 2주내에 소멸하는 회사의 상호 및 본점의 소재지, 합병을 할 날, 주주총회의 승인을 얻지 아니하고 합병을 한다는 뜻을 공고하거나 주주에게 통지하여야 한다.

④ 합병후 존속하는 회사의 발행주식총수의 100분의 20 이상에 해당하는 주식을 소유한 주주가 제3항의 규정에 의한 공고 또는 통지를 한 날부터 2주내에 회사에 대하여 서면으로 제1항의 합병에 반대하는 의사를 통지한 때에는 제1항 본문의 규정에 의한 합병을 할 수 없다.

⑤ 제1항 본문의 경우에는 제522조의3의 규정은 이를 적용하지 아니한다.

제527**조의**4**(이사 · 감사의 임기)**

① 합병을 하는 회사의 일방이 합병후 존속하는 경우에 존속하는 회사의 이사 및 감사로서 합병전에 취임한 자는 합병계약서에 다른 정함이 있는 경우를 제외하고는 합병후 최초로 도래하는 결산기의 정기총회가 종료하는 때에 퇴임한다.

제527**조의**5**(채권자보호절차)**

① 회사는 제522조의 주주총회의 승인결의가 있은 날부터 2주내에 채권자에 대하여 합병에 이의가 있으면 1월이상의 기간내에 이를 제출할 것을 공고하고 알고 있는 채권자에 대하여는 따로따로 이를 최고하여야 한다.

② 제1항의 규정을 적용함에 있어서 제527조의2 및 제527조의3의 경우에는 이사회의 승인결의를 주주총회의 승인결의로 본다.

③ 제232조 제2항 및 제3항의 규정은 제1항 및 제2항의 경우에 이를 준용한다.

제527**조의**6**(합병에 관한 서류의 사후공시)**

① 이사는 제527조의5에 규정한 절차의 경과, 합병을 한 날, 합병으로 인하여 소멸하는 회사로부터 승계한 재산의 가액과 채무액 기타 합병에 관한 사항을 기재한 서면을 합병을 한 날부터 6월간 본점에 비치하여야 한다.

② 제522조의2제2항의 규정은 제1항의 서면에 관하여 이를 준용한다.

제528조(합병의 등기)

① 회사가 합병을 한 때에는 제526조의 주주총회가 종결한 날 또는 보고에 갈음하는 공고일, 제527조의 창립총회가 종결한 날 또는 보고에 갈음하는 공고일부터 본점소재지에서는 2주내, 지점소재지에서는 3주내에 합병후 존속하는 회사에 있어서는 변경의 등기, 합병으로 인하여 소멸하는 회사에 있어서는 해산의 등기, 합병으로 인하여 설립된 회사에 있어서는 제317조에 정하는 등기를 하여야 한다.

② 합병후 존속하는 회사 또는 합병으로 인하여 설립된 회사가 합병으로 인하여 전환사채 또는 신주인수권부사채를 승계한 때에는 제1항의 등기와 동시에 사채의 등기를 하여야 한다.

제529조(합병무효의 소)

① 합병무효는 각 회사의 주주 · 이사 · 감사 · 청산인 · 파산관재인 또는 합병을 승인하지 아니한 채권자에 한하여 소만으로 이를 주장할 수 있다.

② 제1항의 소는 제528조의 등기가 있은 날로부터 6월내에 제기하여야 한다.

제530조(준용규정)

① 제440조부터 제443조까지의 규정은 회사의 합병으로 인한 주식병합 또는 주식분할의 경우에 준용한다.

② 제339조와 제340조 제3항의 규정은 주식을 병합하지 아니하는 경우에 합병으로 인하여 소멸하는 회사의 주식을 목적으로 하는 질권에 준용한다.

제11절 회사의 분할

제530조의2(회사의 분할 · 분할합병)

① 회사는 분할에 의하여 1개 또는 수개의 회사를 설립할 수 있다.

② 회사는 분할에 의하여 1개 또는 수개의 존립 중의 회사와 합병(이하 "分割合併"이라 한다) 할 수 있다.

③ 회사는 분할에 의하여 1개 또는 수개의 회사를 설립함과 동시에 분할합병할 수 있다.

④ 해산후의 회사는 존립중의 회사를 존속하는 회사로 하거나 새로 회사를 설립하는 경우에 한하여 분할 또는 분할합병할 수 있다.

제530조의3(분할계획서 · 분할합병계약서의 승인)

① 회사가 분할 또는 분할합병을 하는 때에는 분할계획서 또는 분할합병계약서를 작성하여 주주총회의 승인을 얻어야 한다.

② 제1항의 승인결의는 제434조의 규정에 의하여야 한다.

③ 제2항의 결의에 관하여는 제344조의3제1항에 따라 의결권이 배제되는 주주도 의결권이 있다.

④ 분할계획 또는 분할합병계약의 요령은 제363조에 정한 통지에 기재하여야 한다.

⑥ 회사의 분할 또는 분할합병으로 인하여 분할 또는 분할합병에 관련되는 각 회사의 주주의 부담이 가중되는 경우에는 제1항 및 제436조의 결의외에 그 주주 전원의 동의가 있어야 한다.

제530조의4(분할에 의한 회사의 설립) 제530조의2에 따른 회사의 설립에 관하여는 이 장 제1절의 회사설립에 관한 규정을 준용한다. 다만, 분할되는 회사(이하 "분할회사"라 한다)의 출자만으로 회사가 설립되는 경우에는 제299조를 적용하지 아니한다.

제530조의5(분할계획서의 기재사항)

① 분할에 의하여 회사를 설립하는 경우에는 분할계획서에 다음 각 호의 사항을 기재하여야 한다.

1. 분할에 의하여 설립되는 회사(이하 "단순분할신설회사"라 한다)의 상호, 목적, 본점의 소재지 및 공고의 방법
2. 단순분할신설회사가 발행할 주식의 총수 및 액면주식 · 무액면주식의 구분
3. 단순분할신설회사가 분할 당시에 발행하는 주식의 총수, 종류 및 종류주식의 수, 액면주식 · 무액면주식의 구분

(이하 생략)

② 분할후 회사가 존속하는 경우에는 존속하는 회사에 관하여 분할계획서에 다음 각호의 사항을 기재하여야 한다.

1. 감소할 자본금과 준비금의 액
2. 자본감소의 방법

(이하 생략)

제530조의6(분할합병계약서의 기재사항 및 분할합병대가가 모회사주식인 경우의 특칙)

① 분할회사의 일부가 다른 회사와 합병하여 그 다른 회사(이하 "분할합병의 상대방 회사"라 한다)가 존속하는 경우에는 분할합병계약서에 다음 각 호의 사항을 기재하여야 한다.

1. 분할합병의 상대방 회사로서 존속하는 회사(이하 "분할승계회사"라 한다)가 분할합병으로 인하여 발행할 주식의 총수를 증가하는 경우에는 증가할 주식의 총수, 종류 및 종류별 주식의 수

2. 분할승계회사가 분할합병을 하면서 신주를 발행하거나 자기주식을 이전하는 경우에는 그 발행하는 신주 또는 이전하는 자기주식의 총수, 종류 및 종류별 주식의 수
3. 분할승계회사가 분할합병을 하면서 신주를 발행하거나 자기주식을 이전하는 경우에는 분할회사의 주주에 대한 분할승계회사의 신주의 배정 또는 자기주식의 이전에 관한 사항 및 주식의 병합 또는 분할을 하는 경우에는 그에 관한 사항

(이하 생략)

② 분할회사의 일부가 다른 분할회사의 일부 또는 다른 회사와 분할합병을 하여 회사를 설립하는 경우에는 분할합병계약서에 다음 각 호의 사항을 기재하여야 한다.

1. 제530조의5 제1항 제1호 · 제2호 · 제6호 · 제7호 · 제8호 · 제8호의2 · 제9호 · 제10호에 규정된 사항
2. 분할합병을 하여 설립되는 회사(이하 "분할합병신설회사"라 한다)가 분할합병을 하면서 발행하는 주식의 총수, 종류 및 종류별 주식의 수
3. 각 회사의 주주에 대한 주식의 배정에 관한 사항과 배정에 따른 주식의 병합 또는 분할을 하는 경우에는 그 규정

(이하 생략)

③ 제530조의5의 규정은 제1항 및 제2항의 경우에 각 회사의 분할합병을 하지 아니하는 부분의 기재에 관하여 이를 준용한다.

④ 제342조의2 제1항에도 불구하고 제1항 제4호에 따라 분할회사의 주주에게 제공하는 재산이 분할승계회사의 모회사 주식을 포함하는 경우에는 분할승계회사는 그 지급을 위하여 모회사 주식을 취득할 수 있다.

⑤ 분할승계회사는 제4항에 따라 취득한 모회사의 주식을 분할합병 후에도 계속 보유하고 있는 경우 분할합병의 효력이 발생하는 날부터 6개월 이내에 그 주식을 처분하여야 한다.

제530조의7(분할대차대조표 등의 공시)

① 분할회사의 이사는 제530조의3 제1항에 따른 주주총회 회일의 2주 전부터 분할의 등기를 한 날 또는 분할합병을 한 날 이후 6개월 간 다음 각 호의 서류를 본점에 비치하여야 한다.

1. 분할계획서 또는 분할합병계약서
2. 분할되는 부분의 대차대조표
3. 분할합병의 경우 분할합병의 상대방 회사의 대차대조표
4. 분할 또는 분할합병을 하면서 신주가 발행되거나 자기주식이 이전되는 경우에는 분할회사의 주주에 대한 신주의 배정 또는 자기주식의 이전에 관하여 그 이유를 기재한 서면

② 제530조의6 제1항의 분할승계회사의 이사는 분할합병을 승인하는 주주총회 회일의 2주 전부터 분할합병의 등기를 한 후 6개월 간 다음 각 호의 서류를 본점에 비치하여야 한다.

1. 분할합병계약서
2. 분할회사의 분할되는 부분의 대차대조표
3. 분할합병을 하면서 신주를 발행하거나 자기주식을 이전하는 경우에는 분할회사의 주주에 대한 신주의 배정 또는 자기주식의 이전에 관하여 그 이유를 기재한 서면

③ 제522조의2 제2항의 규정은 제1항 및 제2항의 서류에 관하여 이를 준용한다.

제530조의9(분할 및 분할합병 후의 회사의 책임)

① 분할회사, 단순분할신설회사, 분할승계회사 또는 분할합병신설회사는 분할 또는 분할합병 전의 분할회사 채무에 관하여 연대하여 변제할 책임이 있다.

② 제1항에도 불구하고 분할회사가 제530조의3 제2항에 따른 결의로 분할에 의하여 회사를 설립하는 경우에는 단순분할신설회사는 분할회사의 채무 중에서 분할계획서에 승계하기로 정한 채무에 대한 책임만을 부담하는 것으로 정할 수 있다. 이 경우 분할회사가 분할 후에 존속하는 경우에는 단순분할신설회사가 부담하지 아니하는 채무에 대한 책임만을 부담한다.

③ 분할합병의 경우에 분할회사는 제530조의3 제2항에 따른 결의로 분할합병에 따른 출자를 받는 분할승계회사 또는 분할합병신설회사가 분할회사의 채무 중에서 분할합병계약서에 승계하기로 정한 채무에 대한 책임만을 부담하는 것으로 정할 수 있다. 이 경우 제2항 후단을 준용한다.

④ 제2항의 경우에는 제439조 제3항 및 제527조의5를 준용한다.

제530조의10(분할 또는 분할합병의 효과) 단순분할신설회사, 분할승계회사 또는 분할합병신설회사는 분할회사의 권리와 의무를 분할계획서 또는 분할합병계약서에서 정하는 바에 따라 승계한다.

제530조의12(물적 분할) 이 절의 규정은 분할되는 회사가 분할 또는 분할합병으로 인하여 설립되는 회사의 주식의 총수를 취득하는 경우에 이를 준용한다.

제12절 청산

제531조(청산인의 결정)

① 회사가 해산한 때에는 합병 · 분할 · 분할합병 또는 파산의 경우외에는 이사가 청산인이 된다. 다만, 정관에 다른 정함이 있거나 주주총회에서 타인을 선임한 때에는 그러하지 아니하다.

② 전항의 규정에 의한 청산인이 없는 때에는 법원은 이해관계인의 청구에 의하여 청산인을 선임한다.

제532**조(청산인의 신고)** 청산인은 취임한 날로부터 2주간내에 다음의 사항을 법원에 신고하여야 한다.

1. 해산의 사유와 그 연월일
2. 청산인의 성명 · 주민등록번호 및 주소

제533**조(회사재산조사보고의무)**

① 청산인은 취임한 후 지체없이 회사의 재산상태를 조사하여 재산목록과 대차대조표를 작성하고 이를 주주총회에 제출하여 그 승인을 얻어야 한다.

② 청산인은 전항의 승인을 얻은 후 지체없이 재산목록과 대차대조표를 법원에 제출하여야 한다.

제534**조(대차대조표 · 사무보고서 · 부속명세서의 제출 · 감사 · 공시 · 승인)**

① 청산인은 정기총회회일로부터 4주간전에 대차대조표 및 그 부속명세서와 사무보고서를 작성하여 감사에게 제출하여야 한다.

② 감사는 정기총회회일로부터 1주간전에 제1항의 서류에 관한 감사보고서를 청산인에게 제출하여야 한다.

③ 청산인은 정기총회회일의 1주간전부터 제1항의 서류와 제2항의 감사보고서를 본점에 비치하여야 한다.

④ 제448조 제2항의 규정은 제3항의 서류에 관하여 이를 준용한다.

⑤ 청산인은 대차대조표 및 사무보고서를 정기총회에 제출하여 그 승인을 요구하여야 한다.

제535**조(회사채권자에의 최고)**

① 청산인은 취임한 날로부터 2월내에 회사채권자에 대하여 일정한 기간내에 그 채권을 신고할 것과 그 기간내에 신고하지 아니하면 청산에서 제외될 뜻을 2회 이상 공고로써 최고하여야 한다. 그러나 그 기간은 2월 이상이어야 한다.

② 청산인은 알고 있는 채권자에 대하여는 각별로 그 채권의 신고를 최고하여야 하며 그 채권자가 신고하지 아니한 경우에도 이를 청산에서 제외하지 못한다.

제536**조(채권신고기간내의 변제)**

① 청산인은 전조 제1항의 신고기간내에는 채권자에 대하여 변제를 하지 못한다. 그러나 회사는 그 변제의 지연으로 인한 손해배상의 책임을 면하지 못한다.

② 청산인은 전항의 규정에 불구하고 소액의 채권, 담보있는 채권 기타 변제로 인하여 다른

채권자를 해할 염려가 없는 채권에 대하여는 법원의 허가를 얻어 이를 변제할 수 있다.

제537조(제외된 채권자에 대한 변제)

① 청산에서 제외된 채권자는 분배되지 아니한 잔여재산에 대하여서만 변제를 청구할 수 있다.

② 일부의 주주에 대하여 재산의 분배를 한 경우에는 그와 동일한 비율로 다른 주주에게 분배할 재산은 전항의 잔여재산에서 공제한다.

제538조(잔여재산의 분배) 잔여재산은 각 주주가 가진 주식의 수에 따라 주주에게 분배하여야 한다. 그러나 제344조 제1항의 규정을 적용하는 경우에는 그러하지 아니하다.

제539조(청산인의 해임)

① 청산인은 법원이 선임한 경우외에는 언제든지 주주총회의 결의로 이를 해임할 수 있다.

② 청산인이 그 업무를 집행함에 현저하게 부적임하거나 중대한 임무에 위반한 행위가 있는 때에는 발행주식의 총수의 100분의 3 이상에 해당하는 주식을 가진 주주는 법원에 그 청산인의 해임을 청구할 수 있다.

③ 제186조의 규정은 제2항의 청구에 관한 소에 준용한다.

제540조(청산의 종결)

① 청산사무가 종결한 때에는 청산인은 지체없이 결산보고서를 작성하고 이를 주주총회에 제출하여 승인을 얻어야 한다.

② 전항의 승인이 있는 때에는 회사는 청산인에 대하여 그 책임을 해제한 것으로 본다. 그러나 청산인의 부정행위에 대하여는 그러하지 아니하다.

제541조(서류의 보존)

① 회사의 장부 기타 영업과 청산에 관한 중요한 서류는 본점소재지에서 청산종결의 등기를 한 후 10년간 이를 보존하여야 한다. 다만, 전표 또는 이와 유사한 서류는 5년간 이를 보존하여야 한다. <개정 1995.12.29.>

제13절 상장회사에 대한 특례

제542조의2(적용범위)

① 이 절은 대통령령으로 정하는 증권시장(증권의 매매를 위하여 개설된 시장을 말한다)에 상장된 주권을 발행한 주식회사(이하 "상장회사"라 한다)에 대하여 적용한다. 다만, 집합투자(2인 이상에게 투자권유를 하여 모은 금전이나 그 밖의 재산적 가치가 있는 재산을 취득 · 처분, 그 밖의 방법으로 운용하고 그 결과를 투자자에게 배분하여 귀속시키는 것을 말한다)를 수행하기 위한 기구로서 대통령령으로 정하는 주식회사는 제외한다.

② 이 절은 이 장 다른 절에 우선하여 적용한다.

제542**조의**3(**주식매수선택권**)

① 상장회사는 제340조의2제1항 본문에 규정된 자 외에도 대통령령으로 정하는 관계 회사의 이사, 집행임원, 감사 또는 피용자에게 주식매수선택권을 부여할 수 있다. 다만, 제542조의8 제2항 제5호의 최대주주 등 대통령령으로 정하는 자에게는 주식매수선택권을 부여할 수 없다.

② 상장회사는 제340조의2제3항에도 불구하고 발행주식총수의 100분의 20의 범위에서 대통령령으로 정하는 한도까지 주식매수선택권을 부여할 수 있다.

③ 상장회사는 제340조의2제1항 본문에도 불구하고 정관으로 정하는 바에 따라 발행주식총수의 100분의 10의 범위에서 대통령령으로 정하는 한도까지 이사회가 제340조의3제2항 각 호의 사항을 결의함으로써 해당 회사의 집행임원 · 감사 또는 피용자 및 제1항에 따른 관계 회사의 이사 · 집행임원 · 감사 또는 피용자에게 주식매수선택권을 부여할 수 있다. 이 경우 주식매수선택권을 부여한 후 처음으로 소집되는 주주총회의 승인을 받아야 한다.

④ 상장회사의 주식매수선택권을 부여받은 자는 제340조의4제1항에도 불구하고 대통령령으로 정하는 경우를 제외하고는 주식매수선택권을 부여하기로 한 주주총회 또는 이사회의 결의일부터 2년 이상 재임하거나 재직하여야 주식매수선택권을 행사할 수 있다.

⑤ 제1항부터 제4항까지에서 규정한 사항 외에 상장회사의 주식매수선택권 부여, 취소, 그 밖에 필요한 사항은 대통령령으로 정한다.

제542**조의**4(**주주총회 소집공고 등**)

① 상장회사가 주주총회를 소집하는 경우 대통령령으로 정하는 수 이하의 주식을 소유하는 주주에게는 정관으로 정하는 바에 따라 주주총회일의 2주 전에 주주총회를 소집하는 뜻과 회의의 목적사항을 둘 이상의 일간신문에 각각 2회 이상 공고하거나 대통령령으로 정하는 바에 따라 전자적 방법으로 공고함으로써 제363조 제1항의 소집통지를 갈음할 수 있다.

② 상장회사가 이사 · 감사의 선임에 관한 사항을 목적으로 하는 주주총회를 소집통지 또는 공고하는 경우에는 이사 · 감사 후보자의 성명, 약력, 추천인, 그 밖에 대통령령으로 정하는 후보자에 관한 사항을 통지하거나 공고하여야 한다.

③ 상장회사가 주주총회 소집의 통지 또는 공고를 하는 경우에는 사외이사 등의 활동내역과 보수에 관한 사항, 사업개요 등 대통령령으로 정하는 사항을 통지 또는 공고하여야 한다. 다만, 상장회사가 그 사항을 대통령령으로 정하는 방법으로 일반인이 열람할 수 있도록 하는 경우에는 그러하지 아니하다.

제542**조의**5(**이사 · 감사의 선임방법**) 상장회사가 주주총회에서 이사 또는 감사를 선임하려는

경우에는 제542조의4제2항에 따라 통지하거나 공고한 후보자 중에서 선임하여야 한다.

제542조의6(소수주주권)

① 6개월 전부터 계속하여 상장회사 발행주식총수의 1천분의 15 이상에 해당하는 주식을 보유한 자는 제366조(제542조에서 준용하는 경우를 포함한다) 및 제467조에 따른 주주의 권리를 행사할 수 있다.

② 6개월 전부터 계속하여 상장회사의 의결권 없는 주식을 제외한 발행주식총수의 1천분의 10(대통령령으로 정하는 상장회사의 경우에는 1천분의 5) 이상에 해당하는 주식을 보유한 자는 제363조의2(제542조에서 준용하는 경우를 포함한다)에 따른 주주의 권리를 행사할 수 있다.

③ 6개월 전부터 계속하여 상장회사 발행주식총수의 1만분의 50(대통령령으로 정하는 상장회사의 경우에는 1만분의 25) 이상에 해당하는 주식을 보유한 자는 제385조(제415조에서 준용하는 경우를 포함한다) 및 제539조에 따른 주주의 권리를 행사할 수 있다.

④ 6개월 전부터 계속하여 상장회사 발행주식총수의 1만분의 10(대통령령으로 정하는 상장회사의 경우에는 1만분의 5) 이상에 해당하는 주식을 보유한 자는 제466조(제542조에서 준용하는 경우를 포함한다)에 따른 주주의 권리를 행사할 수 있다.

⑤ 6개월 전부터 계속하여 상장회사 발행주식총수의 10만분의 50(대통령령으로 정하는 상장회사의 경우에는 10만분의 25) 이상에 해당하는 주식을 보유한 자는 제402조(제408조의9 및 제542조에서 준용하는 경우를 포함한다)에 따른 주주의 권리를 행사할 수 있다.

⑥ 6개월 전부터 계속하여 상장회사 발행주식총수의 1만분의 1 이상에 해당하는 주식을 보유한 자는 제403조(제324조, 제408조의9, 제415조, 제424조의2, 제467조의2 및 제542조에서 준용하는 경우를 포함한다)에 따른 주주의 권리를 행사할 수 있다.

⑦ 상장회사는 정관에서 제1항부터 제6항까지 규정된 것보다 단기의 주식 보유기간을 정하거나 낮은 주식 보유비율을 정할 수 있다.

⑧ 제1항부터 제6항까지 및 제542조의7제2항에서 "주식을 보유한 자"란 주식을 소유한 자, 주주권 행사에 관한 위임을 받은 자, 2명 이상 주주의 주주권을 공동으로 행사하는 자를 말한다.

제542조의7(집중투표에 관한 특례)

① 상장회사에 대하여 제382조의2에 따라 집중투표의 방법으로 이사를 선임할 것을 청구하는 경우 주주총회일(정기주주총회의 경우에는 직전 연도의 정기주주총회일에 해당하는 그 해의 해당일. 이하 제542조의8제5항에서 같다)의 6주 전까지 서면 또는 전자문서로 회사에 청구하여야 한다.

② 자산 규모 등을 고려하여 대통령령으로 정하는 상장회사의 의결권 없는 주식을 제외한 발행주식총수의 100분의 1 이상에 해당하는 주식을 보유한 자는 제382조의2에 따라 집중투표의 방법으로 이사를 선임할 것을 청구할 수 있다.

③ 제2항의 상장회사가 정관으로 집중투표를 배제하거나 그 배제된 정관을 변경하려는 경우에는 의결권 없는 주식을 제외한 발행주식총수의 100분의 3을 초과하는 수의 주식을 가진 주주는 그 초과하는 주식에 관하여 의결권을 행사하지 못한다. 다만, 정관에서 이보다 낮은 주식 보유비율을 정할 수 있다.

④ 제2항의 상장회사가 주주총회의 목적사항으로 제3항에 따른 집중투표 배제에 관한 정관변경에 관한 의안을 상정하려는 경우에는 그 밖의 사항의 정관 변경에 관한 의안과 별도로 상정하여 의결하여야 한다.

제542조의8(사외이사의 선임)

① 상장회사는 자산 규모 등을 고려하여 대통령령으로 정하는 경우를 제외하고는 이사 총수의 4분의 1 이상을 사외이사로 하여야 한다. 다만, 자산 규모 등을 고려하여 대통령령으로 정하는 상장회사의 사외이사는 3명 이상으로 하되, 이사 총수의 과반수가 되도록 하여야 한다.

② 상장회사의 사외이사는 제382조 제3항 각 호 뿐만 아니라 다음 각 호의 어느 하나에 해당되지 아니하여야 하며, 이에 해당하게 된 경우에는 그 직을 상실한다.

1. 미성년자, 피성년후견인 또는 피한정후견인
2. 파산선고를 받고 복권되지 아니한 자
3. 금고 이상의 형을 선고받고 그 집행이 끝나거나 집행이 면제된 후 2년이 지나지 아니한 자
4. 대통령령으로 별도로 정하는 법률을 위반하여 해임되거나 면직된 후 2년이 지나지 아니한 자
5. 상장회사의 주주로서 의결권 없는 주식을 제외한 발행주식총수를 기준으로 본인 및 그와 대통령령으로 정하는 특수한 관계에 있는 자(이하 "특수관계인"이라 한다)가 소유하는 주식의 수가 가장 많은 경우 그 본인(이하 "최대주주"라 한다) 및 그의 특수관계인
6. 누구의 명의로 하든지 자기의 계산으로 의결권 없는 주식을 제외한 발행주식총수의 100분의 10 이상의 주식을 소유하거나 이사 · 집행임원 · 감사의 선임과 해임 등 상장회사의 주요 경영사항에 대하여 사실상의 영향력을 행사하는 주주(이하 "주요주주"라 한다) 및 그의 배우자와 직계 존속 · 비속
7. 그밖에 사외이사로서의 직무를 충실하게 수행하기 곤란하거나 상장회사의 경영에 영향을 미칠 수 있는 자로서 대통령령으로 정하는 자

③ 제1항의 상장회사는 사외이사의 사임 · 사망 등의 사유로 인하여 사외이사의 수가 제1항의 이사회의 구성요건에 미달하게 되면 그 사유가 발생한 후 처음으로 소집되는 주주총회에서 제1항의 요건에 합치되도록 사외이사를 선임하여야 한다.

④ 제1항 단서의 상장회사는 사외이사 후보를 추천하기 위하여 제393조의2의 위원회(이하 이 조에서 "사외이사 후보추천위원회"라 한다)를 설치하여야 한다. 이 경우 사외이사 후보추천위원회는 사외이사가 총위원의 과반수가 되도록 구성하여야 한다.

⑤ 제1항 단서에서 규정하는 상장회사가 주주총회에서 사외이사를 선임하려는 때에는 사외이사 후보추천위원회의 추천을 받은 자 중에서 선임하여야 한다. 이 경우 사외이사 후보추천위원회가 사외이사 후보를 추천할 때에는 제363조의2 제1항, 제542조의6 제1항 · 제2항의 권리를 행사할 수 있는 요건을 갖춘 주주가 주주총회일(정기주주총회의 경우 직전연도의 정기주주총회일에 해당하는 해당 연도의 해당일)의 6주 전에 추천한 사외이사 후보를 포함시켜야 한다.

제542조의9(주요주주 등 이해관계자와의 거래)

① 상장회사는 다음 각 호의 어느 하나에 해당하는 자를 상대방으로 하거나 그를 위하여 신용공여(금전 등 경제적 가치가 있는 재산의 대여, 채무이행의 보증, 자금 지원적 성격의 증권 매입, 그밖에 거래상의 신용위험이 따르는 직접적 · 간접적 거래로서 대통령령으로 정하는 거래를 말한다. 이하 이 조에서 같다)를 하여서는 아니 된다.

1. 주요주주 및 그의 특수관계인
2. 이사(제401조의2 제1항 각 호의 어느 하나에 해당하는 자를 포함한다. 이하 이 조에서 같다) 및 집행임원
3. 감사

② 제1항에도 불구하고 다음 각 호의 어느 하나에 해당하는 경우에는 신용공여를 할 수 있다.

1. 복리후생을 위한 이사 · 집행임원 또는 감사에 대한 금전대여 등으로서 대통령령으로 정하는 신용공여
2. 다른 법령에서 허용하는 신용공여
3. 그 밖에 상장회사의 경영건전성을 해칠 우려가 없는 금전대여 등으로서 대통령령으로 정하는 신용공여

③ 자산 규모 등을 고려하여 대통령령으로 정하는 상장회사는 최대주주, 그의 특수관계인 및 그 상장회사의 특수관계인으로서 대통령령으로 정하는 자를 상대방으로 하거나 그를 위하여 다음 각 호의 어느 하나에 해당하는 거래(제1항에 따라 금지되는 거래는 제외한다)를 하려는 경우에는 이사회의 승인을 받아야 한다.

1. 단일 거래규모가 대통령령으로 정하는 규모 이상인 거래
2. 해당 사업연도 중에 특정인과의 해당 거래를 포함한 거래총액이 대통령령으로 정하는 규모 이상이 되는 경우의 해당 거래

④ 제3항의 경우 상장회사는 이사회의 승인 결의 후 처음으로 소집되는 정기주주총회에 해당 거래의 목적, 상대방, 그밖에 대통령령으로 정하는 사항을 보고하여야 한다.

⑤ 제3항에도 불구하고 상장회사가 경영하는 업종에 따른 일상적인 거래로서 다음 각 호의 어느 하나에 해당하는 거래는 이사회의 승인을 받지 아니하고 할 수 있으며, 제2호에 해당하는 거래에 대하여는 그 거래내용을 주주총회에 보고하지 아니할 수 있다.

1. 약관에 따라 정형화된 거래로서 대통령령으로 정하는 거래
2. 이사회에서 승인한 거래총액의 범위 안에서 이행하는 거래

제542조의10(상근감사)

① 대통령령으로 정하는 상장회사는 주주총회 결의에 의하여 회사에 상근하면서 감사업무를 수행하는 감사(이하 "상근감사"라고 한다)를 1명 이상 두어야 한다. 다만, 이 절 및 다른 법률에 따라 감사위원회를 설치한 경우(감사위원회 설치 의무가 없는 상장회사가 이 절의 요건을 갖춘 감사위원회를 설치한 경우를 포함한다)에는 그러하지 아니하다.

② 다음 각 호의 어느 하나에 해당하는 자는 제1항 본문의 상장회사의 상근감사가 되지 못하며, 이에 해당하게 되는 경우에는 그 직을 상실한다.

1. 제542조의8 제2항 제1호부터 제4호까지 및 제6호에 해당하는 자
2. 회사의 상무(常務)에 종사하는 이사 · 집행임원 및 피용자 또는 최근 2년 이내에 회사의 상무에 종사한 이사 · 집행임원 및 피용자. 다만, 이 절에 따른 감사위원회위원으로 재임 중이거나 재임하였던 이사는 제외한다.
3. 제1호 및 제2호 외에 회사의 경영에 영향을 미칠 수 있는 자로서 대통령령으로 정하는 자

제542조의11(감사위원회)

① 자산 규모 등을 고려하여 대통령령으로 정하는 상장회사는 감사위원회를 설치하여야 한다.

② 제1항의 상장회사의 감사위원회는 제415조의2제2항의 요건 및 다음 각 호의 요건을 모두 갖추어야 한다.

1. 위원 중 1명 이상은 대통령령으로 정하는 회계 또는 재무 전문가일 것
2. 감사위원회의 대표는 사외이사일 것

③ 제542조의10 제2항 각 호의 어느 하나에 해당하는 자는 제1항의 상장회사의 사외이사가 아닌 감사위원회위원이 될 수 없고, 이에 해당하게 된 경우에는 그 직을 상실한다.

④ 상장회사는 감사위원회위원인 사외이사의 사임 · 사망 등의 사유로 인하여 사외이사의 수가 다음 각 호의 감사위원회의 구성요건에 미달하게 되면 그 사유가 발생한 후 처음으로 소집되는 주주총회에서 그 요건에 합치되도록 하여야 한다.

1. 제1항에 따라 감사위원회를 설치한 상장회사는 제2항 각 호 및 제415조의2 제2항의 요건
2. 제415조의2 제1항에 따라 감사위원회를 설치한 상장회사는 제415조의2 제2항의 요건

제542조의12(감사위원회의 구성 등)

① 제542조의11 제1항의 상장회사의 경우 제393조의2에도 불구하고 감사위원회위원을 선임하거나 해임하는 권한은 주주총회에 있다.

② 제542조의11 제1항의 상장회사는 주주총회에서 이사를 선임한 후 선임된 이사 중에서 감사위원회위원을 선임하여야 한다.

③ 최대주주, 최대주주의 특수관계인, 그밖에 대통령령으로 정하는 자가 소유하는 상장회사의 의결권 있는 주식의 합계가 그 회사의 의결권 없는 주식을 제외한 발행주식총수의 100분의 3을 초과하는 경우 그 주주는 그 초과하는 주식에 관하여 감사 또는 사외이사가 아닌 감사위원회위원을 선임하거나 해임할 때에는 의결권을 행사하지 못한다. 다만, 정관에서 이보다 낮은 주식 보유비율을 정할 수 있다.

④ 대통령령으로 정하는 상장회사의 의결권 없는 주식을 제외한 발행주식총수의 100분의 3을 초과하는 수의 주식을 가진 주주는 그 초과하는 주식에 관하여 사외이사인 감사위원회위원을 선임할 때에 의결권을 행사하지 못한다. 다만, 정관에서 이보다 낮은 주식 보유비율을 정할 수 있다.

⑤ 상장회사가 주주총회의 목적사항으로 감사의 선임 또는 감사의 보수결정을 위한 의안을 상정하려는 경우에는 이사의 선임 또는 이사의 보수결정을 위한 의안과는 별도로 상정하여 의결하여야 한다.

⑥ 상장회사의 감사 또는 감사위원회는 제447조의4 제1항에도 불구하고 이사에게 감사보고서를 주주총회일의 1주 전까지 제출할 수 있다.

제542조의13(준법통제기준 및 준법지원인)

① 자산 규모 등을 고려하여 대통령령으로 정하는 상장회사는 법령을 준수하고 회사경영을 적정하게 하기 위하여 임직원이 그 직무를 수행할 때 따라야 할 준법통제에 관한 기준 및 절차(이하 "준법통제기준"이라 한다)를 마련하여야 한다.

② 제1항의 상장회사는 준법통제기준의 준수에 관한 업무를 담당하는 사람(이하 "준법지원인"이라 한다)을 1명 이상 두어야 한다.

③ 준법지원인은 준법통제기준의 준수여부를 점검하여 그 결과를 이사회에 보고하여야 한다.

④ 제1항의 상장회사는 준법지원인을 임면하려면 이사회 결의를 거쳐야 한다.

⑤ 준법지원인은 다음 각 호의 사람 중에서 임명하여야 한다.

1. 변호사 자격을 가진 사람
2. 「고등교육법」 제2조에 따른 학교에서 법률학을 가르치는 조교수 이상의 직에 5년 이상 근무한 사람
3. 그 밖에 법률적 지식과 경험이 풍부한 사람으로서 대통령령으로 정하는 사람

⑥ 준법지원인의 임기는 3년으로 하고, 준법지원인은 상근으로 한다.

⑦ 준법지원인은 선량한 관리자의 주의로 그 직무를 수행하여야 한다.

⑧ 준법지원인은 재임 중뿐만 아니라 퇴임 후에도 직무상 알게 된 회사의 영업상 비밀을 누설하여서는 아니 된다.

⑨ 제1항의 상장회사는 준법지원인이 그 직무를 독립적으로 수행할 수 있도록 하여야 하고, 제1항의 상장회사의 임직원은 준법지원인이 그 직무를 수행할 때 자료나 정보의 제출을 요구하는 경우 이에 성실하게 응하여야 한다.

⑩ 제1항의 상장회사는 준법지원인이었던 사람에 대하여 그 직무수행과 관련된 사유로 부당한 인사상의 불이익을 주어서는 아니 된다.

⑪ 준법지원인에 관하여 다른 법률에 특별한 규정이 있는 경우를 제외하고는 이 법에서 정하는 바에 따른다. 다만, 다른 법률의 규정이 준법지원인의 임기를 제6항보다 단기로 정하고 있는 경우에는 제6항을 다른 법률에 우선하여 적용한다.

⑫ 그 밖의 준법통제기준 및 준법지원인에 관하여 필요한 사항은 대통령령으로 정한다.

제5장 유한회사

제1절 설립

제543조(정관의 작성, 절대적 기재사항)

① 유한회사를 설립함에는 사원이 정관을 작성하여야 한다.

② 정관에는 다음의 사항을 기재하고 각 사원이 기명날인 또는 서명하여야 한다.

1. 제179조 제1호 내지 제3호에 정한 사항
2. 자본금의 총액
3. 출자1좌의 금액
4. 각 사원의 출자좌수

5. 본점의 소재지

③ 제292조의 규정은 유한회사에 준용한다.

제544**조(변태설립사항)** 다음의 사항은 정관에 기재함으로써 그 효력이 있다.

1. 현물출자를 하는 자의 성명과 그 목적인 재산의 종류, 수량, 가격과 이에 대하여 부여하는 출자좌수
2. 회사의 설립후에 양수할 것을 약정한 재산의 종류, 수량, 가격과 그 양도인의 성명
3. 회사가 부담할 설립비용

제546**조(출자** 1**좌의 금액의 제한)** 출자 1좌의 금액은 100원 이상으로 균일하게 하여야 한다.

제547**조(초대이사의 선임)**

① 정관으로 이사를 정하지 아니한 때에는 회사성립전에 사원총회를 열어 이를 선임하여야 한다.

② 전항의 사원총회는 각 사원이 소집할 수 있다.

제548**조(출자의 납입)**

① 이사는 사원으로 하여금 출자전액의 납입 또는 현물출자의 목적인 재산전부의 급여를 시켜야 한다.

② 제295조 제2항의 규정은 사원이 현물출자를 하는 경우에 준용한다.

제549**조(설립의 등기)**

① 유한회사의 설립등기는 제548조의 납입 또는 현물출자의 이행이 있은 날로부터 2주간 내에 하여야 한다.

② 제1항의 등기에서 다음 각 호의 사항을 등기하여야 한다.

1. 제179조 제1호 · 제2호 및 제5호에 규정된 사항과 지점을 둔 때에는 그 소재지
2. 제543조 제2항 제2호와 제3호에 게기한 사항
3. 이사의 성명 · 주민등록번호 및 주소. 다만, 회사를 대표할 이사를 정한 때에는 그 외의 이사의 주소를 제외한다.

(이하 생략)

③ 유한회사의 지점 설치 및 이전 시 지점소재지 또는 신지점소재지에서 등기를 하는 때에는 제2항 제3호부터 제6호까지에 규정된 사항과 제179조 제1호 · 제2호 및 제5호에 규정된 사항을 등기하여야 한다. 다만, 회사를 대표할 이사를 정한 때에는 그 외의 이사는 등기하지 아니한다.

④ 제181조 내지 제183조의 규정은 유한회사의 등기에 준용한다.

제550**조(현물출자 등에 관한 회사성립시의 사원의 책임)**

① 제544조 제1호와 제2호의 재산의 회사성립당시의 실가가 정관에 정한 가격에 현저하게 부족한 때에는 회사성립당시의 사원은 회사에 대하여 그 부족액을 연대하여 지급할 책임이 있다.

② 전항의 사원의 책임은 면제하지 못한다.

제551**조(출자미필액에 대한 회사성립사의 사원 등의 책임)**

① 회사성립후에 출자금액의 납입 또는 현물출자의 이행이 완료되지 아니하였음이 발견된 때에는 회사성립당시의 사원, 이사와 감사는 회사에 대하여 그 납입되지 아니한 금액 또는 이행되지 아니한 현물의 가액을 연대하여 지급할 책임이 있다.

② 전항의 사원의 책임은 면제하지 못한다.

③ 제1항의 이사와 감사의 책임은 총사원의 동의가 없으면 면제하지 못한다.

제552**조(설립무효, 취소의 소)**

① 회사의 설립의 무효는 그 사원, 이사와 감사에 한하여 설립의 취소는 그 취소권있는 자에 한하여 회사설립의 날로부터 2년내에 소만으로 이를 주장할 수 있다.

② 제184조 제2항과 제185조 내지 제193조의 규정은 전항의 소에 준용한다.

제2절 사원의 권리의무

제553**조(사원의 책임)** 사원의 책임은 본법에 다른 규정이 있는 경우외에는 그 출자금액을 한도로 한다.

제554**조(사원의 지분)** 각 사원은 그 출자좌수에 따라 지분을 가진다.

제555**조(지분에 관한 증권)** 유한회사는 사원의 지분에 관하여 지시식 또는 무기명식의 증권을 발행하지 못한다.

제556**조(지분의 양도)** 사원은 그 지분의 전부 또는 일부를 양도하거나 상속할 수 있다. 다만, 정관으로 지분의 양도를 제한할 수 있다.

제557**조(지분이전의 대항요건)** 지분의 이전은 취득자의 성명, 주소와 그 목적이 되는 출자좌수를 사원명부에 기재하지 아니하면 이로써 회사와 제삼자에게 대항하지 못한다.

제558**조(지분의 공유)** 제333조의 규정은 지분이 수인의 공유에 속하는 경우에 준용한다.

제559**조(지분의 입질)**

①지분은 질권의 목적으로 할 수 있다.

②제556조와 제557조의 규정은 지분의 입질에 준용한다.

제560**조(준용규정)**

① 사원의 지분에 대하여는 제339조, 제340조 제1항 · 제2항, 제341조의2, 제341조의3, 제342조 및 제343조 제1항을 준용한다.

② 제353조의 규정은 사원에 대한 통지 또는 최고에 준용한다.

제3절 회사의 관리

제561**조(이사)** 유한회사에는 1인 또는 수인의 이사를 두어야 한다.

제562**조(회사대표)**

① 이사는 회사를 대표한다.

② 이사가 수인인 경우에 정관에 다른 정함이 없으면 사원총회에서 회사를 대표할 이사를 선정하여야 한다.

③ 정관 또는 사원총회는 수인의 이사가 공동으로 회사를 대표할 것을 정할 수 있다. ④제208조 제2항의 규정은 전항의 경우에 준용한다.

제563**조(이사, 회사간의 소에 관한 대표)** 회사가 이사에 대하여 또는 이사가 회사에 대하여 소를 제기하는 경우에는 사원총회는 그 소에 관하여 회사를 대표할 자를 선정하여야 한다.

제564**조(업무집행의 결정, 이사와 회사간의 거래)**

① 이사가 수인인 경우에 정관에 다른 정함이 없으면 회사의 업무집행, 지배인의 선임 또는 해임과 지점의 설치 · 이전 또는 폐지는 이사 과반수의 결의에 의하여야 한다.

② 사원총회는 제1항의 규정에 불구하고 지배인의 선임 또는 해임을 할 수 있다.

③ 이사는 감사가 있는 때에는 그 승인이, 감사가 없는 때에는 사원총회의 승인이 있는 때에 한하여 자기 또는 제삼자의 계산으로 회사와 거래를 할 수 있다. 이 경우에는 민법 제124조의 규정을 적용하지 아니한다.

제564**조의**2**(유지청구권)** 이사가 법령 또는 정관에 위반한 행위를 하여 이로 인하여 회사에 회복할 수 없는 손해가 생길 염려가 있는 경우에는 감사 또는 자본금 총액의 100분의 3 이상에 해당하는 출자좌수를 가진 사원은 회사를 위하여 이사에 대하여 그 행위를 유지할 것을 청구할 수 있다.

제565**조(사원의 대표소송)**

① 자본금 총액의 100분의 3 이상에 해당하는 출자좌수를 가진 사원은 회사에 대하여 이사의

책임을 추궁할 소의 제기를 청구할 수 있다.

② 제403조 제2항 내지 제7항과 제404조 내지 제406조의 규정은 제1항의 경우에 준용한다.

제566조(서류의 비치, 열람)

① 이사는 정관과 사원총회의 의사록을 본점과 지점에, 사원명부를 본점에 비치하여야 한다.

② 사원명부에는 사원의 성명, 주소와 그 출자좌수를 기재하여야 한다.

③ 사원과 회사채권자는 영업시간 내에 언제든지 제1항에 게기한 서류의 열람 또는 등사를 청구할 수 있다.

제568조(감사)

① 유한회사는 정관에 의하여 1인 또는 수인의 감사를 둘 수 있다.

② 제547조의 규정은 정관에서 감사를 두기로 정한 경우에 준용한다.

제569조(감사의 권한) 감사는 언제든지 회사의 업무와 재산상태를 조사할 수 있고 이사에 대하여 영업에 관한 보고를 요구할 수 있다.

제570조(준용규정) 제382조, 제385조 제1항, 제386조, 제388조, 제400조, 제407조, 제411조, 제413조, 제414조와 제565조의 규정은 감사에 준용한다.

제571조(사원총회의 소집)

① 사원총회는 이 법에서 달리 규정하는 경우 외에는 이사가 소집한다. 그러나 임시총회는 감사도 소집할 수 있다.

② 사원총회를 소집할 때에는 사원총회일의 1주 전에 각 사원에게 서면으로 통지서를 발송하거나 각 사원의 동의를 받아 전자문서로 통지서를 발송하여야 한다. ③ 사원총회의 소집에 관하여는 제363조 제2항 및 제364조를 준용한다.

제572조(소수사원에 의한 총회소집청구)

① 자본금 총액의 100분의 3 이상에 해당하는 출자좌수를 가진 사원은 회의의 목적사항과 소집의 이유를 기재한 서면을 이사에게 제출하여 총회의 소집을 청구할 수 있다.

② 전항의 규정은 정관으로 다른 정함을 할 수 있다.

③ 제366조 제2항과 제3항의 규정은 제1항의 경우에 준용한다.

제573조(소집절차의 생략) 총사원의 동의가 있을 때에는 소집절차 없이 총회를 열 수 있다.

제574조(총회의 정족수, 결의방법) 사원총회의 결의는 정관 또는 본법에 다른 규정이 있는 경우외에는 총사원의 의결권의 과반수를 가지는 사원이 출석하고 그 의결권의 과반수로써 하여야 한다.

제575조(사원의 의결권) 각 사원은 출자1좌마다 1개의 의결권을 가진다. 그러나 정관으로 의결권의 수에 관하여 다른 정함을 할 수 있다.

제576조(유한회사의 영업양도 등에 특별결의를 받아야 할 사항)

① 유한회사가 제374조 제1항 제1호부터 제3호까지의 규정에 해당되는 행위를 하려면 제585조에 따른 총회의 결의가 있어야 한다.

② 전항의 규정은 유한회사가 그 성립후 2년내에 성립전으로부터 존재하는 재산으로서 영업을 위하여 계속하여 사용할 것을 자본금의 20분의 1 이상에 상당한 대가로 취득하는 계약을 체결하는 경우에 준용한다.

제577조(서면에 의한 결의)

① 총회의 결의를 하여야 할 경우에 총사원의 동의가 있는 때에는 서면에 의한 결의를 할 수 있다.

② 결의의 목적사항에 대하여 총사원이 서면으로 동의를 한 때에는 서면에 의한 결의가 있은 것으로 본다.

③ 서면에 의한 결의는 총회의 결의와 동일한 효력이 있다.

④ 총회에 관한 규정은 서면에 의한 결의에 준용한다.

제578조(준용규정) 제365조, 제367조, 제368조 제2항 · 제3항, 제369조 제2항, 제371조 제2항, 제372조, 제373조와 제376조 내지 제381조의 규정은 사원총회에 준용한다.

제579조(재무제표의 작성)

① 이사는 매결산기에 다음의 서류와 그 부속명세서를 작성하여야 한다. <개정 2011.4.14.>

1. 대차대조표
2. 손익계산서
3. 그 밖에 회사의 재무상태와 경영성과를 표시하는 것으로서 제447조 제1항 제3호에 따른 서류

② 감사가 있는 때에는 이사는 정기총회회일로부터 4주간전에 제1항의 서류를 감사에게 제출하여야 한다.

③ 감사는 제2항의 서류를 받은 날로부터 3주간내에 감사보고서를 이사에게 제출하여야 한다.

제579조의2(영업보고서의 작성)

① 이사는 매결산기에 영업보고서를 작성하여야 한다.

② 제579조 제2항 및 제3항의 규정은 제1항의 영업보고서에 관하여 이를 준용한다.

제579**조의**3(**재무제표등의 비치 · 공시**)

① 이사는 정기총회회일의 1주간전부터 5년간 제579조 및 제579조의2의 서류와 감사보고서를 본점에 비치하여야 한다.

② 제448조 제2항의 규정은 제1항의 서류에 관하여 이를 준용한다.

제580**조**(**이익배당의 기준**) 이익의 배당은 정관에 다른 정함이 있는 경우외에는 각사원의 출자좌수에 따라 하여야 한다.

제581**조**(**사원의 회계장부열람권**)

① 자본금의 100분의 3 이상에 해당하는 출자좌수를 가진 사원은 회계의 장부와 서류의 열람 또는 등사를 청구할 수 있다.

② 회사는 정관으로 각 사원이 제1항의 청구를 할 수 있다는 뜻을 정할 수 있다. 이 경우 제579조 제1항의 규정에 불구하고 부속명세서는 이를 작성하지 아니한다.

제582**조**(**업무, 재산상태의 검사**)

① 회사의 업무집행에 관하여 부정행위 또는 법령이나 정관에 위반한 중대한 사유가 있는 때에는 자본금 총액의 100분의 3 이상에 해당하는 출자좌수를 가진 사원은 회사의 업무와 재산상태를 조사하게 하기 위하여 법원에 검사인의 선임을 청구할 수 있다.

② 검사인은 그 조사의 결과를 서면으로 법원에 보고하여야 한다.

③ 법원은 전항의 보고서에 의하여 필요하다고 인정한 경우에는 감사가 있는 때에는 감사에게, 감사가 없는 때에는 이사에게 사원총회의 소집을 명할 수 있다. 제310조 제2항의 규정은 이 경우에 준용한다.

제583**조**(**준용규정**)

① 유한회사의 계산에 대하여는 제449조 제1항 · 제2항, 제450조, 제458조부터 제460조까지, 제462조, 제462조의3 및 제466조를 준용한다.

② 제468조의 규정은 유한회사와 피용자간에 고용관계로 인하여 생긴 채권에 준용한다.

제4절 정관의 변경

제584**조**(**정관변경의 방법**) 정관을 변경함에는 사원총회의 결의가 있어야 한다.

제585**조**(**정관변경의 특별결의**)

① 전조의 결의는 총사원의 반수 이상이며 총사원의 의결권의 4분의 3 이상을 가지는 자의 동의로 한다.

② 전항의 규정을 적용함에 있어서는 의결권을 행사할 수 없는 사원은 이를 총사원의 수에,

그 행사할 수 없는 의결권은 이를 의결권의 수에 산입하지 아니한다.

제586**조(자본금 증가의 결의)** 다음 각 호의 사항은 정관에 다른 정함이 없더라도 자본금 증가의 결의에서 정할 수 있다.

1. 현물출자를 하는 자의 성명과 그 목적인 재산의 종류, 수량, 가격과 이에 대하여 부여할 출자좌수
2. 자본금 증가 후에 양수할 것을 약정한 재산의 종류, 수량, 가격과 그 양도인의 성명
3. 증가할 자본금에 대한 출자의 인수권을 부여할 자의 성명과 그 권리의 내용

제587**조(자본금 증가의 경우의 출자인수권의 부여)** 유한회사가 특정한 자에 대하여 장래 그 자본금을 증가할 때 출자의 인수권을 부여할 것을 약속하는 경우에는 제585조에서 정하는 결의에 의하여야 한다.

제588**조(사원의 출자인수권)** 사원은 증가할 자본금에 대하여 그 지분에 따라 출자를 인수할 권리가 있다. 그러나 전2조의 결의에서 출자의 인수자를 정한 때에는 그러하지 아니하다.

제589**조(출자인수의 방법)**

① 자본금 증가의 경우에 출자의 인수를 하고자 하는 자는 인수를 증명하는 서면에 그 인수할 출자의 좌수와 주소를 기재하고 기명날인 또는 서명하여야 한다.

② 유한회사는 광고 기타의 방법에 의하여 인수인을 공모하지 못한다.

제590**조(출자인수인의 지위)** 자본금 증가의 경우에 출자의 인수를 한 자는 출자의 납입의 기일 또는 현물출자의 목적인 재산의 급여의 기일로부터 이익배당에 관하여 사원과 동일한 권리를 가진다.

제591**조(자본금 증가의 등기)** 유한회사는 자본금 증가로 인한 출자 전액의 납입 또는 현물출자의 이행이 완료된 날부터 2주 내에 본점소재지에서 자본금 증가로 인한 변경등기를 하여야 한다.

제592**조(자본금 증가의 효력발생)** 자본금의 증가는 본점소재지에서 제591조의 등기를 함으로써 효력이 생긴다.

제593**조(현물출자등에 관한 사원의 책임)**

① 제586조 제1호와 제2호의 재산의 자본금 증가당시의 실가가 자본금 증가의 결의에 의하여 정한 가격에 현저하게 부족한 때에는 그 결의에 동의한 사원은 회사에 대하여 그 부족액을 연대하여 지급할 책임이 있다.

② 제550조 제2항과 제551조 제2항의 규정은 전항의 경우에 준용한다.

제594조(미인수출자 등에 관한 이사 등의 책임)

① 자본금 증가후에 아직 인수되지 아니한 출자가 있는 때에는 이사와 감사가 공동으로 이를 인수한 것으로 본다.

② 자본금 증가후에 아직 출자전액의 납입 또는 현물출자의 목적인 재산의 급여가 미필된 출자가 있는 때에는 이사와 감사는 연대하여 그 납입 또는 급여미필재산의 가액을 지급할 책임이 있다.

③ 제551조 제3항의 규정은 전항의 경우에 준용한다.

제595조(증자무효의 소)

① 자본금 증가의 무효는 사원, 이사 또는 감사에 한하여 제591조의 규정에 의한 본점소재지에서의 등기를 한 날로부터 6월내에 소만으로 이를 주장할 수 있다.

② 제430조 내지 제432조의 규정은 전항의 경우에 준용한다.

제5절 합병과 조직변경

제598조(합병의 방법) 유한회사가 다른 회사와 합병을 함에는 제585조의 규정에 의한 사원총회의 결의가 있어야 한다.

제599조(설립위원의 선임) 제175조의 규정에 의한 설립위원의 선임은 제585조의 규정에 의한 사원총회의 결의에 의하여야 한다.

제600조(유한회사와 주식회사의 합병)

① 유한회사가 주식회사와 합병하는 경우에 합병후 존속하는 회사 또는 합병으로 인하여 설립되는 회사가 주식회사인 때에는 법원의 인가를 얻지 아니하면 합병의 효력이 없다.

② 합병을 하는 회사의 일방이 사채의 상환을 완료하지 아니한 주식회사인 때에는 합병후 존속하는 회사 또는 합병으로 인하여 설립되는 회사는 유한회사로 하지 못한다.

제601조(물상대위)

① 유한회사가 주식회사와 합병하는 경우에 합병후 존속하는 회사 또는 합병으로 인하여 설립되는 회사가 유한회사인 때에는 제339조의 규정은 종전의 주식을 목적으로 하는 질권에 준용한다.

② 전항의 경우에 질권의 목적인 지분에 관하여 출자좌수와 질권자의 성명 및 주소를 사원명부에 기재하지 아니하면 그 질권으로써 회사 기타의 제삼자에 대항하지 못한다.

제602조(합병의 등기) 유한회사가 합병을 한 때에는 제603조에서 준용하는 제526조 또는 제527조의 규정에 의한 사원총회가 종결한 날로부터 본점소재지에서는 2주간, 지점소재지에서는 3

주간내에 합병후 존속하는 유한회사에 있어서는 변경등기, 합병으로 인하여 소멸되는 유한회사에 있어서는 해산등기, 합병으로 인하여 설립되는 유한회사에 있어서는 제549조 제2항에 정한 등기를 하여야 한다.

제604조(주식회사의 유한회사에의 조직변경)

① 주식회사는 총주주의 일치에 의한 총회의 결의로 그 조직을 변경하여 이를 유한회사로 할 수 있다. 그러나 사채의 상환을 완료하지 아니한 경우에는 그러하지 아니하다.

② 전항의 조직변경의 경우에는 회사에 현존하는 순재산액보다 많은 금액을 자본금의 총액으로 하지 못한다.

③ 제1항의 결의에 있어서는 정관 기타 조직변경에 필요한 사항을 정하여야 한다.

④ 제601조의 규정은 제1항의 조직변경의 경우에 준용한다.

제605조(이사, 주주의 순재산액전보책임)

① 전조의 조직변경의 경우에 회사에 현존하는 순재산액이 자본금의 총액에 부족하는 때에는 전조 제1항의 결의당시의 이사와 주주는 회사에 대하여 연대하여 그 부족액을 지급할 책임이 있다.

② 제550조 제2항과 제551조 제2항, 제3항의 규정은 전항의 경우에 준용한다.

제606조(조직변경의 등기) 주식회사가 제604조의 규정에 의하여 그 조직을 변경한 때에는 본점소재지에서는 2주간, 지점소재지에서는 3주간내에 주식회사에 있어서는 해산등기, 유한회사에 있어서는 제549조 제2항에 정하는 등기를 하여야 한다.

제607조(유한회사의 주식회사로의 조직변경)

① 유한회사는 총사원의 일치에 의한 총회의 결의로 주식회사로 조직을 변경할 수 있다. 다만, 회사는 그 결의를 정관으로 정하는 바에 따라 제585조의 사원총회의 결의로 할 수 있다.

② 제1항에 따라 조직을 변경할 때 발행하는 주식의 발행가액의 총액은 회사에 현존하는 순재산액을 초과하지 못한다.

③ 제1항의 조직변경은 법원의 인가를 받지 아니하면 효력이 없다.

④ 제1항에 따라 조직을 변경하는 경우 회사에 현존하는 순재산액이 조직변경으로 발행하는 주식의 발행가액 총액에 부족할 때에는 제1항의 결의 당시의 이사, 감사 및 사원은 연대하여 회사에 그 부족액을 지급할 책임이 있다. 이 경우에 제550조 제2항 및 제551조 제2항·제3항을 준용한다.

⑤ 제1항에 따라 조직을 변경하는 경우 제340조 제3항, 제601조 제1항, 제604조 제3항 및 제606조를 준용한다.

제608조(준용규정) 제232조의 규정은 제604조와 제607조의 조직변경의 경우에 준용한다.

제6절 해산과 청산

제609조(해산사유)

① 유한회사는 다음의 사유로 인하여 해산한다.

1. 제227조 제1호 · 제4호 내지 제6호에 규정된 사유
2. 사원총회의 결의

② 전항 제2호의 결의는 제585조의 규정에 의하여야 한다.

제610조(회사의 계속)

① 제227조 제1호 또는 전조 제1항 제2호의 사유로 인하여 회사가 해산한 경우에는 제585조의 규정에 의한 사원총회의 결의로써 회사를 계속할 수 있다.

제611조(준용규정) 제229조 제3항의 규정은 전조의 회사 계속의 경우에 준용한다.

제612조(잔여재산의 분배) 잔여재산은 정관에 다른 정함이 있는 경우외에는 각사원의 출자좌수에 따라 사원에게 분배하여야 한다.

제6장 외국회사

제614조(대표자, 영업소의 설정과 등기)

① 외국회사가 대한민국에서 영업을 하려면 대한민국에서의 대표자를 정하고 대한민국 내에 영업소를 설치하거나 대표자 중 1명 이상이 대한민국에 그 주소를 두어야 한다.

② 전항의 경우에는 외국회사는 그 영업소의 설치에 관하여 대한민국에서 설립되는 동종의 회사 또는 가장 유사한 회사의 지점과 동일한 등기를 하여야 한다.

③ 전항의 등기에서는 회사설립의 준거법과 대한민국에서의 대표자의 성명과 그 주소를 등기하여야 한다.

④ 제209조와 제210조의 규정은 외국회사의 대표자에게 준용한다.

제615조(등기기간의 기산점) 전조 제2항과 제3항의 규정에 의한 등기사항이 외국에서 생긴 때에는 등기기간은 그 통지가 도달한 날로부터 기산한다.

제616조(등기전의 계속거래의 금지)

① 외국회사는 그 영업소의 소재지에서 제614조의 규정에 의한 등기를 하기 전에는 계속하여 거래를 하지 못한다.

② 전항의 규정에 위반하여 거래를 한 자는 그 거래에 대하여 회사와 연대하여 책임을 진다.

제616조의2(대차대조표 또는 이에 상당하는 것의 공고)

① 외국회사로서 이 법에 따라 등기를 한 외국회사(대한민국에서의 같은 종류의 회사 또는 가장 비슷한 회사가 주식회사인 것만 해당한다)는 제449조에 따른 승인과 같은 종류의 절차 또는 이와 비슷한 절차가 종결된 후 지체 없이 대차대조표 또는 이에 상당하는 것으로서 대통령령으로 정하는 것을 대한민국에서 공고하여야 한다.

② 제1항의 공고에 대하여는 제289조 제3항부터 제6항까지의 규정을 준용한다.

제617조(유사외국회사) 외국에서 설립된 회사라도 대한민국에 그 본점을 설치하거나 대한민국에서 영업할 것을 주된 목적으로 하는 때에는 대한민국에서 설립된 회사와 같은 규정에 따라야 한다.

제618조(준용규정)

① 제335조, 제335조의2부터 제335조의7까지, 제336조부터 제338조까지, 제340조 제1항, 제355조, 제356조, 제356조의2, 제478조 제1항, 제479조 및 제480조의 규정은 대한민국에서의 외국회사의 주권 또는 채권의 발행과 그 주식의 이전이나 입질 또는 사채의 이전에 준용한다.

② 전항의 경우에는 처음 대한민국에 설치한 영업소를 본점으로 본다.

제619조(영업소폐쇄명령)

① 외국회사가 대한민국에 영업소를 설치한 경우에 다음의 사유가 있는 때에는 법원은 이해관계인 또는 검사의 청구에 의하여 그 영업소의 폐쇄를 명할 수 있다.

1. 영업소의 설치목적이 불법한 것인 때
2. 영업소의 설치등기를 한 후 정당한 사유없이 1년내에 영업을 개시하지 아니하거나 1년이상 영업을 휴지한 때 또는 정당한 사유없이 지급을 정지한 때
3. 회사의 대표자 기타 업무를 집행하는 자가 법령 또는 선량한 풍속 기타 사회질서에 위반한 행위를 한 때

② 제176조 제2항 내지 제4항의 규정은 전항의 경우에 준용한다.

제620조(한국에 있는 재산의 청산)

① 전조 제1항의 규정에 의하여 영업소의 폐쇄를 명한 경우에는 법원은 이해관계인의 신청에

의하여 또는 직권으로 대한민국에 있는 그 회사재산의 전부에 대한 청산의 개시를 명할 수 있다. 이 경우에는 법원은 청산인을 선임하여야 한다.

② 제535조 내지 제537조와 제542조의 규정은 그 성질이 허하지 아니하는 경우외에는 전항의 청산에 준용한다.

③ 전2항의 규정은 외국회사가 스스로 영업소를 폐쇄한 경우에 준용한다.

제621조(외국회사의 지위) 외국회사는 다른 법률의 적용에 있어서는 법률에 다른 규정이 있는 경우외에는 대한민국에서 성립된 동종 또는 가장 유사한 회사로 본다.

제7장 벌칙

제622조(발기인, 이사 기타의 임원등의 특별배임죄)

① 회사의 발기인, 업무집행사원, 이사, 집행임원, 감사위원회 위원, 감사 또는 제386조 제2항, 제407조 제1항, 제415조 또는 제567조의 직무대행자, 지배인 기타 회사영업에 관한 어느 종류 또는 특정한 사항의 위임을 받은 사용인이 그 임무에 위배한 행위로써 재산상의 이익을 취하거나 제삼자로 하여금 이를 취득하게 하여 회사에 손해를 가한 때에는 10년 이하의 징역 또는 3천만원 이하의 벌금에 처한다.

② 회사의 청산인 또는 제542조 제2항의 직무대행자, 제175조의 설립위원이 제1항의 행위를 한 때에도 제1항과 같다.

제623조(사채권자집회의 대표자 등의 특별배임죄) 사채권자집회의 대표자 또는 그 결의를 집행하는 자가 그 임무에 위배한 행위로써 재산상의 이익을 취하거나 제삼자로 하여금 이를 취득하게 하여 사채권자에게 손해를 가한 때에는 7년 이하의 징역 또는 2천만원 이하의 벌금에 처한다.

제624조(특별배임죄의 미수) 전2조의 미수범은 처벌한다.

제624조의2(주요주주 등 이해관계자와의 거래 위반의 죄) 제542조의9제1항을 위반하여 신용공여를 한 자는 5년 이하의 징역 또는 2억원 이하의 벌금에 처한다.

제625조(회사재산을 위태롭게 하는 죄) 제622조 제1항에 규정된 자, 검사인, 제298조 제3항 · 제299조의2 · 제310조 제3항 또는 제313조 제2항의 공증인(인가공증인의 공증담당변호사를 포함한다. 이하 이 章에서 같다)이나 제299조의2, 제310조 제3항 또는 제422조 제1항의 감정인이 다음의 행위를 한 때에는 5년 이하의 징역 또는 1천500만 원 이하의 벌금에 처한다. <개정 2009.2.6., 2011.4.14.>

1. 주식 또는 출자의 인수나 납입, 현물출자의 이행, 제290조, 제416조 제4호 또는 제544조에 규정된 사항에 관하여 법원 · 총회 또는 발기인에게 부실한 보고를 하거나 사실을 은폐한 때
2. 누구의 명의로 하거나를 불문하고 회사의 계산으로 부정하게 그 주식 또는 지분을 취득하거나 질권의 목적으로 이를 받은 때
3. 법령 또는 정관에 위반하여 이익배당을 한 때
4. 회사의 영업범위외에서 투기행위를 하기 위하여 회사재산을 처분한 때

제625**조의**2(**주식의 취득제한 등에 위반한 죄**) 다음 각 호의 어느 하나에 해당하는 자는 2천만원 이하의 벌금에 처한다.

1. 제342조의2제1항 또는 제2항을 위반한 자
2. 제360조의3제7항을 위반한 자
3. 제523조의2제2항을 위반한 자
4. 제530조의6제5항을 위반한 자

제626**조**(**부실보고죄**) 회사의 이사, 집행임원, 감사위원회 위원, 감사 또는 제386조 제2항, 제407조 제1항, 제415조 또는 제567조의 직무대행자가 제604조 또는 제607조의 조직변경의 경우에 제604조 제2항 또는 제607조 제2항의 순재산액에 관하여 법원 또는 총회에 부실한 보고를 하거나 사실을 은폐한 경우에는 5년 이하의 징역 또는 1천500만원 이하의 벌금에 처한다.

제627**조**(**부실문서행사죄**)

① 제622조 제1항에 게기한 자, 외국회사의 대표자, 주식 또는 사채의 모집의 위탁을 받은 자가 주식 또는 사채를 모집함에 있어서 중요한 사항에 관하여 부실한 기재가 있는 주식청약서, 사채청약서, 사업계획서, 주식 또는 사채의 모집에 관한 광고 기타의 문서를 행사한 때에는 5년 이하의 징역 또는 1천500만원 이하의 벌금에 처한다.

② 주식 또는 사채를 매출하는 자가 그 매출에 관한 문서로서 중요한 사항에 관하여 부실한 기재가 있는 것을 행사한 때에도 제1항과 같다.

제628**조**(**납입가장죄등**)

① 제622조 제1항에 게기한 자가 납입 또는 현물출자의 이행을 가장하는 행위를 한 때에는 5년 이하의 징역 또는 1천500만원 이하의 벌금에 처한다.

② 제1항의 행위에 응하거나 이를 중개한 자도 제1항과 같다.

제629**조**(**초과발행의 죄**) 회사의 발기인, 이사, 집행임원 또는 제386조 제2항 또는 제407조 제1항의 직무대행자가 회사가 발행할 주식의 총수를 초과하여 주식을 발행한 경우에는 5년 이하의 징역 또는 1천500만원 이하의 벌금에 처한다.

제630조(발기인, 이사 기타의 임원의 독직죄)

① 제622조와 제623조에 규정된 자, 검사인, 제298조 제3항 · 제299조의2 · 제310조 제3항 또는 제313조 제2항의 공증인이나 제299조의2, 제310조 제3항 또는 제422조 제1항의 감정인이 그 직무에 관하여 부정한 청탁을 받고 재산상의 이익을 수수, 요구 또는 약속한 때에는 5년 이하의 징역 또는 1천500만원 이하의 벌금에 처한다.

② 제1항의 이익을 약속, 공여 또는 공여의 의사를 표시한 자도 제1항과 같다.

제631조(권리행사방해 등에 관한 증수뢰죄)

① 다음의 사항에 관하여 부정한 청탁을 받고 재산상의 이익을 수수, 요구 또는 약속한 자는 1년 이하의 징역 또는 300만원 이하의 벌금에 처한다.

1. 창립총회, 사원총회, 주주총회 또는 사채권자집회에서의 발언 또는 의결권의 행사
2. 제3편에 정하는 소의 제기, 발행주식의 총수의 100분의 1 또는 100분의 3 이상에 해당하는 주주, 사채총액의 100분의 10 이상에 해당하는 사채권자 또는 자본금의 100분의 3 이상에 해당하는 출자좌수를 가진 사원의 권리의 행사
3. 제402조 또는 제424조에 정하는 권리의 행사

② 제1항의 이익을 약속, 공여 또는 공여의 의사를 표시한 자도 제1항과 같다.

제632조(징역과 벌금의 병과) 제622조 내지 전조의 징역과 벌금은 이를 병과할 수 있다.

제633조(몰수, 추징) 제630조 제1항 또는 제631조 제1항의 경우에는 범인이 수수한 이익은 이를 몰수한다. 그 전부 또는 일부를 몰수하기 불능한 때에는 그 가액을 추징한다.

제634조(납입책임면탈의 죄) 납입의 책임을 면하기 위하여 타인 또는 가설인의 명의로 주식 또는 출자를 인수한 자는 1년 이하의 징역 또는 300만원 이하의 벌금에 처한다.

제634조의2(주주의 권리행사에 관한 이익공여의 죄)

① 주식회사의 이사, 집행임원, 감사위원회 위원, 감사, 제386조 제2항 · 제407조 제1항 또는 제415조의 직무대행자, 지배인, 그 밖의 사용인이 주주의 권리 행사와 관련하여 회사의 계산으로 재산상의 이익을 공여(供與)한 경우에는 1년 이하의 징역 또는 300만원 이하의 벌금에 처한다.

② 제1항의 이익을 수수하거나, 제3자에게 이를 공여하게 한 자도 제1항과 같다.

제634조의3(양벌규정) 회사의 대표자나 대리인, 사용인, 그 밖의 종업원이 그 회사의 업무에 관하여 제624조의2의 위반행위를 하면 그 행위자를 벌하는 외에 그 회사에도 해당 조문의 벌금형을 과(科)한다. 다만, 회사가 제542조의13에 따른 의무를 성실히 이행한 경우 등 회사가 그 위반행위를 방지하기 위하여 해당 업무에 관하여 상당한 주의와 감독을 게을리하지 아니한 경우에

는 그러하지 아니하다.

제635조(과태료에 처할 행위)

① 회사의 발기인, 설립위원, 업무집행사원, 업무집행자, 이사, 집행임원, 감사, 감사위원회 위원, 외국회사의 대표자, 검사인, 제298조 제3항 · 제299조의2 · 제310조 제3항 또는 제313조 제2항의 공증인, 제299조의2 · 제310조 제3항 또는 제422조 제1항의 감정인, 지배인, 청산인, 명의개서대리인, 사채모집을 위탁받은 회사와 그 사무승계자 또는 제386조 제2항 · 제407조 제1항 · 제415조 · 제542조 제2항 또는 제567조의 직무대행자가 다음 각 호의 어느 하나에 해당하는 행위를 한 경우에는 500만원 이하의 과태료를 부과한다. 다만, 그 행위에 대하여 형(刑)을 과(科)할 때에는 그러하지 아니하다.

1. 이 편(編)에서 정한 등기를 게을리한 경우
2. 이 편에서 정한 공고 또는 통지를 게을리하거나 부정(不正)한 공고 또는 통지를 한 경우
3. 이 편에서 정한 검사 또는 조사를 방해한 경우
4. 이 편의 규정을 위반하여 정당한 사유 없이 서류의 열람 또는 등사, 등본 또는 초본의 발급을 거부한 경우

(이하 생략)

② 발기인, 이사 또는 집행임원이 주권의 인수로 인한 권리를 양도한 경우에도 제1항과 같다. <개정 2011.4.14.>

③ 제1항 각 호 외의 부분에 규정된 자가 다음 각 호의 어느 하나에 해당하는 행위를 한 경우에는 5천만원 이하의 과태료를 부과한다.

1. 제542조의8 제1항을 위반하여 사외이사 선임의무를 이행하지 아니한 경우

(이하 생략)

제637조의2(과태료의 부과 · 징수)

① 제635조(제1항 제1호는 제외한다) 또는 제636조에 따른 과태료는 대통령령으로 정하는 바에 따라 법무부장관이 부과 · 징수한다.

② 제1항에 따른 과태료 처분에 불복하는 자는 그 처분을 고지받은 날부터 60일 이내에 법무부장관에게 이의를 제기할 수 있다.

③ 제1항에 따른 과태료 처분을 받은 자가 제2항에 따라 이의를 제기한 때에는 법무부장관은 지체 없이 관할 법원에 그 사실을 통보하여야 하며, 그 통보를 받은 관할 법원은 「비송사건절차법」에 따른 과태료 재판을 한다.

④ 제2항에서 규정하는 기간 내에 이의를 제기하지 아니하고 과태료를 납부하지 아니한 때에는 국세 체납처분의 예에 따라 징수한다.

저자소개

저자 ❙ 안 창 남

파리 제2대학교 법학박사
사법고시 출제위원
세무사 시험 출제위원
7급 · 9급 공무원 시험 출제위원
조세심판원 비상임 심판관
월드텍스연구회장
칼럼니스트

현, 강남대학교 경제세무학과 교수

저자 ❙ 양 수 영

세무학박사, 변호사
국세청 법령해석과 팀장
국세청 국세공무원교육원 강사
경찰청 경찰수사연수원 강사
법무부 법무연수원 강사
서울북부지방법원 국선전담변호사

현, 한국지방세연구원 자문위원
현, 서울변호사협회 법제위원, 재정위원

저자 ❙ 강 나 라

서울시립대학교 세무학과 졸업
성균관대학교 회계학 석사
성균관대학교 경영학 박사
KPMG 삼정회계법인 공인회계사
한국회계학회 박사학위논문 우수상 수상
입법고시 출제위원
경인여자대학교 태양학원 감사

현, 한경대학교 경영학전공 부교수

회사법과 세금(제3판)

지 은 이 ▌ 안창남 · 양수영 · 강나라
펴 낸 이 ▌ 최재범
펴 낸 곳 ▌ 도서출판 탐진

등록 1-996호(倫). 1990. 1. 12.
서울시 마포구 신수로 27-1
Tel. 02) 715-1092 ~ 3
Fax. 02) 701-6391
E-mail. tamjin1990@hanmail.net
Homepage. www.tamjin.co.kr

저자와의 협의하에 인지 생략

2018. 3. 9. 초 판 발행
2022. 9. 2. 제3판 발행

ISBN 978-89-5540-697-9 93320 정가 30,000원